Language Variation

Editors: John Nerbonne, Dirk Geeraerts

In this series:

1. Côté, Marie-Hélène, Remco Knooihuizen and John Nerbonne (eds.). The future of dialects.

2. Schäfer, Lea. Sprachliche Imitation: Jiddisch in der deutschsprachigen Literatur (18.–20. Jahrhundert).

ISSN: 2366-7818

Sprachliche Imitation

Jiddisch in der deutschsprachigen Literatur (18.–20. Jahrhundert)

Lea Schäfer

Lea Schäfer. 2017. *Sprachliche Imitation: Jiddisch in der deutschsprachigen Literatur (18.–20. Jahrhundert)* (Language Variation 2). Berlin: Language Science Press.

This title can be downloaded at:
http://langsci-press.org/catalog/book/116
© 2017, Lea Schäfer
Published under the Creative Commons Attribution 4.0 Licence (CC BY 4.0):
http://creativecommons.org/licenses/by/4.0/
ISBN: 978-3-946234-78-4 (Digital)
      978-3-946234-79-1 (Hardcover)
      978-3-946234-80-7 (Softcover)
      000-0-000000-00-0 (Softcover US)
ISSN: 2366-7818
DOI:10.17169/langsci.b116.259

Cover and concept of design: Ulrike Harbort
Proofreading: Andreas Hölzl, Felix Kopecky, Jean Nitzke, Kilu von Prince, Michael Rießler, Sebastian Nordhoff
Fonts: Linux Libertine, Arimo, DejaVu Sans Mono
Typesetting software: X∃LATEX

Language Science Press
Habelschwerdter Allee 45
14195 Berlin, Germany
langsci-press.org

Storage and cataloguing done by FU Berlin

Language Science Press has no responsibility for the persistence or accuracy of URLs for external or third-party Internet websites referred to in this publication, and does not guarantee that any content on such websites is, or will remain, accurate or appropriate.

Inhaltsverzeichnis

Vorwort	xi
Abkürzungsverzeichnis	xiii

I Theoretische Grundlagen und Stand der Forschung — 1

1 Einstieg — 3
- 1.1 Ziele der Arbeit — 5
- 1.2 Begriffsdefinitionen — 6

2 Forschungsstand — 15
- 2.1 Übersicht zum Forschungsstand der (west-)jiddischen Sprachgeschichte — 15
- 2.2 Linguistische Perspektiven auf Sprachimitation — 17
- 2.3 Mündlichkeit in der Schriftlichkeit — 18

3 Literarische Traditionen — 21
- 3.1 Die Sprache jüdischer Figuren als Topos der europäischen Literaturen — 21
- 3.2 Literaturhebräisch in der deutschsprachigen Literatur — 24
- 3.3 Literaturjiddisch im 18. und 19. Jahrhundert — 29
- 3.4 Sprachliche Markierungen des assimilierten Juden — 36
- 3.5 Literaturjiddisch nach 1945 — 38
- 3.6 Die Sprache jüdischer Figuren im Film — 39
- 3.7 Jüdische „Sprachkultur" und jüdische Literatursprache — 43
- 3.8 Stadien jüdischer Figurenrede in der deutschsprachigen Literatur — 44

4 Der Nutzen des Literaturjiddischen für die Sprachwissenschaft — 47
- 4.1 Natürliche, konstruierte und fiktionale Sprachen — 48
- 4.2 Imitation als Feld für psycho- und variationslinguistische Fragestellungen — 50

Inhaltsverzeichnis

    4.3   Literaturjiddisch als Sekundärquelle des späten Westjiddisch . .   55

II Datengrundlage und Methodik   57

5 Quellen des späten Westjiddischen   59
    5.1   Der jüdische Multilingualismus   60
    5.2   Überlieferungsformen des Westjiddischen   62
    5.3   Funktionstypen des Literaturjiddischen   66
    5.4   Die Quellen des Projekts „Westjiddisch im (langen) 19. Jahrhundert" 69

6 Untersuchungskorpus zum Literaturjiddischen   73
    6.1   Kernkorpus des nicht-jüdischen Literaturjiddischen im 19. Jahrhundert   74
    6.2   Spezialkorpus des jüdischen Literaturjiddisch im 19. Jahrhundert 78
    6.3   Methodik   79

III Analysen   85

7 Lexikalische Markierungen   87
    7.1   Namen   88
    7.2   Kennwörter   89
    7.3   Hebraismen   94
    7.4   Interjektionen und psycho-ostensive Ausdrücke   96
            7.4.1   Interjektionen   96
            7.4.2   Psycho-ostensive Ausdrücke   97
    7.5   Gallizismen   100

8 Phonologische Markierungen   103
    8.1   Frequenzen phonologisch manipulierter Lemmata   105
    8.2   Phonologische Manipulationen im Überblick   108
    8.3   V24 und V44   111
            8.3.1   V24 (E_4, mhd. *ei*)   112
            8.3.2   Der unbestimmte Artikel als Sonderfall   116
            8.3.3   Hyperkorrekturen von nhd. /aɪ̯/ < mhd. (*î* V34, I_4)   117
            8.3.4   V44 (O_4, mhd. *ou*)   121
            8.3.5   Zusammenfall von V24 und V44 > /a:/   123
    8.4   V42 (O_2 = mhd. *ô*)   125

8.5	V22 (E₂ = mhd. ê, œ)		129
8.6	V34 (I₄ = mhd. iu, î)		131
8.7	/a/ > /o/ (*a*-Verdumpfung)		134
8.8	*o* > *u* und *u* > *o*		139
	8.8.1	Hebung von /o/ > /u/ (vor Nasal)	139
	8.8.2	Senkung von /u/ > /o/	141
	8.8.3	Zusammenhang zwischen Hebung und Senkung	144
8.9	Palatalisierung /u/, /u:/ > /y/, /y:/		146
8.10	Entrundungen (nhd. <ü>, <ö> > <i>, <e>)		148
8.11	Frikative		153
	8.11.1	Palatalisierung von <st> im An- und Auslaut	153
	8.11.2	Koronalisierung <ch> > <sch>	157
8.12	Deaffrizierung von <z>		160
8.13	Plosive		163
	8.13.1	Lenisierung <d> statt <t>	165
	8.13.2	Lenisierung und Fortisierung von /b/, /p/	167
	8.13.3	Fortisierung <g> als <k>	168
	8.13.4	Lenisierungen und Fortisierungen als Reflex der oberdeutschen Medienverschiebung	172
	8.13.5	Erhalt von westgermanisch *-*pp*-	172
	8.13.6	Spirantisierung <b> als <w>	174
8.14	Diachrone und diatopische Verteilung phonologischer Manipulationen		175

9 Morphologische Markierungen — 189

9.1	Genusverschiebungen		189
9.2	Diminutionen		192
	9.2.1	Diminution in den deutschen Dialekten	193
	9.2.2	Diminution im Jiddischen	196
	9.2.3	Diminution im chrLiJi1	201
	9.2.4	Diminution im jüdLiJi1	208
	9.2.5	Funktionen von Diminution im LiJi	212
9.3	Plurale		212
	9.3.1	Grundmuster der Pluralmorphologie im Jiddischen und Deutschen	213
	9.3.2	Der *s*-Plural im Literaturjiddischen	217
	9.3.3	Der *er*-Plural im LiJi	221
	9.3.4	Der *en*-Plural im LiJi	222

Inhaltsverzeichnis

9.4 Flexion von Eigennamen ... 223
9.5 Kasussynkretismen ... 224
   9.5.1 Kasus bei vollen Objekten ... 225
   9.5.2 Kasus nach Präposition ... 227
   9.5.3 Kasus bei Pronomen ... 232
9.6 Verbmorphologie ... 241
   9.6.1 Flexionen von *sein* ... 241
   9.6.2 *ge*-Präfix bei sekundärem Wortakzent ... 245
9.7 Zusammenschau morphologischer Manipulationen ... 248

10 Syntaktische Markierungen   251

10.1 Abfolgevariation im Verbalkomplex ... 252
   10.1.1 Abfolge zweigliedriger Verbcluster ... 257
   10.1.2 Abfolge mehrgliedriger Verbcluster ... 257
   10.1.3 Rechtsadjazenz trennbarer Verbpartikeln ... 261
10.2 Bewegungen über die VP hinaus ... 267
   10.2.1 Verb projection raising als Problemfall ... 267
   10.2.2 Verbzweitstellung ... 274
10.3 Extrapositionen ... 280
   10.3.1 Extrapositionen im LiJi ... 284
   10.3.2 Einzelanalyse zu Gustav Freytags „Soll und Haben" ... 286
10.4 Ersatzinfinitiv ... 290
10.5 *Kumen*+Bewegungsverb Konstruktion ... 293
10.6 Negationskongruenz ... 299
10.7 Relativpartikeln ... 306
10.8 Zusammenschau syntaktischer Manipulationen ... 310

11 Zusammenspiel der sprachlichen Markierungen   313

11.1 Distribution der Phänomene untereinander ... 314
11.2 Distribution der Phänomene innerhalb der einzelnen Quellen ... 319
11.3 Die Rolle des literarischen Diskurses am Beispiel Itzig Veitel Stern ... 324
11.4 Vergleich der Verteilung der Phänomene im chrLiJi1 und jüdLiJi1 ... 328

IV Fazit und Ausblick   333

12 Literaturjiddisch als Sprachzeugnis des Westjiddischen   335

13 **Strukturen sprachlicher Emulation** 337
   13.1 „Is a structural dialectology possible?" (Weinreich 1954) 339
   13.2 Emulationen als Konstruktionen 342

14 **Ausblick** 345

Anhang 349

Literaturverzeichnis 367

Index 403

Personenregister 403

Sprachregister 409

Sachregister 411

Every individual is at once the beneficiary and the victim of the linguistic tradition into which he has been born.

— Aldous Huxley "The Doors of Perception"

Vorwort

Die vorliegende Untersuchung zu Imitationen des Jiddischen in der deutschsprachigen Literatur entstand zwischen 2012 und 2014 als Dissertationsschrift an der Philipps-Universität Marburg. Die literarische Darstellung, Funktionalisierung und Struktur von (jiddischer) Mündlichkeit beschäftigt mich seit meinem Grundstudium. Aber erst im Rahmen des DFG-Projekts „Westjiddisch im (langen) 19. Jahrhundert: Quellenlage, soziolinguistische Situation" (2011–2016 Universität Marburg) wurde mir bewusst, welche Popularität die markierte Figurenrede jüdischer Charaktere in der deutschsprachigen Literatur des 18. und 19. Jahrhunderts genoss und wie diese literarische Tradition die sprachliche Darstellung von Juden im deutschen Sprachraum bis heute beeinflusst. Im DFG-Projekt konnte eine Vielzahl literarischer Texte nicht-jüdischer Autoren erschlossen werden, in denen jüdische Figuren über eine von der Norm abweichende Sprache charakterisiert werden. Vor dem Hintergrund, dass dieser Quelltyp nicht unserem „Beuteschema" authentischer jiddischer Quellen entspricht und wir nicht gezielt nach solchen Texten nicht-jüdischer Autoren suchten, ist unserer Einschätzung nach die Dunkelziffer von solchen Publikationen in diesem Zeitraum deutlich höher, als unser Projektsample abbildet. Diese Spitze des Eisbergs bildet die Datengrundlage der vorliegenden Untersuchung. Es ist meinen Doktoreltern Jürg Fleischer und Marion Aptroot zu verdanken, dass Sie mir alle Freiheiten eingeräumt haben, diese anfangs nicht besonders vielversprechende Untersuchung von vorwiegend antisemitischen Texten durchzuführen.

Größere Kürzungen gegenüber dem Manuskript (Schäfer 2014) wurden in der vorliegenden Publikation in der Darstellung des Projektsamples und im Appendix vorgenommen. Auch wurde auf den gesamten Datenbereich zu Quellen aus dem 21. Jahrhundert verzichtet, da so eine Konzentrierung auf das (lange) 19. Jahrhundert gewährleistet ist.

Ohne die Hilfe und den Austausch mit Kollegen wäre diese Arbeit in der vorliegenden Form nicht möglich gewesen. Ein nicht unwesentlicher Teil des Projektsamples ist dem Spürsinn Ute Simeons zu verdanken. Über das Projekt hinaus haben verschiedene Menschen und Maschinen zum Entstehen dieser Arbeit beigetragen. Ohne die frei zugänglichen Digitalisate von Bibliotheken und Online-

Vorwort

Dienstleistern, allen voran Archive.org und Google Books hätte das der empirischen Analyse zugrundeliegende Korpus nicht in dieser Form entstehen können. Allein in Anbetracht der Datengrundlage ist es m. E. sinnig den Open Access Gedanken zu leben. Es freut mich daher sehr, dass mir dies der Verlag *Language Science Press* auf akademisch höchstem Niveau ermöglicht. Den Herausgebern der Reihe „Language Variation", insbesondere John Nerbonne, den Gutachtern und Proofreadern, danke ich für Ihre nützlichen und interessanten Hinweise. Sebastian Nordhoff und Felix Kopecky (Language Science Press) danke ich für den Support in Sachen Overleaf und die rundum Betreuung der vorliegenden Publikation. Danken möchte ich auch all jenen, die mit kleineren und größeren Anregungen, Hinweisen und Proofreadings diese Arbeit beeinflusst haben: Magnus Breder Birkenes, Sabine Boehlich (†), Michael Cysouw, Alexander Dröge, Agnes Kim, Stephanie Leser-Cronau, Jürgen Lorenz, Jeffrey Pheiff, Alexis Manaster Ramer, Jona Sassenhagen, Oliver Schallert, Julia Schüler, Jan Süselbeck und Karin Weiss. Im Hessischen Staatsarchiv Marburg wurden mir anregende Archivrecherchen ermöglicht. Beatrice Santorini hat mir mit der Bereitstellung ihres diachronen Korpus zum Jiddischen einen zentralen Vergleichsdatensatz geliefert. Mein besonderer Dank gilt Ricarda Scherschel für ihren tatkräftigen Beistand als studentische und später wissenschaftliche Hilfskraft im Projekt und für ihr intensives und gewissenhaftes Lektorat der vorliegenden Buchversion. Darüber hinaus stand sie mir jederzeit (und von jedem Ort der Welt aus) bei TEX-nischen Fragen und Problemen zur Seite.

Für alles über den fachlichen Beistand weit Hinausgehende danke ich meiner Familie, Sascha Peter, Alexander Dröge, Jona Sassenhagen, Katerina Danae Kandylaki, Phillip Alday, Lisa Martin, Jaruwan Junnum, sBopi und sRösile, allen Ukulelisten, Musikern und Sängern der „Lingulelen", „Boogie Bats" und „Wirsingquerbeet". Der Landesbibliothek Vorarlberg danke ich für WLAN und die nötige Ruhe um Dinge voran zu bringen. Für Erdung ⏚ danke ich Oli, mein *basherter* (in הייא), und Oma (im All).

Weihnukka 2016

Abkürzungsverzeichnis

Sprachen

Jiddische Varietäten

aj.	altjiddisch
FiJi	Filmjiddisch
LiJi	Literaturjiddisch
LiJi1	Literaturjiddisch des 18. und 19. Jahrhunderts
LiJi2	Literaturjiddisch des späten 20. und 21. Jahrhunderts
LiHe	Literaturhebräisch
mj.	mitteljiddisch
NOJ	Nordostjiddisch
NÜJ	nördliches Übergangsjiddisch
NWJ	Nordwestjiddisch
oj.	ostjiddisch
OJ	Ostjiddisch
SOJ	Südostjiddisch
SÜJ	südliches Übergangsjiddisch
SWJ	Südwestjiddisch
urj.	urjiddisch, protojiddisch
wj.	westjiddisch
WJ	Westjiddisch
ZOJ	Zentralostjiddisch
ZWJ	Zentralwestjiddisch

Weitere germanische Varietäten

afr.	afrikaans
ahd.	althochdeutsch
aleman.	alemannisch
bair.	bairisch
dän.	dänisch

Abkürzungsverzeichnis

elsäss.	elsässisches Niederalemannisch
engl.	englisch
frnhd.	frühneuhochdeutsch
germ.	germanisch
isl.	isländisch
mhd.	mittelhochdeutsch
moselfränk.	moselfränkisch
ndt.	niederdeutsch
ndl.	niederländisch
rheinfränk.	rheinfränkisch
schwäb.	schwäbisch
westfl.	westflämisch
westfr.	westfriesisch

Nicht-germanische Sprachen

fr.	französisch
hebr.	hebräisch
it.	italienisch
poln.	polnisch
tsch.	tschechisch

Fachtermini

ACI	Accusativus cum infinitivo
Adv.	Adverb
AdvP	Adverbialphrase
Akk.	Akkusativ
AP	Adjektivphrase
Art.	Artikel
CxG	Construction grammar (Konstruktionsgrammatik)
Dat.	Dativ
Dim.	Diminutiv
f.	feminin
FK	Frequenzklasse
Gen.	Genitiv
IPP	Infinitivus pro participio (Ersatzinfinitiv)
LSK	linke Satzklammer

m.	maskulin
MF	Mittelfeld
ND	Negative Doubling
NF	Nachfeld
NS	Negative Spread
n.	neutrum
Nom.	Nominativ
NP	Nominalphrase
OV	Objekt-Verb Grundwortstellung
Pl.	Plural
PP	Präpositionalphrase
PPI	Participium pro infinitivo
Rel.	Relativ
Partkl.	Partikel
Pron.	Pronomen
RSK	rechte Satzklammer
Sg.	Singular
Stabw.	Standardabweichung
VO	Verb-Objekt Grundwortstellung
VR	Verb raising
VPR	Verb projection raising
Zsf.	Zusammenfassung
∅	Nullendung

Atlanten

ADA Atlas der deutschen Alltagssprache; online publiziert über www.atlas-alltagssprache.de/ (Stand: September 2014)

KDSA Kleiner Deutscher Sprachatlas. Im Auftrag des Forschungsinstituts für deutsche Sprache – Deutscher Sprachatlas – Marburg (Lahn). Dialektologisch bearbeitet von Werner H. Veith, computativ bearbeitet von Wolfgang Putschke. Band 1: Konsonantismus, Teil 1: Plosive. Band 2: Vokalismus, Teil 1: Kurzvokale. Unter Mitarbeit von Lutz Hummel. Band 2: Vokalismus, Teil 2: Langvokale, Diphthonge, Kombinationskarten. Niemeyer, Tübingen 1983–1999.

Abkürzungsverzeichnis

LCAAJ Language and Culture Atlas of Ashkenazic Jewry. Hg. von Marvin Herzog, Ulrike Kiefer et al., Tübingen, Vol. 1. Historical and theoretical foundations (1992), Vol. 2. Research tools (1995), Vol. 3. The eastern Yiddish – western Yiddish continuum (2000)

WA Sprachatlas des Deutschen Reichs. Georg Wenkers handgezeichnetes Original (kurz: Wenkeratlas); online zugänglich über www.regionalsprache.de/ (Stand: September 2014)

WApron Wenker, Georg (1886): Pronomina in Nordwestdeutschland. Straßburg: Trübner; online zugänglich über www.regionalsprache.de/ (Stand: September 2014)

WEK Ergänzungskarten zum Deutschen Sprachatlas. Nacherhebungen in Süd- und Osteuropa von Peter Wiesinger; online zugänglich über www.regionalsprache.de/ (Stand: September 2014)

SDS Sprachatlas der Deutschen Schweiz; online zugänglich über www.regionalsprache.de/ (Stand: September 2014)

Korpora

DCY „Diachronic Corpus of Yiddish" (Eigenbezeichnung) = Korpus aus 103 Texten für den Zeitraum 1462–1993; erstellt, annotiert und zur Verfügung gestellt von Beatrice Santorini. Datengrundlage für Santorini (1989; 1992; 1993a; 1993b; 1994; 1995) und Wallenberg (2012b; 2012b; 2013)

DeReKo Deutsches Referenzkorpus / Archiv der Korpora geschriebener Gegenwartssprache 2013-I; Mannheim: Institut für Deutsche Sprache; online zugänglich über www.ids-mannheim.de/DeReKo (Stand: September 2014)

CMY Corpus of Modern Yiddish; Birzer et al. (Universität Regensburg); online zugänglich über http://web-corpora.net/YNC (Stand: September 2014)

☞ Die Kürzel der untersuchten Quellen werden im Anhang (S. 349, 353) aufgeschlüsselt.

Transliterationssysteme

Graphem	Transliteration OJ (YIVO)	Transliteration spätes WJ
א		
אַ	a	a
אָ	o	o
ב	b	b
ב̇	v	w
ג	g	g
ד	d	d
ה	h	h (am Satzende z. T. e)
ו	u	u
ז	z	s
ח	kh	ch
ט	t	t
י	y, i	j/i
כ	k	k
כ ך	kh	ch
ל	l	l
מ ם	m	m
נ ן	n	n
ס	s	s
ע	e	e
פ	p	p
פ ף-	f	f
צ ץ	ts	z
ק	k	k
ר	r	r
ש	sh	sch
שׂ	s	s
ת	t	t
ת	s	s
וו	v	w
זש	zh	–
טש	tsh	tsch
וי	oy	au/ou
יי	ey	ei
ײַ	ay	ai

Teil I

Theoretische Grundlagen und Stand der Forschung

1 Einstieg

Die hier vorliegende Untersuchung beschreibt grammatische Strukturen einer fiktionalen Sprache, die auf Imitationen der jiddischen Sprache fußt und zum festen Inventar jüdischer Figurendarstellung im 19. Jahrhundert gehört. Dieses sogenannte „Literaturjiddisch" (Richter 1995) ist eine im (langen) 19. Jahrhundert[1] weit verbreitete literarische Modeerscheinung, ohne die kaum ein literarischer Text auskommt, der mit jüdischen Figuren arbeitet. Dabei fungiert Literaturjiddisch vorwiegend im Rahmen des literarischen Antisemitismus (vgl. Gubser 1998: 309), wird aber im Verlauf des 19. Jahrhunderts selbst durch jüdische Autoren adaptiert. Dieses Phänomen ist nicht auf die literarische Peripherie zu beschränken, sondern findet sich auch in kanonischen Texten wie z. B. Büchners „Woyzeck" (1836–1837), Gustav Freytags „Soll und Haben" (1855) oder Thomas Manns „Wälsungenblut" (1906). Auch ist die sprachliche Markierung jüdischer Figuren kein auf das (lange) 19. Jahrhundert und die deutschsprachige Literatur beschränktes Stilmittel. Man findet diese Strategie bereits im Spätmittelalter und sie ist selbst noch in jüngsten Veröffentlichungen wie Thomas Meyers „Wolkenbruchs wunderliche Reise in die Arme einer Schickse" (2012) oder Sam Apples „Schlepping Through the Alps" (2005) zu finden. Um einen ersten Eindruck von solchen literarischen Bearbeitungen der jiddischen Sprache zu geben, ist hier die handschriftlich überlieferte „Judenpredigt" (1856) Goethes als eines der prominenteren Beispiele angeführt:

> Judenpredigt.
> Sagen de Goyen, wer hätten kä König, kä Käser, kä Zepter, kä Kron'; do will ich äch aber beweise, dass geschrieben stäht: dass wo habend äh König, äh Käser, äh Zepter, äh Kron'. Aber wo haben wir denn unsern Käser? Das will ich äch och sage. Do drüben über de grose grause rote Meer. Und do wäre dreimall hunnerttausend Johr vergange sei, do werd' äh groser Mann, mit Stiefle und Spore grad' aus, sporenstrechs gegange komme übers grose grause rote Meer, und werd in der Hand habe äh Horn, und was denn vor äh Horn? Aeh Düt-Horn. Und wenn der werd ins Horn düte, do wären alle

---

[1] Der Terminus *long 19th century* geht auf den Historiker Eric Hobsbawm (1962; 1975; 1987) zurück und bezeichnet den Zeitraum zwischen dem Beginn der Französischen Revolution (1789) und dem Ausbruch des Ersten Weltkriegs (1914).

1 Einstieg

> Jüdlich, die in hunnerttausend Johr gepöckert sind, die wären alle gegange komme ans grose grause rote Meer. No', was sogt ehr dozu? Un was äh gros Wonner sei werd, das will ich äch och sage: Er werd geritte komme of äh grose schneeweise Schimmel; un was äh Wonner, wenn dreimal hunnert un neununneunzig tausend Jüdlich wäre of den Schimmel sitze, do wären se alle Platz habe, un wenn äh enziger Goye sich werd ach drof setze wolle, do werd äh kenen Platz finne. No, was sogt ehr dozu? Aber was noch ver äh groser Wonner sei werd, das will ich äch och sage: Un wenn de Jüdlich alle wäre of de Schimmer sitze, do werd der Schimmel kertzegerode sein grose, grose Wätel ausstrecke, do wären de Goye denken: kennen wer nich of de Schimmel, setze wer uns of de Wätel. Un denn wäre sich alle of de Wätel nuf hocke. Un wenn se alle draf setzen, und der grose schneeweise Schimmel werd gegange komme dorchs grause rote Meer zorick, do werdd äh des Wätel falle lasse, und de Goye werde alle ronder falle ins grose grause rote Meer.
>
> No, was sogt ehr dozu? (Goethe 1994: 1086; Erstdruck 1856 im Weimarischen Sonntagsblatt Nr. 50, S. 418f.)

Der Text lebt hauptsächlich von den vorgenommenen Manipulationen der deutschen Schriftsprache. Ohne diese Manipulationen würde sich dieser Text keinem Leser (des 19. Jahrhunderts) als fiktionale Äußerung eines Juden erschließen. Diese Abweichungen vom Schriftdeutschen lassen sich in weit verbreitete dialektale Elemente (z. B. *n/e*-Ausfall *beweise, grad' aus*, oder charakteristisch rheinfränkische Dialektmerkmale wie in *Düt-Horn*) und in jiddische Elemente beschreiben und unterteilen. Letztere zeigen aus dem im deutschsprachigen Raum gesprochenen Westjiddischen bekannte Strukturen, wie etwa der Diminutiv Plural *Jüdlich*, die Verwendung des Hebraismus *Goye* 'Nicht-Juden' oder die Diphthongierung von mhd. ô > wj. *au/ou grause*. Die vorliegende Arbeit stellt auf der Grundlage eines Korpus von 63 Texten dar, welcher sprachlichen Phänomene sich das Literaturjiddische bedient, und setzt diese in Beziehung mit Daten jiddischer und deutscher Dialekte. Die hier analysierten Texte sind überwiegend antisemitischer kultur- und literaturgeschichtlicher *Junk*, der bislang kaum sprachwissenschaftliches oder literaturwissenschaftliches Interesse geweckt hat. Doch selbst diese *zweit-* und *drittklassige* Literatur stellt ein interessantes historisches Zeugnis dar. Der linguistische Wert einer deskriptiven Perspektive auf eine fiktionale Sprache ist vielfältig (vgl. Abschnitt 4, S. 47). Insbesondere können solcherlei Daten einen Beitrag dazu leisten, die noch weitgehend unerforschte grammatische und soziolinguistische Situation des späten Westjiddischen zu erfassen. Darüber hinaus bieten sie als Zeugnis sprachlicher Imitation Einblicke in Grundmechanismen von Spracherwerb und Sprachkontakt.

1.1 Ziele der Arbeit

Die Idee zu dieser Arbeit entwickelte sich aus den ersten sich abzeichnenden Ergebnissen des DFG-Projekts „Westjiddisch im (langen) 19. Jahrhundert" an der Philipps-Universität Marburg. An den Grundansatz des Projektes, Quellen zum späten Westjiddischen ausfindig zu machen, ist auch das Kernziel dieser Arbeit geknüpft: Es soll geprüft werden, inwieweit literaturjiddische Texte Aufschluss über die westjiddische Sprachrealität geben können.

Wie ich bereits in meiner Bachelor- und Masterarbeit (Schäfer 2008 und 2010) zeigen konnte, sind literarische Texte nicht zwangsläufig ungeeignete Sprachzeugnisse. Sie können zwar, wie die meisten historischen Zeugnisse, nur positive Evidenz liefern. Verbindet man aber Basiswerkzeuge der Literanalyse mit linguistischer Empirie, bergen solche Texte sogar große Zugewinne für die soziolinguistische, diskurs- und kulturgeschichtliche Situation einer Sprache. Ein weitestgehend im Hintergrund verfolgtes Ziel dieser Arbeit wird damit auch immer die Validierung literarischer Texte als sprachhistorische Quelle sein.

Literaturjiddische Texte unterscheiden sich in einem entscheidenden Punkt von den üblichen sprachhistorischen Quellen: Sofern es sich um Texte nichtjüdischer (oder zumindest nicht jiddisch-muttersprachlicher) Autoren handelt, sind diese Texte keine Primärquellen einer Varietät, sondern Sekundärquellen, die auf Laienkonzepten beruhen. Was zunächst als ein großes Manko erscheint, ist bei genauerer Betrachtung ein Bonus des Materials. Damit werden erstmals historische Imitationsdaten erhoben und analysiert. Die dabei zu klärenden Fragen sind, wie genau die Imitationen des Jiddischen funktionieren, ob aufgrund der allen Texten gemeinsamen Rahmensprache (Deutsch) auch formale Gemeinsamkeiten der angewandten Mittel zur Imitation bestehen und ob sich der Rückgang des Westjiddischen im Laufe des 19. Jahrhunderts auch in den Laienkonzepten bemerkbar macht.

Ein sich daran anschließender Aspekt dieser Arbeit besteht darin, den Diskurs des Jiddischen im deutschsprachigen Raum anhand von literarischen Quellen abzustecken und näher zu verstehen. Mittels ausgewählter Quellen zeigt diese Arbeit, wie sich die externe Wahrnehmung jüdischer Sprachen und speziell des Jiddischen im Laufe der Geschichte verändert hat bzw. in welchen Bereichen sie stabil geblieben ist. Es können drei Stadien dieses Diskurses identifiziert werden (vgl. Kapitel 3):

1. Literaturhebräisch (LiHe): Die Auseinandersetzung mit dem Hebräischen in Passionsspielen aus dem 14. bis 16. Jahrhundert.

1 Einstieg

2. Literaturjiddisch 1 (LiJi1): Die sprachliche Markierung jüdischer Figuren als Stilmittel zur literarischen Darstellung im (langen) 19. Jahrhundert.

3. Literaturjiddisch 2 (LiJi2) und Filmjiddisch (FiJi): Die sprachliche Markierung jüdischer Figuren als Stilmittel zur literarischen Darstellung im späten 20. und frühen 21. Jahrhundert in der deutsch- und englischsprachigen Literatur und im Film.

Das erste Stadium wird lediglich in einem Überblick über die Forschungslage angeschnitten (Abschnitt 3.2, S. 24). Erst das zweite Stadium wird unter sprachwissenschaftlichen Gesichtspunkten auf Grundlage eines umfangreichen Korpus analysiert (Teil III, S. 87). Das dafür herangezogene Textkorpus des LiJi1 ist ein Auszug aus den im Marburger Westjiddisch-Projekt aufgefundenen Quellen (vgl. Abschnitt 6.1, S. 74). Die Fassung der zurgundeliegenden Dissertationsschrift beinhaltet ein drittes Teilkorpus mit Texten der Gegenwartsliteratur. Dieses zeigt, wie sich die Muster des Literaturjiddischen in der Sprach- und Mediensituation des 21. Jahrhunderts entwickelt haben. Zu diesem dritten Stadium wurden in Schäfer (2014) exemplarisch 7 (+ 2 englischsprachige) Texte des LiJi2 analysiert. Die vorliegende Publikation beschränkt sich jedoch auf die Darstellung der Situation im 18. und 19. Jahrhundert und fasst nur die zentralsten Ergebnisse aus der Analyse der Quellen zum LiJi2 in Kapitel 11.4 zusammen. Das Verhältnis zum Film wird ebenfalls nur in einem kurzen Exkurs thematisiert (Abschnitt 3.6, S. 39). Das Hauptaugenmerk liegt damit eindeutig auf dem zweiten Stadium und damit auf dem (langen) 19. Jahrhundert, einer Periode, in der wir noch von einem relativ vitalen Westjiddischen ausgehen können und die daher von besonderem Interesse ist, da sie noch in eine Zeit fällt in der man von einem Deutsch-Jiddischen Sprachkontakt ausgehen kann.

1.2 Begriffsdefinitionen

Die unterschiedliche Verwendung verschiedener Begriffe, insbesondere die der Sprachbenennungen, sorgt innerhalb der Jiddistik immer wieder für Missverständnisse. Auch verwendet diese Arbeit einige Termini mit einer wenig etablierten Bedeutung. Aus diesem Grund sollen im Folgenden kurze Definitionen der zentralen Begrifflichkeiten dieser Arbeit angegeben werden.

- „Westjiddisch" bezeichnet jiddische Varietäten und historischen Sprachstufen, die mit diversen deutschen Varietäten in direktem Sprachkontakt standen und keinem koterritorialen Kontakt zu slawischen Sprachen ausgesetzt waren. Der vielfach gebrauchte und unterschiedlichst verwendete Begriff „Jüdisch-Deutsch" (vgl. u. a. Simon 1988; Weinberg 1973; 1981; Lowenstein 1979; erstmals Wagenseil 1699) wird in dieser Arbeit zur Bezeichnung dieser Varietät nicht verwendet, es sei denn in zitierter Form. Dasselbe gilt für andere Sprachbenennungen des (West-)Jiddischen (vgl. Weinreich 1923: 3–9).

- „Ostjiddisch" bezeichnet hingegen alle jiddischen Varietäten und historischen Sprachstufen, die mit v. a. slawischen Varietäten in koterritorialem Kontakt standen. Die Begriffe „Ostjiddisch" und „Westjiddisch" stehen damit ausschließlich in einer sprachgeographischen, nicht aber in einer diachronen Relation zueinander.

- Die Periodisierung der verschiedenen Sprachstufen folgt prinzipiell Weinreich ([1973] 2008: 719–733):
    - „Altjiddisch" (aj.) bezeichnet demnach die Periode ab ca. 1250 bis ca. 1500
    - „Mitteljiddisch" (mj.) von ca. 1500 bis ca. 1700
    - „Spätes Westjiddisch" und „modernes Ostjiddisch"/„Standard-Ostjiddisch" („New Yiddish" bei Weinreich [1973] 2008: 719–733) ab ca. 1700

Die Zeit von ca. 1000 bis ca. 1250 kann als „Vorgeschichte des Jiddischen" bezeichnet werden, aus der uns keine Quellen überliefert sind.

- Die germanistische Dialektologie ist ein Kind des 19. Jahrhunderts und entwuchs neben der Grimmschen Idee des Sammelns hauptsächlich der Mode dieser Zeit, kartographische Verfahren auf soziokulturelle Lebensbereiche anzuwenden (vgl. Schmidt & Herrgen 2011: 89–107; Schneider 2004). Der Sprachraum ist für die Dialektologie eine notwendige Dimension, sofern Varietäten ausschließlich aufgrund ihrer diatopischen Gemeinsamkeiten (Isoglossen) und im Kontrast zu einer Sprachnorm (Standardsprache) definiert werden. In der klassischen Dialektologie sind Dialekte „die standardfernsten, lokal oder kleinregional verbreiteten Vollvarietäten" (Schmidt & Herrgen 2011: 57). Diese Definition mag für die Situation deutschsprachiger Varietäten des 19. und 20. Jahrhunderts sinnvoll gewählt sein, kann jedoch nicht auf das Jiddische angewandt werden, welches weder in einem Bezugssystem zu einer Schriftnorm vergleichbar der Situation im Deutschen steht, noch zeigt es so kleinräumige Variation wie das Deutsche. Gleiches gilt für deutsche und jiddische Varietäten älterer Sprachstufen. Daher verwendet diese Arbeit die in der deutschsprachigen Dialektologie eher unkonventionelle Dialektdefinition von Helmut Weiß (1998: 1–15, 2009): „A dialect consists of groups of mutually comprehensible I-languages." (Weiß 2009: 257). Weiß (1998) unterscheidet zusätzlich zwischen zwei Typen von I-Sprachen:

(A) N1-Sprachen (sprich: natürliche Sprachen erster Ordnung) sind unmittelbare Derivate von I-Sprachen, die das L1-Kriterium des muttersprachlichen Erwerbs erfüllen.

(B) N2-Sprachen (sprich: natürliche Sprachen zweiter Ordnung) sind mittelbare Derivate von I-Sprachen, die das L1-Kriterium nicht erfüllen. (Weiß 1998: 3)

Damit gilt jede Varietät, die muttersprachlich erworben wird (oj. *mame-loshn*), demzufolge als Dialekt. Elegant an dieser Definition ist besonders, dass ein Dialekt nicht zwangsläufig in einer bipolaren Beziehung zu einer überdachenden Standardsprache (oj. *klal-shprakh*) stehen muss.

Auch wenn dieser Dialektbegriff den Grundkonzepten der klassischen Dialektologie nicht entspricht, werden deren Ergebnisse zur räumlichen Variation deutscher Varietäten und die daraus resultierende Einteilung der deutschen „Basisdialekte" (= synchroner, hauptsächlich phonologischer Zustand der dt. Dialekte des späten 19. und frühen 20. Jhs.) auf Grundlage ihrer diatopischen Eigenschaften aus praktischen Gründen beibehalten. In dieser Arbeit wird die Einteilung der deutschen Basisdialekte nach Peter Wiesinger (Wiesinger 1983a) verwendet (vgl. Abbildung 1.1).

- Da der verwendete Dialektbegriff nicht in einer direkten Abhängigkeit zu einer „Standardsprache" steht, ergibt sich auch ein in der deutschsprachigen Dialektologie eher unüblicher Standardbegriff. Als „Standardsprache" wird zunächst nach Haugen (1994) jede schriftsprachliche Norm verstanden:

    Any vernacular (language or dialect) may be 'standardized' by being given a uniform and consistent norm of writing that is widely accepted by its speakers. It may then be referred to as a 'standard' language. (Haugen 1994: 4340)

Diese Definition, die Aussprachenormen zunächst nicht mit einbezieht, ist besonders für die historische Perspektive sinnvoll, da wir bis in das 20.

1.2 Begriffsdefinitionen

Abbildung 1.1: Einteilung deutscher Dialekte (ohne Sprachinseln) nach (Wiesinger 1983a: 830, Karte 47.4); erstellt mit www.regionalsprache.de/

Jahrhundert hinein von einer Parallelität von Dialekten und Schreibvarietäten ausgehen können. Die Entstehung einer überregionalen Schreibnorm, die zumeist auch nationalbildend wirkt, ist ein dynamischer Prozess. Das moderne Schriftdeutsche entwickelt sich ab dem 16. Jahrhundert (vgl. Besch 1988; 2003; Mattheier 2000). Für das (lange) 19. Jahrhundert als relevanten Zeitraum der vorliegenden Untersuchung kann man bereits von einer weitaus gefestigteren Schreibnorm ausgehen als in früheren Jahrhunderten; nichtsdestotrotz muss jedoch bedacht werden, dass der Standard des 19. Jahrhunderts noch in vielerlei Hinsicht ein im Vergleich zum Gegenwartsdeutschen des 21. Jahrhunderts inhomogenes, präskriptives System darstellt (vgl. Elspaß 2005a,b). Der Normbegriff der Autoren des (langen)

9

1 Einstieg

19. Jahrhunderts unterscheidet sich von der heutigen Form und Funktion präskriptiv genormter Register. Nach der Definition von Weiß (s. o.) macht die deutsche Standardsprache im Verlauf des 19. und frühen 20. Jahrhundert einen Wandel vom Typ N2 zum Typ N1 durch (vgl. Weiß 1998: 12f).

- Die Einteilung jiddischer Dialekte folgt grundsätzlich derjenigen von Katz 1983. Da die Katz'sche Einteilung der westjiddischen Dialekte durch kaum empirische Evidenz gestützt ist, nimmt diese Arbeit zur Verfeinerung des Dialektraums eine zusätzliche Ost-West-Einteilung entlang des 9. Längengrads (Hamburg–Bregenz) vor. Diese Grenze verläuft entlang der bairisch-alemannischen Sprachgrenze sowie der zwischen Ost- und Westmitteldeutsch und der zwischen den west- und ostniederdeutschen Dialekten (vgl. Wiesinger 1983a). Damit orientiert sich diese Einteilung an den Raumstrukturen deutscher Dialekte, selbst wenn empirische Befunde zu einer solchen geographischen Gliederung des Westjiddischen bislang nur für den nördlichen Raum entlang der Elbe erbracht werden konnten (vgl. Ramer 1997: 209). Daraus ergeben sich die westjiddischen Dialektregionen: westliches Südwestjiddisch (westl. SWJ), östliches Südwestjiddisch (östl. SWJ), westliches Zentralwestjiddisch (westl. ZWJ), östliches Zentralwestjiddisch (östl. ZWJ), westliches Nordwestjiddisch (westl. NWJ) und östliches Nordwestjiddisch (östl. NWJ). Die Übergangsgebiete südliches Übergangsjiddisch (SÜJ) und nördliches Übergangsjiddisch (NÜJ) sowie die ostjiddischen Dialekte (Zentralostjiddisch ZOJ, Südostjiddisch SOJ u. Nordostjiddisch NOJ) folgen weiterhin Katz (1983).

Abbildung 1.2: Einteilung jiddischer Dialekte in Anlehnung an Katz (1983)

1.2 Begriffsdefinitionen

- Ein für diese Arbeit zentraler Begriff ist derjenige der „Imitation". Sprachliche Imitation wird als genereller Oberbegriff für die Nachahmung einer Sprache durch einen Nicht-Muttersprachler verwendet. Die genauen Strategien, wie diese Imitation vollzogen wird, beschreiben die Begriffe „Emulation" und „Simulation". Im Falle der Emulation wird die zu imitierende Sprache (target language, Zielsprache) in ein bestehendes Grundsystem (Grammatik) einer Matrixsprache eingebettet, adaptiert.[2] Die Simulation einer Sprache hingegen erfolgt losgelöst von einem Grundsystem. Die Graphiken in Abbildungen 1.3 und 1.4 illustrieren den grundlegenden Unterschied zwischen simulierender und emulierender Imitation. Im Fall sprachlicher Emulation werden erkannte Strukturen der Zielsprache in das System der Matrixsprache integriert. Die sprachliche Simulation hingegen integriert lediglich oberflächliche Strukturen der Zielsprache in das System der Matrixsprache und so treten Formen der Zielsprache losgelöst von einer sprachlichen Struktur auf. In anderen Worten: die Simulation verfügt im Gegensatz zur Emulation über keine zugrundeliegenden sprachlichen Strukturen, sondern besteht nur aus einzelnen, unzusammenhängenden Formen der Zielsprache. Die qualitative und quantitative Intensität der erkannten Formen wird in beiden Fällen durch einen Filter externer und interner Faktoren bestimmt, der zwischen Matrix- und Zielsprache besteht. Dieser Filter bestimmt die Qualität und Quantität der imitierten Strukturen und entscheidet letzten Endes darüber, welche der Imitationsstrategien (simulativ/emulativ) möglich ist. Er setzt sich aus den folgenden Faktoren zusammen:

---

[2] Der Begriff „Matrixsprache" ist in Anlehnung an das *matrix language frame model* (MLF) nach Myers-Scotton (1993 [1997]; 2002) gewählt, welches ein ideales Modell für die Grundstrukturen bilingualer Interferenzen wie code-switching oder code-mixing darstellt, indem es von einer asymmetrischen Opposition von *matrix language* und *embedded language* ausgeht. Sprachliche Imitation ist insofern mit Bilingualismus vergleichbar, als dass ein Ausgleich zwischen zwei Sprachen stattfindet, in welchem eine Sprache (*matrix language*) die Basis bildet, die entweder gezielt (emulierende Imitation) oder spontan (code-switching) durch eine weitere Sprache (*target language* oder *embedded language*) manipuliert wird. Der größte Unterschied besteht darin, dass die in die Matrixsprache eingebundene Sprache im Fall von Bilingualismus vollständig beherrscht wird, im Fall der Imitation jedoch bestenfalls einzelne Strukturen bekannt sind. Aus diesem Grund wird zwar Myers-Scottons (1993 [1997]; 2002) Begriff der Matrixsprache adaptiert, auf eine Verwendung (und Eindeutschung) des Begriffs *embedded language* wird aber verzichtet. Es wird hier vielmehr die Terminologie Myers-Scottons verwendet, als ihr Modell. Es ist weiteren Arbeiten vorbehalten zu prüfen, ob die Mechanismen von sprachlicher Imitation denen von code-switching/code-mixing folgen.

1 Einstieg

1. Externe Einflüsse (z. B. Konzepte von Sprache, Pejorationen, erkannte grammatische Regeln, Intensität des Sprachkontakts)
2. Typologische Nähe/Distanz von Matrix- und Zielsprache
3. Viskosität der Matrixsprache (= Potenzial sprachlicher Variabilität und Stativität)

Zur weiteren Veranschaulichung helfen Beispiele aus der Architektur. Die sprachliche Simulation ist als „Potjomkinsche Dörfer" zu denken; sie ist eine sprachliche Attrappe. Die Emulation hingegen kann man mit den Neo-Stilen (Neobarock, Neoromantik, Neorenaissance usw.) des 19. Jahrhunderts vergleichen: An eine moderne Bausubstanz werden Baustile einer anderer Epochen angebracht, um Historizität zu evozieren. Die Zusammenhänge zwischen Matrix- und Zielsprache und den einzelnen Funktionen und Wirkungsweisen des „Filters" werden im Unterabschnitt 4.2 (ab S. 50) näher ausgeführt.

1.2 Begriffsdefinitionen

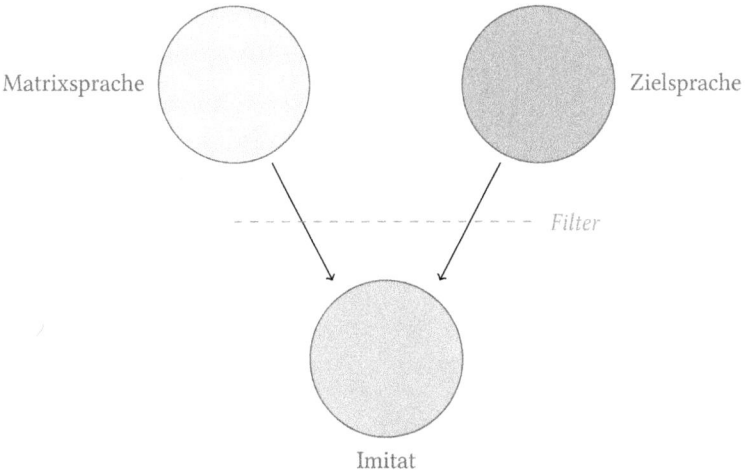

Abbildung 1.3: Modell emulativer Imitation

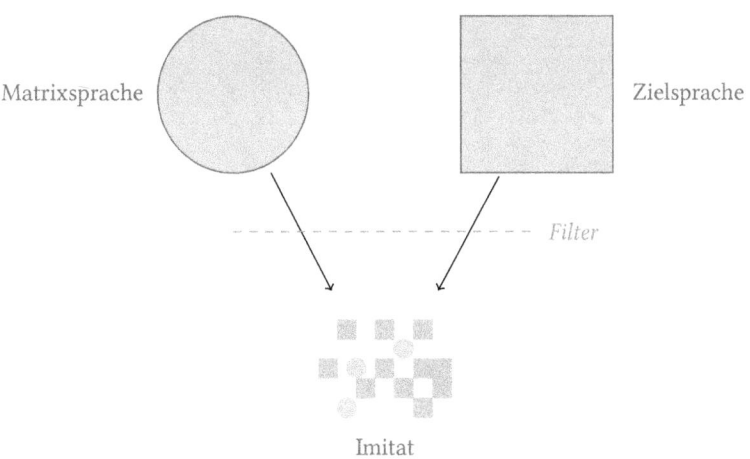

Abbildung 1.4: Modell simulativer Imitation

2 Forschungsstand

In diesem Kapitel wird ein knapper Überblick des derzeitigen Wissensstands der zentralsten Entwicklungen des (West-)Jiddischen und Arbeiten zum Literaturjiddischen gegeben. Da die empirische Datenanalyse im Zentrum dieser Arbeit steht, wurde auf umfangreichere wissenschaftsgeschichtliche Ausführungen zur Jiddistik verzichtet.[1]

2.1 Übersicht zum Forschungsstand der (west-)jiddischen Sprachgeschichte

Das wesentliche Charakteristikum des Jiddischen liegt in seiner relativ geringen territorialen Gebundenheit: Jiddisch „was once a vast linguistic continuum, the largest European speech area next to Russian" (Weinreich 1962: 7). Während die meisten Sprachen Europas durch politische und geographische Grenzen definiert sind, ist das Jiddische über den religionskulturellen Bund der aschkenasischen Bevölkerung bestimmt, der Diasporajuden Zentraleuropas. Nur wenige andere Sprachen sind so eng an ein ethnisches Konzept gebunden wie das Jiddische an das Judentum. Wie alle jüdischen Diasporasprachen ist Jiddisch eine Sprache, die immer im Spannungsfeld mit koterritorialen Sprachen stand (vgl. Spolsky 2014). Jiddische Dialektologie heißt damit auch immer „bilingual dialectology" (Weinreich 1962; vgl. auch die Arbeiten Mieses 1915 [1979] u. Fischer 1936; s. a. Kapitel 5.1, S. 60).

Die jüdisch-aschkenasische Kultur entwickelte sich ab etwa 1000 n. d. Z. im deutschen Sprachraum, wo „infolge einer sprachlichen Verschmelzung" der mitgebrachten (semitischen und romanischen) Sprachen und mittelhochdeutschen Dialekten das Jiddische entstand (Katz 1983: 1018). Jiddische Varietäten, die im Kontakt zu slawischen Sprachen standen (Ostjiddisch), entlehnten aus diesen Sprachen zusätzliche Strukturen und Lexeme. In beiden Dialektgroßräumen (Ost- u. Westjiddisch) wird aber die überwiegende Komponente des Jiddischen von einer Fusion mittelhochdeutscher Dialekte bestimmt. Dabei handelt es sich aber

---

[1] Für den aktuellsten und übersichtlichsten Wissensstand zur Jiddistik seien Aptroot & Gruschka (2010) und für eine detailliertere Darstellung Weinreich ([1973] 2008) zurate zu ziehen.

2 Forschungsstand

nicht um eine deutsche Varietät, sondern man muss dem Jiddischen von Beginn an sprachliche Autonomie gegenüber den Geber- und Kontaktsprachen zugestehen. Westjiddisch ist im Gefüge der deutschen Varietäten ein eigenständiges sprachliches System:

> Keine einzige jiddische Mundart deckt sich mit einer bestimmten deutschen Ma. [Mundart; L.S.], sondern das Jiddische ist ein Abklärungsereignis für sich. (Weinreich 1923: 69; s. a. 53–56)

Unser sprachgeschichtliches Wissen über das Alt- und Mitteljiddische ist insbesondere der Forschungsleistung Erika Timms (Universität Trier) zu verdanken. Doch noch immer stehen systematische grammatische Beschreibungen des Alt- und Mitteljiddischen aus, die uns dabei helfen könnten, die älteren Sprachstufen des Jiddischen innerhalb der westgermanischen Sprachen des Spätmittelalters und der frühen Neuzeit zu verorten.[2] In der Schriftsprache kann ab frühneuhochdeutscher Zeit eine stärkere Auseinanderentwicklung zwischen Deutsch und Jiddisch beobachtet werden (Timm 1986a; 1991; 2005). Es darf angezweifelt werden, dass diese auch die Mündlichkeit betraf, da sie lediglich Entwicklungen überregionaler Schreibvarietäten erfasst, nicht aber natürlicher Sprachen. Erst mit der nationalistischen und puristischen Sprachpolitik des 19. Jahrhunderts und besonders mit der Assimilation des deutschen Judentums löst sich die jahrhundertealte Koexistenz zwischen jiddischen und deutschen Varietäten auf, was vielerorts den Sprachtod des Westjiddischen bedeutet. Vereinzelt konserviert blieb die alte Sprachsituation bis ins 20. Jahrhundert hinein in den diglossisch ausgerichteten Gebieten des SWJ im Elsass, der Schweiz und daran angrenzenden Ortschaften Südbadens (vgl. Mieses 1915 [1979]: 69). Diesem Umstand verdanken wir den umfangreichsten Datenbestand westjiddischer Dialekte (s. Kapitel 5, S. 59).

Der Sprachtod des Westjiddischen wird häufig – und analog zum angenommenen Einfluss der lutherschen Bibelübersetzung auf die Standardisierung des Deutschen (vgl. Besch 1999) – auf Mendelssohns Übersetzung des Tanachs ins Schriftdeutsche mit hebräischen Lettern (1780–1783) und dessen Einstellung zum Jiddischen als einen „Jargon" zurückgeführt (erstmals Pierer & Löbe 1860: 159; Mieses 1915 [1979]: 113–114). Tatsächlich aber sind die Abläufe des jiddischen Sprachtods im deutschsprachigen Raum weitaus komplexer (Weinreich 1923: 20–32) und bedürfen einer eingehenden sozialgeschichtlichen Untersuchung. Die Quellenlage zum späten Westjiddischen (vgl. Kapitel 5, S. 59) spricht dafür, dass

---

[2] Hinzu kommt, dass auch unser Wissen über die Nachbarvarietät des Altjiddischen, das tatsächlich gesprochene Mittelhochdeutsch zum jetzigen Zeitpunkt noch äußerst gering ist (vgl. Wegera 2000a).

sich der Rückgang stufenweise und von Region zu Region abweichend im Laufe des 18., 19. und 20. Jahrhunderts vollzog (vgl. Guggenheim-Grünberg 1973; Roemer 2002).

2.2 Linguistische Perspektiven auf Sprachimitation

Die wissenschaftliche Beschreibung und Untersuchung sprachlicher Imitationen fand bisher in verschiedenen Teilbereichen der Linguistik statt. Besonders in der Spracherwerbsforschung nimmt der behavioristische Ansatz an, dass Erst- und Zweitspracherwerb durch Imitation erfolgen (insbes. Fraser, Bellugi & Brown 1963; Užgiris 1981; Tauten 1997: 291–294; Markham 1997; Lightbown & Spanda 2006; Meltzoff & Moore 1977; 1983; 1989; Meltzoff & Prinz 2002). Eng verwandt hiermit sind Arbeiten aus dem Feld der Sprachevolution. Hier wird das Prinzip des *vocal learning* ('stimmliches Lernen') als evolutionäre Grundvoraussetzung für sprachliche Kommunikation gesehen (vgl. u. a. Fitch 2010; Hauser, Chomsky & Fitch 2002; Petkov & Jarvis 2012).[3] Auf einer noch allgemeineren Ebene sieht das (sozial-)kognitivistische Modell der „Shared intentionality" (erstmals Tomasello, Kruger & Ratner 1993) von Michael Tomasello und Kollegen in den menschlichen Strukturen und Funktionen von Imitation wesentliche Grundprinzipien für menschliche Lernprozesse – insbesondere die des sozialen Lernens (u. a. Tomasello & Carpenter 2007; Tomasello u. a. 2005; Carpenter 2006; Užgiris 1981: 123).

Durch die gegebene instrumentelle Messbarkeit der lautlichen Ebene ergibt sich, dass phonetische (z. T. auch phonologische) Imitation bisher stärker untersucht wurde als etwa grammatische (etwa Tillmanns 2013; Reiterer, Singh & Winkler 2012; Nielsen 2011; Babel 2012). Das Zusammenspiel aller sprachlicher Ebenen blieb bislang unberücksichtigt. So finden sich auch in den bereits vorhandenen Untersuchungen zu Dialekt- und Akzentimitation nahezu ausschließlich Daten dieser zugänglichen Ebene (etwa Babel 2009; Purschke 2010; Neuhauser 2012; Segerup 1999; Dossey 2012; Siegel 2010; Trudgill 1986: 12–14, 40; Adank, Hagoort & Bekkering 2010; Labov 1972: 63, 75). Eine Ausnahme stellt ein Experiment von Labov u. a. (1968: 310–334) dar, wo die Imitation eines syntaktischen Phänomens getestet wurde. In ihren „Memory tests" bei achtjährigen Jungen der

---

[3] Vom Menschen abgesehen, findet sich dieses bei Vögeln (u. a. Lipkind u. a. 2013), Elefanten (Poole u. a. 2005), Meeressäugern wie Walen und Robben (Janik & Slater 1997; Ralls, Fiorelli & Sheri 63) und im Ultraschallbereich bei Fledermäusen (Boughman 1998) und Mäusen (Arriaga, Zhoum & Erich 2012). Bei Primaten konnte bislang ein solches Verhalten nur unter starken Vorbehalten festgestellt werden (Crockford u. a. 2004; Petkov & Jarvis 2012).

sogenannten *Thunderbirds*-Straßengang in New York 1967, untersuchten Labov und seine Kollegen die Spiegelung bzw. Imitation der Versuchspersonen von Fällen, in denen satzfinale Kopulaverben ausfallen.

In allen vorliegenden Arbeiten wird Dialektimitation vorwiegend als Teilbereich soziolinguistischer (insbesondere Pejoration) oder wahrnehmungspsychologischer (Salienz) Fragestellungen herangezogen. Wie in Kapitel 4 (S. 47) zu sehen ist, lassen sich Imitationsdaten variationslinguistisch in weiterer Hinsicht vielfach nutzen.

In dieser Arbeit wird erstmals der Versuch unternommen, Sprachimitationen systematisch in den sprachlichen Ebenen Lexik, Phonologie, Morphologie und Syntax zu untersuchen. Neu ist dabei der Ansatz, Imitationsdaten auf ihren Nutzen als sprachhistorische Quelle zu prüfen. Von Belang sind hier weniger die psychologischen und neurologischen Grundabläufe, die bei sprachlicher Imitation eine Rolle spielen, als vielmehr eine deskriptive Erfassung der grammatischen Elemente, die bei der Imitation nah verwandter Varietäten manipuliert werden können. Und so ist auch die sprachtypologische Perspektive auf Imitationen nah verwandter Varietäten ein Novum. Diese Arbeit betritt somit in vielerlei Hinsicht sprachwissenschaftliches Neuland.

2.3 Mündlichkeit in der Schriftlichkeit

Eine besondere Herausforderung stellt der Datentyp selbst dar. Die dieser Arbeit zu Grunde liegenden Imitationsdaten des (West-)Jiddischen, stammen aus literarischen, zumeist dramatischen, Quellen. Poetische Texte stellen nicht den idealsten Datenquelltyp für linguistische Analysen dar. Zu stark ist ein möglicher Einfluss der poetischen Lizenzen. Vor allem historische Sprachstufen, wie z.B. das Westjiddische des 18. und 19. Jahrhunderts, sind aber zumeist in keiner anderen, *besseren* Form überliefert als der literarischen. Hier gilt die Maxime von Labov (2010: 11): „making the best use of bad data". Dies heißt in der Praxis, die durch poetische Lizenzen entstandenen Strukturen zu identifizieren und aus dem Datenset authentischer Strukturen zu eliminieren. Bei der vorliegenden Untersuchung ist die Situation allerdings anders. Hier stehen die poetischen Lizenzen selbst im Zentrum der Analysen.

Die Verschriftlichung von standardfernen Varietäten ist nicht im Konzept der neuhochdeutschen Schriftlichkeit angelegt. Wenn standardferne Varietäten innerhalb der Literatur auftreten, dann stehen sie immer im Gegensatz zu einer Standardsprache und wirken durch den Kontrast von Schriftlichkeit und Mündlichkeit.

2.3 Mündlichkeit in der Schriftlichkeit

Es ist wichtig, hier zwischen dem „Medium der Realisierung sprachlicher Äußerungen" und der „Konzeption, die die Äußerungen prägt" zu unterscheiden (Koch & Oesterreicher 1994: 587). Wenn zum Beispiel ein Dialekt im Rahmen literarischer Figurenrede als eine orale Varietät verschriftlicht wird, dann ist er vom Medium her schriftlich. Er bleibt dabei aber von der Konzeption her mündlich, ist also nach Koch & Oesterreicher (1985) konzeptionell mündlich. Den Rahmen für konzeptionelle Mündlichkeit innerhalb der medialen Schriftlichkeit literarischer Texte bildet zumeist die direkte Rede. Als Quelle historischer Mündlichkeit eignen sich damit besonders Prosadramen, wie es z. B. Vosberg (2016) am Beispiel einer Analyse von morphosyntaktischen Sprachwandelphänomenen des Englischen bestätigt.

Die hier zu analysierenden Auszüge aus der Figurenrede jüdischer Charaktere sind keine dokumentarischen Aufzeichnungen des gesprochenen Jiddischen, sondern auf Laienwissen fußende Emulationen der Sprache der Autoren (Deutsch) mit eigenen literarischer Funktionen (vgl. Kapitel 5.3).

Wie genau sprachliche Variation in der Literatur wirkt, dafür liefert Mikhail Bakhkin ein literaturwissenschaftliches Modell. Die unterschiedlichen Sprechlagen und grammatische Möglichkeiten einer Sprache nennt Bakhkin *Heteroglossia*. Diese fließt in einen literarischen Texte ein und bewirkt einen Diskurs der unterschiedlichen Sprechweisen (*double-voicing*):

> Heteroglossia, once incorporated into the novel (whatever the forms for its incorporation), is *another's speech in another's language,* serving to express authorial intentions but in a refracted way. Such speech constitutes a special type of *double-voicing discourse*. It serves two speakers at the same time and expresses simultaneously two different intentions: the direct intention of the character who is speaking, and the refracted intention of the author. In such discourse there are two voices, two meanings and two expressions.
> Bakhtin (1981: 324)

Bakhtin (1981: u. a. 279, 285, 369, 418) betont wiederholt, dass ein literarisches Werk erst durch seine internen Dialoge wirkt.[4] Es sind die Abweichungen von der Norm, die poetischen Lizenzen, die einem literarischen Text sprachliche Dynamik verleihen. Die jüdische Figurenrede in der deutschen Literatur ist dafür ein äußerst prägnantes Beispiel. Die große Popularität dieses Stilmittels fußt auf der einfachen und direkten Wirkung, die sprachliche Variation im Rahmen einer sonst normierten Sprache hat. Losgelöst vom Inhalt des Gesagten tritt die Form ins Zentrum und wird somit zum Thema selbst.

---

[4] In der Übersetzung ist hier die Rede von der „Power" eines Werkes

2 Forschungsstand

Solche Prinzipien machen sich Texte zu nutzen, die Formen des Literaturjiddischen verwenden. Vor allem im 18. und 19. Jahrhundert haben wir es hier mit Texten zu tun, die nicht in den literarischen Kanon aufgenommen sind und die wenig Komplexität und inhaltliches Gewicht aufweisen. Die Verwendung einer nicht normgerechten Sprache bei jüdischen Charakteren ist zumeist das einzige komische Element dieser Texte. Die Darstellung konzeptioneller Mündlichkeit fungiert hier ähnlich wie das stilisierte *Türkendeutsch* in der Medien- und Jugendkultur der 1990er und frühen 2000er Jahre als „eine Art *fun-code*" (vgl. Deppermann 2007: 59; Auer 2003). Doch Literaturjiddisch geht über die humoristische Funktion hinaus. Verwendet von nicht-jüdischen Autoren kann es z. B. auch identitätsschaffend, nostalgisch wirken (mehr dazu in Kapitel 5.3).

3 Literarische Traditionen

Aus der Literaturwissenschaft, insbesondere aus dem Forschungsfeld des literarischen Antisemitismus, liegt uns eine Reihe an Arbeiten zur jüdischen Figurensprache in der deutschsprachigen Literatur vor (insbes. Fischer & Bayerdörfer 2008; Kremer 2007; Schreuder 2002; Krobb 2000; von Glasenapp 1999; Gubser 1998; Grözinger 1998; Richter 1995; Och 1995; Frey 1994; 1992; Althaus 1981; 1986; Gelber 1986; Denkler 1977; Jenzsch 1974 [1971]; erste Ansätze finden sich bereits bei Carrington 1897). Dieser Abschnitt zeigt die zentralen Tendenzen auf, die sich aus dem literaturwissenschaftlichen Diskurs für das Literaturjiddische in seinem Verhältnis zum Jiddischen ergeben. Dabei wird der Blick vom Jiddischen in der deutschsprachigen Literatur auf den Umgang mit jüdischen Sprachen generell ausgeweitet. Sinn und Zweck dieses Abschnittes ist es, in einem Überblick die verschiedenen Reflexe, die jüdische Sprachen in literarischen aber auch filmischen Kunstwerken hinterlassen haben, darzustellen.

3.1 Die Sprache jüdischer Figuren als Topos der europäischen Literaturen

Jüdische Diasporasprachen stehen immer in einer Kontrastbeziehung zu koterritorialen Sprachen. Im Literaturjiddischen wird diese Beziehung literarisch realisiert. So ist es nicht überraschend, dass die besondere jüdische Sprachsituation auch in anderen Literaturen als der deutschsprachigen thematisiert wird. Hebt man die Beschränkung auf die jiddische Sprache auf, so lässt sich in der europäischen Literatur etwas finden, was man als „Literaturjüdisch" bezeichnen kann, da oftmals jüdische Figuren sprachlich markiert werden, jedoch nicht über die jiddische oder hebräische Sprache, sondern über ein generelles „Anders-Sprechen". Solche Markierungen finden sich zum Beispiel in der niederdeutschen, dänischen, englischen, polnischen und französischen Literatur.

In der englischen Literatur kann in den Stücken Marlowes und Shakespeares eine unterschiedliche Sprechweise jüdischer Figuren festgestellt werden (Grözinger 1998: 193). Ebenso in Werken des 19. Jahrhunderts, z. B. von Charles Dickens oder George Eliot (vgl. Grözinger 1998: 193). Die Thematisierung des Jiddischen selbst tritt m. W. jedoch erst ab dem 20. Jahrhundert in der anglo-amerikanischen

Literatur in Erscheinung (vgl. Fischer 2003). Wie genau sich die Entwicklung der sprachlichen Markierungen jüdischer Figuren hier gestaltet, bedarf noch detaillierterer Analysen.

In einer anderen germanischen Sprache, nämlich dem Dänischen, finden sich Hinweise dafür, jüdische Figuren über die deutsche Sprache zu charakterisieren. So etwa im Theaterstück „Det Arabiske Pulver" (1724) von Ludwig Holberg, in dem die jüdische Rolle dadurch von den übrigen abgegrenzt wird, dass sie Hochdeutsch spricht.

Hausmann (1989: 60) zeigt, dass in der Literatur Balzacs Elsässer und niederländische Juden in ihren Spracheigenschaften auffällig gestaltet sind. Die Judenfigur spricht hier „schlecht französisch" und „kauderwelscht [...] mit stark germanischem Akzent" (Grözinger 1998: 194). Auch hier fehlen umfassendere Analysen, um festzustellen, wie „germanisch" die sprachlichen Formen tatsächlich sind und ob womöglich Imitationen des Jiddischen vorliegen.

Andere Beispiele jüdischer Figurenrede finden sich in der polnischen, tschechischen und russischen Literatur, in der Juden durch eine auffällige Aussprache der jeweiligen Landessprache charakterisiert werden (insbes. Brzezina 1986; Berger 1999; Kosta 1999; Dohrn 1999; Grözinger 1998: 194–196). Diese phonetischen Besonderheiten können selbstverständlich auch auf Interferenzen mit dem Jiddischen zurückzuführen sein. Eine diese Hypothese überprüfende Analyse steht noch aus.

Besonders interessant sind hier die zwei tschechischen Theaterstücke „Čech a Němec" 'Der Tscheche und der Deutsche' (Jan Nepomuk Štěpánek, 1816) und „Fidlovačka aneb Žádný hněv a žádná rvačka" 'Das Schusterfest oder keine Wut und kein Lärm' (Josef Kajetán Tyl, 1834).[1] Diese beiden Stücke thematisieren die deutsch-tschechische Mehrsprachigkeit direkt über die Figurenrede. Die darin auftretenden jüdischen Figuren (Aron u. Šiveles) zeichnen sich dadurch aus, dass sie in dieser Mehrsprachigkeit perfekt eingegliedert sind. Sie sprechen neben kürzeren tschechischen Phrasen hauptsächlich deutsch; allerdings ein leicht markiertes Deutsch, das an das LiJi deutschsprachiger Autoren erinnert:

> Aron: Was heißt das? bin ich doch erschrocken, dass ich habe geglaubt, ich kriege die Frais. Und es ist doch nichts gewesen als das Echo. Nu, tedy musím jen hledět tu škatulku někde schovat a místo si pamatovat.
> '[...] Nun, also muss ich nur noch zusehen, dass ich diese Schatulle irgendwo verstecke und mir den Ort merke.'
> („Čech a Němec" 1816: 6)

---

[1] Den Hinweis auf diese Stücke verdanke ich Agnes Kim (Universität Wien), die mir auch bei der Übersetzung des Textausschnitts zur Seite stand.

3.1 Die Sprache jüdischer Figuren als Topos der europäischen Literaturen

Wie die Analysen in Teil III (S. 87) dieser Arbeit zeigen, entsprechen die hier auftretenden Abweichungen vom Schriftdeutschen den Strukturen, die im deutschen LiJi besonders frequent sind. Ich erlaube mir kein Urteil darüber, ob und inwiefern auch das Tschechisch der jüdischen Figuren von der tschechischen Norm abweicht.[2]

Auch in der niederländischen Literatur des 19. Jahrhunderts sind Tendenzen zu erkennen, jüdische Figuren sprachlich zu markieren. Dies findet sich etwa in der Sprache des Juden Simon im Stück *De lotgevallen van Ferdinand Huyck* von Jacob van Lennep (1840)[3] oder der Figur des Moses Nathan im antisemitischen Text anonymer Autorschaft „Een Christen, die een Jood had bedrogen: blijspel voor rederijkers in 3 bedrijven" (1867). Hier spielt aber weniger das niederländische Nordwestjiddische eine Rolle. Vielmehr finden sich phonologische Manipulationen am Niederländischen selbst, mit denen eine den Juden eigentümliche Art und Weise der Aussprache der Landessprache (*Judeo-Dutch*; vgl. Kap. 5.1, S. 60) evoziert wird. Besonders zentral sind hier Aspirierungen wie *dhat* vs. ndl. *dat* 'das(s)' („Een Christen, die een Jood had bedrogen": 41) oder *thock* vs. ndl. *toch* 'doch' („Een Christen, die een Jood had bedrogen": 44). Aber auch lexikalische Marker, wie etwa mit Ausdrücken wie *Awhaai!* 'Ohweh!' („Een Christen, die een Jood had bedrogen": 42), spielen eine zentrale Rolle. Ob und inwiefern diese Darstellung der Sprachrealität entspricht, bleibt weiteren Analysen überlassen. Bezeichnend ist, dass sich die niederländische Literatur mit ihren Strategien der jüdischen Figurenrede größtenteils deutlich vom Literaturjiddischen der deutschen Literatur unterscheidet. Eine interessante Ausnahme stellt die 1834 in Amsterdam erschienene Ausgabe der *Gedichter, Parabeln unn Schnoukes* (GP Nürnberg, 1831) Itzig Veitel Sterns (Pseud.) unter dem Titel „Gedichten, Parabelen en Sjnoekes of poëtische paarlensnoer voor de Kalle. Eene Rariteit van Itzig Feitel Stern" dar (vgl. Abschnitt 11.3, S. 324).

In der niederdeutschen Literatur des 19. Jahrhunderts finden wir hingegen jüdische Figurenrede, wie sie aus der hochdeutschen Literatur bekannt ist. Die vorliegende Arbeit analysiert erstmals einige solcher Quellen (vgl. die Quellen UT Stavenhagen, 1862; DP Pyrzyce, 1874 u. DK Osterwieck, 1872). Hier mag der etwas größere sprachliche Abstand, also die typologische Distanz, zwischen Jiddisch und Niederdeutsch als die zwischen Jiddisch und Hochdeutsch unterschiedliche Muster der Imitation generieren.

---

[2] Einer ersten Einschätzung der Slawistin Agnes Kim (Universität Wien) zufolge sind besonders in der tschechischen Sprache der jüdischen Figur Šiveles Abweichungen von der Norm zu erkenennen.

[3] Den Hinweis auf diese Quelle verdanke ich Marion Aptroot.

Generell lässt sich festhalten, dass ein typologischer Vergleich der Imitationsmuster jüdischer Sprachen und insbesondere des Jiddischen in den europäischen Literaturen ein interessantes Forschungsunterfangen darstellen würde. Bislang konnte jedoch nur in der deutschsprachigen (hoch- und niederdt.) Literatur eine in alle sprachliche Ebenen der Matrixsprache eingreifende fiktionale Sprache jüdischer Figuren gefunden werden. Das besondere Verhältnis zwischen Deutsch und Jiddisch, welches in der gemeinsamen mhd. Komponente begründet ist, ermöglicht ein gegenseitiges Verständnis und schafft erst die Möglichkeit zur Emulation der anderen Sprache. So kann in etwa auf phonologischer Ebene eine Lautregel des Jiddischen (z. B. mhd. ê > /ei/) auf deutsche Lexeme angewendet (emuliert) werden (z. B. *geihn* 'gehen', *steihn* 'stehen'), um den Eindruck des Jiddischen zu erwecken. Die Rekonstruktion eines deutschen Wortes oder einer deutschen Struktur aus einer literaturjiddischen Form ist für einen Muttersprachler des Deutschen noch immer möglich, womit die Verständlichkeit garantiert ist. Dagegen können andere Sprachen, wie etwa Englisch oder Französisch, nur mehr in einzelnen Ebenen jüdische Sprachen emulieren, sofern eine inhaltliche Verständlichkeit für die Leserschaft erhalten bleiben soll.

3.2 Literaturhebräisch in der deutschsprachigen Literatur

Bereits vor dem 18. Jahrhundert finden sich in der deutschsprachigen Literatur eine dem Literaturjiddischen ähnliche literarische Strategie der Charakterbildung jüdischer Figuren, jedoch auf Grundlage einer anderen jüdischen Sprache: des Hebräischen. Carrington (1897: 8) beschreibt dieses Literaturhebräisch (LiHe) anhand eines Innsbrucker Osterspiels aus dem 14. Jahrhundert als „unverständliche[s] Gemisch von lateinischen und verdrehten hebräischen Wörtern". Frey (1994: 197) bezeichnet LiHe schlichtweg als „Kauderwelsch". Die ideologisch höchst problematische Arbeit Frenzels (1942: 24) nennt es „Pseudo-Hebräisch".

Frey (1992) zeigt, dass LiHe ganz unterschiedliche Formen annehmen kann. Es finden sich Stücke, welche mit der unverständlichen Anhäufung hebräisch (und ggf. lateinisch/ italienisch) klingender Wörter arbeiten (1a),[4] von denen nur wenige Elemente einen klaren Wiedererkennungswert zum Hebräischen haben. Diese sind wie in (1a) vorrangig Eigennamen des Alten Testaments (*abraham* 'Abraham', *moyses*[5] 'Moses', *jacob* 'Jakob') oder aber auch einer der populäreren

---

[4] In den Lexemen *calsim*, *calcasim* und *tripsim* lässt sich sogar das hebräische Pluralsuffix der Maskulina *-im* erkennen. In diesem Fall ließe sich sogar von der Emulation des hebräischen Suffixes im Rahmen einer Simulation sprechen.

[5] Hier sogar mit der aschkenasischen (vorwiegend ostjiddischen) Diphthongierung von /oː/ > /ɔj/.

3.2 Literaturhebräisch in der deutschsprachigen Literatur

jüdischen Gottesnamen (*adonay* 'Herr'). Andere Stücke arbeiten mehr mit einem Gemisch aus Deutsch und Phantasiephrasen, die etwas Beschwörungshaftes an sich haben (1b). Auf diesem Weg kann der Text nicht nur über die unverständlichen Elemente, sondern auch über den Inhalt der verständlichen Passagen Juden diffamieren. Frey (1992: 62) findet nur in einem einzelnen Text tatsächliches Hebräisch, das zur Figurencharakterisierung gebraucht wird. Hierbei handelt es sich um das אֲדוֹן עוֹלָם 'Herr der Welt' aus dem שחרית *Shakharit* (jüdisches Morgengebet) (1c). Im Stück selbst wird anschließend an den „hebräischen" Vortrag der Text direkt ins Deutsche übersetzt wiedergegeben (Frey 1992: 62). Doch eine solche beinahe aufklärerische Verwendung des Hebräischen ist in den Passionsspielen eine Ausnahme.

(1) a. *Schïroli kakma nedana scharobora ka lankato waycheilo gawidello in dezbro abraham vnd moyses jacob kadakados adonay sebeos calsim calcasim tripisim calca* [...]
(Erlauer Spiele; Anfang 15. Jh.; zit. nach Frey 1992: 59)

b. *Dar umb so nemmend wir dafür*
Brad würst vnnd sure senff,
ist aller Juden tämpf,
gammahü mahü.
Alla calla malla,
Alla willa wigrui
rui rui pfu pfu! [...]
(Luzerner Osterspiel; Mitte 15. Jh.; zit. nach Frey 1992: 68)

c. *Adan holana ascher molach pethorem*
Koll jhetzir niffra bohot nathase be
Hefizo kol asahi meloch schemonicra [...]
(Hanz Folz „die alt und neu ê"; Ende 15. Jh.; zit. nach Frey 1992: 59)

Abgesehen von dem aus dem Rahmen fallenden Text in (1c) wird in den Passionsspielen Hebräisch simuliert, nicht emuliert. Es findet sich nie eingebettet in einen sprachlichen Rahmen.

LiHe funktioniert damit anders als LiJi: Jeder Autor hat beim ersteren sein eigenes Konzept, wohingegen im Fall des LiJi gemeinsame Strukturen gegeben sind. Das LiJi emuliert das Jiddische mit Deutsch als Basis, das LiHe simuliert hingegen mit Hilfe einzelner kennzeichnender Wörter (*adonay*), v. a. aber über bedeutungslose Lautansammlungen das Hebräische. Bei beiden Formen der Imitation ist Deutsch die zugrunde liegende Sprache. Literarische Imitation kann demnach verschiedenen Strategien folgen.

Ab welchem Zeitpunkt LiHe auftaucht, ist nicht klar zu beantworten. Den Arbeiten Freys (1992; 1994) liegen Texte aus dem 15. und 16. Jahrhundert zugrunde. Auch Carrington (1897) gibt nicht an, ab wann die Sprache zum Thema der jüdischen Figuren wird. Sein frühestes Beispiel für eine Quelle des LiHe stammt aus dem 14. Jahrhundert (Carrington 1897: 7f). Er nennt allerdings bereits Hinweise für eine besondere Gestaltung jüdischer Rollen im 12. Jahrhundert:

> In den geistlichen Spielen finden wir sehr früh die Juden als komisches Element verwendet. Schon im XII. Jahrhundert beklagen sich einzelne Geistliche darüber, und in den folgenden Jahrhunderten nimmt das Gefallen der Zuschauer an diesem Elemente bedeutend zu. Gegenstand der Verspottung sind vor allem Schacher und Wucher, Sprache und Gesang. (Carrington 1897: 7)

In einem Benediktbeurer Weihnachtsspiel findet sich ein Hinweis auf eine mimische und gestische Markierung jüdischer Figuren in einem Stück des 13. Jahrhunderts:

> Archisynagogus cum suis Judeis valde obstrepit auditis prophetiis et dicat trucendo socium suum, movendo caput suum et totum corpus et percutiendo terram pede, baculo etiam imitando gestus Judei. (Benediktbeurer Weihnachtsspiel, 13. Jh.; zit. n. Stumpfl 1936: 260f; bereits in Young 1933: 175)

> Der Synagogenvorsteher lärmt mit seinen Juden gegen die gehörten Weissagungen an und redet auf seinen Gefährten ein, indem er ihn anstößt, seinen Kopf und seinen ganzen Körper schüttelt, mit dem Fuß auf den Boden stampft, auch mit dem Stock die Gesten des Juden imitierend. (Übersetzung nach Freise 2002: 473 Fn., 213)

Die besondere dramatische Darstellung jüdischer Figuren geht demzufolge auf eine längere Tradition geistlicher Stücke zurück (vgl. Freise 2002: 437). Die Manipulation der Sprache ist demzufolge, wie im LiJi nur ein dramaturgisches Mittel unter vielen. Weitere übliche Elemente finden sich im Bühnenbild, wie etwa der Einsatz der Farbe Gelb, des sog. „Judenhuts" (Frey 1992: 55–57) oder auch in der Verwendung (simulierter) hebräischer Quadratschrift, die auch über das Passionsspiel hinaus schon früh als Identifikationsmittel dienen (vgl. Abbildung 3.1).[6]

---

[6] Diese Strategie zur Kennzeichnung jüdischer Figuren findet sich noch bis heute in filmischen und graphischen Darstellungen von Judenfiguren (vgl. Abschnitt 3.6).

3.2 Literaturhebräisch in der deutschsprachigen Literatur

Abbildung 3.1: Darstellung eines sog. „Judeneids": Der Schwur auf den Tanach. Ausschnitt aus einem Holzschnitt des Augsburger „Laienspiegel" (1509) mit hebräischen Lettern (entnommen aus Wolf 2003: 851)

Es ist ein Forschungsdesiderat, die überlieferten Textzeugen und ihre Strukturen und Funktionen des LiHe zu erfassen. Bislang liegt eine Reihe von Arbeiten zu Judenfiguren in spätmittelalterlichen Schauspielen vor (Carrington 1897; Lowack 1905: 28–29; Bremer 1986; Frenzel 1942; Frey 1991; 1992; 1994; Wenzel 1992; Rommel 2002; Freise 2002; Mikosch 2010). Allerdings geht nur Frey (1992; 1994) näher auf die Sprache jüdischer Rollen ein.

Die Tradition des LiHe muss bis ins 17. Jahrhundert hinein ein populäres Mittel der Dramatik gewesen sein.[7] Jiddisch tritt erst ab ca. 1700 in die Funktion zur charakterbildenden Sprache für jüdische Rollen. Frey (1992: 61) findet keinerlei Anhaltspunkte für eine literarische Verarbeitung des Jiddischen in seinen Quellen des 16. Jahrhunderts (vgl. Frenzel 1942: 24):

In keinem der mir bekannten mittelalterlichen Texte reden Juden, wenn sie deutsch reden, „jüdelnd". Sie reden wie ihre Antagonisten – oder aber sie re-

---

[7] Carrington (1897: 10) nennt als letzte Quelle Andreas Gryphius Stück „Horribilicribrifax" (1663). Althaus (1981: 215) findet noch im 18. Jh. Texte, die Hebraismen aufgreifen, jedoch sind dies ausschließlich sondersprachliche Quellen v. a. des Rotwelschen.

3 Literarische Traditionen

> den in jener Pseudo-Sprache (die man aber als „Hebräisch" ausgeben wird), die in diesem kleinen Spiel ihr absolutes Anderssein ausdrücken soll. (Frey 1992: 61)

Es finden sich tatsächlich nur wenige Hinweise auf die Verwendung jiddischer Elemente in der Figurenrede jüdischer Rollen im 16. Jahrhundert. Ein Beispiel ist Paul Rebhuns Stück „Susanna" von 1536. Darin verwendet Susannas Tochter Jahel in ihrer Kindersprache das westjiddische Lexem *memme* 'Mutter':

(2) a. *We hat euch tan lieb memmelein?*
'Wer hat euch denn lieb Mütterchen?'
(Paul Rebhun „Susanna" 1536: Akt 3.3; zitiert nach Lowack 1905: 29)

Von diesem einen Lexem abgesehen spielt das Jiddische im Drama des 16. Jahrhunderts kaum eine Rolle (vgl. Lowack 1905: 28). Dies mag mitunter an der Thematik der Stücke liegen, in denen jüdische Rollen auftreten. Als Sakralsprache der Juden ist Hebräisch für den religiösen Kontext von Passionsspielen ideal. LiHe hat keine weitere Funktion als jene, das Judentum als Gegenkonzept zum Christentum zu diffamieren (vgl. Frey 1992; 1994).

Am Beispiel dreier Stücke zur Laienbelehrung aus dem 16. Jahrhundert zeigt Frey (1994: 186), dass LiHe nur in gesonderten Gesängen Verwendung findet, nicht aber in der eigentlichen Figurenrede auftaucht, „dort sprechen alle jüdischen Figuren ohne Ausnahme dasselbe Deutsch wie ihre Gegenspieler". Damit unterscheidet sich LiHe stark vom LiJi. Der Umstand, dass jüdische Figuren im normalen Spiel wie alle anderen Figuren reden, sich aber in der Sprache ihrer Gesänge von den übrigen Figuren unterscheiden, mag soziolinguistische Verhältnisse widerspiegeln – u. U. war zu jener Zeit das sprachkulturelle Konzept des Jiddischen als eine nicht-deutsche Sprache längst nicht ausgebildet, worauf die Selbstbezeichnung דײטש / *daytsh* bzw. die Fremdbezeichnung als *Jüdisch-Deutsch* bis ins 19. Jahrhundert hinein schließen lässt (vgl. Simon 1988). Die literarische Funktion wäre demnach hinter der antisemitischen Idee verborgen, mit Hilfe des Sprachwechsels anzuzeigen, dass die Fremdartigkeit sich erst im Verborgenen zeigt. Eine solche Funktion wäre deckungsgleich mit dem Antisemitismus des 19. Jahrhunderts, wie ihn etwa Achim von Arnim vertritt (siehe dazu insbes. 2008: 107–128).

Die grundsätzliche Funktion des LiHe liegt grob gesprochen darin, ein negatives Gegenkonzept zum christlichen Weltbild auf die Bühne zu bringen (vgl. Frey 1992). Selbst Frey (1992: 66–67) räumt ein, dass das LiHe mit Laienkonzepten des Hebräischen arbeitet:

[D]as Kauderwelsch (das aber – noch – kein „Jüdeln" ist, da es keiner Grammatik folgt) bedarf nicht der Übersetzung, es besteht aus Wörtern, Begriffen, Floskeln, die jeder, der ein einigermaßen scharfes Ohr hatte, beim Umgang mit Juden, beim Hören der jüdischen Liturgie in der Synagoge „nebenan" aufschnappen und daher „wiedererkennen" konnte. Beim gespielten „Judengesang" war mithin der Fremdheitseffekt ebenso groß wie der Wiedererkennungseffekt wichtig. (Frey 1992: 66–67)

Besonders interessant ist hier, dass Frey davon ausgeht, dass das „Jüdeln", welches dem LiJi entspräche, einer „Grammatik folgt". Mit diesem Konzept vom LiJi unterscheidet er sich deutlich von den gängigen literaturwissenschaftlichen Definitionen, die LiJi auf Grundlage von sprachlichen Regelverstößen definieren (s. o.).

Ab 1700 findet sich kein Text mehr, der mit einem „kauderwelschen" LiHe arbeitet. Doch prinzipiell bleibt Hebräisch als markierendes Element der jüdischen Figurenrede erhalten. Im LiJi spielen Hebraismen, wie zu zeigen ist (vgl. Kapitel 7.3, S. 94), zwar eine eher untergeordnete Rolle, erhalten bleibt mit ihnen jedoch das Element, die Fremdheit der Figuren zu untermauern.

3.3 Literaturjiddisch im 18. und 19. Jahrhundert

Matthias Richter (1995) hat in seiner Arbeit zur „Sprache jüdischer Figuren in der deutschen Literatur (1750–1933)" den Begriff des „Literaturjiddischen" (LiJi) entwickelt, an dem sich auch die hier vorliegende Arbeit orientiert. Das LiJi ist ein literarisches Konzept des 18. und 19. Jahrhunderts und ein Phänomen, das zunächst auf die deutschsprachige Literatur beschränkt ist (vgl. Abschnitt 3.1). Es zeichnet sich dadurch aus, dass die Literatursprache (Deutsch) im Sprechtext (direkte Rede) jüdischer Figuren formell von der nicht-jüdischer Figuren abweicht. Man findet diese literarische Strategie bei christlichen wie jüdischen Autoren (Richter 1995).[8] Neben „als typisch jüdisch geltende[n] Namen (Itzig, Schmuel, Chohn)", „physische[n] Merkmale[n] (Nase)" oder „geistige[n] oder charakterliche[n] Eigenschaften (Rechensinn, Materialismus, Feigheit)", ist LiJi ein wesentlicher Bestandteil im literarischen Inventar zur Kennzeichnung jüdischer Figuren (Gruschka 2003: 98f). Diese Figuren sind zumeist vom Typ des Händler- und Wucherjuden unterer sozialer Schichten.

Die Arbeiten Richters (1995) und Gruschkas (2003) zeigen, dass LiJi kein auf nicht-jüdische Autoren reduzierbares Phänomen ist, sondern auch von jüdischen

---

[8] Speziell zu jüdischen Autoren s. Gruschka (2003).

3 Literarische Traditionen

Autoren des 19. und 20. Jahrhunderts eingesetzt wurde, nun in erster Linie, um sich als assimilierte Westjuden vom Jiddisch sprechenden Ostjudentum abzugrenzen.

Richters Bezeichnung dieser besonderen literarischen Sprecheigenschaft als eine „literarische Form des Jiddischen", weist darauf hin, dass die jüdischen Figurenrede an die jiddische Sprache erinnert. Doch welche Eigenschaften diese fiktionale Sprache mit der natürlichen Sprache gemeinsam hat (vgl. Abschnitt 4.1), wird in dieser Arbeit nicht geklärt. Wenngleich auch Richter (1995) den direkten Vergleich zwischen LiJi und Jiddisch nicht scheut, hat er den Begriff des LiJi vor allem aus dem Grund eingeführt, Distanz zu schaffen zur gesprochenen Sprache, dem Jiddischen:[9]

> [E]s [ist] zunächst gleichgültig, ob die identifizierten Besonderheiten, die eine Figur in sprachlicher Hinsicht als jüdisch erscheinen lassen, realem Jiddisch entsprechen oder nicht. [...] Es geht also weniger um Echtsein als um Echtwirken, um die Signalfunktion. Um den Unterschied zwischen tatsächlichem jüdischen Sprachgebrauch und den Sprachelementen in einer Figurenrede, die als spezifisch jüdische ausgegeben werden, nicht zu verwischen, führe ich den Begriff „Literaturjiddisch" ein. Er bezeichnet die artifizielle Sprache, derer sich Autoren fiktionaler Texte zur besonderen sprachlichen Kennzeichnung bedienen. (Richter 1995: 11, 12)

Die Annahme, leicht über das „Echtwirken" des LiJi entscheiden zu können, reflektiert nicht den Sitz im Leben der Texte. Es ist tatsächlich leichter herauszufinden, ob LiJi echte jiddische Formen transportiert (und damit auch ein Potenzial zum Echtwirken hat), als zu erheben, ob es auf Leser des 18. und 19. Jahrhunderts echt wirkte. Für einen Leser des 21. Jahrhunderts, der niemals im Kontakt zu einer jiddischen Varietät stand, wirken literaturjiddische Passagen tatsächlich wie fehlerhaftes Deutsch. Doch darf dies nicht auf das Lesepublikum früherer Jahrhunderte übertragen werden; dieser Fehlschluss ist leider in nahezu allen literaturwissenschaftlichen Beiträgen zu diesem Thema zu finden.

---

[9] Richters Differenzierung zwischen literarischer und gesprochener Sprache findet sich in allen Arbeiten zur Sprache jüdischer Figuren wieder (vgl. Fischer & Bayerdörfer 2008; Althaus 1981; 1986; Gelber 1986; von Glasenapp 1999; Och 1995; Krobb 2000; Denkler 1977; Gubser 1998; Schreuder 2002; Grözinger 1998). Einzige Ausnahme ist Frenzel (Frenzel 1942: 105), die in Immermanns Stück „Die Verkleidungen" (1828) den „jiddischen Dialekt" wiedergegeben sieht. Den prinzipiellen Gedanken, LiJi als eine fiktionale Sprache nicht mit dem Jiddischen als eine natürliche Sprache gleichzusetzen, teilt auch diese Arbeit. Doch wie Kapitel 4 zeigen wird, birgt der Vergleich zwischen Sprachwirklichkeit und Literatursprache ein bislang ungenutztes Potential.

Trotz der postulierten strikten Trennung zwischen Westjiddisch und Literaturjiddisch scheut Richter (1995) in seinen Analysen nicht den Vergleich zur natürlichen Sprache. Auch zeigt er anhand einiger Beispiele, dass bestimmte Reflexe der jiddischen Sprachrealität im LiJi konserviert sind (Richter 1995: 95–113). Neben Richter (1995) ist es alleine Jenzsch (1974 [1971]), der zumindest in den von ihm untersuchten Dramen „deutliche Spuren von Jiddisch-Imitationen" erkennt. Alle übrigen Arbeiten relativieren alle Anhaltspunkte, die auf das gesprochene Jiddisch verweisen, sehr stark und bevorzugen eine rein literaturwissenschaftliche Perspektive auf das Phänomen.

Fischer & Bayerdörfer (2008: 118) postulieren zum Beispiel, dass sprachliche Markierungen jüdischer Figuren literarische „Strategien der Sympathielenkung" sind, die „von den faktualen historischen Sprechgewohnheiten abweichen". In diesem literarischen Konzept des Jiddischen ist damit „der Abgleich mit den historischen Sprachrealitäten nur von bedingtem Aussagewert" (Fischer & Bayerdörfer 2008: 118). Diese Einschätzung ist in erster Linie dem mangelnden Wissen zum späten Westjiddischen geschuldet und fällt damit ein vorschnelles Urteil über den linguistischen Wert literaturjiddischer Texte.

Viele Arbeiten, die sich der jüdischen Figurenrede nähern, verhalten sich argumentativ grenzwertig im Versuch, *political correctness* zu wahren und eigene präskriptive Vorstellungen von Sprache einzupflegen. So schreibt etwa Gelber (1986: 167) über die Figurenrede des Reb Tinkele in Gustav Freytags „Soll und Haben" (1855): „Die relativ leicht deformierte, syntaktisch defekte Sprache ist nur eine Andeutung seines tatsächlichen, abscheulichen Deutsch". Entweder referiert Freytags LiJi auf das tatsächlich gesprochene, in Gelbers Sicht „abscheuliche" Jiddisch oder aber auf ein Konzept des Lesepublikums vom Jiddischen als ein „abscheuliche[s] Deutsch". Alles in allem vertritt auch Gelber (1986: 166) die Hypothese, dass LiJi „nicht den gesellschaftlichen Verhältnissen" entspricht. Doch der Vergleichspunkt zum LiJi ist hier das Gegenwartsdeutsch Gelbers und nicht die Mündlichkeit oder die Schriftlichkeit des 19. Jahrhunderts. Dies ist der bereits erwähnte Fehlschluss, den Sitz im Leben eines Textes, also seinen historischen Kontext zu ignorieren.

Ebenso zieht Neubauer (1994) nicht das Jiddische als Vergleichssprache zum LiJi heran, sondern das moderne Standarddeutsch. Ein solcher Ansatz kann lediglich die Wirkung der literarischen Sprache auf die deutschsprachige Leserschaft oder das Theaterpublikum des 20. Jahrhunderts einfangen. Außer Acht gelassen wird damit der Diskurs des 19. Jahrhunderts, in dem Literaturjiddisch nicht allein im Kontrast zum Deutschen steht, sondern vor allem im Verhältnis der Identifikation zum tatsächlich gesprochenen Jiddischen. Nur durch die Abbildung oder Imitation der Sprachrealität in der Literatur konnte das Literaturjiddische als Identifikator jüdischer Figuren funktionieren. Neubauer (1994) möchte die Sprache ebenso zusammenphantasiert wissen, wie es bei anderen Merkmalen jüdischer Figuren (wie Inzest, Geldgier oder markante Gesichtszüge) der Fall ist. Dementsprechend charakterisiert er LiJi als eine „künstliche Sprache" und „nicht als natürliches Sprechen" (Neubauer 1994: 144). Er bezeichnet phonologische und grammatische Formen als schlichtweg „falsch" (Neubauer 1994: 143, 145, 155) bzw. spricht sogar von „linguistische[n] Fehler[n]" (Neubauer 1994: 154, 155), obwohl seine Beispiele Belege für charakteristisch westjiddische Formen sind.[10] Selbst die Verwendung typisch westjiddischer Lexeme hat seiner Auffassung nach lediglich die Funktion, „distanzierend und verfremdend" auf das Publikum zu wirken (Neubauer 1994: 142), als dass sie auf eine literaturexterne Sprachrealität verweisen könnten.

Doch die Frage, ob LiJi die jiddische Sprachrealität abbildet, mag für das nicht Jiddisch sprechende Lesepublikum keine Relevanz gehabt haben. Viel entscheidender ist jedoch, ob LiJi den Erwartungen und Konzepten des Jiddischen entspricht. Dies lässt sich jetzt kaum mehr feststellen. So kommt Gubser (1998) zu dem Schluss, das LiJi sei „für die deutschsprachige Mehrheit zweifelsohne nur schwer zu verstehen" gewesen. Dieses „Nichtverstehen" ist laut Gubser (1998: 138f) das zentrale Element jüdischer Figuren. Ein besonders eindrucksvolles, Gubsers Idee widersprechendes Beispiel liegt im Fall eines 1739 verfassten Hochzeitsgedichts eines Herrn Arletius aus Breslau vor. Der Verfasser gibt selbst an, „daß die Kenner des Jüdischen [= Jiddischen, L.S.] es durchaus nicht für das Werk eines nicht jüdischen Verfassers halten wollen" (Arletius 1800: 281). Diese Beurteilung lässt zwei Schlüsse zu: Entweder hatte das nicht-jüdische Publikum nur eine sehr begrenzte Vorstellung vom tatsächlich gesprochenen Jiddisch, dass es ausreichte, ein „verfremdetes Deutsch" einzusetzen, oder aber die Imitation entspricht derart stark einem aus dem direkten Sprachkontakt resultierendem Konzept des Jiddischen, was dafür spricht, im LiJi Reflexe aus der Sprachrealität zu vermuten.

Obzwar kaum eine der Arbeiten, die sich mit der Sprache jüdischer Figuren befassen, sprachwissenschaftliche Analysewerkzeuge verwendet gibt es doch Bestrebungen, die Besonderheiten des LiJi einzufangen. Die am häufigsten genannten sprachlichen Markierungen jüdischer Figurenrede, die sich in der aktuellen Forschungsliteratur finden lassen, sind die folgenden:

---

[10] Wie z. B. die Diphthongierungen von E2 > /ei/ und O2 > /ou/ (vgl. Neubauer 1994: 143). Neubauer (1994) zitiert immerhin Timm (1986b), Beraneck (1965) und Mieses (1915 [1979]), was hieße, dass er eigentlich mehr über das Westjiddische hätte wissen können, als er vorgibt.

3.3 Literaturjiddisch im 18. und 19. Jahrhundert

- **Extrapositionen (Nachfeldbesetzung)** „Eigentümlichkeiten der Wortstellung" (Richter 1995: 104), „Umstellungen und Ausklammerungen" (Althaus 1981: 219), „Endstellung des Akkusativ-Objektes [...] aber auch adverbiale[r] Bestimmungen und andere[r] Objekte" (Jenzsch 1974 [1971]: 187), z. B. **NP-Extraposition** *zu machen ein groß Geschäft* 'um ein großes Geschäft zu machen' (Felix Dahn „Ein Kampf um Rom" (1876), zit. n. Richter 1995: 104); **PP-Extraposition** *wenn der Herr Ehrenthal, für mich nicht hat ein Bett in seinem Hause* 'wenn der Herr Ehrenthal für mich nicht ein Bett in seinem Hause hat' (Gustav Freytag „Soll und Haben" [im Folgenden SH (Kluczbork, 1855)], zit. n. Althaus 1981: 220); **AP-Extraposition** *So laß mich nicht reden umsonst* 'lass mich nicht umsonst reden' (Felix Dahn „Ein Kampf um Rom" (1876), zit. n. Richter 1995: 104)

- **symmetrisches-V2** „nicht-finale Stellung der finalen Stellung im Gliedsatz" (Richter 1995: 100), „Aufhebung der Klammerstellung des Verbs am Satzende der Nebensätze" (Althaus 1981: 219), „fehlerhafte, dem Hauptsatz-Gefüge nachempfundene Setzung des Prädikats an zweiter Stelle im Nebensatz" (Gubser 1998: 141), „stereotype Aufhebung der Klammerstellung des Verbs" (Neubauer 1994: 143) z. B. *[...] brauchste dich nicht lassen zu treten* (Wilhelm Raabe „Der Hungerpastor" (1864), zit. n. Richter 1995: 100)

- **verb raising** „die unmittelbare Nachsetzung des Partizips Perfekt hinter das Hilfsverb im Hauptsatz" (Gubser 1998: 141), „fehlerhafte Stellung des Prädikats in Nebensätzen" (Gubser 1998: 141), z. B. *das schaine Geld, was er hat mitgenommen* 'das schöne Geld, welches er mitgenommen hat' (Karl Borromäus Sessa „Unser Verkehr" (1816), zit. n. Gubser 1998: 141)

- **Kasus nach Präposition** „[Gebrauch] des Akkusativs anstelle des Dativs" (Richter 1995: 102), z. B. *Leute von den juten Ton* 'Leute von gutem Ton' (Wilhelm Hauff „Mitteilungen aus den Memoiren des Satan" (1825/26), zit. n. Richter 1995: 102) **Kasussynkretismen bei Personalpronomen** „Gebrauch des Dativs anstelle des Akkusativs" (Richter 1995: 102), z. B. *hat mir gekostet* 'hat mich gekostet' (Wilhelm Hauff „Mitteilungen aus den Memoiren des Satan" (1825/26), zit. n. Richter 1995: 102)

- **Adjektivflexion** „unflektierte[s] Adjektiv in attributiver Stellung" (Richter 1995: 104), z. B. *zu machen ein groß Geschäft* 'um ein großes Geschäft zu machen' (Felix Dahn „Ein Kampf um Rom" (1876), zit. n. Richter 1995: 104)

3 Literarische Traditionen

- **Klitisierungen** „kontrahierte Form" (Richter 1995: 101), z. B. *gebts* 'gebt es' (s. Althaus 1981: 225) oder *kannste* 'kannst du' (Wilhelm Raabe „Der Hungerpastor" (1864), zit. n. Richter 1995: 100)

- **-t/-d Ellision** „Abschleifung der Konsonanten" (Neubauer 1994: 143), z. B. *unn* 'und' (Neubauer 1994: 143)

- **Mhd. *ou*, *ei* > /a:/** „lautliche Besonderheiten des Jiddischen" (Althaus 1981: 217), „Monophthongierung" (Neubauer 1994: 143), z. B. *ka* 'kein', *Ag*, 'Auge' (Maler Müller „Fausts Leben dramatisiert" (FL), zit. n. Althaus 1981: 217); es findet sich aber aber auch die Feststellung „steht für nhd. 'ei' = jidd. 'ee, ä'" *keen* 'kein' (Jenzsch 1974 [1971]: 177)

- **Mhd. *ê* > /ei/** „Diphthongierung" (Neubauer 1994: 143), z. B. *gaiht* 'geht' (Neubauer 1994: 143)

- **Mhd. *ô* > /ou/** „Diphthongierung" (Neubauer 1994: 143), z. B. *wouhl* 'wohl' (Neubauer 1994: 143)

- **/a/, /a:/ > /o/, /o:/ (a-Verdumpfung)** „statt nhd. 'a' findet sich jid. 'o'" z. B. *Johr* 'Jahr' (Jenzsch 1974 [1971]: 177).

- **Jiddismen, Hebraismen und (fehlerhafte) Fremdwörter** z. B. *Bonem* 'Gesicht' (s. Althaus 1981: 217); *Rosch* 'Kopf' (s. Althaus 1981: 217); *Perzent* 'Prozent' (s. Richter 1995: 108f, 115–122; s. a. Neubauer 1994: 142)

- **Psychoostentative Ausdrücke** „*typisch* jüdische Interjektionen" (Gubser 1998: 141) z. B. *Nu!* 'Nun', *Au weih!* 'Oh weh!' (Jakob Grimm & Wilhelm Grimm „Der Jud' im Dorn" (1812), Georg Büchner „Woyzeck" (1836/37) zit. n. Gubser 1998: 142)

Allen Arbeiten liegt eine Scheu zugrunde, Literaturjiddisch mit gesprochener Sprache in direkte Beziehung zu setzen; besonders deutlich formuliert dies Richter:

> Festzuhalten bleibt jedoch, dass auch wenn ein Merkmal noch so oft in fiktionalen Texten vorkommt, es zunächst doch immer als ein Merkmal des Literaturjiddischen aufzufassen ist. Auch hochgradige Merkmalsrekurrenz sollte nicht dazu verleiten, die Trennung von Fiktion und Realität zu verwischen. Diese Trennung strikt zu beachten, ist aber ganz besonders im Hinblick auf die Geschichte der Juden in Deutschland angezeigt, wo Wissen oft auf verheerende Weise mit dem bloßen Meinen und Wähnen, mit

3.3 Literaturjiddisch im 18. und 19. Jahrhundert

Vorurteilen, Mythen und Legenden über die Juden verquickt war. (Richter 1995: 99)

Entgegen Richters (1995: 99) Appell werden in der vorliegenden Arbeit die literaturjiddischen Merkmale zum Zweck einer linguistischen Auswertung ihrer literarischen Funktion enthoben und in der Analyse der Teilphänomene **wie** Daten natürlicher Sprache behandelt, denn nur so können Vorurteile, Mythen oder Ideen überprüft werden. Ohne eine solche Detailanalyse ist es schwer zu entscheiden, ob das LiJi des 19. Jahrhunderts auf Formen des Westjiddischen zurückgreift oder auf Formen des Ostjiddischen, welches besonders im Verlauf des 19. Jahrhunderts aufgrund von Migrationsbewegungen auch im deutschsprachigen Raum (insbes. in Großstädten) durchaus als Kontaktsprache zum Deutschen gegeben ist (vgl. Bertram 1924; Adler-Rudel 1959; Maurer 1986; Gay 1994: 229–239). Diese Arbeit geht davon aus, dass bis in die zweite Hälfte des 19. Jahrhunderts Westjiddisch als noch durchaus vitale Sprache im deutschsprachigen Raum verbreitet war und der ostjiddische Einfluss noch als marginal zu erachten ist. Für das Literaturjiddische ab 1850 hingegen nehme ich – aufgrund des einsetzenden westjiddischen Sprachtods und der zunehmenden Einwanderung von Sprechern des Ostjiddischen ab den 1880er Jahren (vgl. Gay 1994: 229–239) – vorläufig einen Anstieg ostjiddisch beeinflusster Strukturen an. Doch erst die Detailanalyse kann diese Hypothese bestätigen.

In erster Linie arbeitet Literaturjiddisch mit dem Kontrast von gesprochener vs. geschriebener Sprache. Dies wird besonders mit Blick auf die zahlreichen Theaterstücke des 19. Jahrhunderts deutlich: Jüdische Figuren werden anhand ihrer Sprache symbolisch aus dem Kulturkreis des Schriftdeutschen ausgeschlossen. Von der Konzeption her sind jedoch alle dramatis personae an der Mündlichkeit orientiert (vgl. Koch & Oesterreicher 1985). Im Gegensatz zu allen anderen Figuren zeichnen sich aber nur die jüdischen Figuren durch eine Nähe zur gesprochenen Sprache aus. Auf welches sprachliche Wissen der jeweilige Autor des Literaturjiddischen zurückgreift, wenn er diese Dialektalität auf die Bühne bringen will, ist nicht klar zu bestimmen. Neben dem Jiddischen können Strukturen des Literaturjiddischen im 19. Jahrhundert aber auch durch Dialektkompetenz des Autors oder auch durch Konzepte anderer deutscher Varietäten beeinflusst worden sein. Aber auch durch Sprachpolitik und Sprachpurismus als pejorativ verurteilte Strukturen können dazu eingesetzt werden, den Sprecher einer solchen Struktur herabzusetzen. All diese möglichen Einflüsse müssen bei der Analyse literaturjiddischer Strukturen berücksichtigt werden.

Es liegen keine direkt vergleichbaren sprachwissenschaftlichen Analysen zur Verwendung deutscher Umgangssprache oder Dialekte in der Literatur des 19.

Jahrhunderts vor. Aus der Leseerfahrung literaturjiddischer Texte kann ich lediglich darauf verweisen, dass in den Texten, in denen LiJi auftritt, hochdeutsche Dialekte keine Rolle spielen. Eine Ausnahme stellen niederdeutsche Texte dar, in denen die Matrixsprache an sich ein Dialekt ohne Schreibnorm ist. Eine dramatische Verarbeitung gesprochener Sprache jenseits des LiJi setzt in der Literatur erst gegen Ende des 19. Jahrhunderts ein. Besonders im Theater des Naturalismus tritt mehr und mehr gesprochene Sprache im deutschen Drama auf, wie z. B. in Gerhart Hauptmanns Stück „Vor Sonnenaufgang" (1889), in welchem dem schlesischen Dialekt eine besondere dramaturgische Rolle zukommt. Außerhalb des Dramas erhält gesprochene, dialektale Sprache v. a. im niederdeutschen Raum einen besonderen Stellenwert. Wiederum sind hier naturalistische Werke wie die Theodor Fontanes (1819–1898), Fritz Reuters (1810–1874) oder Theodor Storms (1817–1888) zu nennen. Angelika Linke (1996: 231–264) zeigt auf, dass Dialektalität im Bürgertum des 19. Jahrhunderts durchaus als Kontrastelement zur angestrebten Standardsprachlichkeit eine wichtige Rolle spielte. In der Literatur trägt die Verwendung von Dialekt laut Mattheier (1993) und Linke (1996: 239f) generell zwei Funktionen: Dialekt dient dazu, Komik und/oder Realitätsnähe zu evozieren. Damit würde sich die literarische Verwendung des Jiddischen rein qualitativ kaum von der deutscher Dialekte unterscheiden. Rein quantitativ überwiegen jedoch die Fälle, in denen die jiddische Sprache zu diesen Zwecken eingesetzt wird. Kein deutscher Dialekt ist in der deutschsprachigen Literatur dermaßen präsent, wie wir es im Fall des Jiddischen anhand der jiddischen Imitationen sehen.

3.4 Sprachliche Markierungen des assimilierten Juden

In der Literatur des 19. Jahrhunderts finden sich neben dem Literaturjiddischen weitere Stilmittel, jüdische Figuren über ihre Sprache zu charakterisieren. Diese dienen besonders dazu, den Typus des assimilierten Juden der bürgerlichen Oberschicht als einen solchen erkennbar zu machen. Da in dieser Bevölkerungsschicht das Jiddische keine Rolle mehr spielt, müssen andere Strategien zur Figurenbildung eingesetzt werden.

Eine dieser Strategien ist das sogenannte „Überdeutsch" (Gelber 1986: 174–175). Diese sprachliche Besonderheit findet sich laut Gelber (1986: 174–175) etwa in Thomas Manns „Doktor Faustus" (1947) in den Figuren Dr. Chaim Breisacher und Kunigunde Rosenstiel. Das Konzept vom „Überdeutschen" tritt jedoch nur selten in der Literatur des 19. Jahrhunderts auf. Ein Beispiel ist der nachfolgende Ausschnitt aus dem stark antisemitisch geprägten Stück „Unser Verkehr" des Bres-

3.4 Sprachliche Markierungen des assimilierten Juden

lauer Augenarztes Karl B. Sessa. „Überdeutsch" wirkt hier besonders durch den Kontrast zwischen dem Literaturjiddischen des als geistig minderbemittelt dargestellten Jakobs und dem überzeichneten Schriftdeutsch („Überdeutsch") des studierten Juden Isodorus Morgenländer (vgl. Gelber 1986: 174–175).[11] Im „Überdeutschen" funktioniert die sprachliche Karikatur komplementär zum Literaturjiddischen: Das dargestellte Unvermögen, „korrektes Deutsch" zu sprechen, wird hier mittels überkorrektem Deutsch auf die Bühne gebracht.

Jakob. Du host getrunken? Host de getrunken ä Schnaps? – Du host doch genummen ßu viel!

Isidorus. Vernimm! – Ein mysthisch Dunkel ruht auf dem Jahre meiner Abwesenheit.

Jakob. Jo, ä Johr bist du gewesen weg.

Isidorus. Ihr Alle wisst nicht: wie? wo? wann?

Jakob. Mer hoben gedacht, du wärst uf en Handel?

Isidorus. Höre meine Geschichte! – – Unter den Ochsen meines Vaters ward ich auferzogen, und lebte ein stilles nomadisches Leben, wie die ersten Menschen im Stande der Unschuld, o b j e c t i v, und von der Natur noch nicht getrennt. Aber, wie in jenen Chaldäern und Hebräern, unsern Urvätern, in ihrer Beschauung eine Ahnung des Höchsten erwachte – so in mir! – Ich verließ meine Ochsen und suchte die Weisheit.

Jakob. De Weisheit?

Isidorus. Ich bin gereist auf Akademien und Universitäten; ich bin gewesen in Jena und Halle, in Marburg und Würzburg, in Bamberg und Heidelberg, in Königsberg und Wittenberg, in Leipzig und Helmstädt, in Tübingen und Göttingen, in Breslau und Krakau, in Padua und Pavia.

Jakob. (schlägt die Hände verwundert zusammen.) Du bist geworden ä Dokter?

(Sessa „Unser Verkehr"; Breslau [1810]1816: 50–52)

Das Konzept vom „Überdeutschen" ist nicht zu verwechseln mit Hyperkorrekturen bzw. Übergeneralisierungen, etwa von Fremd- und Lehnwörtern oder dem gesprochenen Deutsch, wie sie z. B. in Episoden auftreten, in denen eine jüdische Figur versucht, ihre (literatur-)jiddischen Sprachgewohnheiten abzulegen. Ein Beispiel für solche Strategien findet sich in Passagen der Rede des *Veitel Itzigs*

---

[11] Doch selbst in der Figurenrede des Isodorus lassen sich Relikte des LiJi finden: Wie alle anderen jüdischen Figuren des Stückes verwendet auch er Extrapositionen von PPs wie z. U. *Ich bin gereist auf Akademien und Universitäten, ich bin gewesen in Jena und Halle, [...]*; Allerdings könnte hier auch u. U. Behagels „Gesetz der Wachsenden Glieder" wirksam sein, nach dem „schwere Phrasen" leichter extraponiert werden können als „leichte" (vgl. Behaghel 1909; s. auch Kapitel 10.3, S. 280).

in Gustav Freytags Roman „Soll und Haben" (1955), wenn diese Figur versucht, ihr sonstiges (Literatur-)Jiddisch zu vermeiden.

Ein mit dem „Überdeutsch" eng verwandtes sprachliches Stilmittel ist das sogenannte „Juden-Französisch-Deutsch" (Gelber 1986: 175), welches mittels Gallizismen ein „fehl"-assimiliertes (West-)Judentum charakterisieren will. Beispiele hierfür finden sich im Analyseteil in Abschnitt 7.5 (S. 100). Hinter dieser sprachlichen Markierung jüdischer Figuren steckt die Symbiose zweier Feindbilder: Antisemitismus und Franzosenhass gehen seit der französischen Revolution und insbesondere den napoleonischen Kriegen im Deutschland des 19. Jahrhunderts einher (vgl. Gubser 1998: 18, 68–70; Hartung 2006: 139–149). Damit ist jeder Gallizismus im Mund einer jüdischen Figur auch als ein *Lippenbekenntnis* zu verstehen, mit den *französischen Feinden* zu kooperieren. Wie der Anti-Napoleonismus reicht das „Juden-Französisch-Deutsch" über das 19. Jahrhundert hinaus und findet sich bis weit ins 20. Jahrhundert hinein. Hier sei wiederum auf Manns „Doktor Faustus" verwiesen, wo in der Sprache des Juden *Saul Fitelbergs* überdurchschnittlich viele Gallizismen und französische Phrasen zu finden sind (vgl. auch Hartung 2006: 142).

Der tendenziös antisemitische Autor Karl Theodor Griesinger schreibt in seiner Charakterisierung von assimilierten Juden: „Der aufgeklärte Jude zählt unter seinen Mitgliedern blos Männer, er spricht deutsch und französisch" (Griesinger 1838: 222). Man greift also auch bei jüdischen Figuren, die sich aller als charakteristisch „jüdisch" geltender Merkmale entledigt haben, weiterhin, trotz sprachlicher Assimilation, auf eine Kennzeichnung jüdischer Figuren mittels sprachlicher Abweichungen von der Schriftsprache zurück, wie man es aus dem Literaturhebräischen und Literaturjiddischen kennt.

3.5 Literaturjiddisch nach 1945

Der Diskurs um das Jiddische in der deutschsprachigen Literatur bricht nach 1945 nicht ab. Literaturjiddisch erlangt zwar nicht wieder einen solchen Aufschwung wie im 19. Jahrhundert, bleibt aber im kollektiven Gedächtnis der Literatur- und Kulturschaffenden und findet so auch immer wieder vereinzelt Einzug in die Nachkriegsliteratur. Max Frischs Theaterstück „Als der Krieg zu Ende war" (1948) (AK)[12] oder Paul Celans „Gespräch im Gebirg" (1959) können als erste Wiederaufnahme des LiJi1 nach 1945 gelten. In letzterem dient die Dekonstruktion der

---

[12] Obwohl dieser Text rein zeitlich nicht mehr dem Stadium des LiJi1 zuzurechnen ist, wurde er als Endpunkt in das Untersuchungskorpus zum chrLiJi1 aufgenommen um einen Einblick in die Kurzzeitdiachronie des LiJi1 gewinnen zu können.

Sprache selbstverständlich nicht allein der Imitation des Jiddischen. Bei genauerer Analyse fällt jedoch auf, dass Celan sich hier eben jener aus dem LiJi1 bekannten (vorwiegend syntaktischen) Manipulationen bedient.

Die Sprache jüdischer Figuren in der Literatur nach 1945 wurde bislang nicht näher untersucht. Die im Vergleich zum 19. Jahrhundert wenigen Arbeiten zu Judenfiguren der Nachkriegs- und Gegenwartsliteratur geben keine Anhaltspunkte, dass eine Fortsetzung der Verwendung des LiJi im 20. und 21. Jahrhundert stattfand (vgl. Heuser 2011; Müller 1984; Schmelzkopf 1983). Eine exemplarische Durchsicht von Texten mit jüdischen Figuren hat jedoch ergeben, dass seit den 1980er Jahren und besonders seit der Jahrtausendwende ein Anstieg von Texten zu verzeichnen ist, die sich eine sprachliche Markierung zu Nutze machen. Um nur eine Auswahl an Texten zu nennen, findet sich LiJi in André Kaminskis „Nächstes Jahr in Jerusalem" (1986), Rafael Seligmanns „Der Milchmann" (1999) oder in der deutschen Übersetzung von Noah Gordons „The Physician" (1986) [„Der Medicus" (1986)]. Vorzugsweise findet sich dieses Phänomen in der Prosa und wird besonders in Übersetzungen aus dem Englischen ins Deutsche eingesetzt. Wie die Analysen einer kleinen Auswahl moderner Texte in Schäfer (2014) zeigt, orientiert sich das moderne LiJi2 stärker am Ostjiddischen. Bemerkenswert ist, dass LiJi2 nun seine pejorative Funktion (vgl. Abschnitt 5.3) gänzlich verloren zu haben scheint und nur mehr rein charakterbildend für einen jüdisch-orthodoxen Figurentyp mit osteuropäischen Wurzeln ist. Dem entspricht auch die Feststellung, dass LiJi2 nur von Autoren mit jüdischem Hintergrund verwendet wird (bzw. von Übersetzern jüdischer Autoren). Als Texte mit literaturjiddischen Elementen, die das Westjiddische als Zielsprache haben, können lediglich der historische Roman „Melnitz" (2006) von sowie einzelne Erzählungen des Badischen Autors (1883–1967) genannt werden.

3.6 Die Sprache jüdischer Figuren im Film

Sprache als identitätsstiftendes Merkmal ist immer ein Element von Theater und Film. Eine dramatische Rolle wird mittels idiosynkratischer, dialektaler oder soziolektaler sprachlicher Auffälligkeiten entworfen. Der Film der Gegenwart ist voller sprachlicher Stereotype (Medialekte): von einer aus Louisiana stammenden Figur wird der Akzent der Südstaaten (Southern American English) erwartet (wie etwa in der Serie „True Blood", 2008–2014); Rollen lateinamerikanischer Stereotype sind über spanische oder portugiesische Kennwörter oder Phrasen identifizierbar (z. B. in der Serie „Dexter", 2006–2013); auch werden idiosynkratische Eigenschaften historischer Personen nachgeahmt, wie etwa die von Truman Capote im Fim „Capote" (2005). So verwundert es nicht, dass auch jüdische Figuren im Film sprachlich gekennzeichnet werden. Im Unterschied zu englischen Soziolekten und Dialekten können sprachliche Markierungen, die auf dem Jiddischen basieren, bei Synchronisationen vom Englischen ins Deutsche übertragen werden; nicht zuletzt, weil im deutschsprachigen Raum bereits eine Tradition jüdischer Figurenrede vorliegt, an die angeknüpft werden kann. Auch in deutschsprachigen Produktionen sind medienwirksame Aufbereitungen deutscher Dialekte Usus, wie etwa das sogenannte „Medienbairisch" (vgl. Kleiner 2013; Riemann 2009; Mayer & Zimmerer 2009). Distanzmessungen zwischen Oralisierungsnorm, Basisdialekt und Medienbairisch zeigen, dass nur ein kleines Repertoire phonologischer Markierungen, die zumeist lexemgebunden sind, nötig sind, um Bairisch im deutschsprachigen Film anzudeuten (Kleiner 2013; Riemann 2009; Mayer & Zimmerer 2009). Interessante Ergebnisse kann hier ein Vergleich zwischen den Strukturen solcher Mediendialekte und dem Filmjiddisch liefern.

Das Aufkommen des LiJi2 im 20. Jahrhundert ist m. E. eng an Entwicklungen der jüdischen Figurensprache im Film geknüpft, vielleicht sogar durch diese inspiriert. Seit den 1980ern mehren sich Filme, in denen sich die Sprache jüdischer Figuren von der übriger Charaktere unterscheidet bzw. Jiddismen eine besondere Rolle der Figurencharakterisierung einnehmen. Ich nenne dieses Phänomen Filmjiddisch (FiJi). Es betrifft vor allem, aber nicht ausschließlich, englischsprachige, insbesondere amerikanische Produktionen.[13] FiJi findet besonders in amerikanischen Fernsehserien Verwendung und wird weniger in Spielfilmen gebraucht. Hier finden sich Tendenzen, das moderne Ostjiddische bzw. das daraus hervorgegangene *Jewish-English* (vgl. u. a. Fishman 1985; Gold 1985; Benor 2009) zu imitieren. Formen des ausgestorbenen Westjiddisch spielen selbstverständlich keine Rolle.

In der Medienwissenschaft wurde diese jüngere Entwicklung bislang in nur wenigen Randnotizen gewürdigt. Bothe (2013: 129) und Zeifert („Wir Juden, die Juden – ich Jude? Das jüdische aus der jüdisch/nichtjüdischen Doppelperspek-

---

[13] Filme bzw. Serien, in denen sich FiJi findet, sind z. B. „Some Like It Hot" (dt. „Manche mögen's heiß") (1959), „An American Tail" (dt. „Feivel der Mauswanderer") (1986), „Snatch" (dt. „Schweine und Diamanten") (2000), „Ocean's Twelve" (dt. „Ocean's 12") (2004), „Alles auf Zucker" (2004), „The Infidel" (dt. „Alles Koscher") (2010), „The Dictator" (2012), „The Simpsons" (1987–), „Futurama" (1998–2003, 2007–2013), „Family Guy" (1999–), „Seinfeld" (1989–1998), „South Park" (1997–),„The Nanny" (1993–1999), „The Sopranos" (1999–2007), „The Big Bang Theory" (2007–), „Boardwalk Empire" (2010–2014), „Broad City" (2014–), „Transparent" (2014–). Einen Sonderfall stellt der Film „A Serious Man" (2009) von Ethan und Joel Coen dar. Diesem Film ist ein jiddischer Prolog vorangestellt, der in allen Synchronfassungen erhalten, d. h. untertitelt wurde. Hier lässt sich weniger von *Filmjiddisch* als eher von einem jiddischen (Kurz-)Film sprechen.

3.6 Die Sprache jüdischer Figuren im Film

tive von 'Vaterjuden'": 383) finden in den von ihnen analysierten Filmen das „Jiddische" wieder. Wohl von Haselberg (2013: 90) beurteilt differenzierter die Sprache einer jüdischen Figur als „besonders in der Satzstellung, von einem Akzent gefärbt, der jiddisch anmutet". Lubrich (2008: 78) geht in seiner Analyse von Dani Levys „Alles auf Zucker" (2004) in einem kurzen Abschnitt auf die Sprache als charakterbildendes Element ein. Er beschreibt die Sprache als „osteuropäische[n] Akzent", „jiddische[n] Dialekt" mit der starken Verwendung von Hebraismen und kommt zu dem Schluss, dass dies „alles andere als normales Hochdeutsch" sei (Lubrich 2008: 78).

Die Sprache jüdischer Figuren im Film näher zu untersuchen, wäre wiederum eine eigene Forschungsarbeit wert. Besonders interessant ist der Vergleich verschiedener Synchronisationen. FiJi findet sich verstärkt in deutsch- und englischsprachigen Filmen. In z. B. französisch- oder italienischsprachigen Filmen sind keine bis wenige sprachliche Auffälligkeiten jüdischer Figuren zu erkennen. Ein gutes Beispiel sind hierfür die verschiedenen Synchronisationen von Mihăileanus „Train de vie" (dt. „Zug des Lebens") (1998). Der im Original französischsprachige Film, der die phantastische Geschichte eines osteuropäischen Shtetls erzählt, arbeitet, abgesehen von sehr wenigen hebräischstämmigen Wörtern (3a), mit keinerlei sprachlichen Markierungen, obwohl er inhaltlich die jiddische Sprache mehrmals thematisiert (insbes. 17.00–17.25 min). Und auch die italienische Synchronisierung benutzt wie das Original lediglich vereinzelt lexikalische Elemente (3b),[14] um auf das Jiddische zu verweisen.

(3) a. *il est meshuge* 'er ist verrückt' (*Train de vie* [OV] 1998: 19.37 Minute)

    b. *lui è meshigo* (*Un treno per vivere* 1998: 19.37 Minute)

    c. *er is meshige* (*Zug des Lebens* 1998: 19.53 Minute)

Die deutsche Synchronisierung des Films arbeitet hingegen viel mit diversen prosodischen, phonologischen und morphosyntaktischen Markierungen in der jüdischen Figurenrede. Die jüdische Figurenrede wurde in der deutschen Synchronisation systematisch von der Originalsprache des Films abweichend konstruiert. So findet man z. B. die Entrundung /y/ > /i/ (4a), der stimmlose palatale Frikativ wird als stimmloser velarer Frikativ realisiert (/ç/ > /x/) (4b), der Vokal V44 (O4

---

[14] Filmbelege werden im Folgenden nach der Orthographie der Matrixsprache wiedergegeben; Jiddismen folgen den Richtlinien des YIVO. Eine phonetische Wiedergabe wäre im Zuge detaillierter Analysen sinnvoll.

3 Literarische Traditionen

= mhd. *ou*) wird als /ɔɪ̯/ (4c) und der Vokal V22 (E2 = mhd. *ê, œ*) als /aɪ̯/ (4d) wiedergegeben.[15] Auffällig sind etwa der Verzicht auf den Ersatzinfinitiv (No-IPP) (4e) oder die Verwendung der Stammkonstruktion (4f). Mit tatsächlich gesprochenem Jiddisch hat die Sprache der jüdischen Rollen in diesem Film nicht viel gemeinsam.

(4) a. *fariktn* 'Verrückten' (*Zug des Lebens* 1998: 8.09 Minute)

b. *ikh* 'ich' (*Zug des Lebens* 1998: 9.14 Minute)

c. *oykh* 'auch' (*Zug des Lebens* 1998: 9.04 Minute)

d. *farshtayn* 'verstehen' (*Zug des Lebens* 1998: 9.00 Minute)

e. *mir sin betrogn gevorn* 'wir sind betrogen worden'
(*Zug des Lebens* 1998: 27.48 Minute)

f. *gib a kuk* 'sieh nach', wörtl. 'gib einen Kuck'
(*Zug des Lebens* 1998: 8.21 Minute)

Wie das Beispiel in (5a) illustriert, erstrecken sich jiddische Sequenzen im Film lediglich auf einzelne punktuell auftretende Ereignisse, die in den deutschen Redefluss integriert sind. Damit verhält sich der Anteil *jiddisierter* Strukturen im Film gänzlich anders, als es im Literaturjiddischen – insbesondere im Vergleich zum LiJi des 19. Jahrhunderts – der Fall ist, wo durchgehend und – wie zu zeigen ist – systematisch die jüdische Figurenrede manipuliert wird.

(5) a. *obwoyl* [PAUSE] *es ist dem Jiddischen sehr ähnlich,* [PAUSE] *ikh verstey alles.*
'Obwohl...es ist dem Jiddischen sehr ähnlich, ich verstehe alles.'
(*Zug des Lebens* 1998: 17,20–21 Minute)

Film als visuelles Medium kann über die Figurenrede hinaus Jüdischkeit auch über andere Wahrnehmungskanäle als den akustischen darstellen. Besonders beliebt ist im Film die Verwendung der hebräischen Schrift. Diese kann entweder nur imitierend angedeutet (z.B. in *The Simpsons* Staffel 15, Episode 6: 20,48 min.) oder vollkommen korrekt verwendet werden (z.B. in *Futurama* Staffel 1, Episode 13: 12,55 Minute) und sogar klar den Regeln der jiddischen Orthographie folgen

---

[15] Zur Notation des protojiddischen Vokalsystems siehe Abschnitt 8, S. 103.

(z.B. in *An American Tail* 1986: 26,16 Minute).[16] Die Verwendung von Imitationen der hebräischen bzw. jiddischen Graphie ist nicht auf den Film beschränkt, sondern in allen visuellen Bereichen zu finden, wie etwa in graphic novels, öffentlichen Schildern und wurde vom nationalsozialistischen Regime in der Aufschrift des gelben Sterns („Judenstern") eingesetzt.

Wir finden FiJi besonders in Filmen aus dem anglo-amerikanischen und deutschen Raum. Es scheint eine Besonderheit der germanischen Sprachen zu sein und kann, wenn man unterschiedliche Synchronisationen vergleicht, nicht in allen Sprachen gleichermaßen eingesetzt werden. Dies lässt sich auch betreffs der literarischen Evokation des Jiddischen feststellen (vgl. Abschnitt 3.1). Eine gewisse typologische Nähe und ein kulturell vermitteltes Konzept zur imitierten Sprache ist die Voraussetzung für die Emulation sprachlicher Strukturen.

3.7 Jüdische „Sprachkultur" und jüdische Literatursprache

Das Modell der unterschiedlichen „Sprachkulturen" des 19. Jahrhunderts (Linke 1996) geht davon aus, dass eine jüdisch-deutsche Literatur auch eine unterschiedliche Sprache generiert bzw. es eine besondere jüdische Sprachkultur in den deutschsprachigen Ländern des langen 19. Jahrhundert gab, wie dies Braese (2010) annimmt. Alles in allem ist dieser Ansatz lediglich eine Variante von Juri Lotmans „Semiosphäre", in deren Zentrum das Ideal einer Standardsprache steht und an deren Peripherien Sprachen sozialer Randgruppen stehen, die zum Zentrum hin drängen (u. a. Lotman 1985 [Nachdr. 2005]).

Diesem Modell zur Folge wären alle literarischen Erzeugnisse jüdischer Autoren sprachlich markiert, da sie sich in einer anderen „Sprachkultur" des Deutschen bewegen. Angewandt auf die jüdisch-deutsche Bevölkerung könnte die Annahme einer jüdischen „Sprachkultur" eine einfache Erklärung dafür liefern, wieso jüdische Figuren in der Literatur sprachlich von übrigen Figuren abweichend dargestellt werden. Denn wenn eine jüdische „Sprachkultur" im Gegensatz zur nichtjüdischen tatsächlich existierte, dann bildet die Literatur lediglich diesen Gegensatz nach. Diese Überlegungen entsprächen dem *Jüdisch-Deutschen* als Judeo-X-Sprache (vgl. Kapitel 5.1, S. 60).

---

[16] Beispiele für hebr. Orthographie in Spielfilmen bzw. Serien wären *Batman* (1989: 10,21 Minute), *The L word* (2004, 1. Staffel, 1. Episode: 63,17 Minute) oder *The Sopranos* (1999, 1. Staffel, 3. Episode: 31,14 Minute). In eben dieser Folge der *Sopranos* findet sich ab 11,34 Minute auch ein Dialog auf ZOJ, der nicht von Muttersprachlern geführt wird.

3 Literarische Traditionen

Das „Sprachkulturen"-Modell Braeses (2010) gibt keine Auskunft darüber inwiefern eine solche Judeo-X-Sprache im deutschen Sprachgebiet des 19. Jahrhunderts verbreitet war. Es erfasst nur einen äußerst kleinen Ausschnitt einer hochkomplexen Ebene der jüdischen Kulturen Zentraleuropas im langen 19. Jahrhundert. Sprachbiographische Analysen von acht jüdischen Autoren des intellektuellen Bürgertums zwischen 1760 und 1930 können kaum repräsentativ für eine jüdische „Sprachkultur", sofern es diese gab, sein. Auch ist Braese in seinen Analysen ausnahmslos der Inhaltsseite von Sprache verhaftet: Selbstverständlich werden jüdische Themen vorrangig von Juden thematisiert. Solcherlei Beobachtungen allein überzeugen nicht als Argument für eine eigene jüdische „Sprachkultur". Erst eine Analyse der Ausdrucksseite der Sprache jüdisch-deutscher Autoren kontrastiv zu der nichtjüdischer Autoren könnte m. E. entscheiden, ob im 19. Jahrhundert tatsächlich so etwas wie eine jüdische „Sprachkultur" existierte oder nicht.

3.8 Stadien jüdischer Figurenrede in der deutschsprachigen Literatur

Die Stadien, die sich aus den unterschiedlichen literarischen Traditionen der sprachlichen Markierung jüdischer Figuren in der deutschsprachigen Literatur ergeben, sind die folgenden:

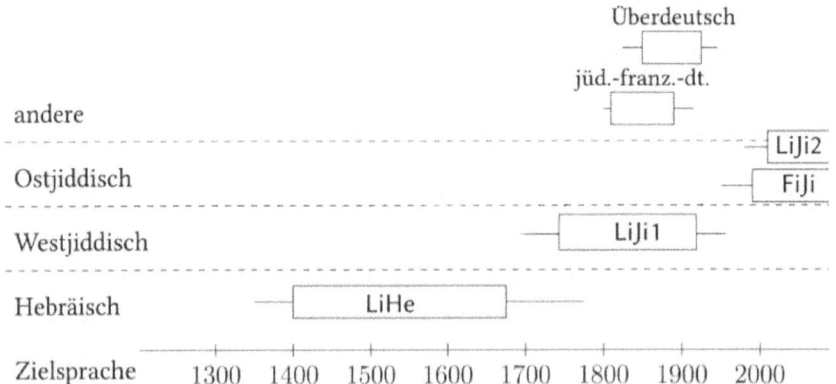

Abbildung 3.2: Stadien jüdischer Figurenrede in der deutschsprachigen Literatur

Wir sehen, dass die sprachliche Markierung jüdischer Rollen in der deutschsprachigen Literatur eine sehr lange Tradition hat. Wie sich die verschiedenen Rollen im Laufe der Zeit gewandelt haben und wie sich mit ihnen die Funktionen der sprachlichen Markierung gewandelt haben, wird diese Arbeit nicht

3.8 Stadien jüdischer Figurenrede in der deutschsprachigen Literatur

zeigen können. Mit der detaillierten Analyse des LiJi1 fängt diese Arbeit zumindest einen Detailausschnitt aus dem Gesamtbild jüdischer Figurenrede und ihrer Funktionen und Formen im literarischen Diskurses zwischen 1700 und dem frühen 20. Jahrhundert ein.

4 Der Nutzen des Literaturjiddischen für die Sprachwissenschaft

In seinem Übersichtsartikel zu Forschungsstand und Quellenlage des Westjiddischen geht Weinreich (1953 [1958]: 62–63) ausdrücklich auf literarische Texte nicht-jüdischer Autoren[1] als eine potenzielle Quelle zum Westjiddischen ein und betont deren Nutzen zur Gewinnung historischer Sprachdaten. Exemplarisch nennt er die Publikationen Itzig Veitel Sterns (Pseudonym) und das Drama „Unser Verkehr" (1816) von Karl Borromäus Sessa. Weinreich sieht zwar, dass eine ernsthafte Analyse dieser Texte absurd wirkt, betont aber, dass im Fall des Westjiddischen jede noch so abwegige Quelle wichtig ist:

אַז עס איז פֿאַראַן נאָך אַ פֿאָנד מקורים וועגן מערבֿדיקן ייִדיש, וואָס כאָטש אונדזער
ערשטע רעאַקציע איז „מוקצה", קענען מיר זיך פֿאָרט דערפֿון ניט אָפֿזאָגן.

Weinreich (1953 [1958]: 62)

az es is faran nokh a fond mekoyrem vegn meyrevdikn yidish, vos khotsh undzer ershte reaktsie iz „muktse", kenen mir zikh fort derfun nit opzogn.
'Es gibt noch weitere Quellen zum Westjiddischen, zu denen zwar unsere erste Reaktion „unbrauchbar" ist, von denen wir uns aber nicht lossagen können.'

Der primäre Nutzen einer gezielten und umfangreichen Untersuchung literaturjiddischer Texte nicht-jüdischer Autoren liegt darin zu prüfen, wie geeignet diese als Quellen des Westjiddischen sind und was sie uns über das Westjiddische und dessen Sprachsituation verraten können.

Doch Weinreichs Artikel zur westjiddischen Forschungsagenda bleibt, trotz doppeltem Abdruck, lange Zeit unberücksichtigt. Althaus (1981) ist die einzige

---

[1] Weinreich (1953 [1958]: 62) schreibt „די דײַטשן" 'die Deutschen', worunter selbstverständlich auch deutsche Juden fallen würden, jedoch zählt er nur Beispiele christlicher Autoren auf und nennt hingegen in den davorstehenden Abschnitten (v.a. Weinreich 1953 [1958]: 40–42, 46) literarische Texte jüdischer Autoren als weitere potenzielle Quellen, woraus sich schließen lässt, dass er an dieser Stelle ausschließlich auf die nicht-jüdische Bevölkerung Deutschlands referiert.

Arbeit zur jüdischen Figurensprache mit einem linguistisch-jiddistischen Hintergrund. Obzwar dieser darin autochthone jiddische Strukturen aufzeigt, kommt er zu dem Schluss, dass es sich dabei lediglich um pervertiertes Jiddisch handelt. Weinreich (1953 [1958]) wird keine Beachtung geschenkt. Die literaturwissenschaftliche Arbeit Richters (1995: insbes. 99–113) äußert die Vermutung, dass die Formen des Literaturjiddischen nicht bloß der Phantasie der Autoren geschuldet sind, sondern tatsächliche Sprachrealitäten abbilden.

Jedoch sind die Arbeiten von Althaus (1981) und Richter (1995)[2] auf eine nur sehr kleine Auswahl an Texten beschränkt. Auch steht die sprachwissenschaftliche Analyse nicht im Zentrum dieser Untersuchungen. Hinzu kommt, dass in den vergangenen Jahren erste Arbeiten erschienen sind, die den Versuch unternehmen, das Westjiddische des (langen) 19. Jahrhunderts aus den überlieferten Resten heraus zu rekonstruieren (Aptroot & Gruschka 2004; Reershemius 2007; 2014; Schäfer 2008; 2010; 2013; 2014; Weißkirchen 2011; Fleischer & Schäfer 2012). Damit ist es erstmals möglich, einen Vergleich zwischen Quellen jüdischer und nicht-jüdischer Autoren anzustellen.

4.1 Natürliche, konstruierte und fiktionale Sprachen

Um das Verhältnis zwischen Literaturjiddisch und gesprochenem Westjiddisch zu verstehen, muss man sich der Verhältnisse zwischen fiktionalen, natürlichen und konstruierten Sprachen bewusst werden. Der Begriff „fiktionale Sprache" steht hier entsprechend dem englischen „fictional language" für Sprachen, die ausschließlich innerhalb eines künstlichen Mediums (Literatur, Film) realisiert sind. Mit dieser medialen Fixiertheit unterscheiden sich fiktionale Sprachen von „natürlichen Sprachen", die sich dadurch auszeichnen, dass sie muttersprachlich erworben werden (L1; N1-Sprachen in der Diktion von Weiß 2001: 90) und das Potenzial zur Variabilität haben.[3] Fiktionale Sprachen sind ein Untertyp von „konstruierten Sprachen". Konstruierte Sprachen haben die Eigenschaft, dass sie nur als Zweitsprache (L2; N2-Sprachen nach Weiß 2001: 90) erworben werden können, nur beschränkte Variabilität besitzen (und keine viskosen Strukturen haben, s.u.). Zu ihnen zählen formale Sprachen wie Programmiersprachen, aber auch Sprachkonzepte bzw. Metasprachen, die in Grammatiken und Regelwerken festgelegt sind, oder Plan-, Geheim- und Sondersprachen. Da Standardsprachen überwiegend präskriptive Sprachkonzepte sind und auch nie den Gesamtumfang

---

[2] Richter analysiert immerhin elf Quellen gründlich, darunter auch das von Weinreich (1953 [1958]: 62) angeführte Theaterstück „Unser Verkehr" (1816), jedoch steht bei ihm die literaturwissenschaftliche Analyse im Vordergrund.

[3] D. h. strukturelle Viskosität gegeben ist, vgl. S. 51.

einer natürlichen Sprache erfassen können, fallen sie ebenfalls in die Kategorie formaler, konstruierter Sprachen (vgl. Chomsky 1995: 51). Das Regelwerk konstruierter Sprachen kann naturalisiert werden, sofern ihre Regeln aktiv angewandt werden und an Kinder als Erstsprache weitergegeben werden, die diese Regeln kreolisieren, wie man es besonders deutlich bei Plan-, Geheim-, Sonder- und Standardsprachen sieht. Eine direkte Beeinflussung fiktionaler Sprachen durch natürliche Sprachen ist z. B. im Fall des Khuzdul, der Sprache der Zwerge in Tolkiens „The Hobbit or There and Back Again" (1937) und „The Lord of the Rings" (1954/1955), gegeben, welches sich an semitischen Sprachen (insbes. dem biblischen Hebräischen) orientiert (vgl. Conley & Cain 2006: 120). Eine fiktionale Sprache kann auch den Status einer natürlichen Sprache erlangen. Ein bekanntes Beispiel für den Versuch, aus einer fiktionalen Sprache eine natürliche Sprache zu generieren, sind die bislang gescheiterten Naturalisierungsversuche des Klingonischen der Science-Fiction Reihe „Star Trek" (vgl. Okrent 2010). Damit eine fiktionale Sprache sich zu einer natürlichen Sprache entwickeln kann, muss diese jedoch zunächst reglementiert werden. Die meisten fiktionalen Sprachen unterscheiden sich von den übrigen Subtypen konstruierter Sprachen darin, dass sie ursprünglich nicht auf metasprachlich erfassten Regeln beruhen, was in ihrer fiktionalen Funktion begründet ist: Fiktionale Sprache beschränkt sich i. d. R. auf die Zeichenhaftigkeit selbst. Inhalts- und Ausdrucksseite sind dabei peripher und werden zumeist von der natürlichen Sprache des Mediums etwa durch Übersetzungen oder Untertitel übernommen.

Konstruierte und natürliche Sprachen beeinflussen sich gegenseitig. Exemplarisch lassen sich die ablaufenden Prozesse in den Entwicklungen des Aramäischen nachvollziehen: Zu den Zeiten der Abfassung von Tanach und Talmud waren hebräisch-aramäische Varietäten natürliche Sprachen. Durch die jüdische Mehrsprachigkeit der Diaspora verliert das Aramäische an Muttersprachlern, bleibt konserviert als Sakralsprache und entwickelt sich mehr und mehr zu einer konstruierten Sprache, die zwar immer noch als L2-Sprache erworben wird, jedoch in der Regel keinen aktiven Gebraucht hat. In manchen Fällen erlangt Hebräisch in der jüdischen Kultur des späten Mittelalters und der frühen Neuzeit sogar den Status einer fiktionalen Sprache, die nur noch innerhalb der Literatur eine Realität besitzt, sprich die Sprache literarisch konserviert ist. Im Zuge des Zionismus des 19. und 20. Jahrhunderts wird mit dem modernen Ivrit eine konstruierte Varietät des Hebräischen entwickelt, die über einen durch politische Umstände geschaffenen muttersprachlichen Erwerb renaturalisiert wurde. Der Theorie Zuckermann (u. a. 2004; 2006) folgend hat jedoch erst der Einfluss natürlicher Sprachen (insbes. des Jiddischen) zur Revitalisierung des Hebräischen im Ivrit als eine fussional-synthetische Sprache beigetragen. Eine Naturalisierung

4 Der Nutzen des Literaturjiddischen für die Sprachwissenschaft

fiktionaler Sprache ist ohne eine rahmenbildende natürliche Sprache nicht möglich.

Für das Literaturjiddische als fiktionale Sprache bleibt zunächst zu klären, ob es sich dabei entweder um ein reines Phantasieprodukt handelt oder ob es auf einer (oder mehreren) natürlichen Sprache(n) beruht. Diese natürliche Sprache wäre idealerweise das Westjiddische, sie kann aber auch ein „intuitives und literarisches Kreolisieren" (Haider 2007: 135) des Deutschen, als der Muttersprache nicht-jüdischer Autoren, sein. Mit der emulierenden Imitation als Strategie zur Bildung fiktionaler Sprache haben wir es mit einem Sonderfall zu tun. Die daraus resultierenden Medialekte sind eingebunden in eine natürliche Sprache (Matrixsprache). Die Ausdifferenzierung, wo die Imitation einsetzt und wo sie aufhört, ist in vielen Fällen problematisch, da hier konstruierte und natürliche Sprache ineinander greifen. Es können daher nur jene Formen als Produkt der Fiktionalisierung gewertet werden, die sich strukturell eindeutig von der Matrixsprache distanzieren.

4.2 Imitation als Feld für psycho- und variationslinguistische Fragestellungen

Gesetzt den Fall, dass sich die deutschsprachigen Autoren in der Entwickeln des Literaturjiddischen an der tatsächlichen Sprachrealität des Jiddischen orientierten, so lägen uns mit einem Korpus dieser fiktionalen Sprache historische Imitationsdaten vor. Ein Quelltyp, der bislang in der Sprachgeschichtsforschung keine Rolle gespielt hat. Bei der Imitation rufen Autoren ihre Laienkonzepte des Jiddischen ab. Diese Laienkonzepte können zum einen ihren Ursprung im direkten Sprachkontakt zum Jiddischen haben, zum anderen aber auch durch den internen Diskurs um das Jiddische in der deutschsprachigen Literatur und Kultur angeregt und verfestigt worden sein (vgl. Richter 1995: 98f).

Doch selbst wenn man davon ausgeht, dass Literaturjiddisch in keinem direkten Bezug zum Jiddischen steht, sondern rein konstruiertes Produkt von Muttersprachlern des Deutschen ist, ein „dekonstruiertes Deutsch", so dürfen wir annehmen, dass diese Sprache den Grundstrukturen germanischer Sprachen unterworfen ist, sofern die Autoren nicht über exzellente Sprachkompetenzen in nicht-germanischen Sprachen verfügen, die sie einfließen lassen. So zeigt Haider (2007) am Beispiel von Jandls „heruntergekommener Sprache", dass eine fiktionale Sprache auf Basis des Deutschen vollständig dem entsprechen kann, was in germanischen Sprachen und Kreolisierungen germanischer Sprachen möglich ist. Über emulierende Sprachimitationen können wir damit nicht nur etwas über die

4.2 Imitation als Feld für psycho- und variationslinguistische Fragestellungen

zu imitierende Sprache (Zielsprache) lernen, sondern sie zeigen uns vor allem die Möglichkeiten der Matrixsprache (Ausgangssprache).

An dieser Stelle möchte ich den Begriff der sprachlichen „Viskosität" einführen, der die potenzielle Flexibilität eines sprachlichen Systems bezeichnet. Je höher die sprachliche Viskosität einer Struktur ist, umso geringer ist ihre Flexibilität, d. h. Variabilität. Um ein Beispiel zu nennen, sind etwa germanische OV-Sprachen verbsyntaktisch durch eine niedrigere Viskosität gekennzeichnet als germanische VO-Sprachen, da erstere deutlich mehr Variation bezüglich der Verbserialisierung aufweisen als letztere (vgl. Abschnitt 10.1, S. 252). Die Positionen, in denen ein sprachliches System besonders geringe Viskosität aufweist, können besonders leicht in emulierenden Imitationen manipuliert werden, ohne starke Verletzungen am System der Matrixsprache vorzunehmen. Hierfür ist der Begriff der „Manipulation" zentral: Die Viskosität eines Systems (*I-Language*) bestimmt, wie stark/schwach mögliche Eingriffe (Manipulationen) in das jeweilige System sind. Für das Beispiel der Verbserialisierung heißt dies, dass Abfolgevariationen innerhalb des Verbgefüges in germanischen OV-Sprachen mit einer höheren Wahrscheinlichkeit im Bereich der emulierenden Imitation manipuliert werden als in VO-Sprachen. Dies muss zunächst einmal nicht daran geknüpft sein, wie die Strukturen der Zielsprache tatsächlich aussehen. Die Viskosität einzelner Strukturbereiche einer Sprache können uns auch einen Einblick darin geben, wie und wo Sprachwandel greift bzw. nicht greift. Doch dies ist nur ein Aspekt unter vielen, für den sich die Untersuchung sprachlicher Imitationen als gewinnbringend erweist.

Imitation kann nur stattfinden, wenn eine zu imitierende Sprache bekannt ist (etwa durch direkten oder indirekten Sprachkontakt). Da wir den christlichen Autoren des 19. Jahrhunderts eine Kompetenz des Jiddischen weitestgehend absprechen,[4] kann angenommen werden, dass die Grundprinzipien der deutschen

---

[4] Es mag einzelne Ausnahmen gegeben haben, bei denen eine Teilkompetenz anzunehmen ist, wie etwa die Sondersprachen Lachoudisch im fränkischen Schopfloch (Hofmann 1998; Klepsch 1996; 2004; 2008; Matras 1996; Philipp 1983) oder Lotegorisch in der Pfalz (Meißner 1999) zeigen. Vor allem unter dem Bildungsbürgertum (zumeist Theologen), aber auch unter Händlern nahmen seit dem 16. Jahrhundert die Bestrebungen, Jiddisch zu erlernen, zu (Elyada 2012). Wie weit dies jedoch die deutschsprachige Durchschnittsbevölkerung betraf und wie kompetent Christen tatsächlich in der jiddischen Sprache waren, ist schwer zu ermitteln. Für die Literaten des 19. Jahrhunderts kann zwar angenommen werden, dass sie einige Grammatiken der Hebraisten zur Kenntnis genommen haben, die wenigsten unter diesen bieten jedoch eine Basis zum Erlernen des Jiddischen, da i. d. R. lediglich Hebraismen aufgelistet werden und nur in Ausnahmefällen (z. B. Haselbauer 1742; Friedrich 1784) einzelne Beispielsätze angeführt sind. Von modernen Grammatiken zum Zweitspracherwerb sind diese Arbeiten sehr weit entfernt. Bei Konvertiten (*Judenchristen*) sind natürlich Kompetenzen im Jiddischen anzunehmen.

4 Der Nutzen des Literaturjiddischen für die Sprachwissenschaft

Grammatik den äußeren Rahmen dieser fiktionalen Sprache bestimmt haben. Hinter der Grundidee der sprachlichen Emulation steht auch die Überlegung, dass die Autoren das Jiddische nicht als eigenständige Sprache verstanden haben, sondern es immer im direkten Bezug zum Deutschen wahrnahmen, ähnlich einem deutschen Dialekt (vgl. Elyada 2012: 127–136). Laienkonzepte werden innerhalb des deutschen Systems emuliert, d. h. fremde Strukturen werden an das bestehende System angepasst. Die deutsche Sprache wird manipuliert, um den Effekt des Jiddischen zu erreichen. Die einzelnen Strukturen der Manipulation können uns Aufschluss darüber geben, wie die Laienkonzepte des Jiddischen aussahen, welche wiederum bis zu einem gewissen Grad auch auf die Sprachrealität verweisen.

Kontaktinduzierte Interferenzen erfassen in erster Linie Strukturen, die vom Basissystem verarbeitet werden können. Demgegenüber nehmen Strukturen weniger Einfluss auf diese Form von Sprachwandel, die auffällig, komplementär anders, *bewusst wahrnehmbar*, im dialektologischen Sinne *salient* sind. Im Fall der Imitation des Jiddischen dienen die sprachlichen Strukturen der Sprachstatik, weil sie das *Eigene* vom *Fremden* bewusst abgrenzen (vgl. Günthner 2002: 70). Dies steht komplementär zu den in der Variationslinguistik gängigen Grundüberlegungen vom Zusammenspiel von „Salienz" und „Sprachwandel", wie sie seit Schirmunskis (1930: 118) vielmeinenden Ausspruchs die Dialektologie beschäftigen (vgl. u. a. Herrgen & Schmidt 1985; Lenz 2010; Elmentaler, Gessinger & Wirrer 2010; Purschke 2011; 2014; Kiesewalter 2011; 2014; Hettler 2014; Auer 2014; Glauninger 2014; Anders, Palliwoda & Schröder 2014; Lorenz 2014):

> Wir bezeichnen im weiteren die charakteristischen, d.h. am stärksten auffallenden Abweichungen einer Mundart gegenüber der Schriftsprache (oder anderen Mundarten) als primäre Merkmale, die weniger auffallenden Abweichungen als sekundäre Merkmale. (Schirmunski 1930: 118)

Die in dieser Arbeit verwendete Definition von „Salienz" orientiert sich nicht an der dialektologischen Verwendung, die unter *salienten Merkmalen* in der Regel signifikante Merkmale versteht, die bewusst sind. Hingegen bedient sich diese Arbeit eines Salienzbegriffs, wie er u. a. in Psychologie, Neurologie oder Soziologie üblich ist: Hier bezeichnet Salienz die allgemeine Wahrnehmung eines Reizes gegenüber anderen Reizen. Die Wahrnehmung muss dabei nicht auf bewusster Ebene erfolgen, sondern Strukturen müssen salient sein um bewusst zu werden, d. h. wahrnehmbar sein, um bewusst zu werden. Damit eine Struktur bewusst wahrgenommen wird, ist jedoch die Grundvorraussetzung ihre Salienz, was jedoch nicht impliziert, dass jede saliente Struktur bewusst wird. Welches

4.2 Imitation als Feld für psycho- und variationslinguistische Fragestellungen

sprachliche Merkmal Salienz auslöst, ist abhängig vom Grad der typologischen Distanz und Viskosität der Matrixsprache (Ausgangssprache) zur Kontaktsprache und von Grad und Intensität des Sprachkontakts. Nur saliente Strukturen, die verarbeitet werden, können in das System der Matrixsprache aufgenommen werden und dort durch Emulation Sprachwandel hervorrufen. Im Rahmen des hier verwendeten Imitationsbegriffs bezeichnet Salienz die neuro-kognitive Ebene des „Filters", der zwischen Zielsprache und Matrixsprache besteht (vgl. Abschnitt 1.2, S. 12). Bewusst wahrgenommene Strukturen können immer nur auf einer Metaebene wirken. Sprachwandel hingegen betrifft das System selbst. Daher kann natürlicher Sprachwandel, d. h. Sprachwandel, der nicht durch eine bewusste Sprachlenkung, wie etwa Standardisierung oder Zweitspracherwerb beeinflusst ist, nur bedingt auf salienten Merkmalen aufbauen. Viel wichtiger sind Strukturen, die vom sprachlichen System selbst verarbeitet werden können. Natürlicher Sprachwandel ist in dem Sinne eine Modifizierung des sprachlichen Systems. Die menschliche Fähigkeit zur Imitation spiegelt diese Möglichkeit zur Modifikation wider. Imitation ist damit nicht ohne Grund der Ausgangspunkt des kindlichen Spracherwerbs (vgl. u. a. Užgiris 1981; Tauten 1997: 291–294). Die Imitationsdaten des Literaturjiddischen bieten einen Einblick in diese Strukturen des Sprachkontakts zweier nahverwandter Varietäten.

Erst die strukturelle Analyse der jüdischen Figurenrede kann die Frage klären, ob es ein allen Texten gemeinsames Konzept vom Literaturjiddischen gab, oder ob jeder Autor seine eigene fiktionale Sprache entwickelte. Im Fall eines einheitlichen Literaturjiddischen kann die Vermutung aufgestellt werden, dass Laienkonzepte auf einer einheitlichen Wahrnehmung und Reproduktion sprachlicher Formen natürlicher Sprache fußen. Zugleich spräche dies aber auch dafür, den innerliterarischen Diskurs als Katalysator literaturjiddischer Formen zu verstehen. Würde jeder Autor andere Formen der sprachlichen Markierung verwenden, so ließe sich der literarische Diskurs als Triebfeder ausschließen und erst der Vergleich zu autochthon westjiddischen Quellen kann entscheiden, ob der Autor auf ein Laienkonzept oder seine Phantasie zurückgreift. Ein interessantes Ergebnis wäre, wenn sich das Literaturjiddische regional und nicht idiolektal unterscheiden würde. So ließe sich zum einen darauf schließen, dass die Autoren ihre eigene Dialektalität, sprich dialektales Deutsch, haben einfließen lassen oder aber sogar, dass die westjiddischen Varietäten im Raum streuen und wir somit erstmals dialektale Strukturen erkennen könnten.

Das Einfließen deutsch-dialektaler Strukturen in das Literaturjiddische wiederum führt uns in den Bereich der Diglossieforschung (vgl. Ferguson 1959). Gerade für das 18. und 19. Jahrhundert kann man davon ausgehen, dass die meisten Autoren in einer diglossischen Sprachsituation zwischen Schriftsprache und gesprochener Sprache (Dialekt) standen. Eine Diskrepanz zwischen Schriftlichkeit und Mündlichkeit findet sich bis in die heutige Zeit (vgl. Koch & Oesterreicher 1985), mit dem Unterschied, dass nun kaum mehr (Basis-)Dialekte, sondern Regiolekte und nicht-arealgebundene Soziolekte die Mündlichkeit ausmachen (vgl. Schmidt & Herrgen 2011). So ist anzunehmen, dass bei dem Versuch, (jiddische) Dialektalität in die literarische Schriftlichkeit zu transponieren, die eigene Umgangssprache einfließt. Aus diesem Grund wird die nachfolgende Analyse auch immer die gewonnenen Daten des Literaturjiddischen mit der Situation in den deutschen Dialekten abgleichen (s. Abschnitt III). Darüber hinaus funktioniert der Einsatz des Literaturjiddischen ähnlich wie „code-mixing" (vgl. Myers-Scotton 2004; 2002): jüdische Figuren *sprechen* ein Schriftdeutsch, welches durchsetzt ist mit jiddischen bzw. mit als „jiddisch" verstandenen Elementen.

Emulierende fiktionale Sprachen wie das LiJi können uns darüber hinaus dabei helfen, den kognitiven Aufwand von sprachlicher Rekonstruktion nachzuvollziehen. Der Umstand, dass nur bestimmte Formen emuliert werden, ist nicht zwangsläufig autochthonen jiddischen Formen geschuldet, sondern gibt auch Hinweise auf die Struktur unserer Sprachverarbeitung. Dies möchte ich an einem Fallbeispiel illustrieren: Will ein Autor eine jüdische Figur jiddisch sprechen lassen und möchte zusätzlich, dass der Inhalt der Figurenrede für die Leserschaft verständlich ist, hätte er vier Möglichkeiten:

1. Verwendung des Jiddischen (erworben durch Grammatiken, Kontakt mit Muttersprachlern o. ä.).

2. Verwendung des Jiddischen (erworben durch Grammatiken, Muttersprachler o. ä.) mit paralleler Übersetzung in die Matrixsprache (Deutsch).

3. Verwendung des Deutschen mit Elementen des Jiddischen (aus eigenem Laienkonzept, welches auf direktem Sprachkontakt beruht).

4. Verwendung des Deutschen mit Elementen des LiJi (sofern kein Laienkonzept aus direktem Sprachkontakt vorhanden ist).

Nur in den Fällen 2, 3 und 4 wäre eine Verständlichkeit des Sprechtexts der jüdischen Figur durch den Leser garantiert. Möglichkeit 1 kann damit ausgeschlossen werden. Da es wohl ein zu hoher Aufwand für einen Autor wäre, sich die jiddische Sprache anzueignen und v. a. da eine Übersetzung den Lesefluss beeinträchtigen würde, sind keine Texte zu finden, die sich Möglichkeit 2 zunutze machen. Bei den verbliebenen Strategien 3 und 4 ist die Verständlichkeit garantiert, solange emulierte Formen in die Matrixsprache (Deutsch) rekonstruiert werden können. Dabei muss der Autor/Leser des LiJi über die kognitive Fähigkeit verfügen, zu wissen, welche sprachlichen Strukturen sich rekonstruieren bzw. nicht mehr rekonstruieren lassen. Anhand von emulierenden fiktionalen Sprachen ließe sich testen, welche sprachlichen Strukturen höherer Verarbeitungsleistungen bedürfen als andere. Die aus dem LiJi gewonnenen Daten könnten so als Grundlage für psychoneurolinguistische Untersuchungen der Wort- und Sprachverarbeitung dienen.

Doch bereits die Formen, die wir im LiJi finden, können als positive Evidenz für leicht rekonstruierbare Strukturen interpretiert werden.

Damit bringt eine Analyse des LiJi die drei folgenden psycho- und variationslinguistischen Fragestellungen mit sich:

i. Was ist in der Matrixsprache (Deutsch) möglich (= d. h. was ist überhaupt konstruierbar)?

ii. Was sagt dies über die typologische Beschaffenheit und Nähe von Zielsprache (Jiddisch) und Matrixsprache (Deutsch) aus?

iii. Was kann aus dem LiJi in die Matrixsprache (Deutsch) rekonstruiert werden (= d. h. was ist überhaupt verarbeitbar)?

4.3 Literaturjiddisch als Sekundärquelle des späten Westjiddisch

Die in den Abschnitten 4.1 und 4.2 dargelegten Prämissen erlauben die Annahme, dass die Sprachrealität des Westjiddischen ihren Niederschlag im Literaturjiddischen gefunden hat. So betrachtet können die zu untersuchenden literarischen Texte als Sekundärquellen zum Jiddischen verstanden werden. Dies ließe sich im Vergleich zu unserem derzeitigen Wissen über das späte Westjiddisch (s. Abschnitt 2.1) prüfen. Für den Fall, dass die literaturjiddischen Quellen tatsächlich Nähe zum Westjiddischen aufweisen, würde dies unsere bisher gewonnenen Daten bestätigen. Darüber hinaus ließen sich aber auch Erweiterungen unseres Wissens erwarten, sofern Strukturen im Literaturjiddischen auftreten, die wir nur vereinzelt in westjiddischen Primärquellen finden. Des Weiteren lassen sich Vermutungen über die Authentizität bisher unbelegter Strukturen machen, sofern diese in den Sekundärquellen wiederholt in Erscheinung treten.

Literaturjiddische Texte können aber auch soziolinguistische Prozesse widerspiegeln. So ist anzunehmen, dass der westjiddische Sprachtod im Rückgang

4 Der Nutzen des Literaturjiddischen für die Sprachwissenschaft

westjiddischer Formen im Literaturjiddischen reflektiert wird. Demgegenüber ist ein möglicher Zugewinn ostjiddischer Formen im Verlauf des 19. Jahrhunderts parallel zum kulturellen Aufstieg dieser Sprache und möglicher Migrationsbewegungen von Ostjiddischsprechern in den Westen nicht auszuschließen.

Teil II
Datengrundlage und Methodik

5 Quellen des späten Westjiddischen

Die Westjiddistik steht, da sie sich um die Erforschung einer ausgestorbenen, historischen Sprache bemüht, in Abhängigkeit zu den uns überlieferten Quellen (vgl. Weinreich 1953 [1958]). Die meisten Arbeiten zum späten Westjiddischen konzentrieren sich auf die Dokumentation und Beschreibung des gesprochenen, noch vitalen (West-)Jiddischen nach der Schoah. So z. B. die Atlasprojekte von Guggenheim-Grünberg (1973), Beraneck (1965)[1] und der von Uriel Weinreich begründete Atlas „Language and Culture Atlas of Ashkenazic Jewry" (Herzog, Kiefer u. a. 1992 1992; 1995; 2000; zum WJ besonders Zuckerman 1969). Diese Arbeiten konnten jedoch nur mehr die vitalen Varietäten des Elsass, der Schweiz und von Teilen Südbadens erfassen. Generell gilt, dass der Raum des westl. SWJ besonders überrepräsentiert ist, was die Quellenlage, aber auch was die wissenschaftlichen Arbeiten betrifft (vgl. Weiss 1896; Guggenheim-Grünberg 1958; 1966b; 1973; [1976] 1998; 1981; Zuckerman 1969; Brosi 1990; Fleischer 2004d,c; 2005; Schäfer 2008; 2014; Weißkirchen 2011). Zum ZWJ gibt es hingegen nur einige wenige lexikalische Arbeiten, die sich meist auch nur auf jiddische Lehnwörter in den deutschen Dialekten stützen (Frank 1962; Weinberg 1973; Althaus 1963; Post 1992; Klepsch 2004). Aber nur die Arbeiten von Frank (1962) (ZWJ) und Weinberg (1973) (NWJ) beruhen auf Interviews mit Muttersprachlern und/oder mit der nachfolgenden Generation der letzten Sprecher des Westjiddischen. Unser Wissen zum NWJ basiert überwiegend auf Untersuchungen literarischer Quellen (vgl. Landau 1901; Reershemius 2007; 2014; Schäfer 2013). Zum niederländischen NWJ liegen Untersuchungen zur Lexik und Phonologie vor (*De Jodentaal. In. Handboek der nederlandsche taal. 2–103*; Voorzanger & Polak 1915; Beem 1954; 1970; 1974; 1975; Aptroot 1991; 2002). Forschungsbedarf besteht im östl. SWJ sowie in den Übergangszonen. Immerhin zum ungarischen Jiddischen liegen uns die Arbeiten Hutterers (1965; 1994) und Garvins (1965) vor. Auch das NÜJ ist in Herzog (1965) gut erfasst. Zum Jiddisch im tschechisch-slowakischen Sprachgebiet sind die Arbeiten Trosts (1965) und Beraneks (1936; 1949) unsere einzigen

---

[1] Beranecks „Westjiddischer Sprachatlas" ist aufgrund „zweifelhafte[r] Ergebnisse und methodische[r] Fehlgriffe" (Katz 1983: 1020) als fragwürdige wissenschaftliche Leistung zu beurteilen (vgl. Guggenheim-Grünberg 1966a; 1968; Althaus 1972: 1377–1378; Katz 1983: 1020).

Quellen. Eine Zusammenstellung der Quellen zum Burgenländer Jiddisch findet sich neben einer knappen Darstellung der sprachlichen Eigenschaften in Schäfer (2017).

Doch birgt die Quellenlage zum Westjiddischen noch immer Analysepotential für weitere Arbeiten. So nennt Weinreich (1953 [1958]) eine Vielzahl literarischer Quellen jüdischer wie christlicher Autoren, die uns Auskunft über den Zustand des Westjiddischen im 18. und 19. Jahrhundert liefern können. Bereits Landaus Analyse der Memoiren der Glikl bas Judah Leib kann als erster Versuch gelten, Reflexe des umgangssprachlichen Jiddischen in einem literarischen Text nachzuweisen (Landau 1901). Mit den Arbeiten von Aptroot & Gruschka (2004), Reershemius (2007; 2014), Weißkirchen (2011), Fleischer & Schäfer (2012) und Schäfer (2008; 2010; 2013; 2014) mehren sich in jüngster Zeit Analysen des Westjiddischen, die auf literarischen Quellen des 19. Jahrhunderts fußen und damit erstmals den Sprachstand jener Zeit erfassen.

Diesem Trend folgt auch das von der Deutschen Forschungsgemeinschaft geförderte Projekt „Westjiddisch im (langen) 19. Jahrhundert: Quellenlage, soziolinguistische Situation und grammatische Phänomene" an der Philipps-Universität Marburg. In diesem Projekt wurde zwischen 2011 und 2016 in erster Linie daran gearbeitet, einen Gesamtüberblick der Quellenlage zu gewinnen. Daran anschließend werden einzelne, besonders ergiebige Quellen betreffs ausgewählter sprachlicher Phänomene analysiert und beschrieben (Weißkirchen 2011; Schäfer 2013; 2014; Fleischer & Schäfer 2012). Die nachfolgenden Abschnitte beruhen auf dem in diesem Projekt erarbeiteten Quellsample und auf ersten daraus gewonnenen Ergebnissen.[2]

5.1 Der jüdische Multilingualismus

Die jüdischen Kulturen der Diaspora bewegen sich in einem Spannungsfeld zwischen zwischen Assimilation an die jeweiligen koterritorialen Kulturen und der Bewahrung der eigenen kulturellen Identität (Dissimilation). Diese Problematik

---

[2] Der dieser Arbeit zu Grunde liegende Stand des Projektsamples ist der vom 03. Oktober 2013. Eine regelmäßig aktualisierte Version des Projektsamples ist unter http://www.online.uni-marburg.de/westjiddisch/ einsehbar und durchsuchbar. Die folgenden Histogramme erfassen 276 Quellen, da zu dreien kein Erscheinungsdatum eruiert werden konnte. Die Erschließung von Quellen erfolgt im Projekt über Recherchen in Judaica-Beständen von Bibliotheken und gezielte Suchabfragen in digitalen Beständen durchsuchbarer Textzeugen des (langen) 19. Jahrhunderts. Die Erfüllung/Nichterfüllung sprachlicher Charakteristika des Westjiddischen (z. B. Kennwörter wie *Ette* 'Vater', *Memme* 'Mutter' oder vokalische Strukturen wie mhd. *ei/ou* als <aa>) entschieden dabei über die Aufnahme von Texten in das Projektsample.

spiegelt sich auch in den jüdischen Sprachen wieder. Das Judentum der Diaspora hat allein aufgrund der Dichotomie zwischen Alltags- und Sakralsprache immer eine bi- bzw. multilinguale Ausrichtung (vgl. Weinreich 1962; Mieses 1915 [1979]; Fischer 1936). Die Alltagssprache, insbesondere die der innerjüdischen Kommunikation, ist das Jiddische. Darüber hinaus kann man beim aschkenasischen Judentum einen Bidialektalismus nicht-jüdischer Dialekte (d. h. gesprochensprachlicher Varietäten) feststellen (Weinreich 1962; Schäfer 2008; 2014; s. a. „Die Hochzeit zu Grobsdorf" 1822: 2–7 in Lowenstein 1975). Dies gilt sowohl für den ost- als auch für den westjiddischen Sprachraum. Im westjiddischen Gebiet ist zudem in der Schriftlichkeit eine Ausrichtung an deutschen Literatursprachen zu verzeichnen, die auf schriftdeutsche Varietäten der jüdischen Bevölkerung hinweisen. Der Unterschied zwischen dem Deutsch von Juden und dem von Christen darf als äußerst gering eingeschätzt werden. In der Regel handelt es sich lediglich um eine orthographische Differenz zwischen jüdischem und christlichem Schriftdeutsch (Stichwort: 'Deutsch in hebräischen Lettern' s. nachfolgendes Kapitel 5.2). In Anlehnung an Haïm Vidal Séphiha (1985: 193) und Paul Wexler (1987: 7) bezeichne ich diese Varietäten als Judeo-X-Sprachen. Ich unterscheide jedoch zwischen zwei Typen von Judeo-X-Sprachen. Typ 1 der Judeo-X-Sprachen zeichnet sich dadurch aus, dass hier keine von der X-Sprache eigenständigen grammatischen Strukturen vorliegen und sich die Judeo-X-Sprachen lediglich auf Basis von kulturell bedingten Lexemen, welche zumeist aus der hebräisch-aramäischen Komponente stammen, von der koterritorialen X-Sprache unterscheiden. Im Typ 2 hingegen bestehen eigenständige grammatische Strukturen der Judeo-Sprache gegenüber der X-Sprache, wie dies im Jiddischen der Fall ist. Ein weiterer Typ jüdischer Varietäten sind die auf hebräischer Lexik (und z. T. Morphologie), aber auf germanischer Syntax basierenden Sondersprachen, die auch koterritoriale Sondersprachen (insbes. rotwelsche Sprachen) beeinflusst haben (vgl. Guggenheim-Grünberg 1981; Matras 1996).

Das nachfolgende Schema zeigt den jüdischen Multilingualismus, der sich auf einer Skala zwischen koterritorialer Kultursprache (Assimilation) und jüdischer Sakralsprache (Dissimilation) verteilt.[3]

Assimilation/X-Sprachen

A Koterritoriale Varietäten

B Judeo-X-Sprachen; vgl. Séphiha (1985: 193)

---

[3] Für die tatsächliche Sprachrealität ist allerdings anzunehmen, dass nur in seltenen Einzelfällen ein Individuum alle fünf Varietäten beherrscht hat.

Typ 1 ohne von X-Sprache losgelöster Grammatik, lexikalisch markiert,
z. B. *Judeo-Englisch, Judeo-German*[4]

Typ 2 mit von X-Sprache losgelöster Grammatik,
z. B. *Karaimisch* (Trakei), *Jiddisch*

C Hebraeo-X–Sprachen
Sonder- oder Geheimsprachen, z.B. Händlersprachen

D Hebräisch-aramäische Varietäten
z. B. *Ivrit*

Dissimilation/Sakralsprache

Dieser kurze Blick auf die jüdische Sprachsituation der Diaspora macht zweierlei deutlich: Zum einen ist Jiddisch eine jüdische Varietät unter vielen und zum anderen fungiert Jiddisch (insbes. Westjiddisch) innerhalb dieses Varietätennetzes vorwiegend als gesprochene Sprache zur Alltagskommunikation. Eine Verschriftlichung dieser Varietät stünde somit nicht nur außerhalb ihrer natürlichen, also mündlichen, Funktion, sondern spräche auch dafür, dass das ursprüngliche Gleichgewicht zwischen Schreib- und Sprachvarietäten gestört ist. Wie das nachfolgende Kapitel zeigt, tritt die Verschriftlichung des gesprochenen Jiddischen in einer Phase der aschkenasischen Geschichte auf, in der wir einen Einbruch alter Schreibtraditionen feststellen können.

5.2 Überlieferungsformen des Westjiddischen

Die westjiddische Sprachsituation im 19. Jahrhundert generiert nach Lowenstein drei schriftsprachliche Systeme (Lowenstein 1979: 180) :

I. Old literary Yiddish in Hebrew script

II. High German in Hebrew script

III. Yiddish dialect (i.) in Hebrew script, (ii.) in Latin script

---

[4] Für den deutschsprachigen Raum ließe sich vom Judeo-German bzw. vom problematischen, weil anderweitig besetzten Terminus *Jüdisch-Deutsch* sprechen (vgl. Fleischer to appear).

5.2 Überlieferungsformen des Westjiddischen

Unter „Old literary Yiddish" versteht Lowenstein (1979: 179) „a literary language which was a compromise between the spoken dialects of Eastern and Western Europe". Dieses System einer Ausgleichssprache zwischen Ost- und Westjiddisch findet sich bereits ab mitteljiddischer Zeit (Kerler 1999: 17). Mit dem Erstarken des Ostjiddischen und der Aufgabe des Westjiddischen im 19. und frühen 20. Jahrhundert verliert dieser Typ an Nutzen. Für den westjiddischen Sprachraum liegen die Alternativen in der Verwendung des Deutschen oder – in seltenen Fällen – des regionalen jiddischen Dialekts.

Deutschsprachige Drucke in hebräischen Lettern (*Ivre-taytsh*) kommen nach Lowenstein (1979: 179–180; s. a. Beider 2013: 113) ab dem späten 18. Jahrhundert auf. In Handschriften findet sich Deutsch in hebräischen Lettern jedoch deutlich früher. Wie zum Beispiel in Handschriften aus dem 17. und 18. Jahrhundert im Archiv des *Genisaprojekts Veitshöchheim* oder auch im Bestand des Hessischen Staatsarchivs Marburg (u. a. unter der Signatur 340 v. Geyso). Lowenstein berücksichtigt nicht, dass auch eine Vielzahl jüdischer Publikationen auf Deutsch in lateinischen Lettern bzw. Fraktur existieren. Die Verwendung des Schriftsystems (hebräische vs. lateinische Lettern) variiert tatsächlich nicht nur bezüglich der Verschriftlichung des Jiddischen, sondern auch betreffs des Deutschen. Dies zeigt, dass Lowenstein ein sehr hohes Gewicht auf den Gebrauch des hebräischen Schriftsystems legt. Die Quellsituation zum Westjiddischen ist jedoch weitaus komplexer und nicht bloß an Schriftsystemen festzumachen. Die alt- und mitteljiddische Literatursprache kann bis zu einem gewissen Grad auch als von deutschen Schreibtraditionen und besonders überregionalen Schreibstilen des Deutschen beeinflusst betrachtet werden.[5]

Im Gegensatz zum „Deutsch in hebräischen Lettern" des 19. Jahrhunderts ist die Nähe zwischen alt-/mitteljiddischer und deutscher Literatursprache nicht auf den ersten Blick ersichtlich, doch besonders der Vergleich mit gesprochenen Varietäten des Ost- und Westjiddischen, die sich stark von der schriftlich fixierten alt-/mitteljiddischen Sprache unterscheiden, zeigt, dass bereits vor dem 19. Jahrhundert eine jüdische Schreibtradition bestand, die sich am Deutschen orientierte. Nur war zu diesem Zeitpunkt auch das Schriftdeutsche wesentlich uneinheitlicher als im 19. Jahrhundert. Damit liegt eine Diglossie zwischen jüdischer Schreibvarietät und gesprochener Sprache vor. Eine terminologische Einteilung in Judeo-German (*Jüdisch-Deutsch*; von Juden gesprochenes Deutsch) und West-

---

[5] Ein eindrucksvolles Beispiel hierfür ist der jüdische Artusroman „Widuwilt" (14./15.–17.Jh.), der nicht nur eine literarische Modeerscheinung der Frühen Neuzeit in die aschkenasische Welt transponiert, sondern insbesondere sprachlich nah am Frühneuhochdeutschen orientiert ist (vgl. Jaeger 2000; Wolf 1974).

5 Quellen des späten Westjiddischen

jiddisch, wie sie Fleischer (to appear) für die synchrone Situation des (langen) 19. Jahrhunderts vornimmt, ist auch ein sinnvoller Ansatz für die Diachronie. Man könnte damit von zwei germanischen Varietäten der Juden auf deutschsprachigem Raum ausgehen.[6]

Dialektales Westjiddisch ist erstmals ab 1780 schriftlich fixiert (Lowenstein 1979: 180). Vorwiegend sind uns Dramen überliefert, welche aus der Feder von Maskilim stammen. So kommt es, dass unsere ersten Quellen vom gesprochenen Westjiddisch von Autoren stammen, die mit diesen Texten die sprachliche Assimilation propagieren und die jiddische Sprache in ihren Texten als Mittel zur Pejoration einsetzten. In vielen Fällen sind diese ersten Quellen auch die letzten Quellen für einen speziellen westjiddischen Dialekt. So zum Beispiel im Fall des im hessischen Raum gesprochenen jiddischen Dialektes, von dem uns nur das Drama „דיע האָכצײט צו גראָבסדאָרף" [„Die Hochzeit zu Grobsdorf"] (1822) von Arje Löb Rosenthal als autochthone Quelle eines Muttersprachlers überliefert ist (vgl. Lowenstein 1975). Alle anderen Quellen aus dieser Region, wie z. B. die Friedberger Theaterstücke „Der Judenball im Wäldchen" (zwischen 1858–1865) von G. Emmerich und „Die Gebrüder Haas im Jahre 1848 oder das Loos Nr. 7777" (1853) von Adolf Müller, sind von christlichen Autoren verfasst und damit von Autoren ohne muttersprachliche Kompetenz des Westjiddischen.

Dies heißt allerdings nicht zwangsläufig, dass eine Rekonstruktion des gesprochenen Westjiddischen vor 1780 unmöglich ist. Die Quellen des dialektalen Westjiddischen im 19. Jahrhundert können uns wesentliche Vergleichswerte liefern, auf die wir ältere Texte oder Texte anderer Schreibvarietäten prüfen können. Gesprochensprachliche Reflexe sind prinzipiell in allen Schreibvarietäten Lowensteins auffindbar. Dabei ist die Einordnung eines Textes als konzeptionell mündlich oder konzeptionell schriftlich (nach Koch & Oesterreicher 1985), d. h. näher an der gesprochenen bzw. geschriebenen Sprache orientiert, immer graduell. Dies betrifft nicht nur die Quellen des 19. Jahrhunderts, sondern im besonderen Maße auch alt- und mitteljiddische Texte:[7]

> Depending on the intention of the author, a text written by an Ashkenazi Jew to be understood by other Jews living in German speaking lands could be modelled on literary German, on spoken language, or on the language of scholars who interspersed their spoken or written Yiddish with many Hebrew and Aramaic words and phrases. (Aptroot 2010: 117)

---

[6] Im Schema auf S. 61 wären dies die Varietäten B und C.

[7] Ein Beispiel für gesprochensprachliche Reflexe findet sich in der Handschrift einer *magischen Zauberformel* von ca. 1700 (Transliteration und Scan der Hs. sind im Anhang (S. 364) aufgeführt.

5.2 Überlieferungsformen des Westjiddischen

Reflexe des Westjiddischen lassen sich darüber hinaus auch in nicht-jüdischen Sprachen finden, etwa in deutschen Dialekten (Althaus 1963; Post 1992; Klepsch 2004; Stern 2000), modernen Schreibvarietäten (Althaus 2010) oder Sondersprachen wie etwa dem Manischen (Lerch 1976) oder Lachoudischen (Klepsch 2004). Der Einfluss des Jiddischen ist hier jedoch weitestgehend auf die lexikalische Ebene beschränkt und nur in strittigen Einzelfällen zeigt auch die Morphologie Reflexe von Interferenzen. Doch nicht nur Varietäten des Deutschen, sondern auch Varietäten jeder beliebigen Sprache, die in einem näheren Kontakt zum Jiddischen stehen, können durch Entlehnungen Formen des Jiddischen reflektieren. Populärstes Beispiel ist das „Jewish English",[8] welches einzelne Jiddismen ins amerikanische Englisch aufnimmt. Vorzugsweise findet sich dies bei Juden mit einem aschkenasischen Hintergrund, es streut aber vermehrt in andere Sprechergruppen aus (u. a. Benor 2000; 2009; Gold 1985; Fishman 1985).

Wie bereits Weinreich (1953 [1958]) aufzeigt, können auch literarische Quellen jüdischer wie nicht-jüdischer Autoren Reflexe des gesprochenen Jiddischen aufweisen. Diese Quellen betreffen in erster Linie poetische Texte und die in ihnen umgesetzte sprachliche Markierung jüdischer Figuren. Dieses LiJi (Richter 1995) erweist sich als eine viel ergiebigere Quelle als weithin angenommen. Es findet sich in unterschiedlichen literarischen Funktionen, was eine weitere Untergliederung dieses Quelltyps erforderlich macht (s. Kapitel 5.3). Quelltypen mit Reflexen des gesprochenen Westjiddisch sind demzufolge:

I. Dialektales Jiddisch medial mündliche Quellen; ausschließlich aus dem späten westl. SWJ in Tonaufnahmen konserviert (Guggenheim-Grünberg 1966b; Fleischer 2005).

II. Schreibvarietäten des Jiddischen jüdische Autorschaft; in hebr. Schrift (z. B. die Hs. des Marburger Staatsarchivs; Appendix, S. 364).

III. Schreibvarietäten des Deutschen jüdische Autorschaft; in hebr. u. lat. Schrift.

IV. Literaturjiddisch jüdische u. nicht-jüdische Autorschaft; in hebr. u. lat. Schrift. Jiddisch steht immer in einer literarischen Funktion im Kontrast zu einem Superstrat (hier Deutsch).

V. Entlehnungen aus dem Jiddischen in andere Sprachen z. B. in dt. u. engl. Varietäten; jüdische und nicht-jüdische Sprecher; in lat. Schrift.

---

[8] Z. T. auch als *Yinglish* bezeichnet.

Mit dieser Einteilung verschiebt sich die Definition von dialektalem Jiddisch. Während dieses bei Lowenstein (1979) noch Theaterstücke der Maskilim abdeckt, zähle ich diese zum Literaturjiddischen, da Jiddisch hier eine literarische Funktion trägt.

5.3 Funktionstypen des Literaturjiddischen

Auf der Grundlage der im Projekt „Westjiddisch im (langen) 19. Jahrhundert" erschlossenen Quellen lassen sich vier Funktionstypen herausfiltern, in denen der jiddischen Sprache unterschiedliche literarische Funktionen zukommen. Jeder Typ ist in zwei Subkategorien zu unterteilen, die die Dichotomie jüdische vs. christliche Autorschaft ausdrückt. Diese Zweiteilung entspricht der Dichotomie interne vs. externe Sprachwahrnehmung und reflektiert damit auch die mögliche Sprachkompetenz eines Autors. Die Typisierung westjiddischer Quellen gestaltet sich damit wie folgt. Die verschiedenen Typen sind gleichzeitig als voneinander separiert und voneinander beeinflusst zu betrachten, da sie bis zu einem gewissen Grad auch die Stadien des Jiddisch-Diskurses im deutschsprachigen Raum des 19. Jahrhunderts widerspiegeln (vgl. Schäfer 2014: 55–59):

Funktionstyp A autochthon

(1) abbildend: Autoren sind Muttersprachler; überwiegend Lokalpossen, aber auch metasprachliche Texte (Wörterbücher, Grammatiken), vorwiegend aus dem westl. SWJ überliefert; z. B. „Garkisch" von Josy Meyer (1930) (s. a. Schäfer 2014). Nur von diesem Texttyp lässt sich mit Gewissheit sagen, dass er ausschließlich an ein jiddischsprachiges Publikum adressiert ist.

(2) beschreibend: Grammatiken, Lehrbücher oder Ausdruckssammlungen christlicher Autoren, z. B. „Unterricht in der Judensprache, und Schrift" (Friedrich 1784).

Funktionstyp B pejorativ

(1) jüdische Ablehnung: jüdische Autoren (mit überwiegend muttersprachlicher Kompetenz) propagieren über die sprachliche Assimilation die jüdische Emanzipation, z. B. Theaterstücke der Maskilim wie Wolfssohns „Leichtsinn und Frömmelei" (1796).

(2) christliche Ablehnung: antisemitische Schriften, z. B. Sessas polarisierendes Theaterstück „Unser Verkehr" (1816).

Funktionstyp C humoristisch

(1) jüdische Karikaturen: Besonders in Großstädten im bürgerlichen Judentum verbreitet, z. B. die in min. 23 Heften erschienenen „Gedichte und Scherze in jüdischer Mundart" aus Berlin (s. a. Gruschka 2003).

(2) christliche Karikaturen: Breite gesellschaftliche Streuung, z. T. latent antisemitisch wie die von Christian Heinrich Gilardone in zwei Bänden erschienenen Sammlungen „Parodiee, Gedichtches unn prousaische Uffsätz" (1. Bd. 1832, 2. Bd. 1835).

Funktionstyp D konservierend–nostalgisch

(1) historisierende, idealisierende Skizzen jüdischer Autoren: Die Autoren sind keine aktiven Sprecher/Muttersprachler des Jiddischen (mehr) bzw. schreiben für ein nicht muttersprachliches Publikum, z. B. Wassermanns „Die Juden von Zirndorf" (1897), aber auch metasprachliche Arbeiten wie Tendlaus „Sprichwörter und Redensarten deutsch-jüdischer Vorzeit" (1860). Diese Quellen können jedoch auch autochthone sprachliche Strukturen reflektieren, wie dies etwa die „Lebenserinnerungen" des A. H. Heymann (1909) zeigen (Schäfer 2013).

(2) historisierende, idealisierende Skizzen jüdischen Lebens christlicher Autoren: Z. B. Wilhelm Raabe „Frau Salome" (1879), Adolf Müller „Die Gebrüder Haas im Jahre 1848 oder das Loos Nr. 7777" (1853).

In zwei Fällen ist die Funktionszuweisung eines Textes jedoch problematisch. Die konkrete Differenzierung zwischen den Funktionen der Typen B2 und C2 besteht darin, dass zwar in beiden Fällen antisemitisches Gedankengut transportiert werden kann, jedoch nur in B2-Quellen die Textfunktion primär antisemitisch ist, wohingegen antisemitische Sequenzen in C2 nicht im Bezug zur sprachlichen Markierung stehen, sondern lediglich zur humoristischen Unterhaltung dienen. Wenn es auch aus heutiger Sicht schwer nachvollziehbar ist, dient in Texten des C2-Typus Antisemitisches der Belustigung des Lesers und nicht der moralischen Degradierung der jüdischen Glaubensgemeinschaft, wie im Fall von B2-Texten. Eine klare Trennung zwischen diesen Typen ist aber in vielen Fällen nicht einfach. Daher wurde für die folgende Auswertung ein gemeinsamer Mischtyp B2/C2 angesetzt. Es ist im Grunde sogar möglich, allen Texten (außer denen vom Typ A1) eine mehr oder weniger stark ausgeprägte pejorative Grundhaltung gegenüber der jiddischen Sprache nachzuweisen.

Darin wird deutlich, dass die vorliegende Typisierung eine Idealisierung ist, denn nicht nur die Trennung zwischen B2- und C2-Quellen ist im Einzelfall problematisch, sondern auch die Identifizierung eines Textes als C1- oder C2-Funktionstyp ist oft nur schwer zu entscheiden. Da sich viele Autoren oft hinter Pseudonymen verbergen, lässt sich schwer ermitteln, ob ein Autor als Jude für ein jüdisches oder als Christ für ein christliches Publikum schrieb. Vor allem sind hier die „Gedichte und Scherze in jüdischer Mundart" zu nennen, die sich zur Jahrhundertmitte im jüdischen (aber sicher auch christlichen) Leserkreis einer hohen Popularität erfreuten (vgl. Gruschka 2003). Damit ist auch bereits ein weiteres Problem angesprochen: Die vorgenommene Dichotomie erfasst zwar klar die Autorschaft, die Leserschaft geht aber über die Konfessionsgrenzen hinaus. Das Lesepublikum, als die größte Unbekannte in unserem Sample, muss bei der Typisierung unberücksichtigt bleiben. Unklare Fälle werden daher als C1/C2 typisiert.

Alle Funktionstypen mit Ausnahme des A2-Typs beruhen auf literarischen Texten. Die Zuweisung von Wörterlisten und grammatischen Beschreibungen zur Kategorie „Literaturjiddisch" ist durchaus problematisch. Es ist aber zu bedenken, dass metasprachliche Arbeiten des 18., 19. und z. T. 20. Jahrhunderts über das Jiddische keine rein deskriptiven, ideologiefreien Beobachtungen sind, sondern die jiddische Sprache hier immer auch einer Wertung des Autors unterzogen wird; ebenso wie es bei literarischen Texten der Fall ist. Der Unterschied zwischen Grammatiken und poetischen Quellen ist der, dass bei letzteren Sprache in einem fiktionalen Raum fungiert, während Grammatiken nur sehr beschränkt pragmatische Informationen liefern können. So gesehen sind poetische Texte als sprachhistorische Quelle ergiebiger als sprachtheoretische, weil sie einen *natürlicheren* Umgang mit Sprache wiedergeben. Darüber hinaus sei darauf hingewiesen, dass die für das Westjiddisch-Projekt herangezogenen Grammatiken immer auch kurze Beispielsätze oder fiktive Dialoge beinhalten, um sprachliche Strukturen zu illustrieren (z. B. Haselbauer 1742; Friedrich 1784). In diesen Sequenzen sind die Autoren poetischer, d. h. sprachschöpferisch aktiv und besonders hier lässt sich von einem Literaturjiddisch der Grammatiker sprechen.

Quellen vom Typ D treten erst ab dem späten 19. Jahrhundert auf. Dieser Typ zeigt die letzte Prozessstufe, welche die jiddische Figurenrede im 19. Jahrhundert erfährt: Hier dient die sprachliche Markierung nur mehr dazu, aus einer Distanz heraus einen bereits etablierten literarischen Charakter, nämlich den des Juden vom Land bzw. des Juden von einst, darzustellen. Zu diesem letzten Typ sind auch Texte der Gegenwartsliteratur zu zählen, die sich des Literaturjiddischen bedienen. Die vorgenommene Funktionstypisierung spiegelt damit auch den historischen Prozess, den das Literaturjiddische im 19. Jahrhundert durchmacht, wider (vgl. Schäfer 2014: 55–59).

5.4 Die Quellen des Projekts „Westjiddisch im (langen) 19. Jahrhundert"

Der im Projekt „Westjiddisch im (langen) 19. Jahrhundert: Quellenlage, soziolinguistische Situation und grammatische Phänomene" erarbeitete Datensatz potenzieller westjiddischer Quellen, d. h. Texte, die sprachliche Merkmale des Westjiddischen tragen, umfasst z. Z. 279 Texte. Kriterien für die Aufnahme eines Textes ins Projektsample war das Vorkommen ausgewählter Phänomene, darunter besonders der vollzogene Zusammenfall von V24 (mhd. *ei*) u. V44 (mhd. *ou*) in /a:/, V42 (mhd. *o:*) > /ou/, /au/. Die so gewonnenen Texte sind den im vorangegangenen Kapitel 5.3 (S. 66) erarbeiteten Funktionstypen wie folgt zuzuordnen:

Tabelle 5.1: Funktionstypen des späten Westjiddisch

Quellen (gesamt)	A1	A2	B1	B2/C2	C1	C1/C2	D1	D2
279	27	26	6	143	25	32	13	7
100%	9,68%	9,32%	2,15%	51,25%	8,96%	11,47%	4,66%	2,51%

Autochthone Texte jiddischer Muttersprachler nehmen mit 27 Texten einen geringen Anteil von 9,68% im Gesamtsample ein. Es muss berücksichtigt werden, dass 18 dieser Texte (66,66% der A1-Quellen) Theaterstücke aus dem Elsass und aus Südbaden aus dem letzten Viertel des 19. und dem frühen 20. Jahrhunderts sind. Dies zeigt, dass eine Verschriftlichung dieser Varietät zu rein kommunikativen und v. a. außerliterarischen Zwecken absolut unüblich war. Umso wichtiger ist es, sich mit den literarischen Formen und Funktionen, in denen uns das Westjiddische begegnet, näher zu beschäftigen.

71 Texte, die eindeutig jüdischen Autoren zuzuschreiben sind (Typen A1, B1, C1, D1),[9] füllen insgesamt 25,45% des Projektsamples. Dem stehen mit 63,08% 176 Texte christlicher Autoren (Typen A2, B2/C2, D2) gegenüber. Allein der Mischtyp B2/C2 deckt bereits 51,25% vom Projektsample ab. Rechnet man alle Typen, die eine pejorative und/oder humoristische Funktion tragen (B1, B2/C2, C1, C1/C2), zusammen, so machen diese mit 206 Texten ganze 73,84% aus. Diese Verteilung

---

[9] Ausgenommen sind hier die 32 Texte vom Typ C1/C2.

5 Quellen des späten Westjiddischen

lässt wiederum auf die Sprachsituation schließen: Dem Leser im 19. Jahrhundert begegnete Jiddisch v. a. in den Funktionen des Spotts und der Komik. Eine ernsthafte und positive Darstellung der jiddischen Sprache fand in nur wenigen Texten (der Typen A1 u. A2 u. z. T. D1 u. D2) statt.

Das Projektsample hat das ohnehin lange 19. Jahrhundert (1789–1914) um weitere Jahrzehnte ausgeweitet, so dass der endgültige Fokus auf den Zeitraum 1700–1950 liegt. Wie das Histogramm in Abbildung 5.1 zur zeitlichen Verteilung der Quellen des Projektsamples zeigt, weist besonders die Zeit zwischen 1770 und 1915 Quellen mit westjiddischen Reflexen auf. Hinter dem Peak von 1848/49 verbergen sich nahezu ausschließlich Pamphlete aus Berlin. Die diachrone Verteilung macht deutlich, dass Reflexe des gesprochenen Westjiddischen ein Phänomen des 19. Jahrhunderts sind. Zwar finden sich bereits im 18. Jahrhundert verstreute Belege für eine literarische Bearbeitung des Jiddischen,[10] doch diese scheinen singuläre Ereignisse und Wegbereiter einer literarischen Tradition des Folgejahrhunderts zu sein.

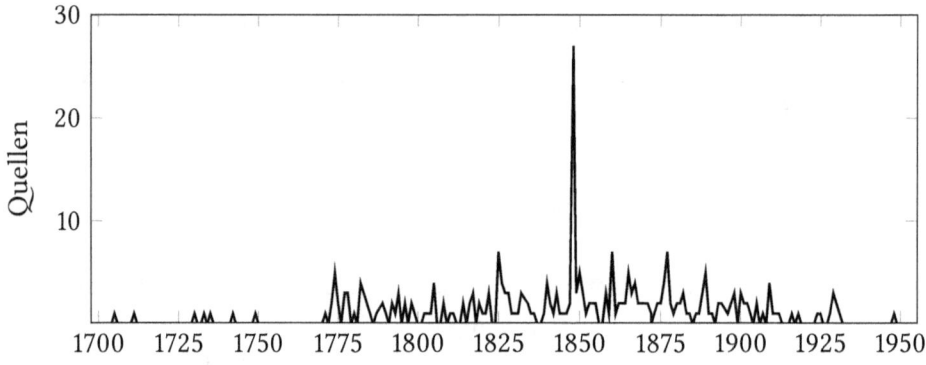

Abbildung 5.1: Quellen des späten Westjiddischen

Das Projektsample deckt, wie Abbildung 5.2 zeigt, alle Dialekträume des Westjiddischen und die Übergangsgebiete zum Ostjiddischen ab.[11] Die Verteilung im Raum ist nicht sonderlich ausgewogen. Es fallen Regionen auf, die deutlich unterrepräsentiert sind. So etwa das westl. NWJ, das östl. SWJ Österreichs[12] oder der

---

[10] Unsere früheste Quelle ist „Rabbi Mose Stendels in Jüdisch-Teutsche Reimen gebrachte Psalmen Davids" (1705) von Johann Christof Wagenseil.

[11] In die Kartierung aufgenommen wurden nur Quellen, denen ein Ort zugewiesen werden konnte. Bei der Lokalisierung der Quellen hatte zunächst der längste Wohnsitz des Autors Vorrang; war ein solcher nicht ermittelbar, wurde der Verlagsort herangezogen und in einigen wenigen Fällen der Handlungsort des Textes. Insgesamt konnten von 279 Texten 272 kartiert werden.

[12] Ausgenommen die Wiener und burgenländischen Quellen.

5.4 Die Quellen des Projekts „Westjiddisch im (langen) 19. Jahrhundert"

äußerste Westen des westl. ZWJ. Entsprechend sind andere Regionen, wie z. B. das Zentrum des westl. ZWJ oder der nördl. Westen des östl. NWJ, besonders stark abgedeckt.

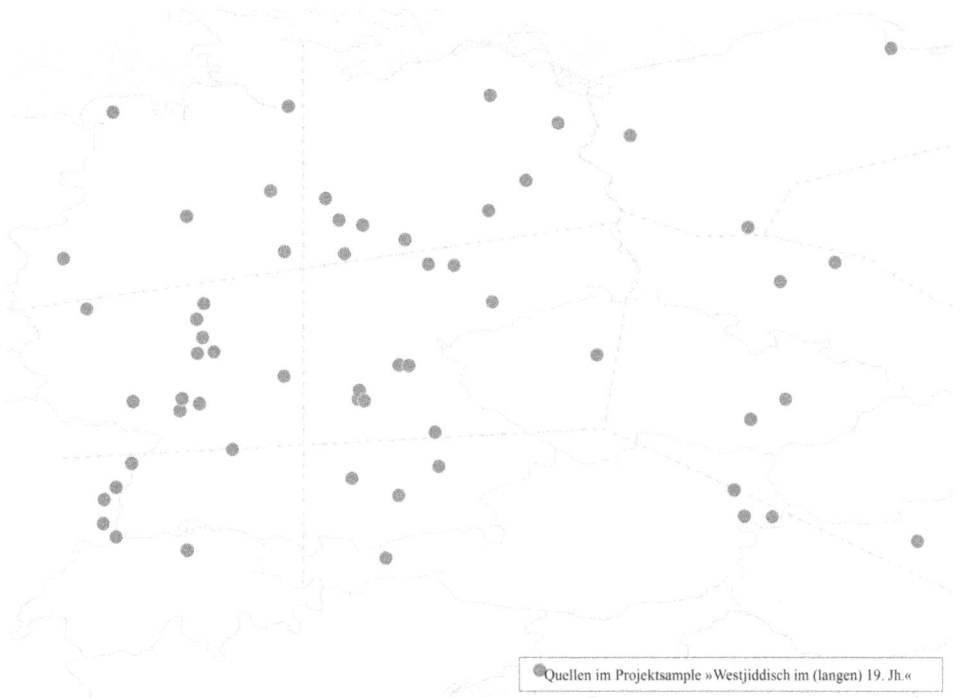

Abbildung 5.2: Karte zur geographischen Verteilung des Projektsamples

Das Projektsample zeigt deutlich wie wichtig es ist den Wert nicht-jüdischer Quellen des späten Westjiddischen zu überprüfen, denn nur unter Zunahme dieses durchaus problematischen Datensatzes, ist es möglich quantitativ gesicherte Aussagen über sprachliche Strukturen des gesprochensprachlichen Westjiddischen zu treffen.

6 Untersuchungskorpus zum Literaturjiddischen

Literaturjiddisch ist eine rein poetische Varietät, keine natürliche Sprache. Obzwar es immer auf eine natürliche Sprache verweist (Jiddisch) und eingebettet ist in eine ebenfalls natürliche, wenn auch literarische Sprache (Deutsch), so unterscheidet sich ein Korpus, bestehend aus literaturjiddischen Quellen, stark von anderen linguistischen Korpora. So ist in etwa der Vorwurf der Unvollständigkeit, den man jedem Textkorpus natürlicher Sprachen vorhalten kann (vgl. insbes. Chomsky (1957: 159)), im Falle des Literaturjiddischen haltlos: Über die literarische Überlieferung hinaus gibt es kein Zeugnis, da jenseits der Literatur kein Literaturjiddisch bestehen kann. Jede literarische Figur eines jeden literarischen Textes legt uns bereits den Gesamtumfang ihrer Sprache dar. Aus linguistischer Perspektive haben wir es hierbei mit einem dankbaren Ausnahmefall zu tun.

Die Recherchearbeit im Projekt „Westjiddischen im (langen) 19. Jahrhundert" hat ergeben, dass hauptsächlich literarische Quellen, zumeist Dramen, von vorwiegend christlichen Autoren überliefert sind (vgl. Abschnitt 5.4). Diese Texte entsprechen dem, was Richter (1995) als „Literaturjiddisch" definiert, da Jiddisch hier verschiedene literarische Funktionen trägt (vgl. Abschnitt 5.3). Der Hauptfunktionstyp ist eine Mischform zwischen pejorativ und humoristisch (B2 & C2). Aufgrund dieser besonderen Datenlage besteht die Notwendigkeit, sich mit diesem speziellen Texttyp näher auseinanderzusetzen. Ausgehend von der im Projekt erarbeiteten Quellsammlung wurde gesondert ein Korpus literaturjiddischer Texte der Typen B2, C2 und D2 zusammengetragen und in Hinblick auf die darin vorkommenden sprachlichen Markierungen analysiert.[1] Dieses Korpus zum

---

[1] Da die Recherche nach literaturjiddischen Texten nicht im Zentrum des DFG-Projekts stand, sondern die Recherche nach authentischen Quellen des Westjiddischen, erfasst das Projektsample wahrscheinlich einen geringen Ausschnitt dieses Quelltyps. Besonders aus der Mitte des 19. Jahrhunderts müssten noch deutlich mehr Quellen zu finden sein, als sie im Rahmen des Projektes erfasst wurden. Was diesen Quelltyp betrifft, sehen wir im Projektsample wohl nur die Spitze des Eisbergs. Für das Analysekorpus zum chrLiJi1 wurden zusätzliche Recherchen angestellt; dies gilt besonders für Fünfjahresintervalle, aus denen Quellen fehlten.

christlichen Literaturjiddisch im 19. Jahrhundert (chrLiJi1) bildet das Kernkorpus dieser Arbeit.

Die Texte des Kernkorpus haben gemeinsam, dass sie allesamt aus der Feder nicht-jüdischer Autoren stammen. Damit sind die darin auffindbaren Sprachdaten Information aus zweiter, wenn nicht sogar dritter Hand. Vorrangig aus diesem Grund wurde ein wesentlich kleineres Spezialkorpus zum jüdLiJi1 aufgebaut und analysiert (s. Abschnitt 6.2). Ein solches macht darüber hinaus auch im Kontext einer diskursanalytischen Grundidee Sinn, da so geprüft werden kann, ob die Fremdwahrnehmung (chrLiJi1) die Eigenwahrnehmung (jüdLiJi1) beeinflusst oder nicht.

6.1 Kernkorpus des nicht-jüdischen Literaturjiddischen im 19. Jahrhundert

Das Kernkorpus literaturjiddischer Texte der Funktionstypen B2, C2 und D2 wurde nach folgenden Kriterien zusammengestellt:

Diachrone Verteilung Auf der Zeitskala 1700–1950 wurden Fünfjahresintervalle gesetzt. Pro Intervall werden, sofern vorhanden, zwei Quellen analysiert.

Textsorte Dramen wurden bei der Auswahl bevorzugt, da diese zum einen unter den vorliegenden Textsorten den höchsten Grad konzeptioneller Mündlichkeit (nach Koch & Oesterreicher 1985) aufweisen, und da diese Textsorte zum anderen eine generell hohe Belegdichte aufweist.

Autorschaft Gesicherte nicht-jüdische Autorschaft.

Funktionstypen Es wurde versucht, das Korpus in Bezug auf die Funktionstypen ausgewogen zu gestalten. Pro Intervall sollte je eine Quelle dem Typ B2 und eine dem Typ C2 angehören. Da eine Differenzierung zwischen B2 und C2 nicht immer einfach zu treffen ist, konnte dieses Kriterium nicht immer greifen. In dem Fall wurde versucht in einem Intervall mindestens eine Quelle, die eindeutig einem der beiden Typen B2 oder C2 zuzurechnen ist, aufzunehmen. Texte aus dem späten 19. und frühen 20. Jahrhundert dürfen auch dem D2-Typ zugehören, sofern keine B2 oder C2 Quellen zur Verfügung standen.

Sprechanteile jüdischer Figuren Sind pro Intervall mehrere potenzielle Quellen gegeben, werden die Quellen mit der höchsten Tokenfrequenz jüdischer Figurenrede gewählt.

6.1 Kernkorpus des nicht-jüdischen Literaturjiddischen im 19. Jahrhundert

Vermeidung gebundener Sprache Sofern es die Quellenlage erlaubt, werden Quellen in gebundener Sprache vermieden, da diese v. a. für die syntaktische Analyse u. U. ein verzerrendes Bild transportieren.

Unberücksichtigt blieben bei der Korpusbildung die Faktoren der räumlichen Verteilung der Quellen und der Textlänge bzw. des Redeanteils jüdischer Figuren.[2]

Mit den angewandten Kriterien ist ein Textkorpus von 53 Texten entstanden, das zumindest den Zeitraum zwischen 1770 und 1875, immerhin 105 Jahre, lückenlos mit zwei Quellen abdeckt. Vor und nach diesem Zeitraum konnten nur vereinzelt relevante Texte in das Korpus Eingang finden.

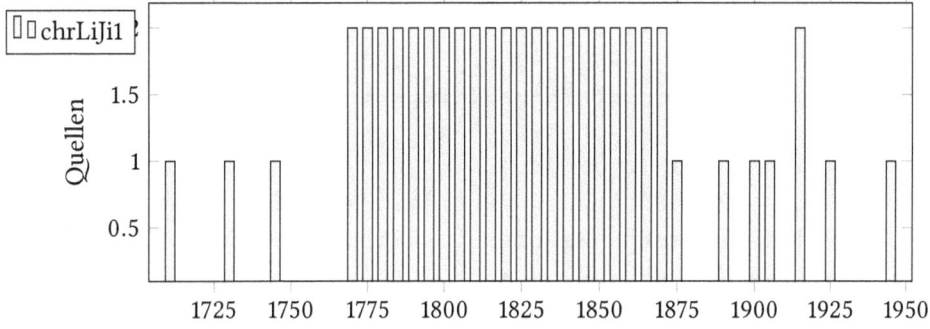

Abbildung 6.1: Quellenverteilung im Korpus zum chrLiJi1

Ein Grund dafür, dass trotz intensiver Recherche vor 1770 und nach 1879 kaum Quellen vorliegen, kann sein, dass der sprachnormierende Diskurs über das Westjiddische in diesen Zeiten noch nicht bestand bzw. weitestgehend abgeschlossen war. Vom christlichen Literaturjiddisch als eine kurzlebige „Modeerscheinung" zu sprechen, ist, in Anbetracht der Datenlage, eine Untertreibung. Jüdische Figuren sprachlich zu markieren ist, wie Abschnitt 2.1 zeigt, ein über einen längeren

---

[2] Es wurde natürlich darauf Rücksicht genommen, Texte mit möglichst viel literaturjiddischen Sequenzen aufzunehmen, jedoch wurde das Korpus nicht auf „Normalseiten" (= 400 Wortformen pro Seite) skaliert (vgl. „Bonner Frühneuhochdeutschkorpus"). Die Zählung aller (physischen) Seiten, die sprachlich relevante Daten zum chrLiJi1 liefern, ergab einen Gesamtumfang von 1181 Seiten. Eine durchschnittliche Quelle (Mittelwert) hat einen Umfang von 22,3 Seiten, liegt also grob betrachtet im Umfang der 30 Normalseiten, wie sie das „Bonner Frühneuhochdeutschkorpus" verwendet. Wie man an der hohen Standardabweichung von 30,5 Seiten erkennt, ist das Korpus extrem unausgewogen. Da die Texte in ihrem Umfang nicht skaliert wurden, sind Seitenzahlen generell weniger aussagekräftig und können keine Daten über die quantitative Verteilung eines Phänomens liefern. Die Angabe der Seitenzahlen erfüllt somit einen rein dokumentarischen Zweck, der die Korpusdaten überprüfbar macht.

Zeitraum etabliertes literarisches Mittel. Der Rückgang des Hebräischen zu Gunsten des Jiddischen als Zielsprache der Imitation erlebt trotz vereinzelter Vorläufer in der ersten Jahrhunderthälfte des 18. Jahrhunderts erst ab den 1770ern seinen Durchbruch.

Wie beabsichtigt machen Dramentexte den größten Anteil aus; jedoch mussten auch andere Textsorten und Quellen in gebundener Sprache aufgenommen werden (s. Tabelle 6.1). Für die Zeitabschnitte 1725–1749 und 1840–1844 konnten nur lyrische Texte gefunden werden.

Tabelle 6.1: Textsorten im Korpus zum chrLiJi1

Quellen (gesamt)	Dramen	Prosatexte	lyrische Texte	Sammlungen
53	34	6	9	4
100%	64,15%	11,32%	16,98%	7,55%

Die diachrone Verteilung der Textsorten (Abbildung 6.2) zeigt, dass sich zwischen 1770 und 1820 immerhin ein auf 25 Jahre erstreckendes Kontinuum ausschließlich dramatischer Quellen ergibt. Nach dieser Phase ist das Korpus ein Gemisch verschiedener Textsorten. So lässt sich das Korpus auf Grundlage der Textsortenverteilung in drei Abschnitte unterteilen: im ersten Abschnitt (1700–1769) haben wir nur wenige, lyrische und epische Texte, in Abschnitt 2 (1770–1820) sind ausschließlich dramatische Quellen gegeben, während im dritten Abschnitt (1825–1949) eine große Textsortenvielfalt vorliegt. Dies muss bei der Analyse berücksichtigt werden.

Eine erneute, genauere Durchsicht der Texte ermöglichte eine Zuordnung der im Projektsample unter dem Mischtypus B2/C2 laufenden Quellen als B2- oder C2-Quelle. Die Verteilung der Funktionstypen ist damit im Korpussample mehr oder weniger ausgeglichen (s. Tabelle 6.2). Die Typen B2 und C2 haben den größten Anteil. In nur drei Fällen musste auf Quellen des Typs D2 zurückgegriffen werden.[3] In fünf Fällen konnte trotz intensiver Lektüre nicht entschieden werden, ob der B2- oder der C2-Typ vorliegt.[4]

Die räumliche Verteilung spielte bei der Korpusbildung keine Rolle. Wie die Kartierung der Korpusquellen zeigt (Abbildung 6.3),[5] entspricht dies der räum-

---

[3] Diese drei Texte sind UT (Stavenhagen, 1862), JD (Wien, 1866) und AK (Zürich, 1948).

[4] Dies betrifft die Quellen FL (Mannheim, 1778), PF (Augsburg, 1816), LP (Brünn, 1849), FM (Leipzig, 1852) und MV (Berlin, 1862).

[5] Auch hier konnten nicht alle Texte einem Ort zugewiesen werden, vgl. Fn. 11, S. 70. Insgesamt konnten 51 Quellen in die Kartierung aufgenommen werden.

6.1 Kernkorpus des nicht-jüdischen Literaturjiddischen im 19. Jahrhundert

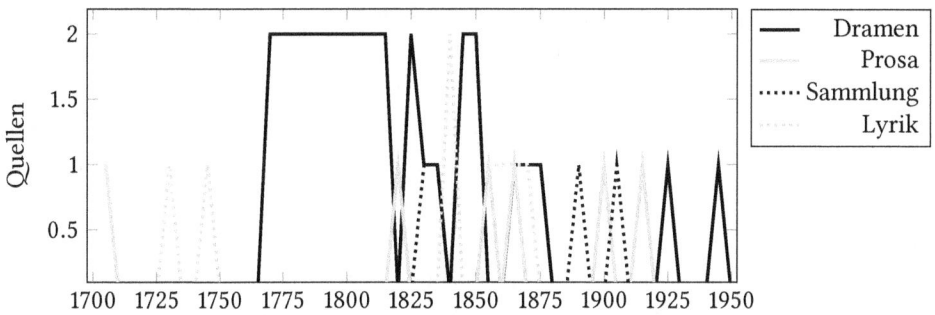

Abbildung 6.2: Diachrone Verteilung der Textsorten im Korpus zum chrLiJi1

Tabelle 6.2: Verteilung der Funktionstypen im Korpus zum chrLiJi1

Quellen (gesamt)	B2	C2	B2 & C2	D2
53	24	21	5	3
100%	45,28%	39,62%	9,43%	5,66%

Abbildung 6.3: Karte zur quantitativen Verteilung des Korpus chrLiJi1

lichen Streuung des Projektsamples (vgl. Abbildung 5.2). Auch die quantitative Verteilung des chrLiJi1-Korpus (Abbildung 6.3) zeigt mit den Zentren Berlin, Leipzig, Wien, Frankfurt und Mannheim ähnliche Strukturen wie die des Projektsamples (vgl. Schäfer 2014: 64, Abbildung 4.16). Die im Projektsample besser abgedeckten Regionen des westl. NWJ und des nördlichen Übergangsgebiets sind im chrLiJi1-Korpus nur durch einzelne Quellen aus den Grenzgebieten repräsentiert.

Es sei erwähnt, dass in drei der aufgenommenen Texte Jiddisch nicht in Relation zum (Hoch-) Deutschen, sondern zu niederdeutschen Dialekten steht. Die entsprechenden Quellen sind UT (Stavenhagen, 1862; Mecklenburgisch), DK (Osterwieck, 1872; Ostfälisch) und DP (Pyrzyce, 1874; westl. Ostpommersch). Die Analyse wird zeigen, ob in einer niederdeutschen Umgebung andere Strategien zur Emulation des Jiddischen verwendet werden als in einer hochdeutschen.

Zwei Autoren sind im Korpus mehrfach vertreten: Von Julius v. Voß wurden drei Dramen (EV Berlin, 1817; NW Berlin, 1804; PS Berlin, 1808) und von Louis Angelt zwei Dramen (AJ Berlin, 1825 u. PP Berlin, 1839) ausgewertet. Dies könnte einerseits das Bild etwas verzerren, andererseits hat es den Vorteil, dass diese Autoren gesondert analysiert werden können, um zu prüfen, wie homogen sie sich im Textvergleich verhalten.[6]

6.2 Spezialkorpus des jüdischen Literaturjiddisch im 19. Jahrhundert

Um einen Eindruck zu erhalten, ob und wie der literarische Diskurs zum Jiddischen konfessionelle Unterschiede aufweist, wurde ein kleines Spezialkorpus zu literaturjiddischen Quellen jüdischer Autoren angelegt. Besonders interessant, da mit interkonfessioneller Leserschaft zu rechnen ist, sind Texte vom Funktionstyp C1.[7] Darunter fallen fünf Bände der „Gedichte und Scherze in jüdischer Mundart"[8] und fünf Texte, die man als politische Pamphlete charakterisieren kann.

---

[6] Wie die Clusteranalyse der Quellen zeigt (vgl. Abbildung 11.8, S. 323), verhalten sich die jeweiligen Quellen trotz identischer Autorschaft unterschiedlich, was die Verteilung der verwendeten liji Phänomene betrifft. Ausgehend von dieser Clusteranalyse scheint auch die Matrixsprache (Hochdeutsch vs. Niederdeutsch) keinen entscheidenden Einfluss zu nehmen.

[7] In zwei Fällen (PBerlin1 u. PBerlin2) besteht die Möglichkeit, dass diese Texte auch christlichen Autoren zuzuschreiben sind und damit dem Mischtyp C1/C2 angehören. Diese Texte werden darum mit besonderer Vorsicht behandelt.

[8] Von diesen Sammlungen jüdischer Witze und Anekdoten sind 23 Bände bekannt (vgl. Gruschka 2003). Für das Korpus wurden Bd. 1 und Bd. 23, sowie in Fünfer-Intervallen, die Bde. 5, 10 und 15 gewählt. Die zeitliche Verortung dieser Hefte ist jedoch heikel, da die Erstausgaben

Das Korpus deckt den Zeitraum zwischen 1848 und 1877 ab.[9] Überwiegend haben diese Texte in Berlin ihren Ursprung bzw. waren im großstädtischen Raum verbreitet (Gruschka 2003).[10]

Tabelle 6.3: Korpus jüdLiJi1

Quellen (gesamt)	GuS	Pamphlete
10	5	5
	ca. 1850er–1870er	1848–1876

Tatsächlich hätte ein Korpus zum jüdLiJi1 deutlich umfangreicher ausfallen können. Dass hier nur zehn Texte Eingang gefunden haben, ist eindeutig nicht der Datenlage geschuldet, sondern dem Fokus der Arbeit auf die „Imitation des Jiddischen" und dem literarischen Diskurs. Ziel der Korpora dieser Arbeit ist es nicht, möglichst authentische Quellen des Westjiddischen zusammenzutragen, sondern eben jene Quellen heranzuziehen, die besonders stark durch den kulturellen Diskurs beeinflusst und damit möglichst weit entfernt von der Sprachwirklichkeit anzusiedeln sind. Die hier aufgenommenen Texte des jüdLiJi1 sind Quellen des assimilierten Judentums und Belege dafür, dass die Assimilation nicht nur sprachlich, sondern auch formen- und literatursprachlich zur Jahrhunderthälfte stark fortgeschritten war.

6.3 Methodik

Die in den Korpora zusammengestellten Texte wurden einer Datenerhebung unterzogen, in welcher jeder Text händisch durchgegangen wurde und die darin

---

kaum mehr erhalten sind. Die Periode der Erstveröffentlichungen lässt sich auf den Zeitraum zwischen 1850 und 1870 eingrenzen. Bis in die 1870er Jahre hinein wurden die Hefte von Eduard Bloch in Berlin herausgegeben, dann aber nur mehr Reproduktionen.

[9] Das Korpus zum jüdLiJi1 umfasst 73 Seiten bei einem Mittelwert von 7 Seiten pro Quelle. Die Standardabweichung liegt bei 3 Seiten in einem noch relativ angemessenem Bereich (vgl. Fn. 2 S. 75).

[10] Die GuS sind alle in Berlin gedruckt, ebenso die Pamphlete PBerlin1 und PBerlin2. Die zahlreichen Pamphlete des Isaac Moses Hersch, von denen eines Eingang in das Korpus gefunden hat (PAlsleben), werden wahrscheinlich auch eher im großstädtischen Raum rezipiert worden sein als im Heimatort des Autors Alsleben. Die beiden weiteren Pamphlete stammen aus dem Gebiet des SÜJ mit Breslau (PBreslau) und Debrecen (PDebrecen). Letztere Quelle ist ein besonders interessantes Beispiel für ungarisches LiJi.

6 Untersuchungskorpus zum Literaturjiddischen

vorkommenden sprachlichen Markierungen jüdischer Figurenrede in eine Phänomenmaske (s. Tabellen 6.4 – 6.7) eingetragen wurden.[11] Zusätzlich wurden folgende Metadaten zu jedem Text angelegt:

> Titel [Kürzel],[12] Autorenname, Erscheinungsjahr
> Untertitel, Erscheinungsort, Verlag, Ausgaben Textsorte, Funktionstyp, Dialektregion nach Katz (1983) (falls ermittelbar) Besondere Hinweise zu Inhalt u. Autor

Die Daten wurden bei der Eingabe in die Phänomenmaske auf maximal fünf Tokens pro Lexem (Lexik, Phonologie u. Graphie) bzw. pro Phänomen (im Fall von Morphologie u. Syntax) skaliert, so dass es möglich war, auch umfangreichere Texte aufzunehmen. Ebenfalls der Skalierungsidee geschuldet ist der Umstand, dass jeder Beleg nur einmal pro Seite zitiert wurde, und zwar auch, wenn dieser mehr als einmal auf einer Seite vorliegt. Das heißt, jedes Datum ist mindestens einmal auf einer Seite belegt, die Belegzahlen sind aber nicht als absolute Werte zu verstehen.

Nicht erhoben wurden metasprachliche Laienurteile, wie z. B. in (6), da dieser Arbeit an der Erhebung grammatischer Formen der sprachlichen Imitation gelegen ist und nicht an den sprachpolitischen Diskursen ums Jiddische.

> (6) [...] *und nun erschallte hinter ihm ein fürchterliches Rabengekrächze aus dem Munde der alten Jüdin. In halb hebräischen Schimpfreden und im verzerrtesten Judendialekt zeihte sie die arme Tochter der Unkeuschheit,* [...]
> (von Arnim 1962: 45)

Für das weitere Vorgehen wurden die Ergebnisse der Datenerhebung in das Programm AntConc[13] geladen und mit dessen Hilfe der näheren Analyse unter-

---

[11] Die in diese Maske aufgenommenen Phänomene ergeben sich aus den Daten selbst. Sie hat sich damit im Laufe der Datenerhebung herausgebildet und wurde nicht im Vorfeld festgelegt. Aufgenommen wurde zunächst alles, was von der Schriftsprache abweicht. Die sprachlichen Abweichungen von der Literatursprache (Deutsch) mussten dazu selbstverständlich für mich selbst erkennbar und kategorisierbar und damit sprachwissenschaftlich *salient* sein.

[12] Die Vergabe der Kürzel folgt der Regel: Quellen des christlichen LiJi1 zwei Großbuchstaben, jüdLiJi1 Quellen der „Gedichte und Scherze in jüdischer Mundart" als GuS+'Nr. der jew. Ausgabe', Pamphlete des jüdLiJi1-Korpus werden mit P+'Ort' abgekürzt. Um einen leichteren Zugang zu ermöglichen, werden im Fließtext und in Sprachbeispielen die Kürzel zum chrLiJi1 um Erscheinungsort und Erscheinungsjahr ergänzt.

Die Kürzel der untersuchten Quellen werden im Anhang (S. 349, 353) aufgeschlüsselt.

[13] Diese Konkordanz-Software wird unter http://www.antlab.sci.waseda.ac.jp zur freien Verfügung gestellt.

zogen. Die erhobenen Daten aller Korpora finden sich im Appendix von Schäfer (2014). In den nachfolgenden Analysen der Einzelphänomene werden einzelne illustrierende Belege angeführt. Nur in einzelnen Fällen sind die im Text gegebenen Beispiele exhaustiv; in diesen Fällen wird dies explizit genannt.

Die hier vorliegende Arbeit möchte einen ersten groben Überblick bieten, wie sprachliche Imitation funktioniert. Demnach können in den Analysen singulär auftretende Einzelphänomene nur exemplarisch ausgewertet werden. Abstriche bei der Phänomenanalyse finden sich v. a. im lexikalischen Bereich und bei singulären phonologischen Phänomenen wieder. Prinzipiell wurde jedes Phänomen einer Detailanalyse unterzogen, das in minimal vier Quellen des chrLiJi1 auftritt oder zumindest mit frequent auftretenden Manipulationsstrategien verwandt ist.

Tabelle 6.4: Phänomenmaske Lexik

Phänomen	Beispiel
Kennwörter WJ	*Ette* 'Vater', *Mamme* 'Mutter'
Kennwörter OJ	*Tate* 'Vater', *Mame* 'Mutter'
Hebraismen	*Adonay* 'der Ewige', *Ische* 'Frau'
Psychoostentative Ausdrücke	*Wei geschrien!* 'Weh geschrien!'
Sonstiges	*heißt* 'nennt', *als* 'wie'

Tabelle 6.5: Phänomenmaske Morphologie

Phänomen	Beispiel
Diminution (Singular; Plural)	*Vögile* 'Vogel', *Madlich* 'Mädchen'
Verbklasse & Verbflexion	*sennen* 'sie sind'
Kasus bei vollen Obj.; Kasus n. Präp.; Kasus bei Pron.	*Ich hob getroffen Menschen aus die ganze Welt* 'ich habe Menschen aus der ganzen Welt getroffen'
Sonstiges	*gespaziert* 'spaziert'

Tabelle 6.6: Phänomenmaske Phonologie

V24 (E$_4$ = mhd. *ei*) > /aː/, /ɛ/	*Bahn* 'Bein', *kä* 'kein'
V44 (O$_4$ = mhd. *ou*) > /aː/ *a*-Verdumpfung	*kafen* 'kaufen', *Fra* 'Frau' *hot* 'hat', *Tog* 'Tag'
V22 (E$_2$ = mhd. *ê, œ*) > /ei/, /ai/	*seihe* 'sehe', *Keinik* 'König'
V42 (O$_2$ = mhd. *ô*) > /ou/, /au/	*grous* 'groß', *waul* 'wohl'
V34 (I$_4$ = mhd. *iu*) > <ei>, <ai>	*neilich* 'neulich', *Leite* 'Leute'
Entrundungen (nhd. <ü>, <ö> > <i>, <e>)	*ferchte* 'fürchte', *Mih* 'Mühe'
Palatalisierung /uː/ > /y/, /yː/	*herüm* 'herum', *dü* 'du'
Sproßvokal	*Milich* 'Milch'
<ai> für <ei>; <ey> für <ei>	*haißt* 'heißt', *eyn* 'ein'
ç > ʃ	*nischt* 'nicht'
<z> für <s>; <ß> für <s>; <ß> für <z>; <scht> für <st>	*Zunne* 'Sonne', *ßag* 'sag', *ßu* 'zu', *Schtein* 'Stein'
Konsonantismus (diverses)	*Köp* 'Kopf', *kegen* 'gegen'
Sonstiges	*schlage* 'schlagen', *et* 'es'

Tabelle 6.7: Phänomenmaske Syntax

NP-Ex; PP-Ex; AP-Ex; AdvP-Ex	*Bin ich gewesen in e Wein-Lokal* 'Bin ich in einem Weinlokal gewesen'
VR (zweigliedrig)	*wo er soll essen* 'wo er essen soll'
VR (min. dreigliedrig)	*as kein Buch darf vardorben werden* 'dass kein Buch verdorben werden darf'
VPR	*daß er sich soll ahnen neien kahfen* 'dass er sich einen neuen kaufen soll'
V2	*ass De bist still un ruhig* 'dass du still und ruhig bist'
no-IPP	*Wie ich hob gewollt aheim gehen* 'Als ich habe heim gehen wollen'
Relativpartikel	*ä Schnorrer, was is rumgelahfen in de Stadt* 'ein Bettler, der in der Stadt herumläuft'
Negationskongruenz & -spreading	*ber ßu sahnem Glicke hat's Kahner nicht gehert* 'zu seinem Glück hat es keiner gehört'
kumen + Bewegungsverb$_{zu\text{-Infinitiv}}$	*Was kimmt ze geihn geritte?* 'Was kommt da geritten?'
Sonstiges	*eine Frage tun* 'fragen'

Teil III

Analysen

7 Lexikalische Markierungen

Die folgende Analyse lexikalischer Markierungen strebt keine vollständige Beschreibung aller zu findenden Phänomene an, sondern will lediglich einzelne, besonders interessante und relevante Strategien sprachlicher Imitationen vorstellen, mit denen literaturjiddische Texte auf lexikalischer Ebene arbeiten.

Eine Auswertung der Daten kann lediglich unter qualitativen Gesichtspunkten erfolgen. Komplexe quantitativ-statistische Analysen erlaubt das Korpus kaum. Dennoch wird versucht über die Tokenfrequenz bestimmter Phänomene quantitative Ergebnisse zu liefern. In Fällen lexikalischer Fragestellungen kann mit Hilfe von Frequenzklassen (FK),[1] basierend auf den Daten des „Häufigkeitswörterbuch[s] gesprochener Sprache" (Ruoff 1981), geprüft werden, ob ein frequenzbedingter Einfluss vorliegt. Ruoffs (1981) Daten zur deutschen Umgangssprache im Südwesten Deutschlands basieren auf dem Zwirnerkorpus.[2] Ruoff berücksichtigt die Trennung nach Wortarten, die für die Berechnung der Tokenfrequenzen aufgehoben wurde. Dies ermöglicht zum einen den Vergleich mit FKn anderer Korpora, wie etwa denen des Deutschen Referenzkorpus (DeReKo, 2012). Die Berechnung von Frequenzklassen erfolgt nach der Formel:[3]

$$\text{FK} = \lfloor log_2 \left(\frac{Tokenfrequenz\ des\ untersuchten\ Wortes}{Tokenfrequenz\ des\ hufigsten\ Wortes}\right) + 0.5 \rfloor$$

In Klasse 0 steht das häufigste Wort. Von 0 aufsteigend ist die Frequenz pro Klasse abnehmend; d. h. Wörter der FK3 haben eine geringere Häufigkeit als Wörter der FK2. Im Nenner der Formel zur Berechnung der Ruoffschen FKn steht der Wert 37536 für die Tokenfrequenz des häufigsten Lemma 'der/dieser' (vgl. Ruoff 1981: 514–516). Die maximal erreichbare FK im Korpus von Ruoff 1981 ist die FK15. Das deutlich umfangreichere DeReKo (2012) geht immerhin bis zur FK29 (vgl. Tabelle 8.2 S. 109).

---

[1] Oft auch als „logarithmic bins" oder „Häufigkeitsklassen" bezeichnet.
[2] Das unter der Leitung Eberhard Zwirnes zwischen 1955 und 1970 aufgebaute Korpus von „Schallaufnahmen aller deutschen Mundarten" ist über das Institut für Deutsche Sprache (IDS) digital dokumentiert und zugänglich: http://agd.ids-mannheim.de/download/korpus/Korpus_ZW_extern.pdf [Stand: September 2014].
[3] Die hier verwendete Formel folgt den Richtlinien des Institut für Deutsche Sprache (IDS) (DeReKo: 13). Die Gaußklammer bewirkt, dass das Ergebnis auf ganze Zahlen gerundet wird. Die Höhe des Ergebnisses bestimmt die Frequenzklasse.

7 Lexikalische Markierungen

Zusätzlich werden an entsprechenden Stellen die FKn des Deutschen Referenzkorpus (DeReKo) von 2012 herangezogen.[4] Das Diagramm in Abbildung 7.1 zeigt die Verteilung der in den Korpora vorhandenen Lemmata auf die einzelnen FKn.[5] Man erkennt deutlich an der Kurve der Verteilung der FKn im DeReKo (2012), die sich der Form einer Glockenkurve der Grundverteilung von FKn annähert. Lemmata mit einer hohen Frequenz treten nur in geringer Menge auf. Beide Korpora zeigen eine Zunahme an Lemmata pro FK. Im umfangreicheren DeReKo (2012) erkennt man eine steile Abnahme an Lemmata pro FK ab FK21. Das Korpus von Ruoff 1981 umfasst ein zu kleines Sample und reicht damit nur bis zu FK15 Lemmata mit niedrigeren Frequenzen sind also nicht belegt, was den Abbruch in der Graphik erklärt. Bis zu FK15 verhalten sich beide Korpora jedoch gleich. Ein Unterschied zwischen gesprochener (Ruoff 1981) und geschriebener (DeReKo 2012) Sprache zeigt sich betreffs der Menge an Lemmata pro FK nicht. Ruoff 1981 hat jedoch gegenüber dem DeReKo (2012) den Vorteil einen älteren und dialektaleren Sprachstand zu repräsentieren. Aus diesem Grund wird letzteres nur zur Analyse allgemeiner Frequenzstrukturen angeführt, Ruoff 1981 jedoch als generelles Referenzkorpus verwendet.

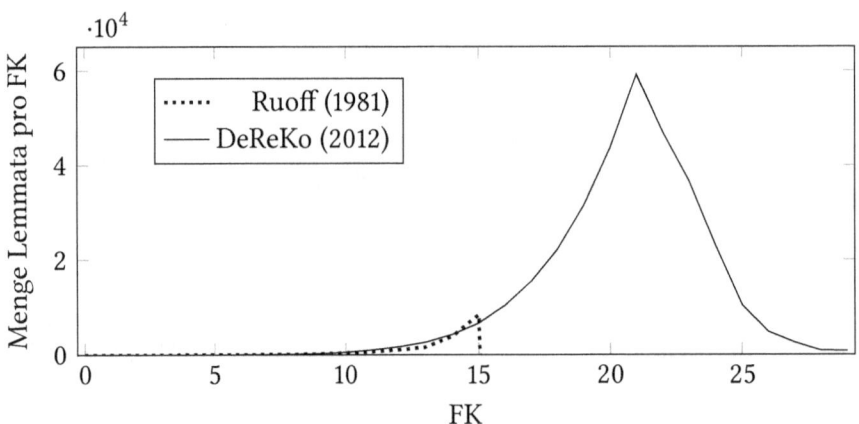

Abbildung 7.1: Verteilung FKn bei Ruoff (1981) und DeReKo (2012)

7.1 Namen

Mit Blick auf die Namen der jüdischen Figuren der Korpustexte fällt auf, dass für männliche jüdische Figuren bestimmte Namen kennzeichnend sind (s. Tabelle

---

[4] Die Berechnung der FKn erfolgt hier nach derselben Formel wie für Ruoff 1981.
[5] Die diesem Diagramm zugrundeliegenden Einzeldaten sind in Tabelle 8.2 S. 109 angeführt.

Tabelle 7.1: Namen männlicher jüdischer Figuren im chrLiJi1

Name	Beleg
Moses	*Moses* (FS), *Moses Herz* (EJ), *Schlaum Mosis* (DP), *Moses Posner* (PA), *Mauschel* (FL)
Salomo	*Salomon* (VE), *Schlaum Mosis* (DP), *Salomon Kraus* (JD), *Salomon Itzinger* (AB)
Levy	*Levi* (BS, AH), *Lewy* (BP), *Herr Levin* (EV), *Meir Levi* (AD)
Isaak	*Isak* (AT), *Itzig* (DK), *Salomon Itzinger* (AB), *Itzick* (FL)
Namenlos	*Jude* (LB, PM, PS,WA, PF)
einzeln auftretende Eigennamen	*Borig* (PL), *Lazarus* (FE), *Pinkus* (AO), *Ahasverus* (HJ), *Aaron Marcus Schleswicher* (TH), *Israel* (AJ EJ), *Chailo* (AJ), *Moritz Kraus* (JD), *Bocham Mauksohn* (FM), *Ethan Lewenthaler* (FM), u. a.

7.1). Besonders populär sind Formen der Vornamen *Moses, Salomo, Levy* und *Isaak*. Aber auch die Stereotypenbezeichnung „Jude" tritt wiederholt auf.

Die Belegdichte von Frauennamen ist sehr gering. Im Sample treten keine vergleichbaren Erkennungsnamen, wie es bei den männlichen Figuren der Fall ist, auf. Es finden sich die Namen *Rachel* (AJ Berlin, 1825), *Rebecke* (PF Augsburg, 1816), *Rosalie* (PF Augsburg, 1816), *Reichwerda Mauksohn* (FM Leipzig, 1852), *Sarah* (JD Wien, 1866) oder auch nur das westjiddische Kennwort für 'Mutter' *Memme* (DK Osterwieck, 1872) (vgl. Abschnitt 7.2).

7.2 Kennwörter

Ein Hauptunterscheidungskriterium zwischen West- und Ostjiddisch sind einige wenige Lexeme, bezüglich derer sich die beiden Varietäten unterscheiden. Katz (1983: 1025) zählt insgesamt elf dieser Lexeme, die „entscheidende Isoglossen" zwischen Ost- und Westjiddisch bilden. Aptroot & Gruschka (2010: 51) nennen

7 Lexikalische Markierungen

Tabelle 7.2: Kennwörter des Ost- und Westjiddischen nach Aptroot & Gruschka 2010: 51

wj. Kennwort	oj. Kennwort	Bedeutung
éte	táte	'Vater'
méme	máme	'Mutter'
fréle	bóbe	'Großmutter'
hárle	séyde	'Großvater'
mínich	párve	'neutral gem. den jüd. Speisegesetzen'
ōrn	dávenen	'beten'
óumern	sfíre tseyln	'die 49 Tage von Pessach bis Schawout zählen'
pórschn	tréjbern	'Fleisch von Sehnen reinigen'
sárgenes	tachríkhim	'Totengewand'
schnōdern	menáder sayn	'sich zu einer Spende verpflichten'
tretschn	blosn shóyfer	'den Schofar blasen'
tfíle	síder	'Gebetbuch'
trendl	dreydl	'Kreisel'

noch drei weitere Lexeme. Tabelle 7.2 führt die einzelnen Lexeme auf. Sie können als „Erkennungswörter" oder „Schibboleths" der zwei Hauptvarietäten des Jiddischen verstanden werden. Die Wörter entstammen vorwiegend, aber nicht ausschließlich,[6] der hebräischen Komponente.

Insgesamt zeigt sich im Korpus eine gleichmäßige Verteilung an west- und ostjiddischen Kennwörtern. Es finden sich 13 Texte mit westjiddischen und 14 Texte mit ostjiddischen Kennwörtern (s. Tabellen 7.3 u. 7.4). Allen voran stehen die Lexeme für 'Mutter' und 'Vater'. Dies mag damit zu erklären sein, dass dies hochfrequente Lexeme sind. Nach den Daten Ruoffs (1981) gehört 'Vater' zur FK6 und 'Mutter' zur FK7. Demgegenüber ist 'beten' ein eher niedrigfrequentes Verb (FK11), was den Wert der dieses Lexem verwendenden Quelle (OF Frankfurt, 1711) erhöht. Das Ausbleiben von Belegen der Kennwörter für 'Großmutter' (FK11) und

---

[6] Zu nennen sind hier besonders Verwandtschaftsbezeichnungen wie jene für 'Großmutter', 'Großvater', 'Mutter' und 'Vater', die auf germanische bzw. slawische Wurzeln zurück gehen; in einem Fall liegt aber auch ein Lexem romanischer Etymologie vor: *oren* 'beten' < lat. *orare*.

Tabelle 7.3: Westjiddische Kennwörter im chrLiJi1

Kennwort	Beleg
Memme 'Mutter'	BW (112,116), LM (24,28), AT (90), GP (7,8), PG (13,15,53,61,63), JK (25,26,28,29,34), NW (33), DK (44,45,46,47,48), PA (62,64), UT (Kap. 45), JP (22R, 27, 52), FL (39)
Ette 'Vater'	LM (19,23,29), AT (90), GP (17), PG (15,40,44,50,51), JK (5,13,25, 26,28), JP (5,18,21,22,23)
oren 'beten'	OF (3)

Tabelle 7.4: Ostjiddische Kennwörter im chrLiJi1

Kennwort	Beleg
Tate 'Vater'	BW (112, 116), NW (28, 30, 125), PA (63, 64), DW (67), SS (9), LP (38, 39), GW (3, 9, 15, 17, 18)
Mamme 'Mutter'	SS (9), GW (17, 18, 19, 23)

'Großvater' (FK10) ist hingegen mit der geringen Frequenz dieser Lexeme zu erklären. Andere Kennwörter wie oj. *shoyferblosn*, wj. *tretshn* 'den Schofar blasen' oder oj. *sider*, wj. *tfile* 'Gebetbuch', sind Lexeme des jüdischen Kulturwortschatzes und kaum von einem nicht-jüdischen Autor in höherer Frequenz gebräuchlich.[7] Der Umstand, dass keine weiteren Kennwörter belegt sind, mag also frequenzbegründet sein.

Es finden sich drei Texte, in denen westjiddische neben ostjiddischen Kennwörtern auftreten. In all diesen Fällen steht die westjiddische Form *Memme* (BW Leipzig, 1826: 112, 116; NW Berlin, 1804: 33; PA Frankfurt, 1834: 62, 64) neben der ostjiddischen Form *Tate* (BW Leipzig, 1826: 112, 116; NW Berlin, 1804: 28,30,125; PA Frankfurt, 1834: 63, 64). Zwei dieser Texte (BW Leipzig, 1826 u. NW Berlin, 1804) zeigen Reflexe des literarischen Diskurses: Solbrig (BW Leipzig, 1826) hat den Autor Voß (NW Berlin, 1804) zum Vorbild, was sich auch bezüglich der verwendeten Manipulationsstrategien zeigt.

---

[7] Frequenzdaten zu diesen Lexemen existieren dementsprechend keine.

7 Lexikalische Markierungen

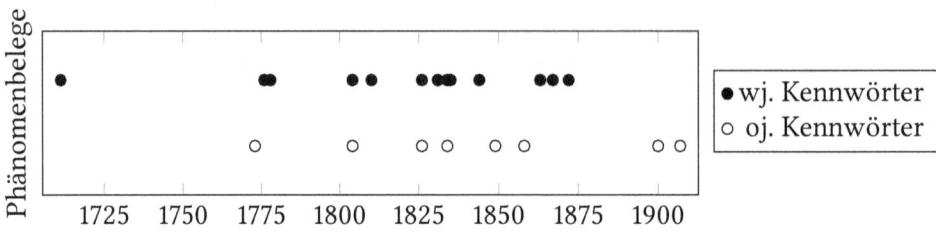

Abbildung 7.2: Kennwörter im chrLiJi1

Das Histogramm in Abbildung 7.2 verdeutlicht, dass das Korpus bis in die 1870er Jahre keine Präferenzen für oder gegen westjiddische Kennwörter zeigt. Immerhin findet sich nach 1872 kein Beleg für westjiddische Speziallexik. Auch wenn die Datenmenge äußerst gering ausfällt, kann man dies als Hinweis auf den fortgeschrittenen Sprachtod des Westjiddischen zum Ende des 19. Jahrhunderts deuten bzw. auf ein stärkeres Einfließen des Ostjiddischen.

Um zu prüfen, ob ostjiddische Lexeme erst zu einem späteren Zeitpunkt ins westjiddische Gebiet eingedrungen oder dort schon länger präsent sind, wurde das Untersuchungsgebiet entlang des 9. Längengrads (Hamburg – Bregenz; vgl. S. 10) in Ost und West unterteilt und jede Quelle einer dieser Regionen zugewiesen. Abbildung 7.3 zeigt so zum einen, dass ostjiddische Kennwörter in nur zwei westlichen Quellen (aus Frankfurt) auftauchen. Diese Quellen zählen an sich nicht zu den ältesten aber auch nicht zu den jüngsten des Samples. Es ist prinzipiell nicht auszuschließen, dass in Frankfurt durch eine stärkere ostjiddische Migration Ost- und Westjiddisch im 19. Jahrhundert parallel existierten (vgl. Bertram 1924 Adler-Rudel 1959 Maurer 1986 Gay 1994: 229–239). Ein sukzessives Einwirken ostjiddischer Formen auf den Westen ist tatsächlich nicht festzustellen. Das Histogramm in Abbildung 7.3 zeigt uns, dass ein Gros der Belege westjiddischer Kennlexik aus dem östlichen Bereich unseres Untersuchungsgebiets

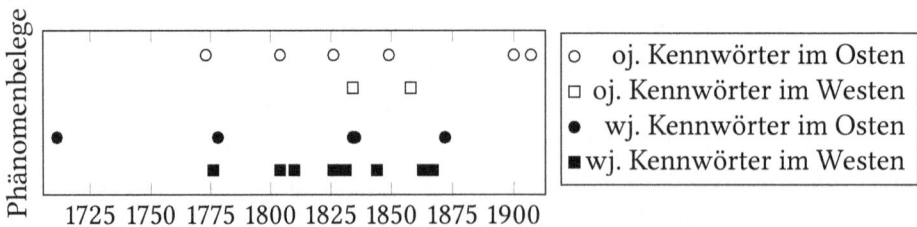

Abbildung 7.3: Regionale Verteilung von Kennwörtern im chrLiJi1

stammt. Doch hier muss berücksichtigt werden, dass das Quellsample nur diachron, nicht diatopisch normalisiert wurde und so alle (!) räumlichen Strukturen, die sich daraus ablesen lassen, dem Zufall geschuldet sind.

Die geographische Verteilung zeigt in den Dialektarealen des Westjiddischen überwiegend die Verbreitung westjiddischer Kennwörter (Abbildung 7.4). Ostjiddische Kennwörter treten hingegen in der Nähe zum Ostjiddischen auf. Zwei Quellen entsprechen nicht diesem Bild: JK (Breslau, 1810) und PA (Frankfurt, 1834). In JK (Breslau, 1810) finden wir westjiddische Lexeme sehr weit im Osten des Untersuchungsgebietes, wo wir sie nicht erwarten würden. Im Fall von PA (Frankfurt, 1834) ist Gegenteiliges der Fall, wo wir oj. *Tate* (neben wj. *Memme*) finden.

Abbildung 7.4: Kennwörter im Korpus chrLiJi1

Eine der nur wenig bekannten innerwestjiddischen lexikalischen Variationen betrifft die Vokalisierung des Hebraismus שעה 'Stunde'. Für das westliche SWJ ist die Form *sche* belegt (Guggenheim-Grünberg [1976] 1998: 35 Zivy 1966: 74). Im NWJ hingegen findet sich die auch für das OJ übliche Form *scho*. Wie genau diese binnenwestjiddische Isoglosse verläuft, ist leider nicht klar auszumachen, weil dieses Lexem für die relevanten Sprachräume des ZWJ und östl. SWJ nicht belegt ist. Im chrLiJi1 ist dieses Lexem in drei Fällen gegeben. In einer Quelle aus dem mitteldeutschen Raum findet sich sogar die aus dem Elsass und der Schweiz bekannte Form *Scheh* 'Stunde' (OF Frankfurt, 1711: 1); als *Scheih* findet sie sich in PG (Speyer, 1835) (S. 55) und die dem Ostjiddischen entsprechende Vokalisierung *Schoh* ist in DG (Wien, 1858) (S. 14) belegt. In der Quelle PBreslau des jüdLiJi1 findet sich ebenso die hier zu erwartende Form *Schoh* (S. 342).

Kennwörter, die lexikalische Unterschiede zwischen Ost- und Westjiddisch markieren, sind im jüdLiJi1 nur wenige belegt. Westjiddische Lexeme treten keine auf, was auch mit Blick auf die geographische Lage der Quellen überraschend gewesen wäre. Statt dessen finden sich einige wenige ostjiddische Kennlexeme (Abbildung 7.5).

Tabelle 7.5: Ostjiddische Kennwörter im jüdLiJi1

Kennwort	Beleg
Tate 'Vater'	GuS1 (3), GuS10 (9), PDebrecen (7, 14)
Mamme 'Mutter'	GuS1 (3)

7.3 Hebraismen

Lexeme der hebräisch-aramäischen Komponente machen im (Surbtaler) Westjiddischen nach Guggenheim-Grünberg [1976] 1998: 45–49 einen Anteil von 2 bis 8% aus. Im modernen Jiddisch sind es durchschnittlich 5% des Wortschatzes (Timm 2005: 5f). Die tatsächliche Verwendung von Hebraismen ist jedoch stark von der Sprechsituation und Textsorte abhängig (Mark 1954). In beiden Varietäten machen Hebraismen jedoch im Allgemeinen nur einen äußerst geringen Anteil des Gesamtwortschatzes aus.

Von 53 Quellen des chrLiJi1-Korpus setzen 44 Texte (83%) Hebraismen zur Figurenmarkierung ein. Die Tokens variieren stark, was hauptsächlich der uneinheitlichen Textlänge geschuldet ist. Eine Frequenzuntersuchung gibt das Korpus somit nicht her. Ich erlaube mir dennoch die sich rein auf den Leseeindruck stützende allgemeine Beobachtung, dass überwiegend Lexeme auftreten, welche Eingang in die deutsche Sprache gefunden haben (vgl. Althaus 2002; 2004). In sieben Quellen, in denen besonders viele und scheinbar der deutschsprachigen Mehrheit unbekannte (weil übersetzungsbedürftige) Hebraismen eingesetzt werden, sind diese in Fußnoten oder einem Appendix übersetzt. Im überwiegenden

Teil des Korpus ist dies aber nicht der Fall und Hebraismen werden unübersetzt verwendet. Daraus lässt sich schließen, dass sie für Autor- wie Leserschaft als bekannt vorausgesetzt werden können.

Die rein qualitative Auswertung der Daten zeigt, dass bestimmte Types im intertextuellen Vergleich besonders häufig auftreten. Allen voran steht die Verwendung des Adjektivs *meschugge* 'verrückt', welches wir in 21 Quellen finden. Das entspricht 48% der 44 Texte, in denen Hebraismen vorliegen. Ebenfalls relativ oft findet man die Lexeme *Goi* 'Nichtjude' (in 12 Texten) und *Schickse* 'Nichtjüdin' (in 10 Texten). Weitere 9%–16% der Quellen mit Hebraismen machen die in Tabelle 7.6 aufgeführten Types aus.

Tabelle 7.6: Häufige Hebraismen im chrLiJi1

Texte (% von 44 Texten)	Type
21 (48%)	*meschugge* 'verrückt'
12 (27%)	*Goi* 'Nichtjude'
10 (23 %)	*Schickse* 'Nichtjüdin'
7 (16%)	*Dalles* 'Armut', *schmusen* 'sprechen'
6 (14%)	*dibbern* 'sprechen', *Reiwach/Rewach* 'Gewinn', *koscher/kauscher* '(rituell) rein'
5 (11%)	*Massel* 'Glück', *Bonem/Ponum* 'Gesicht', *acheln* 'essen', *Schaute/Schoute* 'Narr', *Kapore* 'Verderben', 'sterben', *Schama/Schumme/Schomme* 'Seele'
4 (9%)	*Moos* 'Geld', *Schlamassel* 'Unglück'

Ein Großteil dieser Hebraismen sind Types, die in der deutschen Sprache eine hohe Tokenfrequenz haben. *Verrückt* ist nach den Daten Ruoffs (1981: 180) immerhin ein Adjektiv der FK12 (FK7 innerhalb der Wortart). *Sprechen* fällt in die FK9 der Verben, *Glück* zählt zur FK10 (FK5 innerhalb der Wortart) und *Gesicht* zur FK11 (FK6 innerhalb der Wortart) der Substantive (Ruoff 1981: 56, 55, 146). Die Grundfrequenz eines Lexems spielt also auch bei den Hebraismen eine Rolle.

Im jüdLiJi1 verwenden alle Texte der aufgenommenen „Gedichte und Scherze in jüdischer Mundart" (GuS) und alle Pamphlete, bis auf eine Ausnahme,[8] Hebraismen. Einige der im chrLiJi1 häufig auftretenden Types finden sich auch hier relativ oft (s. Tabelle 7.7), jedoch ist ein Vergleich der Korpora aufgrund des uneinheitlichen Textumfangs mit äußerster Vorsicht zu genießen.

---

[8] Die Ausnahme bildet PAlsleben hier sind keine Hebraismen zu finden.

7 Lexikalische Markierungen

Tabelle 7.7: Hebraismen im jüdLiJi1

Texte (% von 10 Texten)	Type (Belegzahl GuS:Pamphlete)
5 (50%)	*Goi* 'Nichtjude' (3:2)
4 (40%)	*meschugge* 'verrückt' (2:2)
3 (30%)	*koscher/ kauscher* '(rituell) rein' (2:1)
2 (20 %)	*Schickse* 'Nichtjüdin' (2:0), *Kapore* 'Verderben'/ *kapores* 'verderben'/ 'sterben' (1:1)
1 (10%)	*schmusen* 'sprechen' (0:1), *Ponim* 'Gesicht' (0:1), *acheln* 'essen' (1:0)

Tabelle 7.8: Interjektionen im chrLiJi1

Interjektion	*waih* 'weh'	*nu, nü* 'nun'	*ei* 'ei'	*oi* 'oh'	*nebbich* [unübersetzbar][9]	*mei* 'ja'
Anzahl Texte	36	25	6	3	3	1

7.4 Interjektionen und psycho-ostensive Ausdrücke

Ein auffällig hoher Anteil der Texte arbeitet in der sprachlichen Markierung jüdischer Figuren mit Interjektionen und Phrasen des psycho-ostensiven Audrucks. 89% (= 47 Texte) der Texte des chrLiJi1 Korpus weisen diese Strategie auf.

7.4.1 Interjektionen

Ein interessantes Ergebnis ist, dass nicht viel Variation bei der Wahl der Interjektionen und Ausdrücke zu finden ist. Von orthographischen Alternativschreibungen abgesehen finden sich in den Texten die in Tabelle 7.8 und exemplarisch in den Beispielen 7 aufgeführten Interjektionen. Allen voran steht die Interjektion *waih* 'wehe', von der es mehrere Spielarten gibt (s. Tabelle 7.9). Gefolgt von der auch im Schriftdeutschen üblichen Interjektion 'nun'. Die charakteristisch jiddischen Interjektionen *oi* und *nebbich* treten relativ selten auf (in insgesamt acht Texten vertreten). In einem Fall findet sich mit der eher aus dem oberdeutschen Raum bekannten Interjektion *mei* ein Einfluss der koterritorialen deutschen Dialekte (7f). Und auch die insgesamt sechs Belege für die Interjektion *ei* (7c) kann Formen der Matrixsprache repräsentieren.

---

[9] Zu den verschiedenen Bedeutungen von *nebbich* s. Althaus 1999.

7.4 Interjektionen und psycho-ostensive Ausdrücke

Tabelle 7.9: Varianten von *waih* im chrLiJi1

Interjektion	*au waih* 'oh weh'	*waih* 'weh'	*waih geschrien* 'wehe geschrien'	*waih mer* 'wehe mir'
Anzahl Texte	23	13	13	2

(7) a. *O, waih mer, hot sich die ganze Welt // Auf einmol auf'n Kopf gestellt?!* (JP Altona, 1867: 15)
'Oh weh mir, hat sich die ganze Welt auf einmal auf den Kopf gestellt?!'

b. *Nü?! Worüm host Du mir gestaußen von Dir mit Antipäthie* (MV Berlin, 1862: 170)
'Na?! Warum hast du mich von dir mit Antipathie gestoßen'

c. *Ei hol dich der Teufel!* (AJ Berlin, 1825: 16)

d. *Oi, a Broch!* (AK Zürich, 1948: 224)
'Oh, ein Fluch!'

e. *Se wissen nichs, was is Nebbich? – Nebbich!* (GW (n.a.,1900): 4)
'Sie wissen nicht, was *nebbich* ist? –Nebbich!'

f. *Mei, hab' ich doch oft die kleine Rosi auf meinen Armen getragen* (LP Brünn, 1849: 18)
'Ja, habe ich doch oft die kleine Rosi auf meinen Arm getragen'

In den Texten des jüdLiJi1 finden sich dieselben Interjektionen wie im chrLiJi1 (s. Tabelle 7.10). In vier Quellen der GuS findet sich *nu*, in jeweils einer *au mir, ei weih* und *weih*. Die Pamphlete verwenden in jeweils zwei Texten *weih geschriehn* und *nu*. Es liegt damit, abgesehen von der Orthographie des Diphthongs in *waih* vs. *weih*, kein Unterschied bei der Wahl der Interjektionen im Vergleich zu den Quellen des chrLiJi1 vor.

7.4.2 Psycho-ostensive Ausdrücke

Die in Unterabschnitt 7.4.1 vorgestellten Interjektionen dienen vorrangig dem Ausdruck eines seelischen Zustandes des Sprechers. Darüber hinaus finden sich in den Korpora Phrasen des psycho-ostensiven Ausdrucks. Matisoff ([1979] 2000) fasst am Beispiel des modernen Ostjiddischen zwölf mögliche Subtypen dieser

7 Lexikalische Markierungen

Tabelle 7.10: Interjektionen im jüdLiJi1

Interjektion	nu 'nun'	weih geschriehn 'wehe geschrien'	au mir 'oh mir'	ei weih 'oh weh'	weih 'weh'
Anzahl Texte	6	2	1	1	1

Ausdrücke zusammen, an denen sich die Analyse der Korpusdaten orientiert. Inwiefern das Jiddische einen besonderen Reichtum solcher Ausdrücke hat, wurde bislang noch nicht auf empirischer Grundlage bestätigt, es scheint aber im Allgemeinen als *Mythos* dem Jiddischen anzuhängen (vgl. Matisoff [1979] 2000: 4).

In den Texten des chrLiJi1 finden sich die in Tabelle 7.11 aufgeführten Typen, die hier mit allen erhobenen Belegen versehen sind. Es überwiegen senderbezogene Äußerungen gegenüber empfängerbezogenen, was sicherlich auf die literarische Rolle der jeweiligen Judenfiguren als weitestgehend isolierte Gegenspieler zurückzuführen ist.

Das jüdLiJi1 zeigt deutlich weniger solcher Ausdrücke. Lediglich in drei Belegen liegen auto-malo-fugitive (8a) und auto-bono-petitive Ausdrücke (8b) aus der Quelle PBerlin1 vor:

(8) a. *soll mer Gott helfen*
'soll mir Gott helfen' (PBerlin1: 2, 6)

b. *soll ich leben* (PBerlin1: 4)

Die geringe Belegzahl an psycho-ostensiven Ausdrücken im Korpus des jüdLiJi1 ist jedoch kein Indiz dafür, dass solche Ausdrücke im gesprochenen Westjiddischen kaum verbreitet waren. Zumindest das westjiddische Theaterstück „די האָכצייט צו גראָבסדאָרף" [„Die Hochzeit zu Grobsdorf"] (1822) gebraucht solche Ausdrücke besonders häufig, wie die Beispiele in (9) zeigen.

(9) a. איבער הונדערט יאָהר
'über hundert Jahre (soll er alt werden)' allo-bono-petitive
(„Die Hochzeit zu Grobsdorf" 1822: 13)[10]

b. נאָך הונדערט קינדער
'noch hundert Kinder (soll ich bekommen)' auto-bono-petitive
(„Die Hochzeit zu Grobsdorf" 1822: 14)

---

[10] Die Seitenangaben folgen der Seitennummerierung der Handschrift aus der Max Weinreich Collection (Sig.: RG 584), auf welchem die Jahresangabe „1822" zu finden ist.

7.4 Interjektionen und psycho-ostensive Ausdrücke

Tabelle 7.11: Psycho-ostensive Ausdrücke im chrLiJi1

Typ	Beleg
allo-bono-petitive	*daß sie sollen hundert Johr leben!* (DW: 69); *Gott behüt se* (FE: 16); Eigennamen & Verwandtschaftsbezeichnungen mit *-leben*: *Bohlmannleben* (DP: 5), *Mosisleben* (DP: 15), *Kinderleben* (JP: 5, 19), *Sorcheleben* (JP: 17R), *Memmeleben* (JP: 22R), *Etteleben* (JP: 52), *Doktorleben* (SS: 12), *Inspektorleben* (SS: 13), *Herrgottleben* (SS: 25), *Rebbeleben* (SS: 26; GW: 19), *Rüfkeleben* (GW: 10), *Mutterleben* (GW: 10), *Meierleben* (GW: 12), *Narreleben* (GW: 12), *Direktorleb'm* (GW: 12), *Schmulleben* (GW: 14), *Tateleben* (GW: 15), *Jankefleben* (GW: 32).
auto-bono-petitive	*soll ich leben* (JP: 24).
auto-malo-fugitive	*Gott soll hüten* (SS: 19), *Gott behit* (AT: 88, 89, 90, 109); *Gott soll mich bewohre* (FE: 14), *Gott soll me schamer seyn* (FE: 56), *Soll mir Gott helfen* (FS: 40, 42), *Gott soll schützen!* (AJ: 1, 2, 6, 10), *Gott soll mir helfen!* (AJ: 1), *Gott soll mer helfen* (PF: 9, 21), *Soll mir Gott helfen* (PM: 212, 218).
auto-malo-recognitive	*waih mir* (JP: 15, 42), *Wey mir!* (AO: 85); *nebbisch* (SS: 13), *nebech* (DG: 6), *nebbich* (GW: 4, 5, 10); *was thu ich damit!* (NW: 11), *was thu' ich damit!* (EV: 279), *Was duh ich domit?* (TH: 98), *was thut mer damit?* (EJ: 38); *mahn Seel* (SV: 4), *meine Schama* (LP: 41), *meine Schumme* (OF: 2), *man'neschommæ* (LR: 6).
auto-bono-recognitive	*Gotts Wunder* (PF: 12, 17, 19), *Gottes Wunder* (LP: 14), *Gotteswunder* (LP: 15).

c. מיינע שמה
'meine Seele' auto-malo-recognitive
(„Die Hochzeit zu Grobsdorf" 1822: u. a. 6,16,20,21,22)

Allgemein lässt sich festhalten, dass jüdische Figuren in allen Stadien des LiJi über besondere Ausdrücke entwickelt werden, die den psychischen Zustand des Sprechers ausdrücken. Tatsächlich sind solche Ausdrücke für die (west-)jiddische

7 Lexikalische Markierungen

Sprachrealität dokumentiert vgl. Bsp. in (9). Ob sie jedoch mit der Frequenz, wie wir es im chrLiJi1 finden, auch in der gesprochenen Sprache verwendet wurden, muss offen bleiben. Der hohe Gebrauch von Interjektionen im chrLiJi1 spricht dafür, dass diese, allen voran Variationen mit *waih*, auch im literarischen Diskurs als besondere Kennzeichen jüdischer Figuren dienen.

7.5 Gallizismen

Im Bereich der Lexik sei noch ein letztes Phänomen näher beleuchtet. Stark verbunden mit dem „Juden-Französisch-Deutsch" (Gelber 1986: 175) (s. Unterabschnitt 3.4) ist die Verwendung von Gallizismen im chrLiJi1. Die in (10) aufgeführten Belege zeigen, dass keine bestimmten Lexeme besonders häufig auftreten, wie es im Fall der Interjektionen und psycho-ostensiven Ausdrücken gegeben ist (Abschnitt 7.4). Unter den Gallizismen sind einige, die bereits in das System der Matrixsprache integriert sind z. B. (10i), (10k) und damit nicht zwangsläufig als Produkte der sprachlichen Manipulation gewertet werden müssen.

(10) a. *l'age* 'Alter' (BW Leipzig, 1826: 101)

b. *par tout* 'um jeden Preis' (PL Mannheim, 1780: 41)

c. *Cavaliers* 'Kavalliere' (DW Wien, 1773: 71)

d. *Dames* 'Frauen' (DW Wien, 1773: 71; PA Frankfurt, 1834: 5)

e. *Trän* 'Zug' (PM Magdeburg, 1792: 219)

f. *Plaisir* 'Freuden' (FS Schwerin, 1805: 41)

g. *wollt ich gern seyn content* 'ich möchte zufrieden sein' (FS Schwerin, 1805: 42)

h. *Malleur* 'Unglück' (TH Merseburg, 1820: 115); *malheur* 'Unglück' (AD Leipzig, 1846: 135)

i. *Mamsellchen* 'Fräulein' (TH Merseburg, 1820: 122)

j. *foi de parol* 'Wort des Glaubens' (AJ Berlin, 1825: 2)

k. *arretüren* 'festnehmen' (AB Hamburg, 1850: 47)

l. *fête* 'Fest' (AD Leipzig, 1846: 136)

7.5 Gallizismen

Die Markierung funktioniert nicht über die Lexeme selbst, sondern allein über die Wahl der Sprache. Dabei treten in den meisten Fällen nur einzelne Lexeme innerhalb des LiJi auf, keine Sätze oder Phrasen. Einzige Ausnahme ist dabei Sessas Stück JK (Breslau, 1810), in dem die jüdische Hauptfigur mit einem französischen Soldat französisch, bzw. „Juden-Französisch-Deutsch" (Gelber 1986: 175), spricht:

(11) a. *Qui, qui, nous sommez des pauvres Juifs, amix von där graußen Nation.*
(JK Breslau, 1810: 37–38)
'Wer, wer; wir sind arme Juden, Freunde von der großen Nation.'

Die elf Texte, in denen wir Gallizismen finden, streuen diachron interessant. Nach 1850 bricht diese Strategie der Figurencharakterisierung ab (s. Abbildung 7.5).

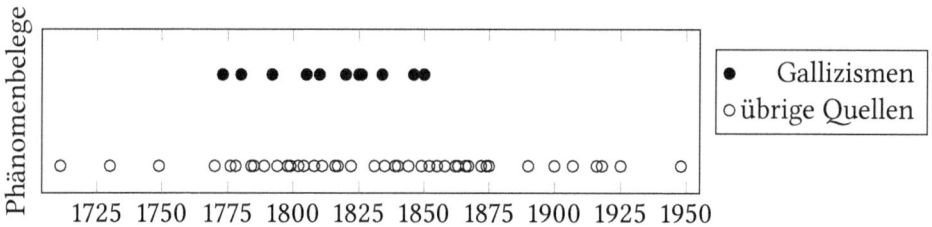

Abbildung 7.5: Gallizismen im chrLiJi1

Dieses Phänomen ist auf das chrLiJi1 beschränkt. Im jüdLiJi1 spielen Gallizismen keine Rolle. Es ist eindeutig ein pejoratives Element des chrLiJi1 und hat keine Entsprechung in autochthonen Quellen des Westjiddischen. Gallizismen tragen zum einen die Funktion, den Multilingualismus und damit unter pejorativer Verwendung den Mythos eines *globalen jüdischen Verschwörungsnetzwerks* zu vermitteln. Zum anderen aber verbindet die gezielte Verwendung des Französischen das Feindbild *Franzose* mit dem Feindbild *Jude* (vgl. Abschnitt 3.4, S. 38).

8 Phonologische Markierungen

Graphem und Phonem sind nicht ikonisch aufeinander bezogen,[1] aber Grapheme haben eine Verweisfunktion auf Phoneme. Die Autoren des LiJi arbeiten gezielt mit der Erwartungshaltung des Lesers an ein standarddeutsches Schriftsystem, deren phonematische Äquivalenzen jeder Alphabetisierte kennt. Im LiJi werden Abweichungen vom Standardsystem eingesetzt, um eine sich vom Deutschen unterscheidende phonetische Realisierung zu evozieren. Die Analyse der sich hinter den abweichenden Graphemen verbergenden Phoneme wird dabei dem Leser selbst überlassen, der ohne weiteres von erlernten Orthographieregeln abweichen kann. Die nachfolgenden Analysen müssen, da es sich um ein schriftsprachliches Korpus handelt, ebenso von der Graphemebene auf die Phonemebene abstrahieren. Rückschlüsse auf phonetische Einheiten sind dabei jedoch mit Vorsicht zu ziehen. Es scheint im Vokalismus ergiebiger, sich auf historische Vokale des Mittelhochdeutschen und Protojiddischen zu beziehen; im Konsonantismus hingegen, wo schriftliche Daten besonders problematisch sind, muss vorsichtshalber rein graphematisch im Vergleich zum Standarddeutschen gearbeitet werden.

Es wird im Folgenden eine Auswahl der im LiJi am häufigsten auftretenden phonologischen Phänomene einzeln und unabhängig von der Lexemebene betreffs ihrer Verteilung in den verschiedenen Korpora, im geographischen Raum und über die gegebene Zeitspanne hinweg analysiert. Da Dramen deutlich überrepräsentiert sind, ergibt eine Analyse der Verteilung eines Phänomens in Abhängigkeit von der Textsorte wenig Sinn. Bevor jedoch die Analysen der Einzelphänomene dargestellt werden, soll zunächst geklärt werden, wie lexemgebunden die phonologischen Manipulationen sind und ob vorwiegend Lexeme mit generell hoher Frequenz (nach Ruoff 1981) phonologisch markiert werden oder ob Lexeme im Korpus hochfrequent sind, die in der gesprochenen Sprache eher niedrigfrequent sind, und so in der Funktion von Kennwörtern für jüdische Sprache fungieren. Denn nur ein Ergebnis zugunsten der lexematischen Unge-

---

[1] Abgesehen vom koreanischen Hangul, wo zumindest ansatzweise Artikulationsort und Zungenposition eines Lautes im Graphem dargestellt sind (Sampson 1985: 32).

bundenheit phonologischer Phänomene erlaubt es, bei den Einzelanalysen von der Lexemebene auf die Phonemebene zu abstrahieren.

Um offen zu legen, nach welchen Kriterien bestimmte Phänomene in die Einzelanalysen aufgenommen wurden und andere nicht, wird in Abschnitt 8.2 eine Übersicht zu den häufigsten im LiJi anzutreffenden phonologischen Manipulationen gegeben. Dies ermöglicht auch schon eine erste allgemeine Auswertung der Manipulationsstrategien. Lediglich vereinzelt auftretende Phänomene, zumeist „Fehler" oder Hyperkorrekturen werden nicht näher analysiert, sondern als „Störgeräusch" herausgefiltert, da es in dieser Untersuchung darum geht, erkannte und angewandte Regeln und deren diachrone Entwicklungen aufzudecken und darzustellen.

Die ersten Überlegungen zu einem protojiddischen Vokalsystem stammen von Weinreich (1958: 251–254); aber erst Weinreich (1960a) stellt von den Überlegungen seines Sohnes ausgehend ein System vor, welches er später nur leicht korrigiert (Weinreich [1973] 2008: 658–718). Marvin Herzogs Ansatz (1965) wiederum erweitert Weinreichs Modell von 1960; der grundlegende Unterschied zwischen Weinreichs und Herzogs Modell besteht in einem anderen Siglen-System, welches eine größere Distanz zu den urj. Rekonstruktionen aufbaut und damit die Abstraktion, die ein rekonstruiertes Protosystem mit sich bringt, unterstreicht. Allein aus diesem Grund folgen die phonologischen Analysen dieser Arbeit dem Modell von Herzog (1965: 161–205). Die einzelnen Abschnitte nennen neben den Herzogschen Siglen immer auch die jeweilige mittelhochdeutsche Entsprechung und die Sigle Weinreichs (Weinreich [1973] 2008: 658–718 = LCAAJ).[2] Das protojiddische Vokalsystem, wie es diese Arbeit verwendet, ist in Tabelle 8.1 dargestellt. Alle protojiddischen Vokalsysteme setzen für die germanische Komponente des Jiddischen das mittelhochdeutsche System voraus. Doch wie die Zusammenschau in Tabelle 8.1 gut verdeutlicht, gehen die meisten Protovokale bereits von Zusammenfällen aus mittelhochdeutschen Vokalen aus. Das Protojiddische setzt so überwiegend Formen voraus, die sich zwar aus dem modernen OJ ableiten lassen, jedoch historisch eher jüngere Sprachstadien des Mitteljiddischen repräsentieren, kaum aber die Situation im Altjiddischen bzw. einem älteren protojiddischen System entsprechen können.[3] Damit ist es m. E. anzuzweifeln, dass das protojiddische System einen jiddischen *Urzustand* beschreibt. So ist es sinn-

---

[2] Eine phonetische Annäherung an ein protojiddisches Vokalsystem, auf die die vorliegende Arbeit keinen Bezug nimmt, findet sich in Jacobs (1990a). Eine Zusammenschau der verschiedenen Modelle findet sich in Beider (2010: insbes. S. 86 Tabelle 18).

[3] So sind in etwa die Resultate der sog. „neuhochdeutschen Diphthongierung" von mhd. *î, iu, û* oder auch der „neuhochdeutschen Monophthongierung" von mhd. *ie, ue, uo* fester Bestandteil der jiddischen Protovokale (vgl. Paul 2007: §L17).

voll, das (normalisierte) mittelhochdeutsche Vokalsystem als Referenzsystem mit anzuführen.

Die nachfolgende Analyse wird den Vokalismus von Hebraismen nicht näher analysieren, da diese für die emulierende Imitation kaum eine Rolle spielen. So gesehen könnte zu Gunsten des Mittelhochdeutschen als Ausgangssystem auf das protojiddische System verzichtet werden. Aus dem Wunsch, die Distanz zwischen historischem und rekonstruiertem Laut zu wahren und aus Respekt vor der jiddistischen Tradition wurde das mittelhochdeutsche System als primäre terminologische Ausgangsbasis jedoch ausgeschlossen; das heißt nicht, dass auf dieses gänzlich verzichtet wurde. Insbesondere, da wir es hier mit der Manipulation germanischer Lexeme zu tun haben, werden das Mittelhochdeutsche und auch die deutschen Dialekte eine besondere Rolle spielen.

8.1 Frequenzen phonologisch manipulierter Lemmata

Die Tabelle „Frequenz phonologisch markierter Types im LiJi1" im Appendix (ab S. 353) führt die häufigsten verwendeten Lemmata auf, die im Korpus phonologisch modifiziert wurden, und stellt sie den aus den Daten Ruoffs (1981) gewonnenen FKn und den FKn des DeReKo (2012) gegenüber.[4] Wir sehen, dass hochfrequente Types auch besonders häufig in mehreren Texten manipuliert werden. Allen voran stehen die Lemmata 'haben' (52 Texte), 'ein' (51 Texte), 'kein' (50 Texte), 'groß' (46 Texte), 'auch' (45 Texte), 'da' (42 Texte), 'weh' (36 Texte), 'auf' (32 Texte), 'gehen' (31 Texte), 'schön' (30 Texte). Gegenseitig bedingt sich diese Verteilung mit den in den nachfolgenden Einzelanalysen behandelten phonologischen Phänomenen: Besonders frequente Lemmata weisen z. B. gehäuft als Manipulationsbasis die mittelhochdeutschen Diphthonge *ei* und *ou* auf. Um jedoch bestimmen zu können, inwiefern Lexeme mit diesen Diphthongen unverhältnismäßig frequenter sind, als Lexeme, die im chrLiJi1 nicht phonologisch manipuliert werden, müsste man zunächst eine Korpusuntersuchung des DeReKo durchführen, anhand derer Frequenzlisten aller Lemmata, die mhd. *ei* und *ou* beinhalten, zu erstellen wären. Diese könnte dann mit zu erstellenden Frequenzlisten von Lexemen eines weniger frequenten Phänomens (z. B. der Entrundung von /y/ > /i/ wie in *zurück > zurick*) verglichen werden. So ließe sich feststellen, ob eine Manipulation ausschließlich frequenzgebunden ist oder, im Falle einer starken Abweichung von den Frequenzen der einzelnen Phänomene Ruoffs (1981) und/oder des DeReKo im Vergleich zu den Korpusfrequenzen, ob die Verteilung,

---

[4] Es wurden Types nach einer maximalen Häufigkeit von ≥ 4 Texten aufgenommen.

Tabelle 8.1: Das protojiddische Vokalsystem nach dem Modell Herzogs (1965: 161–205) ergänzt um die mittelhochdeutschen und Weinreich'schen Entsprechungen

Proto-vokal	Herzog (1965)	Weinreich (1960)	mhd. Entsprechung	Beispiel mod. OJ (Weinreich 2008)
*a	V11	A_1	a	גאַסט gast 'Gast'
*ɔː	V12, V13[†]	A_2, A_3	â, a	יאָר jor 'Jahr', זאָגן zogn 'sagen'
*ɛː	V21	E_1	ë	געלט gelt 'Geld'
*ɛ	V25[†]	E_5	ê, ë	שעמען shemen 'schämen', מעל mel 'Mehl', לעבן lebn 'leben'
*eː	V22, V23[†]	E_2, E_3	ê, ë, œ, öu	שניי shney 'Schnee', גיין geyn 'gehen', נייטיק neytik 'nötig', העפֿלעך heflekh 'höflich', פֿרייד freyd 'Freude'
*əi:	V24	E_4	ei	פֿלייש fleysh 'Fleisch'
*i	V31	I_1	i, ü	שיף shif 'Schiff', דין din 'dünn'
*iː	V32, V33[†]	I_2, I_3	i, üe	בריוו briv 'Brief', גרין grin 'grün'
*əi:	V34	I_4	î, iu	צייט tsayt 'Zeit', הײַנט haynt 'heute'
*ɔ	V41	O_1	o	וואָך vokh 'Woche'
*oː	V42, V43[†]	O_2, O_3	ô	ברויט broyt 'Brot'
*ɔu:	V44	O_4	ou	אויג oyg 'Auge'
*u	V51	U_1	u	זון zun 'Sonne'
*ūː	V52, V53[†]	U_2, U_3	uo	ברודער bruder 'Bruder', בוך bukh 'Buch'
*əu:	V54	U_4	û	הויז hoyz 'Haus'

[†] Alle Vokale mit dem Zahlenwert „3" und „5" sind ursprünglich kurz, wurden aber später inbesondere durch die Dehnung in offener Tonsilbe oder allomorphische Alternanzen gedehnt (vgl. Katz 1983: 1024).

8.1 Frequenzen phonologisch manipulierter Lemmata

die Tabelle im Anhang (ab S. 353) zeigt, phänomengebunden ist. Idealerweise müssten dann in einer erneuten Korpusanalyse des LiJi alle „negativen Evidenzen" gesammelt werden, in denen keine Manipulation eines dieser Diphthonge bzw. die Entrundung aufweisenden Lemmata vorläge, denn nur so könnte die Verteilung eines Phonems im Korpus mit dessen Manipulationen und mit seinen lexikalischen Frequenzen in anderen, umfangreicheren Korpora in Beziehung gestellt werden. Da es in dieser Arbeit aber vorrangig darum geht, die Manipulationen d. h. die Abweichungen vom Schriftdeutschen zu untersuchen, steht nicht die Unterlassung, sondern die Durchführung der Imitation im Zentrum.[5]

Tabelle 8.2 fasst zusammen, wie viele Lemmata pro FK phonologisch manipuliert wurden.[6] Bei dieser Verteilung fällt auf, dass erstaunlich viele hochfrequente Lemmata und kaum niedrigfrequente Wörter im chrLiJi1 manipuliert werden. Schwachfrequente Lemmata sind, von einer Ausnahme abgesehen, nicht belegt. Diese Ausnahme ist besonders interessant, da sich hinter dem Type von FK26 aus dem DeReKo das Lemma 'wehe' in seiner Manipulation als *waih* verbirgt. Dieses ist in 36 von 53 Texten des chrLiJi1 belegt und damit korpusintern eines der höchstfrequenten morphologisch manipulierten Lemmata. Wie die lexikalische Analyse bereits zeigte (S. 96), ist dieses Lemma eine der häufigsten Interjektionen und fungiert als „Kennwort" des LiJi1. Damit lässt sich die Vermutung äußern, dass dieses Lemma im chrLiJi1 anders funktioniert als die übrigen morphologisch manipulierten Lemmata, nämlich nicht auf phonologischer, sondern auf rein lexikalischer Ebene. Damit verbunden ist die Überlegung, dass emulierende Imitation die natürliche Sprache als Grundlage hat und damit auch der Frequenzklassenverteilung natürlicher Sprache folgt. Würde chrLiJi1 nur niedrigfrequente Lexeme – wie in etwa 'wehe' – manipulieren, so würde die Imitation rein auf dem Effekt einzelner stigmatisierender Lexeme beruhen, was mehr einer simulierenden Imitation gleich käme. Eine natürliche Frequenzverteilung der manipulierten Lemmata spricht für eine Orientierung an der natürlichen Sprache. Die natürliche Sprache, auf die das LiJi referiert, ist das Jiddische.

---

[5] Die Kosten-Nutzen-Rechnung kam darüber hinaus zu dem Ergebnis, eine solche Untersuchung als potenzielle Fortführung der vorliegenden Arbeit zu verfolgen, da sie über das hier zu behandelnde Thema weit hinaus in allgemeinere korpus- und frequenzlinguistische Fragestellungen führt.

[6] Die in dieser Tabelle zu Ruoff (1981) angegebenen FKn beruhen hier nicht auf die von ihm vorgenommenen Wortarteneinteilung, sondern sind nach dem Gesamtsample sortiert; in diesem Fall ist das häufigste Lexem 'der/dieser' (Häufigkeit = 37536) (vgl. Ruoff 1981: 514). Eine graphische Darstellung der Verteilung des Korpus von Ruoff (1981) und des DeReKo (2012) findet sich im Diagramm in Abbildung 7.1 S. 88.

Darüber hinaus wissen wir aus der Sprachkontaktforschung, dass hochfrequente Lexeme besonders stark (kontaktbedingten) Sprachwandelprozessen ausgesetzt sind (vgl. am Bsp. morphologischer Merkmale Werner 1989; Fenk-Oczlon 1991). Es liegt in der Natur kognitiver Lernstrategien, dass Wiederholung Strukturen verfestigt. So kann der Umstand, dass besonders hochfrequente Lemmata von phonologischen Markierungen betroffen sind, auch als Indiz genommen werden, im chrLiJi1 Reflexe des direkten Sprachkontakts zum Jiddischen anzunehmen.

8.2 Phonologische Manipulationen im Überblick

Die Tabelle 8.3 führt die häufigsten[7] phonologischen Manipulationen auf, die sich auf Grundlage der Graphie im chrLiJi1 finden lassen. Augenscheinlich sind vokalische Manipulationen im Korpus deutlich populärer als konsonantische. Allen voran stehen Manipulationen an der Position von mhd. *ei* (V24). Ebenfalls deutlich frequent sind Manipulationen an den Positionen von mhd. *ou*, *ê/œ*, *iu*, *ô* und *â*. Auch eine vom Deutschen abweichende Graphematisierung des Diphthongs /aɪ̯/ <ei> als <ai> herrscht in immerhin 62% (33 Texte) der Quellen vor. Weniger manipuliert wurden Entrundungen, Palatalisierungen und Sprossvokale. Darüber hinaus spielen Kürzungen bzw. Ausfälle eine wichtige Rolle, um Gesprochensprachlichkeit zu evozieren. So sind Apokope und *n*-Ausfall in allen Quellen beider Korpora belegt, werden aber nicht gesondert analysiert.

Im Konsonantismus fällt auf, dass ausschließlich Plosive und Frikative manipuliert werden. Besonders häufig tritt die Verschriftlichung von [ʃt] als <scht> auf. Ob diese besondere Graphie besonders im niederdeutschen Raum, wo /s/ im Anlaut vor [p] und [t] als alveolarer Frikativ [s] realisiert wird, oder selbst im mittel- und oberdeutschen Sprachraum auftritt, wird die Einzelanalyse (Abschnitt 8.11.1) prüfen müssen. Dasselbe gilt für die Verwendung der Grapheme für stimmlose Plosive an der Position von stimmhaften Plosiven. Auch hier könnte die Gebundenheit eines Textes an eine regionale Varietät des Deutschen das LiJi beeinflusst haben (vgl. Abschnitt 8.13, S. 163).

Im Vergleich zum chrLiJi1 verhält sich das jüdLiJi1 nicht sonderlich anders. Im Vokalismus werden verhältnismäßig häufig dieselben Manipulationen vorgenommen wie im chrLiJi1. Erst im Konsonantismus fällt auf, dass jüdische Autoren hier Strategien christlicher Autoren nicht einsetzten.

---

[7] Auf die Aufführung singulär auftretender Markierungen wurde (von zwei relevanten Ausnahmen abgesehen) verzichtet.

8.2 Phonologische Manipulationen im Überblick

Tabelle 8.2: Verteilung von FKn phonologisch manipulierter Types im chrLiJi1

Frequenzklasse	Lemmata pro Frequenzklasse			
	Ruoff (1981)	chrLiJi1	DeReKo (2012)	chrLiJi1
FK0	2	–	1	1
FK1	2	2	–	–
FK2	9	3	2	1
FK3	10	2	7	4
FK4	38	15	14	6
FK5	30	6	18	5
FK6	63	11	41	13
FK7	109	13	63	11
FK8	114	7	163	13
FK9	245	3	311	13
FK10	412	2	596	5
FK11	687	5	1048	2
FK12	1073	3	1726	5
FK13	1601	1	2661	1
FK14	3867	–	4318	2
FK15	8435	–	6674	2
FK16	–	–	10439	1
FK17	–	–	15547	–
FK18	–	–	22323	–
FK19	–	–	31652	–
FK20	–	–	43717	–
FK21	–	–	59177	–
FK22	–	–	47033	–
FK23	–	–	36675	–
FK24	–	–	23065	–
FK25	–	–	10542	–
FK26	–	–	4800	1
FK27	–	–	2589	–
FK28	–	–	882	–
FK29	–	–	862	–

8 Phonologische Markierungen

Tabelle 8.3: Häufigkeiten phonologischer Manipulationen im LiJi

Phänomen	Quellen chrLiJi1 (max. 53 Quellen)	Quellen jüdLiJi1 (max. 10 Quellen)
V24	41	10
V22	36	8
a-Verdumpfung	34	9
V44	33	8
V42	33	6
V34 (mhd. *iu*)	23	8
ü > i	14	6
ü > e	10	5
ö > e	10	4
ö > i	1	2
/u/ > /y/	13	5
o > u	17	7
u > o	14	7
<ai> statt <ei>[†]	33	9
<ey> statt <ei>[†]	13	–
<ay> statt <ei>[†]	1	–
<scht> statt <st>	13	5
ç > ʃ	11	7
<ß> für <z>	6	3
<s> für <z>	5	4
<ß> für <s>	2	3
<z> für <s>	1	1
<z> für <ts>	–	–
<s> für <ß>	–	–
<t> für <d> (im Anlaut)	6	–
<t> für <d> (im Inlaut)	5	–
<p> für <b> (im Anlaut)	7	2
<k> für <g> (im Anlaut)	7	1
<k> für <g> (im Inlaut)	4	–
<k> für <g> (im Auslaut)	2	–
Erhalt von germ. *-pp-*	3	7
<b> für <w>	2	1

[†]Betrifft nur Abweichungen vom texteigenen System. Wenn ein Text im Deutschen z. B. <ey> setzt, wo im Gegenwartsdeutschen <ei> steht und dieses System auch im LiJi aufrecht erhält, wurde das in der Analyse nicht berücksichtigt, sondern nur, wenn etwa neben <ey> im LiJi <ay> gesetzt wurde.

8.3 V24 und V44

Im WJ bis hinein ins NÜJ und SÜJ ist einheitlich V24 (mhd. *ou*) und V44 (mhd. *ei*) zu /aː/ zusammengefallen oder zumindest ist die Monophthongierung von V24 zu /aː/ gegeben (u. a. Prilutski 1920: 79; Weinreich 1953 [1958];Garvin 1965: 94;Katz 1983: 1024–1025;Timm 1987: 186–193;Herzog, Kiefer u. a. 1992: 50–67), wie z. B. in (12a)–(12d):

(12) a. בַּאה *bah* 'Beine'
   („Die Hochzeit zu Grobsdorf" 1822:12) < mhd. *bein*;oj. בײן *beyn* 'Knochen'[8]

b. *derham* 'daheim'
   („S'frömeläs Etziglä" Colmar 1902: 5) < mhd. *heim*;oj. אַהײם *aheym*

c. פראַה *frah* 'Frau'
   („Die Hochzeit zu Grobsdorf" 1822:12) < mhd. *frouwe*;oj. פֿרױ *froy*

d. wj. *aach* 'auch'
   („Das verfrühte Schulenrufen Aurich 1902:1. Auftritt; zitiert nach Reershemius 2007: 125")

Dieser Zusammenfall ist eines der charakteristischsten Kennzeichen des WJ und dient vielen Dialekteinteilungen als wichtigstes Kriterium (Herzog, Kiefer u. a. 1992: 50–67). Im Ostjiddischen sind die beiden Vokale distinkt. V24 (E$_4$) wurde im ZOJ > aj, im SOJ und NOJ hingegen abhängig vom Lexem > eː, ej (LCAAJ Herzog, Kiefer u. a. 1992: 73). V44 (O$_4$) wurde im ZOJ und Teilen des SOJ > eu (/ɔɪ̯/) und im NOJ > ej (Herzog, Kiefer u. a. 1992: 81). Da der westjiddische Zusammenfall nach Timm (1987: 186–193) bereits in mitteljiddischer Zeit stattgefunden hat, ist es eines der Indizien, die dafür sprechen, dass die Trennung der jiddischen Varietäten in OJ und WJ vor bzw. zum Zeitpunkt des Zusammenfalls stattgefunden haben muss. Anders ist es nicht zu erklären, dass im OJ V24 und V44 distinkt blieben.

---

[8] Das Ostjiddische kennt keine Differenzierung zwischen 'Fuß' und 'Bein', was typologisch nicht unüblich ist (vgl. Brown 2011) und auch für oberdeutsche Dialekte bekannt ist (vgl. z. B. ElsWB Martin & Lienhart [1899–1907]1974: Bd. 2, Sp. 51a). Die fehlende Unterscheidung im Jiddischen scheint auf das Ostjiddische beschränkt zu sein, jedenfalls findet sich diese im Westjiddischen sogar in Gebieten, wo der Einfluss des koterritorialen deutschen Dialekts *Fuß* für 'Bein' hätte wirken können, was jedoch nicht geschah, wie z. B. im Elsässischen SWJ *Ban* („Chateïsim sinn aach Laït" Mulhouse 1929: 11).

Die Monophthongierung von mhd. *ou* und/oder *ei* fand auch in einigen deutschen Dialekten statt. Wie die Karte in Abbildung 8.1 zeigt, hat der Zusammenfall auch im Zentralhessischen, Rhein- und Ostfränkischen bis hinein ins Obersächsische stattgefunden.[9] Nach Weinreich (1953 [1958]: 66) nahm die Monophthongierung im Jiddischen ihren Ausgang im sog. „Maingürtel", also einer Region, in der diese Entwicklung auch in den deutschen Mundarten anzutreffen ist. Im Unterschied zu den gesamten deutschen Dialekten war die Monophthongierung in den jiddischen Mundarten weitaus produktiver und dehnte sich auf den gesamten westjiddischen Raum (einschl. Übergangsgebiet) aus.[10]

8.3.1 V24 (E_4, mhd. *ei*)

Zunächst zur Situation des historischen Diphthongs V24 (E_4) < urj. **ej* im LiJi. Eine Manipulation dieses Vokals findet sich im chrLiJi1-Kernkorpus in 42 Texten. Damit weisen elf Texte keinerlei Markierung in dieser Position auf, d. h. hier findet sich ausschließlich ein als <ei> oder z. T. auch als <ey>, <ai>, <ay> wiedergegebener Diphthong, der dem Standarddeutschen gleicht. Von den 42 relevanten Texten tritt V24 als <a>, in 31 Texten längenmarkiert als <aa> auf. Vier Texte zeigen außerdem eine Diphthongierung zu <oi>, <eu>; auch dieses Phänomen steht zum Teil parallel zu den gegebenen Monophthongen.

Die geographische Streuung der Belege für eine Manipulation von mhd. *ei* zeigt, dass wir den westjiddischen Monophthong in beinahe allen Regionen finden (vgl. Abbildung 8.2). Eine Ausnahme bildet der äußerste Nordosten, wo keine bzw. nur eine diphthongische Manipulation vorliegt. Besonders viele Quellen mit dem westjiddischen Langvokal finden sich in Berlin, Leipzig, Bonn, Mannheim, Frankfurt und Wien.[11] Die Überblendung der Korpusdaten mit dem Areal von /a:/ für mhd. *ei* im Lexem 'Fleisch' in den deutschen Dialekten zeigt, dass

---

[9] Grundlage dieser Karte sind die Areale für die Monophthongierung > *a* in den Karten Nr. 291 'Fleisch' und Nr. 125 'Frau' des WA. Die Situation in der deutschsprachigen Schweiz und in Österreich, die in den hier relevanten Karten des WA nicht abgebildet wurden, gestaltet sich nach den vergleichbaren Karten des KDSA, welcher ein kleineres Sample des Wenkermaterials kartiert, so, dass dort nirgends der Zusammenfall von *ei* und *ou* stattgefunden hat (KDSA Karten Nr. 417 'Fleisch' u. Nr. 425 'Frau').

[10] Die Karte Weinreichs (1953 [1958]: 66) zeigt erstaunlicherweise genau das Areal, in dem der Zusammenfall in den deutschen Dialekten stattfand, als Ausgangspunkt der westjiddischen Entwicklung. Weinreich waren die Karten des WA bekannt, da er am Marburger „Sprachatlas des deutschen Reiches" bei Ferdinand Wrede promovierte (Weinreich 1923). So ist es möglich, dass Weinreich hier einen synchronen Zustand der deutschen Dialekte als Ausgangspunkt für eine diachrone Entwicklung im Jiddischen ansetzt.

[11] Der Durchmesser der Diagramme in Abbildung 8.2 ist abhängig von der Anzahl der an diesem Ort relevanten Quellen.

8.3 V24 und V44

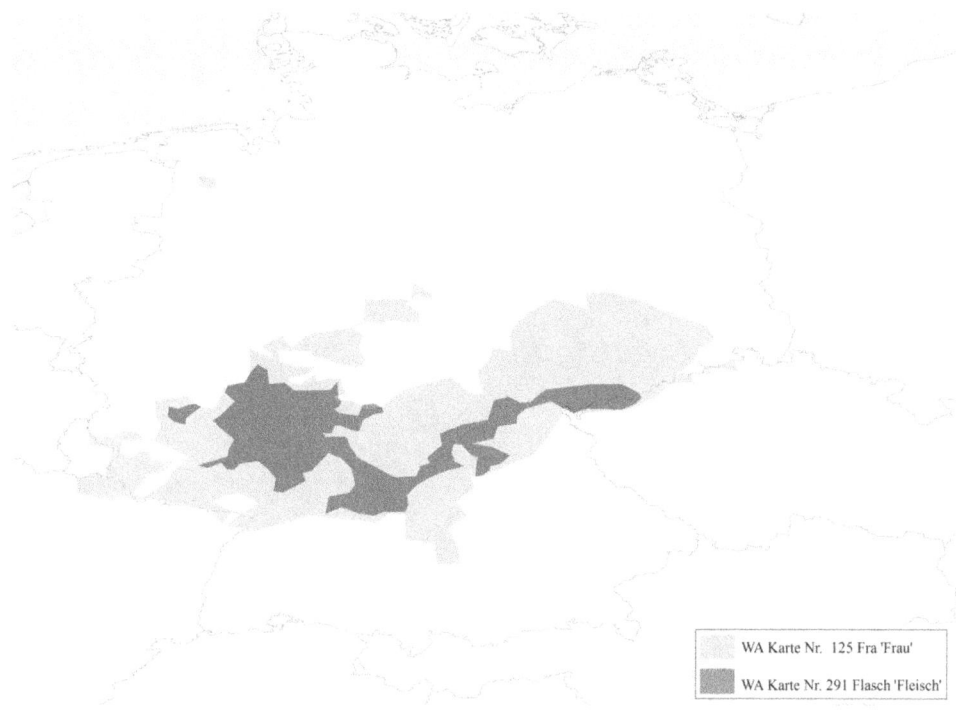

Abbildung 8.1: Mhd. *ou* u. *ei* > /aː/ in den dt. Dialekten

zumindest an den Orten Frankfurt, Mannheim, Erlangen, Nürnberg und Wien ein Einwirken der deutschen Dialekte auf das chrLiJi1 nicht auszuschließen ist.

Die in der WA-Karte nicht abgedeckten Dialekte der Schweiz und Österreichs zeigen gemäß der entsprechenden Karte des KDSA Nr. 417, dass hier der mhd. Diphthong unverändert blieb. Die Monophthongierung zu /aː/ ist darin lediglich in einem burgenländischen Ort aufgeführt.[12] Tatsächlich ist die Monophthongierung von mhd. /ei/ > /aː/ aber in vielen modernen süd- und mittelbairischen Dialekten Österreichs belegt (vgl. Wiesinger 2001). Schirmunski (1962: 233) wie auch Wiesinger (2001) geben an, dass die Monophthongierung zu /aː/ < mhd. *ei* besonders in „Wien und andere[n] österreichische[n] Stadtmundarten" stattgefunden hat, also kein basisdialektales Phänomen darstellt. Für die hier relevante Wiener Stadtmundart zeigt Wiesinger (2001: 92f), dass bereits Ende des 19. Jahrhunderts der „prestigeträchtige Wiener städtische Monophthong" stark auf die Dialekte der niederösterreichischen Landbevölkerung gewirkt hat. In Wien selbst ist ein

---

[12] Hinter diesem Ortspunkt könnte sich der westjiddische Wenkerbogen aus Frauenkirchen (WB Nr. 42663) verbergen; der KDSA ist leider nicht transparent, welche Bögen in sein Sample einflossen.

8 Phonologische Markierungen

Abbildung 8.2: V24 im chrLiJi1 mit WA Karte Nr. 291

Monophthong an der Position von mhd. *ei* seit dem späten 12. Jh. belegt (vgl. Wiesinger 2001: 113). Die Wiener Quellen könnten demnach bei der Manipulation auf eine entsprechende Form im örtlichen deutschen Dialekt zurückgegriffen haben.

Besonders interessant ist die Verteilung der Belege für <eu>, <oi> < mhd. *ei*. Diese lassen sich mit keinem Einfluss der deutschen Mundarten erklären.[13] Bei diesen Belegen ist zu vermuten, dass dieser Diphthong als Kennlaut für (Ost)jiddisch verwendet wurde, obwohl er in dieser Position keinerlei Entsprechung im Jiddischen hat.[14] Erstaunlich ist aber dennoch die durchaus gegebene Arealbildung von Quellen mit V24 als <eu>, <oi> im Nordosten. Da es keinen Grund dafür gibt, anzunehmen, dass diese Formen in irgendeiner Weise auf tatsächliche Sprachgegebenheiten referieren, ist zu vermuten, dass es sich hierbei um Hyperkorrekturen handelt, die den ostjiddischen Diphthong von V44 (mhd. *ou*) und V42/ V43 (mhd. *ô*) auf V24 übertragen. Dies ließe zwei weitere Schlüsse zu, die

---

[13] Ein entsprechender Diphthong /ɔɪ̯/ < mhd. *ei* ist in den deutschen Dialekten nur im bairisch-alemannischen Übergangsgebiet zu finden (vgl. WA Karte Nr. 219).

[14] Im OJ unterscheidet sich V24 (mhd. *ei*) als Diphthong [ej] nur wenig vom Schriftdeutschen.

das Areal im Nordosten erklären: Zum einen mag der Einfluss des Ostjiddischen in dieser Region stärker gewesen sein als andernorts, zum anderen könnte die Unsicherheit bzw. Fehlerhaftigkeit bei der Imitation des Jiddischen darauf schließen, dass im Nordosten Westjiddisch weniger vital war als im übrigen Untersuchungsgebiet. Für letztere Erklärung sprechen auch die Daten der diachronen Verteilung dieser Belege (Abbildung 8.3). Das Histogramm zeigt deutlich, dass der Diphthong <oi>, <eu> (/ɔɪ̯/) erst ab der zweiten Jahrhunderthälfte des 19. Jahrhunderts auftaucht, also zu einem Zeitpunkt, an dem der Sprachtod des Westjiddischen bereits fortgeschritten ist. Zwar finden sich noch authentische A1-Quellen aus dem Nordosten für die erste Hälfte des 19. Jahrhunderts, wie etwa die Kindheitserfahrungen der Autobiographie A. H. Heymanns (1803–1880) aus Strausberg (Berlin) (vgl. Schäfer 2013), doch ab der zweiten Jahrhunderthälfte liegt kein authentisches Datum des A1-Typs aus dieser Region vor.[15]

Diachron streuen die Belege für den westjiddischen Monophthong von mhd. *ei* sehr weit (s. Histogramm in Abbildung 8.3). Den westjiddischen Langvokal finden wir überwiegend zwischen 1775 und 1870. Nach dieser Periode tritt dieses Phänomen nur noch vereinzelt auf. Auch fällt im diachronen Bild auf, dass Texte, welche auf eine Manipulation von mhd. *ei* verzichten, leicht mit der Zeit abnehmen. Ab 1872 lässt sich ein kurzzeitiger Einbruch von Belegen für den westjiddischen Monophthong erkennen. Insgesamt lässt sich dennoch festhalten, dass chrLiJi1 zwar nicht konsequent, aber überwiegend (in 31 von 53 Texten) den westjiddischen Langvokal einsetzt und damit die tatsächliche Sprachrealität wiedergibt.

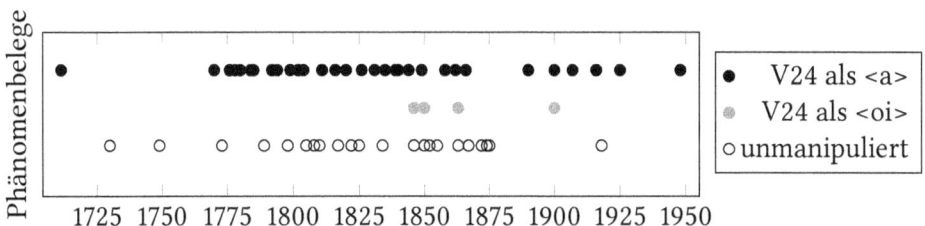

Abbildung 8.3: V24 im chrLiJi1

---

[15] Aus dem Nordwesten sind immerhin die recht jungen Quellen aus Aurich überliefert (Reershemius 2007, 2014).

8 Phonologische Markierungen

8.3.2 Der unbestimmte Artikel als Sonderfall

Eine Ausnahme bildet das Lexem des unbestimmten Artikels 'ein', weil es sich aufgrund seiner hohen Frequenz diachron wie diatopisch anders verhält als andere Lexeme, die einen aus mhd. *ei* hervorgegangenen Vokal beinhalten.[16] So wird dieses Lexem in 14 Quellen neben der Form *a(n)* auch als *ä(n)* oder *e(n)* wiedergegeben.[17] Doch gerade in diesem Lexem ist der Reduktionsvokal und selbst der *n*-Ausfall auch in den deutschen Dialekten der Regelfall. So findet sich im Oberdeutschen verbreitet *a*, im Mitteldeutschen *e* und im Niederdeutschen *e(n)* (vgl. WA Karte Nr. 432). Hier kann demnach mehr die regionale Form auf das LiJi gewirkt haben, als eine Orientierung am WJ. Nach dem WjSA (Karte Nr. 4) ist *e* der unbestimmte Artikel im gesamten Westjiddischen, während *a* im Ostjiddischen und z. T. im niederländischen NWJ verbreitet ist. Dieses Bild bestätigen die Li-Ji1-Daten jedoch nicht. Auch der Blick auf authentische Quellen des WJ, wo der unbestimmte Artikel sehr wohl als *a* belegt ist (13a–13c), sprechen nicht für die Glaubwürdigkeit von Beraneks Kartenbild.

(13) a. אַה *ah* 'ein, einem, einen, eine, eines'
("Die Hochzeit zu Grobsdorf" 1822: u. a. 1, 2, 6, 7, 10, 11)

b. אַ *a* 'ein, einem, einen, eine, eines'
("Esther. Oder die belohnte Tugend" Fürth, 1854: u. a. 1, 3, 4, 5, 7, 10)

c. *a* 'ein, einem, einen, eine, eines'
("Grad wie bi's Lévy's" Mulhouse, 1928: u. a. 3, 4, 5, 6, 7, 10)

Die intertextuelle Unsicherheit und Variation lässt sich annähernd gut mit der geographischen Verteilung der Belege erklären. Die Karte in Abbildung 8.4 zeigt, dass wir *e(n)* 'ein' in nördlich verorteten Texten finden (mit einem Ausreißer in Wien), wo es auch die im Deutschen verbreitete Form darstellt. Im süddeutschen Gebiet, wo *a(n)* 'ein' gebräuchlich ist, findet sich (von der bereits erwähnten Wiener Quelle abgesehen) kein Beleg für *e(n)* im chrLiJi1. Die Form des unbestimmten Artikels muss also durch die Situation im Deutschen beeinflusst worden sein. Viel interessanter als die Belege für *e(n)* sind hingegen die Belege für *a(n)* im

---

[16] Dem entsprechenden Eintrag im Lexer (1992: Bd. 1, Sp. 520) zur Folge ist im Mittelhochdeutschen noch keine diatopische Variation zu erkennen.

[17] Dies betrifft die Quellen AJ (Berlin, 1825), DG (Wien, 1858), FL (Mannheim, 1778), GW (n.a., ca. 1900), JK (Breslau, 1810), LM (Würzburg, 1844), MS (Bonn, 1822), MV (Berlin, 1862), NW (Berlin, 1804), PF (Augsburg, 1816), SS (Berlin, 1907), SV (München, 1890), TH (Merseburg, 1820), VD (Frankfurt, 1916).

Nordosten, wo diese Form in den deutschen Varietäten nicht gebräuchlich ist. Entweder sollten damit die oberdeutschen Eigenschaften des Jiddischen herausgestellt werden oder aber dies verweist tatsächlich auf eine weitere Verbreitung dieser Form als von Beraneck angenommen (vgl. WjSA Karte Nr. 4).[18]

Abbildung 8.4: Der unbestimmte Artikel im chrLiJi1 mit WA Karte Nr. 432

In den Quellen des jüdLiJi1 findet sich die westjiddische Monophthongierung von V24 in neun von zehn Texten (s. Tabelle 8.4). Auch hier gibt es eine gewisse Variation beim Vokal des unbestimmten Artikels: Nur zwei Texte (PBreslau u. PDebrecen) zeigen ausschließlich *a(n)*, alle übrigen Quellen verwenden parallel *e(n)* mit *ä(n)*.

8.3.3 Hyperkorrekturen von nhd. /aɪ̯/ < mhd. (*î* V34, I₄)

Jiddisch hat die sogenannte „neuhochdeutsche Diphthongierung" von mhd. *î, iu, û* und Monophthongierung von mhd. *ie, uo, üe* vollständig mitgemacht (Timm 1987: 14–18). Mhd. *î* ist in weiten Teilen des Ostjiddischen und vollständig im

---
[18] vgl. insbes. (13a), wo sich *a* 'ein' findet, obwohl dies im örtlichen zentralhessischen Dialekt nicht gegeben ist.

8 Phonologische Markierungen

Tabelle 8.4: Modifikationen von V24 im JüdLiJi1

Quelle	V24 > /aː/	unbest. Art. *e(n)*, *ä(n)*
GuS1	✓	✓
GuS5	✓	✓
GuS10	✓	✓
GuS15	–	✓
GuS23	✓	✓
PAlsleben	✓	✓
PBerlin1	✓	✓
PBerlin2	✓	✓
PBreslau	✓	–
PDebrecen	✓	–

Westjiddischen als Diphthong /aɪ̯/ belegt, nur im ZOJ und SOJ wurde der Diphthong wieder zu einem Monophthong /aː/, /a/ (vgl. LCAAJ Karte Nr. 28; s. a. Karte in Abbildung 8.6;14a–14d).[19] In den deutschen Dialekten ist mhd. *î* lediglich in einem äußerst kleinen Gebiet des südwestlichen Moselfränkischen in wenigen Lexemen zu /aː/ geworden (vgl. WA Karten Nr. 180, 176, 15). Dies ist damit eine sehr untypische Entwicklung im Deutschen.

(14) a. NWJ: *gleich* 'gleich'
 („Das verfrühte Schulenrufen" Aurich 1902: 4. Auftritt [Reershemius 2007: 137])

    b. ZWJ: גלייך *gleykh* 'gleich'
 („Die Hochzeit zu Grobsdorf" 1822: 9)

    c. SWJ: *gleich* 'gleich'
 („Chateïsim sinn aach Laït" Mulhouse 1929: 5)

    d. oj.: גלײַך *glaykh*

    e. mhd.: *gelîch* (Lexer Bd. 1, Sp. 812)

---

[19] An dieser Stelle sei darauf hingewiesen, dass das protojiddische Vokalsystem nach Herzog (1965: 161–205) die mittelhochdeutschen Langvokale *î* und *iu* zu ein- und demselben „historischen Diphthong" urj. *əj: zusammenfasst (Katz 1983: 1024). Da dieser Diphthong erst durch den Zusammenfall von /iː/ und /yː/ im Zuge der „neuhochdeutschen Diphthongierung" zwischen dem 12. und 16. Jahrhundert (König 2007 [1978]: 146–149) zustande gekommen ist, kann das zusammengefallene Ergebnis kaum einen urjiddischen Zustand repräsentiert.

8.3 V24 und V44

In elf Quellen des chrLiJi1 findet sich neben der Monophthongierung von mhd. *ei* (V24) in einzelnen Lexemen die Monophthongierung von nhd. /aɪ/ in der Position von mhd. *î* (V34, I₄), wie z. B. in (15a)–(15c). Bei diesen Belegen könnte es sich um Hyperkorrekturen handeln, da den Autoren die historischen Vokale kaum bewusst sein konnten und so die Monophthongierung von V24 (mhd. *ei*) zu /aː/ als Regel für nhd. /aɪ/ angewandt wurde. Möglich wäre aber auch, dass diese Daten Ausdruck eines Reflexes aus dem ZOJ/SOJ durch Zuwanderung von Ostjiddischsprechern ins deutsche Sprachgebiet sind.

(15)   a.   *blahb* 'bleibe' (DW Wien, 1773: 18) < mhd. *blîben* (Lexer 1992: Bd. 1, Sp. 172)

       b.   *mahn* 'mein' (PA Frankfurt, 1834: 14, 51) < mhd. *mîn* (Lexer 1992: Bd. 1, Sp. 2142)

       c.   *glach* 'gleich' (VE Mannheim, 1784: 62) < mhd. *gelîch* (Lexer 1992: Bd. 1, Sp. 812)

Gegen einen ostjiddischen Einfluss spricht die historische Streuung der Daten (s. Abbildung 8.5). <a>, <aa> findet sich besonders in den einhundert Jahren zwischen 1775 und 1875, tritt später aber nur mehr in einer Quelle (AK Zürich, 1948) auf. Die Belege dieser Quelle, die generell relativ viele ostjiddische Merkmale aufweist, können zwar auf die zentralostjiddischen Formen zurückgeführt werden. Dadurch, dass aber kein Anstieg der ostjiddischen Formen im Verlauf des 19. Jahrhunderts zu verzeichnen ist, ist die Annahme nicht bestätigt, diese Belege seien durch ostjiddische Einwanderung und den Sprachtod des Westjiddischen begünstigt.

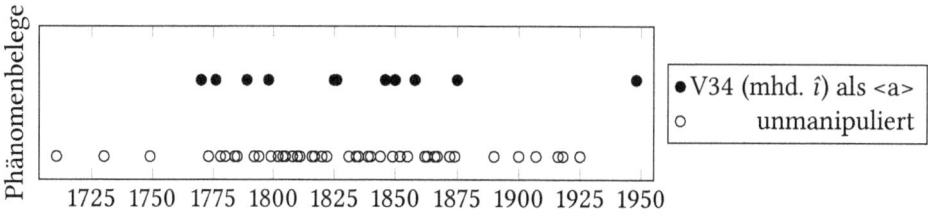

Abbildung 8.5: V34 (mhd. *î*) im chrLiJi1

Die areale Verbreitung in Abbildung 8.6 spricht nicht eindeutig für einen Einfluss des Zentral- bzw. Südostjiddischen auf die Verwendung des Monophthongs an der Position von mhd. *î*. Eine gewisse Affinität östlich verorteter Quellen

8 Phonologische Markierungen

(Wien, München, Leipzig, Berlin) zur ostjiddischen Form ist jedoch zu erkennen. Da es sich bei allen Quellorten, die diese Formen zeigen, um Großstädte handelt, und damit um Orte, an denen die ostjiddische Zuwanderung im 19. Jahrhundert besonders stark war (vgl. Lestschinsky 1960), spricht jedoch wiederum einiges dafür, dass hier tatsächlich das Ostjiddische der Migranten seine Spuren im LiJi1 hinterlassen hat.

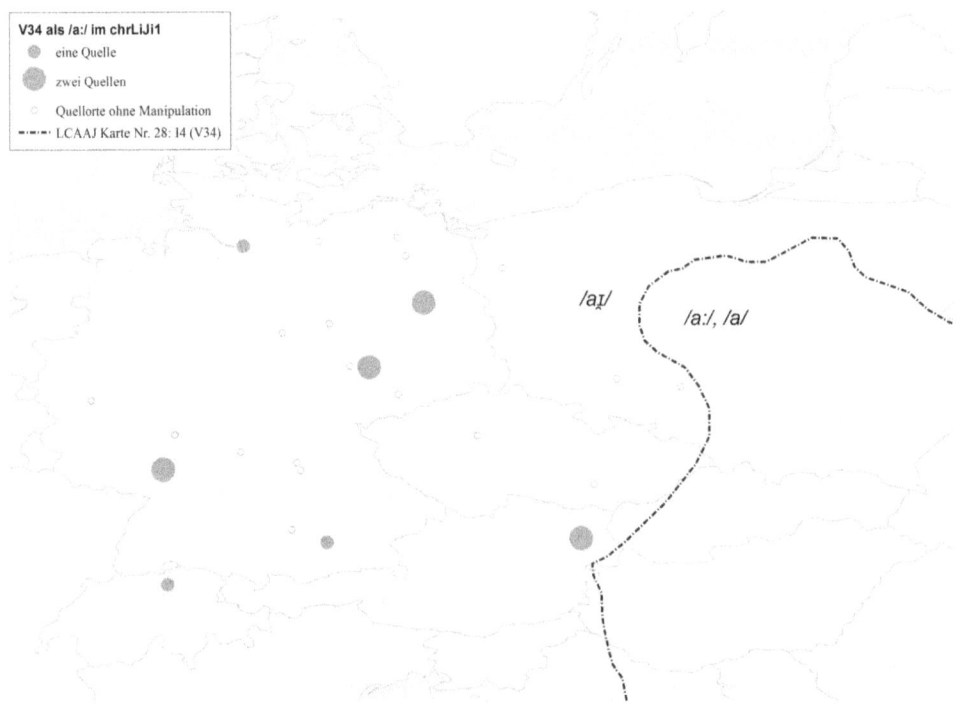

Abbildung 8.6: V34 als /a:/ im chrLiJi1 mit LCAAJ Karte Nr. 28

Für einen Einfluss der ostjiddischen Dialekte sprechen besonders die Daten des jüdLiJi1, in denen ein paar wenige solcher Formen in vier Quellen auftreten (16a)–(16d). Darunter finden sich zwei Quellen, die aus der näheren Kontaktzone zum Zentral- bzw. Südostjiddischen stammen. Der einfache Lösungsansatz bei den Belegen für mhd. î als <a>, <aa> von einer Hyperkorrektur auszugehen, ist also nicht ohne weiteres zu bestätigen. Ein sich auf das Westjiddische auswirkender Einfluss des ostjiddischen Monophthongs ist jedoch in den authentischen Quellen des Westjiddischen nicht zu erkennen, s. Bsp. 16e. Möglicherweise müssen wir bei unseren Belegen für /a:/ < mhd. î eine Kombination aus ostjiddischem Dialekteinfluss und Hyperkorrektur annehmen.

(16) a. *saane* 'seine' (PAlsleben: Titel, 4)

b. *maan* 'meine' (PBreslau: 344)

c. *was* 'weiß' (PDebrecen: 14)

d. *maane/mahne* 'meine' (GuS23: 10, 12)

e. גלײך/גלַײך *gleykh/glaykh* 'gleich' („Die Hochzeit zu Grobsdorf" 1822: u. a. 9, 14, 18)

8.3.4 V44 (O₄, mhd. *ou*)

30 von 53 Texten des chrLiJi1 weisen eine Manipulation von V44 (O₄) < urj. *ɔj: auf. 29 Texte zeigen dabei die Monophthongierung zu /aː/. Drei Texte zeigen, parallel zum Monophthong <a>, <aa> auch <o> in wenigen Lexemen auf.[20] Eine Quelle zeigt den Diphthong <äu>[21] und eine weitere zeigt <oi>.[22]

Die diachrone Verteilung zeigt, dass der westjiddische Monophthong ab 1774 bis 1875 als Manipulationsstrategie weit verbreitet ist und zum Ende des 19. Jahrhunderts hin deutlich abnimmt (s. Histogramm in Abbildung 8.7).

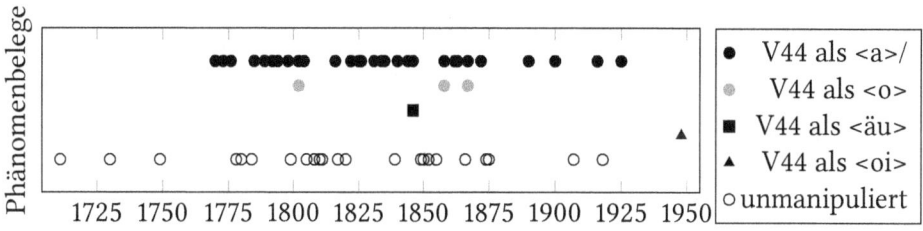

Abbildung 8.7: V44 im chrLiJi1

Im Vergleich zu den Manipulationsstrategien von V24 (s. Unterabschnitt 8.3.1) treten im V44-Kontext deutlich weniger Alternativen zu /aː/ auf. Dies könnte damit erklärt werden, dass dieser Monophthong in der Entwicklung aus mhd. *ou* auch in den deutschen Mundarten deutlich weiter verbreitet ist als der aus mhd. *ei* (vgl. Karte 8.1).

---

[20] Dies sind die Quellen DG (Wien, 1858), JP (Altona, 1867) u. WA (Magdeburg, 1802) in *lofen* 'laufen' (DG Wien, 1858: 8), *geglobt* 'geglaubt' (JP Altona, 1867: 6R) u. *globe* 'glaube' (WA Magdeburg, 1802: 164).

[21] Neben Belegen für den Monophthong /aː/ findet sich der Diphthong in *gläuben* 'glauben' (AD Leipzig, 1846: 137).

[22] So belegt in der ostjiddischen Form *oich* 'auch' (AK Zürich, 1948: 219, 256).

8 Phonologische Markierungen

Mit Blick auf die areale Verbreitung der Manipulationen von V44 und der Situation von mhd. *ou* in den deutschen Dialekten (s. Karte in Abbildung 8.8)[23] fällt auf, dass überwiegend im /a:/-Areal der deutschen Dialekte und in dessen unmittelbarer Nachbarschaft auch im chrLiJi1 der westjiddische Vokal auftritt. Ausnahmen bilden die Quellen im Brandenburgischen und in Hamburg, wo keine Nähe zu einem deutschen Dialekt gegeben ist, der einen entsprechenden Wandel zeigt.

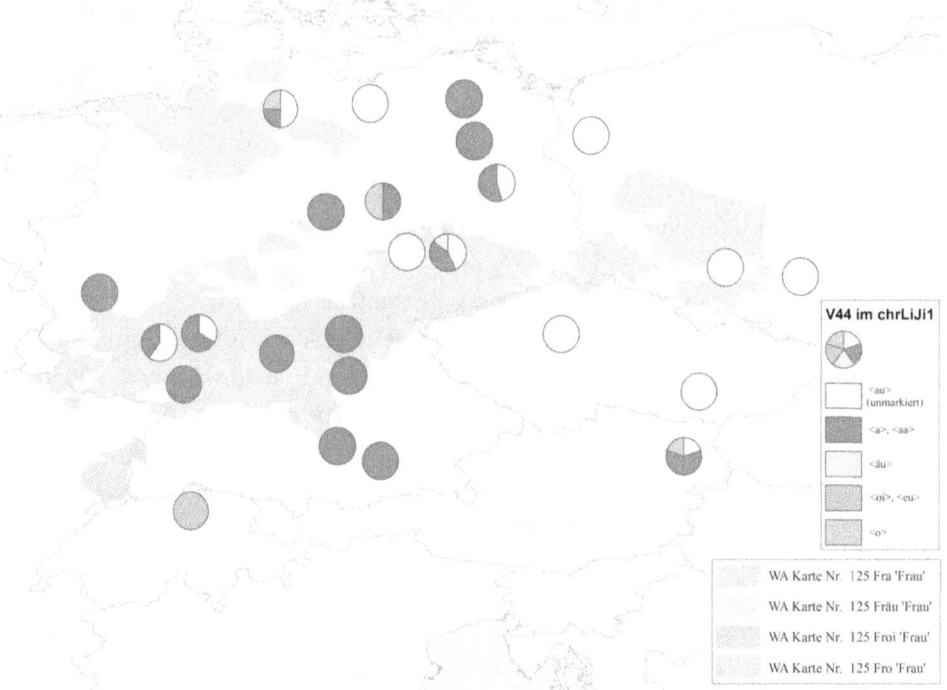

Abbildung 8.8: V44 im chrLiJi1 mit WA Karte Nr. 125

Die Situation im jüdLiJi1 zeigt ein ähnliches Bild. In allen Quellen überwiegt die Monophthongierung von mhd. *ou* > /a:/: vier der fünf Pamphlete weisen den

---

[23] Die Situation im Schweizer und österreichischen Alemannisch sowie im österreichischen Bairisch gestaltet sich nach der entsprechenden Karte des KDSA Nr. 425 so, dass hier überwiegend der standarddeutsche Diphthong /aṷ/ auftritt bzw. im Bodensee- und Höchstalemannischen der mhd. Diphthong unverändert blieb. Eine Monophthongierung zu /a:/ ist in den Karten des KDSA nicht verzeichnet. Nach Schirmunski (1962: 235) findet sich im „Bairisch-österreichischen [...] langes ā vor -m, bisweilen vor Lippenlauten überhaupt, z. B.: Inn. bām 'Baum', lāb 'Laub', aber āu 'Auge'". Besonders für den Wiener Stadtdialekt, der für unser Korpus eine Rolle spielt, gilt dies (vgl. Schuster & Schikola 1956: 60–63;Bacciocco 1890: 33). Damit sind die chrLiJi1-Belege für /a:/ der Wiener Quellen auch auf eine regional verbreitete Form zurückzuführen.

westjiddischen Langvokal auf. Jedoch nur zwei der fünf GuS zeigen den Monophthong. PBreslau zeigt neben <a> eine Verdumpfung des Monophthongs zu <o> in *weggelofen* 'weggelaufen' (PBreslau: 340) und *loof* 'lauf' (PBreslau: 342). In demselben Lemma findet sich diese Manipulation zu <o> auch in PBerlin1 *geloffen* 'gelaufen' (PBerlin1: 3, 5, 6) und GuS5 *geloffen* 'gelaufen' (GuS5: 4), hier jedoch ohne weitere Belege der westjiddischen Form. Auch PBerlin2 weist ausschließlich Belege für <o> auf, z. B. *Ogen* 'Augen' (PBerlin2: 1.Sp.), *geglobt* 'geglaubt' (PBerlin2: 1.Sp.).

8.3.5 Zusammenfall von V24 und V44 > /a:/

Ein idiosynkratisches Phänomen des WJ ist nicht allein die Monophthongierung der Vokale V24 und V44, sondern der Zusammenfall zweier historischer Diphthonge zu einem Langvokal. Lediglich 16 der 53 Quellen im chrLiJi1-Korpus weisen diesen Wandel beider Vokale zu /a:/ auf.[24] Wie das Histogramm zeigt (s. Abbildung 8.9), findet sich dieser Zusammenfall sogar bis in die 1920er hinein und ist damit länger im chrLiJi1 belegt, als viele ein vitales WJ annehmen.[25] Ab 1870 lässt sich allerdings ein Trend erkennen, dass dieses Phänomen nur noch sporadisch im chrLiJi1 auftritt.

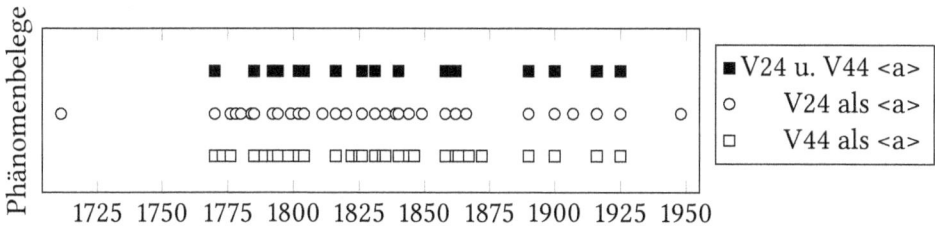

Abbildung 8.9: V24 und V44 im chrLiJi1

Erstaunlich ist ebenfalls die räumliche Verteilung der Quellen, in denen der westjiddische Zusammenfall umgesetzt wurde. Lediglich eine Quelle stammt aus dem Gebiet, in dem der Zusammenfall auch in den deutschen Mundarten gegeben ist. Zwei weitere Quellen liegen zumindest in nächster Nähe zum Gebiet des Zusammenfalls. Alle übrigen Quellen liegen in Gebieten, in denen kein Zusam-

---

[24] Diese Quellen sind AO (Wien, 1770), BW (Leipzig, 1826), DG (Wien, 1858), FE (Leipzig, 1792), GP (Nürnberg, 1831), GW (n.a., ca. 1900), IA (Erlangen, 1840), LB (Berlin, 1785), LS (Bonn, 1925), MS (Bonn, 1822), NW (Berlin, 1804), PF (Augsburg, 1816), PM (Magdeburg, 1792), SV (München, 1890), VD (Frankfurt, 1916) und WA (Magdeburg, 1802).
[25] Die drei Quellen des 20. Jh. sind GW (n.a., ca. 1900), VD (Frankfurt, 1916) und LS (Bonn, 1925).

8 Phonologische Markierungen

menfall stattgefunden hat (s. Abbildung 8.10). Eine Ausnahme bilden die Wiener Quellen, da hier ebenfalls z. T. ein Zusammenfall > /a:/ stattgefunden hat (vgl. Schirmunski 1962: 233, 235).

Abbildung 8.10: Der Zusammenfall von V24 u. V44 > /a:/ im chrLiJi1

Sechs von zehn Quellen des jüdLiJi1 zeigen den Zusammenfall (s. Tabelle 8.5). Anders als im Fall des chrLiJi1 sind abweichende Parallelstrategien, wie z. B. die Monophthongierung von V24 zu /e:/ neben der zu /a:/, deutlich seltener.[26]

Abschließend lässt sich feststellen, dass die westjiddischen Monophthongierungen von V24 und V44 besonders häufig im LiJi1 auftreten. Eine Nähe zur tatsächlich gesprochenen Sprache ist demnach im LiJi1 im gesamten 19. Jahrhundert festzustellen. Der für das WJ charakteristische Zusammenfall von V24 und V44 hingegen wird in nur wenigen Quellen vollzogen. Doch immerhin 30% (16 Texte) des chrLiJi1-Korpus weisen diesen auf.

---

[26] Welche Quellen neben dem westjiddischen Monophthong welche Markierungen an der Position von V24 haben, wird in Tabelle 8.4 aufgeführt. Im Vergleich zu den Pamphleten tritt der Zusammenfall bzw. treten die einzelnen Monophthongierungen insgesamt in den GuS deutlich seltener auf. Eine der Quellen, GuS15, zeigt sogar weder die Monophthongierung von V24 noch die von V44.

Tabelle 8.5: V24 und V44 > /aː/ im JüdLiJi1

Quelle	V24 > /aː/	V44 > /aː/
GuS1	✓	✓
GuS5	✓	–
GuS10	✓	–
GuS15	–	–
GuS23	✓	✓
PAlsleben	✓	✓
PBerlin1	✓	–
PBerlin2	✓	✓
PBreslau	✓	✓
PDebrecen	✓	✓

8.4 V42 (O_2 = mhd. ô)

Eine ebenfalls für das WJ typische Entwicklung ist die Diphthongierung von V42 (mhd. ô) > /ɔu̯/ bzw. /au̯/ (u. a. Timm 1987: 167;Herzog, Kiefer u. a. 1992: 79;Beider 2010: 28;17a–17e). Guggenheim-Grünberg (1973: 58f) kartiert für das westl. SWJ ausschließlich die Diphthongierung zu /ɔu̯/; doch im Elsässer SWJ lässt sich auch /au̯/ finden, wie z. B. 17d. Die Karte Nr. 30 des LCAAJ (1992: 79) gibt jedoch zur konkreten Situation der geographischen Verbreitung dieses Phänomens im WJ und in den Übergangsgebieten Rätsel auf: Der Karte zufolge war /ɔu̯/ im westjiddischen Gebiet weit verbreitet, während /au̯/ lediglich an einzelnen Orten des westlichen WJ, NÜJ und SÜJ auftrat. An der Karte problematisch ist die quantitative Unausgewogenheit zwischen Flächen (Leitform) und Punkten (singuläre Belege). Zumal angesichts der wenigen Erhebungsorte im WJ die Flächenkartierung ist mit Vorsicht zu genießen. Bei genauerer Betrachtung stellt sich heraus, dass /au̯/ die im westjiddischen Areal weiter verbreitete Variante von V42 ist und /ɔu̯/ hingegen überwiegend in den westjiddischen Varietäten im bairischen, fränkischen, ostfälischen und nordniedersächsischen Raum anzutreffen ist. Besonders interessant an der Entwicklung von V42 ist die relativ weit ins WJ hineinreichende Form des ostjiddischen Diphthongs /ɔɪ̯/, der laut LCAAJ (1992: 79) im Jiddischen Berlins, Böhmens und Wiens verbreitet war.

8 *Phonologische Markierungen*

(17) a. westl. NWJ: *graus* 'groß' < mhd. *grôʒ* (Lexer 1992: Bd. 1, Sp. 1093)
("Das verfrühte Schulenrufen" Aurich 1902: 3. Auftritt [Reershemius 2007: 132])

b. östl. NWJ: *graußße* 'große'
(Heymann 1909: 35)

c. ZWJ: גרויזע *grauze/grouze* 'große'
("Die Hochzeit zu Grobsdorf" 1822: 13)[27]

d. SWJ: *grause* 'große'
("S'frömeläs Etziglä" Colmar 1902: 5)

e. oj.: גרויס *groys* 'groß'

In den deutschen Dialekten gestaltet sich die Verteilung von aus mhd. *ô* hervorgegangenen Diphthongen /ɔu̯/, /au̯/ und /ɔɪ̯/ folgendermaßen (s. a. Karte in Abbildung 8.12): /ɔɪ̯/ findet sich nach den Karten des WA in keinem großflächigen Areal (WA Karten Nr. 419, 219, 411, 159, 382, 351, 192). Im südlichen Rheinfränkisch, im Oberfränkischen und Nordbairischen und einem kleinen Gebiet um Saarbrücken ist /ɔu̯/ verbreitet (WA Karten Nr. 419, 219, 411, 159, 382, 192; Schirmunski 1962: 237). In einzelnen Lexemen, wie etwa 'groß' u. 'tot', reicht dieses Gebiet bis ins Mittelbairische hinein (WA Karten Nr. 219, 192). mhd. *ô* > /au̯/ ist in drei größeren Arealen im Schwäbischen, Westfälischen, Schlesischen und einem kleinen Übergangsgebiet zwischen Brandenburgisch und Ostfälisch vorzufinden (WA Karten Nr. 419, 219, 411, 159, 382, 351, 192). Ganz anders als die westjiddischen Entwicklungen aus V24 und V44 haben die westjiddischen Diphthonge aus V42 ihre Entsprechungen in den deutschen Mundarten nun nicht im Mitteldeutschen, sondern im Ober- und Niederdeutschen. Die Situation in den deutschen Dialekten Österreichs, Liechtensteins und der Schweiz, die die Karten des WA nicht erfassen, gestaltet sich nach der Karte Nr. 364 des KDSA überwiegend so, dass mhd. *ô* hier überwiegend erhalten blieb; nur im Südbairischen Kärntens und Tirols ist der Diphthong /ɔa̯/ verbreitet.

Eine Manipulation von V42 findet sich im Korpus des chrLiJi1 in 33 Quelltexten. Von diesen verwenden 24 Texte Graphien, die auf den Diphthong /au̯/ <au>

---

[27] Aus dem ZWJ sind uns bislang nur authentische Quellen in hebräischen Lettern überliefert. Diese haben den Nachteil, dass man zwar erkennen kann, dass als <וי> in der Position von mhd. *ô* ein Diphthong steht, jedoch ist es unmöglich zu bestimmen, auf welchen Diphthong genau dieses Digraph verweist. Die Quellen des LiJi können hier Daten liefern, die die Quellen jüdischer Autoren bislang nicht bieten können.

8.4 V42 (O₂ = mhd. ô)

verweisen und acht, welche <ou>, die Leitform des LCAAJ (Herzog, Kiefer u. a. 1992: 79), verwenden. In drei dieser acht Quellen wird parallel aber auch /au̯/ eingesetzt. In fünf Texten findet sich der ostjiddische Diphthong als <oi>, <eu>.[28] Eine Quelle (DG Wien, 1858) weist einen Beleg für <ä> an der Position von V42 auf. Auch an diesem Phänomen zeigt sich, dass chrLiJi1 in Fällen von Manipulation Formen des WJ verwendet und nur sehr wenige unplausible Formen (etwa der Beleg aus DG Wien, 1858) anzutreffen sind.

Das Histogramm (s. Abbildung 8.11) zeigt, dass die Verteilung für V42 als <au> vorwiegend die früheren Quellen bis etwa 1830 dominiert; später tritt dies nur mehr vereinzelt auf. V42 als <ou> und <oi>, <eu> ist auffällig häufig in Quellen zwischen 1835 und 1845 zu finden. Doch die Belege für <ou> ergeben nicht nur in der diachronen Ansicht ein interessantes Bild, sondern clustern auch stark im Raum (vgl. Abbildung 8.12).

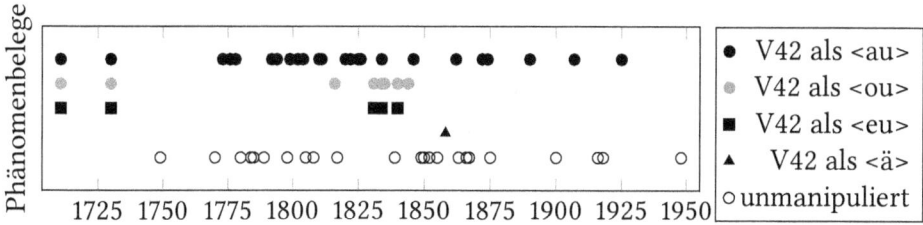

Abbildung 8.11: V42 im chrLiJi1

Die regionale Verteilung der im chrLiJi1 vorliegenden Manipulationen von V42 zeigt ein interessantes Bild (Abbildung 8.12). V42 als <au> streut weiter in das westjiddische und übergangsjiddische Gebiet hinein, als es die Karte des LCAAJ Herzog, Kiefer u. a. (1992: 79) angibt. Die Leitform des LCAAJ, /ɔu̯/ <ou>, hingegen findet sich lediglich in einem Areal koterritorial zum Rheinfränkischen und Mittelbairischen, wo in den deutschen Mundarten dieselbe Entwicklung stattgefunden hat. Es ist nicht zu entscheiden, ob uns hier im chrLiJi1 korrekte Imitationen des örtlichen WJ vorliegen, oder ob es sich bei der Imitation um Interferenzen mit dem eigenen deutschen Dialekt handelt. An dieser Stelle stößt die Analyse an ihre Grenzen. Es darf angenommen werden, dass /ɔu̯/ <ou> der ältere aus V42 hervorgegangene Diphthong ist, welcher sich in manchen Teilen des Westjiddischen entweder durch den Kontakt zu den deutschen Dialekten oder unabhängig von ihnen zu /au̯/ weiter entwickelt hat bzw. im Ostjiddischen zu /ɔu̯/ wurde. Bislang ist /ɔu̯/ lediglich für südwestjiddische und südliche zentral-

---

[28] Diese Form steht in drei Quellen parallel zu <au> und in einer dieser drei zusätzlich parallel zu <ou>.

8 Phonologische Markierungen

westjiddische Varietäten belegt (vgl. Guggenheim-Grünberg 1973: 58f).[29] Was die Belege für V42 als <eu>, <oi> betrifft, so muss offen bleiben, ob hier das aus dem OJ bekannte Merkmal in die Imitation einfloss oder ob es möglicherweise tatsächlich vereinzelt gesprochen wurde, was wiederum der Karte des LCAAJ (Herzog, Kiefer u. a. 1992: 79) zu Folge nicht auszuschließen ist.

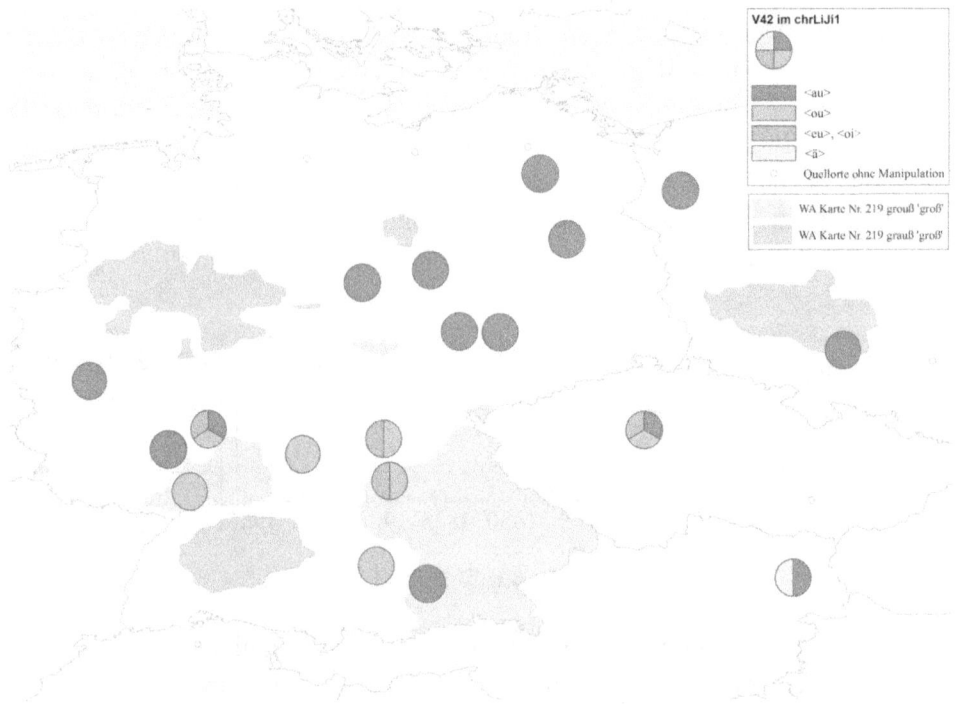

Abbildung 8.12: V42 im chrLiJi1 mit WA Karte Nr. 219

---

[29] Eine punktgenauere Darstellung der Daten, die die Grundlage der Kartierung des LCAAJ (1992: 79) waren, würde hier evtl. von Nutzen sein. Für die älteren Quellen, d. h. hebräischschriftliche Texte, sehen wir uns mit dem Problem konfrontiert, dass <וי> sowohl für den Diphthong <ou>, als auch für <au> stehen kann. In den Editionen zweier in Quadratschrift geschriebener maskilimischer Quellen von Aptroot & Gruschka (2004) und Copeland, Süsskind & Herz (1976) werden <וי> als <ou> transliteriert, doch ist gerade die Interpretation dieses Graphems äußerst problematisch, da sie ebenso für /aṷ/ oder /ɔɪ̯/ verwendet wird (vgl. Timm 1987: 167). Hinzu kommt, dass die erste Transliteration von Joseph Herz „אסתר" (Fürth 1871) durch J. Suhler (Fürth 1871; Abdruck in Israelische Kultusgemeinde Fürth 1984–1986) <au> für <וי> schreibt. Erst eine erneute, sensitivere Kartierung der Daten des LCAAJ würde es erlauben zu entscheiden, wie sich die aus V42 hervorgegangenen Diphthonge im WJ Sprachraum verhalten und wie deren Verhältnis zu den deutschen Dialekten genau aussieht.

In sechs der zehn Quellen des jüdLiJi1 findet sich eine Manipulation von V42. In allen Fällen handelt es sich dabei um die Diphthongierung zu <au>.[30] In GuS1 findet sich neben dem westjiddischen Diphthong auch der ostjiddische Diphthong <oi> belegt. <ou> ist nicht zu finden; allerdings stammt auch keine Quelle aus der relevanten Region. Eine nicht in das Korpus aufgenommene Quelle des jüdLiJi1 aus dem fränkischen Raum wäre Jakob Wassermanns autobiographischer Roman „Die Juden von Zirndorf" (1897). Hier finden sich in einem Lexem der Diphthong <ou> belegt: *Jou* (Wassermann [1897] 1996: 189, 190) 'Ja' < mhd. *jô* / *jû* (Lexer 1992: Bd. 1, Sp. 1481).

Zusammenfassend lässt sich festhalten, dass sich Manipulationen von V42 in beiden Korpora sehr homogen gestalten: Wenn diese Position manipuliert wird, dann zu einem Diphthong, der die jeweilige Sprachrealität abbildet. Es liegen kaum unplausible Formen der Imitation von V42 vor.

8.5 V22 (E_2 = mhd. ê, œ)

In allen jiddischen Mundarten sind mhd. ê, œ (urj. *$\bar{e}$:) zu einem Diphthong zusammengefallen. Im WJ, SOJ und NOJ erfolgte der Zusammenfall zu /ɛɪ̯/, im ZOJ zu /aɪ̯/ (u. a. LCAAJ Herzog, Kiefer u. a. (1992: 72); Timm 1987; Beider 2010; erstmals in Boeschenstein 1592 zit. n. Mieses 1915 [1979]: 3;18a–18b). In den deutschen Dialekten ist dieser Zusammenfall von mhd. ê und œ > *aj* äußerst selten (WA Karten Nr. 461, 167; KDSA Karten Nr. 378, 382; vgl. Karte in Abbildung 8.14). Im Binnensprachgebiet ist er lediglich in einem kleinen Gebiet des östlichen Rheinfränkischen anzutreffen; daneben findet man ihn in Grenz- und Siedlungsmundarten des burgenländischen, böhmischen und mährischen Bairischen. Das größte Areal, in dem diese Entwicklung stattgefunden hat, findet sich im Nordschlesischen. Es fällt auf, dass dieser Zusammenfall überwiegend in Kontaktgebieten zu slawischen Sprachen und dem Ungarischen stattgefunden hat.

(18) a. גיהן *geyhn* 'gehen'
   („Die Hochzeit zu Grobsdorf" 1822: 33) < mhd. *gên*;oj. גיין *geyn*

b. שײ *shey* 'schön'
   („Die Hochzeit zu Grobsdorf" 1822: 19) < mhd. *schœne*;oj. שיין *sheyn*

Von allen 36 Quellen des chrLiJi1, die eine Manipulation von V22 zeigen, wird ein Diphthong in dieser Position als <ai> (20 Texte), <ei> (neun Texte), <ey>

---

[30] Die entsprechenden Quellen sind GuS1, GuS5, PAlsleben, PBerlin1, PBerlin2 und PBreslau.

(sechs Texte) oder <ay> (ein Text) verwendet. Die Kartierung der Graphien ergab keine räumlichen Muster. Es ist generell fragwürdig, welchen Zweck die besonderen Graphien des Diphthongs erfüllen sollen; scheinbar wurde der Diphthong als vom standarddeutschen /aɪ̯/ <ei> abweichend dargestellt. Es ist aber auch möglich, dass durch die Graphie als <ai> ein phonetisch geeigneteres Graphem des Diphthongs /aɪ̯/ verwendet wurde, als das im deutschen Standard übliche <ei>, welches eine größere graphem-phonematische Distanz zum tatsächlichen Laut aufweist. Die unterschiedliche Schreibweise in „Die Hochzeit zu Grobsdorf" der Vokale V22 (als <ˈ> und <ˌ>, s. Bsp. 18a–18b, S. 129) und V34 (als <‴> (19a)–(19b) S. 132) spricht allerdings stark dafür, eine unterschiedliche Aussprache der beiden Vokale auch im Westjiddischen anzunehmen. Da aber im Fall des LiJi nicht zu entscheiden ist, welcher Laut sich tatsächlich hinter welchem Graphem verbergen soll (und tatsächlich auch nicht, wie <ei> im 19. Jahrhundert von Sprechern des Deutschen realisiert wurde), wird im folgenden /ɛɪ̯/ als der im WJ gebräuchliche Diphthong idealisierend gesetzt.

Für die Graphie interessant sind die Belege aus dem kleineren Korpus: Im jüdLiJi1 zeigen acht der zehn Quellen eine Manipulation von V22 als <ei>.[31] Alle dieser Texte setzen <ei>, also das standarddeutsche Graphem.

Es lässt sich festhalten, dass die orthographischen Strategien im jüdLiJi1 insgesamt näher am gesprochenen Laut /ɛɪ̯/ sind als die des chrLiJi1.

Die Hauptbelege einer Manipulation von V22 in beiden Korpora treten am Kennlexem 'wehe' auf (vgl. Unterabschnitt 7.4.1), welches die Belegzahlen zu diesem Phänomen in die Höhe treibt. Der Zusammenfall selbst ist im chrLiJi1 nur in neun Texten belegt,[32] eine Quelle manipuliert nur mhd. œ,[33] die übrigen 23 Quellen manipulieren lediglich mhd. ê. Das Histogramm in Abbildung 8.13 zeigt, dass der Zusammenfall v. a. in Quellen des frühen 19. Jahrhunderts zu finden ist, aber auch in den späteren Quellen auftaucht.

Die räumliche Verteilung zeigt, dass bei diesem Phänomen keine Beeinflussung durch deutsche Dialekte im chrLiJi1 vorliegt (Karte in Abbildung 8.14). Die Regionen, in denen der Zusammenfall von mhd. ê, œ > /ɛɪ̯/ in den deutschen Dialekten stattfand, sind im Projektsample des chrLiJi1 kaum vertreten. Einzige Ausnahme bildet Wien, wo der Zusammenfall sowohl im Korpus als auch in der

---

[31] Dies betrifft die Texte GuS1,5,15,23, PAlsleben, PBerlin1, PBerlin2 und PBreslau. Die Texte GuS23, PAlsleben u. PBerlin2 zeigen nur Belege für den Diphthong < mhd. ê. Die übrigen fünf Quellen haben den Zusammenfall belegt.

[32] Die entsprechenden Quellen sind AD (Leipzig, 1846), AJ (Berlin, 1825), AK (Zürich, 1948), DW (Wien, 1773), MV (Berlin, 1862), NW (Berlin, 1804), SV (München, 1890), TH (Merseburg, 1820) u. VD (Frankfurt, 1916).

[33] Es handelt sich um die Quelle WA (Magdeburg, 1802).

8.6 V34 (I_4 = mhd. iu, î)

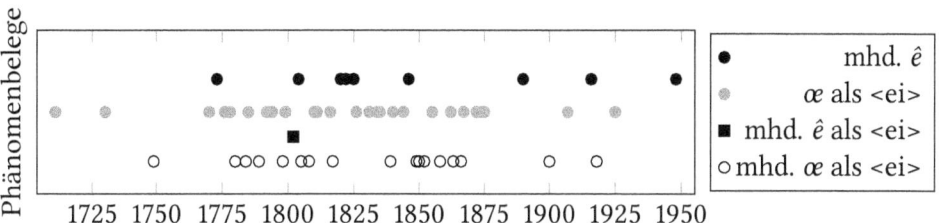

Abbildung 8.13: Der Zusammenfall von V22 im chrLiJi1

näheren Umgebung im deutschen Dialekt gegeben ist. Durchaus interessant sind die Raumbilder der Karte 8.14 dennoch. Allem Anschein nach sind Diphthongierungen, die zu einem Zusammenfall von mhd. ê, œ > /ɛɪ̯/ führen, auch in den deutschen Mundarten deutlich aneinander gebunden. Die Diphthongierung von mhd. œ findet selten ohne die von mhd. ê statt (und umgekehrt), was darauf schließen lässt, dass der Zusammenfall nicht auf direktem Weg durch die Diphthongierung erfolgte, sondern die Entrundung von œ > ê bereits zum Zusammenfall mit mhd. ê geführt hat. Wie auch im Zusammenfall von mhd. ei und ou > /aː/ (Abbildung 8.1) entsprechen (west-)jiddische Entwicklungen damit Strukturen, wie sie auch in den deutschen Dialekten vorherrschen.

8.6 V34 (I_4 = mhd. *iu, î*)

Mhd. *iu* und *î* sind in den meisten west- und ostjiddischen Dialekten zu /aɪ̯/ zusammengefallen (LCAAJ Herzog, Kiefer u. a. 1992: 77; Timm 1987: 206 (19a)–(19b), s. a. (14a)–(14d) S. 118). Im ZOJ, östlichen SÜJ und südlichen SOJ ist dieser Diphthong zu /aː/, bzw. /a/ im SOJ monophthongiert worden (Herzog, Kiefer u. a. 1992: 77; Timm 1987: 206; s. Unterabschnitt 8.3.3). Den westjiddischen Diphthong /aɪ̯/ < mhd. *iu* findet man in den deutschen Dialekten sehr weit verbreitet. Er deckt besonders große Teile des östlichen Sprachgebiets ab (WA Karten Nr. 319, 463, 497, 519, 542; KDSA Karte Nr. 410). Eine Entwicklung von mhd. *iu* > /aɪ̯/ ist in den oberdeutschen Dialekten keine Seltenheit. Dort ist der Diphthong, mit Ausnahme des Alemannischen,[34] in großen Teilen des Ostmittel- und Ostniederdeutschen, sowie im Rhein-, Mosel- und Niederfränkischen und in nordniederdeutschen Übergangsgebieten belegt (vgl. WA Karten Nr. 463, 519, 196).

---

[34] Schwäbisch, was hier nicht im eigentlichen Sinn als Alemannisch verstanden wird, da es u. a. die sog. „nhd. Diphthongierung u. Monophthongierung" mitgemacht hat, zeigt ebenfalls mhd. *iu* > /aɪ̯/.

8 Phonologische Markierungen

Abbildung 8.14: V22 im chrLiJi1 mit KDSA Karten Nr. 378, 382

(19) a. נייא *ney* 'neu'
("Die Hochzeit zu Grobsdorf" 1822: 21)
< mhd. *niuwe*;vgl. oj. ניי *nay*

b. בראנטעווייא *brantwey* 'Branntwein'
("Die Hochzeit zu Grobsdorf" 1822: 7)
< mhd. *wî*;vgl. oj. וויין *vayn*

Die Diphthongierung von mhd. î > /aɪ̯/ haben im Zuge der „neuhochdeutschen Diphthongierung" zwischen dem 12. und 16. Jahrhundert neben dem Jiddischen alle hochdeutschen Dialekte (mit Ausnahme des Alemannischen) mitgemacht (König 2007 [1978]: 146–149;Timm 1987: 14–18). Dieser Diphthong ging auch in die Leitvarietät über und ist damit Bestandteil der neuhochdeutschen Standardsprache. Eine Weiterentwicklung von mhd. î > /aɪ̯/, wie z.B. die Rückmonophthongierung im ZOJ, hat in kaum einem deutschen Dialekt stattgefunden (vgl. WA Karten Nr. 15, 176, 180). Da die westjiddische Form dem Schriftdeutschen entspricht, kann nicht überprüft werden, ob Belege für <ei>, <ai> an der Position

8.6 V34 (I_4 = mhd. iu, î)

von mhd. î in Analogie zum Jiddischen gesetzt wurden oder nicht; hier ist also keine Manipulation erkennbar. Es darf jedoch als besonderer Hinweis auf die korrekte Orientierung am Jiddischen interpretiert werden, dass im LiJi mhd. î in keinem Fall Formen annimmt, die nicht einer jiddischen Varietät entsprechen (s. Unterabschnitt 8.3.3).

Damit ist V34 für das LiJi nur an der Position von mhd. *iu* relevant. 27 Quellen des chrLiJi1-Korpus zeigen eine Manipulation in dieser Position. In 16 Belegen findet sich <ai>, in zehn Texten <ei> (in drei Texten liegen beide Graphien parallel vor).[35] Auch hier lassen sich damit alle Manipulationen auf die tatsächliche Sprachrealität zurückführen. Eine Manipulation von V34 tritt erst ab 1800 wirklich in Erscheinung (Abbildung 8.15). Ab 1880 ist V34 in allen Quellen manipuliert.

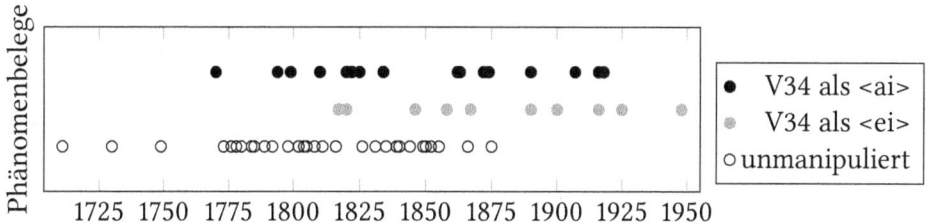

Abbildung 8.15: V34 (mhd. *iu*) im chrLiJi1

Auch im Fall vom westjiddischen Diphthong < V34 ist die Graphie ähnlich irreführend, wie es im Fall des Diphthongs < V22 bereits angesprochen wurde (vgl. Abschnitt 8.5). Ein Vergleich zwischen der Verwendung von <ai>, <ay> vs. <ei>, <ey> im V34- vs. V22-Kontext ergibt, dass keine Regelmäßigkeit zu erkennen ist. Alle vier Grapheme können so für die Laute /ɛɪ̯/ und /aɪ̯/ stehen.

Abbildung 8.16 zeigt die räumliche Verteilung von Manipulationen im V34-Kontext. Da der westjiddische Diphthong auch in Quellorten auftritt, an denen in den deutschen Dialekten keine entsprechende Entwicklung stattgefunden hat, kann man (zumindest an diesen Orten mit relativer Gewissheit) davon ausgehen, dass die Formen im chrLiJi1 keine Reflexe aus den deutschen Mundarten sind, sondern spezifisch als jiddische Form eingesetzt werden.

Das jüdLiJi1 zeigt in acht Quellen den jiddischen Diphthong; in fünf von acht Fällen liegt die Schreibung <ei> vor und in drei von acht die mittels <ai>.[36]

---

[35] Dabei handelt es sich um die Quellen SV (München, 1890), TH (Merseburg, 1820) u. VD (Frankfurt, 1916).
[36] <ei> findet sich in GuS1,5,10, PBreslau u. PDebrecen; <ai> findet sich in GuS23, PBerlin2 u. PAlsleben.

8 Phonologische Markierungen

Abbildung 8.16: V34 im chrLiJi1 mit KDSA Karte Nr. 410

8.7 /a/ > /o/ (*a*-Verdumpfung)

Die Rundung und Hebung von *a>o* wird hier vereinfachend als „*a*-Verdumpfung" bezeichnet. Im OJ fiel V12 (urj. *ɔ̄:, A_2, = mhd. *â*, oj. יאָר *yor* 'Jahr') und V13 (urj. **a* in offener Tonsilbe, A_3, = mhd. *a/â*, oj. שלאָגן *shlogn* 'schlagen') zu /ɔ:/ zusammen und wurde im ZOJ zu /u:/ gehoben (Timm 1987: 93–121;Bin-Nun 1973: 186f). Im WJ hingegen wurde lediglich V12 verdumpft; V13, also **a* in offener Tonsilbe, blieb unverändert (Beider 2010). Abbildung 8.18 zeigt, dass auch in den deutschen Dialekten die Verdumpfung im V13-Kontext weniger präsent ist als die im V12-Kontext und dass die Verdumpfung vorrangig in den östlichen Dialekten im Kontaktbereich zu slawischen (und finno-ugrischen) Sprachen stattgefunden hat. Dies könnte u. U. eine Erklärung dafür liefern, wieso diese Verdumpfung nur im OJ stattgefunden hat. Andererseits ist die Situation in den westjiddischen Varietäten alles andere als klar, denn bislang ist lediglich das SWJ der Schweiz

ausreichend beschrieben worden (Guggenheim-Grünberg 1973; Beider 2010).[37]
Bislang fehlen Detailanalysen zu weiteren westjiddischen Dialekträumen.

Ein weiteres Problem, das sich bei diesem Phänomen ergibt, betrifft die Bestimmung eines Vokals als einem aus V12 hervorgegangenem. Die Analyse von V12 im WJ führte in den bisherigen Arbeiten m. E. oft zu vorschnellen Schlüssen, da ein zu starkes Gewicht auf die gemeinsame Genese von Ost- und Westjiddisch gelegt wurde. Die Karten des LCAAJ (1992: 67) und Guggenheim-Grünbergs (1973: 60–64) geben an, dass V12 im westlichen Teil des WJ als /ou̯/ oder /au̯/ und im SÜJ, im westl. SWJ als /ɔɪ̯/ realisiert wurde (s. a. Beider 2010). Im WJ beträfe dies nach den Daten des LCAAJs ohnehin nur einzelne (leider nicht näher angegebene) Wörter hebräischen Ursprungs. Für das SÜJ und das westl. SWJ sind zwar die einzelnen, überwiegend germanischstämmigen Lexeme gegeben (vgl. Guggenheim-Grünberg 1973), doch bei diesen ist der mhd. Vokal nicht gänzlich geklärt. So werden etwa die Formen für דוי 'hier, da' und שלאָפֿן 'schlafen' angegeben. Diese Lexeme sind für das Mhd. aber sowohl als *dô, slôfen* wie auch als *dâ, slâfen* belegt (Lexer 1992: Bd. 1, Sp. 445). Der Diphthong /ou̯/, bzw. /ɔɪ̯/ im SÜJ, kann damit aus V42 (= mhd. *ô*) hervorgegangen sein, bei welchem eine solche Diphthongierung im WJ stattgefunden hat (vgl. Abschnitt 8.4; s. a. Bin-Nun 1973: 188). Dieser kann wiederum aus einer Verdumpfung von *â* zustande gekommen sein.[38] Eine solche Vermutung müsste allerdings erklären, wieso im OJ eine Diphthongierung nach dem Muster von V42 am verdumpften V12 nicht stattgefunden hat. Dieses Phänomen wäre also neben der Monophthongierung von V24 und V44 eine phonologische Entwicklung, in der sich WJ und OJ auseinander entwickelt haben. Darüber hinaus spiegelt die Situation der Vokale V11, V12, V13 und V42 in den germanischen Lexemen des Jiddischen den Umstand wider, dass es bereits im Mhd. (regionale) Variation bei der Verdumpfung von *a*-Phonemen gegeben hat. In der deutschen Sprachgeschichte ist die Verdumpfung von mhd. *â* (einschließlich *a* in offener Tonsilbe) ab dem 12. Jahrhundert in der Schriftsprache zunächst im Bairischen nachweisbar und greift im 13. und 14. Jahrhundert auf das Niedera-

---

[37] Der LCAAJ kartiert V13 nur am Beispiel eines hebr. Lexems (Herzog, Kiefer u. a. 1992: 68), was was für die Situation der Germanismen wenig aussagekräftig ist.
[38] Einige solcher Lexeme, die nach den Entwicklungen von V42 diphthongiert wurden (z. B. 'da', 'ja'), wurden in dieser Arbeit auch als ein solches Phänomen analysiert und entsprechend nicht in die Daten zur *a*-Verdumpfung aufgenommen (vgl. Abschnitt 8.4). Nach Guggenheim-Grünberg (1973: 60f) besteht im westl. SWJ sogar gar keine Unterscheidung mehr zwischen V13, V12 und V42. Diese sind, zumindest in den kartierten Lexemen, unter dem Diphthong aus V42 zusammengefallen. Sie kartiert die Lexeme 'schlafen', 'raten', 'fragen' (> urj. *a in offener Tonsilbe = V13 gemeinsam mit 'mal', 'da' (> V12 bzw. V42) als < mhd. *â*. Siehe hierzu auch Timm (1987: 115). Um aber die Situation der Verdumpfung und Diphthongierung im WJ genau erfassen zu können, bedarf es einer Detailanalyse, die diese Arbeit nicht leisten kann.

8 Phonologische Markierungen

lemannische und die mitteldeutschen Dialekte über (Schirmunski 1962: 212; Paul 2007: §48;Ebert u. a. 1993: §L14). Verdumpfungen „treten in bestimmter konsonantischer Umgebung ein, ohne dass sich daraus eine feste Regel ableiten lässt" (Paul 2007: §48). Damit ist auch die Entwicklung im Deutschen nicht auf eine einfache Formel zu bringen. Sie ist in den modernen deutschen Dialekten mit Ausnahme des Höchstalemannischen und Nordniederdeutschen nahezu überall anzutreffen (Schirmunski 1962: 212;Ebert u. a. 1993: §L14;vgl. Karte in Abbildung 8.18). Die *a*-Verdumpfung ist jedoch besonders lexemgebunden, so dass sie, v. a. bei hochfrequenten Lexemen, tatsächlich in allen Dialekten auftritt (vgl. u. a. WA Karten Nr. 86, 117, 131, 244, 313, 338, 544).[39] Ein Erklärungsansatz für die Variation, die bereits im Mhd. vorliegt, wäre, sie als ein wesentlich älteres Phänomen der germanischen Sprachgeschichte zu verstehen. Bereits im Ahd. steht germ. *a* als <o> oder auch parallel zu <a> (Braune & Reiffenstein 2004: § 25). So ist das angenommene mhd. und urj. System der offenen und halboffenen Vokale kein ideales Referenzsystem. Im Fall des Jiddischen erschwert die Orthographie besonders die Graphem-Phonem-Analyse, da <א> sowohl für /a/ als auch für /ɔ/ steht und nur in Sonderfällen /ɔ/ als <ׂו> erkennbar ist (Timm 1987: 93–121). Eine sinnvolle Bestimmung, welcher Vokal auf welchen der protojiddischen Vokale V42, V12, V11 und V13 zurückzuführen ist, ist so m. E. kaum möglich.

Bevor die Situation der *a*-Verdumpfung im WJ geklärt ist, ergibt es wenig Sinn, die Durchführung einer Differenzierung zwischen V12, V13 und V11 im Rahmen der Analyse des LiJi zu untersuchen. Die Analyse des LiJi macht es uns etwas einfacher, da die Manipulation von <a> zu <o> an der Standardorthographie des Neuhochdeutschen erfolgt, also an einem synchronen System, an dem die diachronen Strukturen kaum mehr erkennbar sind. Die Analyse kann also die Frage sicher beantworten, welche Quellen eine Verdumpfung von germ. *a* zeigen; problematisch bleibt die genaue Bestimmung der mhd. und urj. Referenzvokale.

So finden sich 34 Texte im chrLiJi1, in denen <o> an der Position von <a> gesetzt wird. V11 (A$_1$) < urj. *a: bleibt erstaunlicherweise im chrLiJi1 überwiegend unbeeinflusst von der Verdumpfung. Lediglich am Verb 'fragen' findet sich <o> in fünf Texten. Die Verdumpfung im LiJi1 betrifft immer nur das Verb, nie das Substantiv. Die entsprechenden Quellen sind GW (n.a., ca. 1900), JK (Breslau, 1810), LB (Berlin, 1785), MV (Berlin, 1862) u. SV (München, 1890). Doch auch hier

---

[39] Das Höchstalemannische zeigt sich trotzdem relativ konservativ. Im SDS (Karte V/119) finden sich lediglich im Kanton Uri Hinweise auf eine Verdumpfung von *â* in 'ja'. Generell gilt, dass die „*a*-Verdumpfungslinie" das Höchstalemannische von den anderen alemannischen Dialekten abgrenzt (vgl. SDS Karte Nr. I/62).

ist der mhd. Ausgangsvokal problematisch: mhd. *vrâgen* (= V11) ist ebenso belegt wie *frôgen* (= V42) (Lexer 1992: Bd. 3, Sp. 487). Ein Beleg für die *a*-Verdumpfung in 'fragen' könnte demnach auch lediglich auf die Wiedergabe des ursprünglichen Langvokals von V42 schließen. Ein weiteres Argument, wieso man dieses Lexem eher nicht als Beleg einer Verdumpfung von V11 zählen sollte, findet sich in Guggenheim-Grünberg (1973: 60f): Sie kartiert *frougen* nicht als Beleg für ein V11-Lexem, sondern es findet sich in Belegen für die von ihr angenommene Diphthongierung von V12 im SWJ, die ich generell als eine Missinterpretation von V42-Vokalen ansehe (s. o.).[40] Das Lexem 'fragen' zeigt zweierlei. Erstens sind die phonologischen Arbeiten zum Jiddischen sehr uneinheitlich in der Verwendung des protojiddischen Systems. Zweitens, und dieses Problem wiegt deutlich schwerer, weisen damit einzelne Lexeme in unterschiedlichen regionalen Varietäten des Jiddischen auch unterschiedliche protojiddische Ausgangsvokale auf. Dies aber hieße, dass die regionalen Varietäten älter sind als angenommen, was wiederum bedeute, dass das protojiddische System noch längst nicht ausgereift war. Ob wir es in diesem Fall mit einer Hyperkorrektur zu tun haben, ist letzten Endes schwer zu entscheiden. Eine weitere mögliche Hyperkorrektur findet sich in einer Wiener Quelle im Beleg *Nocht* 'Nacht' (AO Wien, 1770: 134). Dieser Beleg ist auf einen Einfluss des deutschen Dialekts zurückzuführen. Im Mittelbairischen ist diese Form weit verbreitet (WEK Karte 'die Nacht'). In allen anderen Korpusbelegen betrifft die Verdumpfung ausschließlich die historischen Vokale V12 und V13. Unter starkem Vorbehalt kann gesagt werden, dass chrLiJi1 vorwiegend Verdumpfungen in Lexemen vornimmt, in denen auch im Jiddischen verdumpft wird.

Der historische Querschnitt zeigt eine besondere Anhäufung der *a*-Verdumpfung in Quellen zwischen 1774 und 1835 (Abbildung 8.17). Danach gibt es eine Phase, in der die Verdumpfung in manchen Quellen durchgeführt wurde, in anderen aber nicht belegt ist. In allen Quellen der Jahrhundertwende um 1900 ist sie dann ausschließlich präsent, wird aber in den drei jüngsten Texten des Korpus nicht umgesetzt.

Die Kartierung der Belege zeigt in erster Linie, in welchem großflächigen Gebiet die Verdumpfung, insbesondere die von V13, in den deutschen Mundarten stattgefunden hat (Abbildung 8.18). Einzig zwei Quellorte im niederdeutschen Raum zeigen mit der Verdumpfung ein in den örtlichen deutschen Varietäten

---

[40] Im modernen OJ hat sich das Substantiv פֿראַגע 'Frage' aus V11 entwickelt und blieb unverdumpft. Im modernen OJ hat sich die Wechselflexion auf dieses Verb analogisch ausgedehnt – bereits in mhd. als *vrëgen* belegt (Lexer 1992: Bd. 3, Sp. 487) – und im NOJ und SOJ folgt es der Diphthongierung von V22 פֿרײגן 'fragen'.

8 Phonologische Markierungen

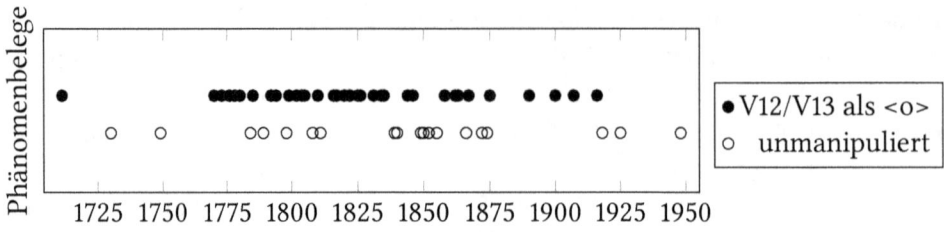

Abbildung 8.17: V12 und V13 im chrLiJi1

weniger verbreitetes Phänomen. So fungiert sie möglicherweise nicht als expliziter Identifikator für die jiddische Sprache, sondern soll evtl. generell Dialektalität transportieren.

Abbildung 8.18: V12/V13 im chrLiJi1 mit KDSA Karten Nr. 376, 367

Auch im jüdLiJi1 finden sich die Verdumpfung von V12 und V13. Alle Texte, bis auf einen,[41] zeigen <o> an der Position von V12. In zwei Quellen ist jedoch die Verdumpfung von V11 am Lexem 'fragen' belegt (GuS23: 5, 6; PAlsleben: 3)

---

[41] Dabei handelt es sich um die Quelle PBerlin1.

und damit an demselben Lexem, welches auch im chrLiJi1 in dieser Form auftritt (s. o.).

Da die Verdumpfung ein für Muttersprachler des Deutschen recht zugängliches Phänomen ist, überrascht es, dass Hyperkorrekturen, also die Verdumpfung von V11, wie etwa *Sproche* 'Sprache' oder *Gost* 'Gast', nicht häufiger auftreten. Dass dies nicht der Fall ist, spricht m. E. ganz besonders für die Akkuratheit der Imitationen, egal in welchem Stadium des LiJi. Die Verdumpfung von V11 hat in den deutschen Dialekten zwar seltener stattgefunden, als diejenige von V12 und V13, ist aber besonders in mitteldeutschen und bairischen Varietäten gegeben (vgl. WA Karte Nr. 360 'Nacht' u. WEK 'diese Nacht'). Ein Einfluss der Matrixsprache der Autoren auf die Verdumpfung ist demnach weitestgehend auszuschließen. Eine zwischen V12 und V13 (und V42) näher differenzierende Analyse bedarf jedoch Grundlagenarbeit zum mittelhochdeutschen, protojiddischen und westjiddischen Vokalsystem.

8.8 *o* > *u* und *u* > *o*

Die zwei komplementären Entwicklungen der Hebung von *o* und der Senkung von *u* sind ein bekanntes Phänomen der ostjiddischen Dialekte. Für das WJ fehlen allerdings noch immer flächendeckende Untersuchungen. Mit Hilfe des LiJi wollen die folgenden Unterabschnitte zeigen, dass Hebung und Senkung nicht auf das ostjiddische Dialektgebiet beschränkte Ereignisse sind.

8.8.1 Hebung von /o/ > /u/ (vor Nasal)

Ein Charakteristikum des ZOJ und SOJ ist die Hebung von V12 und die Verdumpfung von V13 > /u/ (Herzog, Kiefer u. a. 1992: 66;Beider 2010: 28). Die Karte des LCAAJ (1992: 66–68), zeigt, dass dieses Phänomen auch vereinzelt Hebraismen das WJ betroffen hat. Eine Detailanalyse zur Situation im WJ steht jedoch noch aus. Immerhin zeigt eine der authentischsten Quellen des ZWJ, „Die Hochzeit zu Grobsdorf" (1822), diese Hebung von /o/ > /u/ mehrfach, wie z. B. am Verb 'kommen' (20a) oder den Präpositionen 'von' (20b) und 'wo' (20c). Diese Hebung hat in den koterritorialen zentralhessischen Dialekten nicht stattgefunden, sondern überwiegend die ostmitteldeutschen, rheinfränkischen und alemannischen Dialekte sowie das Südbairische des Burgenlands betroffen (vgl. Karte 8.20;SDS Karte Nr. I/46; WEK 'solche'). Dementsprechend korrekt ist sie auch nicht in den Passagen aus „דיע האָכצייט צו גראָבסדאָרף" ('Die Hochzeit zu Grobsdorf') umgesetzt, in denen nicht-jüdische Bevölkerung spricht (20d). Als eine weitere Quelle, die

8 Phonologische Markierungen

diese Hebung zeigt, sei Wolfssohns maskilisches Stück „לייכטזין אונד פֿרעממעלייא"
(‚Leichtsinn und Frömmelei') angeführt (20e). So darf angenommen werden, dass
die Hebung von /o/ > /u/ teilweise auch im WJ stattgefunden hat.

(20) a. עס קוממע נאָך גאַר פֿיעל לייט.
es kumme nokh gar fiel leyt
‚Es kommen noch gar viele Leute'
(„Die Hochzeit zu Grobsdorf" 1822: 15)

b. דאָס דוא פֿון גראָבסדאָרף ביסט.
dos du fun grobsdorf bist
‚dass du von/aus Grobsdorf bist'
(„Die Hochzeit zu Grobsdorf" 1822: 9)

c. וואו האָט מער זונסט געוויסט פֿון פֿערליעבע!
vu hot mer zunst gevist fun ferliebe!
‚wo hat man sonst vom Verlieben gehört!'
(„Die Hochzeit zu Grobsdorf" 1822: 14)

d. דיע זאָ אים לעבע פֿירקאָממע
deie so im lebe firkomme
‚die so im Leben vorkommen'
(„Die Hochzeit zu Grobsdorf" 1822: 5)

e. נאָרר ער מעכט גערן ען אויסרייד האָבן אין דער קיך צו קוממען
nor er mekht gern en ousreyd/ausreyd hobn in der kikh zu kummen
‚nur möchte er eine Ausrede haben, um in die Küche zu kommen'
(„Leichtsinn und Frömmelei" 1795/96: 49)

Für eine Existenz der Hebung im WJ sprechen auch die Daten des jüdLiJi1: Sieben der zehn Quellen weisen diese auf.[42] Natürlich stehen diese Quellen schon allein aufgrund ihrer geographischen Verortung im Osten des westjiddischen Sprachgebietes unter Verdacht, ostjiddische Formen zu transportieren, doch ob dies der Fall ist, kann erst die abschließende Zusammenschau aller Phänomene entscheiden.

Von den Quellen des chrLiJi1 zeigen 17 Texte eine Hebung von /o/ > /u/. Wie das Histogramm in Abbildung 8.19 zeigt, taucht sie vor allem im Zeitraum zwischen 1770 und 1870 auf, kommt aber auch noch in den Quellen der Jahrhundertwende zum 20. Jahrhundert vor.

---

[42] Dabei handelt es sich um die Quellen GuS1, GuS5, GuS10, GuS23, PAlsleben, PBerlin1 u. PBreslau.

8.8 o > u und u > o

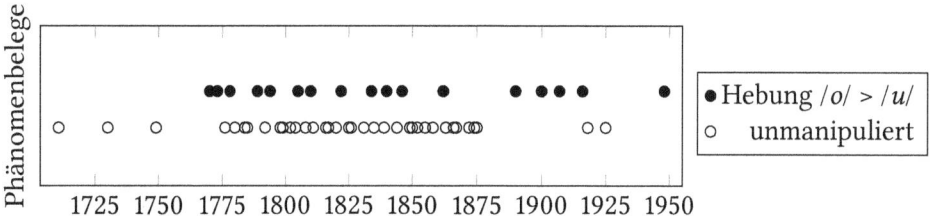

Abbildung 8.19: Die Hebung von /o/ > /u/ im chrLiJi1

Dieses Phänomen scheint besonders lexemgebunden zu sein. So findet man es im chrLiJi1 überwiegend am Infinitiv von 'kommen', an den Präpositionen 'von' und 'wo' vgl. (20a)–(20c) und nur in Einzelbelegen an anderen Lexemen, z. B. *Wuchen* 'Wochen' (AK Zürich, 1948: 219, 236), *Sunn* 'Sonne' (DW Wien, 1773: 66; MV Berlin, 1862: 152R), *Trummler* 'Trommler' (FS Schwerin, 1805: 73).

Im chrLiJi1 tritt die Hebung überwiegend an Quellorten in Erscheinung, an denen sie im deutschen Dialekt ebenfalls stattgefunden hat. Es kann demnach nicht entschieden werden, ob hier eine tatsächlich westjiddische Form wiedergegeben wird oder die des örtlichen deutschen Dialekts. Lediglich drei Quellorte (Berlin, Stavenhagen, Zürich) weisen die Hebung auf. Doch gerade in den Großstädten und in polnischer Grenznähe kann ein Einfluss des OJ nicht vollständig ausgeschlossen werden.

8.8.2 Senkung von /u/ > /o/

Im ZOJ und westlichen Teil des SOJ hat eine Senkung von V51 (vor Liquid) > /o/ stattgefunden (Herzog, Kiefer u. a. 1992: 84). Zum WJ liegen dem LCAAJ „no information" vor (Herzog, Kiefer u. a. 1992: 84). Wieder kann „Die Hochzeit zu Grobsdorf" helfen, das Bild vom WJ zu erweitern. Wie (21a)–(21b) zeigen, finden wir dort parallel zur Hebung von /o/ > /u/ die Senkung von /u/ > /o/. Im ZWJ des als „Fürther Megille" bekannten Stücks „אסתר. אָדער דיע בעלאָהנטע טוגענד" ('Esther. Oder die belohnte Tugend';21c) wie auch im geographisch zwischen ZWJ und SÜJ schwer verortbarem Stück „לייכטזין אונד פרעממעלייא" 'Leichtsinn und Frömmelei' (21d;vgl. Fleischer & Schäfer 2012: 421) lässt sich diese Senkung finden. Allem Anschein nach sind die hier behandelte Hebung und Senkung jedoch vorrangig Phänomene des ZWJ, jedenfalls konnten keine Belege aus anderen Dialektregionen gefunden werden. Eine Einzelanalyse zur Situation im WJ steht allerdings noch aus, um dies mit Gewissheit sagen zu können.

8 Phonologische Markierungen

Abbildung 8.20: o > u im chrLiJi1 mit WA Karte Nr. 277

(21) a. דוא זאָללסט ניקס צו קאָרץ קוממע
du zollst niks zu korts kumme
'Du sollst nicht zu kurz kommen'
(„Die Hochzeit zu Grobsdorf" 1822: 108)

b. דאָרך שאַרע ווערד מער קלוג
dorkh share verd mer klug
'Durch Schaden wird man klug'
(„Die Hochzeit zu Grobsdorf" 1822: 12)

c. דוי גיהט נאָר ניט ריין אין דער שטוב
dou/dau giht nor nit reyn in der shtub
'da geht nur nicht herein in die Stube'
(„Esther. Oder die belohnte Tugend" 1828: 56)

d. נאָרר ער מעכט גערן ען אויסרייד האָבן אין דער קיך צו קוממען
nor er mekht gern en ousreyd/ausreyd hobn in der kikh zu kummen

'nur möchte er eine Ausrede haben, um in die Küche zu kommen'
("Leichtsinn und Frömmelei" 1795/96: 49)

Diese Senkung fand jedoch auch in den koterritorialen süd-zentralhessichen Mundarten statt und könnte daher in „Der Hochzeit zu Grobsdorf" ein Interferenzereignis darstellen. Allgemein ist die Senkung in den deutschen Dialekten von /u/ > /o/ weitaus weniger verbreitet als die Hebung zu /u/ (Karten in Abbildung 8.22 u. 8.23). Die Senkung fand neben dem Zentralhessischen vor allem im Rhein- und Moselfränkischen, in Teilen des Obersächsischen und Ostfälischen, im Westen der deutschsprachigen Schweiz (SDS Karte Nr. I/51) sowie verstreut im Schlesischen und anderen Siedlungsmundarten statt.

Die 14 Quellen des chrLiJi1, welche die Senkung zeigen, finden sich überwiegend in der ersten Hälfte des 19. Jahrhunderts, später tritt die Senkung aber immernoch regelmäßig auf (Abbildung 8.21).

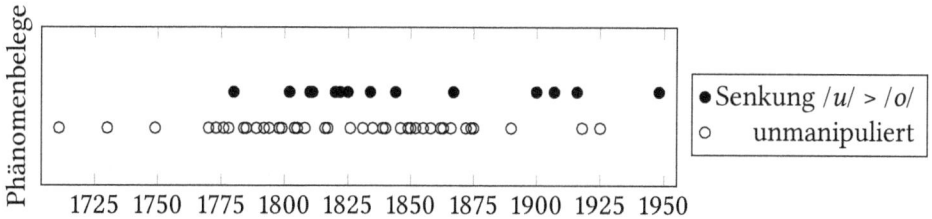

Abbildung 8.21: Die Senkung von /u/ > /o/ im chrLiJi1

Die Kartierung der Korpusbelege zeigt, dass die Senkung vermehrt auch in Regionen durchgeführt wurde, in denen sie in den deutschen Mundarten unüblich ist (Abbildung 8.22). Viele Belegorte, die in einem Gebiet liegen, in welchem die Senkung im Deutschen belegt ist, zeigen allerdings keine Manipulation von /u/ > /o/ im chrLiJi1, dies schwächt einen Erklärungsversuch auf Basis eines potenziellen Einflusses der deutschen Dialekte auf das chrLiJi1 zusätzlich ab.

Das Phänomen der Senkung von /u/ > /o/ eignet sich bestens, um den diatopischen Vorteil literaturjiddischer Texte als Sekundärquellen des Westjiddischen zu illustrieren. In der Karte Nr. 35 des LCAAJ ist die Situation im Westjiddischen (mit Ausnahme der Situation im SWJ Strasbourgs) mit „? no information" versehen (vgl. LCAAJ Karte Nr. 35). Die Senkung selbst ist lediglich im ZOJ und südlichen NÜJ belegt. Vereint man nun die Daten authentischer westjiddischer Quellen mit den Daten zum chrLiJi1, so ergibt sich ein Kontinuum der Senkung in allen westjiddischen Varietäten bis weit in das ostjiddische Gebiet hinein.

8 Phonologische Markierungen

Abbildung 8.22: Der Wechsel von /o/ > /u/ im chrLiJi1 mit WA Karte Nr. 49

Parallel zur Hebung von /o/ > /u/ (Unterabschnitt 8.8.1) zeigt das jüdLiJi1 die Senkung von /u/ > /o/ in den gleichen Quelltexten.[43]

8.8.3 Zusammenhang zwischen Hebung und Senkung

Der durch Hebung und Senkung hervorgerufene komplementäre Wechsel von /u/ und /o/ wurde im chrLiJi1 in sieben Quellen durchgeführt.[44] Im jüdLiJi1 wurden wie bereits erwähnt (s. o.) Hebung und Senkung immer nur parallel durchgeführt.

Für die Daten des christlichen wie jüdischen LiJi1 ist allerdings zu bedenken, dass an den Quellorten (Breslau, Berlin, Zürich), an denen die Entwicklungen Hebung und Senkung parallel stattgefunden haben, ein ostjiddischer Einfluss nicht auszuschließen ist (s. Karte in Abbildung 8.23). Dieses Phänomen könnte also auf Interferenzen zum OJ im LiJi hinweisen. In den deutschen Dialekten fand dieses

---

[43] Diese Quellen sind: GuS1, GuS5, GuS10, GuS23, PAlsleben, PBerlin1 u. PBreslau (vgl. Fn. 42).
[44] In den Quellen AK (Zürich, 1948), GW (n.a., ca. 1900), JK (Breslau, 1810), MV (Berlin, 1862), PA (Frankfurt, 1834), SS (Berlin, 1907) u. VD (Frankfurt, 1916).

doppelte Ereignis von Hebung und Senkung nur im Obersächsischen und Moselfränkischen statt (vgl. Abbildung 8.23). Lediglich die Quellen aus Frankfurt a. M. stünden also im Verdacht, eine dialektale Entwicklung aus den deutschen Dialekten zu transportieren. Die Karte zeigt allerdings auch, dass Quellen nur eine der beiden Entwicklungen im chrLiJi1 zeigen, wenn in den koterritorialen deutschen Mundarten beide Formen belegt sind (etwa Mannheim, Leipzig).

Abbildung 8.23: Hebung und Senkung von /u/, /o/ im chrLiJi1 mit WA Karten Nr. 277, 49

Wie die angeführten Beispiele aus der „Hochzeit zu Grobsdorf" zeigen konnten, ist jedoch nicht auszuschließen, dass dieses Phänomen nicht nur in den ostjiddischen Dialekten, sondern auch in den westjiddischen Varietäten auftritt. Der Umstand, dass in vielen Quellen nur eine Entwicklung (Hebung oder Senkung) stattgefunden hat, lässt immerhin darauf schließen, dass möglicherweise nur eine Regel des komplexen Wechsels der zwei Vokale von den Imitatoren erkannt wurde. Dies lässt an sich noch nicht ausschließen, dass das komplementäre Ereignis im WJ nicht stattgefunden hat.

8.9 Palatalisierung /u/, /uː/ > /y/, /yː/

Die Palatalisierung von /u/, /uː/ > /y/, /yː/ ist ein besonderes Merkmal des Elsässer, Burgenländer und ungarischen Jiddisch (vgl. Birnbaum 1934; Guggenheim-Grünberg 1973: 108; Katz 1983: 1027; Timm 1987: 171f; Hutterer 1965; Herzog, Kiefer u. a. 1992: 83; Schäfer 2017). Es ist anzunehmen, dass /uː/ > /y/ übergangsweise im Zuge der zentralostjiddischen Entwicklung von /uː/ zu /i/ auch im ZOJ gegeben war (Birnbaum 1934;Katz 1983: 1029). In einem kleinen Teil des nördlichen SOJ blieb die Palatalisierung von V51 (U$_1$) und V52 (U$_2$) erhalten (Herzog, Kiefer u. a. 1992: 83). Es besteht zwischen der Elsässer-Palatalisierung, die höchst wahrscheinlich durch den Sprachkontakt zum Französischen begünstigt war, und der Palatalisierung im ungarischen Raum ein wichtiger systematischer Unterschied. Während im südlichen Übergangsjiddisch Ungarns, des Burgenlandes und ggf. auch vereinzelt im ZOJ Südposens (vgl. Fleischer & Schäfer 2014; Schäfer 2017) Lang- und Kurzvokal (V51, V52, V53) palatalisiert wurden, was zu einer Systemverschiebung geführt hat, blieb im Elsässer Westjiddisch kurz /u/ erhalten (vgl. Birnbaum 1934); was heißt, dass hier nur der Langvokal palatalisiert wurde, (22a)–(22d).

(22) a. *tsü/tsǖ* 'zu' (Budapester SÜJ;Hutterer 1965: 124)

b. *füks* 'Fuchs' (Budapester SÜJ;Hutterer 1965: 124)

c. *zü* 'zu' (Elsässer SWJ;„Chateïsim sinn aach Laït" Mulhouse 1929: 16)

d. *Duckser* (*Dückser) 'Duckser, Feigling'
(Elsässer SWJ;„Chateïsim sinn aach Laït" Mulhouse 1929: 20)

Das Auftreten der Palatalisierung im chrLiJi1 kann damit zum einen auf den jiddischen Dialekten des Elsässer SWJ, SÜJ und SOJ beruhen, zum anderen aber könnte die Palatalisierung tatsächlich auch in manchen westjiddischen Dialekten stattgefunden haben oder aber die Belege stellen „Fehler" dar.

In 13 Texten lassen sich Belege für die Palatalisierung finden. Die diachrone Verteilung der Belege zeigt, dass sich diese in den zwischen 1805 und 1825 erschienenen Quellen besonders häuft (vgl. Abbildung 8.24). Aber bereits zwei ältere Quellen von 1770 und 1773 zeigen dieses Phänomen. In der zweiten Hälfte des 19. Jahrhunderts finden wir sie vereinzelt bis ins 20. Jahrhundert hinein.

Neun der elf Quellen zeigen die Palatalisierung sowohl beim Lang- als auch beim Kurzvokal. Die übrigen vier Quellen haben nur an einem Lexem palatalisiert und zeigen damit auch nur bei Kurzvokal (JK Breslau, 1810 u. TH Merseburg,

8.9 Palatalisierung /u/, /u:/ > /y/, /y:/

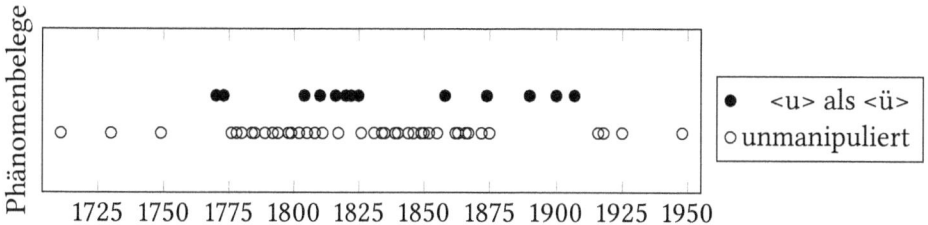

Abbildung 8.24: Palatalisierung von /u(:)/ > /y(:)/ im chrLiJi1

1820) oder Langvokal (AO Wien, 1770 u. SV München, 1890) dieses Phänomen. Aufgrund der schmalen Datengrundlage lässt sich hier nicht feststellen, ob die Verfasser gezielt nur am Lang- bzw. Kurzvokal <ü> gesetzt haben, was prinzipiell in den Quellorten nicht anzunehmen ist.

Besonders auffällig gestalten sich die Belege zur Palatalisierung in ihrer räumlichen Verteilung (s. Abbildung 8.25). Sie tritt ausschließlich in östlichen Quelltexten auf und ganz besonders in Texten aus Berlin und Wien. Hier ist ein Einfluss des Ostjiddischen und südlichen Übergangsjiddischen nicht auszuschließen. Unter Umständen könnten die Daten aus dem chrLiJi1 tatsächlich ein Hinweis dafür sein, dass die Palatalisierung tatsächlich weiter ins östl. WJ hinein gestreut hat als bisher angenommen. Zu den entsprechenden Regionen fehlen jedoch noch vergleichbare Daten aus den westjiddischen Dialekten.

Eine Beeinflussung des chrLiJi1 durch die koterritorialen deutschen Dialekte ist zumindest bei den nordöstlichen Quellen (und damit auch den Quellen Berlins) nicht auszuschließen. Die Vergleichskarte des WA zeigt, dass wir die Palatalisierung besonders im Niederdeutschen finden.[45]

Aufgrund fehlender Daten aus den westjiddischen Mundarten und insbesondere in Anbetracht der auffälligen geographischen Verteilung ist nicht mit Bestimmtheit zu entscheiden, ob wir es bei diesem Phänomen mit einer „fehlerhaften" Imitation des Jiddischen zu tun haben oder ob es an den entsprechenden Orten im Jiddischen tatsächlich präsent war, selbst wenn diese Präsenz nur durch angesiedelte Sprecher des SÜJ oder SOJ gegeben war.

Als eine Bestätigung für die Hypothese, dass die Palatalisierung im östlichen WJ Einzug gefunden hatte, könnten Belege derselben im jüdLiJi1 verstanden werden. Das jüdLiJi1, dessen Quellen aus eben den östlichen Regionen stammen, in denen wir die Palatalisierung im chrLiJi1 nachweisen konnten, zeigt dieses Phä-

---

[45] Was die WA-Karte nicht abdeckt, ist die konsequent durchgeführte Palatalisierung im Elsässer Niederalemannisch und im Höchstalemannisch (Schirmunski 1962: 208–210;Wiesinger 1983a: 831;1983: 1052).

8 Phonologische Markierungen

Abbildung 8.25: Palatalisierung von /u(:)/ > /y(:)/ im chrLiJi1 mit WA Karte Nr. 157

nomen in fünf Quellen.[46] Im Fall der ungarischen Quelle PDebrecen überrascht dies nicht, da wir hier eben jene Entwicklung aus dem Jiddischen kennen (vgl. Hutterer 1965;Herzog, Kiefer u. a. 1992: 83). Anders ist es im Fall der sächsischen Quelle PAlsleben, von wo die Palatalisierung, von den oben angeführten Texten aus dem chrLiJi1, von Leipzig abgesehen (Abbildung 8.24), bislang nicht bekannt war.

8.10 Entrundungen (nhd. <ü>, <ö> > <i>, <e>)

Die hier als Entrundung bezeichnete Entwicklung von mhd. *u*, *ü* zu /i/ und die weitergeführte Senkung zu /e/ fand z. T. bereits im Mitteljiddischen statt (Timm 1987: 173f, 209–213). Der diachrone Ablauf des gesamten Prozesses, der im modernen OJ zum totalen Abbau der Umlaute von /u/ führte und auf den Abbau der Umlaute von /a/ und /o/ übergriff, ist jedoch noch ungeklärt. Anzunehmen ist, dass die Entrundung in einzelnen Schüben einzelne Lexeme betraf (*lexical diffu-*

---

[46] Die da wären: GuS1, GuS23, PAlsleben, PBerlin2 und PDebrecen.

8.10 Entrundungen (nhd. <ü>, <ö> > <i>, <e>)

sion). So ist im modernen OJ mhd. *u, ü* zwar zumeist zu /i/ entrundet worden, z. B. in (23a)–(23d). Zum Teil hat die Entrundung aber auch zu einer weiteren Senkung geführt, wie etwa in (23e–23g) oder es blieb sogar der mhd. ungerundete Vokal erhalten (23h–23i). Die Entrundung hat so auch im späten WJ gewirkt (23j–23m); bewirkte allerdings z. T. andere Folgeprozesse als im Standardostjiddischen, vgl. (23h) vs. (23k). Die Präsenz der Entrundung von mhd. *u, ü* im LiJi mag daher auf jiddische Sprachrealitäten fußen.

(23) a. oj. גליקלעך *gliklekh* 'glücklich' < mhd. *gelücke, glücke* (Lexer 1992: Bd. 1, Sp. 829)

b. oj. טיר *tir* 'Tür' < mhd. *Tür* (Lexer 1992: Bd. 2, Sp. 1579)

c. oj. קענען *kenen* 'können' < mhd. *künnen, kunnen* (Lexer 1992: Bd. 1, Sp. 1778)

d. oj. מעגן *megen* 'mögen' < mhd. *mügen, mugen* (Lexer 1992: Bd. 1, Sp. 2218)

e. oj. פֿאַר *far* 'für' < mhd. *vür, vüre* (Lexer 1992: Bd. 3, Sp. 583–585)

f. oj. דאַרפֿן *darfn* 'dürfen, brauchen' < mhd. *dürfen, durfen* (Lexer 1992: Bd. 1, Sp. 494)

g. oj. דאַר *dar* 'dürr' < mhd. *dürre, durre* (Lexer 1992: Bd. 1, Sp. 497)

h. oj. מוזן *muzn* 'müssen' < mhd. *müeʒen* (md. *mûʒen môʒen*) (Lexer 1992: Bd. 1, Sp. 2217)

i. oj. קושן *kushn* 'küssen' < mhd. *küssen* (md. *kussen*) (Lexer 1992: Bd. 1, Sp. 1801)

j. אונגליק *unglick* 'Unglück' („Die Hochzeit zu Grobsdorf" 1822: 9)

k. מיזע *mizn* 'müssen' („Die Hochzeit zu Grobsdorf" 1822: u. a. 55)

l. קעננע *kenne* 'können' („Die Hochzeit zu Grobsdorf" 1822: 10)

m. פֿאר *far* 'für' („Die Hochzeit zu Grobsdorf" 1822: u. a. 19)

Die jiddische Entwicklung findet allerdings ihre Parallelen in den deutschen Dialekten, wo die Entrundung von mhd. *u, ü* und *o, ö* wie auch der Diphthonge *öu, üe* ab mittelhochdeutscher Zeit einsetzt und letzten Endes beinahe überall in unterschiedlicher Stärke wirksam wird, jedoch nirgends so konsequent, wie im OJ. Resistent blieben allein der Norden des Ripuarischen, das Ostfränkische inkl. des angrenzenden Thüringischen, das Schweizer, Bodensee- und Vorarlberger Alemannisch (mit Ausnahme des südlichen Höchstalemannischen) (Schirmunski 1962: 204–208). Unter Umständen können damit auch die deutschen Dialekte in das LiJi hineingespielt haben.

Im chrLiJi1 überwiegt deutlich die Entrundung von <ü> > <i> (14 Quellen); Entrundungen von <ü> und <ö> zu <e> finden sich jeweils in 10 Quellen. Die Entrundungen von nhd. <ö> im chrLiJi1 beruhen zum einen auf einem Erhalt des mhd. Vokals *ë*, z. B. in *Lewenthaler* 'Löwenthaler' (FM Leipzig, 1852: 21, 28, 29, 31) < mhd. *lëwe* (Lexer 1992: Bd. 1, Sp. 1893) oder stellen, was weitaus häufiger der Fall ist, eine Senkung von palatalisiertem germ. *u* dar, etwa in *mechten* 'möchten' (GW n.a., ca. 1900: 3, 4, 10; SS Berlin, 1907: 18; SV München, 1890: 1) < mhd. *mügen, mugen* (ahd. *mugan*) (Lexer 1992: Bd. 1, Sp. 2218). Die „einfache" Entrundung, sprich eine nicht weiter gesenkte Form, liegt nur in einem Beleg vor: *kinne* 'können' (PG Speyer, 1835: 34) < mhd. *kunnen, künnen* (Lexer 1992: Bd. 1, Sp. 1778). Diese Quelle ist auf den Ortspunkt Speyer zurückzuführen, wo im örtlichen deutschen Dialekt eben jene Form gebräuchlich ist (vgl. PfWB 1965–1997: Bd. 4, Sp. 445). Eine Interferenz aus dem Deutschen lässt sich demnach nicht ausschließen.

Zehn Korpustexte weisen mehrere Entrundungsstrategien auf, wie etwa <ö> > <e> und <ü> > <i>. Sie bleiben dabei aber konsequent lexemgebunden, d. h. wenn in einem Lexem nhd. <ü> als <i> gesetzt ist, dann wird dies konsequent beibehalten. In neun Quellen findet sich lediglich jeweils eine der vier möglichen Entrundungen.

Wir sehen im Histogramm (Abbildung 8.26), dass Entrundungen von <ü> und <ö> (< mhd. *ü*) erst zu einem späteren Stadium des chrLiJi1 auftreten. Ab den

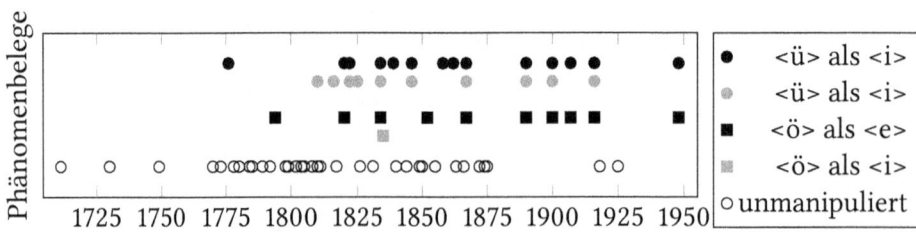

Abbildung 8.26: Entrundungen im chrLiJi1

8.10 Entrundungen (nhd. <ü>, <ö> > <i>, <e>)

1820er Jahren wird dieses Phänomen populär. In acht Quellen tritt die Entrundung von <ü> neben der von <ö> auf.[47]

Ein verhältnismäßig häufig entrundetes Lexem stellt 'für' > *fer* dar. Es findet sich in fünf Quellen.[48] Aus diesem Grund wird für die Vergleichskarte (Abbildung 8.27) die WA-Karte zu diesem Lexem herangezogen. Zuzüglich wurden Streubelege, d. h. Belege die in der Kartierung Wenkers nicht unter Areale zusammengefasst wurden, zur Entrundung von <i> am Lexem 'Stückchen' zu Arealen gebündelt und in die Kartierung in Abbildung 8.27 aufgenommen.[49] Vergleichskarten zur Entrundung von nhd. <ö> konnten leider keine (brauchbaren)[50] herangezogen werden. Da die Entrundung im beinahe gesamten deutschen Sprachgebiet gewirkt hat, sind die hier ausgewählten Lexeme und die sich daraus ergebenden Areale lediglich als Richtwert zu nehmen. Das sich damit ergebende Raumbild der Entrundung im chrLiJi1 zeigt keine besonderen Auffälligkeiten, sei aber der Vollständigkeit halber hier angeführt (s. Abbildung 8.27).

Das Subkorpus zum jüdLiJi1 zeigt in sechs Quellen die Entrundung von <ü> zu <i>[51] und in fünf Quellen die von <ü> zu <e>[52]. <ö> zu <e> findet sich in vier Quellen[53] und <ö> zu <i> in lediglich zwei Quellen der GuS.[54] Auf lexikalischer Ebene finden sich zum chrLiJi1 marginale Unterschiede bei der Wahl der Lexeme, an denen entrundet wird. Ein direkter Unterschied zeigt die Entrundung am Lexem 'für'. Während dieses im chrLiJi1 besonders zu *fer* entrundet (s. o.), palatalisiert und gesenkt wurde, ist es im jüdLiJi1 der GuS gesenkt als *for* (GuS1: 5; GuS10: 5,6,7), in der ungarischen Quelle PDebrecen als *far* (PDebrecen: 5,6) und nur in einem Fall als *fer* belegt (PAlsleben: 5).

Das generelle Bild zur Entrundung zeigt, dass dies kein besonders häufiges Phänomen des LiJi ist. Die Tokenzahl zu diesem Phänomen ist auffällig gering. In der Regel wurden nur wenige, einzelne Lexeme einer Entrundung unterzogen. Dass

---

[47] Diese Quellen sind AK (Zürich, 1948), GW (n.a., ca. 1900), JP (Altona, 1867), PA (Frankfurt, 1834), SS (Berlin, 1907), SV (München, 1890), TH (Merseburg, 1820) u. VD (Frankfurt, 1916).

[48] Die Quellen mit der Entrundung von 'für' sind AJ (Berlin, 1825): 2; GW (n.a., ca. 1900): 3,4,5; JK (Breslau, 1810): 13,20,42; PA (Frankfurt, 1834): 5; SV (München, 1890): 1,4,8,9.

[49] Wie in der Karte in Abbildung 8.27 zu sehen ist, sind diese Streubelege deutlich arealbildend. Der Umstand, dass die Wenkerkarten dies nicht erfassen, zeigt um ein weiteres, wie problematisch die Kartierungsmethoden Wenkers sind.

[50] Es gibt zwar eine halbe (!) Karte zu den Formen von 'könnt' (WA Karte Nr. 384), doch diese deckt nur den nördl. Teil des Erhebungsgebiets ab.

[51] Dies ist in den Quellen GuS10, GuS23, PAlsleben, PBerlin2, PBreslau u. PDebrecen der Fall.

[52] Gegeben in den Quellen GuS1, GuS23, PAlsleben, PBerlin1 u. PBerlin2.

[53] In den Quellen GuS5, GuS15, PAlsleben u. PDebrecen.

[54] Zu finden in GuS1 u. GuS15. In beiden Fällen findet sich lediglich das Lexem 'gönnen' zu *ginnt* entrundet.

8 Phonologische Markierungen

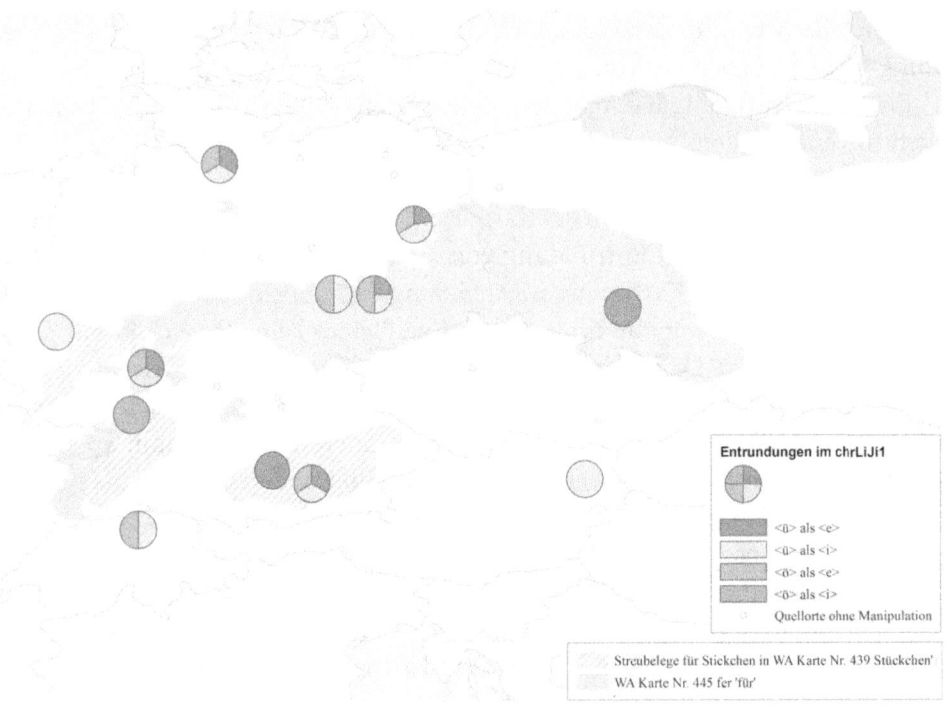

Abbildung 8.27: Entrundungen im chrLiJi1 mit WA Karten Nr. 439 u. 445

die Entrundung nicht weiter als Mittel zur Imitation des Jiddischen eingesetzt wurde, verwundert besonders, da das Fehlen der Umlaute von /a/, /u/ und /o/ im Jiddischen einen besonders starken Kontrast zum Schriftdeutschen darstellt und leicht als eine Regel wie etwa [<ä>, <ü>, <ö> zu <e>] umgesetzt werden könnte. Solche Hyperkorrekturen des Phänomens finden sich auch vereinzelt. Die Autoren des LiJi müssen aber über das Wissen verfügt haben, dass die Entrundungen und besonders die daran geknüpften Senkungen im Jiddischen keinen synchron erkennbaren Gesetzmäßigkeiten folgen. Der Umstand, dass uns die Entrundung von mhd. *ü, u* in den meisten Quellen sowohl als <e> wie auch als <i> in unterschiedlichen Lexemen parallel vorliegen, mag als Hinweis dafür gelten, dass die Autoren sich des komplexen Systems des Jiddischen bewusst waren und es nach bestem Wissen versucht haben umzusetzen. Auch dieses Phänomen spricht demnach gegen die landläufige Auffassung vom LiJi als „falsches Jiddisch" bzw. „falsches Deutsch".

8.11 Frikative

Besonders auffällig verhalten sich die Graphien für Frikative im chrLiJi1. Es finden sich die folgenden von der deutschen Schriftsprache abweichenden Graphien: <z> für <s>; <ß> für <s>; <ß> für <z>; <scht> für <st>. Diese werden im Folgenden einzeln besprochen.

8.11.1 Palatalisierung von <st> im An- und Auslaut

Hinter der Schreibung <scht> für <st> verbirgt sich in seltenen Fällen die graphemische Umsetzung der in den hochdeutschen Varietäten wie auch im Jiddischen vollzogenen Palatalisierung (bzw. Koronialisierung) von /sp/, /st/ > /ʃp/, /ʃt/ im Anlaut, welche in der deutschen Schriftsprache im Fall als <sp> und <st> nicht ikonisch ist, wie (24b)–(24c) zeigen (vgl. Schirmunski 1962: 361;Bin-Nun 1973: 365–368;Timm 1987: 272–277;Paul 2007: §L 124).[55] In nur einem Fall ist die hochdeutsche Aussprache verschriftlicht (24a). An diesem singulären Beleg ist der Umstand interessant, dass es sich bei der Quelle um eine der wenigen niederdeutschen Quellen im Sample handelt. Hier bestand die besondere Notwendigkeit, die vom Niederdeutschen abweichende Aussprache zu verschriftlichen. Das Gros der Belege für diese graphematische Manipulationsstrategie findet sich im chrLiJi1 allerdings im Auslaut (24d), (24f), (24g). Dabei finden sich z. T. Formen, die der ostjiddischen Aussprache entsprechen (24d), ihr widersprechen (24f) oder Germanismen, die im Ostjiddischen nicht gebräuchlich sind (24g). Die Graphie <scht> im Auslaut ist in 12 Quelltexten gegeben. Belege für <scht> im Inlaut liegen nicht vor.

(24) a. *schteht* 'steht' (UT Stavenhagen, 1862: Kap. 45); oj. שטײן *shteyn*

b. nhd. [ʃpiːl] <Spiel>, *<Schpiel>; oj. שפיל *shpil*

c. nhd. [ʃtɪmə] <Stimme>, *<Schtimme>; oj. שטים *shtim*

d. *Dorscht* 'Durst' (PG Speyer, 1835: 52); oj. דאָרשט *dorsht*

e. oj. ראַשפּייל *rashpayl* 'Raspel'

f. *Krischt* 'Christ' (DK Osterwieck, 1872: 45); oj. קריסט *krist*

---

[55] Diese Entwicklung ist Teil einer Palatalisierung von /s/ im Anlaut vor /t/, /p/, /l/, /m/, /n/, /w/ und vereinzelt im Auslaut nach /r/ (z. B. *bars > barsch*), die ab dem 13. Jahrhundert verschriftlicht belegt ist (Paul 2007: §L 124).

8 Phonologische Markierungen

    g. *Ferscht* 'Fürst' (VD Frankfurt, 1916: 15); keine oj. Entsprechung

    h. oj. דו װײסט *du veyst* (*veysht) 'du weist';vgl. aleman. *wasch*[56]

    i. oj. דו האָסט *du host* (*hosht) 'du hast';vgl. aleman. *hosch*[57]

Die Entwicklung im Aus- und Inlaut ist charakteristisch für die alemannischen (inkl. schwäbischen) und südrheinfränkischen Dialekte (Schirmunski 1962: 361). Ebenso ist dieses Phänomen für die mittel- und südbairischen Dialekte belegt. Hier ist es jedoch lexemgebunden und nicht systematisch wie im Alemannischen durchgeführt (vgl. TSA2 Karten Nr. 16, 51; KDSA Karten Nr. 153–159). Auch das Jiddische zeigt dieses Phänomen in Aus- und Inlaut (24d)–(24e). Es gibt aber auch Fälle, in denen der Alveolar vor /t/ und /p/ erhalten bleibt, wie etwa in (24f) oder in der Verbflexion (24h)–(24i). Das Jiddische folgt damit einer anderen Systematik als die deutschen Dialekte. Die historische Situation ist besonders schwer zu beschreiben, da <ש> in der Regel unpunktiert bleibt und damit sowohl den alveolaren wie auch den postalveolaren Frikativ bezeichnen kann (vgl. Timm 1987: 153, 272).

Die Verteilung der <scht>-Graphie im chrLiJi1 in Abbildung 8.28 zeigt, dass diese Manipulationsstrategie nur punktuell verwendet wurde.

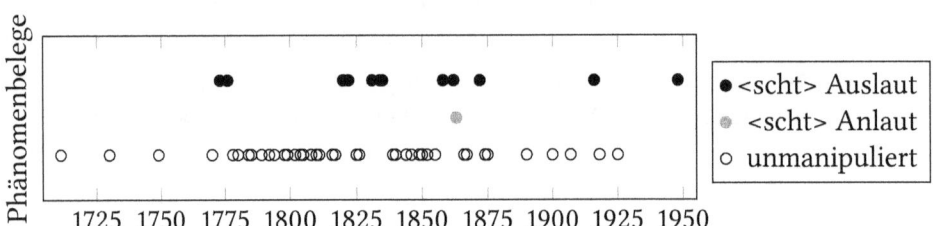

Abbildung 8.28: <scht> im chrLiJi1

Da der postalveolare Frikativ /ʃ/ im Auslaut vor /p/ und /t/ besonders im Südwesten des deutschen Dialektraums verbreitet ist (s. o.), wäre anzunehmen, dass die dieses Phänomen verwendenden Quellen aus eben jener Region stammen oder aus dem niederdeutschen Raum, wo das Jiddische besonders mit seinen hochdeutschen Eigenschaften auffiel. Die räumliche Verteilung zeigt, dass immerhin sieben der zwölf Quellen, welche <scht> im Auslaut zeigen, im oder zumindest in

---

[56] Aleman. Sprachbeispiele sind vom Muttersprachler des Südvorarlberger Hochalemannischen (Bludenz) Oliver Schallert produziert. Der *t*-Ausfall ist ein nach der Palatalisierung von /st/ eintretendes Phänomen, das hier unberücksichtigt bleiben kann.

[57] Wie Fn. 56.

nächster Nähe zum Areal liegen, in dem diese Koronalisierung in den deutschen Dialekten stattfand (s. Abbildung 8.29).[58] Die übrigen fünf Quellen verteilen sich entlang des Grenzraums zwischen Ost- und Westjiddisch. Hier könnte also der Kontakt zum OJ eine Rollen gespielt haben.

Abbildung 8.29: <scht> im chrLiJi1 mit WA Karten Nr. 353

Die Belege aus dem Südwesten müssen aber nicht zwangsläufig Interferenzen zwischen LiJi und den deutschen Dialekten sein, sondern können auch die tatsächliche Situation im örtlichen Westjiddischen erfassen. Zumindest zeigen die letzten Tonaufnahmen von Sprechern des SWJ aus dem alemannischen Sprachgebiet der späten 50er und 60er Jahre eben dieses Phänomen, wie etwa in (25a)–(25d).

(25) a. *faʃtə* 'Fasten' (Endinger SWJ;Fleischer 2005: 74)

   b. *luʃtig* 'lustig' (Endinger SWJ;Fleischer 2005: 74)

---

[58] Wie bei allen Karten des WA sind die zum Zeitpunkt der ersten Wenkererhebungen noch nicht gewonnenen Daten zur Schweiz, Liechtenstein und Österreich nicht im Kartenbild präsent. Man muss sich hier das *fescht*-Areal als nach Süden hin verlängert denken (vgl. Schirmunski 1962: 361). Bei den Orten Frankfurt und Wien sind jeweils zwei Quellen am Ort gegeben, in denen <scht> im Auslaut verwendet wird.

8 Phonologische Markierungen

c. *iʃ* 'ist' (Grussenheim, Oberelsass; Guggenheim-Grünberg 1966b: 43)

d. *maiʃti* 'meisten' (Grussenheim, Oberelsass; Guggenheim-Grünberg 1966b:43)

Man könnte nun annehmen, dass diese Formen im SWJ auf den starken Sprachkontakt zum Alemannischen schließen, welcher besonders stark v. a. auf morphosyntaktischer Ebene auf das Jiddische gewirkt hat (vgl. Schäfer 2014). Doch Belege aus anderen Regionen zeigen, dass die Palatalisierung nicht zwangsläufig auf den alemannischen Sprachkontakt zurückzuführen ist, sondern auch ein autochthon jiddisches Phänomen ist, s. Bsp. in (26). Guggenheim-Grünberg (1958: 98f), Beem (1970: 20) und Beraneks WjSA (Karte Nr. 39) gehen davon aus, dass die Palatalisierung im In- und Auslaut im gesamten WJ, mit Ausnahme des östl. NWJ, vollzogen wurde; jedoch liegen kaum Analysen zur Systematik dieses Phänomens vor. Im ZWJ der „Hochzeit zu Grobsdorf" etwa findet sich <שט> im In- und Auslaut (26a)–(26c); in deutschsprachigen Sequenzen bzw. auf dem Titelblatt findet sich hingegen <סט> gesetzt (26d). <שט> steht allerdings nie nach Nasal (26e)–(26f). Darin verhält sich der Text äußerst homogen. Auch das NWJ Aurichs zeigt, in unmissverständlicher lateinischer Orthographie, dieses Phänomen (26g)–(26h). Anders als im OJ (24h)–(24i), findet sich die Koronialisierung in der hessischen Quelle auch bei Verben, z. B. (26f). Eine Systematik wie im OJ oder im WJ der „Hochzeit zu Grobsdorf" gegeben, lässt sich im LiJi jedoch nicht erkennen. Nirgends im WJ ist aber die Palatalisierung von /st/ im In- und Auslaut dermaßen konsequent durchgeführt, wie im westl. SWJ;der alemannische Einfluss mag hier also gewirkt haben.

(26) a. לושטיג *lusshtig* 'lustig' („Die Hochzeit zu Grobsdorf" 1822: 10)

b. ערשט *erscht* 'erst' („Die Hochzeit zu Grobsdorf" 1822: 8, 12, 14)

c. וואַרשטע *varshte* 'wirst du' („Die Hochzeit zu Grobsdorf" 1822: 27)

d. לוסטיג (im dt. Text) *lustig* („Die Hochzeit zu Grobsdorf" 1822: Titel, 32)

e. זונסט *zunst* 'sonst' („Die Hochzeit zu Grobsdorf" 1822: 12, 13, 14, 27)

f. קומסט *kumst* 'kommst' („Die Hochzeit zu Grobsdorf" 1822: u. a. 8)

g. *geschtern* 'gestern' (Reershemius 2007: 125)

h. *erscht* 'erst' (Reershemius 2007: 125)

i. *nischt* 'nicht' (A.H. Heymann „Lebenserinnerungen" 1909: 5)

Damit ist schwer zu entscheiden, ob in die südwestlichen Quellen des chrLiJi1 Formen deutscher Dialekte in die Imitation einflossen, oder ob die tatsächlich westjiddische Form durch den Umstand, dass die Assimilation von /st/ an diesen Orten allgegenwärtig war, leichter für die Imitatoren zugänglich war, als andernorts.

Im jüdLiJi1 tritt die Schreibung <scht> nur sehr selten in Erscheinung. In fünf Texten findet sie sich im Aus- und Inlaut.[59] Insbesondere ist hier das Lexem 'erste' betroffen, welches in drei Quellen[60] die einzige Manipulation zu <scht> aufweist. Eine Quelle, PBerlin2, legt besonderen Wert darauf, die hochdeutsche bzw. jiddische Aussprache im Anlaut zu verschriftlichen; sonst spielt diese keine Rolle im jüdLiJi1. Es irritiert, dass jüdLiJi1 hier scheinbar weniger authentisch ist, als das chrLiJi1.

Selbst, wenn dieses Phänomen nicht zu den frequentesten Manipulationsstrategien des LiJi zählt, so zeigt es doch um ein Weiteres, dass chrLiJi1 auf phonologischer Ebene näher an der tatsächlichen Sprachrealität des WJ ist als jüdLiJi1. Dieses Bild kann natürlich der Unausgewogenheit des kleinen Korpus geschuldet sein. Dass uns aber kaum Belege für die Palatalisierung von /st/ im In- und Auslaut aus dem kleineren Korpus vorliegen, darf als Indiz dafür gelten, dass deren Konzepte von literarischem Jiddisch andere Prioritäten setzen als das chrLiJi1.

8.11.2 Koronalisierung <ch> > <sch>

Elf Texte des chrLiJi1 verwenden die Koronalisierung von /ç/ <ch> zu /ʃ/ <sch> im Lexem 'nicht' < mhd. *niht* (Lexer 1992: Bd. 2, Sp. 83). Hier fällt besonders die lexematische Gebundenheit der Imitation auf. Die Koronalisierung wurde scheinbar nicht als Regel erkannt, sondern nur als Alternativform eines Lexems.

Die diachrone Verteilung der Quellen mit einer Verschriftlichung der Koronalisierung von /ç/ zu /ʃ/ zeigt, dass diese erst ab dem 19. Jahrhundert ins chrLiJi1 Eingang findet (s. Histogramm in Abbildung 8.30).

Ausnahmsweise wurde für die geographische Darstellung eine Karte aus dem umstrittenen[61] WjSA von Beranek angeführt, da hier eine interessante Vergleichskarte zum Lexem 'nicht' vorliegt (s. Abbildung 8.31). Nach Beranek findet sich *nischt* vom NÜJ bis ins östl. NWJ hinein, für das restliche Gebiet des WJ gibt Beranek *niks* als die vorherrschende Form an. Im OJ ist sowohl נישט *nisht* wie auch ניט *nit* verbreitet. Nach Bin-Nun (1973: 375) gestaltet sich die areale Verbreitung

---

[59] Die entsprechenden Quellen sind GuS5, GuS23, PAlsleben, PBerlin1 u. PBerlin2.
[60] GuS5, PAlsleben u. PBerlin1.
[61] Vgl. Guggenheim-Grünberg (1966a) bzw. Guggenheim-Grünberg (1968).

8 Phonologische Markierungen

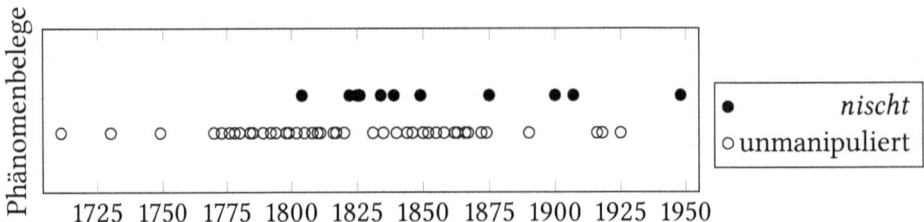

Abbildung 8.30: Koronalisierung von 'nicht' im chrLiJi1

so, dass die nicht-koronalisierten Formen *niks* im SÜJ und *nit* im NOJ auftreten, *niscxt* hingegen im restlichen Teil des WJ sowie in ZOJ und SOJ.

Im Deutschen hat sich eine vergleichbare Koronalisierung erst im 19. Jahrhundert ausgehend von Stadtmundarten im Westen des Sprachgebiets, herausgebildet (Herrgen 1986: 97–101). Im Rhein- und Moselfränkischen und Ripuarischen ist /ç/ mit [ʒ] konsequent zusammengefallen (Schirmunski 1962: 275; Herrgen 1986). Eine solche Regelmäßigkeit der Koronalisierung, wie auch eine Entwicklung zu [ʒ], liegt im Ost- wie Westjiddischen nicht vor. Das Lexem 'nicht' stellt eine Ausnahme dar. Neben den fränkischen Dialekten ist die Form *niscxt* auch für das Osthessische und Obersächsische beschrieben (DWB 1854–1960: Bd. 13, Sp. 729). Im Wenkeratlas zeigt sich die Koronalisierung weit im Ostmitteldeutschen und den Mundarten der nordostdeutschen Siedlungsmundarten (vgl. WA Karte Nr. 537 'nichts').

Im kartographischen Vergleich zum chrLiJi1 fällt auf, dass insbesondere Quellen aus Berlin und Leipzig die Koronalisierung von <ch> im Lexem 'nichts' vornehmen. Die Züricher Quelle AK (Zürich, 1948), die ebenfalls *nischts* (Negationspartikel als auch neg. Indefinitum) setzt, darf als vom OJ beeinflusst angesehen werden. Die Frankfurter Quelle OF (Frankfurt, 1711), die in den bisherigen Analysen immer sehr nah am WJ war, verhält sich mit der Koronalisierung besonders untypisch. Hier kann u. U. das Frankfurter Rheinfränkisch hineingewirkt haben.

Als ein Beispiel, dass der WjSA[62] in diesem Fall ein glaubwürdiges Bild vermittelt, seien hier zwei authentische westjiddische Quellen zu nennen: Die Autobiographie des Berliners Aron Hirsch Heymann aus den 1880er Jahren (vgl. Schäfer 2013) und die bereits bekannte hessische Quelle „Die Hochzeit zu Grobsdorf". Bei Heymann findet man die für das östl. NWJ kartierte Form (27a), wohingegen die Quelle aus dem westl. ZWJ, die von Beranek für diesen Teil des WJ übliche Form zeigt (27b).

---

[62] Welcher mit Vorsicht zu genießen ist (vgl. Guggenheim-Grünberg 1966a)

8.11 Frikative

Abbildung 8.31: *niscut* im chrLiJi1 mit WjSA Karte Nr. 99

(27) a. *niscut(s)* 'nicht(s)' (Heymann 1909: u. a. 5, 6, 7, 10, 13)

b. ניקס *niks* 'nichts' („Die Hochzeit zu Grobsdorf" 1822: u. a. 4, 6, 10, 11, 12)

Sechs der sieben Berliner Quellen des jüdLiJi1 verwenden, entsprechend der arealen Struktur, *niscut*.[63] Die übrigen Texte des jüdLiJi manipulieren dieses Lexem nicht.

Insgesamt fällt auf, dass die Koronalisierung nicht als Regel umgesetzt wird, sondern nur an einem Lexem, wo sie der Form des östl. WJ bzw. des OJ entspricht. Dieses Phänomen zeigt eine besonders eindeutige areale Verbreitung im LiJi1, die den bisher gewonnenen Daten zum WJ entspricht.

---

[63] Die Quellen mit der Koronalisierung *niscut* sind: GuS1, GuS5, GuS10, GuS15, GuS23 u. PBerlin2.

8.12 Deaffrizierung von <z>

Zehn Quellen des chrLiJi1 verwenden eine auffällige Graphie der stimmlosen alveolaren Affrikate /ts/ <z> im Anlaut, indem sie stattdessen <s> oder <ß> setzen. Besonders betroffen ist das Lexem 'zu', welches als *su* (AH Chemnitz, 1789: 2, 3; BS Mannheim, 1798: 4; BW Leipzig, 1826 Leipzig, 1826: 99; PF Augsburg, 1816: 12, 13; VD Frankfurt, 1916: 13, 15, 19) oder als *ßu* (AJ Berlin, 1825: 2, 4, 6; DP Pyrzyce, 1874: 15, 19, 29; SV München, 1890: IV, 1, 3, 5, 6, 7; UT Stavenhagen, 1862: Kap. 45) auftaucht. Hinter dieser Orthographie könnte sich eine Deaffrizierung zu einem Frikativ verbergen. <ß> kann etwa auf stimmloses [s] verweisen; <s> kann sowohl für stimmloses [s] wie auch stimmhaftes [z] stehen. Diese Deaffrizierung ist prinzipiell eine im Hochdeutschen mögliche Entwicklung. Analog zu Prozessen im Ostmitteldeutschen, wo die aus der 2. LV hervorgegangene Affrikate /pf/ zu /f/ lenisiert wurde, z. B. [pfʊnt] > md. [fʊnt], kann sich auch /ts/ > /s/, /z/ entwickelt haben (vgl. Schirmunski 1962: 273, 282;König 2007 [1978]: 64f;KDSA Karten Nr. 21, 22). Im modernen OJ fand dieselbe Weiterentwicklung von anlautendem germ. *p* > mhd. *pf* zu *f* statt (im Auslaut > *p*) (Kleine 2008: 189;Bin-Nun 1973: 323–327). Diese wird auch graphematisch umgesetzt, z. B. פֿערדל *ferdl* 'Pferdchen'. Würde es sich bei der Entwicklung /ts/ > /s/, /z/ um eine analoge Ausdehnung bzw. logische Weiterführung der 2. LV handeln, so wäre diese für das Jiddische demnach nicht auszuschließen. Der Karte Nr. 57 des LCAAJ zufolge blieb die Affrikate /pf/ im WJ allerdings weitgehend erhalten. Für die jiddischen Varietäten ist allerdings eine Deaffrizierung von anlautendem /ts/ nicht bekannt. Und nur im NWJ und östl. ZWJ findet sich dort die Weiterentwicklung zu /f/. Doch lässt die Setzung von <פֿ> bzw. <פ> im westl. ZWJ der „Hochzeit zu Grobsdorf" darauf schließen, dass hier der Frikativ /f/, bzw. ggf. auch der Plosiv /p/, verwendet wurde; zumindest findet sich keine Affrikate verschriftlicht (28a)–(28b). Im Gegensatz zur Deaffrizierung von /ts/ > /s/, /z/ spielt die von /pf/ > /f/ für das LiJi interessanterweise keine Rolle.[64]

(28) a. פעננינג *pennig, fennig* 'Pfennige' („Die Hochzeit zu Grobsdorf" 1822: 38)

  b. פֿונט *funt*, 'Pfund' („Die Hochzeit zu Grobsdorf" 1822: 42, 134)

Eine Setzung von /s/ an der Position von nhd. /ts/ wurde im An- und Inlaut besonders im Lothringischen und Moselfränkischen durchgeführt, ist aber auch

---

[64] Lediglich in einer Quelle des jüdLiJi1 finden sich zwei Belege: *Ferd* 'Pferde' (GuS4: 5), *Fennig* 'Pfennig' (GuS4: 5).

8.12 Deaffrizierung von <z>

im Niederdeutschen zu finden, wo es nach Schirmunski (1962: 282) v. a. in hochdeutschen Entlehnungen als Hyperkorrektur auftritt. Nach der KDSA Karte Nr. 47 findet sich /ts/ > /s/ zumindest im Lexem *zum* auch im Mittelbairischen und vereinzelt im burgenländischen Südmittelbairischen (vgl. Abbildung 8.35). Schirmunski (1962: 282, 273) vertritt für die mittel- und niederdeutschen Dialekte die Hypothese, dass die Setzung von /s/ bzw. /f/ auf den Einfluss der Standardsprache („Ausgleichsform") zurückzuführen ist, da die standarddeutschen Affrikate /ts/ und /pf/ in diesen Dialekten nicht gegeben sind. Sechs Quellen des chrLiJi1 verwenden <ß> für <z> (im Anlaut); fünf Quellen setzen <s> für <z>. Die Quelle PF (Augsburg, 1816) verwendet sowohl die Schreibung <ß> für <z> als auch die von <s> für <z> und verhält sich somit als einziger Text in diesem Bereich nicht homogen.

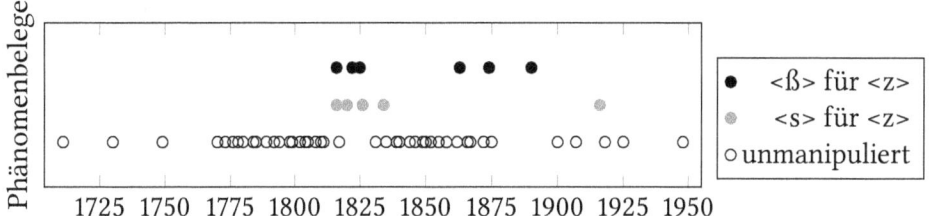

Abbildung 8.32: Graphien alveolarer Frikative im chrLiJi1

Wie die Karte in Abbildung 8.33 zeigt, ergibt die Verteilung der Graphien <ß>, <s> für <z> sogar ein areales Raumbild. So wird <ß> vor allem in Quellen des östl. NWJ gesetzt, während <s> für <z> im ZWJ auftritt.

Dieses Raumbild erstaunt besonders vor dem Hintergrund, dass sich das östl. NWJ in Bezug auf Affrikate und Frikative generell anders verhält, als das übrige WJ. Katz (1983: 1028) stellt auf Grundlage von Friedrich (1784), welcher im Anlaut <s> für <z> setzt, fest, dass im NÜJ[65] die Affrikate /ts/ für anlautendes /s/ gesetzt werde. Der LCAAJ (1992: Karten 47, 48, 49) zeigt zumindest, dass durch das westjiddische Sprachgebiet eine Isoglosse verläuft, die auf der Qualität des alveolaren Frikativs als stimmhaft [z] bzw. stimmlos [s] beruht (vgl. Abb 8.34).[66] Doch eine Markierung dieses Phänomens (± stimmhaft) wird im LiJi nicht verschriftlicht. Stattdessen wird mit der Deaffrizierung von /ts/ <z> > /s/ <s>, <ß>, /z/ <s> eine gegensätzliche Entwicklung gezeigt. Das Areal der Deaffrizierung

---

[65] Obwohl Friedrich (1784) rein aufgrund der geographischen Verortung links der Oder eher zum NWJ zu zählen ist.
[66] In den Karten des LCAAJ entspricht <z> der im englischen Sprachraum üblichen Notation für den stimmhaften Frikativ [z].

8 Phonologische Markierungen

Abbildung 8.33: <ß>, <s> für <z> im chrLiJi1

im chrLiJi1 trifft jedoch auch relativ gut mit der Fortisierung im östl. NWJ zusammen (s. Abbildung 8.34). Eine wenig plausible Erklärung für die Vermeidung des <z>-Graphems im chrLiJi1 könnte demnach sein, dass dort eigentlich die Fortisierung umgesetzt werden sollte, stattdessen aber eine Deaffrizierung graphematisiert wurde. Diese Hypothese kann jedoch nicht erklären, wieso <s> für <z> im zentralwestjiddischen Gebiet des chrLiJi1 gesetzt wird. Plausibler scheint es, diese Graphien als Ausdruck einer Deaffrizierung zu interpretieren, von deren Existenz im WJ bislang jedoch nichts bekannt ist.

Die Belege von <s> für <z> in vier Quellen im Obersächsischen und Frankfurter Rheinfränkischen lassen sich auf Interferenzen aus den deutschen Dialekten zurückführen. Wie die Karte in Abbildung 8.35 zeigt, ist genau in diesen Regionen die 2. LV an anlautendem germ. *t* weitergeführt worden zu /s/. Es ist nicht auszuschließen, dass möglicherweise auch die örtlichen westjiddischen Varietäten an dieser Entwicklung teilgenommen haben. Allerdings fehlen bislang vergleichbare authentische Daten zum WJ aus diesen Regionen, die dies bestätigen bzw. widerlegen. Auch die Belege für <ß> statt <z> im Nordosten können auf einer entsprechende Entwicklung von /ts/ > /s/ im Niederdeutschen beruhen (vgl.

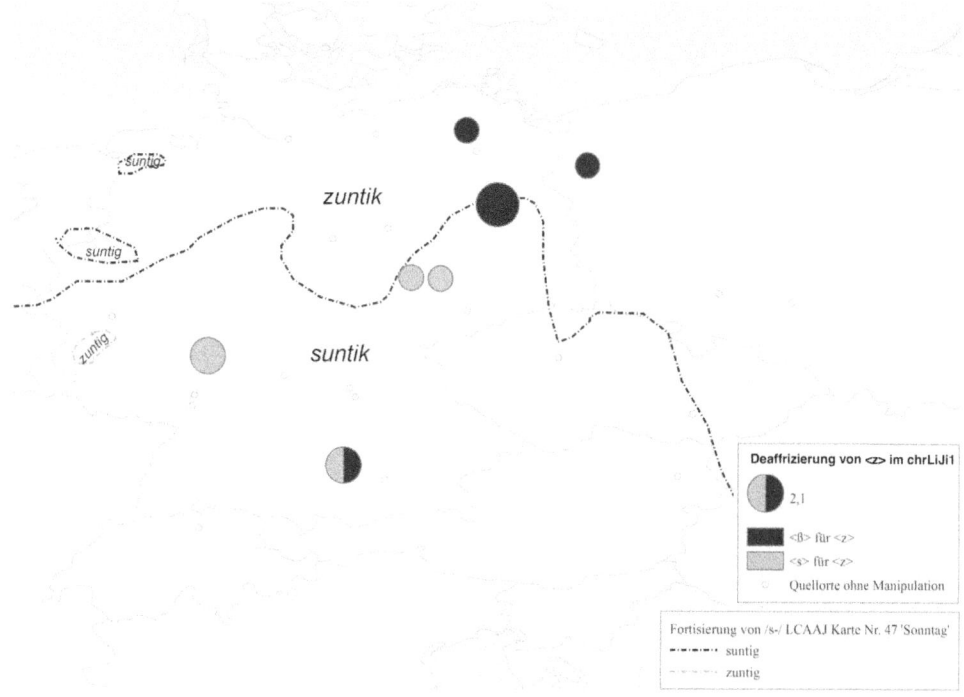

Abbildung 8.34: <ß>, <s> für <z> im chrLiJi1 mit LCAAJ Karte Nr. 47

Schirmunski 1962: 282). Offen bleibt hierbei allerdings, warum das Graphem <ß> gewählt wurde und andernorts <s>. Gegebenenfalls wollten die Autoren mit der Setzung von <ß> die Stimmlosigkeit des Frikativs stärker hervorheben.

<ß>-Graphien für <z> finden sich auch im jüdLiJi1 in drei Berliner Quellen und dem Pamphlet aus Alsleben.[67] Das verweist zumindest darauf, dass die Formen im chrLiJi1 unter Umständen auf eine im östlichen Westjiddisch tatsächlich gegebene Sprachrealität verweisen. Die Schreibung <s> für <z> findet sich im jüdLiJi1 nicht.

8.13 Plosive

Im Bereich der Plosive lassen sich im LiJi anhand der Graphie Fortisierungen und Lenisierungen erkennen. Insbesondere sind hier Wechsel zwischen Mediæ und Tenues zu finden. Diese werden in den folgenden Unterabschnitten einzeln dargestellt. Wie die Tabelle 8.6 (S. 177) zeigt, treten diese Manipulationen im LiJi

---

[67] Im Einzelnen sind diese Quellen: GuS10, GuS23, PAlsleben, PBerlin2.

8 Phonologische Markierungen

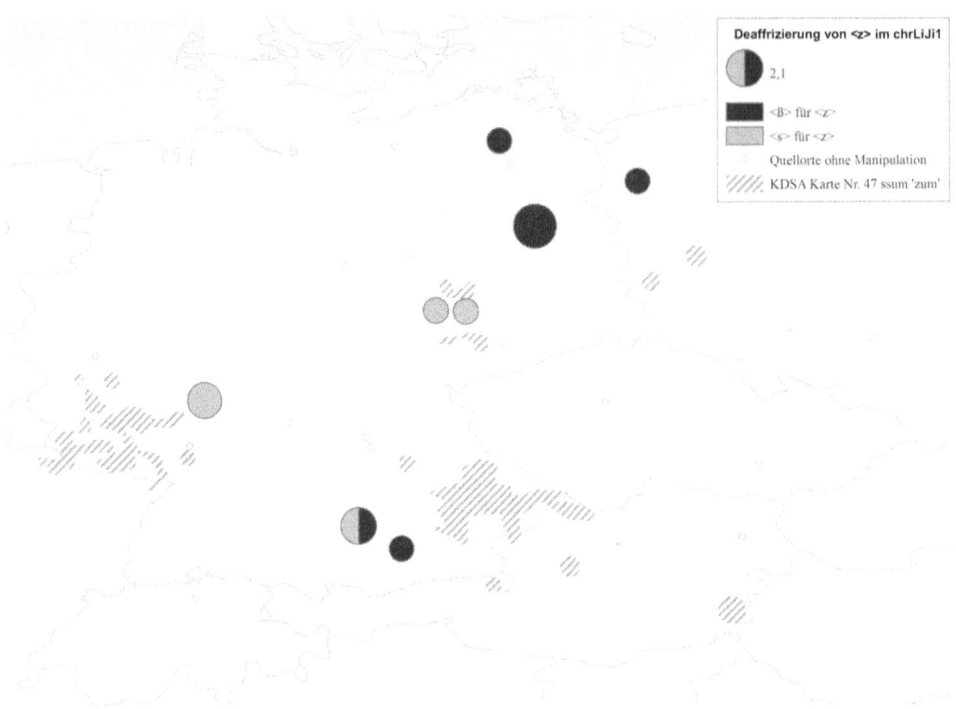

Abbildung 8.35: <ß>, <s> für <z> im chrLiJi1 mit KDSA Karte Nr. 47

eher selten auf. In den wenigen Fällen ist es jedoch von besonderem Interesse zu untersuchen, ob der örtliche deutsche Dialekt die Imitationen beeinflusste oder ob es andere Erklärungen dafür gibt, warum Plosive nur in bestimmten Quellen manipuliert wurden.

19 Quellen des chrLiJi1 zeigen Manipulationen der Graphien von Plosiven. Wie das Histogramm in Abbildung 8.36 zeigt, streuen die Belege über den gesamten Untersuchungszeitraum hinweg. Die meisten Quellen, die diese Manipulationen einsetzen, finden sich jedoch in den 100 Jahren zwischen 1770 und 1870.

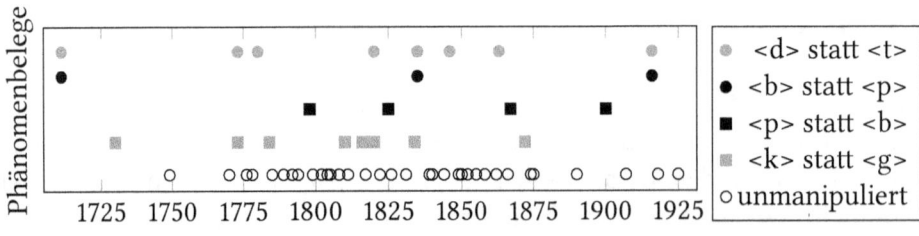

Abbildung 8.36: Orthographische Manipulationen von Plosiven im chrLiJi1

8.13 Plosive

8.13.1 Lenisierung <d> statt <t>

In acht Quellen des chrLiJi1 tritt die Schreibung <d> statt <t> auf. In fünf Quellen findet diese Lenisierung im Anlaut statt (29a–29e) und in ebenfalls fünf Texten im Inlaut (29f–29j). Die Aufhebung des Fortis-Lenis-Kontrast ist der Karte Nr. 50 des LCAAJ (1992: 99) zufolge in den südwestjiddischen und westlichen zentralwestjiddischen Varietäten durchgeführt worden.[68] Allerdings erfolgt die Aufhebung des Kontrasts in diesen Teilen des WJ zugunsten der Fortis und nicht, wie in den meisten Quellen des chrLiJi1 zugunsten der Lenis. Die Stärkung der Fortis ist für die deutschen Dialekte eher selten und lediglich für kleine Teile des Ostfränkischen belegt (KDSA Karte Nr. 50; Fink 1991 [1930]: 63). Die Fortisierung tritt im chrLiJi1 einmalig in der Züricher Quelle AK (Zürich, 1948) im Anlaut auf (29k).

(29) a. *Doler* 'Taler' (AD Leipzig, 1846: 130)

b. *Daeubchen* 'Täubchen' (PG Speyer, 1835: 11)

c. *duhn* 'tun' (TH Merseburg, 1820: 98, 135), *Dautropfen* 'Tautropfen' (TH Merseburg, 1820: 135)

d. *daugt* 'taugt' (UT Stavenhagen, 1862: Kap. 3)

e. *det* 'tät' (VD Frankfurt, 1916: 15, 16, 19), *Dag* 'Tag' (VD Frankfurt, 1916: 19)

f. *unden* 'unten' (DW Wien, 1773: 111)

g. *geknädet* 'geknetet' (OF: 1)

h. *uffgedahn* 'aufgetan' (PG Speyer, 1835: 8)

i. *Hindern* 'Hintern' (PL Mannheim, 1780: 49)

j. *Vader* 'Vater' (VD Frankfurt, 1916: 15R), *gedahn* 'getan' (VD Frankfurt, 1916: 21R)

k. *tunkel* 'dunkel' (AK Zürich, 1948: 247)

---

[68] Diese mögliche Eigenheit des SWJ und ZWJ findet sich auch in Heymanns Autobiographie aus Berlin. Auf den Seiten 167 u. 375 arbeitet er bei der Figurenrede von Personen aus Nürnberg und Mainz besonders stark mit der Aufhebung des Fortis-Lenis-Kontrasts (vgl. Schäfer 2010: 33f).

8 Phonologische Markierungen

Die Lenisierung von /t/ > /d/ hingegen ist in den deutschen Dialekten weit verbreitet (vgl. Abbildung 8.37). Für die jiddischen Varietäten liegen keine vergleichbaren Daten vor; keine der authentischen A1-Quellen des Westjiddischsamples weist diese Entwicklung vor. Wie die areale Verbreitung dieses Phänomen im chrLiJi1 zeigt, ist anzunehmen, dass diese Formen auf Interferenzen mit den deutschen Varietäten beruhen, da alle relevanten Quellen im Lenisierungsgebiet der deutschen Mundarten liegen. Es kann jedoch nicht ausgeschlossen werden, dass diese Lenisierung nicht tatsächlich in den späten westjiddischen Dialekten aufgrund des Sprachkontakts zu den deutschen Dialekten erfolgte. Möglicherweise wurde mit dieser Manipulation lediglich versucht, den Aspekt der Dialektalität jüdischer Figuren herauszuarbeiten. Dafür spricht auch, dass die Setzung von <d> für <t> in keiner Quelle des jüdLiJi1 zu finden ist.

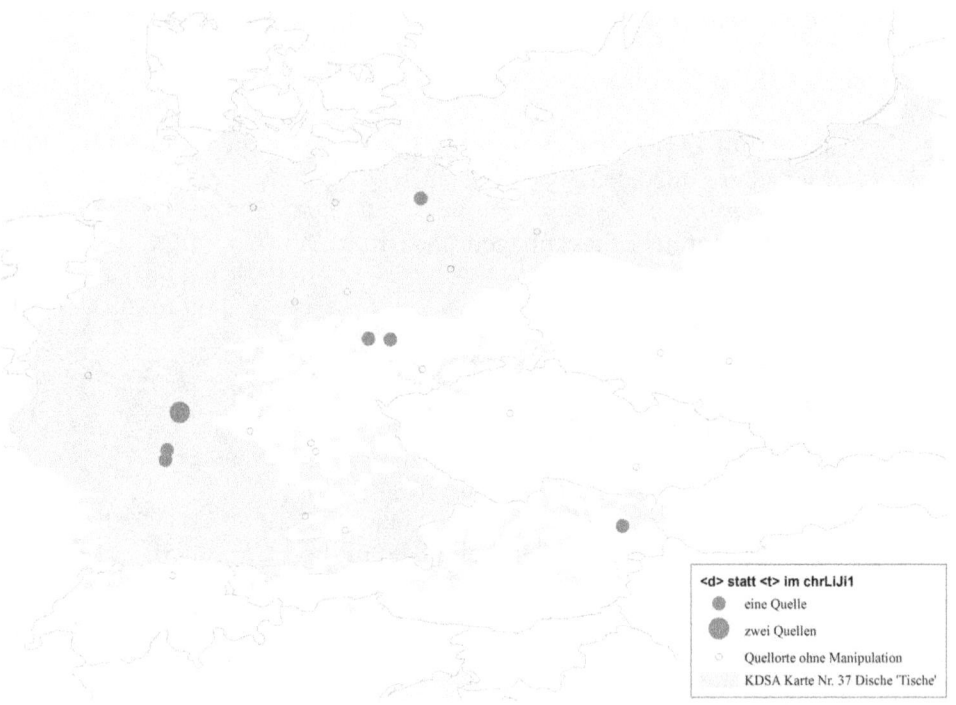

Abbildung 8.37: Lenisierung von <d> im chrLiJi1 und den mod. dt. Dialekten (KDSA Karte Nr. 37)

8.13.2 Lenisierung und Fortisierung von /b/, /p/

Vier Quellen des chrLiJi1 zeigen die Fortisierung von /b/ > /p/ im Anlaut in der Schreibung von <p> statt <b> (30a–30c). Die Lenisierung von /p/ > /b/ als <b> statt <p> tritt in drei Quellen auf (30d–30f).

(30) a. *Puckelche* 'Buckel' (AJ Berlin, 1825: 6)

b. *prav* 'brav' (BS Mannheim, 1798: 4; GW n.a., ca. 1900: 9)

c. *Puckel* 'Buckel' (JP Altona, 1867: 50)

d. *blerren* 'plerren, weinen' (OF Frankfurt, 1711: 2)

e. *Bepier* 'Papier' (PG Speyer, 1835: 2)

f. *Bolitik* 'Politik' (VD Frankfurt, 1916: 13), *Blatz* 'Platz' (VD Frankfurt, 1916: 18R)

Die Kartierung der Daten macht deutlich, dass die Lenisierung nur im rheinfränkischen Raum (Frankfurt u. Speyer) auftritt (vgl. Abbildung 8.38). Im Niederdeutschen und auch in einer Mannheimer Quelle finden sich die Belege zur Fortisierung. Der Vergleich zur Situation in den deutschen Dialekten zeigt, dass die Fortisierung besonders in den östlichen Siedlungsmundarten verbreitet ist (vgl. KDSA Karte Nr. 3). Die Fortisierung von /b/ > /p/ ist für das Elsässer SWJ und SÜJ bekannt (Bin-Nun 1973: 353, 356). Ob sie jedoch auch im NWJ erfolgte, ist nicht bekannt.

Im Rahmen der sog. binnendeutschen Konsonantenschwächung ist die Lenisierung von /p/ > /b/ in einem Großteil der hochdeutschen Mundarten verbreitet, so auch im Rheinfränkischen, wo unsere relevanten Quellen liegen (vgl. Schirmunski 1962: 330–346; König 2007 [1978]: 148f). Nach Klepsch (2004: 221) haben auch die zu den entsprechenden deutschen Dialekten koterritorialen westjiddischen Dialekte an der Konsonantenschwächung teilgenommen. Timm (1987: 298–303) bestätigt dies für das Mittejiddische insofern, als dass die weit verbreitete fehlende graphematische Homogenität zumindest für die Aufgabe des Fortis-Lenis-Kontrasts spreche.

Das jüdLiJi1 zeigt die Fortisierung in den zwei Berliner Pamphleten, s. (31a)–(31b). Dies spricht dafür, dass die Fortisierungen im chrLiJi1 u. U. doch ein tatsächliches Phänomen des NWJ einfangen.

(31) a. *praven* 'braven' (PBerlin1: 6)

b. *Pauer* 'Bauer' (PBerlin2: 1. Sp.)

8 Phonologische Markierungen

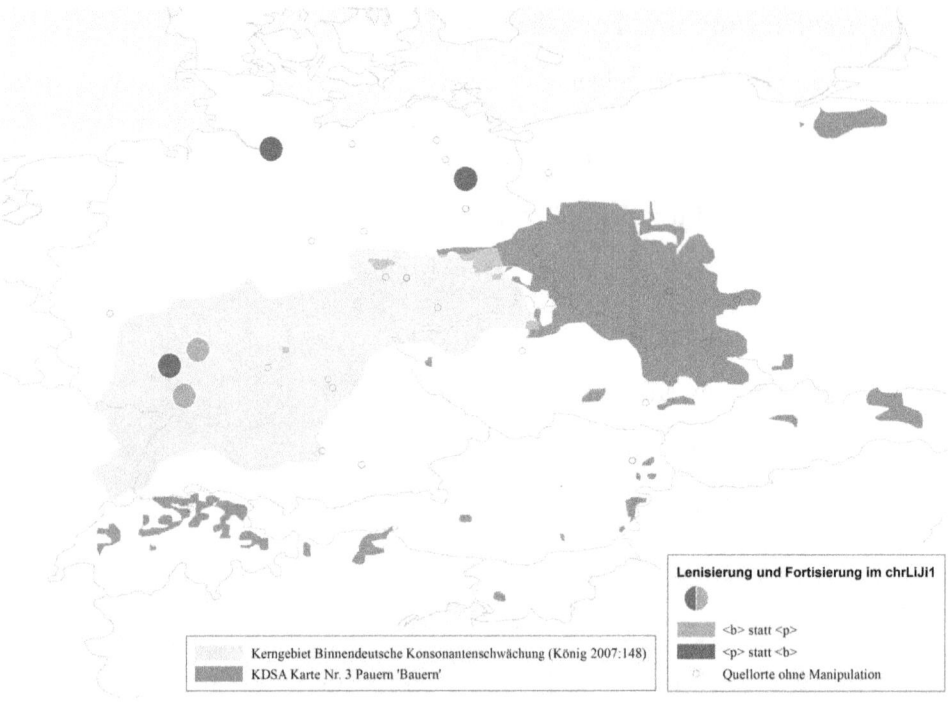

Abbildung 8.38: Graphien für <p> und <b> im chrLiJi1 mit KDSA Karte Nr. 3 u. König (2007 [1978]: 148)

8.13.3 Fortisierung <g> als <k>

Eine weitere Manipulation an Plosiven im chrLiJi1 ist die Fortisierung von /g/ als /k/ (vgl. Schirmunski 1962: 330–346). Diese findet sich in 13 Quellen des chrLiJi1 im Anlaut vor Konsonant und Vokal[69] (32a–32g).

(32) a. *klaich* 'gleich' (JK Breslau, 1810: 35, 52, 57), *Kriek* 'Krieg' (JK Breslau, 1810: 50)

b. *kewußt* 'gewusst' (DK Osterwieck, 1872: 47R)

c. *kegen* 'gegen' (DW Wien, 1773: 66)

d. *krauß* 'groß' (LR: 5)

e. *kehandelt* 'gehandelt' (PF Augsburg, 1816: 11), *kewesen* 'gewesen' (PF Augsburg, 1816: 11, 12, 18), *kesogt* 'gesagt' (PF Augsburg, 1816: 12), *Keschmack* 'Geschmack' (PF Augsburg, 1816: 12, 13), *kefunden* 'gefunden'

---

[69] Hier besonders im Partizipialpräfix *ge-*.

(PF Augsburg, 1816: 12), *kesehn* 'gesehen' (PF Augsburg, 1816: 12), *keschlichen* 'geschlichen' (PF Augsburg, 1816: 12), *keboten* 'geboten' (PF Augsburg, 1816: 12), *kesagt* 'gesagt' (PF Augsburg, 1816: 14, 18), *kedient* 'gedient' (PF Augsburg, 1816: 14), *kescheidt* 'gescheit' (PF Augsburg, 1816: 18), *kanz* 'ganz' (PF Augsburg, 1816: 18)

f. *kraußen* 'großen' (TH Merseburg, 1820: 97)

g. *kewaltik* 'gewaltig' (VD Frankfurt, 1916: 15), *keschrien* 'geschrien' (VD Frankfurt, 1916: 16)

Daneben findet sich im chrLiJi1 die Auslautverhärtung, d. h. die Fortisierung der Silbenkoda, von /g/ in drei Quellen graphematisiert (33a–33c). Bemerkenswert daran ist, dass dieses Charakteristikum aller gesprochensprachlichen Varietäten des Deutschen wie auch des Jiddischen im Unterschied zu anderen konsonantischen Merkmalen nur in sehr wenigen Quellen auftaucht.[70] Scheinbar ist dem LiJi1 in erster Linie weniger an der Hervorhebung der gesprochenen Sprache als vielmehr an den Differenzen des Jiddischen zum Deutschen gelegen.

(33) a. *lebendik* 'lebendig' (JK Breslau, 1810: 44, 47), *gesakt* 'gesagt' (JK Breslau, 1810: 6, 23, 30, 35, 37), *schlaickt* 'schlägt' (JK Breslau, 1810: 26)

b. *gewaltik* 'gewaltig' (PA Frankfurt, 1834: Titel, 11), *Ufzück* 'Aufzüge' (PA Frankfurt, 1834: Titel), *zwanzik* 'zwanzig' (PA Frankfurt, 1834: 10), *geduldik* 'geduldig' (PA Frankfurt, 1834: 10), *sakt* 'sagt' (PA Frankfurt, 1834: 87W), 'gesagt' (PA Frankfurt, 1834: 16, 36, 114)

c. *Keinik* 'König' (VD Frankfurt, 1916: 15, 18), *wek* 'weg' (VD Frankfurt, 1916: 18R), *fertik* 'fertig' (VD Frankfurt, 1916: 20), *gewaltike* 'gewaltige' (VD Frankfurt, 1916: 14)

Im KDSA finden sich nur im Obersächsischen, wo die generelle Neutralisierung der Fortis und Lenis bei den Plosiven erfolgte (Schirmunski 1962: 332),Streubelege für die Fortisierung im Anlaut in den deutschen Varietäten (vgl. Abbildung 8.39). Es muss jedoch berücksichtigt werden, dass die dem WA wie dem KDSA zugrundeliegenden Wenkermaterialien bei der Erhebung konsonantischer Daten nicht sehr ergiebig waren (vgl. Bremer 1895). Man kann daher davon ausgehen, dass die karierten Areale de facto weitaus größer sind, als die Daten vermuten lassen. Dennoch kann man in Abbildung 8.39 sehen, dass immerhin zwei

---

[70] Zur Auslautverhärtung im Jiddischen und Deutschen vgl. Bin-Nun (1973: 373).

8 Phonologische Markierungen

Quellen im näheren Umfeld zur Fortisierung in den deutschen Mundarten liegen und dadurch beeinflusst sein können. Die übrigen Belege im westmitteldeutschen, bairischen und schlesischen Raum zu beurteilen, fällt deutlich schwerer. Es ist möglich, dass dort in den deutschen Dialekten ebenfalls eine Fortisierung vorliegt, deren Interferenzen sich im LiJi1 niederschlagen oder aber, dass die Autoren durch diese Graphie eine „Andersartigkeit" der jiddischen Dialekte darstellen wollen, die uns entweder nicht aus authentischen Quellen des Westjiddischen bekannt ist oder hier lediglich als literarisches Mittel fungiert, um „Fremdheit" zu erzeugen.

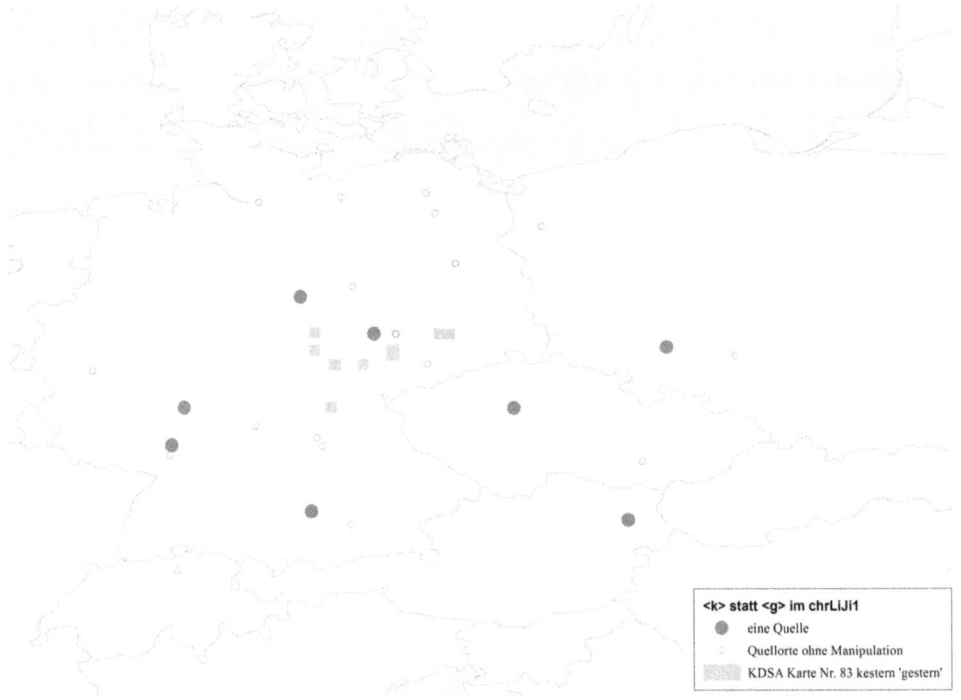

Abbildung 8.39: <k> für <g> in Anlaut im chrLiJi1 mit KDSA Karte Nr. 83

Die tatsächliche Sprachsituation in den jiddischen Dialekten gestaltet sich wie folgt: Zwar zeigen einige wenige Wörter im modernen OJ sogar eine solche Fortisierung, z. B. קעגן *kegn* 'gegen' (für weitere Bsp. s. Bin-Nun 1973: 373). Der einzige Beleg für eine Fortisierung von /g/ im jüdLiJi1 betrifft genau dieses Lexem: *kegen* 'gegen' (PDebrecen: 4, 7), was damit eine ostjiddische Form korrekt wiedergibt. Die Regel ist jedoch im OJ der Erhalt des Fortis-Lenis-Kontrastes. So wird etwa das im LiJi oftmals betroffene *ge*-Präfix im Jiddischen immer als stimmhafter velarer Plosiv realisiert.

8.13 Plosive

Den Daten des LCAAJ (Karte Nr. 83) zu Folge, liegt im ZWJ, SWJ und ndl. NWJ mit der Lenisierung von anlautendem /k/ > /g/ eine gegensätzliche Entwicklung vor (s. Karte in Abbildung 8.40). Dies ist ein Reflex der sog. „Binnendeutschen Konsonantenschwächung" und in nahezu allen hochdeutschen Dialekten anzutreffen (vgl. Schirmunski 1962: 332). Die LiJi-Quellen bestätigen die westjiddische Situation des LCAAJ jedoch nicht: eine Lenisierung wird im LiJi nirgends verschriftlicht.

Abbildung 8.40: <k> für <g> im Anlaut im chrLiJi1 mit KDSA Karte Nr. 83 und LCAAJ Karte Nr. 53

Eine sinnvolle Beurteilung der literaturjiddischen Belege einer Fortisierung von /g/ im Anlaut ist letzten Endes nicht möglich, da übersichtliche Daten zur Situation des Konsonantismus der deutschen und insbesondere der jiddischen Dialekte fehlen, die Rückschlüsse auf die Authentizität der literaturjiddischen Formen zulassen.

8.13.4 Lenisierungen und Fortisierungen als Reflex der oberdeutschen Medienverschiebung

Eine mit der 2. LV in Verbindung stehende Entwicklung der oberdeutschen Dialekte ist die sogenannte Medienverschiebung von ahd. /b/, /d/, /g/ zu /p/, /t/, /k/, die in althochdeutscher Zeit im vorwiegend alemannischen, bairischen und ostfränkischen Raum gewirkt hat (Szczepaniak 2007: 131–133). Allerdings ist die Medienverschiebung kein leicht zu fassendes Ereignis und vielfach unsystematisch durchgeführt worden bzw. rückgängig gemacht worden (vgl. Szczepaniak 2007: 131–133) und die Situation in den oberdeutschen Varietäten ist besonders mit Blick auf deren Diachronie weitestgehend ungeklärt.

Die zuvor aufgezeigten Lenisierungen und Fortisierungen des chrLiJi1 zeigen dennoch deutliche Ähnlichkeit zu dieser oberdeutschen Entwicklung. Die areale Verteilung der potenziellen Belege der Medienverschiebungen zeigt kein klares Bild: zwar treten Medienverschiebungen gehäuft in Quellen aus dem oberdeutschen Raum auf, darüber hinaus aber auch recht häufig im Norden und Osten (z. T. auch Westen) des Untersuchungsgebiets (vgl. die Karten in Abbildung 8.37, S. 166;8.38, S. 168 u. 8.39, S. 170). Demnach ist nicht auszuschließen, dass die eigene Dialektalität der Autoren in diese Formen einfloss bzw. deren Konzept von oberdeutschen Dialekten, zu denen sie möglicherweise auch das Jiddische zählten.

Doch die Formen des LiJi1 könnten auch auf einen tatsächlichen westjiddischen Sprachstand referieren. Vieles spricht dafür, dass die Medienverschiebung auch in den zum Oberdeutschen koterritorialen Dialekten des Westjiddischen stattgefunden hat (LCAAJ Karte Nr. 53 vgl. Abbildung 8.40 S. 171). Hierzu fehlt es jedoch noch an ausführlicheren Untersuchungen.

8.13.5 Erhalt von westgermanisch *-pp-

Die in- und auslautende Geminate westgerm. *-pp- blieb in Ost- und Westjiddisch unverändert (Kleine 2008: 189;Bin-Nun 1973: 323–327). Im chrLiJi1 ist dies in drei Quellen korrekt umgesetzt (34a–34c). Dabei liegen die Quellen FL (Mannheim, 1778) und MV (Berlin, 1862) im Gebiet, das die Entwicklung zu -pf- nicht mitgemacht hat (vgl. König 2007 [1978]: 64f).[71] Die Belege aus diesen Quellen könnten also auch auf Interferenzen mit den örtlichen deutschen Dialekten zu-

---

[71] In einer dieser Quellen, die in den rheinfränkischen Raum verortet wurde, findet sich ein Beleg für unverschobenes germ. -k- *ick* 'ich' (FL Mannheim, 1778: 36), was keinem jiddischen (und auch keinem hochdeutschen) Dialekt entspricht und als einmaliger „Fehler" zu bewerten ist.

rückgeführt werden. Es findet sich also nur eine Quelle (SV München, 1890), bei der mit relativer Sicherheit eine authentische jiddische Form vorliegt.

(34) a. *Kop* 'Kopf' (FL Mannheim, 1778: 38)

b. *Köppe* 'Köpfe' (MV Berlin, 1862: 62, 153)

c. *Knepp* 'Knöpfe' (SV München, 1890: 2), *Koppe* 'Kopf' (SV München, 1890: 3, 5)

Im jüdLiJi1 sind Belege für das Ausbleiben der 2. LV bei westgerm. -*pp*- deutlich häufiger. Sieben der zehn Quellen zeigen keine Affrikate (Bsp. 35a–35g). Diese Quellen sind allesamt im Berliner Raum entstanden, womit Interferenzen mit den deutschen Dialekten nicht auszuschließen sind (vgl. König 2007 [1978]: 64f).

(35) a. *Strümp* 'Strümpfe' (GuS1: 3), *ausgestoppt* 'ausgestopft' (GuS1: 4), *Kopp* 'Kopf' (GuS1: 4)

b. *Köppe* 'Köpfe' (GuS5: 4), *gehuppt* 'gehüpft' (GuS5: 4), *kuppernen* 'kupfernen' (GuS5: 5)

c. *Kopp* 'Kopf' (GuS10: 6, 9, 10, 11), *Schulklopper* 'Schulklopfer' (GuS10: 9, 11), *Kupperhütchens* 'Kupferhüten' (GuS10: 10, 11)

d. *zerkloppt* 'zerklopft' (GuS15: 3R), *vollgestoppt* 'vollgestopft' (GuS15: 3R)

e. *Kopp* 'Kopf' (GuS23: 9)

f. *Tröppcher* 'Tropfen' (PBerlin1: 2), *Kopp* 'Kopf' (PBerlin1: 4, 6, 7)

g. *Kopp* 'Kopf' (PBerlin2: 1.Sp.), *Schtrümps/Schtrümpe* 'Strümpfe' (PBerlin2: 1. Sp., 2. Sp.)

Wie auch die Auslautverhärtung ist dieses, orthographisch relativ leicht umsetzbare Phänomen erstaunlich selten im chrLiJi1 zu finden. Auffallend häufiger sind hingegen Belege im jüdLiJi1. In den meisten Fällen stammen die Quellen aus dem sich zwischen Benrather- und Speyrer-Linie befindenden Areal, in dem die 2. LV an dieser Position wie im Jiddischen unterlassen wurde.

8.13.6 Spirantisierung <b> als <w>

Die Spirantisierung von (insbes. intervokalisch) /b/ > /v/ hat große Teile des deutschen Sprachgebiets erfasst (KDSA Karten Nr. 23–33, bes. 30). Neben dem Niederdeutschen, wo westgerm. *b* *[v] unverschoben blieb, findet sich die Spirantisierung im gesamten Westmitteldeutschen, Niederalemannischen, im Nordbairischen Böhmens und vereinzelt im Mittel- und Südbairischen. Im bairischen Raum ist sie seit dem Mittelhochdeutschen schriftlich belegt (DWB: 1854–1960: Bd. 27, Sp. 4). Bin-Nun (1973: 328, 357) stellt fest, dass diese Spirantisierung im Jiddischen nur in einzelnen Lexemen und regional gebunden auftritt (36a–36c). Bin-Nun (1973: 357) geht bei diesem Phänomen von Einflüssen aus den koterritorialen deutschen Dialekten aus.

(36) a. Standard oj. אָוונט *ovnt* 'Abend'

b. oj. Dialekte *oiwm* 'oben' (Bin-Nun 1973: 356); Standard oj. איבער *iber*

c. Elsässer wj. *lîwi* 'liebe' (Bin-Nun 1973: 356); Standard oj. ליבער *liber*

Die Verbreitung der Spirantisierung im Westjiddischen erfasst nach Beranek (WjSA: Karte Nr. 33) nur ein kleines Gebiet im äußersten Westen des ZWJ und SWJ. Spätere Ausbreitungen dieser Form auf östliche Varietäten des WJ werden hier jedoch auch (durch diffuse Pfeile angedeutet) angenommen. Der LCAAJ (Karte Nr. 51) setzt ein deutlich größeres Areal im westlichen WJ an (vgl. Abbildung 8.41). Dieses Areal entspricht weitestgehend der Verbreitung dieses Phänomens in den deutschen Mundarten (KDSA Karten Nr. 23–33, bes. 30). Bin-Nuns (1973: 357) Hypothese eines deutschen Einflusses auf das Jiddische ist zumindest im WJ nicht auszuschließen.

Im chrLiJi1 finden sich lediglich zwei Quellen, die sich der Spirantisierung als Markierungsmittel bedienen (37a–37c). Diese liegen im bzw. nahe dem Gebiet, für das der LCAAJ die Spirantisierung verzeichnet (vgl. Abbildung 8.41). Für das jüdLiJi1, dessen Quellen im östlichen WJ liegen, ist nur ein singulärer Beleg in der westlichsten aller Quellen zu finden (37c).

(37) a. *nowel* 'nobel' (SV München, 1890: 3)

b. *hewe* 'haben' (VD Frankfurt, 1916: 14, 15, 17, 18, 20), *iweraal* 'überall' (VD Frankfurt, 1916: 15, 18), *begewe* 'begeben' (VD Frankfurt, 1916: 15R, 20R), *derneewe* 'daneben' (VD Frankfurt, 1916: 15R), *iwle* 'übler' (VD Frankfurt, 1916: 21), *verreiwe* 'verreiben' (VD Frankfurt, 1916: 22R), *schreiwe*

8.14 Diachrone und diatopische Verteilung phonologischer Manipulationen

'schreiben' (VD Frankfurt, 1916: 22R), *liewender* 'liebender' (VD Frankfurt, 1916: 22)

c. *Struwelpeter* 'Strubbelpeter' (PAlsleben: Titel)

Abbildung 8.41: <w> für <b> im chrLiJi1 mit LCAAJ Karte Nr. 51

8.14 Diachrone und diatopische Verteilung phonologischer Manipulationen

Von den insgesamt 26[72] untersuchten phonologischen Strategien des chrLiJi1 werden in einer Quelle (VD Frankfurt, 1916) maximal 17 eingesetzt (vgl. Tabelle 8.6). Der Mittelwert beträgt 6,78 Phänomene pro Quelle (σ 4,15). Dies ist ein erstaunlich hoher Durchschnitt.

---

[72] Ausgenommen wurde hier die Hyperkorrektur von mhd. *î* (V34) als <a>, <ah>, <aa>, da es sich hierbei um eine sekundäre Interferenz mit der Monophthongierung von mhd. *ei* (V24) handeln kann (oder aber auch eine zentralostjiddische Form darstellen kann). Einzeln Eingang in die Zählung haben hingegen die Zusammenfälle von V24 und V44 und von mhd. *ê* und *œ* gefunden.

8 Phonologische Markierungen

Das Diagramm in Abbildung 8.42 zeigt, wie viele phonologische Phänomene pro Quelle eingesetzt werden. Quellen mit besonders vielen phonologischen Markierungen finden sich dabei zwischen 1820 und 1830. Aber auch einige der späteren Quellen ab 1890 zeichnen sich durch eine besondere Vielfalt phonologischer Manipulationen aus.

Vier[73] für das Westjiddische charakteristische phonologische Eigenschaften werden von elf Quellen eingesetzt; acht Quellen hingegen zeigen keines dieser Phänomene. Der Mittelwert liegt hier bei 2,37 Phänomenen pro chrLiJi1-Quelle (σ 1,17). Wie die Verteilung in Abbildung 8.43 zeigt, ist weder eine Abnahme westjiddischer Phänomene im Verlauf des 19. Jahrhunderts zu verzeichnen, noch eine Phase erkennbar, in der westjiddische Formen im chrLiJi1 präsenter sind als sonst. Es ist zwischen 1800 und 1875 eine generell hohe Dichte an authentisch westjiddischen phonologischen Phänomenen festzustellen, deren geringer Schwund nach 1875 vorwiegend der fehlenden Korpusdichte im letzten Drittel des 19. Jahrhunderts geschuldet ist. Ab 1875 finden sich verhältnismäßig weniger Quellen, die diese authentischen Phänomene belegen. Man könnte dies auch generell damit in Verbindung setzen, dass ab dieser Zeit Westjiddisch nur mehr marginal in der deutschen Sprachlandschaft präsent war.

Insbesondere die vokalischen Manipulationen treten gemeinsam und über den untersuchten Zeitraum hinweg kontinuierlich auf, wie das Streudiagramm in Abbildung 8.44 zeigt. Konsonantische Phänomene hingegen kommen besonders im chrLiJi1 ab der zweiten Hälfte des 19. Jahrhunderts auf. So sind die Quellen zwischen 1840 und 1875 besonders vielfältig bezüglich der phonologischen Markierung. Die kartographische Darstellung in Abbildung 8.45 zeigt, dass konsonantische Manipulationen neben dem rheinfränkischen Raum, wo die entsprechenden Phänomene auch in den örtlichen deutschen Dialekten verbreitet sind, besonders häufig im (Nord-)Osten auftauchen. Dies betrifft insbesondere die späteren Quellen.

Die Karte in Abbildung 8.46 fasst die Summe zusammen, wie viele phonologische Phänomene (von 24 analysierten Phänomenen)[74] eine Quelle verwendet.

---

[73] Dabei handelt es sich um die Monophthongierungen von V24 und V44 zu /a:/, sowie deren Zusammenfall und die Diphthongierung von V42 zu /au/, /ou/.

[74] Um eine Vergleichbarkeit mit der Situation in den deutschen Dialekten zu gewährleisten (s. u.), wurden lediglich Phänomene aufgenommen, zu denen vergleichbare Informationen aus den Dialekten gegeben waren. Diese 24 Phänomene sind: die westjiddische Monophthongierung und der Zusammenfall von V24 und V44, die westjiddische Diphthongierung von V42, V22, V34 (< mhd. *iu*), die *a*-Verdumpfung, Wechsel von /o/ > /u/ und /u/ > /o/, die Palatalisierung von /u/ > /y/, die vier Möglichkeiten der Entrundung von /y/ und /oe/, die Koronalisierung im An- und Auslaut, die Lenisierungen von /ts/ > /s/, /z/ und von /t/ > /d/ und /p/ > /b/, sowie die Fortisierungen von /b/ > /p/ und /g/ > /k/, der Erhalt von westgerm. -*pp*- und die Spirantisierung von /b/ > /v/.

8.14 Diachrone und diatopische Verteilung phonologischer Manipulationen

Tabelle 8.6: Anzahl phonologischer Manipulationen im chrLiJi1

Quellen	phon. Phänomene
VD	17
SV	16
TH, MV	14
PA	13
GW	12
PF, AJ	11
SS, DW, AD, MS, AK	10
JP, PG, JK, FE	9
DG, NW, AO	8
GP, AT, BW, WA	7
UT, DK, LM, FL, OF, PM, IA, LS	6
LB, EJ, DP	5
PL, HJ	4
LR	3
VE, AH, BS, FS, EV, PP, BP	2
SB, LP, FM, SH, JD	1

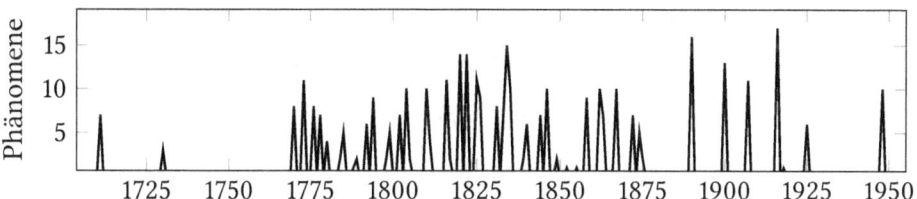

Abbildung 8.42: Quantität phonologischer Markierungen im chrLiJi1

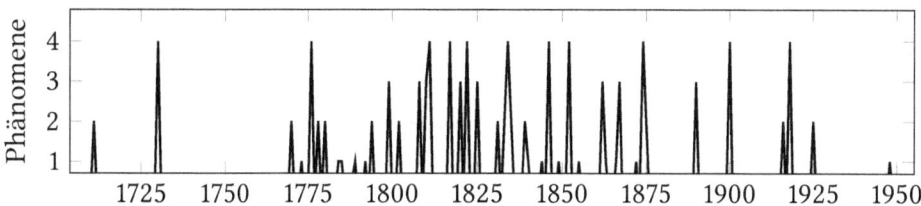

Abbildung 8.43: Quantität *korrekt* imitierter westjiddischer phonologischer Markierungen im chrLiJi1

8 Phonologische Markierungen

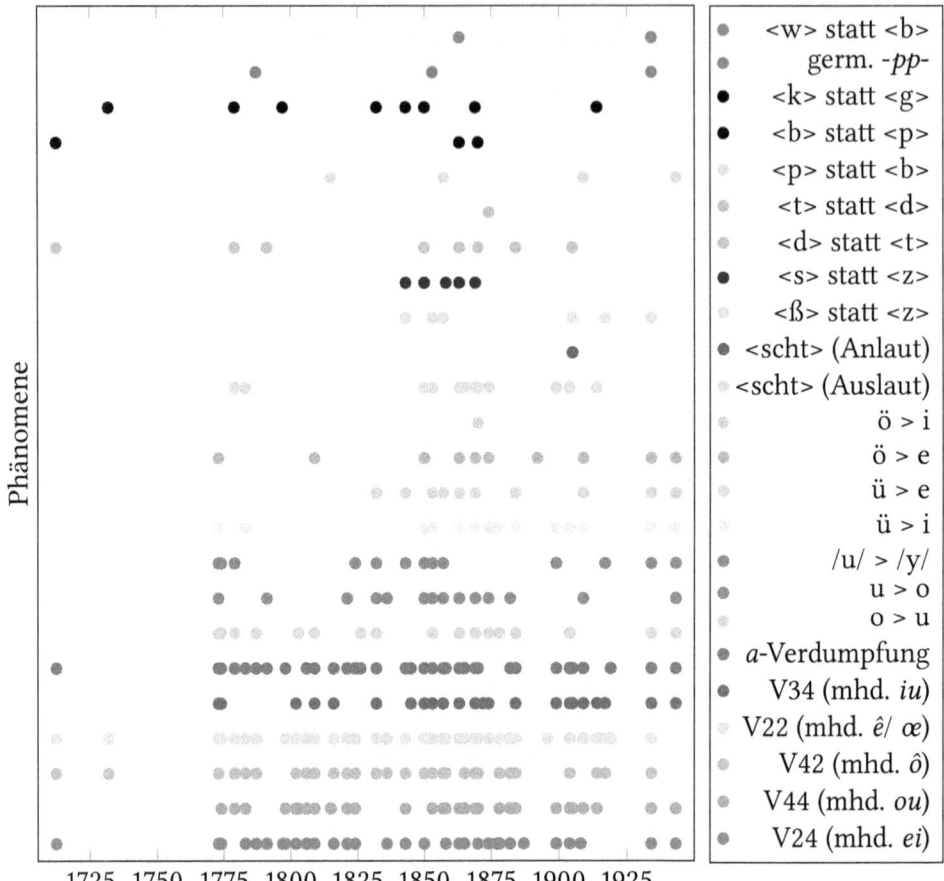

Abbildung 8.44: Phonologische Markierungen im chrLiJi1

Für Orte, an denen mehr als eine Quelle vorliegt, wurde der Mittelwert aller Quellen berechnet und ist als solcher in die Kartierung eingegangen. Man sieht so, dass besonders wenige Markierungen im nördlichen und östlichen Teil des Untersuchungsgebiets auftreten. Im Zentrum, Süden und äußeren Westen hingegen findet sich eine größere Vielfalt an phonologischer Markierung. Besonders die Frankfurter Quellen und die eine belegte Münchner Quelle betreiben einen besonders hohen Aufwand bei der phonologischen Manipulation. Der generelle Durchschnitt (Mittelwert) der hier kartierten 24 Phänomene beträgt, bei einer relativ hohen Standardabweichung von σ 3,38, im chrLiJi1 6,45 Phänomene pro Ort.

8.14 Diachrone und diatopische Verteilung phonologischer Manipulationen

Abbildung 8.45: Orthographische Auffälligkeiten der Plosive im chrLiJi1

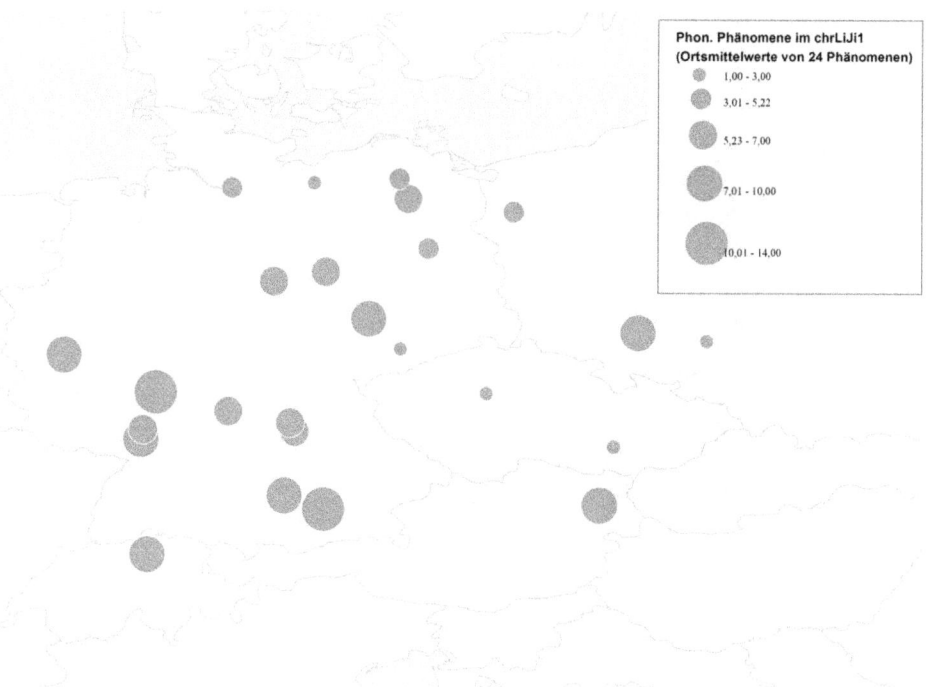

Abbildung 8.46: Summe phonologischer Phänomene im chrLiJi1 (Ortsmittelwerte)

8 Phonologische Markierungen

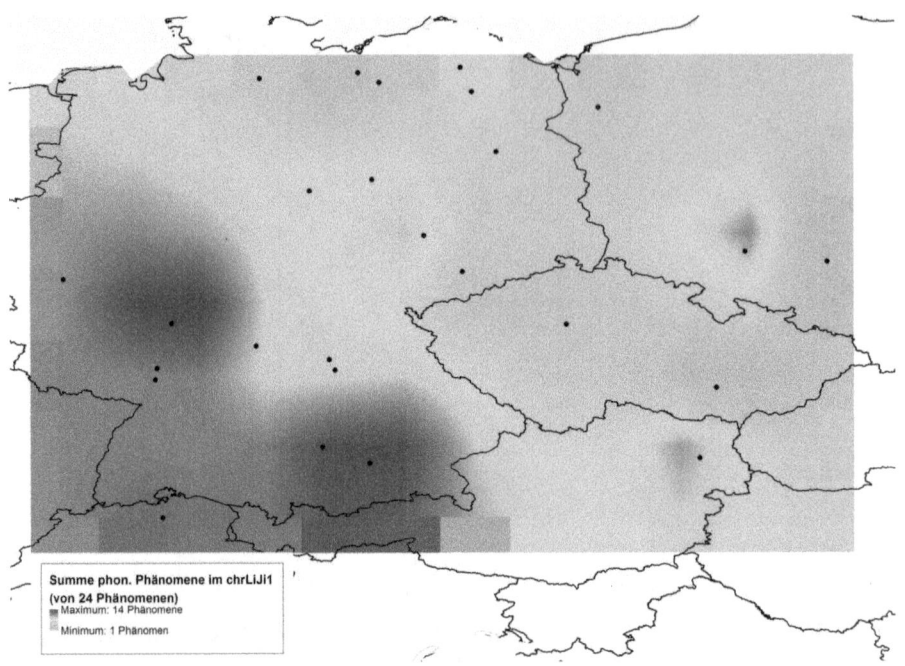

Abbildung 8.47: Darstellung der Abstufungen der Summe phonologischer Phänomene im chrLiJi1 (IDW)

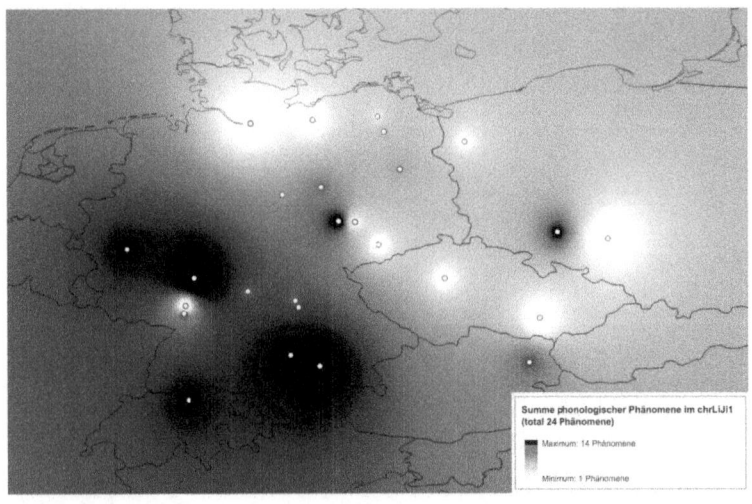

Abbildung 8.48: Summe phonologischer Phänomene im chrLiJi1 (IDW berechnet mit QGIS)

8.14 Diachrone und diatopische Verteilung phonologischer Manipulationen

Für die Karte in Abbildung 8.47 wurden die Daten aus der Karte in Abbildung 8.46 mittels inverser Distanzwichtung (Inverse Distance Weighting, kurz IDW) interpoliert.[75] Dies ermöglicht eine bessere räumliche Darstellung. Damit erkennt man deutlich, dass das chrLiJi1 besonders vielfältig phonologische Manipulationen einsetzt und sich ein gewisser Grad der Abnahme gegen Nordosten ergibt.

Da ein gewisser Einfluss der örtlichen Dialekte auf das chrLiJi1 denkbar ist, wurden zu den einzelnen Orten des chrLiJi1 die entsprechenden Situationen in den deutschen Dialekten aufgenommen und, sofern diese deckungsgleich mit den phonologischen Phänomenen des chrLiJi1 sind, in der Karte in Abbildung 8.49 kartiert und in der Karte in Abbildung 8.50 mittels IDW interpoliert.[76] Der Mittelwert aller deutschen Dialekte zu den Phänomenen ist mit 6,31 Phänomenen pro Ort sehr ähnlich wie im chrLiJi1; die Standardabweichung beträgt hier σ 3,6. Es zeigt sich hier besonders in Mittel- und Süddeutschland (und Österreich), dass aus den deutschen Dialekten potenziell mehr Phänomene bekannt hätten sein müssen, als sie im chrLiJi1 verwendet wurden. Andere Quellen, wie etwa im Frankfurter, Mannheimer, Augsburger und Breslauer Raum, zeigen eine ähnliche Anzahl an Phänomenen im chrLiJi1 wie auch in den deutschen Dialekten. Die Karte in Abbildung 8.49 zeigt uns darüber hinaus, dass das LiJi1 eine Vielzahl phonologischer Phänomene mit den deutschen Dialekten, insbesondere den rheinfränkischen und obersächsischen, teilt. Der Vergleich der Karten in Abbildung 8.50 und in Abbildung 8.47 zeigt, dass besonders die südöstlichen Quellen (München, Augsburg, Erlangen, Nürnberg) eine Vielzahl phonologischer Manipulationen aufweisen, die am Ortsdialekt selbst nicht vorhanden sind.

Doch diese Daten alleine zeigen nur die reine Quantität phonologischer Phäno-

---

[75] Die IDW wurde hier nach der im Spatial Analyst Modul des Kartierungsprogramms ArcGIS 10.1 (ESRI Inc.) und/oder des entsprechenden Tools des Karierungsprogramms QGIS (Version 2.4 *Chugiak*) festgelegten Formel berechnet und wie alle Karten dieser Arbeit mit eben diesem Programm erstellt. Dabei werden zunächst, wie bei jeder Form von Interpolation, die gegebenen Datenwerte $Z_1, ..., Z_n$, die mit unterschiedlichen Orten verknüpft sind $P_1, ..., P_n$, miteinander in Beziehung gestellt. Der interpolierte Wert ist ein gewichteter Durchschnitt aller Datenwerte. Die *Abweichungen* (*Schwere, weights*) der einzelnen Datenpunkte zu diesem Durchschnitt ist w. Um den tatsächlichen Mittelwert zu ermitteln muss durch die Summe aller *Abweichungen* geteilt werden: $Z = \frac{[w_1 \cdot Z_1 + ... + w_n \cdot Z_n]}{[w_1 + ... + w_n]}$. Bei einer IDW wird der Grad der *Abweichung* durch den Wert p beeinflusst. Dieser gewährleistet dass die Abweichungen zwischen Datenpunkt (P) und Interpolationspunkt (P_i) proportional verlaufen: $w_i = \frac{1}{\text{Abstand}(P, P_i)^p}$. Für p wurde der Wert p=2 gesetzt. Der Zahlenwert selbst spielt nur eine geringe Rolle; zentral ist, dass alle P-Werte durch einen gemeinsamen p-Wert normalisiert sind (vgl. Burrough & McDonnell 1998: 132–160).

[76] Die Daten zu den deutschen Dialekten ergeben sich aus den in den Einzelanalysen herangezogenen Quellen, sprich vorwiegend den Daten des WA u. des KDSA.

8 Phonologische Markierungen

Abbildung 8.49: Summe phonologischer Phänomene des chrLiJi1 in den entsprechenden dt. Dialekten

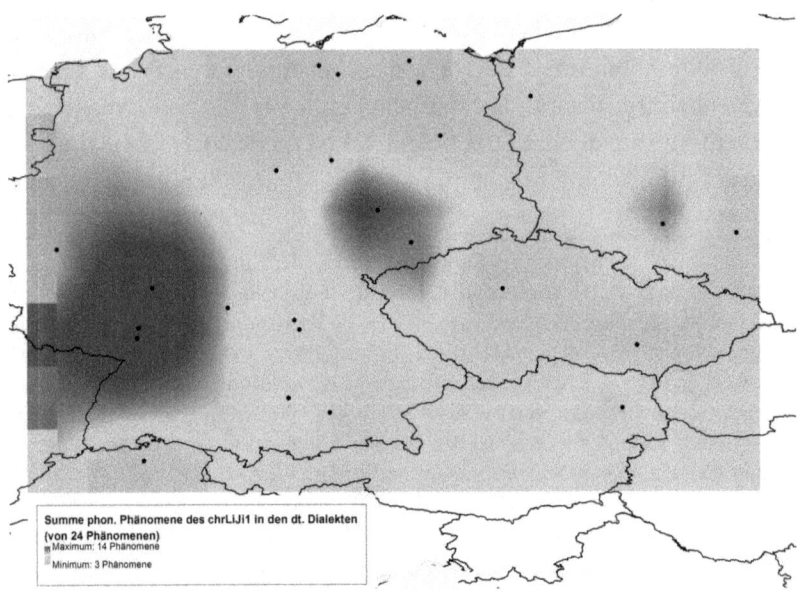

Abbildung 8.50: Summe phonologischer Phänomene des chrLiJi1 in den entsprechenden dt. Dialekten (IDW)

8.14 Diachrone und diatopische Verteilung phonologischer Manipulationen

mene und noch nicht, welche Phänomene, die an einem Ort im chrLiJi1 vorliegen, auch im entsprechenden deutschen Dialekt belegt sind. Die genaue Schnittmenge zwischen phonologischen Phänomenen, die im chrLiJi1 an einem Ortspunkt gewählt werden und die selbst im Ortsdialekt verbreitet sind, findet sich in den Karten in Abbildung 8.51 und in Abbildung 8.52 dargestellt. Hier sticht der rheinfränkische Raum deutlich heraus. Und auch im Schlesischen, Obersächsischen und im Mittelbairischen Wiens gibt es starke Übereinstimmungen zwischen den im chrLiJi1 verwendeten phonologischen Manipulationen, die auch im deutschen Dialekt bekannt sind. Dabei muss beachtet werden, dass dies auch die Dialekträume sind, in denen generell die im chrLiJi1 verwendeten Phänomene auftreten (vgl. die Karten in Abbildung 8.49 und Abbildung 8.50). Auch dürfen diese Karten nicht so gelesen werden, dass im chrLiJi1 besonders phonologische Phänomene aus den deutschen Dialekten genutzt wurden, sondern diese Daten veranschaulichen lediglich die Nähe der eingesetzten Phänomene zum Ortsdialekt. Wie in den Einzelanalysen gezeigt werden konnte, sind alle bisher behandelten Phänomene mehr oder weniger auf authentische jiddische Formen zurückzuführen. LiJi1 ist also nicht bloß eine wahllose Zusammenschau verschiedener, in den deutschen Dialekten ohnehin weit verbreiteter Phänomene, sondern ein in sich durchaus stabiles sprachliches System, was besonders der diachrone Blick auf die einzelnen Phänomene unterstreicht (vgl. Abbildung 8.44). Die arealen Muster, die sich in den hier vorliegenden Karten erkennen lassen, sind besonders dem Umstand geschuldet, dass die (west-)jiddische Phonologie viele Eigenschaften mit den mitteldeutschen Mundarten teilt.

Die Karte in Abbildung 8.53 stellt hingegen dar, wo besonders viele bzw. wenige phonologische Markierungen im chrLiJi1 auftreten, die im Ortsdialekt nicht gegeben sind. Die Differenz zwischen deutschem Dialekt und chrLiJi1 ist v. a. im Mittelbairischen und Berliner Raum besonders groß. Aber auch im Ripuarischen Bonns und im Mittelbairischen Wiens werden viele ortsfremde Phänomene verwendet. Weniger auffällig sind die Unterschiede zwischen chrLiJi1 und deutschem Dialekt im schlesischen, böhmischen, ostpommerschen, alemannischen und rheinfränkischen Raum.

Aus den Belegdaten zu sieben Phänomenen, die als besonders charakteristisch für das Westjiddische angesehen werden,[77] ist die Karte in Abbildung 8.54 entstanden. Man sieht in der IDW deutlich, dass westjiddische Formen besonders stark in den Bonner Quellen, den Texten aus den bairischen und obersächsischen Dialekträumen sowie denen aus Berlin auftreten; seltener aber im Niederdeut-

---

[77] Diese Phänomene sind die Monophthongierung von V24, V44 und deren Zusammenfall, die Diphthongierungen von V22, V42 und V34 sowie der Erhalt von germ. -pp-.

8 Phonologische Markierungen

Abbildung 8.51: Gemeinsame phonologische Phänomene des chrLiJi1 und der entsprechenden dt. Dialekte

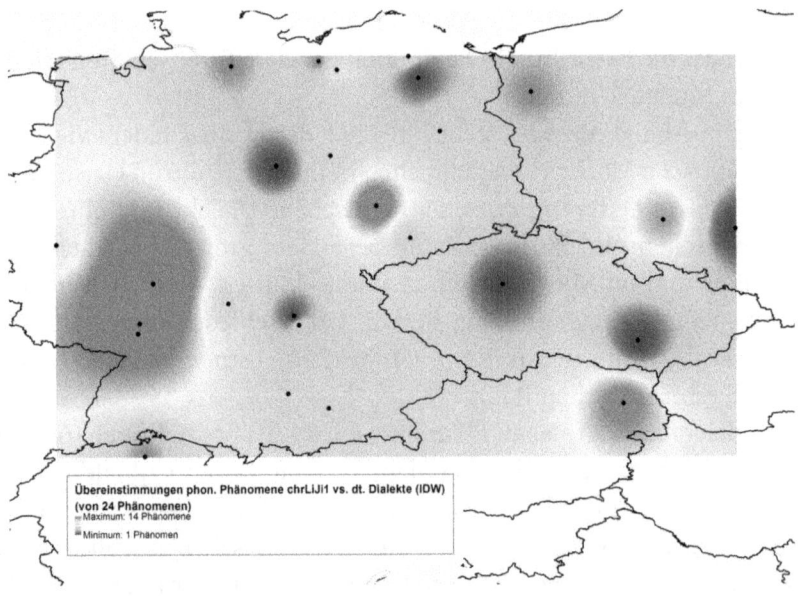

Abbildung 8.52: Gemeinsame phonologische Phänomene des chrLiJi1 und der entsprechenden dt. Dialekte (IDW)

8.14 Diachrone und diatopische Verteilung phonologischer Manipulationen

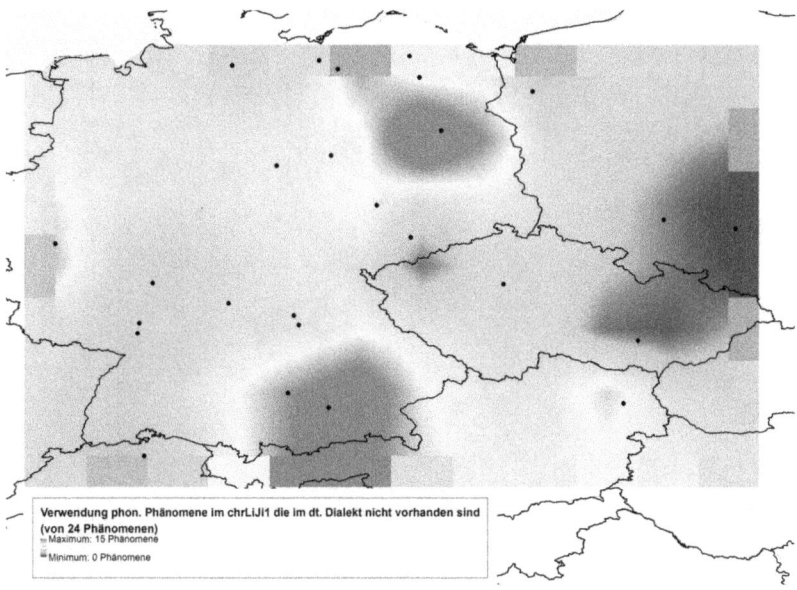

Abbildung 8.53: Ortsfremde phonologische Phänomene des chrLiJi1 (IDW)

schen, Schlesischen, Böhmischen, Mährischen, Südbairischen, sprich im äußersten Osten des Untersuchungsgebiets. Das chrLiJi1 entspricht somit erstaunlicherweise dem Gebiet des Übergangsjiddischen, wo wir bereits ostjiddische Formen annehmen dürfen. Dies gilt zwar nicht für den äußersten Norden, wo wir auf niederdeutschem Gebiet eine Zahl an Quellen finden, in denen westjiddische Formen kaum auftreten. Auffällig verhalten sich auch die rheinfränkischen Quellen (Speyer, Mannheim, Frankfurt), die nur sehr wenige der ausgewählten westjiddischen Phänomene aufweisen, und dies obwohl sie in den örtlichen deutschen Dialekten beinahe alle gegeben sind (vgl. Abbildung 8.55). Hier kann angenommen werden, dass gerade um die Distanz zum örtlichen Dialekt herzustellen, auf charakteristische westjiddische Phänomene (zugunsten anderer) verzichtet wurde. Da es sich bei den Quellen um Theaterstücke handelt, welche besonders regional für die örtlichen Theater geschrieben wurden (insbes. im Fall der Mannheimer Quellen), ist eine erkennbare Unterscheidung zwischen jüdischem und deutschem Dialekt besonders wichtig an Orten, an denen die Gemeinsamkeiten besonders stark sind.

Das Kartenbild in Abbildung 8.55 entspricht in etwa dem aus Abbildung 8.52. Hier wurden eben jene, auch für die Darstellung der Karte in Abbildung 8.54 relevanten, sieben besonders idiosynkratischen Phänomene des WJ herangezogen. Der Vergleich zwischen der Verteilung westjiddischer Phänomene in den

8 Phonologische Markierungen

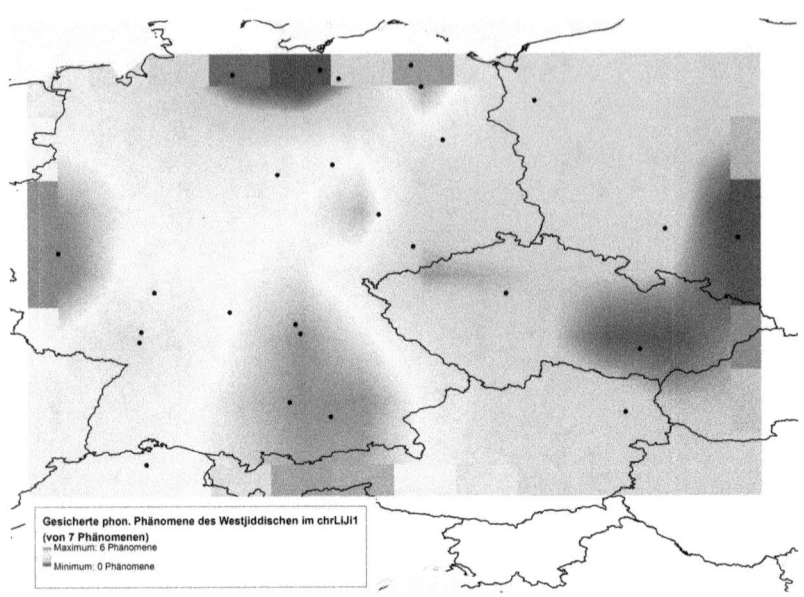

Abbildung 8.54: Westjiddische phonologische Phänomene im chrLiJi1 (IDW)

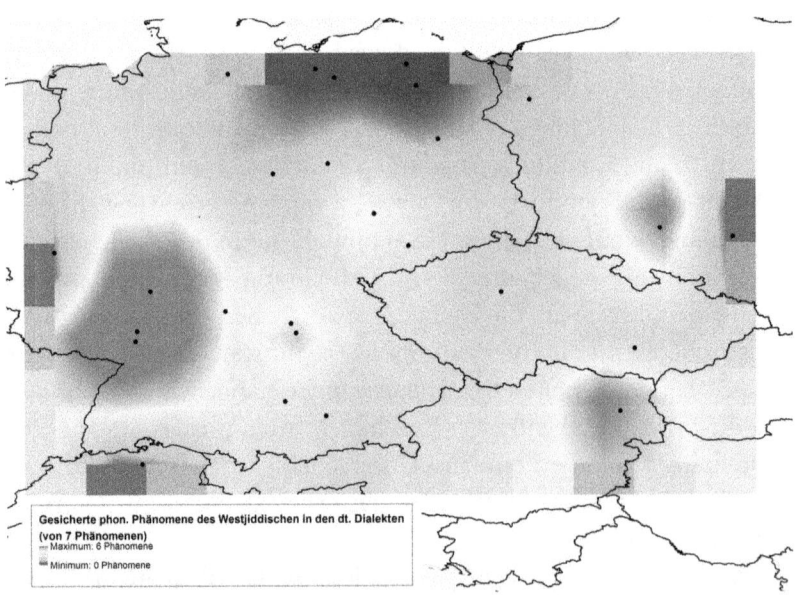

Abbildung 8.55: Westjiddische phonologische Phänomene des chrLiJi1 in den dt. Dialekten (IDW)

8.14 Diachrone und diatopische Verteilung phonologischer Manipulationen

deutschen Dialekten (Karte in Abbildung 8.55) und der Verteilung eben dieser Phänomene im chrLiJi1 (Karte in Abbildung 8.54) zeigt klare Unterschiede und bestätigt damit, dass die deutschen Dialekte nur sehr geringen Einfluss auf die Manipulationen des chrLiJi1 haben.

Der Vergleich zu literarischen Quellen jüdischer Autoren (jüdLiJi1) hat ergeben, dass die Autorschaft im Grunde keinen entscheidenen Einfluss auf die verwendeten Strategien nimmt; z. T. sind die Quellen christlicher Autoren sogar ergiebiger als die jüdischer.

9 Morphologische Markierungen

Im Bereich der Morphologie weist das LiJi weit weniger Strategien zur Emulation des Jiddischen auf, als es auf phonologischer Ebene der Fall ist. Doch selbst wenn die Quellen quantitativ nur wenige Manipulationen an der Morphologie vornehmen, sind diese nicht minder interessant. So zeigen etwa einige der morphologischen Phänomene interessante diachrone Streuungen. In der Analyse der 53 untersuchten Quelltexte sind von der Schriftnorm abweichende Auffälligkeiten bezüglich Nominal- (Genuswahl, Diminution, Pluralbildung, Kasussystem) und Verbalmorphologie (Flexionsformen, Wortakzent bei Präfix-/Partikelverben) zu verzeichnen. Diese gilt es im Folgenden im Einzelnen darzulegen.

9.1 Genusverschiebungen

Einige Quellen des chrLiJi1 und jüdLiJi zeigen den Gebrauch abweichender Genera. Die Genuszuweisung im Standardjiddischen entspricht (bei den Lexemen der germanischen Komponente) weitestgehend dem Deutschen (vgl. Jacobs 2005: 166–168). Es gibt einige Ausnahmen, wo Variationen zwischen den drei Genera Femininum, Maskulinum und Neutrum im Standardjiddischen vorliegen, die im Deutschen nicht gegeben sind, z. B. in (38). Es sind besonders Feminina, die zum maskulinen Genus wechseln können. Ausnahmen wie in (38d) lassen sich mit semantischer Kongruenz (*Dehybridisierung*) erklären (vgl. Fleischer 2012). Weitere Unterschiede zum deutschen Genussystem finden sich bei jüngeren Lexemen, wie z. B. in (38e). Im Genussystem liegt sicherlich eine der größten Diskrepanzen zwischen Standard und gesprochener Sprache vor (Wolf 1969: insbes. 153–207). Dialektale Variation findet sich besonders im NOJ, wo im Unterschied zu den übrigen jiddischen Varietäten das Neutrum abgebaut und ein Genussystem entwickelt wurde, welches nur noch die Opposition „maskulin–feminin" besitzt (vgl. Jacobs 1990b; Wolf 1969; Herzog 1965: 101–124). In den Dialekten des NOJ und SOJ finden sich darüber hinaus auch Wechsel historischer Feminina zu Maskulina (Wolf 1969: 160–168) bzw. von Maskulina zu Feminina (Wolf 1969: 168–176). In manchen Lexemen können sogar alle drei Genera in den Dialekten auftreten,

9 Morphologische Markierungen

wie z. B. in (38f) (vgl. Wolf 1969: 178). Eine Abweichung vom schriftdeutschen Genussystem im LiJi könnte auf diese ostjiddischen Dialektsysteme verweisen.

(38) a. דער/דיע מויער *der/di moyer* 'die Mauer' (zitiert n.Jacobs 2005: 167)

b. דער/דיע נוס *der/di nus* 'die Nuss'

c. דער/דיע גרענעץ *der/di grents* 'die Grenze'

d. דאָס/דיע ווייב *dos/di vayb* 'die Frau' (zitiert n. Jacobs 2005: 167)

e. דאָס/דער וועבבלאַט *dos/der vebblat* 'die Homepage'

f. דאָס ראָד *dos rod* (südl. ZOJ) – דער ראָד *der rod* (NOJ) – דיע ראָד *die rod* (SOJ) 'das Rad'(zitiert n. Wolf 1969: 178)

Diese Form der dialektalen Variation im Ostjiddischen lässt sich bis zu einem gewissen Grad auf den Einfluss, den osteuropäische Sprachen auf das Jiddische ausgeübt haben, zurückführen (vgl. Trudgill 1999; Weinreich [1973] 2008: 591). So sind Genus-Mismatches ein häufiges Phänomen intensiven Sprachkontakts (vgl. Trudgill 1999). Dies gilt besonders in den modernen germanischen Sprachen, in denen die Genuszuweisung nicht (mehr) ersichtlich ist. Genusschwankungen und Genusübergänge sind aber auch für die Diachronie und Diatopie des Deutschen reichlich belegt (Schirmunski 1962: 443f). Ein Einfließen deutschdialektaler Formen auf das chrLiJi1 ist somit nicht völlig von der Hand zu weisen (vgl. 39f). Möglich wäre aber auch eine rein literarische Funktion der Genusverstöße an der deutschen Schreibvarietät. So kann besonders die Verwendung des Neutrums bei Personennamen, die im Übrigen in vielen deutschen Dialekten unmarkiert ist, in der Schriftsprache jedoch zu pejorativen Zwecken eingesetzt werden (vgl. Nübling 2014). Personennamen sind im LiJi allerdings kaum von Genusverstößen betroffen.

Die einzelnen Belege für die Setzung eines abweichenden Genus sind in (39) aufgeführt.[1] Im chrLiJi1 finden sich einzelne Belege in sechs Quellen (39a)–(39g). Das jüdLiJi1 zeigt einen einzelnen Beleg (39h). Mit Blick auf die pejorative Funktion wäre eine besondere Hervorhebung des Neutrums anzunehmen (vgl. Nübling 2014). Dies ist jedoch nur in zwei Belegen (39b und 39c) der Fall, die übrigen sechs Belege wählen das Maskulinum zur Markierung. Dies ist besonders interessant, da in vier dieser sechs Belege ein Neutrum maskulin wird, was ideal in die Strukturen des NOJ passen würde (vgl. Jacobs 1990a). Für einen nordostjiddischen

---

[1] Alle diese Belege stehen im Nominativ, eine Kasusalternanz wäre demnach auszuschließen (vgl. Abschnitt 9.5).

9.1 Genusverschiebungen

Einfluss auf das LiJi spricht besonders die geographische Verteilung der Belege: Mit der Ausnahme einer Mannheimer Quelle liegen alle Belege im östlichen Teil des westjiddischen Sprachgebiets (vgl. Abbildung 9.1), wo die direkte Einwanderung von Sprechern des Nordostjiddischen wahrscheinlicher ist, als im Westen bzw. Süden. Besonders interessant sind die Belege (39a), (39e), (39g) und (39h), da hier das korrekte ostjiddische Genus verwendet wird. Die Autoren müssen hier demnach eine besonders gute Kenntnis vom Ostjiddischen gehabt haben.

(39) a. *der Spektakel* 'das Spektakel' (BS: 4); vgl. oj. דער ספעקטאַקל *der spektakl*

b. *das Litteratur* 'die Literatur' (HJ: 97); vgl. oj. די ליטעראַטור *di literatur*

c. *das arme Jued* 'der arme Jude' (WA: 157); vgl. oj. דער ייִד *der yid*

d. *einen guten Gehalt* 'ein gutes Gehalt' (FM: 8);
vgl. oj. דאָס געהאַלט *dos gehalt*

e. *der Schiff* 'das Schiff' (SS: 18); vgl. oj. די שיף *die shif*

f. *ein Lerche* 'eine Lerche' (LR: 11);
vgl. Mitteldt. (südmos. Obh.) *der lerx* (Schirmunski 1962: 444);
oj. דאָס טרילערל *dos trillerl* 'die Lerche'

g. *ein Wachtel* 'eine Wachtel' (LR: 11);
vgl. oj. דער וואַכטל *der wachtel*

h. *der großer Seminar* 'das große Seminar' (GuS23: 4)
vgl. oj. דער סעמינאַר *der seminar*

Abschließend lässt sich festhalten, dass Genusverschiebungen von der deutschen Schriftsprache im LiJi1 äußerst selten vorkommen. Die Hälfte der Belege verwenden Genera, die ostjiddischen Formen entsprechen. Dies ist erstaunlich und kann für eine Kenntnis dieser Autoren vom Ostjiddischen sprechen oder als Hinweis für ein vom Schriftdeutschen abweichendes Genussystem im Westjiddischen interpretiert werden. Wie nun die übrigen vier Belege zu interpretieren sind, muss offen bleiben. Zum einen ist es durchaus möglich, dass die entsprechenden Lexeme in den entsprechenden jiddischen Dialekten genau die Genera aufweisen, die im LiJi1 belegt sind. Andererseits ist auch die pejorative Funktion von Genusverstößen nicht völlig von der Hand zu weisen. Plausibel erscheint es, eine Kombination zwischen Pejoration und Sprachrealität anzunehmen.

9 *Morphologische Markierungen*

Abbildung 9.1: Genusverschiebungen im chrLiJi1

9.2 Diminutionen

Die Diminution ist ein äußerst frequentes Mittel der Charakterisierung jüdischer Figuren. Es finden sich im chrLiJi1 in 39 (von 53) Quellen 12 verschiedene Diminutivsuffixe für die Singulardiminution (Tabelle 9.4, S. 202) und in 27 Texten 14 Suffixe für die Diminution im Plural (Tabelle 9.5, S. 207). In vielen Texten werden dabei mehrere Suffixe parallel verwendet. Im Singular zeigen 14 Quellen zwei unterschiedliche Suffixe parallel. Insgesamt sieben Quellen verwenden drei und in jeweils einer Quelle treten vier (PA Frankfurt, 1834) und sechs (GW n.a., ca. 1900) unterschiedliche Suffixe nebeneinander auf. Der Mittelwert liegt bei 1,4 Suffixen pro Quelle (bei einer Standardabweichung von σ 1,2). Sechs Quellen verwenden zwei unterschiedliche Suffixe zur Pluraldiminution; fünf Quellen drei und eine Quelle (PG Speyer, 1835) vier Suffixe. Dies allein zeigt, welche Vielzahl an Suffixen eingesetzt wird.

Die im Jiddischen verwendeten Diminutivsuffixe entstammen der germanischen Komponente. Aus diesem Grund wird, bevor auf die Diminution im Jiddischen eingegangen wird (Unterabschnitt 9.2.2), das deutsche System dargestellt

(Unterabschnitt 9.2.1). Da das Jiddische die Unterscheidung zwischen Diminutivsingular und -plural trifft (Jacobs 2005: 162–166), erfolgt die anschließende Analyse aufgrundlage dieser Trennung. Es werden zunächst die einzelnen im LiJi auffindbaren Singulardiminutiva und später die Pluraldiminutiva dargestellt und mit der Situation im Jiddischen und den deutschen Dialekten verglichen. In die Analyse nicht aufgenommen wird die semantische Kategorie des Diminutivs 1. und 2. Grades, der eine Unterscheidung zwischen 'verkleinernd' und 'verzärtlichend' trifft und für das Jiddische angenommen wird (Landau 1895: 48; Perlmutter 1988: 80; Jacobs 2005: 162),[2] da solche Kategorien bestenfalls durch direkte Sprecherbefragung, aber nur schwer aufgrundlage schriftlicher Quellen ermittelt werden können.

9.2.1 Diminution in den deutschen Dialekten

Im Deutschen wie auch im Jiddischen erfolgt die Diminution mittels Umlautung des Stammvokals und Suffigierung am Stamm. Für die Dialekte des Deutschen veranschlagt man abhängig vom Konsonanten des Suffixes eine grobe Einteilung in L- und K-Diminution (u. a. Wrede 1908; Schirmunski 1962: 475–487; Seebold 1983), d. h. es liegen zwei Klassen von Diminutivsuffixen vor, die sich in ihrem Basiskonsonanten unterscheiden. Dabei finden sich Diminutivformen mit *-l-* als Basiskonsonant im Süden des Sprachgebiets, Formen auf *-k-*(> *-ch-*) im Norden (vgl. Abbildung 9.1, S. 195 u. 9.3, S. 197).[3] Diese Nord-Süd-Teilung der Dialekte spiegelt sich selbst im Schriftdeutschen wieder, wo zwei Diminutivsuffixe *-chen* und *-lein* gebräuchlich sind.[4] Die deutschen Mundarten weisen hingegen weitaus mehr und „seit langem konkurrierende Typen von Diminutivformen" auf, als die Standardsprache vermuten lässt (Schirmunski 1962: 476). Wie Wrede (1908) in seiner umfassenden Beschreibung der im Wenkermaterial erhobenen Diminutiva zeigt, ist das Auftreten eines Diminutivsuffixes in den meisten Dialekten abhängig von der Semantik eines Lexems und dessen phonologischen Bedingungen. Tatsächlich verwenden die meisten Sprecher eines deutschen Dialekts mehr als nur ein Suffix. Die Leitformenkartierung des WA ist damit bei diesem Phänomen

---

[2] Eine solche semantische Differenzierung ist auch aus den deutschen Dialekten bekannt, wie z. B. dem Schwäbischen oder dem Hochalemannischen (vgl. Seebold 1983: 1250; Lüssy 1974: 159–208; Schirmunski 1962: 162).

[3] In den dt. Dialekten der Schweiz und Österreichs, die nicht von den Wenkerkarten abgedeckt sind, setzt sich das Dialektkontinuum fort und wir finden hier konsequent L-Diminution.

[4] Mittlerweile hat sich überwiegend die ursprünglich ostmitteldeutsche Diminutivbildung mittels *-chen* durchgesetzt (Schirmunski 1962: 475, 479; König 2007 [1978]: 157). Sobald der Stamm auf *-ch*, *-g*, oder *-ng* auslautet, findet sich in der nhd. Schriftsprache die ursprünglich oberdeutsche Bildung mit *-lein* (Schirmunski 1962: 475).

stark an das einzelne Lexem gebunden (Wrede 1908: 74f). Das heißt auch, dass alle nachfolgenden Kartenbilder, insbesondere die Polygone des WA, wie auch im Fall der phonologischen Karten, nur die Variationen eines Lexems darstellen und keine Gesetzmäßigkeiten reflektieren (vgl. Wrede 1908: 79).

Die zwei Basistypen von Diminution bewirken je nach Vokal kleinräumige areale Variation. Hinzu kommen Fusionsformen beider Basistypen, wie man sie im mitteldeutschen Raum, also in der Kontaktzone zwischen L- und K-Diminution, findet. Eine Zusammenfassung der belegten Kombinationen findet sich in Tabelle 9.1 (S. 195) für die Singulardiminution und in Tabelle 9.2 (S. 195) für die Pluralformen.

Eine Trennung zwischen Singular- und Pluraldiminution, wie sie das Jiddische zeigt und welche nach den Regeln der morphologischen Natürlichkeit besondere *Ikonizität* abbildet (vgl. Mayerthaler 1981: insbes. 98–102; Wurzel 1984: insbes. 59), kennen nur wenige deutsche Dialekte. Ausgehend von der in Tabelle 9.2 (S. 195) aufgeführten Typisierung werden in Abbildung 9.3 die Einzelformen (WA-Karte Nr. 381) zur Pluraldiminution zu entsprechenden Polygonen zusammengefasst, die die einzelnen Typen und ihre räumliche Verbreitung darstellen.[5] Augenscheinlich ist die aus der Singulardiminution bekannte Nord-Süd-Teilung in K- und L-Diminution (vgl. Abbildung 9.2). Ebenfalls fällt auf, dass eine besondere Pluralmarkierung vor allem in Regionen von K-Singulardiminution und besonders im (west-)mitteldeutschen Gebiet verwendet wird. Im Süden hingegen, wo die L-Diminution verbreitet ist, wird kaum zwischen Plural und Singular am Diminutivum unterschieden. Die Kombination von L-Diminution im Singular und K + Pl.-Diminution im Plural, wie sie im Jiddischen vorliegt, ist eine

---

[5] Das Suffix *-chen* verhält sich in der Typisierung als Pluraldiminutivsuffix problematisch, da es zum einen dem Typ einfacher K-Diminution zugerechnet werden kann; gesetzt den Fall es bestünde aus dem Diminutivsuffix *-chen-* zuzüglich einem *-en-*Plural ist es zum anderen aber auch dem Typ K+Pl. zuzurechnen. Der Vergleich der Karten zum Singular- und Pluralsuffix im WA (Karten 381 u. 440) zeigt, dass im ostmitteldeutschen (insbes. dem Obersächsischen) *-chen* sowohl als übliches Suffix zur Singular- als auch zur Pluraldiminution vorliegt. Damit ist keine Unterscheidung zwischen Singular und Plural bei der Diminution erkennbar und das Suffix muss hier zum einfachen K-Typ gerechnet werden. Anders sieht es jedoch im Rheinfränkischen (insbes. zwischen Aschaffenburg u. Weinheim) aus. Hier finden sich im Singular die Suffixe *-che*, *-elche*, *-el* und *-la*. Wir haben es also mit einer äußerst vielfältigen Region von Diminutivsuffixen im Singular zu tun. Im Plural aber findet sich hier flächendeckend *-chen*. Damit unterscheidet sich das Suffix eindeutig vom Singular und die Analyse des Suffix als K-Diminution + Pl.-Suffix erscheint hier sinnvoll, zumindest gilt dies für die Gebiete, in denen *-che* und *-elche* im Singular vorliegen. Aus diesem Grund wurde das entsprechende Gebiet im Rheinfränkischen in Karte 9.3 zum K+Pl.-Gebiet gezählt, während das Gebiet im Obersächsischen, welches *-chen* im Singular und im Plural aufweist, als zur reinen K-Diminution gehörig kartiert wurde.

9.2 Diminutionen

seltene Ausnahme im deutschen Dialektverbund. Lediglich in den Randgebieten des Rhein- und Ostfränkischen kann man die auf L-Diminution aufbauenden Pluraldiminutivsuffixe finden und hierbei unter anderem auch das aus dem Jiddischen bekannte Suffix *-lich*. Dieses Suffix findet sich entlang der Isoglosse von L- und K-Diminutionstypen. Es ist v. a. diese geolinguistische Verortung, die dafür spricht, in dem Suffix eine Fusion der beiden Basistypen von Diminution zu sehen, wie sie auch bei anderen Suffixen entlang der L/K-Isoglosse zu finden ist.[6]

Tabelle 9.1: Grundmuster von Singulardiminutivsuffixen im Deutschen (basierend auf WA Karte Nr. 440 'Stückchen')

Muster	Beispiel ('Ente$_{\text{Dim. Sg.}}$')
K	*-che Entche, -ke Entke*
L	*-le Entla, -ile Entile*
L + K	*-elche Entelche*

Tabelle 9.2: Grundmuster von Pluraldiminutivsuffixen im Deutschen (basierend auf WA Karte Nr. 381 'Apfelbäumchen')

Muster	Beispiel ('Ente$_{\text{Dim. Pl.}}$')
K	*-che Entche, -ke Entke*
L	*-le Entla, -ile Entile*
L + K	*-lich Entlich*
K + L	*-chel Entchel*
Pl. + K	*-erche Enterche, -erje Enterje*
Pl. + L	*-erle Enterle*
K + Pl.	*-kes Entkes, -cher Entcher*
L + Pl.	*-len Entlen*
Pl. + K + Pl.	*-ercher Entercher, -erchens Enterchens*

---

[6] So wird der Fusionscharakter von Diminutivsuffixen im Mitteldeutschen deutlicher am Beispiel des Suffixes *-elcher*, welches als eine Fusion aus *-el*$_{\text{L-Dim.}}$ + *-ch(e)*$_{\text{K-Dim.}}$ + *-(e)r*$_{\text{Pl.}}$ zu analysieren ist.

9 Morphologische Markierungen

Abbildung 9.2: Singulardiminutionen in den dt. Dialekten (WA Karte Nr. 440 'Stückchen')

9.2.2 Diminution im Jiddischen

Das Diminutionssystem des modernen Ostjiddischen fasst Tabelle 9.3 zusammen. Der Singular wird mittels -*l* (1. Grad) und -*ele* (2. Grad)[7] gebildet (Jacobs 2005: 69; Perlmutter 1988: 80). Die Pluraldiminution wird mittels -*lekh* (1. Grad) bzw. -*elekh* (2. Grad) gebildet (Jacobs 2005: 162–163; Perlmutter 1988: 80). Bei Nomina mit hebräisch-aramäischer Wurzel findet sich oftmals eine doppelte Pluralmarkierung, indem -*(e)lekh* an das bereits im Plural stehende Nomen gehängt wird, wie z. B. in חסיד *khsid* 'Frommer$_{Sg.}$' > חסידים *khsidim* 'Fromme$_{Pl.}$' > חסידימלעך *khsidimlekh* 'Frommer$_{Pl.+ Dim. Pl.}$' (Jacobs 2005: 163; Perlmutter 1988). Dieselbe Situation lässt sich aber auch in einzelnen Lexemen der germanischen Komponente finden, z. B. in קינדערלעך *kinderlekh* 'Kind$_{Pl. + Dim. Pl.}$' (Jacobs 2005: 163; Perlmutter 1988).

---

[7] Das Suffix -*ele* findet sich auch bei auf /l/ auslautenden Nomina auch im 1. Grad, z. B. פֿױגל *foygl* 'Vogel' פֿײגעלע *feygele* 'Vogel$_{Dim. Sg.}$'

9.2 Diminutionen

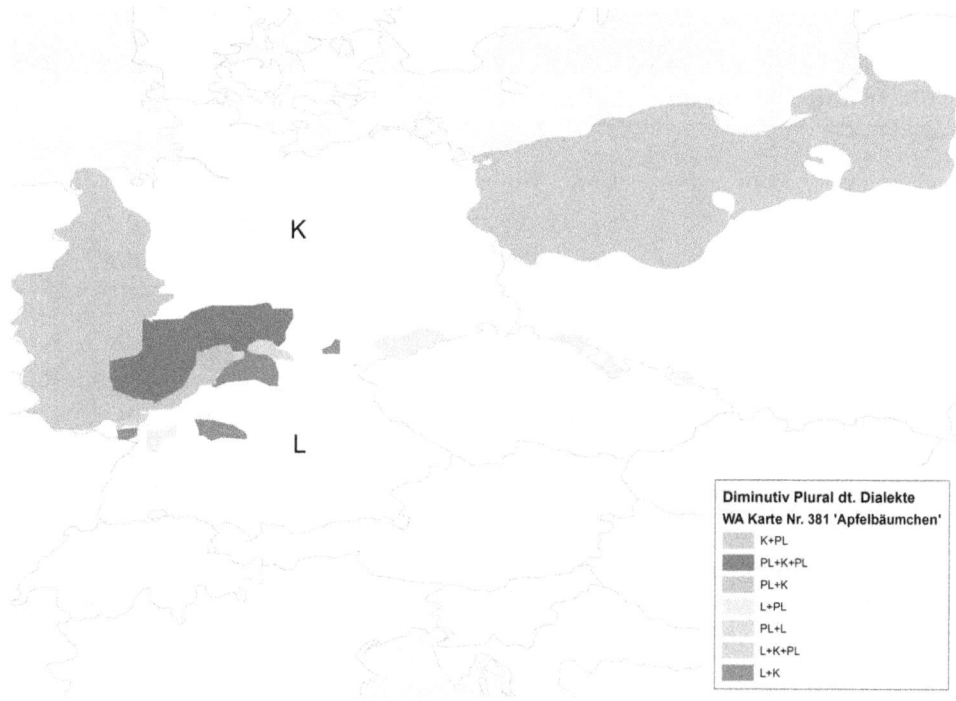

Abbildung 9.3: Pluraldiminutionen in den dt. Dialekten (WA Karte Nr. 381 'Apfelbäumchen')

Jiddisch orientiert sich damit an der L-Diminution, die im Ober- und Mitteldeutschen verbreitet ist. Das Pluralsuffix findet sich in den deutschen Dialekten des Ost- und Rheinfränkischen als -*lich* belegt, wo es sich entlang der Isoglosse zwischen L- und K-Diminution als Fusionsform beider Formen herausgebildet hat (Grimm 1890: 647; Weinhold 1867: 245; Wrede 1908: 124; Paul 1920: 49).[8]

Die Situation der Diminution in den jiddischen Dialekten ist bislang noch nicht beschrieben worden. Die Daten des LCAAJ (2000: 120) lassen vermuten, dass es tatsächlich diatopisch unterschiedliche Suffixe gab und womöglich auch das System der graduellen Diminuierung de facto nicht soweit verbreitet war, wie das

---

[8] Die Analyse des Suffixes als Fusion der zwei Basistypen von Diminution wird nicht von jedem geteilt. Z. T. wird dieses Suffix als Komposition von L-Diminution und dem Kollektivsuffix ahd. -*ahi*, mhd. -*ech* (-*ach*, -*ich*), nhd. -*icht* (unproduktiv z. B. in *Kehricht*, *Dickicht*) analysiert, so etwa in Schirmunski (1962: 484) oder Timm (2005: 110–112). Weinhold (1867: 235) schlägt vor, dass die Existenz des Kollektivsuffixes als Katalysator für die Grammatikalisierung der Fusionsform als Pluralsuffix gewirkt haben mag. Ebenso können auch die -*ach*-Plurale des Oberdeutschen dazu beigetragen, der Fusionsform -*lich* Pluralbedeutung zu geben (vgl. Rowley 1994).

9 Morphologische Markierungen

Tabelle 9.3: Das Diminutionssystem des standardisierten Ostjiddischen

Grad	Numerus	Suffix	Beispiel 'Lied'		
1.	Sg.	-l	לידל	lidl	'kleines Lied'
1.	Pl.	-lekh	לידלעך	lidlekh	'kleine Lieder'
2.	Sg.	-ele	לידעלע	lidele	zärtlich 'Lied'
2.	Pl.	-elekh	לידעלעך	lidelekh	zärtlich 'Lieder'

standardisierte Jiddisch vermuten lässt.[9] Dialektale Abweichungen vom Standard finden sich zum Beispiel im NOJ, wo die Singulardiminuierung von מויל moyl 'Mund' mittels -kh(e)le erfolgt, und im SOJ findet sich das Suffix -lche(n) im Lexem שיקסע shikse 'Nichtjüdin' (Herzog, Kiefer u. a. 2000: 122, Karten Nr. 36S1, 36S2). Wie in den deutschen Dialekten herrscht so scheinbar auch in den jiddischen Varietäten eine vom Lexem abhängige Vielfalt an Diminutivsuffixen vor (vgl. S. 194). Vor allem aber fällt die Datenmenge des LCAAJ zu gering aus, als dass sich auf deren Basis Aussagen über das jiddische Diminutionssystem machen ließen.

Dies zeigt sich besonders im Westjiddischen. Den Daten des LCAAJ (2000: 120–125) zufolge bildet das Westjiddische die Singulardiminution im SWJ und südwestlichen ZWJ mittels -(e)le, im NWJ und NÜJ mittels -l, im SÜJ finden sich beide Suffixe parallel und im westlichen ZWJ ist -che(n) zu finden (Herzog, Kiefer u. a. 2000: 120–122, Karten Nr. 36, Nr. 36S1). Guggenheim-Grünbergs Daten zum südlichen SWJ und ZWJ bestätigen dieses Bild nicht; vielmehr finden sich hier die den koterritorialen deutschen Dialekten entsprechenden Suffixe (Guggenheim-Grünberg 1973: 92, Karte Nr. 33). Dieses Bild bestätigen auch schriftliche Quellen aus dem 19. und 20. Jahrhundert. So findet sich im Westjiddischen nördlich des Mains die K-Diminution (40a–40c) und im Süden L-Diminution (40d–40f).

(40) a. *Stickche* 'Stück$_{\text{Dim. Sg.}}$'
    Schnüpfche 'Schnupfen$_{\text{Dim. Sg.}}$'
    („Das verfrühte Schulenrufen" Aurich 1902 [Reershemius 2007: 67])

---

[9] Die Daten zur Diminution des LCAAJ (2000: 120–125, insbes. Karte 36) bieten nur einen minimalen Ausschnitt in die tatsächliche Sprachsituation. Dies zeigt sich besonders daran, dass hier im Singular zwei unterschiedliche und nicht miteinander vergleichbare Suffixe (שיקסע shikse 'Nichtjüdin' im Westjiddischen und מויל moyl 'Mund' im Ostjiddischen) die Basis bilden. Wie Wrede (1908) zeigt, ist die Wahl eines Diminutivsuffixes stark lexemgebunden, vgl. S. 194. Hinzu kommt, dass die Erhebungsmethode des Fragebogens im Westjiddischen kaum dazu ausreichte, semantische Feinheiten wie die Diminution 1. und 2. Grades einzufangen.

b. *Goichen* 'Nichtjude_{Dim. Sg.}'
("Die Lebenserinnerungen des A. H. Heymann", Strausberg (Berlin), 1909: 92 [Schäfer 2010: 39])

c. תמרכה *tamarche* 'Tamara_{Dim. Sg.}'
גומפלכה *gumplche* 'Gumpel_{Dim. Sg.}'
("Die Hochzeit zu Grobsdorf" 1822: dramatis personae)

d. *Großvaterle* 'Großvater_{Dim. Sg.}'
("Die Juden von Zirndorf" Fürth, 1897 [1996]: 177)

e. *Stickle* 'Stück_{Dim. Sg.}'
Peckle 'Packet_{Dim. Sg.}'
("Garkisch" Mulhouse, 1930: 9; 20)

f. *Stickl* 'Stück_{Dim. Sg.}'
Majerl 'Mauer_{Dim. Sg.}'
(Wenkerbogen aus Frauenkirchen Nr. 42663/300447; vgl. Fleischer & Schäfer 2014)

Der LCAAJ erweckt mit der einzigen Kartierung eines durchaus problematischen[10] Lexems mit Pluraldiminution קרעפלעך *kreplekh* 'Knödel_{Dim. Pl.}' den falschen Eindruck, dass das Westjiddische über keine vom Singular distinkte Pluraldiminution wie das Ostjiddische verfügt. Der westlichste Beleg für die Diminution mittels -*lekh* im LCAAJ findet sich in Prag. Dies ist ein besonders eindrucksvolles Beispiel für die Unzulänglichkeit der westjiddischen Daten des LCAAJ, denn selbst Guggenheim-Grünberg (1973: 94, Karte Nr. 34) gelingt es, die westjiddische Pluraldiminution mittels -*lich* einzufangen. Zuckerman (1969: 56), dessen Daten eigentlich in die Kartierung des LCAAJ hätten einfließen müssen, findet dieses Suffix im Elsässer Jiddisch. Die ersten Belege für Pluraldiminutivbildungen auf -*lich* sind aus dem Mitteljiddischen, d. h. aus dem 15. bis 17. Jahrhundert, bekannt (Timm 2005: 112). Das historische Diminutivsystem des Jiddischen zeigt noch generell eine hohe Vielfalt der Suffixe (Timm 2005: 109–113). Damit ist anzunehmen, dass das moderne System, wie es Tabelle 9.3 zeigt, tatsächlich eine Idealisierung eines wahrscheinlich wesentlich komplexeren Systems darstellt. Tatsächlich lässt sich im Fall der Pluraldiminution ein Ost-West-Gefälle innerhalb des jiddischen Dialektgebiets erkennen: Aus dem Westjiddischen sind uns

---

[10] Problematisch an diesem Lexem als Stellvertreter der Pluraldiminution ist, dass die Diminution bereits erstarrt sprich lexikalisiert, sein könnte. vgl. dazu auch den westjiddischen Beleg in (41b) S. 200 (Reershemius 2007: 133).

9 Morphologische Markierungen

bislang lediglich Quellen mit dem Suffix -lich/-lisch (41a–41c) überliefert, im NÜJ findet sich vereinzelt das Suffix -lech (41d–41e) und im SÜJ und südwestjiddischen Randgebieten zum SÜJ -loch und -lach (41f–41g). Allem Anschein nach ist also die Wahl des Vokals eine regional variierende Komponente. Hinzu kommt, dass im Westjiddischen nördlich des Mains das sonst für das Jiddische übliche Pluralsuffix -l- + Vokal + -ch nur in zwei umstrittenen Belegen vorliegt.[11] Das allgemeine Bild westjiddischer (Plural-)Diminution im Norden des Sprachgebiets scheint eine größere Variation zu haben, als es im Südwesten der Fall ist. Ein eindrucksvolles und glaubwürdiges Beispiel ist hier „Die Hochzeit zu Grobsdorf", in der eine hohe Varianz an Diminutivsuffixen im Plural[12] vorliegt (41h). Wichtig ist festzuhalten, dass kein im Jiddischen vorkommendes Suffix auch in einem deutschen Dialekt belegt ist.[13]

(41) a. מאַדליך *madlich* 'Mädchen$_{Dim. Pl.}$'
   הורג-ליך *horeg-lich* 'Zwerg$_{Dim. Pl.}$'
   („Esther. Oder die belohnte Tugend" Fürth, 1854: 7; 17)

b. *Kneidlich* 'Knödel$_{Dim. Pl.}$'
   („Das verfrühte Schulenrufen" Aurich 1902: 3. Auftritt [Reershemius 2007: 133])

c. *Blimlisch* 'Blumen$_{Dim. Pl.}$'
   Sticklisch 'Stücke$_{Dim. Pl.}$'
   („Garkisch" Mulhouse, 1930: 15; 16)

---

[11] Diese beiden Belege sind in den (41b) u. (41d) angeführt. Der Beleg aus Aurich kann, wie Reershemius (2007: 133 Fn. 199) anführt, als ostjiddisches Lehnwort im Diminutiv Plural erstarrt sein. Ebenfalls ein ostjiddischer Einfluss ist im Beleg aus Strausberg möglich, da auch dieses Lexem nicht im Westjiddischen belegt ist, vgl. Schäfer (2010: 40f). Die Wahl des Vokals im Diminutivsuffix spricht jedoch in beiden Fällen dafür, dass hier eine regionale Form vorliegt und nicht eine aus dem Ostjiddischen entlehnte.

[12] Im Singular findet sich hier regulär כה- -che. Die Pluralsuffixe, wie auch das Singularsuffix, können selbstverständlich aus dem Kontakt zu den koterritorialen hessischen Dialekten ins örtliche Jiddisch Eingang gefunden haben, da dort eben solche Suffixe gebräuchlich sind, vgl. WA Karten Nr. 381, 440; Friebertshäuser (1987: 86).

[13] Es besteht selbstverständlich die generelle Möglichkeit, dass im Ostjiddischen Diminution auch mittels slawischer Suffixe (insbes. -ke) gebildet werden können. Eine umfassende Untersuchung zum ostjiddischen Diminuierungssystem müsste diesen Fall zumindest berücksichtigen, da das Suffix selbst (wenn auch unproduktiv) in vielen Lexemen der slawischen Komponente vorhanden ist, z. B. קאַטשקע *katshke* 'Ente' (vgl. poln. *kaczka* 'Ente'), מאַרגעריטקע *margeritke* 'Gänseblümchen' (vgl. poln. *margerytka* 'Gänseblümchen').

d. *Rendlech* 'Münze$_{\text{Dim. Pl.}}$'
   („Die Lebenserinnerungen des A. H. Heymann", Strausberg (Berlin), 1909: 5 [Schäfer 2010: 40])

e. *Bäumlēch* 'Baum$_{\text{Dim. Pl.}}$'
   Äpelech 'Apfel$_{\text{Dim. Pl.}}$'
   (Wenkerbogen aus Kobyla Góra Nr. 09746; vgl. Fleischer & Schäfer 2014)

f. *Schefeloch* 'Schaf$_{\text{Dim. Pl.}}$'
   Eppeloch 'Apfel$_{\text{Dim. Pl.}}$'
   (Wenkerbogen aus Frauenkirchen Nr. 42663/300447; vgl. Fleischer & Schäfer 2014)

g. *Kinderlach* 'Kind$_{\text{Dim. Pl.}}$'
   Bondlach 'Bund$_{\text{Dim. Pl.}}$'
   („Torres Lokschen" Budapest, 1900: 39, 49; 40)

h. מערערכער *merercher* 'Mädchen$_{\text{Dim. Pl.}}$'
   („Die Hochzeit zu Grobsdorf" 1822: 14, 110)
   קערלכה *kerlche* 'Kerl$_{\text{Dim. Pl.}}$'
   („Die Hochzeit zu Grobsdorf" 1822: 37)

9.2.3 Diminution im chrLiJi1

Wie eingangs erwähnt (S. 192) liegt im chrLiJi1 eine Vielzahl an Suffixen zur Singulardiminution vor, die im einzelnen mit Beispielbelegen versehen in Tabelle 9.4 angeführt sind. An erster Stelle steht das Suffix *-che(n)*, wie es auch in der deutschen Schriftsprache Verwendung findet. In diesen Fällen erfolgt also die Markierung der jüdischen Figuren weniger über die Abweichung von der schriftsprachlichen Norm, als durch eine auffallend häufige Verwendung der Diminution.[14] In zwölf Quellen und damit zweithäufigstes Suffix ist *-el*. Dieses Suffix tritt in den deutschen Dialekten in kleinen Teilen des Niederalemannischen, Rheinfränkischen, Obersächsischen und Schlesischen auf (WA Karte Nr. 440) und entspricht der ostjiddischen Singulardiminution des 1. Grads (s. Tabelle 9.3, S. 198). Das

---

[14] Um gesicherte Aussagen über die Frequenz von Diminutiva im Text jüdischer Figurenrede im Vergleich zu nicht-jüdischer Figuren zu machen, reichen die hier erhobenen Daten selbstverständlich nicht aus. Die Feststellung, dass Diminution im Text jüdischer Figuren die übliche Frequenz von Diminution übersteigt, beruht hier lediglich auf der Leseerfahrung der Verfasserin.

Tabelle 9.4: Diminutivsuffixe Singular im chrLiJi1

Suffix	Beispiel	Quellen
-che(n)	Doktor-Titelche 'Doktortitel$_{\text{Dim. Sg.}}$' (PG: 3), Doktorche 'Doktor$_{\text{Dim. Sg.}}$' (JK: 4, 5, 8), Pferdchen 'Pferd$_{\text{Dim. Sg.}}$' (JP: 5)	28
-ge	Biksge 'Büchse$_{\text{Dim. Sg.}}$' (PA: 9), Stückge 'Stück$_{\text{Dim. Sg.}}$' (PA: 34)	1
-je	Musje 'Maus$_{\text{Dim. Sg.}}$' (PP: 30)	1
-ke	Britschke 'Pritsche$_{\text{Dim. Sg.}}$' (AJ: 6), Marieken 'Marie$_{\text{Dim. Sg.}}$' (DP: 27)	2
-elche(n)	Wechselche 'Wechsel$_{\text{Dim. Sg.}}$' (PA: 11), Ringelche 'Ring$_{\text{Dim. Sg.}}$' (WA: 165), Ringelchen ' Ring$_{\text{Dim. Sg.}}$' (FS: 44)	10
-elgen	Mägelgen 'Magen$_{\text{Dim. Sg.}}$' (OF: 1)	1
-lach	Stickelach 'Stück$_{\text{Dim. Sg.}}$' (SS: 10)	1
-lich	Hütlich 'Hut$_{\text{Dim. Sg.}}$' (SV: 3), Hälslich 'Hals$_{\text{Dim. Sg.}}$' (LM: 22), Sußlich 'Pferd$_{\text{Dim. Sg.}}$' (GP Nürnberg, 1831: 35, 36), Lämmlich 'Lamm' (PG: 11)	4
-lein	Stücklein 'Stück$_{\text{Dim. Sg.}}$' (HJ: 101), Büchlein ' Buch$_{\text{Dim. Sg.}}$' (LM: 12)	2
-le	Bäuerle 'Bauer$_{\text{Dim. Sg.}}$' (PA:)VIII, Davidle ' David$_{\text{Dim. Sg.}}$' (OF: 2), Schwesterle ' Schwester$_{\text{Dim. Sg.}}$' (AK: 247)	7
-el	Bauernmädel 'Bauernmädchen$_{\text{Dim. Sg.}}$' (PP: 21), Päckel 'Packet$_{\text{Dim. Sg.}}$' (FE: 56), Schicksel 'Nichtjüdin$_{\text{Dim. Sg.}}$' (JP: 5)	12
-ele	Mouschele 'Mose$_{\text{Dim. Sg.}}$' (OF: 2), Patschhäntele 'Patschehand $_{\text{Dim. Sg.}}$' (GW: 13)	2

Suffix -ele, welches den 2. Grad der Singulardiminution im Ostjiddischen bildet, findet sich in nur zwei Quellen des chrLiJi1. Mit einer Belegzahl von zehn Quellen ebenfalls sehr häufig ist die Fusionsform -elche(n). Diese ist in hessischen, rhein- und moselfränkischen Dialekten weit verbreitet (WA Karte Nr. 440).

Die Darstellung der Einzelformen in Abbildung 9.4 zeigt, dass einzelne Suffixe in bestimmten Gebieten besonders häufig auftreten. So etwa das Suffix -el, welches neben zwei Belegen aus Bonn, vor allem im Nordosten und im Südosten und damit in Kontaktzonen zum Ostjiddischen zu finden ist. Es könnte sich dabei um eine Emulation des ostjiddischen Singularsuffix des 2. Diminutionsgra-

9.2 Diminutionen

Abbildung 9.4: Singulardiminutionen im chrLiJi1

des *-ele* handeln. Ebenfalls räumlich auffällig verhalten sich die Belege des Suffix *-elche(n)*, welches wir zwar besonders im westmitteldeutschen Raum finden, wo es auch in den deutschen Dialekten verbreitet ist (vgl. Karte in Abbildung 9.5), allerdings ist es auch im Nordosten vielfach belegt, wo es für die deutschen Dialekte untypisch ist.

Vier Quellen zeigen das Pluraldiminutivsuffix *-lich* im Singular (s. Abbildung 9.10, S. 211). Eine solche Verwendung dieses Suffixes im Singular ist weder aus jiddischen noch aus deutschen Varietäten bekannt. Da all diese Quellen das Suffix auch „korrekt" bei der Diminution Plural einsetzen, ist anzunehmen, dass es sich hierbei um Übergeneralisierungen handelt. Den meisten Autoren des chrLiJi1 mag also nicht bewusst gewesen sein, dass das Jiddische eine Unterscheidung zwischen Diminutiv Singular und Plural trifft, und so wurde das Pluralsuffix auf den Singular übertragen.[15]

---

[15] Hinzukommt, dass mindestens ein Text durch die Schriften Itzig Veitel Sterns (pseud.) (GP Nürnberg, 1831) beeinflusst ist, welcher *-lich* sowohl im Singular als auch im Plural verwendet; zumindest nennt der Verfasser von PG (Speyer, 1835) im Vorwort diesen als sein Vorbild (vgl. Abschnitt 11.3, S. 324).

9 *Morphologische Markierungen*

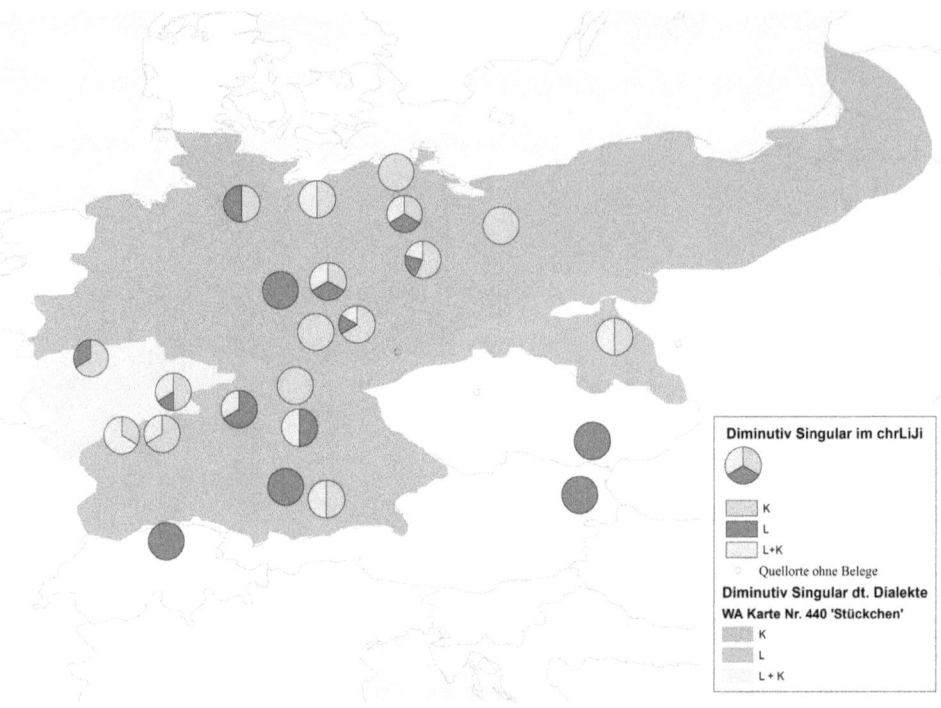

Abbildung 9.5: Singulardiminutionen im chrLiJi1 und den dt. Dialekten (WA Karte Nr. 440 'Stückchen')

Die Kartierung der Daten in den Abbildungen 9.4 und 9.5 zeigt, dass L-Diminution über das gesamte Erhebungsgebiet verteilt vorliegt, während K-Diminutionen im Süden rar sind. Davon ausgehend lässt sich vermuten, dass einigen der Autoren bewusst war, dass die Diminution im Jiddischen auf den L-Typ aufbaut. Interessant ist außerdem, dass Fusionsformen nach dem Muster L+K im gesamten Gebiet (mit Ausnahme des äußersten Südostens) belegt sind, obwohl diese Form eigentlich charakteristisch für die westmitteldeutschen Dialekte ist. Die bislang bekannten Daten zum Westjiddischen sprechen nicht dafür, dass im Singular solche Fusionsformen dort weit verbreitet waren (vgl. S. 198). Da jedoch generell die Datengrundlage recht dünn ist, was auch dem Umstand geschuldet ist, dass Diminution außerhalb des LiJi kein besonders frequentes Phänomen ist und die Wahl der einzelnen Suffixe von Wort zu Wort variieren kann, lässt sich nicht mit Bestimmtheit ausschließen, dass das chrLiJi1 hier eventuell etwas einfängt, was in den authentischen Quellen des Westjiddischen nicht belegt ist, tatsächlich aber Teil der Sprachrealität war. Für die Existenz einer Fusionsform der Singu-

9.2 Diminutionen

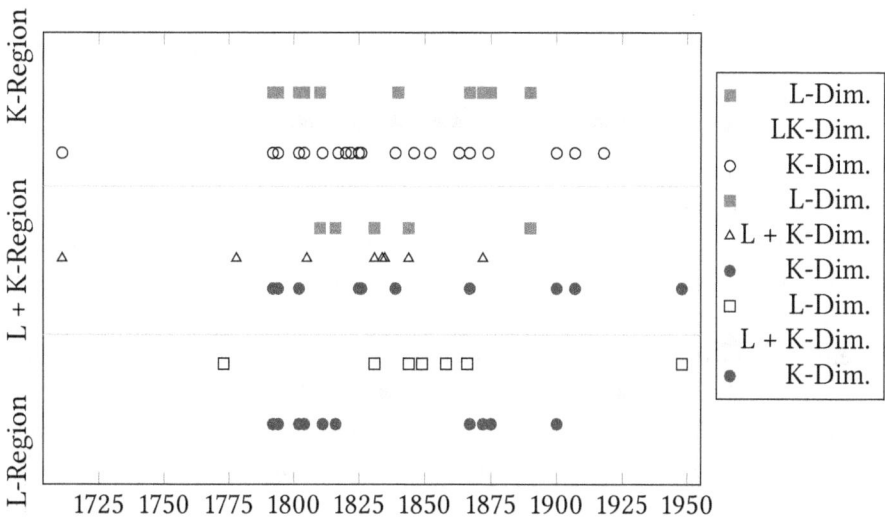

Abbildung 9.6: Regionale Verteilung von Singulardiminutionen im chrLiJi1

lardiminutionssuffixe im Jiddischen spricht, dass solche Formen auch im Ostjiddischen belegt sind (Herzog, Kiefer u. a. 2000: 122, Karten Nr. 36S1, 36S2; vgl. S. 198) und dass ich das Pluraldiminutivsuffix *-lich/ -lekh* als aus einer L-K-Fusion hervorgegangen auffasse.

Die Karten in Abbildung 9.4 und 9.5 ließen die Vermutung zu, dass L-Diminutionen durch ostjiddischen Einfluss erst im Verlauf des 19. Jahrhunderts im Norden auftauchen. Das Histogramm in Abbildung 9.6, welches die Quellen je nach regionaler Lage im deutschen Diminutionssystem (ausgehend von WA Karte Nr. 440) sortiert, zeigt aber, dass wir in der K-Region, also im Norden des Untersuchungsgebiets, bereits um 1800 L-Diminution vorfinden. Ebenso ist K-Diminution in den älteren Quellen im Süden (L-Region) belegt. Die Fusionsformen L+K hingegen zeigen insofern ein areales Muster, als dass wir sie nur in zwei relativ jungen Quellen in der L-Region finden, und sie besonders im Norden (K-Region) frequent sind. Eine diachrone Entwicklung von Diminutivtypen im chrLiJi1 ist also nicht festzustellen. Generell zeigen Karten und Diagramm deutlich, dass im Norden (K-Region) mehr von der regionalen Variante (in dem Fall auch der schriftsprachlichen Variante) abweichende Variation zu finden ist, als in der (westlichen) Mitte (L+K-Region) oder im Süden (L-Region). Zu beachten ist, dass sich die meisten Belege der K-Diminution aus dem schriftsprachlichen Suffix *-chen* ergeben (wenn auch in manchen Fällen mit gesprochensprachlichem *n*-Ausfall) und damit eher als Hintergrundrauschen der Schriftsprache denn als tatsächliche Evidenz für eine literaturjiddische Manipulation zu deuten sind.[16] Ebenfalls als Reflex der deutschen Schriftsprache sind Belege für das Suffix -*ge* zu deuten, da dieses Suffix noch bis ins 18. Jahrhundert als „Leitvariante" der Diminution galt und im 19. Jahrhundert, wenn auch sukzessive durch -*chen* abgelöst, noch immer gebräuchlich ist (Wegera 2000b; Elspaß 2005b: 73f).

Im Plural zeigt sich hingegen folgendes Bild: 27 Quellen weisen eine Diminution eines Plurals auf. Jedoch nur neun der Suffixe zeigen eine eigene morphologische Markierung des Plurals am Diminutivum (vgl. Tabelle 9.5).[17] In vielen Fällen wird die Pluraldiminution mittels einer Addition des -*er*- oder -*s*-Pluralsuffix mit dem Diminutivsuffix vollzogen. Immerhin sechs Quellen setzen das jiddische Suffix -*lich* ein (vgl. Fn. 17).[18] Vier dieser Quellen (PA Frankfurt, 1834, LM Würzburg, 1844, GP (Nürnberg, 1831) und SV (München, 1890)) setzen dabei -*lich* auch zur Singulardiminution ein. In diesen Fällen kann man sehr wahrscheinlich von einer Hyperkorrektur des jiddischen Systems ausgehen (vgl. S. 203 u. Karte in Abbildung 9.10). Doch gibt es tatsächlich in den deutschen Dialekten auch Fälle, in denen Plural- und die Singularform unter -*lich* zusammengefallen sind (z. B. in den Wenkerbögen von Hohenstraßen 34519, Niederhochstadt 33266, Heiligkreuz 27473). Diese Einzelfälle finden sich bemerkenswerter Weise besonders in Randgebieten der Areale die -*lich*-Pluraldiminution aufweisen. Es ist also nicht gänzlich auszuschließen, das die Singularbelege für -*lich* Singulardiminution im chrLiJi1 nicht auf die autoreigene Mündlichkeit zurückzuführen sind. Alles in Allem liegt letzten Endes in lediglich zwei Quellen des chrLiJi1 (PA Frankfurt, 1834 u. DG Wien, 1858) das tatsächliche jiddische Diminuierungssystem im Plural vor. Auffällig ist auch, dass die Belege zur Pluraldiminution mittels -*lich* in relativer Nähe zu den Gebieten liegen, in denen laut WA-Karte(n) dieses Suffix auch in den deutschen Dialekten üblich ist (vgl. Abbildung 9.10).

Damit ist nicht auszuschließen, dass dies eine Rolle bei den Imitationen gespielt hat. Zumindest ist es möglich, dass die Nähe zur deutschen Form die korrekte Verwendung der jiddischen Form erleichtert hat.

---

[16] Es wurde darauf verzichtet, ein vergleichbares Diagramm wie jenes in Abbildung 9.6 für die Pluraldiminution mit anzuführen, da dieses ebenfalls keine Beziehungen zwischen zeitlich-räumlichen Auftreten einer Struktur im chrLiJi1 aufweist.

[17] Diese Suffixe sind -*cher*, -*elcher*, -*ercher*, -*elger*, -*chens*, -*ches*, -*ges*, -*els* und -*lich*. Je nach Ansatz ließe sich auch im Suffix -(*ens*)*ke* eine Fussion aus *en*-Plural mit *s*-Plural und K-Diminution erkennen.

[18] Die Quellen mit dem jiddischen Suffix -*lich* sind: PG (Speyer, 1835), PA (Frankfurt, 1834), LM (Würzburg, 1844), GP (Nürnberg, 1831), SV (München, 1890) und DG (Wien, 1858).

9.2 Diminutionen

Tabelle 9.5: Diminutivsuffixe Plural im chrLiJi1

Suffix	Beispiel	Quellen
-che(n)	*Diminutivchen* 'Diminutiv$_{\text{Dim. Pl.}}$' (PP: 27), *Steinchen* 'Stein$_{\text{Dim. Pl.}}$' (FS: 45, 73), *Bäumchen* 'Baum$_{\text{Dim. Pl.}}$' (PS: 28, 44)	10
-cher	*Stickcher* 'Stück$_{\text{Dim. Pl.}}$' (PA: 8, 17), *Köpfcher* 'Kopf$_{\text{Dim. Pl.}}$' (BS: 7), *Mädcher* 'Mädchen$_{\text{Dim. Pl.}}$' (PL: 39, 50)	6
-chens	*Beinchens* 'Bein$_{\text{Dim. Pl.}}$' (PP: 20), *Mäuschens* 'Maus$_{\text{Dim. Pl.}}$' (BW Leipzig, 1826: 108)	4
-ches	*Semmelches* 'Brötchen$_{\text{Dim. Pl.}}$' (BW Leipzig, 1826: 99, 105, 110), *Banches* 'Bein$_{\text{Dim. Pl.}}$' (PG: 44), *Sternches* 'Stern$_{\text{Dim. Pl.}}$' (JK: 11)	5
-(ens)-ke	*Soldatenske* 'Soldat$_{\text{Dim. Pl.}}$' (AJ: 1)	1
-ges	*Gesellschaftges* 'Gesellschaft$_{\text{Dim. Pl.}}$' (PA: 23)	1
-elcher	*Stickelcher* 'Stück$_{\text{Dim. Pl.}}$' (VD: 17), *Jüngelcher* 'Junge$_{\text{Dim. Pl.}}$' (PG: 17, 18, 19)	2
-ercher	*Kindercher* 'Kind$_{\text{Dim. Pl.}}$' (PG: 39, 43)	1
-elger	*Schickselger* 'Nichtjüdin$_{\text{Dim. Pl.}}$' (JK: 13), *Jüngelger* 'Junge$_{\text{Dim. Pl.}}$' (OF: 2)	2
-lich	*Rädlich* 'Rad$_{\text{Dim. Pl.}}$' (DG: 12), *Büchlich* 'Buch$_{\text{Dim. Pl.}}$' (SV: V), *Gänslich* 'Gans$_{\text{Dim. Pl.}}$' (LM: 27)	6
-lein	*Äugelein* 'Auge$_{\text{Dim. Pl.}}$' (LM: 27), *Kindelein* 'Kind$_{\text{Dim. Pl.}}$' (WA: 157)	1
-el	*Schicksel* 'Nichtjüdin$_{\text{Dim. Pl.}}$' (MV: 61)	1
-els	*Schicksels* 'Nichtjüdin$_{\text{Dim. Pl.}}$' (JP: 44)	1

Die Daten zur Diminution im chrLiJi1 zeigen je nach Numerus unterschiedliche Raumstrukturen. Die nördlichen Quellen im K-Gebiet sind, was die Singulardiminution betrifft, vielfältiger als der Süden oder die westliche Mitte (vgl. S. 206). Im Plural hingegen zeigen der Süden und die Mitte mehr Belege für eine gesonderte Pluralmarkierung am Diminutivsuffix als der Norden (vgl. Abbildung 9.7).

9 Morphologische Markierungen

Abbildung 9.7: Pluraldiminutionen im chrLiJi1 (Einzelsuffixe)

9.2.4 Diminution im jüdLiJi1

Auch im jüdLiJi1 findet sich eine Vielzahl an Diminutionen. Diese sind in allen der zehn untersuchten Texte belegt. Die Quellen aus Berlin (GuS1–23, PBerlin1–2) zeigen im Singular wie im Plural allesamt das schriftsprachliche Suffix -che(n) (vgl. Tabelle 9.6). Die südlicheren Quellen verwenden hingegen L-Diminutionen. Nur im Fall von PBreslau finden sich alle drei Diminutionstypen (K, L, L + K) parallel.

Besonders authentisch bezüglich der Diminution präsentiert sich PDebrecen, wo wir den einzigen Beleg einer Pluraldiminution mittels -lech finden. Bemerkenswert daran ist, dass wir hier bereits die ostjiddische Vokalisierung des Suffixes antreffen und nicht die westjiddische (-lich), wie sie im chrLiJi1 belegt ist. In den GuS1–10 finden wir ausschließlich die Pluralsuffixe -cher und -chen (vgl. Tabelle 9.7). Eine besondere Vielfalt an Diminutionssuffixen im Plural findet sich in PBerlin1 (-chen, -ches, -ercher, -chers) und PBerlin2 (-che, -ches, -chens). Diese Suffixe funktionieren nach dem Prinzip K+Pl. (bzw. in einem Fall Pl.+K+Pl.) und bauen damit auf die K-Diminution auf. Es findet sich, vom -lech-Beleg aus

9.2 Diminutionen

Abbildung 9.8: Pluraldiminutionen im chrLiJi1 (Grundmuster)

Tabelle 9.6: Diminutivsuffixe Singular im jüdLiJi1

Suffix	Beispiel	Quellen
-che(n)	*Lokomotivche* 'Lokomotive$_{\text{Dim. Sg.}}$' (GuS1: 5), *Liedche* 'Lied$_{\text{Dim. Sg.}}$' (GuS5: 9), *Geschäftchen* 'Geschäft$_{\text{Dim. Sg.}}$' (GuS23: 12), *Demonschtratziönche* 'Demonstration$_{\text{Dim. Sg.}}$' (PBerlin2: 2. Sp.), *Wörtche* 'Wort$_{\text{Dim. Sg.}}$' (PBerlin1: 2)	8
-elche	*Jüngelche* 'Junge$_{\text{Dim. Sg.}}$' (PBreslau: 339)	1
-le	*Schreibebriefle* 'Brief$_{\text{Dim. Sg.}}$' (PAlsleben: Titel, 3)	1
-el/-l	*Päckel* 'Packet$_{\text{Dim. Sg.}}$' (PBreslau: 342), *Stückel* 'Stück$_{\text{Dim. Sg.}}$' (PDebrecen: 7, 13)	2
-ele	*Büchele* 'Buch$_{\text{Dim. Sg.}}$' (PDebrecen: 9), *Haisele* 'Hase$_{\text{Dim. Sg.}}$' (PDebrecen: 13)	1

9 Morphologische Markierungen

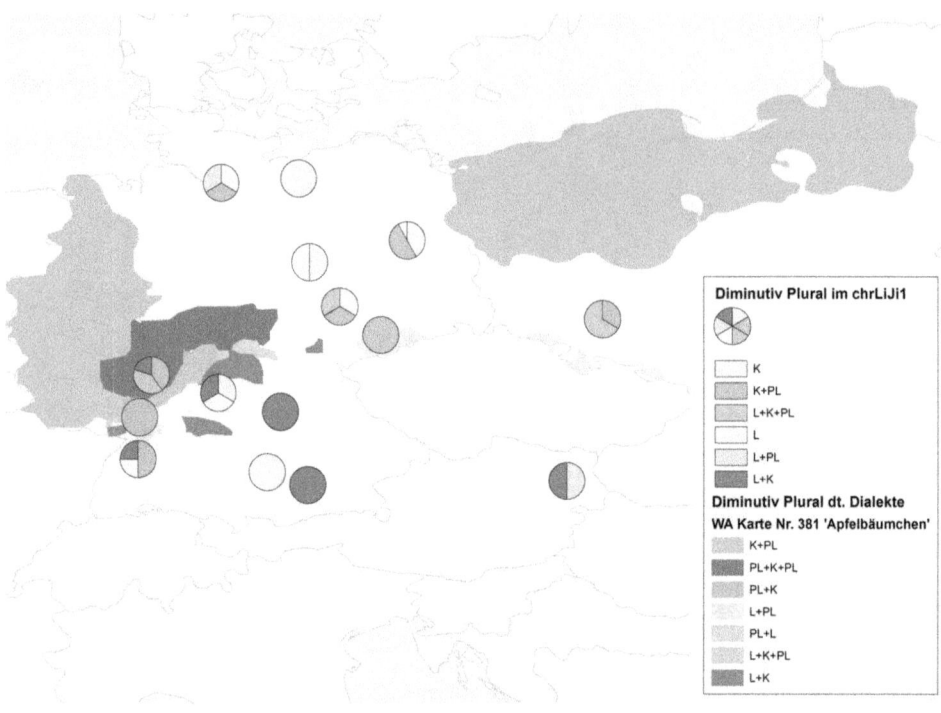

Abbildung 9.9: Pluraldiminutionen im chrLiJi1 und den dt. Dialekten (WA Karte Nr. 381 'Apfelbäumchen')

Tabelle 9.7: Diminutivsuffixe Plural im jüdLiJi1

Suffix	Beispiel	Quellen
-cher	Ameischer 'Ameise$_{Dim.\ Pl.}$' (GuS1: 3), Perzentcher 'Prozent$_{Dim.\ Pl.}$' (GuS5: 7), Schwebelhölzcher 'Schwefelholz$_{Dim.\ Pl.}$' (GuS10: 5), Tröppcher 'Tropfen$_{Dim.\ Pl.}$' (PBerlin1: 2)	4
-che(n)	Kreppchen 'Krapfen$_{Dim.\ Pl.}$' (GuS15: 3), Bettchen 'Bet$_{Dim.\ Pl.}$' (PBerlin1: 2), Affzierche 'Offizier$_{Dim.\ Pl.}$' (PBerlin2: 1. Sp.)	3
-chers	Offißierchers 'Offizier$_{Dim.\ Pl.}$' (PBerlin2: 2. Sp.)	1
-ercher	Gesetzercher 'Gesetz$_{Dim.\ Pl.}$' (PBerlin1: 4)	1
-che(n)s	Bäckches 'Backe$_{Dim.\ Pl.}$' (PBerlin1: 2), Kupperhütchens 'Kupferhut$_{Dim.\ Pl.}$' (GuS10: 10)	3
-lech	Jidlech 'Jude$_{Dim.\ Pl.}$' (PDebrecen: 7), Zeitungblättlech 'Zeitungsblatt$_{Dim.\ Pl.}$' (PDebrecen: 14)	1

9.2 Diminutionen

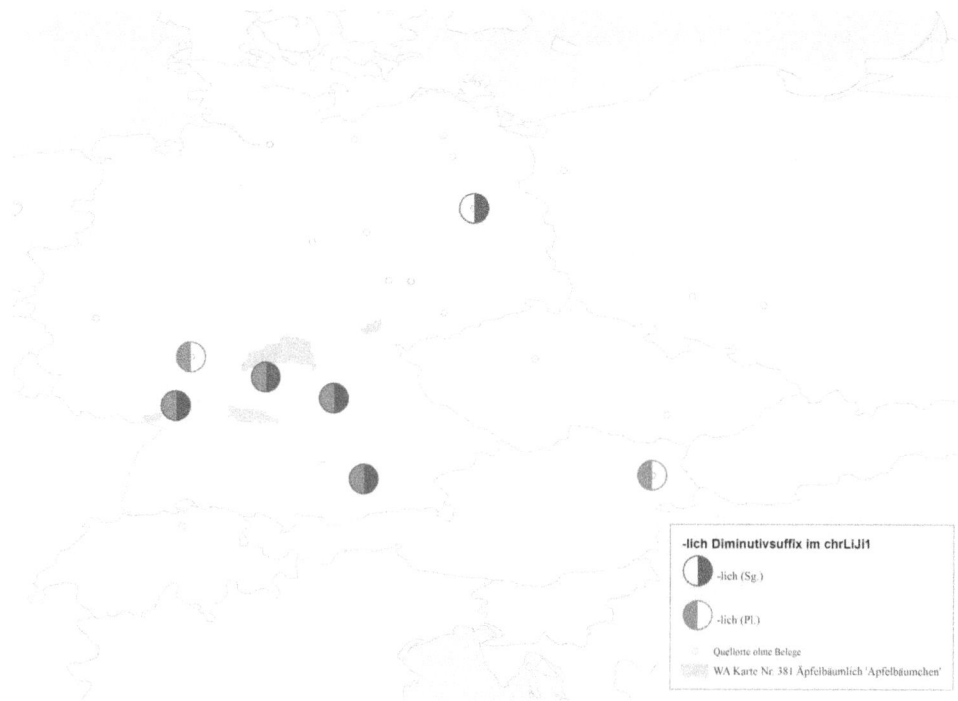

Abbildung 9.10: *-lich*-Diminutionen im chrLiJi1 und den dt. Dialekten (WA Karte Nr. 381 'Apfelbäumchen')

PDebrecen abgesehen, kein einziger Beleg für Pluraldiminutiva der Fusionsformen, wie wir sie im chrLiJi1 besonders im Nordosten finden (vgl. S. 205). Hierin besteht also ein deutlicher Unterschied zwischen chrLiJi1 und jüdLiJi1.

Zusammenfassend lässt sich feststellen, dass im jüdLiJi1 weniger Aufwand betrieben wurde, Suffixe zu wählen, die nicht der örtlichen deutschen Diminution entsprechen, als es im chrLiJi1 der Fall ist. Das Besondere an den Belegen zur Diminution im jüdLiJi1 ist, dass diese vergleichbar hoch frequent sind wie im chrLiJi1. Es ist also vielmehr die reine Präsenz von Diminution als deren konkrete morphologische Struktur, die die Gemeinsamkeit beider Formen des LiJi1 ausmacht. Diminutive können durch die ironische, scherzhafte Funktion des C2-Typs provoziert sein und wären damit textsortenspezifisch. Mit Blick auf die Situation im chrLiJi1 liegt es jedoch nahe, Diminution als figurenspezifisch „jüdisch" anzusehen. Darüber hinaus bestärken die Belege aus dem jüdLiJi1 die Vermutung, dass die Diminutionsmorphologie (insbes. Singulardiminution) im Westjiddischen vielfältig ist und kleinräumige regionale Muster anzunehmen sind. Doch für weitere Ergebnisse dieser Art ist das Korpus zum jüdLiJi1 zu klein und die geographische Streuung der Quellen (auch die aller potenzieller Quellen) zu gering.

9.2.5 Funktionen von Diminution im LiJi

Die Funktion der Diminutivsuffixe im chrLiJi1 ist schwer auszumachen. Zum einen ist es möglich, dass mit ihnen eine tatsächliche Sprachrealität abgebildet wird, die aufgrund der dünnen Quellenlage nicht klar umrissen werden kann, zum anderen aber sind die Formen areal und diachron zu wahllos verbreitet, als dass dies Rückschlüsse auf feinere Strukturen zuließe. Was grobe Raumstrukturen betrifft, so bieten die Daten des chrLiJi1 immerhin Ansätze für weitere Untersuchungen. Durch authentische Quellen zu prüfen wären besonders die Hypothesen, dass L+K-Fusionsformen im Singular im Nordosten des Westjiddischen verbreitet waren oder dass die Pluraldiminution mittels -*lich* lediglich im Süden des Sprachgebiets tatsächlich verwendet wurde, während im Norden andere, auf K-Diminutionen aufbauende Formen, präsent waren.

Die Analyse hat gezeigt, dass sich die Quellen des jüdLiJi1 ähnlich den koterritorialen Quellen des chrLiJi1 verhalten. Andererseits irritiert besonders, dass wir im chrLiJi1 eine solch große Variation an Suffixen vorfinden, die uns aus den jiddischen Varietäten nicht bekannt ist (vgl. Abschnitt 9.2.2) und auch nicht durch Daten des jüdLiJi1 bestätigt wird. Hinzu kommt, dass sich Diminution außerhalb des LiJi als Charakteristikum der jiddischen Sprache etabliert haben muss, anders ist nicht zu erklären, warum sie bereits vielfach in den frühesten Quellen belegt ist (vgl. Abbildung 9.6). Dies spricht dafür, anzunehmen, dass Diminution an sich, also unabhängig der morphologischen Struktur des Suffixes, besonders stark als grammatische Kennfunktion *jüdischer Sprache* agiert. Um ein besseres Bild der Funktionen von Diminution im LiJi zu gewinnen, bedarf es allerdings weiterer Daten der gesprochenen und geschriebenen Sprache. Erst dann könnte geklärt werden, ob ein äußerst hoher Gebrauch an Diminutiva tatsächlich der jiddischen Sprachrealität entspricht oder nicht.

9.3 Plurale

In einigen Fällen weist das LiJi Pluralformen auf, die vom Schriftdeutschen abweichen. Besonders populär ist dabei die Verwendung des *s*-Plurals (vgl. Unterabschnitte S. 214 u. S. 217). Eine weitere, jedoch deutlich seltener auftretende Pluralmorphemalternanz wird in Unterabschnitt 9.3.3 vorgestellt. Bevor auf die

Daten zum LiJi näher eingegangen wird, gibt der nachfolgende Unterabschnitt 9.3.1 einen allgemeinen Überblick zu den Grundmustern der Pluralbildung im Jiddischen und Deutschen.

9.3.1 Grundmuster der Pluralmorphologie im Jiddischen und Deutschen

Das Pluralsystem der deutschen Dialekte ist alles andere als einheitlich. Nicht nur, dass dialektale Variation bei der Wahl der Pluralisierungsstrategie vorliegt, sondern es gibt in den Dialekten Strategien, wie z. B. Pluralmarkierung durch Subtraktion (vgl. Golston & Wiese 1996; Holsinger & Houseman 1999; Knaus 2003; Birkenes 2014), die die Schriftsprache nicht kennt (vgl. Schirmunski 1962: 414–443; Nübling 2005; Wiese 2009: insbes. 155–169). Pluralisierung im Jiddischen folgt in den meisten Fällen Strategien, die auf die germanische Komponente zurückgehen. Der Plural wird überwiegend nach den folgenden Prinzipien gebildet: *-er, -(e)n, -Ø, -(e)s*,[19] ± Umlaut (42a–42e zitiert n. Jacobs 2005: 163). Hinzu kommt die aus der hebräisch-aramäischen Komponente stammende Pluralbildung mittels *-im/ -em*, die überwiegend auf Lexeme dieser Komponente angewendet wird (42f zitiert n. Jacobs 2005: 165) und nur in wenigen Ausnahmefällen Lexeme anderer Komponenten betrifft (42g zitiert n. Jacobs 2005: 165). Wie bereits gezeigt, verfügt das Jiddische über eine gesonderte Pluralbildung im Rahmen der Diminution (vgl. Abschnitt 9.2).

Wie in den deutschen Dialekten, so gibt es auch in den jiddischen Dialekten areale Variation (42h). Zur Situation in den westjiddischen Dialekten fehlt es noch an Detailanalysen, es ist aber anzunehmen, dass dort ebenso wie in den deutschen und ostjiddischen Dialekten diatopische Variation zu erwarten ist, welche u. U. sogar parallel zu denen der deutschen Dialekte liegt. So finden wir etwa in einer unserer ältesten Quellen des gesprochenen Westjiddischen, der „Hochzeit zu Grobsdorf", bereits Belege für Interferenzen mit den örtlichen hessischen Dialekten, wo der *-er*-Plural besonders produktiv ist (s. 42j; vgl. Friebertshäuser 1987: 83).

---

[19] Ob sich die Existenz eines *s*-Plurals im Jiddischen auf die alt- bzw. mittelhochdeutsche Komponente zurückführen lässt, ist anzweifelbar (vgl. etwa King 1990; Timm 2007). Da dies eine Strategie ist, die germanischen Sprachen an sich nicht fremd ist. Denn selbst wenn der *s*-Plural im Jiddischen nicht genuin deutschen Ursprungs ist, so wird das germanische Grundgerüst des Jiddischen, welches einen alt-/ mittelhochdeutschen Ursprung hat, die Aufnahme dieses Plurals begünstigt und katalysiert haben. Weiter ist zu sagen, dass der einfache *-e*-Plural ± Umlaut im Jiddischen durch die Apokope abgebaut wurde (Timm 2007: 29).

9 Morphologische Markierungen

(42) a. Sg. לאַנד *land* 'Land' – Pl. לענדער *lender* 'Länder'

b. Sg. װײַב *vayb* 'Weib, Frau' – Pl. װײַבער *vayber* 'Weiber, Frauen'

c. Sg. טײַך *taykh* 'Fluss' – Pl. טײַכן *taykhn* 'Flüsse'

d. Sg. זינגער *zinger* 'Sänger' – Pl. זינגערס *zingers* 'Sänger'

e. Sg. האַנט *hant* 'Hand' – Pl. הענט *hent* 'Hände'

f. Sg. למדן *lamdn* 'Gelehrter' – Pl. למדים *lomdem* 'Gelehrte'

g. Sg. דאָקטער *dokter* 'Arzt' – Pl. דאָקטוירים *doktoyrim* 'Ärzte'

h. Standard oj. u. NOJ: Sg. נאָז *noz* 'Nase' – Pl. נעזער *nezer*;
ZOJ: Sg. נאָז *noz* 'Nase' – Pl. נייז *neyz*;
SÜJ Sg. נאָז *noz* 'Nase' – Pl. נאָזן *nozn* 'Nasen'
(Bsp. zitiert n. Weinreich 1960b;1962: 9–11)

i. Sg. סלופּ *slup* 'Pfahl' – Pl. סלופּס *slups* 'Pfähle'

j. Pl. מענשער *mensher* 'Menschen' („Die Hochzeit zu Grobsdorf" 1822: 33)

Ein besonders umstrittenes Thema in der Germanistik und Jiddistik ist die Genealogie des *s*-Plurals (vgl. Fn. 19). Die Pluralbildung mittels der Suffigierung des Konsonanten *s* ist in vielen modernen romanischen und germanischen Sprachen zu finden. Neben Deutsch und Jiddisch haben z. B. Französisch, Spanisch, Portugiesisch, Englisch, Niederländisch (und die niederdt. Dialekte), Afrikaans, (West-)Friesisch und festlandskandinavische Sprachen ein Pluralsuffix -*s*; hingegen nicht zu finden ist es im Isländischen, Färöischen, Italienischen oder Rumänischen[20] (vgl. Nübling & Schmuck 2010; Hoekstra 2001: 88). Obwohl dieser Konsonant damit als Pluralmarker im „Europäischen Sprachbund" sehr weit verbreitet ist, unterscheiden sich die einzelnen Sprachen deutlich sowohl im synchronen Gebrauch als auch in den diachronen Entwicklungen zu stark voneinander, als dass ein gemeinsamer Ursprung klar erkennbar wäre. Generell sind Plurale auf -*s* ein eher junges Phänomen der romanischen und germanischen Sprachen und es tritt in den meisten Sprachen zwischen dem 9. und 15. Jahrhundert erstmals in Erscheinung (vgl. Nübling & Schmuck 2010). Es ist gut möglich, dass die *s*-Plurale in den europäischen Sprachen unabhängig voneinander durch internen Sprachwandel entstanden sind und dieser Konsonant aus phonologischen Gründen in

---

[20] Im Lateinischen gibt es allerdings Plurale auf -s.

diesen Sprachen eine leichte Strategie zur Pluralbildung problematischer Lexeme und untypischer phonologischer Strukturen (wie sie vorwiegend in Fremdwörtern zu finden sind) darstellt (vgl. Wiese 2009).

In den festlandgermanischen Sprachen tritt ein *s*-Plural erstmals im Mittelniederländischen auf (Nübling & Schmuck 2010; Schirmunski 1962: 422–425). Seine Herkunft ist stark umstritten. Manch einer nimmt einen romanischen (altfranzösischen) Einfluss an; andere wiederum sehen den altsächsischen (bzw. altenglischen) *os/as*-Plural als Vorbild an (vgl. Philippa 1981; 1982; Öhmann 1924). Gegen den französischen Einfluss spricht besonders, dass zum Zeitpunkt des erstmaligen Aufkommens von *s*-Pluralen im Niederländischen (frühes 13. Jahrhundert) dieser im Altfranzösischen selbst noch gar nicht ausgebildet war und nur für Maskulina im Akkusativ Plural galt (Nübling & Schmuck 2010: 150). Und auch ein altsächsischer Einfluss wäre äußerst ungewöhnlich und ist auch besonders problematisch, da eine Überlieferungslücke von *os/as*- bzw. *s*-Plural zwischen dem frühen 12. und dem 13. Jahrhundert vorliegt (Nübling & Schmuck 2010: 151).

Während der *s*-Plural im Niederländischen und Niederdeutschen äußerst produktiv wird, ist er für das Hochdeutsche kaum belegt. Erst im Mittelhochdeutschen ist er erstmals bezeugt. Ein französischer Einfluss ist hier weitgehend auszuschließen, u. a. da er bei französischen Entlehnungen nicht belegt ist und auch nicht besonders frequent in Dialekten entlang der deutsch–französisch Sprachgrenze ist, sondern im Gegenteil der *s*-Plural dort kaum üblich ist (Öhmann 1924: 122–126). Eine Genese des Mittelhochdeutschen *s*-Plurals aus dem Niederdeutschen ist problematisch, da dieser zwar im Altniederdeutschen noch belegt ist, für das Mittelniederdeutsche, also der Kontaktsprache zum Mittelhochdeutschen, aber nicht bezeugt ist, in den modernen niederdeutschen Dialekten aber hingegen wieder äußerst produktiv ist (Lindow u. a. 1998: 147–150). Auch im Frühneuhochdeutschen ist der *s*-Plural noch äußerst selten belegt. Ab 1700 steigen die Belegzahlen besonders bei Lehn- und Fremdwörtern langsam an; in autochthon deutschen Lexemen ist er aber nach wie vor, besonders im niederdeutschen und nördlichen westmitteldeutschen Raum, verbreitet (Wegera 1987: 266). Ein überzeugendes Szenario für die Herleitung des *s*-Plurals im Gegenwartsdeutsch geht davon aus, dass der *s*-Plural auf das Genitiv-*s* bei Eigennamen (insbes. Familiennamen) zurückgeht (Wegener 2004: 93; Nübling & Schmuck 2010;vgl. Schirmunski 1962: 436f).

Im gegenwärtigen Hochdeutschen finden wir den *s*-Plural besonders bei Neutra (4,7% Tokens), selten bei Maskulina (1,4% Tokens) und äußerst selten bei Feminina (0,2% Tokens) (Pavlov 1995: 45–48). Deutlich häufiger sind Lehn- und Fremdwörter von der Pluralisierung mittels *s* betroffen. Wegener 2004 zeigt, dass der *s*-Plural hier oft als „Übergangssuffix" fungiert und ein Lexem oft die Deklinationsklasse wechselt sobald es grammatisch integriert ist (*Pizzas* > *Pizzen*, *Kontos* > *Konten*). Dies ist aber keine Regel und viele Fremdwörter, insbes. gekürzte Fremdwörter, behalten den *s*-Plural (*Autos* > *Auten, *Limos* > *Limen).

Im modernen Jiddischen ist der *s*-Plural deutlich frequenter als im Deutschen (Timm 2007). Er wird z. B. auf fast alle Maskulina auf -*er*, alle Feminina auf -*in*, viele zweisilbigen Wörter auf -*n*, den überwiegenden Teil aller Substantive der slawischen Komponente (42i zitiert n. Jacobs 2005: 163) und alle auf Vokal ausgehenden Lehnwörter angewandt (Timm 2007). Für die diachrone Entwicklung zeigt Timm (2007) drei in (43) zusammengefasste Phasen auf, in denen sich der *s*-Plural im Jiddischen mehr und mehr ausbreitet. Während Bin-Nun (1973: 28, 115) und Timm (2007) für einen romanischen (Loez) Ursprung des jiddischen *s*-Plurals plädieren (vgl. Neuberg 2007), sprechen sich Birnbaum (1986 [1922]: 37), King (1990), Krogh (2001: 399) und Jacobs, Prince & van der Auwera (2013: 402) für eine hebräische Genese aus dem Plural für Feminina וֹת- -*ot* und der aschkenasischen Frikativierung von hebr. ח *t* zu *s* aus. Nur Weinreich ([1973] 2008: 63–68) verbindet beide Hypothesen und meint, dass sowohl Altfranzösisch als auch Hebräisch dazu beigetragen haben, im Jiddischen den *s*-Plural zu begünstigen. Prinzipiell können alle Argumente, die gegen einen romanischen Ursprung der hoch- und niederdeutschen *s*-Plurale sprechen, auch auf das Jiddische angewandt werden.

(43)   **Phase 1 (11. Jh. – ca. 1435)**: *s*-Plural in ca. 50 Lexemen bezeugt; nicht auf bestimmte Deklinationstypen begrenzt.

Phase 2 (von 1435–1580): Zwei Drittel der Belege sind Feminina auf mhd. -*in(ne)*. Das restliche Drittel sind Fremd-, Lehnwörter u. Internationalismen.

Phase 3 (seit 1580): Der *s*-Plural macht die Hälfte aller Pluralbelege aus.

Der Unterschied zwischen Jiddisch und Deutsch liegt damit nicht nur in der unterschiedlich starken Verwendung des *s*-Plurals, sondern auch in der unterschiedlichen historischen Entwicklung dieses Plurals. Besonders auffällig ist, dass das Jiddische wesentlich früher als Deutsch einen *s*-Plural etabliert. Mit Blick auf die Stadien Timms (2007; s. 43) fällt auf, dass besonders während der frühneuhochdeutschen Zeit (1350–1545) der *s*-Plural im Jiddischen einen Zuwachs erfahren hat und systematisiert wurde. In dieser Zeit fanden entscheidende Entwicklung im Jiddischen statt, die es vom Deutschen und seinen Varietäten deutlich entfernte (Timm 2005; Santorini 1992; 1993a,b). Es ist damit m. E. ein durchaus plausibles Szenario, anzunehmen, dass der Unterschied bezüglich der Verwendung und Frequenz des *s*-Plurals zwischen dem modernen Deutsch und dem modernen Jiddisch mit der starken Auseinanderentwicklung beider Varietäten in früh-frühneuhochdeutscher Zeit erklärbar ist (Timm 2005). Ein gemeinsamer Ursprung des *s*-Plurals – ggf. im Jiddischen durch den hebräischen Plural zusätzlich begünstigt – wäre damit anzunehmen. Dafür spricht besonders, dass in beiden Sprachen Fremd- und Lehnwörter mittels *s* pluralisiert werden. Die hohe Frequenz an *s*-Pluralen bei Nomen der slawischen Komponente spräche für eine funktionale Nähe zum Deutschen, wo dies eine übliche Pluralbildung für Lehn- und Fremdwörter ist (s. o.; vgl. Wegener 2004).

9.3.2 Der *s*-Plural im Literaturjiddischen

19 Quellen des chrLiJi1 verwenden einen *s*-Plural, wo er im Schriftdeutschen unüblich ist. Er findet sich im chrLiJi1 in allen Genera und auch eine Präferenz bestimmter Kasus ist nicht zu erkennen. Eine Quelle (NW Berlin, 1804) zeigt ihn in fünf unterschiedlichen Kontexten (Gallizismus, Hebraismus, ə-Plural, Ø-Plural, Diminution); sechs Quellen verwenden das Plural-*s* in je zwei unterschiedlichen Kontexten. Das Gros der Korpustexte (zwölf Quellen) zeigt den *s*-Plural nur in einem morphologischen Kontext. In drei Lexemen findet sich der *s*-Plural an Lexemen, wo er im Standardostjiddischen üblich ist (s. Tabelle 9.8). Die übrigen Lexeme jedoch werden im Ostjiddischen anders pluralisiert oder gehören erst gar nicht zum ostjiddischen Lexikon (in Tabelle 9.8 markiert als [oj. –]).

Besonders häufig findet er sich als Fusionssuffix mit Diminutivum (13 Quellen) und an der Position, wo die deutsche Schriftsprache den Ø-Plural verwendet (6 Quellen inkl. alter Kollektiva). Diminutiva mit *s*-Plural sind in den deutschen Dialekten besonders im niederdeutschen Raum zu finden (Westfälisch, Ostpommersch, Hoch- u. Niederpreußisch; vgl. WA Karte Nr. 502). Eine Kurzbefragung von Muttersprachlern des Deutschen aus dem Süden und der Mitte ergab jedoch, dass Pluralbildungen mit -*s* am Diminutivsuffix -*chen* durchaus akzeptabel sind. Auch finden sich Belege dieser Art in der Literatur des 19. und 20. Jahrhunderts wie z. B. in den Briefen Hugo Balls, der unter keinem niederdt. Einfluss stand: *Und die Blümchens blühen immer noch im Wasserglas* (Ball 1918 [2003]: 256). Der *s*-Plural am Diminutivum ist demnach ein nicht auszuschließendes Phänomen des Deutschen und muss nicht zwangsläufig Teil der sprachlichen Manipulation jüdischer Figurenrede sein. Im chrLiJi1 finden wir das Plural-*s* jedoch vor allem an Diminutivsuffixen, die nicht der Schriftsprache (-*chen*) entsprechen. Es findet sich in den folgenden Suffixen und Quellen: -*ges* (PA Frankfurt, 1834); -*els* (AB Hamburg, 1850; JD Wien, 1866; PA Frankfurt, 1834); -*elches* (BW Leipzig, 1826);

9 Morphologische Markierungen

-*chens* (BW Leipzig, 1826; HJ Berlin, 1811; PP Berlin, 1839; JP Altona, 1867); -*ches* (NW Berlin, 1804; JK Breslau, 1810; MV Berlin, 1862; AJ Berlin, 1825; PG Speyer, 1835) (vgl. Abschnitt 9.2, insbes. Tabelle 9.5).

Unter den Gallizismen tritt besonders das Lexem *Dame* mit *s*-Plural auf. Nach den Angaben des DW (1854–1960: Bd. 2, Sp. 702) ist dieses französische Lehnwort zwar erst ab der 2. Hälfte des 17. Jahrhunderts im Deutschen belegt, für das späte 18. Jahrhundert ist jedoch bereits die Pluralisierung mittels -*en* bezeugt, wie sie im modernen Schriftdeutschen üblich ist. Es könnte sich bei den Belegen für *Dames* im chrLiJi1 um gezielt eingesetzte Gallizismen handeln (vgl. Abschnitt 7.5). Über den französischen *s*-Plural wird das Lexem zurück verfremdet.

Bei Hebraismen wird der *s*-Plural in einer Quelle (JK Breslau, 1810: 27) an einem Maskulinum verwendet (s. Tabelle 9.8). Wahrscheinlich hat hier die Regel aus dem Neuhochdeutschen gewirkt, den *s*-Plural auf Fremd- und Lehnwörter anzuwenden.

Die Verwendung des *s*-Plurals in dem Schriftdeutschen unüblichen Kontexten zeigt eine auffällige Anhäufung in der ersten Hälfte des 19. Jahrhunderts (vgl. Abbildung 9.11). Dafür gäbe es eine soziolinguistische Erklärung: In dieser Zeit wuchs das französische Feindbild, welches auch die deutschen Juden mit dem Vorwurf der Kollaboration zu spüren bekamen (vgl. Abschnitten 3.4 u. 7.5). Der *s*-Plural mag hier tatsächlich den französischen *s*-Plural imitieren, um die „moralische Durchtriebenheit" der deutschen Juden mittels „sprachlicher Durchtriebenheit" zu illustrieren.[21] Dafür sprechen besonders die Belege aus dem Rhein-Main-Gebiet (aber auch aus Berlin), wo es einen besonders starken Kontakt zu den Truppen Napoleons gab. Die Quellen aus dieser Region zeigen besonders zwischen 1778 und 1844 Belege für den *s*-Plural. Dieser Erklärungsansatz ist jedoch hypothetisch und bedarf der empirischen Sicherung.

Ein anderer Erklärungsansatz für die auffallend systematische Streuung der Belege in der Diachronie wäre es, diese Belege als Reflexe des westjiddischen Pluralsystems zu verstehen. Prinzipiell ist anzunehmen, dass im Westjiddischen der *s*-Plural produktiver als im Deutschen war, zumindest sofern die Daten Timms (2007) generalisierbar sind und Jiddisch seit 1580 seine deutliche Profilierung des *s*-Plurals abgeschlossen hat (vgl. S. 42). Dagegen spricht allerdings die fehlende Evidenz für eine vom Schriftdeutschen abweichende Verwendung des *s*-Plurals in den westjiddischen Quellen.

Doch nicht nur die zeitliche Streuung der Belege des *s*-Plurals ist auffällig, auch die areale Verbreitung zeigt interessante Strukturen (vgl. Abbildung 9.12).

---

[21] Dass der *s*-Plural aus gemanistischer Sicht gerne mit dem französischen Pluralsystem assoziiert wird, zeigt sich auch im wissenschaftlichen Diskurs (vgl. S. 42).

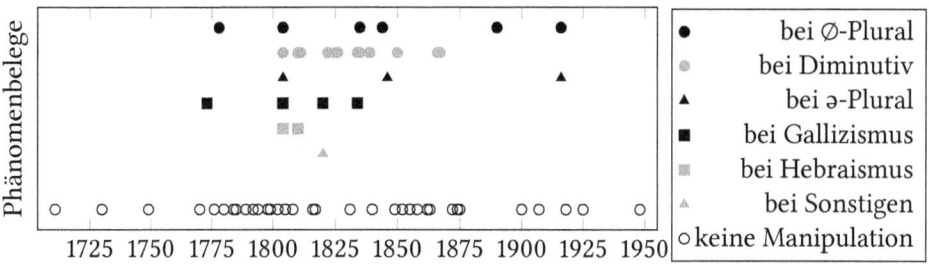

Abbildung 9.11: Diachrone Verteilung vom *s*-Plural im chrLiJi1

So ist der *s*-Plural bei schriftdeutschem ∅-Plural nahezu ausschließlich im Rhein-Main-Gebiet bezeugt. Belege für den *s*-Plural bei Gallizismen erstrecken sich über das gesamte Quellgebiet. Auch der *s*-Plural am Diminutivum findet sich in allen Regionen des Untersuchungsgebiets. Viele der Belege für einen untypischen *s*-Plural aus dem niederdeutschen Sprachgebiet können auch auf Interferenzen zu den deutschen Dialekten zurückgeführt werden, wo *s*-Pluralisierungen deutlich häufiger sind als im Hochdeutschen (vgl. Unterabschnitt S. 214; Lindow u. a. 1998: 147–150). Für eine Interferenz spricht hier auch, dass einige dieser Quellen, die *s*-Plural im chrLiJi1 aufweisen, vom Niederdeutschen überdacht sind und nicht vom Hochdeutschen (z. B. UT Stavenhagen, 1862; DP Pyrzyce, 1874).

Obwohl aus den authentischen Quellen des Westjiddischen keine auffällige Verwendung des Plural-*s* bekannt ist, finden sich im jüdLiJi1 sehr wohl Belege, die denen des chrLiJi1 ähneln (vgl. 44a–44f). Unter den acht Belegen finden sich auch zwei Fälle, in denen ein *s*-Plural dem ostjiddischen Standard entspräche (44c), (44d). Besonders frequent sind auch hier *s*-Plurale bei nhd. ∅-Plural (44a–44d). Der *en*-Plural findet sich gehäuft im Lexem 'Junge' in den GuS (44e). Für Plural-*s* anstelle des Schriftdeutschen ə-Plurals gibt es nur einen Beleg im jüdLiJi1 (44f). Besonders augenscheinlich an den Belegen für den *s*-Plural im jüdLiJi1 ist, dass er ausschließlich in den Berliner Quellen, also umgeben vom niederdeutschen Substrat, auftritt, nicht aber in den Quellen aus dem ostmitteldeutschen bzw. ungarischen Raum. Da der *s*-Plural im Niederdeutschen äußerst produktiv ist (vgl. Lindow u. a. 1998: 147–150), liegt es nahe, diese Belege als Interferenz mit dem deutschen Dialekt zu deuten.

Die Daten aus den zwei Korpora deuten einen Rückgang an *s*-Pluralen im LiJi an. Die Funktion des *s*-Plurals im Literaturjiddischen bleibt fragwürdig. Denkbar sind neben tatsächlichen Imitationen des (Ost-)Jiddischen auch Interferenzen mit den deutschen Dialekten. Zumindest im niederdeutschen Raum ist dies durchaus plausibel. Aber auch eine Markierung der Sprache als „fremd" und besonders

9 Morphologische Markierungen

Tabelle 9.8: *s*-Plurale im chrLiJi1

Typen	Belege [Pluralsuffix im mod. OJ]	Quellen
nhd. ∅-Plural	*Fischers* 'Fischer$_{Pl.}$' (PG: 63) [oj. ס-]; *Feuerzettels* 'Feuerzettel$_{Pl.}$' (NW: 9) [oj. ען-]; *Frackärmels* 'Frackärmel$_{Pl.}$' (SV: 6) [oj. ∅-] *Busens* 'Busen$_{Pl.}$' (VD: 16) [oj. ס-];	4
alte Kollektiva (nhd. ∅-Plural)	*Gelärms* 'Gelärme$_{Pl.}$' (FL: 38) [oj. -]; *Gelafs* 'Gelaufe$_{Pl.}$' (FL: 38) [oj. -];*Ungewitters* 'Unwetter, Gewitter$_{Pl.}$' (LM: 18) [oj. -];	2
Diminution (schriftl. nhd. ∅-Plural; oj. עלעך-, -לעך)	z. B. *Blümches* 'Blume$_{Dim. Pl.}$' (MV: 152), *Baanches* 'Bein$_{Dim. Pl.}$' (PG: 44), *Gesellschaftges* 'Gesellschaft$_{Dim. Pl.}$' (PA: 23), *Schicksels* 'Schickse$_{Dim. Pl.}$, Nichtjüdin$_{Dim. Pl.}$' (BP: 6; JP: 44), *Gomolches* 'Kamel$_{Pl.}$' (NW: 33)	13
ə-Plural	*Kerls* 'Kerl$_{Pl.}$' (VD: 18; AD: 138) [oj. -]; *Schnauzbarts* 'Schnauzbart$_{Pl.}$' (AD: 139) [oj. ∅-]; *Teppichs* 'Teppich$_{Pl.}$' (NW: 8) [oj. ער-];	3
Hebraismen	*Gois* 'Nichtjude$_{Pl.}$' (JK: 27) [oj. ־ים];	1
Gallizismen	*Dames* 'Damen$_{Pl.}$' (NW: 71; PA: 5; TH: 135) [oj. ן-ס-]; *Cavalierers* 'Cavalier$_{Pl.}$' (DW: 71) [oj. -]	4
Sonstige	*Herrens* 'Herr$_{Pl.}$' (TH: 135) [oj. -]; *Ette's* 'Vater$_{Pl.}$' (JP: 44) [Lexem nicht im oj. vorhanden]	2

9.3 Plurale

Abbildung 9.12: *s*-Plural im chrLiJi1

als „mit-dem-Französischen-sympathisierend" kann mit Hilfe der *s*-Plurale beabsichtigt sein.

(44) a. *Italieniers* 'Italiener$_{Pl.}$' (GuS1: 3); vgl. oj. איטאליענער-Ø *italiener-Ø*

b. *Kellers* 'Keller$_{Pl.}$' (GuS5: 4); vgl. oj. קעלער-ן *keler-n*

c. *Schreibers* 'Schreiber$_{Pl.}$' (PBerlin1: 4); vgl. oj. שרייבער-ס *shrayber-s*

d. *Bergers* 'Bürger$_{Pl.}$' (PBerlin2: 1.Sp., 2.Sp.); vgl. oj. בירגער-ס *birger-s*

e. *Jungens* 'Junge$_{Pl.}$' (GuS10: 11; GuS15: 5; GuS23: 4); vgl. oj. יינגל-עך *jingl-ekh*

f. *Schtrümps* 'Strumpf$_{Pl.}$' (PBerlin2: 1.Sp.); vgl. oj. שטרימפ-Ø *shtrimp-Ø*

9.3.3 Der *er*-Plural im LiJi

Neben dem starken Gebrauch von *s*-Pluralen und Diminutivpluralen zeigt das LiJi wenig Abweichungen vom Schriftdeutschen bei der Pluralbildung. Ein weiteres Phänomen deutet sich jedoch bereits im Rahmen der Pluraldiminution an (vgl. Unterabschnitt 9.2.3). Eine häufige Strategie zur Bildung eines Pluraldiminutivums (im LiJi wie auch in den dt. Dialekten) ist die Addition des Pluralmorphems -er an ein Diminutivsuffix, z. B. in *Stickelcher* 'Stück$_{Dim. Pl.}$' (VD Frankfurt, 1916: 17, vgl. Tabelle 9.5). Der er-Plural findet sich auch bei der normalen Pluralbildung in zwei Quellen des chrLiJi1 an schriftsprachlich untypischen Positionen (45a)–(45b) und im jüdLiJi1 in zumindest einem Beleg (45c). Immerhin einer der drei Belege entspricht der Pluralbildung des modernen Ostjiddischen (45b).

Aus „Der Hochzeit zu Grobsdorf" kann eine besondere Verwendung dieses Pluralmorphems zumindest in Diminutiva (45d) und erstarrten Diminutiva (45e) nachgewiesen werden. In Kontexten wie etwa (45a) findet es sich jedoch nicht (45f). Eine besondere Profilierung des er-Plurals wäre vor allem im Mitteldeutschen und den koterritorialen jiddischen Varietäten anzunehmen. Der Beleg der fränkischen Quelle aus, vgl. (45a) könnte somit unter Umständen tatsächlich auf eine Sprachrealität, wenn auch auf eine deutsch-dialektale, verweisen.

(45) a. *Bahner* 'Bein$_{Pl.}$' (GP Nürnberg, 1831: 28); vgl. oj. ביין-ער *beyn-er* 'Knochen' (vgl. Fn. 8 S. 111)

b. *Teppicher* 'Teppich$_{Pl.}$' (AK Zürich, 1948: 224); vgl. oj. טעפּך-ער *tepekh-er*

c. *Menscher* 'Mensch$_{Pl.}$' (GuS5: 5); vgl. oj. מענטש-ן *mentsh-n*

d. ווייבערכער *weibercher* 'Weib$_{Dim. Pl.}$' („Die Hochzeit zu Grobsdorf" 1822: 85)

e. מערערכער *merercher* 'Mädchen$_{(Dim.) Pl.}$' („Die Hochzeit zu Grobsdorf" 1822: 70, 74, 90, 92, 95)

f. באה *bah* 'Bein$_{Pl.}$' („Die Hochzeit zu Grobsdorf" 1822: 12)[22]

9.3.4 Der *en*-Plural im LiJi

Desweiteren finden sich in wenigen Quellen Belege für den *en*-Plural, wo er im Schriftdeutschen nicht verwendet wird. So etwa in einer niederdeutschen Quelle (46a), in der eine Interferenz mit dem deutschen Dialekt anzunehmen ist. Im chrLiJi1 finden sich wenige, einzelne Belege in vier Quellen (46a–46d); Im jüdLiJi1 (46e) in einer Quelle. In (46) sind alle Belege für untypische *en*-Plurale in

---

[22] Es handelt sich hier um einen ∅-Plural (keine Subtraktion); vgl. באה *bah* 'Bein$_{Sg.}$' („Die Hochzeit zu Grobsdorf" 1822: 69).

den beiden Korpora angeführt. Es fällt dabei auf, dass dieses Suffix überwiegend an der Position von schriftsprachlich -ə (+ Umlaut) steht (46a), (46d). Die beiden übrigen Belege (46b u. 46c) betreffen mit einem Hebraismus ein Fremdwort. Immerhin zwei der fünf Quellen des chrLiJi1, die einen von der Schriftsprache abweichenden -(e)n Plural in jüdischer Figurenrede verwenden, entsprechen damit der ostjiddischen Form (46a u. 46d), wenngleich ein niederdeutscher Einfluss im Beleg 46a der Quelle UT (Stavenhagen, 1862) nicht auszuschließen ist. Die Quelle AK (Zürich, 1948), die bereits bei der Verwendung des ostjiddischen er-Plurals aufgefallen ist (46d), zeigt auch hier die „korrekte" oj. Pluralform (45b, S. 222).

(46) a. *Gerichten* 'Gericht$_{Pl.}$' (UT Stavenhagen, 1862: Kap. 3); vgl. oj. געריכט-ן *gericht-n*

  b. *Goyen* 'Christ, Goy$_{Pl.}$' (MS Bonn, 1822: 363L); vgl. oj. גוי-ם *goy-im*

  c. *Schabbesgoien* 'Christ, Goy$_{Pl.}$' (JK Breslau, 1810: 13); vgl. oj. s. o.

  d. *Kanaln* 'Kanal$_{Pl.}$' (AK Zürich, 1948: 247); vgl. oj. קאַנאַל-ן *kanal-n*

  e. *Tellern* 'Teller$_{Pl.}$' (GuS23: 13); vgl. oj. ∅-טעלער *teler-∅*

9.4 Flexion von Eigennamen

Jiddisch flektiert den Dativ und z. T. auch den Akkusativ bei Eigennamen, Familientermini und pränominalen Genitiven mittels der Suffigierung von -n (Jacobs 2005: 161f; vgl. 47a–47b). Jacobs (2005: 161) spricht hier von einem obliquen Kasus. Seinen Ursprung haben diese Formen in der germanischen Komponente der schwachen Flexion bei Eigennamen des Alt- und Mittelhochdeutschen (vgl. Nübling 2012: insbes. 230f). Im Schriftdeutschen ging diese Eigennamenflexion, die durch Suffigierung von -e(n) [± Umlaut] erfolgte, im Verlauf des 19. Jahrhunderts vollständig verloren und wurde von Bildungen, die nun nur mehr den Plural vom Singular mittels -s-Suffigierung markieren, abgelöst (z. B. 47c, vgl. Nübling 2012: 240).[23] In den hochdeutschen Mundarten blieben die alten Formen zum Teil konserviert. Bekannt ist dies etwa für die bairischen Mundarten Tirols (z. B. 47d, vgl. Schatz 1903: 50). Defizitär, aber wesentlich vitaler ist die Eigennamenflexion mittels -e(n) noch in friesischen und niederländischen Dialekten (Hoekstra 2010). Im Niederdeutschen ist die Eigennamenflexion jedoch nur mehr im pränominalen Genitiv üblich (vgl. Lindow u. a. 1998: 144).

---

[23] In erstarrter Form erhalten blieb die alte Flexion im Gegenwartsdeutsch – wohl aufgrund des Reimes – in der Phrase *Futtern wie bei Muttern*.

9 Morphologische Markierungen

Im chrLiJi1 finden sich in zwei Quellen insgesamt drei Belege für die Eigennamenflexion an männlichen Vornamen (47e)–(47g). Nur ein Beleg für die Flexion eines weiblichen Vornamens tritt im jüdLiJi1 auf (47h). Dieses Phänomen ist damit generell kein frequentes Mittel zur Figurenmarkierung im LiJi. Was es dennoch bemerkenswert macht, ist, dass es ausschließlich in nord-östlichen Quellen (Pyritz, Stavenhagen, Berlin), darunter die beiden niederdeutschen Quellen des chrLiJi1-Korpus, belegt ist. In Fritz Reuters UT (Stavenhagen, 1862) findet sich die Flexion von Eigennamen auch im sprachlich unmarkierten Text, z. B. 47i. Man könnte nun annehmen, dass hier der ostjiddische Einfluss mitunter stärker gewirkt haben mag, als andernorts. Viel wahrscheinlicher, als ein ostjiddischer Einfluss ist im vorliegenden Fall aber eher eine Entlehnung aus dem umliegenden Niederdeutschen.

(47) a. רִבְקֶהן *rivken* 'Rebekka$_{Dat./Akk.}$' (zitiert n. Jacobs 2005: 161)

b. בָּאבְן *bobn* 'Großmutter$_{Dat./*Akk.}$' (zitiert n. Jacobs 2005: 161)

c. *Die zwei Peters* 'Die zwei Peter$_{Pl.}$' (vgl. Nübling 2012: 240)

d. *i soks föttərn* 'ich sage es dem Vetter$_{Dat.}$' (Ötztal, zitiert n. Schatz 1903: 50)

e. *Würd Mosissen dat doch geling'n* 'würde Moses$_{Dat.}$ das doch gelingen' (DP Pyrzyce, 1874: 9)

f. *Rufen Sie Daviden* 'Rufen Sie David$_{Akk.}$' (UT Stavenhagen, 1862: Kap. 45)

g. *„Frau Pastorin", säd Bräsig, „mit Mosessen, das is woll 'ne bloße Erscheinung for Sie gewesen"* '„Frau Pastorin", sagt Bräsig, „das mit Moses$_{Dat.}$ ist wohl eine bloße Erscheinung für Sie gewesen."' (UT Stavenhagen, 1862: Kap. 45)

h. *Grüße mir Riwken* 'Grüß mir Rebekka$_{Akk.}$' (GuS1: 6)

i. *Hawermann was desen Morgen mit Franzen nah Gürlitz tau Kirchen gahn* 'Hawermann war diesen Morgen mit Franz$_{Dat.}$ nach Gürlitz zur Kirche gegangen' (UT Stavenhagen, 1862: Kap. 11)

9.5 Kasussynkretismen

Das Kasussystem des modernen Ostjiddischen unterscheidet sich in vielfacher Weise vom Deutschen (vgl. Jacobs 2005: 154–222) und auch das Westjiddische zeigt einige dieser aus dem Ostjiddischen bekannten Strukturen (vgl. Fleischer 2014b; Fleischer & Schäfer 2012; Reershemius 2007: 61–66). So verwundert es kaum, dass auch im LiJi Unterschiede gegenüber dem Schriftdeutschen im Bereich der Kasus zu finden sind.

Richter (1995: 102) stellt in den von ihm untersuchten Quellen des LiJi den häufigen Gebrauch „des Akkusativs anstelle des Dativs" fest. Er geht jedoch nicht näher auf die einzelnen Belege ein. Im Korpus zum chrLiJi1 konnten Kasussynkretismen in drei Bereichen festgestellt werden: bei vollen Objekten in Nominalphrasen (Unterabschnitt 9.5.1), bei vollen Objekten in Präpositionalphrasen (Unterabschnitt 9.5.2) und bei Pronomen in Nominal- und Präpositionalphrasen (Unterabschnitt 9.5.3). Im Folgenden werden damit erstmals systematisch die Abweichungen des LiJi vom Schriftdeutschen erfasst und mit den vorhandenen Daten zum West- und Ostjiddischen verglichen.

9.5.1 Kasus bei vollen Objekten

Zum Kasussystem des Alt- oder Westjiddischen ist noch wenig Genaues bekannt. Die einzige Beschreibung eines westjiddischen Kasussystems, welches deutlich von der niederdeutschen Kontaktsprache gezeichnet ist, liefert bislang Reershemius (2007: 61–66). Prinzipiell ist anzunehmen, dass sich Westjiddisch in einem ähnlichen Maß, wohl aber in unterschiedlichen Bereichen, vom Schriftdeutschen unterscheidet, wie das Ostjiddische. Da es an Vergleichsdaten fehlt, können lediglich die Situation im Ostjiddischen herangezogen und die Belegdaten aus den Korpora des LiJi vorgestellt werden.

Das Standardjiddische und -deutsche Kasussystem bei vollen Objekten[24] unterscheidet sich in nur wenigen Punkten. Im Jiddischen ist der Genitivabbau weiter umgesetzt als im Schriftdeutschen, so dass man hier eher vom „Possessiv" als vom „Genitiv" spricht (Wolf 1969: 110f; Jacobs 2005: 172; Jacobs, Prince & van der Auwera 2013: 403f). Im Singular entspricht die Form des Possessivs der des Dativs; im Plural hingegen des Akkusativs. Die zwei weiteren Unterschiede zum Deutschen sind die Synkretismen von Akk. Sg. m. mit Dat. Sg. m. zugunsten des Dativs und von Dat. Pl. mit Akk. Pl. zugunsten der Nominativ- bzw. Akkusativform.

Das Kasussystem des Standardjiddischen entspricht weitestgehend dem der meisten jiddischen Dialekte (Wolf 1969: 129). Eine Ausnahme findet sich im SÜJ, wo die Form des Dat. f. mit der des Akk. zusammengefallen ist (Wolf 1969: 129). Ein weitaus umfassenderer Synkretismus fand im NOJ statt, wo Akkusativ und

---

[24] Darunter verstanden werden NPs nach dem Muster *Artikel (+ Adjektiv) + Nomen*.

9 Morphologische Markierungen

Dativ zu einem obliquen Objektkasus („אָבּיעקט-בוייגפאַל") zusammengefallen sind (Zaretski 1929: 160; Wolf 1969: 117).

Tabelle 9.9: Kasussynkretismen im chrLiJi1 bei vollen Objekten

Quelle	Sg. m.	Sg. n.	Sg. f.	Pl.
LS	Nom. statt Akk.	–	–	Nom./Akk. statt Dat.
SS	Dat. statt Akk.	–	–	–
AK	Nom. statt Akk.	–	–	–

Tabelle 9.9 fasst alle Typen von Kasussynkretismen im chrLiJi1 zusammen. Eine Quelle (48a) setzt tatsächlich den ostjiddischen Zusammenfall im Sg. m. um und eine weitere (48b) zeigt den Synkretismus von Akk. und Dat. im Plural. Daneben zeigt diese Quelle im Beleg (48c) zumindest in einer Position Manipulationen, wo sich das Ostjiddische vom Schriftdeutschen unterscheidet (Sg. m. Akk.), wenn auch der ostjiddische Synkretismus nicht den Nominativ betrifft. Hier ließe sich eine Hypernorm analog zum Plural (48b) annehmen. Für die Quelle AK (Zürich, 1948) kann man von einer Interferenz mit dem Alemannischen ausgehen, wo sich der Nom.-Akk.-Synkretismus durchgesetzt hat (vgl. Schirmunski 1962: 665f;s. 48d).

(48) a. *ich hob doch gekennt* [*Ihrem Tate*]$_{Dat.}$ *und Ihre Mammele* (SS Berlin, 1907: 9)
   'ich habe doch [Ihren Vater]$_{Akk.}$ und Ihre Mutter gekannt'

   b. *Helf ich* [*die Lait*]$_{Nom./Akk.}$ *aus der Not* (LS Bonn, 1925: 13)
   'Helfe ich [den Leuten]$_{Dat.}$ aus der Not'

   c. *und laß mer nicht nehme* [*mei ehrlicher Name*]$_{Akk.}$ (LS Bonn, 1925: 4)
   'und lasse mir nicht [meinen ehrlichen Namen]$_{Dat.}$ nehmen'

   d. *Madam varstehn* [*kein Spaß*]$_{Nom.}$ *?* (AK Zürich, 1948: 235)
   'Madam verstehen [keinen Spaß]$_{Akk.}$?'

Für einen ostjiddischen Einfluss spricht besonders die diachrone Verteilung der Belege (s. Abbildung 9.13). Aber auch die geographische Lage der Quelle SS (Berlin, 1907) spräche für einen möglichen Kontakt zum Ostjiddischen. Manipulationen des Kasus bei vollen Objekten sind beinahe ausschließlich in Quellen des 20. Jahrhunderts belegt.

9.5 Kasussynkretismen

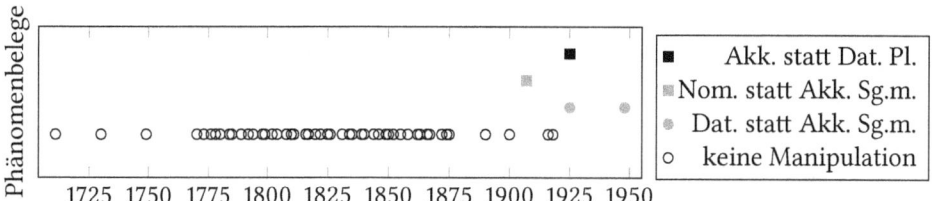

Abbildung 9.13: Diachrone Verteilung von Kasussynkretismen bei vollen Objekten im chrLiJi1

Doch auch ein deutsch-dialektaler Einfluss ist nicht auszuschließen. Den Daten Shriers (1965) zufolge können zumindest die Singularbelege auf koterritoriale Formen zurückgeführt werden: So findet sich der Zusammenfall von Akkusativ und Nominativ (beim Sg. m.) im gesamten Südwesten (Alemannisch, Mosel- u. Rheinfränkisch und z. T. im Brandenburgischen; Shrier 1965: 423f). Die zwei Quellen des chrLiJi1, die diesen Synkretismus zeigen, stammen aus Zürich und Bonn, also eben jenen Regionen. Der Zusammenfall von Akkusativ und Dativ (beim Sg. m.) findet sich hingegen besonders im Ostmitteldeutschen, im gesamten Niederdeutschen und in Teilen des Mittel- und Südbairischen (Shrier 1965: 423f). Die Quelle, die diesen Synkretismus aufweist, stammt aus Berlin und damit wiederum aus eben jenem Gebiet, in dem der Akkusativ-Dativ-Synkretismus auch bei den Pronomina recht prominent ist. Wenn auch sicherlich nicht beabsichtigt, so mag unterschwellig die eigene Dialekt- bzw. Regiolektkompetenz der einzelnen Autoren in die Imitationen hinein gespielt haben.

Abschließend lässt sich festhalten, dass Kasusmarkierungen am vollen Objekt im LiJi ein eher peripheres Phänomen darstellen. In wenigen Fällen konnten Synkretismen, die aus dem Ostjiddischen bekannt sind, nachgewiesen werden. Die sich mittlerweile andeutende Tendenz des LiJi, sich morphosyntaktisch stärker als etwa phonologisch am Ostjiddischen zu orientieren, könnte sich auch hier bestätigt sehen. Um die Situation jedoch sicher bewerten zu können, fehlt es an Daten zu den (west-)jiddischen Dialekten.

9.5.2 Kasus nach Präposition

Im Deutschen regieren Präpositionen die Kasuszuweisung. Dabei hängt diese von den semantischen Bedingungen (statisch vs. direktional) ab (Pittner & Berman 2007: 23). So fordern Präpositionen in direktionaler Semantik den Akkusativ (49b); in statischer Semantik jedoch den Dativ (49a). Im modernen Jiddischen hingegen spielt die Semantik keinerlei Rolle. Auf eine Präposition folgt immer der

9 Morphologische Markierungen

Dativ (49c–49d) (Jacobs 2005: 202; Fleischer & Schäfer 2012). Das ostjiddische Muster vom Dativ als „Einheitskasus" nach Präposition findet sich ebenso im Süd- und Zentralwestjiddischen z. B. in (49e) (Fleischer & Schäfer 2012; Guggenheim-Grünberg 1966b: 24) und kann als eines der Indizien für die gemeinsame Genese von Ost- und Westjiddisch gelten (Fleischer 2014b).

(49) a. dt. *er geht in die Stadt*$_\text{lokal-direktional}$

b. dt. *er wohnt in der Stadt*$_\text{lokal-statisch}$

c. mod. Ostjiddisch *er geyt in der shtot*$_\text{lokal-direktional}$

d. mod. Ostjiddisch *er voynt in der shtot*$_\text{lokal-statisch}$

e. איץ ווארד אופפעם דאנץ געמארשירט
iz ward uffem danz gemarschirt$_\text{lokal-direktional}$
'Jetzt wird auf den (wörtl. dem) Tanz marschiert'
(„Die Hochzeit zu Grobsdorf" 1822: 53)

(49a–49d zitiert n. Fleischer & Schäfer 2012: 415;
49e vgl. Fleischer & Schäfer 2012: 423)

Im Plural sind Akkusativ und Dativ in Ost- und Westjiddisch in die Akkusativform zusammengefallen (vgl. Unterabschnitt 9.5.1 S. 225). Dies spiegelt sich auch im Kasus nach Präposition wider (Fleischer & Schäfer 2012). Von einer jiddischen Varietät ist daher im Plural der Akkusativ anstelle des Dativs zu erwarten. Im NOJ, wo Dativ und Akkusativ generell zusammengefallen sind (s. o. S. 226; Zaretski 1929: 160), verhalten sich hingegen Singular und Plural identisch. Das Jiddische Nordpolens (Herzog 1965) und das nordöstliche Westjiddisch zeigen ein zum standardostjiddischen komplementäres System (Fleischer & Schäfer 2012; Herzog 1965: 130–132). Hier ist der Einheitskasus nach Präposition der Akkusativ, nicht der Dativ. Ob und wie weit diese Form ins östliche ZWJ, SWJ bzw. SÜJ hineinstreut, konnte aufgrund der dünnen Quellenlage noch nicht geklärt werden. Fleischer & Schäfer (2012) finden jedoch Anhaltspunkte, dass der Akkusativ nach Präposition ggf. auch in den dortigen jiddischen Varietäten verbreitet war. Entsprechende Daten, wie sich die deutschen Mundarten flächendeckend beim Kasus nach Präposition verhalten, liegen bislang keine vor.

Die Analyse des LiJi kann nur „Verstöße" gegen das deutsche Schriftsystem erfassen, also nur die Fälle, in denen der Dativ an der Position von deutsch Akkusativ erscheint bzw. der umgekehrte Fall eintritt. Hier werden zunächst nur

9.5 Kasussynkretismen

volle NPs nach Präposition behandelt. Darauf, wie sich Pronomen nach Präpositionen im LiJi verhalten, wird in Abschnitt 9.5.3 näher eingegangen. Die Tabellen 9.10 und 9.11 geben die Belege dieser Verstöße an. 23 Quellen (43%) des chrLiJi1 und 8 (von 10) Quellen des jüdLiJi1 zeigen solcherlei „Verstöße".

Tabelle 9.10: Diachrone Verteilung von Verstößen gegen das schriftdeutsche Kasussystem im chrLiJi1 bei Präpositionalphrasen

Quelle	Sg. m.	Sg. n.	Sg. f.	Pl.
PP	–	–	–	Akk. > Dat.
BW	–	Dat. > Akk.	–	–
LM	–	–	Akk. > Dat.	–
BP	–	Dat. > Akk.	–	Dat. > Akk.
GP	–	–	Dat. > Akk.	Dat. > Akk.
PG	–	–	Dat. > Akk.;Akk. > Dat.	Dat. > Akk.
TH	–	–	Dat. > Akk.	Dat. > Akk.
AJ	–	Dat. > Akk.	Dat. > Akk.	Dat. > Akk.
MS	–	–	–	Akk.
PA	–	–	Dat. > Akk.	–
WA	–	Dat. > Akk.	Dat. > Akk.	Dat. > Akk.;Akk. > Dat.
UT (ndt.)	–	Dat. > Akk.	–	Dat. > Akk.
AB	–	Dat. > Akk.	–	–
JP	–	Dat. > Akk.	Dat. > Akk.	–
SS	Akk. > Dat.	–	–	–
FL	–	–	Dat. > Akk.	Dat. > Akk.
VD	–	Akk. > Dat.	Akk. > Dat.	Dat. > Akk.
AD	–	–	Dat. > Akk.	Dat. > Akk.
MV	–	Dat. > Akk.	Dat. > Akk.	–
DG	–	–	Dat. > Akk.	Dat. > Akk.
GW	–	Akk. > Dat.	–	–
SV	–	Dat. > Akk.	–	–
AK	Dat. > Akk.	Dat. > Akk.	–	Dat. > Akk.

Besonders auffällig ist, dass im Plural in allen beiden Korpora vielfach und beinahe ausschließlich der Akkusativ als Markierung eingesetzt wird. Der Akkusativ im Plural findet sich in 13 Quellen des chrLiJi1 und in drei Quellen des jüdLiJi1. Lediglich zwei Quellen des chrLiJi1 (PP Berlin, 1839 u. WA) setzen den Dativ anstelle des Akkusativs im Plural. Das heißt, dass sich das LiJi zumindest im Plural deutlich am jiddischen System orientiert und dieses korrekt umsetzt. Belege für den Akkusativ im Plural finden sich im gesamten Untersuchungsgebiet (vgl. Abbildung 9.16). Areal auffällig verhalten sich die zwei Belege für den Dativ im Plural. Deren Vorkommen im Nordosten kann jedoch auch ein rein zufälliges Raumbild sein.

9 Morphologische Markierungen

Tabelle 9.11: Verstöße gegen das schriftdeutsche Kasussystem im jüdLiJi1 bei Präpositionalphrasen

Quelle	Sg. m.	Sg. n.	Sg. f.	Pl.
GuS1	–	Dat. > Akk.	Dat. > Akk.	–
GuS5	–	Dat. > Akk.	Dat. > Akk.	–
GuS10	Dat. > Akk.	–	Dat. > Akk.	Dat. > Akk.
GuS15	–	–	Dat. > Akk.	–
GuS23	–	–	–	Dat. > Akk.
PBreslau	–	Dat. > Akk.	–	–
PBerlin1	Dat. > Akk.	Dat. > Akk.;Gen. (Hyperform)	Dat. > Akk.	Dat. > Akk.
PBerlin2	–	Dat. > Akk.	–	–

Im Singular tritt die jiddische Verwendung des Dativs nur selten hervor. Im chrLiJi1 finden sich hierfür lediglich drei Belege im Femininum, zwei im Neutrum und ein Beleg im Maskulinum. Das jüdLiJi1 hingegen zeigt in keiner einzigen Quelle diese Form.

An Stelle einer Markierung jüdischer Figuren über den Dativ nach Präposition findet sich in einer deutlichen Vielzahl der Quellen der Akkusativ statt des Dativs nach Präposition mit lokal-statischer Semantik. Wir finden dies in allen zwei Korpora. Im chrLiJi1 findet sich der Akkusativ nach Präposition anstelle des Dativs in einer Quelle im Maskulinum, in zehn im Neutrum und in elf im Femininum. Im jüdLiJi1 ist eine ähnliche Verteilung auf die drei Genera gegeben: zwei Quellen verwenden den Akkusativ an der Position des Dativs im Maskulinum, fünf im Neutrum und fünf im Femininum. Den Akkusativ als Einheitskasus nach Präposition finden wir besonders im nordöstlichen Westjiddisch und im Ostjiddischen Nordpolens (s. o.). Für das jüdLiJi1, dessen Quellen aus genau dieser Region des Akkusativs als Einheitskasus nach Präposition stammen, hieße dies, dass hier eine tatsächliche Sprachrealität wiedergegeben wird.

Die areale Staffelung der Belege für den Singular zeigt ein interessantes Bild (Abbildung 9.14): Die deutliche Mehrzahl der (wenigen) Belege für den Dativ nach Präpositionen mit lokal-direktionaler Semantik findet sich im Rhein-Main-Gebiet und damit im Gebiet des westlichen Westjiddischen, in welchem diese Form zu erwarten wäre (vgl. Fleischer & Schäfer 2012). Ein weiterer Beleg findet sich in Berlin, wo hingegen ein ostjiddischer Einfluss plausibel wäre. Die Quellen, in denen Akkusativ anstelle vom schriftdeutschen Dativ steht, finden sich besonders im Osten des Erhebungsgebiets. ChrLiJi1 liefert hiermit weitere Hinweise für die Annahme, dass dieser Akkusativ weiter in den Südosten hinein streut als

9.5 Kasussynkretismen

Abbildung 9.14: Kasus nach Präposition im chrLiJi1 (Singular)

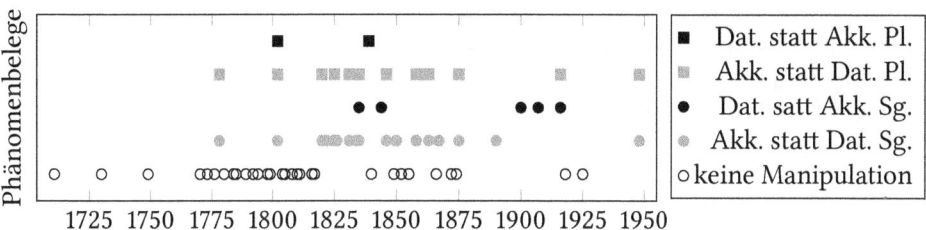

Abbildung 9.15: Verstöße gegen das schriftdeutsche Kasussystem im chrLiJi1 bei Präpositionalphrasen

bislang angenommen (vgl. Fleischer & Schäfer 2012). Allerdings finden sich auch einige Belege für den Akkusativ im äußersten Westen, was wiederum gegen die areale Relevanz des Datenmaterials spricht.

Die diachrone Verteilung der Belege des chrLiJi1 zeigt ein auffälliges Bild (s. Abbildung 9.15): Markierungen am Kasus nach Präposition treten, von wenigen Ausreißern abgesehen, ab den 1820er Jahren auf und finden sich ab diesem Zeitpunkt in beinahe jeder Quelle. Dabei sind Belege für den Dativ im Singular, also

9 *Morphologische Markierungen*

Abbildung 9.16: Kasus nach Präposition im chrLiJi1 (Plural)

die standardostjiddische und west-westjiddische Form eher in den Quellen des 20. Jahrhunderts anzutreffen. Hingegen tritt der Akkusativ als Einheitskasus bereits in den frühesten Belegen (1778, 1802) einer Manipulation des Kasus nach Präposition auf.

9.5.3 Kasus bei Pronomen

Das Pronominalsystem des Jiddischen fußt auf Lexemen der germanischen Komponente. Im Vergleich mit dem gegenwärtigen Schriftdeutschen stechen allerdings einige Synkretismen ins Auge. So sind im modernen Jiddisch die Personalpronomen der 3. Singular maskulin Akkusativ und Dativ zu אים *im* zusammengefallen (Wolf 1969: 115; Jacobs 2005: 185). In der 3. Plural ist der Dativ mit der Form des Nominativs und Akkusativs זײ *zey* zusammengefallen. Desweiteren fand der Zusammenfall von 1. Plural Nominativ und 1. Singular Dativ zu מיר *mir* statt. Die Unterschiede zwischen Jiddisch und Deutsch sind bezüglich der Personalpronomina nicht sonderlich groß. Deutlich anders verhält sich moder-

9.5 Kasussynkretismen

nes Standardjiddisch (und NOJ) beim Reflexivpronomen זיך *zikh*, welches nicht dekliniert wird. Darüber hinaus übernimmt dieses Pronomen im Ostjiddischen syntaktische Funktionen, die dem deutschen Reflexivum nicht zukommen und die höchst wahrscheinlich durch den Kontakt zu slawischen Sprachen begünstigt, wenn nicht sogar provoziert wurden (vgl. Jacobs 2005: 185). Die pronominale Anredeform (Höflichkeitsform, *T–V distinction*) wird im Jiddischen immer mittels der Form der 2. Person Plural איר *ir* gebildet. Darin unterscheidet es sich stark vom Deutschen, welches im Nominativ und Akkusativ *Sie* und im Dativ *Ihnen* verwendet. Die Pronomen der Anredeform entsprechen hier also der 3. Person Plural.

Die Situation im Westjiddischen ist noch weitgehend unbeschrieben. In der zentralwestjiddischen Quelle „Die Hochzeit zu Grobsdorf" findet sich ein Pronominalsystem mit deutlich stabiler Kasusdistinktion. Vom Schriftdeutschen abweichende Synkretismen können hier nur in der 3. Person Plural und beim Reflexivum festgestellt werden. Es findet sich die morphologische Form des Nominativs bzw. Akkusativ זיע *sie* bei syntaktischem Dativ (50a). Wie im Ostjiddischen (und in den meisten hochdeutschen Dialekten) sind hier die Formen der 1. Person Plural Nominativ und der 1. Person Singular Dativ unter *mir* zusammengefallen (50b–50c). Weiterhin zeigt sich ein Synkretismus beim Reflexivpronomen der 1. Plural Dativ/Akkusativ und der 3. Plural Dativ/Akkusativ (50c). Obwohl dieser Synkretismus auch aus dem Ostjiddischen bekannt ist (s. o.), müssen die Belege aufgrund fehlender weiterer Evidenz in anderen westjiddischen Quellen aber eher auf Interferenzen mit dem zentralhessischen Dialekten zurückgeführt werden, für die dies ein typischer Zusammenfall ist (Kehrein 1860: 29).

(50) a. וועממער בייא דיע הונד איס מוס מער מיט זיע גויטצע.
wemmer bei die hund is mus mer mit sie gautze/goutze.
'Wenn man bei den Hunden ist, muss man mit ihnen (wörtl. sie) bellen.'
(„Die Hochzeit zu Grobsdorf" 1822: 76)

b. דערנויך דאַנצע מיר ווירדער.
dernauch/dernouch danze mir wirrer.
'Danach tanzen wir (wörtl. mir) wieder.'
(„Die Hochzeit zu Grobsdorf" 1822: 85)

c. מיר גֵיהן אַהאָם אוּן לֵיעגע זיך בּייא אוּנזער ווייבּערכער.
mir geihn aham un leige sich bei unser weibercher.
'Wir gehen heim und legen uns (wörtl. sich) zu unseren Frauen.'
(„Die Hochzeit zu Grobsdorf" 1822: 85)

In den jiddischen Dialekten gibt es, soweit bekannt, keine starken Abweichungen vom Standard. Im NOJ sind Akkusativ und Dativ auch im Pronominalsystem zu einem obliquen Kasus zusammengefallen (s. o.). Bei den Pronomen übernehmen die historischen Dativformen diesen Kasus (Jacobs 2005: 184; Wolf 1969: 139–149). Auch für das NÜJ ist ein Zusammenfall der 1., 2. und 3. Person Singular feminin der Personalpronomen von Dativ und Akkusativ zugunsten des Dativs z. T. belegt (vgl. Wolf 1969: 139–149). Im NOJ und NÜJ ist also eine deutliche Profilierung des Dativs gegenüber dem Akkusativ zu verzeichnen. Für das NWJ Aurichs stellt Reershemius (2007: 63) ein unsicheres System der Personalpronomen im Akkusativ und Dativ der 1. und 2. Person Singular fest. Die ostjiddischen Synkretismen von 3. Person Singular maskulin Akkusativ und Dativ und von der 1. Person Plural Nominativ und 1. Person Singular Dativ fanden hier jedoch nicht statt. An weiteren Daten zum Westjiddischen fehlt es zur Zeit noch.

Von sprachlichen Manipulation im Bereich der Pronominalmorphologie sind im LiJi ausschließlich Personal- und Reflexivpronomen betroffen. Insgesamt zeigen 28 Quellen eine Manipulation des Kasus eines oder mehrerer Pronomen. Pronomensynkretismen finden sich im LiJi besonders zwischen den Formen des Akkusativs und Dativs. Betroffen sind die 1., 2. und 3. Person Singular maskulin der Personalpronomen (51a)– (51f); aber auch die Homophonie von 1. Person Plural Nominativ und der 1. Person Singular Dativ ist belegt (51g). Darüber hinaus spielten Abweichungen vom Schriftdeutschen bezüglich der Höflichkeitsform eine große Rolle im LiJi. Auch hier findet sich die Form des Nominativs/Akkusativs an der Position des Dativs (51i) oder umgekehrt (51h). Nirgends aber wird die 2. Person Plural für die pronominale Anredeform verwendet, wie es für das Standardostjiddische üblich wäre. Das sich besonders stark vom Deutschen absetzende ostjiddische System der Reflexivierung ist in keiner Quelle des LiJi1 thematisiert. Reflexivpronomem sind zwar auch betroffen (51j), verhalten sich jedoch entsprechend dem Deutschen, wo sich das Reflexivum nur in der 3. Person von den Personalpronomen abhebt, in allen anderen Fällen aber lexikalisch identisch mit ihnen ist.

(51) a. *Taibche, Du kennst mir* (JP Altona, 1867: 12)
 'Täubchen, du kennst mich'

b. *is mich ganz egal* (UT Stavenhagen, 1862: Kap. 45)
'ist mir ganz egal'

c. *laß dir drücken an mein Herz* (AJ Berlin, 1825: 22)
'lass dich drücken an mein Herz'

d. *Bleibet ich elahn bei dich zurück?* (IA Erlangen, 1840: 69)
'Bleibe ich allein bei dir zurück'

e. *hott en gewaltike Zurand genumme unn iss uff em gehuppft* (PG Speyer, 1835: 33)
'hat ihn gewaltig ran genommen und ist auf ihn gehüpft'

f. *hat er ihn gegeben ä Dachstübche fer umsonst* (SV München, 1890: 4)
'hat er ihm ein Dachstübchen für umsonst gegeben'

g. *Mir willen Scholem* (AK Zürich, 1948: 219)
'Wir wollen Frieden'

h. *dorf ich Sie was rothen?* (AO Wien, 1770: 84)
'darf ich Ihnen etwas raten?'

i. *ich liebe Ihnen* (AD Leipzig, 1846: 129, 137)
'ich liebe Sie '

j. *Versteckel d'r unter e Decke* (VD Frankfurt, 1916: 17)
'verstecke dich unter der Decke'

Belege, in denen das Pronomen innerhalb einer PP steht und somit seinen syntaktischen Kasus von der Präposition erhält, sind in den unten stehenden Tabellen (9.12 und 9.13) durch eckige Klammern markiert. Nur selten, zumeist in der Höflichkeitsform, spielt die syntaktische Position jedoch eine Rolle für die Kasuswahl im LiJi.

23 Quellen des chrLiJi1 zeigen Wechsel der Akkusativ- und Dativformen in der 1. Person Singular. Die Dativform wird in 16 (18 inkl. PP) Fällen an der Position des Akkusativs gesetzt. Das Akkusativpronomen anstelle des Dativs findet sich in drei (5 inkl. PP) Quellen. In der 1. Person Singular profiliert damit deutlich der Dativ über den Akkusativ. Ein ähnliches Bild zeigt sich bei der 2. Person Singular. Der Dativ statt Akkusativ findet sich in sieben (10 inkl. PP) Quellen; der Akkusativ anstelle des Dativs hingegen in nur einem Beleg nach Präposition.

9 Morphologische Markierungen

Tabelle 9.12: Kasussynkretismen bei Personalpronomen im chrLiJi1.

Quelle	1. Sg.	2. Sg.	3. Sg. m.	1. Pl. Nom.	Höfl.
PP	░				
BW	░ \PP	░			
LS	░				
BP	░				░
FE	░				\PP
AO	▒				\PP
GP			▒ PP		
PG	▒ PP		░ PP		
JK		░ PP		▒	
TH	▒				
AJ		░ \PP		▒ PP	
DP*					
UT*	▒				
PA	░ \PP				░
IA	▒ PP	▒ PP			
FM					
AB				▒	▒
JP				█	▒
SS	░				
FL				█	
LP					░
VD					
AD				░ \PP	
MV				▒ PP	
DG	░ PP				
GW				█	
SV			▒	█	
AK				█	

░ = Dat. statt Akk.
▒ = Akk. statt Dat.
█ = 1. Sg. Dat.

\PP   neben Belegen mit Pronomen nach Präposition
PP   ausschließlich Belege mit Pronomen nach Präposition

9.5 Kasussynkretismen

Tabelle 9.13: Kasussynkretismen bei Personalpronomen im jüdLiJi1

Quelle	1. Sg.	2. Sg.	3. Sg. m.	1. Pl. Nom.	Höfl.
GuS1	PP		–	■	–
GuS5	▒		–	■	–
GuS10	PP	▒		–	▒
GuS15	▒		–		
GuS23	▒	▒		▒	▒
PAlsleben			–		–
PBreslau				–	–
PBerlin1		–		–	▒
PBerlin2		–		■	–

▒ = Dat. statt Akk.   ▒ = Akk. statt Dat.
■ = 1. Sg. Dat.

Die 3. Person Singular maskulin ist am seltensten von Manipulationen betroffen. Hier überwiegt der Akkusativ leicht gegenüber dem Dativ. Zwei Quellen (inkl. PP) zeigen den Akkusativ statt des Dativs. Nur ein Beleg nach Präposition zeigt die Dativform anstelle des Akkusativs. Die Homophonie von der 1. Person Plural Nominativ und der 1. Person Singular Dativ wird von fünf Texten des chrLiJi1 umgesetzt. Die Höflichkeitsform wird in 13 Quellen manipuliert; sechs Quellen setzen die Form des Dativs anstelle des Akkusativs. Fünf Quellen zeigen die Form des Nominativs/Akkusativs anstelle des Dativs. Sieben Quellen, einschließlich der sechs Quellen mit der Verwendung von Nominativ-/Akkusativform anstelle des Dativs bei PP.

Die nachfolgenden Karten (Abbildung 9.17, 9.18, 9.19, 9.20) und das Diagramm in Abbildung 9.21 stellen nur die Daten für Pronomen in vollen NPs dar. Die Belege für Pronomen nach Präpositionen werden nicht weiter berücksichtigt, da sie die Stichprobe verfälschen würden.

Wie bereits beim Phänomen der Manipulationen am Kasus bei vollen Objekten nach Präposition (vgl. Abbildung 9.15) und in einfachen NPs (vgl. Abbildung 9.13) zu sehen war, so zeigen auch die literaturjiddischen Eingriffe ins Pronominalsystem eine interessante Verteilung über die Zeitspanne hinweg (vgl. Abbildung 9.21). Auch dieses Phänomen gewinnt erst im Verlauf des 19. Jahrhunderts an Popularität innerhalb des chrLiJi1. Doch gibt es hier je nach Präposition Unterschiede: So fällt ins Auge, dass die Setzung der Nominativ/Akkusativ-Form

9 Morphologische Markierungen

Abbildung 9.17: Kasusmarkierung an Personalpronomen im chrLiJi1

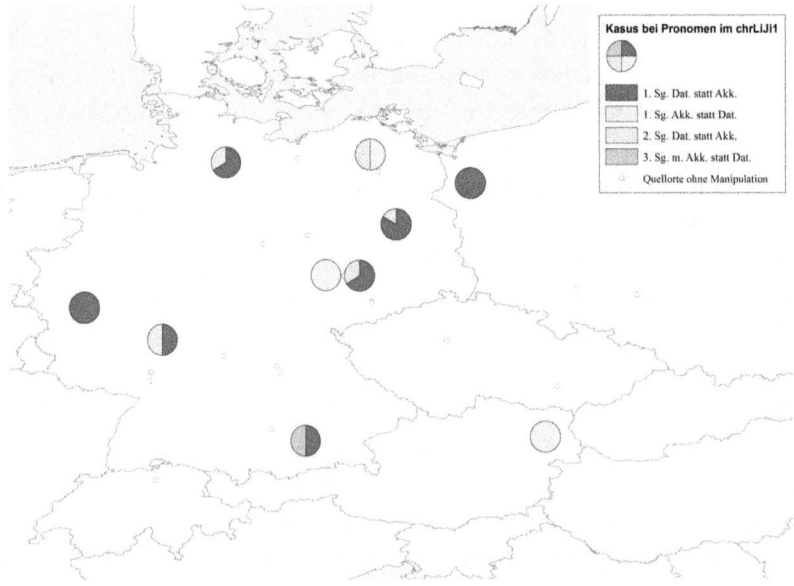

Abbildung 9.18: Kasusmarkierung von Akk./Dat. an Personalpronomen im Sg.

9.5 Kasussynkretismen

Abbildung 9.19: Kasusmarkierung von Nom.,Akk./Dat. an Personalpronomen der Höflichkeitsform

Abbildung 9.20: Kasussynkretismus der Personalpronomen 1. Pl. Nom. und 1. Sg. Dat. im chrLiJi1

9 Morphologische Markierungen

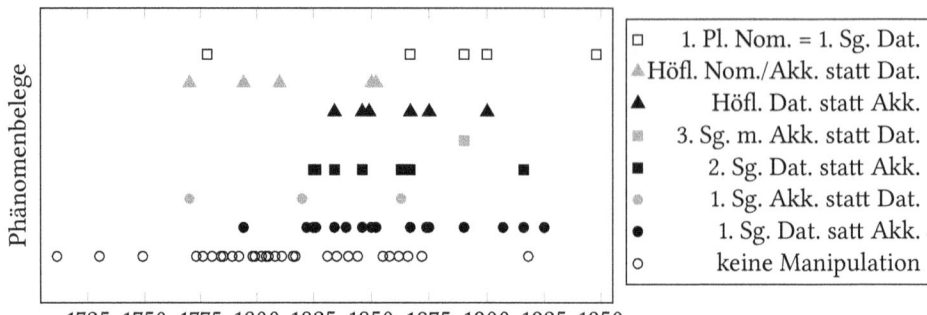

Abbildung 9.21: Diachrone Verteilung von Synkretismen bei Personalpronomen im chrLiJi1

anstelle des Dativs in der Höflichkeitsform zwar noch im 18. Jahrhundert zu finden ist, aber im Laufe des 19. Jahrhunderts scheinbar „abgelöst" wird durch das komplementäre Phänomen, der Setzung der Dativform anstelle des Akkusativs im Rahmen der Höflichkeitsform. Ähnliche Strukturen zeigt das Korpus auch bei der Manipulation der Personalpronomen der 1. Person Singular: Die ältere und wesentlich seltener auftretende Manipulation ist die zugunsten des Akkusativs anstelle des Dativs. Ab 1825 nehmen aber Belege für die Setzung des Dativs anstelle des Akkusativs deutlich zu. Diachron ebenfalls auffällig verhält sich die Homophonie zwischen 1. Person Plural Nominativ mit der 1. Person Singular Dativ. Dieses Phänomen, welches in den hochdeutschen Dialekten keine Seltenheit ist, findet sich im chrLiJi1 beinahe nur in Quellen aus dem letzten Drittel des 19. Jahrhunderts.

Ein interessantes Raumbild liefert die Kartierung der Belege zur Manipulation der Höflichkeitspronomina (9.19). Mit der Ausnahme einer Frankfurter und einer Hamburger Quelle liegen alle übrigen Belege in nächster Nähe zum NÜJ bzw. SÜJ. Gegebenenfalls deuten die Daten des chrLiJi1 hier eine Eigenschaft dieser Varietäten an, die es durch authentischere Daten zu überprüfen gilt.

Interferenzen mit den deutschen Dialekten sind im Bereich der Pronomina durchaus anzunehmen. Zur Situation der pronominalen Anredeform in den deutschen Varietäten ist leider nichts flächendeckendes bekannt, womit die Daten des chrLiJi1 verglichen werden könnten. Die Belege für einen Akkusativ-Dativ-Synkretismus in der 3. Person maskulin sprechen zwar für eine Anlehnung an das ostjiddische System, doch ist dies andererseits kein unüblicher Synkretismus in den deutschen Dialekten. Nach Shrier (1965: 426f) findet sich dieser etwa in großen Teilen des Niederdeutschen, Ostmitteldeutschen und Bairischen. Auch der Zusammenfall von 1. Person Plural Nominativ unter die 1. Person Singular

Dativ ist ein in den hochdeutschen Mundarten weit verbreitetes Phänomen (vgl. WApron: 5). Hier zeigt besonders die geographische Verteilung der Daten eine deutliche Überschneidung mit dem hochdeutschen Raum (s. Abbildung 9.20). Besonders aufschlussreich sind die Daten zur 1. Person Singular. Hier ist ein Synkretismus von Akkusativ und Dativ, wie wir ihn im chrLiJi1 häufig antreffen, für die niederdeutschen Dialekte bekannt (Shrier 1965: 427f, 432 Karte 9). Die Setzung des Akkusativs anstelle des Dativs ist hier besonders im Ostfälischen und Westbrandenburgischen verbreitet, während der Zusammenfall zugunsten der Dativform im übrigen niederdeutschen Sprachgebiet auftritt. Ein großer Teil der Quellen, die diesen Synkretismus zeigen, stammen aus dem niederdeutschen Raum und könnten so durch die deutschen Mundarten begünstigt sein (vgl. 9.18). Bei allen Spekulationen über einen Einfluss der deutschen Dialekte darf nicht vergessen werden, dass nicht nur das Literaturjiddisch, sondern auch die tatsächlichen jiddischen Varietäten in ständigem Sprachkontakt zu den deutschen Dialekten standen, aus dem Interferenzen hervorgegangen sind (vgl. Schäfer 2013). Die Spuren deutscher Dialekte, die wir im LiJi1 finden, schließen somit eine authentische Wiedergabe des jiddischen Sprachstandes nicht aus. Besonders aber die Belege einer Profilierung des Dativs gegenüber dem Akkusativ im Singular sprächen für eine besondere Nähe des chrLiJi1 zum NÜJ und NOJ (s. o.).

Die Daten des jüdLiJi1 unterstützen nur bedingt diese Hypothese (Tabelle 9.13). Hier findet sich fast ausschließlich eine starke Profilierung des Dativs gegenüber dem Akkusativ, lediglich die Situation der Höflichkeitsform springt aus dem Rahmen. Besonders stark ist auch hier die 1. Person Singular von Manipulationen betroffen. Da ein Großteil der Quellen im Berliner Raum zu verorten ist, also einem Gebiet, in dem ebendieser Synkretismus auch in den deutschen Dialekten stattfand (vgl. Shrier 1965: 427f, 432 Karte 9), ist kaum zu entscheiden, ob eine Interferenz zwischen Literaturjiddisch und deutschem Dialekt oder zwischen Jiddisch und deutschem Dialekt vorliegt.

9.6 Verbmorphologie

9.6.1 Flexionen von *sein*

In zehn Quellen des chrLiJi1 finden sich Belege des unflektierten Infinitivs von *sein* wie in (52a)–(52d). Das Suppletivverb *sein*, dessen Paradigma aus mehreren Verbstämmen zusammengesetzt ist, zeigt in den meisten deutschen Dialekten Abweichungen von der Schriftsprache (Schirmunski 1962: 571–574; Nübling 2000). Die Setzung des Infinitivs, wie es im chrLiJi1 vorliegt, ist jedoch nur für die

9 Morphologische Markierungen

1. Person Singular Präsens aus dem Oberhessischen bekannt (Schirmunski 1962: 572; Friebertshäuser 1987: 93). Von diesen deutsch-dialektalen Formen scheint das Westjiddische jedoch nicht beeinflusst gewesen zu sein. So findet sich in „Die Hochzeit zu Grobsdorf" im Sprechtext eines zentralhessisch redenden Bauers zwar die in diesem Dialektraum typische Form der 2. Person Singular Präsens *seist* (52g, vgl. Friebertshäuser 1987: 93), jedoch im westjiddischen Haupttext taucht nirgends eine solche oberhessische Verbform auf, weder in der 2. Person Singular Präsens (52h), noch in der 1. Person Singular Präsens (52i). Das Westjiddische in dieser Quelle entspricht bei der Flexion von *sein* immer der deutschen Schriftsprache. Das standardjiddische Paradigma von זיין *seyn* unterscheidet sich im Präsens nur bezüglich der 1. und 3. Person Plural זײַנען *saynen* (ZOJ זענען *senen*) 'sind' und der 2. Person Plural זענט *sent* 'seid' vom Schriftdeutschen (Jacobs 2005: 216). Man könnte die Belege des chrLiJi1, wo *sein/sain* in der 1., 2., 3. Person Singular Präsens und in der Höflichkeitsform auftritt (vgl. 52a–52d; Tabelle 9.14), mit einer Tilgung von -en der ostjiddischen Form *saynen* erklären. Eine solche Kürzung in der gesprochenen Sprache ist durchaus plausibel. Die (zentral-)ostjiddische Form der 1. und 3. Person Plural von 'sein' ist einzig in drei Quellen (AK Zürich, 1948; DW Wien, 1773 u. GW n.a., ca. 1900) belegt (z. B. 52e–52f). Da die Flexionslosigkeit also kaum auf einer tatsächliche Sprechrealität fußen kann, ist anzunehmen, dass dieses Phänomen ausschließlich der Pejoration gilt. Erstmals hätten wir damit ein sprachliches Mittel, dessen sich das Literaturjiddische bedient, welches nicht auf einen möglichen Einfluss jiddischer oder deutscher Varietäten zurückgeführt werden kann.

(52) a. *bis ich sain ä raicher Jüd* 'bis ich ein reicher Jude bin' (JK Breslau, 1810: 5)

b. *mer sein frei* 'wir sind frei' (LS Bonn, 1925: 26)

c. *Die Kristche sein zwitschen sich selbst wahre Heidche!*
'Die Christen sind unter sich selbst wahre Heiden!' (WA: 158)

d. *Sie sein unser Retter* 'Sie sind unser Retter' (LS Bonn, 1925: 23)

e. *Mir alle sennen glicklich* 'Wir alle sind glücklich' (AK Zürich, 1948: 219)

f. *wenn alle a suy schlimm sennen* 'wenn alle so schlimm sind' (DW Wien, 1773: 16)

g. imitiertes hess. דאַן זייסט דוא אַהך אַהן אָרמער שעלם
dan seist dou ahch ahn oremer schelm
'dann bist (wörtl. seist) du auch ein armer Schelm'
(„Die Hochzeit zu Grobsdorf" 1822: 2)

h. wj. דאָס דוא פֿון גראָבסדארף ביסט
   dos du fun grobsdorf bist
   'dass du aus Grobsdorf bist'
   („Die Hochzeit zu Grobsdorf" 1822: 9)

i. wj. איך בין אָבער אה קערלכה
   ich bin ober ah kerlche
   'Ich bin aber ein Kerlchen'
   („Die Hochzeit zu Grobsdorf" 1822: 8)

Tabelle 9.14: Unflektiertes 'sein' im chrLiJi1

Quelle	1. Sg.	1. Pl.	3. Pl.	Höflichkeitsform
LS	*sein*	*sein*	–	*sein*
JK	*sain*	*sain/ sayn*		
MS	–	–	*sein*	–
DP	–	–	*sain*	*sain*
PAb	–	–	–	*sain*
WA	–	–	*sein*	–
FM	–	*sein*	–	–
JP	–	*sein*	*sein*	–
LP	–	–	*sein*	*sein*
GW	–	–	–	*sein*

Die areale Verteilung der Belege für unflektiertes *sein* im chrLiJi1 zeigt deutlich eine Anhäufung im NÜJ und SÜJ (Abbildung 9.22). Aber auch im mitteldeutschen Raum (Bonn, Frankfurt), wo immerhin in den oberhessischen Dialekten diese Form für die 1. Person Singular bekannt ist, findet sich dieses Phänomen. Belege für die zentralostjiddische Form *sennen* findet sich ausschließlich in südlichen Quellen.

Besonders auffällig gestaltet sich die zeitliche Streuung des Phänomens (s. Abbildung 9.23). Obzwar zentralostjiddisch *sennen* schon in den frühesten Quellen belegt ist, treten Belege für unflektiertes *sein* erst im 19. Jahrhundert – insbesondere in der 2. Hälfte des Jahrhunderts – auf. Auch hier zeigt das LiJi1 eine morphologische Manipulation erstmals in den späteren Quellen.

Es überrascht, dass sich unflektiertes 'sein' auch im jüdLiJi1 findet (Tabelle 9.15). Zentralostjiddisches *sennen* in der Position der 1. und 3. Person Plural Präsens

9 Morphologische Markierungen

Abbildung 9.22: Flexionen von 'sein' im chrLiJi1

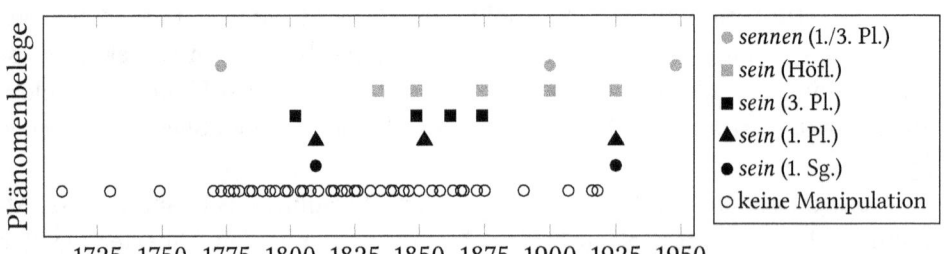

Abbildung 9.23: Diachrone Verteilung der Flexionen von 'sein' im chrLiJi1

findet sich in den „Gedichten und Scherzen in jüdischer Mundart" (GuS1, GuS5, GuS10, GuS23). Die unflektierte Form tritt im jüdLiJi1, wie im chrLiJi1, in der 1. Person Singular/Plural, der 3. Person Plural sowie (in einem Beleg)[25] in der Höflichkeitsform auf (vgl. Tabelle 9.15). Die Belege im jüdLiJi1 entsprechen auch der Verbreitung im chrLiJi1 (vgl. Abbildung 9.22).

Es muss offen bleiben, wie dieses Phänomen zu interpretieren ist; ob nun als „fehlerhafte Flexion", die eine „Fehlerhaftigkeit der Sprache" darstellen soll, oder sich dahinter eine Kürzung von Ostjiddisch *saynen* verbirgt, die im tatsächlich gesprochenen Jiddisch gegeben war. Für das Eindringen einer ostjiddischen Form spricht die diachrone Streuung: Erst ab Mitte des 19. Jahrhundert kann man von einem Bewusstsein der ostjiddischen Sprache in der gesellschaftlichen Breite ausgehen. Hingegen ist auch gerade das späte Auftreten dieses Phänomens im LiJi1 ein Indiz für eine „fiktive" Form, da ab etwa 1850 der direkte Sprachkontakt zum gesprochenen (West-)Jiddischen nur mehr äußerst gering ausfällt.

Tabelle 9.15: Unflektiertes 'sein' im jüdLiJi1

Quelle	1. Sg.	1. Pl.	3. Pl.	Höflichkeitsform
GuS1	–	–	–	*seun*
PBerlin1	–	*sein*	*sein*	–
PBerlin2	*sein*	*sein*	*sein*	–

9.6.2 *ge*-Präfix bei sekundärem Wortakzent

53b In den modernen Standardsystemen des Jiddischen und Deutschen können nur erstbetonte Verbstämme ihr Partizip mittels des *ge*-Präfix bilden (53a) und (53b). Mehrfüßige und damit nicht erstbetonte Partizipien, wie in (53c) und (53d), können kein Präfix hinzuziehen (Jacobs 2005: 213; Wiese 2000: 92). Dies betrifft besonders Fremdwörter (53d). Bei Partikelverben wird im Jiddischen wie im Deutschen das *ge*-Präfix gesetzt, da hier die Partikel einen eigenen Wortakzent trägt z. B. (53e), (53f). Bei Präfixverben wie in (53g) und (53h) hingegen entfällt das Präfix aufgrund des Wortakzents (vgl. Jacobs 2005: 213; Wiese 2000: 92). Allerdings liegen prosodische Unterschiede zwischen Jiddisch und Deutsch vor, so dass ein Verb wie *übersetzen* in (53g)–(53h) im Deutschen den Wortakzent eines Präfixverbs zeigt, im Jiddischen hingegen *über-* als Partikel intoniert wird und

---

[25] Hinter der Form *seun* (GuS1: 5) könnte sich jedoch auch ein Konjunktiv verbergen.

dementsprechend mittels *ge*-Präfix flektiert wird (53i). Da uns im LiJi nur schriftsprachliches Material vorliegt, ist es akustisch nicht zu entscheiden, ob ein Präfix oder eine Partikel vorliegt. Daher sind Belege aus periphrastischen Verben nur unter Vorbehalt zu beurteilen.

(53) a. oj. שרײַבן *shraybn* → געשריבן *geschrieben*/ *שריבן *schrieben*

b. *schreiben* → *geschrieben*/**schrieben*

c. oj. שטודירן *shtudirn* → *געשטודירט *geshtudirt*/ שטודירט *studirt*

d. dt. *studieren* → **gestudiert*/*studiert*

e. dt. ˈan͜schreiben → *angeschrieben*/**anschrieben*

f. oj. אנשרײַבן ˈon͜shraybn → אנגעשריבן *ongeshribn*/ *אנשריבן *onshribn*

g. dt. ˈüber͜setzen → *übergesetzt*/**übersetzt*; z. B. *Er ist mit dem Boot übergesetzt.*

h. dt. ͜überˈsetzen → **übergesetzt*/*übersetzt*; z. B. *Er hat das Buch übersetzt.*

i. oj. זײַנע ביכער [...] זײַנען געוואָרן איבערגעזעצט אויף אַנדערע שפּראַכן *zayne bikher* [...] *zaynen gevorn ibergesetst oyf andere shprakhn* 'Seine Bücher [...] wurden in andere Sprachen übersetzt'. (zitiert n. CMY לעבנס־פֿראַגן 2007.09-10)

Der Blick auf eine andere germanische Sprache mit *ge*-Partizip, das Niederländische, zeigt, dass die Regel der Erstbetonung keine Grundeigenschaft dieses Suffixes ist. So entsprechen im modernen Niederländischen Formen wie (54a) durchaus dem Standard (Rathert 2009). Und auch in älteren Sprachstufen des Deutschen (54c), (54d) und in einigen deutschen Dialekten (54b) wirkt diese Regel nicht. So verwundert es kaum, dass auch für das Westjiddische Formen belegt sind, in denen das Präfix trotz sekundärem Wortakzent auftritt (54e).

(54) a. ndl. *studeren* → *gestudeerd*/**studeerd* (zitiert n. Rathert 2009: 164)

b. aleman. *marschiera* → *g'marschiert* (Hohenems (AT), zitiert n. Schallert 2012: 255)

c. mhd. *studieren* → *gestudiert* (zitiert n. Rathert 2009: 164)

d. frnhd. *er habe denn zuvor durch ander leute hulff gestudiret*
(M. Luther, zitiert n. DWB Grimm, Grimm u. a. 1854–1960: Bd. 20, Sp. 275)

e. wj. איץ וואָרד אופפעם דאַנץ געמאַרשירט
iz ward uffem danz gemarschirt
'Jetzt wird auf den Tanz marschiert.'
("Die Hochzeit zu Grobsdorf" 1822: 53)

Im chrLiJi1 finden sich einige wenige Belege für die Setzung des *ge*-Präfix bei sekundärem Wortakzent in fünf Quellen (55a–55g). Im Fall von 55d liegt uns zwar ein Verstoß gegen den deutschen Wortakzent vor, allerdings entspricht dieser Beleg der ostjiddischen Form, in der *über*- als Partikel und nicht als Präfix getrennt wird (53i). Es fällt auf, dass im LiJi besonders Fremdwörter mit mehrsilbigem Präfix das *ge*-Präfix aufweisen. Auch sind nicht nur Partikelverben betroffen, sondern auch Fremdwörter, die im Deutschen auf Grund des Wortakzents im Partizip das *ge*-Präfix nicht zu sich nehmen (vgl. 55e–55f). Zeitlich tritt dieses Phänomen besonders in der Frühphase des LiJi auf. Besonders im Vergleich zu unseren Daten aus dem ZWJ (54e) wiegt der Umstand, dass wir diese Quellen des chrLiJi1 neben Berlin besonders auf den mitteldeutschen sprich zentralwestjiddischen Raum verorten. Wieder kann damit nicht ausgeschlossen werden, dass hier entweder deutsch-dialektale Formen, oder aber authentisch westjiddische Strukturen ins chrLiJi1 Eingang gefunden haben.

(55) a. *ausgemöbliert* 'ausmöbliert' (LM Würzburg, 1844: Titel)

b. *ausgestudiert* 'ausstudiert' (LM Würzburg, 1844: Titel)

c. *gestudiert* 'studiert' (FE Leipzig, 1792: 71)

d. *übergelassen* 'überlassen' (AJ Berlin, 1825: 2), vgl. oj. איבערגעלאָזן *ibergelozn*

e. *geprofitiert* 'profitiert' (AJ Berlin, 1825: 1)

f. *gepaßirt* 'passiert' (FL Mannheim, 1778: 39)

g. *gespezziren* 'spazieren' (MV Berlin, 1862: 60)

Für ein mögliches Areal sprechen auch Belege aus dem jüdLiJi1, wo, besonders in den „Gedichten und Scherzen in jüdischer Mundart", aber auch in den Berliner Pamphleten, die *ge*-Präfigierung an nicht-erstsilbenbetonten Verben zu finden sind (56a)–(56g).

9 Morphologische Markierungen

(56) a. *geamüserirt* 'amüsiert' (GuS1: 4, 5)

b. *getransportirt* 'transportiert' (GuS5: 3)

c. *geexpedirt* 'expediert' (GuS5: 4)

d. *getaxirt* 'taxiert' (GuS5: 4)

e. *eingequartiert* 'einquartiert' (GuS15: 4)

f. *gepassirt* 'passiert' (PBerlin1: 2)

g. *gepessirt/gepassiert* 'passiert' (PBerlin2: 1.Sp., 2.Sp.)

9.7 Zusammenschau morphologischer Manipulationen

In der Summe finden sich 19 morphologische Phänomene, die wiederholt in den Quellen des chrLiJi1 eingesetzt werden. Darunter finden sich vorwiegend Verletzungen des Standarddeutschen Kasussystems. Das heißt auch, dass vorwiegend die Nominalmorphologie beeinflusst wird. Die Verbalmorphologie wird nur mit zwei Strategien (*sein* 'bin' u. *ge*-Partizip) manipuliert. Das häufigste Phänomen ist die Setzung des Akkusativs an der Position von Schriftdeutsch Dativ im Singular (in 17 Quellen gegeben). Am seltensten treten Manipulationen am Kasus voller Objekte auf. Im Durchschnitt zeigt eine Quelle 2,4 morphologische Manipulationsstrategien (σ 2,1). Die Quelle mit der höchsten Phänomendichte morphologischer Manipulationen ist PA (Frankfurt, 1834) mit sieben Phänomenen, gefolgt von AD (Leipzig, 1846), AJ (Berlin, 1825), JP (Altona, 1867) und SV (München, 1890) mit je sechs Phänomenen.

Wie das Diagramm in Abbildung 9.24 zeigt, treten morphologische Manipulationen im gesamten Untersuchungszeitraum auf. In den Quellen des Intervalls 1825 bis 1875 lässt sich ein vergleichsweise höheres Aufkommen morphologischer Strategien erkennen.

Die areale Distribution morphologischer Phänomene, gewichtet nach Distanzbasierter Interpolation (IDW), zeigt ein durchaus interessantes Bild. Wie in Karte 9.25 zu sehen, treten in Quellen aus dem Westen des Untersuchungsgebiets deutlich mehr morphologische Markierungen auf. Der Südwesten zeigt damit ähnlich, wie dies bereits bezüglich der phonologischen Phänomene der Fall war (vgl. Abbildung 8.48, 8.47, S. 8.48), eine deutliche höhere Phänomenvielfalt als andere Regionen. Dennoch unterscheidet sich die Verteilung morphologischer Phänomene von der phonologischer deutlich.

9.7 Zusammenschau morphologischer Manipulationen

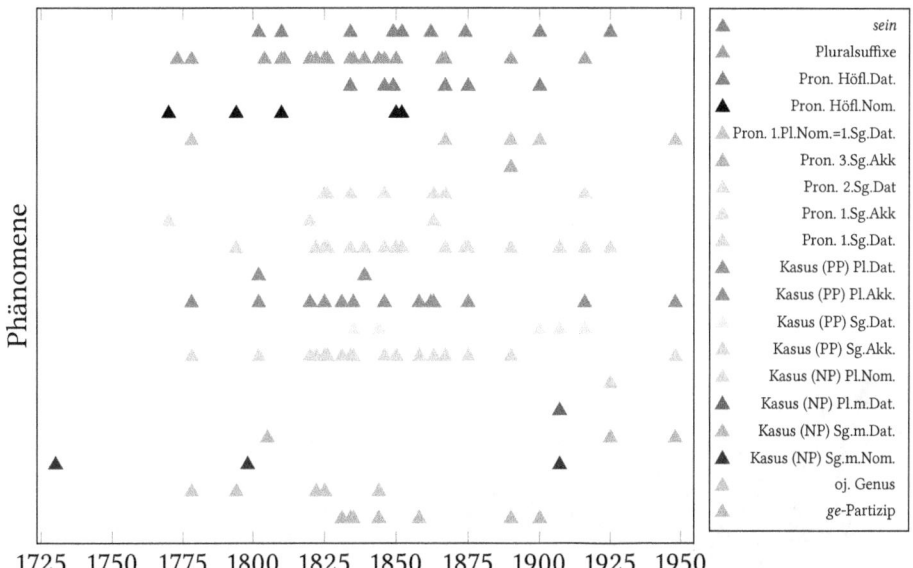

Abbildung 9.24: Übersicht morphologischer Markierungen im chrLiJi1

In der Morphologie sind die quantitativen Schwankungen zwischen der Verwendung von vielen und gar keinen Phänomenen besonders gravierend: entweder erfüllt eine Quelle nahezu alle der 19 Phänomene oder aber gar keine, im Gegensatz zur Phonologie (vgl. Kapitel 8.14, S. 175), wo eine „Zwischenzone" zu erkennen ist (vgl. Abbildung 8.47, S. 8.47).

9 Morphologische Markierungen

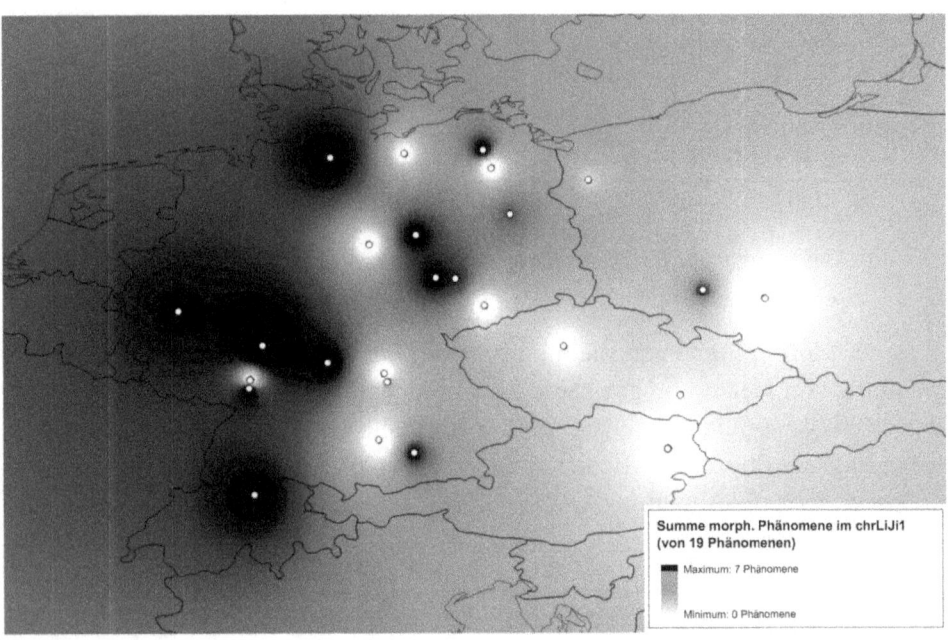

Abbildung 9.25: Summe morphologischer Phänomene des chrLiJi1 (IDW berechnet mit QGIS)

10 Syntaktische Markierungen

Auf der syntaktischen Ebene manipuliert das LiJi besonders stark im Bereich der Verbsyntax (Abschnitte 10.1, 10.2, 10.4, 10.5) und mittels der Suggestion veränderter Grundwortstellung über Extrapositionen (Abschnitt 10.3). Kleinere Manipulationen betreffen die Negationskongruenz (Abschnitt 10.6) und die Relativsatzeinleitung (Sektion 10.7).

Es ist besonders auffällig, dass wir im LiJi viele syntaktische Manipulationsstrategien vorfinden, die direkt in die Grundwortstellung eingreifen (Abschnitte 10.1 u. 10.3). Damit stellt uns die Beschreibung der syntaktischen Manipulationen im Gegensatz zur Phonologie und Morphologie vor das Problem, dass es sich nur schwer bestimmen lässt, wo die Matrixsprache endet und wo die Zielsprache beginnt. Die Definition eines syntaktischen Phänomens hängt stark davon ab, welche Grundwortstellung vorausgesetzt wird. Neuhochdeutsch wird in dieser Arbeit als eine Sprache mit OV-Grundwortstellung behandelt.[1] Für das moderne Ostjiddische hingegen wird ein OV/VO-Mischsystem angenommen, dass erst ab der Schriftsprache des 19. Jahrhunderts systematisch verwendet wird (vgl. Santorini 1989; 1992; 1993a,b; 1994; 1995; Krogh 2007: 203–207; Haider 2013: 97–134). Für das Westjiddische im 19. und 20. Jahrhundert, wie auch für ältere Sprachstufen des Jiddischen, wird eine Grundwortstellung parallel zum Deutschen angenommen, die eine deutlichere Ausrichtung an Grundmustern von OV-Sprachen zeigt als es im modernen Jiddisch der Fall ist (vgl. Santorini 1989; 1992; 1993b,a; 1994; 1995). Da die neuhochdeutsche Literatursprache die Matrixsprache zum LiJi darstellt, wird die OV-Grundwortstellung als dessen Matrixstruktur gesetzt. Emulationen von VO-Eigenschaften des modernen Jiddischen werden als Manipulationen an der OV-Ausgangssituation analysiert. Das Prinzip der emulierenden Imitation wird im Bereich der Syntax besonders deutlich: Ein Sprecher einer OV-Sprache kann die Wortstellung dieser Sprache nur im Rahmen seines muttersprachlichen Systems manipulieren. Die Fähigkeit, zwischen zwei Systemen zu *switchen*, ist auf bilinguale Sprecher beschränkt. Wie beim Zweitspracherwerb

---

[1] Deutsch ist sicher keine prototypische OV-Sprache wie z. B. Japanisch oder Türkisch, erfüllt jedoch die nötigen Grundvoraussetzungen (vgl. Vikner 2001, Haider 2010a). Besonders der Blick auf die Sprachgeschichte der deutschen Grundwortstellung verdeutlicht, wie flexibel und v. a. wie jung das deutsche System ist (vgl. Schallert 2010, Haider 2010b).

10 Syntaktische Markierungen

werden bei der sprachlichen Emulation Regeln im Kontrast zur Muttersprache (Matrixsprache) formuliert und angewendet. Alle erhobenen und im Folgenden analysierten syntaktischen Phänomene des LiJi werden auf Basis der Grundmuster der neuhochdeutschen Schriftsprache definiert. Es besteht darin zu den vorhergegangenen Analysen keinerlei Unterschied. Da dieses Vorgehen aber gerade im Bereich der Syntax seine Tücken zeigt, scheint es ratsam, dieses Prinzip erneut zu formulieren und den syntaktischen Einzelanalysen vorwegzuschicken.

Aus dem Umstand heraus, dass die einschlägigen Arbeiten zur jiddischen Syntax der theoretischen Linguistik (insbes. der generativen Linguistik) entstammen, werden die in der Literatur üblichen Konzepte verwendet und auf die Daten des LiJi angewandt, da nur so ein wissenschaftlicher Diskurs möglich ist.

10.1 Abfolgevariation im Verbalkomplex

Diese Arbeit folgt den von Bech (1955; 1957) formulierten Prinzipien und Notationen zum deutschen Verbgefüge. In einer Verbkette regiert jedes Verb den Status seines infiniten Komplements. Entscheidend für die Analyse verbaler Cluster sind die drei verschiedenen Status, die Bech (1955; 1957) für die Rektion ansetzt: Ein Verb regiert den Status seines infiniten Komplements. Von Verben im 1. Status wird der reine Infinitiv gefordert, während das Infinitum des 2. Status im *zu*-Infinitiv steht und im 3. Status im Perfektpartizip:

$$V1 \xrightarrow{regiert} V2 \xrightarrow{regiert} V3$$

Entscheidend daran ist, dass der Status immer nur vom unmittelbar nächsten regierenden verbalen Element zugewiesen wird. Dabei verhält es sich so, dass bestimmte Verbklassen gewisse Status bevorzugen und damit die Statusrektion sehr streng organisiert ist. So fordern Modalverben den 1. Status ihres Komplements (57a), Vollverben hingegen immer den 2. Status (57b) und (tempusbildende) Auxiliare dementsprechend den 3. Status (57c). Daraus ergibt sich für das Verbgefüge der rechten Satzklammer in (57d) die Notation entsprechend der Abhängigkeiten V_3–V_2–V_1.

(57) a. *weil sie denken*$_{1.\text{ Status}}$ *muss*

b. *weil sie zu denken*$_{2.\text{ Status}}$ *versucht*

c. *weil sie gedacht*$_{3.\text{ Status}}$ *hat*

d. *weil sie gedacht$_3$ haben$_2$ soll$_1$*

10.1 Abfolgevariation im Verbalkomplex

Im Schriftdeutschen als OV-Sprache erfolgt die Serialisierung zweigliedriger Verbketten innerhalb der rechten Satzklammer (RSK) immer nach dem Muster V_2–V_1 (58); d. h. die VP ist hier kopf-initial (Abbildung 10.1a). Andere OV-Sprachen wie Niederländisch (s. Bsp. 59) oder diverse deutsche Varietäten (vgl. Vikner 2001: 75) können von dieser Abfolgeregel abweichen. Diese Flexibilität innerhalb der VP ist eine Besonderheit von OV-Sprachen. Die Grundabfolge in VO-Sprachen (wie etwa dem Englischen oder Französischen) ist immer kopf-final V_1–V_2, s. Bsp. (61), (62); Abbildung 10.1b. Generell lässt sich festhalten, dass VO-Sprachen keinerlei Abfolgevarianz bei zusammengesetzten Verbformen aufweisen, während dies bei OV-Sprachen durchaus der Fall sein kann (siehe z.B. Niederländisch oder Deutsch).

Abbildung 10.1: Die VP in OV- und VO-Sprachen

In VO-Sprachen gibt es keine Varianz in der Verbabfolge. Das moderne Jiddische, welches in dieser Arbeit den Argumenten Santorinis (1993) und Haiders (2013) folgend als gemischte OV/VO-Sprache typisiert wird, zeigt somit auch im Verbalkomplex Strukturen beider Grundwortstellungstypen (60). Allein damit, dass im Ostjiddischen Verbstellungsvariation vorliegt, ist eine VO-Grundwortstellung für diese Sprache auszuschließen. Im Bereich der Verbserialisierung verhält sich Ostjiddisch eher einer OV-Sprache entsprechend (vgl. Geilfuß 1990: 170–173).

(58) a. dt. *Ein Haus muss gebaut$_2$ werden$_1$*
   (zitiert n. Vikner 2001: 75)

   b. dt. **Ein Haus muss werden$_1$ gebaut$_2$*
   (zitiert n. Vikner 2001: 75)

(59) a. ndl. *Een huis moet gebouwd$_2$ worden$_1$*
   (zitiert n. Vikner 2001: 75)

b. ndl. *Een huis moet worden₁ gebouwd₂*
(zitiert n. Vikner 2001: 75)

(60) a. oj. *A hoyz muz geboyt₂ vern₁*
(zitiert n. Besten & Moed-van Walraven 1986: 117. Bsp. 16;
vgl. Vikner 2001: 74)

b. oj. *A hoyz muz vern₁ geboyt₂*
(zitiert n. Besten & Moed-van Walraven 1986: 117. Bsp. 16;
vgl. Vikner 2001: 74)

(61) a. engl. **A house must built₁ be₂*
(zitiert n. Besten & Moed-van Walraven 1986: 117. Bsp. 16;
vgl. Vikner 2001: 74)

b. engl. *A house must be₁ built₂*
(zitiert n. Besten & Moed-van Walraven 1986: 117. Bsp. 16;
vgl. Vikner 2001: 74)

(62) a. fr. **Une maison doit construite₂ être₁*

b. fr. *Une maison doit être₁ construite₂*

Die ostjiddischen Abfolgemuster unterscheiden sich jedoch stark vom Westjiddischen. Zwar stehen noch detaillierte Analysen zur Verbsyntax des späten Westjiddischen aus, doch konnte Santorini (1989, 1992, 1993a, 1993b, 1994, insbes. 1995) zeigen, dass sich die kopf-initiale Verbstellung im Ostjiddischen bereits Ende des 16. Jahrhunderts gegenüber der kopf-finalen Verbstellung durchsetzen konnte, während im Westjiddischen zwischen dem 16. und 17. Jahrhundert noch beide Strukturen bis ins 18. Jahrhundert – für das 19. und 20. Jahrhundert hat Santorini keine Daten zum Westjiddischen – konkurrierten. Ihre Quellen zum Westjiddischen zeigen prinzipiell eine stärkere Ausrichtung am deutschen System als die ostjiddischen Quellen. Für das späte Westjiddisch des 19. Jahrhunderts ist eher eine kopf-finale Grundstruktur anzunehmen als eine kopf-initiale.

OV-Sprachen erlauben im Gegensatz zu VO-Sprachen mehr Wortstellungsvariation. Die Abweichung der Grundstellung der Verben innerhalb der RSK wird

10.1 Abfolgevariation im Verbalkomplex

als „verb raising" (VR) bezeichnet (vgl. Evers 1975;Abbildung 10.2). In einer OV-Sprache wie dem Deutschen ist die übliche Abfolge bei zweigliedrigen Verbketten V_2–V_1 (s. Abschnitt 57, S. 253). Unter VR fallen damit Belege des Musters V_1–V_2, wie in (63b) illustriert.

(63) a. dt. *Da habt ihr mir nicht folgen$_2$ wollen$_1$*

b. dt. *Da habt ihr mir nicht wollen$_1$ folgen$_2$*

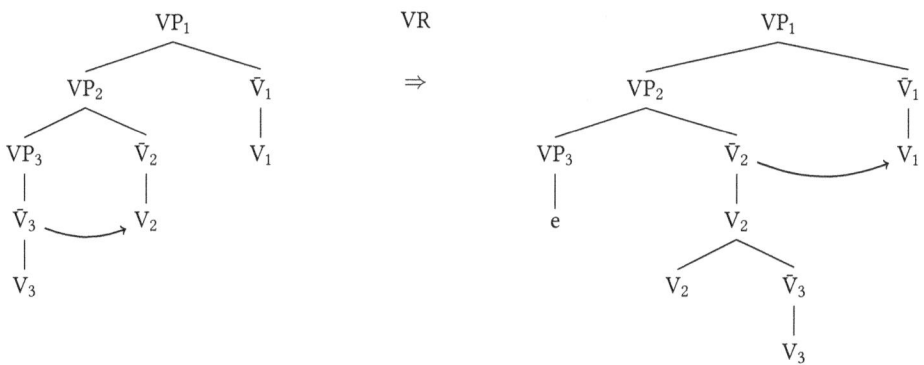

Abbildung 10.2: VR nach den Besten & Edmondson (1983: 196, Abbildung 76)

In älteren Sprachstufen des Jiddischen findet sich bereits VR belegt, wie in (64a) (87a) (S. 292) zu sehen ist (vgl. Santorini 1989; 1992; 1993a,b; 1994; 1995). VR ist auch vielfach für die Diachronie des Deutschen beschrieben und analysiert worden (vgl. Maurer 1926; Härd 1981; Ebert 1980; 1981; 1998; Ágel 2001; Ramers 2005; Axel 2007; Sapp 2006; 2011). Während das Schriftdeutsche im Verlauf des Frühneuhochdeutschen die relativ strikte Abfolge V_2–V_1 durchsetzt,[2] entwickelt sich das Jiddische komplementär und baut die V_1–V_2 Serialisierung weiter aus. Im modernen Ostjiddischen ist damit die Grundstellung des Deutschen nicht gegeben; hier sind beide Abfolgevarianten möglich (64) (vgl. Santorini 1989; 1992; 1993a,b; 1994; 1995; den Besten & Moed-van Walraven 1986).

(64) a. mj. *da habt ir mir nit veln$_1$ falgn$_2$* (DCY: wj. Gerichtsprotokolle von 1465)
'da habt ihr mir nicht folgen wollen (wörtl. wollen folgen)'

b. oj. דָא הָאבט איר מיר ניט געוואָלט פָאלגן *do hobt ir mir nit gevolt$_2$ folgn$_1$*
'da habt ihr mir nicht folgen wollen (wörtl. gewollt folgen)'

---

[2] Krasselt (2013) zeigt, dass selbst noch in der modernen Umgangssprache des Deutschen Variation und eine breite Akzeptabilität bei Zwei- und Dreiverbclustern besteht.

10 Syntaktische Markierungen

c. oj. דאָ האָבט איר מיר ניט פֿאָלגן געוואָלט *do hobt ir mir nit folgn₁ gevolt₂*
'da habt ihr mir nicht folgen wollen (wörtl. folgen gewollt)'

Die deutschen Dialekte (und auch andere westgermanische Varietäten) zeigen eine deutlich höhere Variabilität innerhalb der VP, als es die moderne Schriftsprache vermuten lässt (u. a. Lötscher 1978; den Besten & Edmondson 1983; Patocka 1997; Vikner 1995; 2001; Seiler 2004; Wurmbrand 2004; 2006; 2012; Sapp 2006; 2011; Dubenion-Smith 2010; Schallert 2014). Die Möglichkeit, dass VR-Belege des chrLiJi1 auf deutsch-dialektalen Formen fußen, ist damit nicht auszuschließen. Doch auch in Quellen des späten Westjiddischen finden sich beide Abfolgetypen (V_2–V_1 u. V_1–V_2) belegt (65a), (weitere Bsp. vgl. Schäfer 2008: 36–38, 2010: 61f). Das heißt, dass wir VR im LiJi sowohl als Reflexe aus ostjiddischen, westjiddischen als auch deutschen Varietäten interpretieren können.

(65) a. דאָס קאָהנער קאהן מאן מיט ניקס זאָלל נעממע
das kahner kahn man mit niks soll nemme
'dass keiner einen Mann ohne etwas nehmen soll'
(„Die Hochzeit zu Grobsdorf" Gießen 1822: 12)

Semantische Verbklassen spielen beim VR deutscher Varietäten eine große Rolle (Ebert 1998; Sapp 2006; 2011; Vikner 2001; Wurmbrand 2004; 2006; Schallert 2014). Allerdings kann diese Arbeit aus folgenden Gründen selbst keine Analyse der Beziehung von VR und semantischer Verbklassen im LiJi leisten: Zum einen fehlen detaillierte und v. a. flächendeckende Daten zur Situation von VR in den deutschen Dialekten, mit denen die Belege aus dem chrLiJi1 zu vergleichen wären. Zum anderen sind die Korpora des LiJi allein vom Umfang her zu heterogen, um repräsentativ für ein System sein zu können. Besonders frequente Verben, wie etwa Modalverben (vgl. Ruoff 1981), wären so von vornherein deutlich überrepräsentiert, während andere Verbklassen unter Umständen vom Korpus gar nicht erfasst wären. Auch hätten im Fall einer VR-Analyse nach semantischen Rollen alle Belege für die schriftdeutsche Grundabfolge V_2–V_1 aufgenommen und annotiert werden müssen. Und auch Belege für VR außerhalb des LiJi, also in der Literatursprache des 19. Jahrhunderts, hätten miterhoben werden müssen. Die nachfolgende Analyse beschreibt somit allgemein die Existenz von VR im LiJi, nicht aber deren hintergründige Motivation (Verbklasse, VR in der Schriftsprache).

10.1.1 Abfolge zweigliedriger Verbcluster

Die Verbserialisierung V_1–V_2, die ausgehend von der Organisation der neuhochdeutschen VP durch VR entsteht, findet sich in 29 Quellen (54,7 %) des chrLiJi1-Korpus. Die zeitliche Verteilung der Belege erstreckt sich über den gesamten Untersuchungszeitraum (Abbildung 10.3), allerdings zeigt sich eine besondere Anhäufung an Quellen, die diese Manipulationsstrategie aufweisen, in der ersten Hälfte des 19. Jahrhunderts. Auch die areale Verteilung der Texte mit VR-Strukturen erstreckt sich auf das gesamte Erhebungsgebiet (Abbildung 10.4).

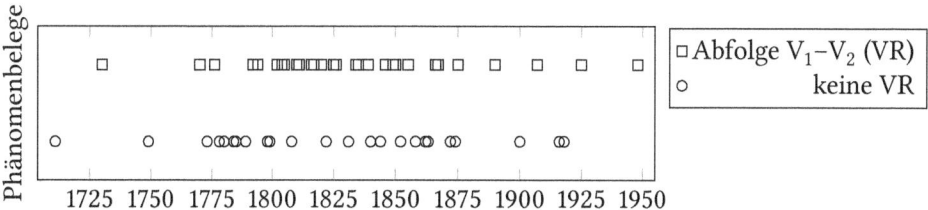

Abbildung 10.3: Diachrone Verteilung von VR bei zweigliedrigen Verbketten im chrLiJi1

Im jüdLiJi1 ist in neun von zehn Quellen VR anzutreffen. Einzig die ungarische Quelle PDebrecen unterlässt Manipulationen der Verbserialisierung.[3]

10.1.2 Abfolge mehrgliedriger Verbcluster

Das moderne Jiddische zeigt, wie schon die Zweiverbcluster vermuten lassen (vgl. Unterabschnitt 10.1.1), starke Varianz bezüglich mehrgliedriger Verbgefüge. Noch fehlt es an Untersuchungen, die Präferenz und Akzeptanz der möglichen Abfolgevarianten erfassen. In der grammatiktheoretischen Literatur finden sich zwei Typen von Dreiverbclustern belegt, und zwar V_1–V_2–V_3 und V_1–V_3–V_2 (den Besten & Moed-van Walraven 1986: 117; Vikner 2001: 70–79). Die Situation im Alt- und Mitteljiddischen im DCY wurde von Santorini (1995; 1994; 1993; 1993; 1992; 1989) zwar nicht nach der Statustheorie Bechs (1955; 1957) beschrieben. Ihre Daten zeigen aber immerhin einen Wandel von kopf-finalen (OV) zu kopf-initialen (VO) Strukturen bei *komplexen Verben* („complex verbs"), der bereits im Mitteljiddischen einsetzt und Ende des 18. Jahrhunderts vollständig abgeschlossen war (s. u. a. Santorini 1993b: 270). Es ist durchaus plausibel, dass Abfolgevarianz innerhalb der VP, wie wir sie im gegenwärtigen Ostjiddischen finden,

---

[3] Diese Quelle zeigt auch bezüglich mehrgliedriger (> 2) Verbcluster keine Manipulationen, vgl. Unterabschnitt 10.1.2. Dies ist besonders vor dem Hintergrund interessant, dass Ungarisch, die hier koterritoriale Sprache, auch Varianz im Verbkomplex aufweist (Bartos 2004).

10 Syntaktische Markierungen

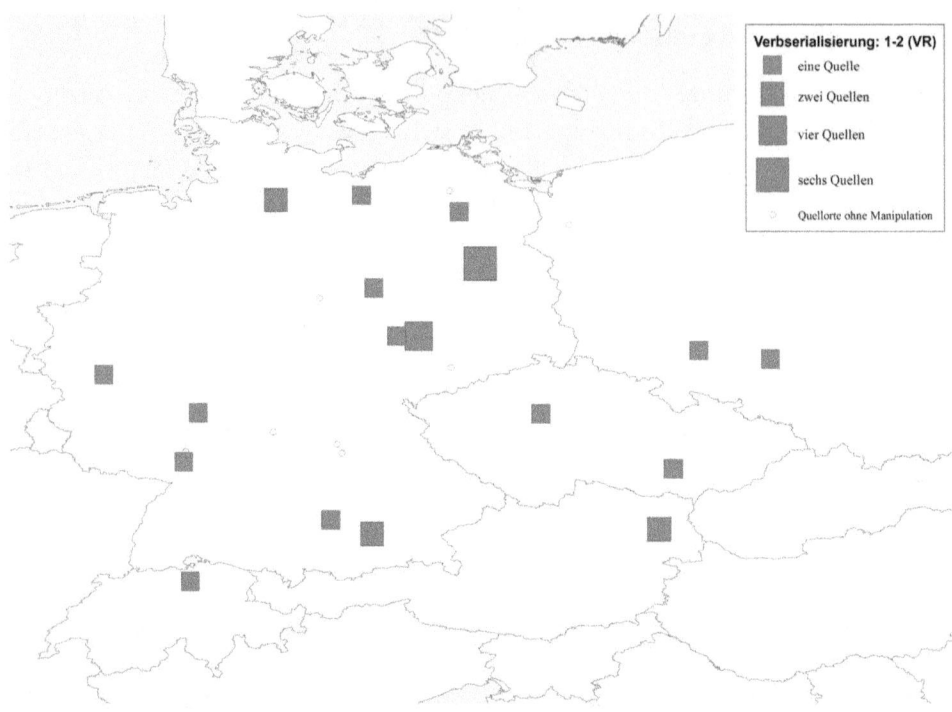

Abbildung 10.4: Areale Verteilung von VR bei zweigliedrigen Verbketten im chrLiJi1

auch im späten Westjiddischen gegeben war. Analysen zu VR im späten Westjiddischen bestätigen dies (Schäfer 2008: 36–38; Schäfer 2010: 61f). Allerdings ist auch hier das letzte Wort längst nicht gesprochen.

Manipulationen bei mehrgliedrigen Verbclustern (> 2) finden sich in lediglich neun Quellen des chrLiJi1;im jüdLiJi1 betrifft es immerhin fünf der zehn Quellen. Im chrLiJi1 tritt interessanterweise nur eine von der Matrixsprache abweichende Serialisierungsvariante auf. Es handelt sich dabei um für VO-Sprachen typische Abfolge V_1–V_2–V_3–V_n. In sieben Quellen findet sich diese Form von VR bei Dreiverbclustern mit Ersatzinfinitiv (IPP)[4] wie etwa in (66a).[5] In drei Quellen tritt die VO-Abfolge im Futur auf, wie in (66b). In einer Quelle (AO Wien, 1770) tritt diese Abfolge in Futur- und in IPP-Kontext auf. In einem Beispiel finden wir die VO-Abfolge bei einem viergliedrigen Verbcluster (66c).[6] In der Quelle PP findet sich in einem einzigen Beleg die VO-Struktur mit einem trunkierten Ersatzinfitiv von 'sollen' (66d), wie es aus dem Südniederländischen und dem mittel- und

---

[4] Zur näheren Erklärung siehe Abschnitt 10.4, S. 290.
[5] D.h. die Matrixabfolge wäre hier V_1–V_3–V_2 (vgl. Abschnitt 10.4, S. 290).
[6] Dieser Beleg ist der einzige für eine Manipulation eines viergliedrigen Verbclusters.

südbairischen Übergangsgebiet bekannt ist (vgl. Höhle 2006 ; Weber 2014; Schallert 2013b, 2014: 188). Acht der neun Quellen, in denen sich V_1–V_2–V_3(–V_4) findet, weisen auch VR bei zweigliedrigen Verben auf (vgl. Unterabschnitt 10.1.1). Damit wird deutlich, dass sich die Manipulation von zweigliedrigen Verbketten nicht von denen mehrgliedriger Cluster unterscheidet. Auffällig sind die Tendenzen im LiJi1, die VP nach dem VO-Muster zu strukturieren. In vielen Fällen kommen Extrapositionen hinzu, die zusammen mit der Abfolge innerhalb der VP die *Illusion* eines Satzes mit VO-Grundwortstellung evozieren, wie z. B. in (66a) und (66d).

(66) a. *daß mer nich hat$_1$ sollen$_2$ seh'n$_3$ den ßerrissenen Brustmalbisch* (SV München, 1890: 10)
wörtl. 'dass man nicht hat sollen sehen die zerrissene Weste'

b. *weil er sich will$_1$ lassen$_2$ beschneiden$_3$* (TH Merseburg, 1820: 98)

c. *ich hab'$_1$ wölle$_2$ anheibe$_3$ zu hupfe$_4$* (PG Speyer, 1835: 54)
wörtl. 'ich habe wollen anfangen zu hüpfen'

d. *der hat$_1$ soll$_2$ gehören$_3$ der Schönsten* (PP Berlin, 1839: 17)
'der hat der Schönsten gehören sollen'

Das Raumbild dieser Manipulationsstrategie lässt ein großflächiges Areal erkennen (Abbildung 10.5): Die Abfolge V_1–V_2–V_3 im Futur ist ausschließlich in Quellen des Südostens belegt. M. E. aber ist auch dieses Gebiet mehr ein Zufallsprodukt. Viel aussagekräftiger ist die Interpretation der Karte in Abbildung 10.5 bezüglich der Grundstruktur: Die Abfolge V_1–V_2–V_3 tritt im chrLiJi1 unabhängig der Quellverortung auf.

Mit Blick auf die Verteilung von VR bei mehrgliedrigen Verbketten in der Zeit (Abbildung 10.6) fällt auf, dass die VO-Abfolge (V_1–V_2–V_3–V_n), analog zur Zweiverbserialisierung (V_1–V_2) im gesamten Untersuchungszeitraum auftritt.

Wie auch im Korpus christlicher Autoren, so finden wir im jüdLiJi1 ausschließlich Manipulationen der Verbserialisierung nach dem VO-Typ (V_1–V_2–V_3): fünf der zehn Quellen weisen diese Abfolge auf.[7]

Das Auftreten von VR im LiJi ist ein besonders gutes Beispiel für die Nutzung der Viskosität sprachlicher Strukturen (vgl. Haider 2007). Die Organisation der

---

[7] Es handelt sich dabei um die Quellen: GuS10, PBreslau, PBerlin1 (im IPP-Kontext), PBerlin2 (im Futur-Kontext) u. PAlsleben (im IPP-Kontext mit Partizip, vgl. 10.4).

10 Syntaktische Markierungen

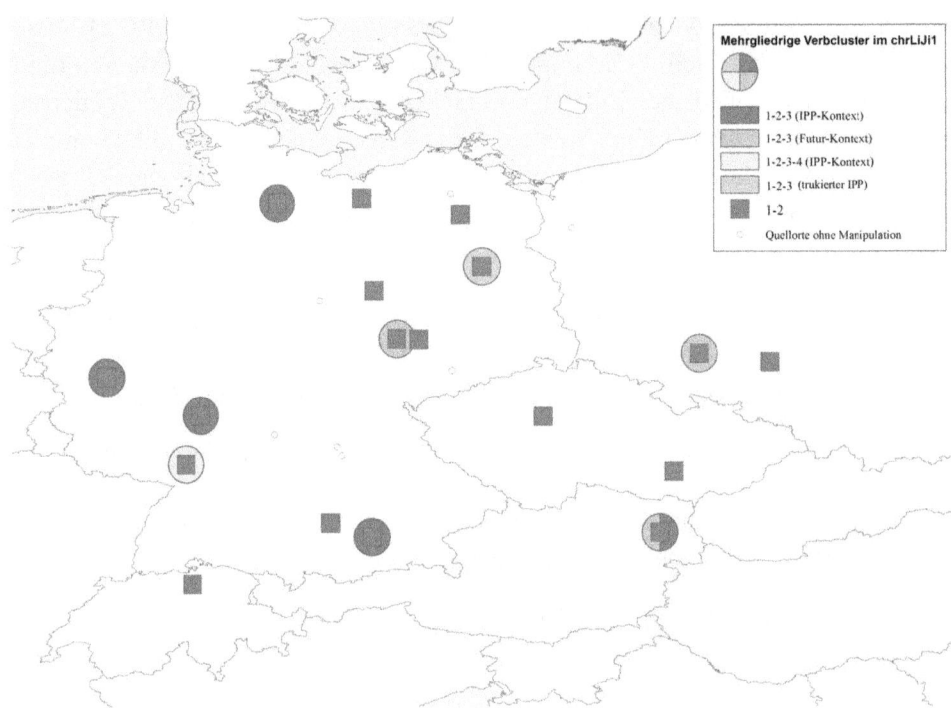

Abbildung 10.5: Areale Verteilung von Abfolgevarianzen zwei- u. mehrgliedriger Verbcluster im chrLiJi1

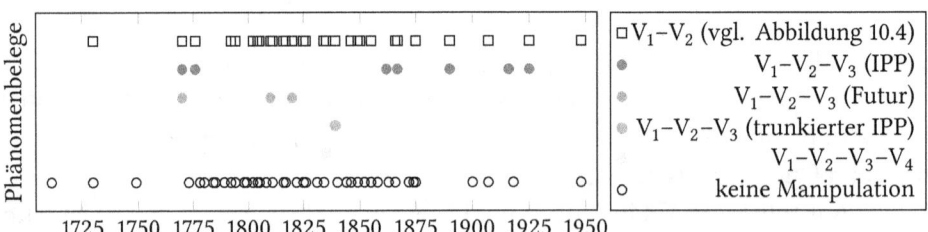

Abbildung 10.6: Diachrone Verteilung von Abfolgevarianz mehrgliedriger Verbcluster im chrLiJi1

RSK im Deutschen ist alles andere als auf die Verbabfolge V₂–V₁ der Schreibnorm festgelegt, sondern erlaubt viel mehr Variation, was mit Blick auf sprachgeschichtliche und dialektale Daten deutlich wird. Das LiJi nutzt diese Variabilität (Viskosität) aus, um entweder Formen (ost-)jiddischer Syntax zu emulieren und/oder um durch den Kontrast zur Schreibsprache Fremdheit und/oder Fehlerhaftigkeit zu erzeugen.

10.1.3 Rechtsadjazenz trennbarer Verbpartikeln

Wie alle germanischen Sprachen verfügt auch das Jiddische über trennbare und nicht-trennbare Verbpartikeln (Vikner 2001: 33–49). Jiddisch verhält sich in vielerlei Hinsicht ähnlich dem Schriftdeutschen (Vikner 2001: 33–49). Besonders die verschiedenen möglichen Stellungsvarianten von trennbarer Partikel und Verb im Satz scheinen keine Unterschiede zwischen Deutsch und Jiddisch aufzuweisen (vgl. Heine, Jacobs & Külpmann 2010: 38f; Vikner 2001: 33–49). Vor diesem Hintergrund mag es überraschen, dass in einer Vielzahl literaturjiddischer Quellen eine Manipulation an der schriftsprachlichen Position von trennbaren Verbpartikeln erfolgt. Auffällig ist dabei die Einheitlichkeit aller betroffenen Texte. Obwohl die Verbpartikel im deutschen Satz durchaus an mehreren Positionen stehen kann (vgl. Heine, Jacobs & Külpmann 2010; Lüdeling 2001), d. h. der theoretisch mögliche Raum für Manipulationen recht groß ist, findet sich im LiJi nur eine vom Standard abweichende Position der Partikel, nämlich die rechts des Verbs in nicht-V2-Kontexten, in denen das Partikelverb in der RSK steht, s. (67). Im chrLiJi1 finden sich solche rechtsadjazenten Verbpartikeln bei 24 verschiedenen Verben in nicht-V2-Kontexten bei insgesamt neun Quellen z. B. (67a)–(67b), im jüdLiJi1 in drei Quellen,[8] z. B. 67c.

Aus den deutschen Dialekten können solche Formen nicht entlehnt sein.[9]

(67) a. *wär ich gegange doch nich mit* (LS Bonn, 1925: 17)
 'wär ich doch nicht mitgegangen'

b. *ich muß das Fett nur schöpfen ab* (HJ Berlin, 1811: 101)
 'ich muss das Fett nur abschöpfen'

---

[8] Diese Quellen sind: PAlsleben, PBerlin1, PBerlin2.
[9] Ein Beispiel dafür, dass die dt. Dialekte in diesem Fall wie die Schriftsprache funktionieren, findet sich im WS 16 „Du bist noch nicht groß genug, um eine Flasche Wein auszutrinken". Hier taucht die Abfolge, in der die Partikel rechtsadjazent steht, „zu trinken aus" lediglich in den dänischsprachigen und zimbrischen Bögen auf, in den deutschsprachigen Bögen bleibt die Partikel links am Verb (s. Abschnitt 10.2.2, S. 277).

10 Syntaktische Markierungen

    c. *woribber ich jedoch stimm an kaane Klagelider* (PAlsleben: 5)
    'worüber ich jedoch keine Klagelieder anstimme'

    d. *Woß du willst von der noch holen raus?* (TFRdt: 35)
    'Was willst du von der noch heraus holen?'

An der diachronen Verteilung der Belege auffällig ist, dass rechtsadjazente Verbpartikeln besonders häufig um 1800 auftreten und nur noch vereinzelt in der 2. Hälfte des 19. Jahrhunderts. Für das 20. Jahrhundert ist nur mehr ein einzelner Beleg vorhanden (vgl. Abbildung 10.7). Auch die Kartierung der Belege zeigt ein durchaus interessantes Raumbild (Abbildung 10.8). Rechtsadjazente Verbpartikeln trennbarer Verben finden sich besonders im östlichen Teil des Untersuchungsgebiets und besonders im nordöstlichen Raum. Was diesem Raumbild jedoch zugrunde liegt, ist fragwürdig. Ohne in die Irre laufende Spekulationen zuzulassen, lässt sich zumindest am Raumbild feststellen, dass besonders die Randgebiete des Untersuchungsgebietes betroffen sind und damit Kontaktzonen zu Sprachen mit einer anderen Grundwortstellung als dem Deutschen betroffen sind. Das hieße, dass hier ggf. Strukturen aus dem Kontakt zu anderen Sprachen als dem Jiddischen ins LiJi1 einfließen. Die zeitliche Verteilung bestärkt dies insofern, als die Belege im Zeitraum der napoleonischen Kriege und damit zu einer Zeit, in der der Kontakt zu anderen Sprachen begünstigt war, auftreten. Wie Skibicki (2013: 142) zeigt, ist die rechtsadjazente Positionierung von Verbpartikeln aus der DaF-Forschung besonders als Interferenz von Muttersprachlern des Polnischen bekannt. Im Polnischen sind Partikelverben nicht trennbar. Dies könnte zumindest die Belege im Osten des Untersuchungsgebietes erklären.

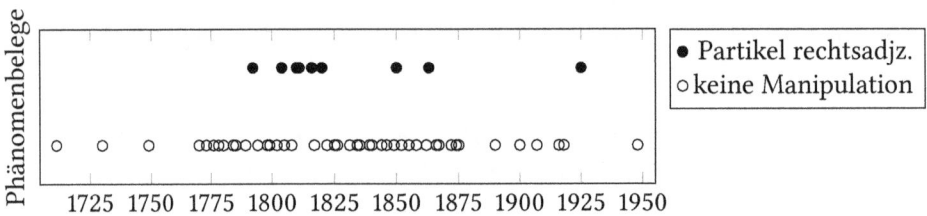

Abbildung 10.7: Diachrone Verteilung rechtsadjazenter Verbpartikeln trennbarer Verben im chrLiJi1

Nach Vikner (2001: 36) dürfte man eine solche Position der Verbpartikel, wie wir sie im LiJi sehen, im modernen Jiddischen nicht annehmen. Wenn in strikten VO-Sprachen, wie Dänisch oder Englisch, eine Verbpartikel im V2-Kontext trennbar ist (68c), (68d), dann ist sie es auch im nicht-V2-Kontext (69c), (69d).

10.1 Abfolgevariation im Verbalkomplex

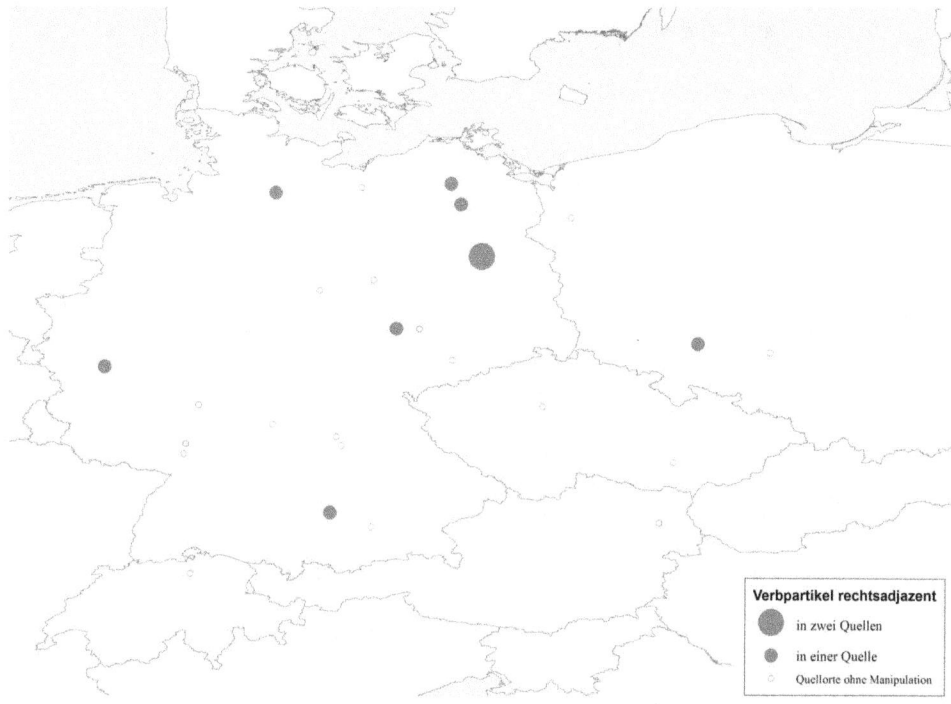

Abbildung 10.8: Areale Verteilung rechtdadjazenter Partikeln trennbarer Verben im chrLiJi1

Im Jiddischen und Deutschen hingegen bleibt eine Partikel, die im V2-Kontext trennbar ist (68c), (68d), im nicht-V2-Kontext ungetrennt. Es bleibt festzuhalten, dass sich die auffälligen Manipulationen des LiJi an Strukturen orientieren, die charakteristisch für VO-Sprachen sind. Gegebenenfalls wollen diese Strukturen also VO-Eigenschaften des Jiddischen imitieren. Da sich hier die Partikeln wie in V2-Umgebung verhalten, können die literaturjiddischen Belege für rechtsadjazente Verbpartikeln im nicht-V2-Kontext auch mit der Emulation ostjiddischen symmetrischen V2 zusammenhängen.

(68) a. dt. *Den Brief schickt er ab* (zitiert n. Vikner 2001: 35, Bsp. 62 a.)

   b. ji. ??*Dem briv shikt er avek* (zitiert n. den Besten & Moed-van Walraven 1986: 119, Bsp. 20b.vgl. Vikner 2001: 35, Bsp. 62 b.)

   c. dän. *Brevet sender han afsted* (zitiert n. Vikner 2001: 35, Bsp. 62 c.)

   d. engl. *The letter he sends away*

10 Syntaktische Markierungen

  e. dt. *Den Brief abschickt er (zitiert n. Vikner 2001: 35, Bsp. 62 d.)

  f. ji. *Dem briv avekshikt er (zitiert n. Vikner 2001: 35, Bsp. 62 e.)

  g. dän. *Brevet afstedsender han (zitiert n. Vikner 2001: 35, Bsp. 62 f.)

  h. engl. *The letter awaysends he

(69) a. dt. *Den Brief hat er geschickt ab (zitiert n. Vikner 2001: 36, Bsp. 64 a.)

  b. ji. ??Dem briv hot er geshikt avek (zitiert n. Vikner 2001: 36, Bsp. 64 b.)

  c. dän. Brevet har han sendt afsted (zitiert n. Vikner 2001: 36, Bsp. 64 c.)

  d. engl. The letter he has send away

  e. dt. Den Brief hat er abgeschickt (zitiert n. Vikner 2001: 36, Bsp. 64 d.)

  f. ji. Dem briv hot er avekgeshikt (zitiert n. Vikner 2001: 36, Bsp. 64 e.)

  g. dän. *Brevet har han afstedsendt (zitiert n. Vikner 2001: 36, Bsp. 64 f.)

  h. engl. *The letter he has awaysent

Bereits die Akzeptabilitätsnotation Vikners (2001) für rechtsadjazente Partikeln mit „??" für das in (68b) wiedergegebene Beispiel deutet darauf hin, dass die Situation im Jiddischen durchaus komplex ist. Das bestätigen auch Korpusdaten des CMY. Hier trifft man auf rechtsadjazente Verbpartikeln an Positionen, wie sie für VO-Sprachen üblich sind, z. B. 70a. Dass jedoch eine innerjiddische Variation gegeben ist, zeigen Belege wie (70b) vs. (70c).

(70) a. מע האָט איר דערלויבט צו גיין אַהיים און קומען צוריק אָן פֿאַרלירן דאָס אָרט אין דער רײ

me hot ir derloybt tsu geyn aheym un kumen tsurik on farlirn dos ort in der rey

'Man hat ihr erlaubt nach Hause zu gehen (wörtl. zu gehen nach Hause) und zurück kommen (wörtl. kommen zurück) ohne den Platz in der Reihe zu verlieren' (CMY: Forverts 2009.06.12)

b. וועלכן זײַנע עלטערן אין פּאַריז שיקן אַוועק אין אַ ווײַטן דאָרף
   velkhn sayne eltern in paris shikn avek in a vaytn dorf
   'welchen seine Eltern in Paris in ein weit entferntes Dorf wegschicken (wörtl. schicken weg)'
   (CMY: Forverts 2007.12.14)

c. און וועלט זי אַוועקשיקן פֿון זײַן הויז
   un velt zi avekshikn fun zayn hoyz
   'und wollte sie von seinem Haus wegschicken'
   (CMY: Tanakh, Dvorim Yehoyesh)

Ein potenzieller Einfluss des Englischen auf das Jiddische der Gegenwart ist nicht von der Hand zu weisen. Insbesondere, da die meisten Belege für rechtsadjazente Verbpartikeln in den Korpustexten der in New York erscheinenden Zeitung „פֿאָרווערטס"/ „Forverts" zu finden sind.[10]

Allerdings müssen diese Belege nicht auf eine jüngere Entwicklung im Jiddischen zurück geführt werden, da auch in historischen Daten hin und wieder solcherlei VO-Tendenzen auftreten. Im DCY finden sich rechtsadjazente Verbpartikeln trennbarer Verben besonders in Quellen des 16. und 17. Jahrhunderts (71a)–(71d). Wie in den parallelen Formen *teyln mit* vs. *mit kumn* in Beispiel 71c zu sehen, ist das System deutlich uneinheitlich. Ein Beleg in einer jüngeren Westjiddisch-Quelle liegt in einer vermutlich im hessischen Raum entstandenen, aus dem späten 17. ggf. frühen 18. Jahrhundert stammenden Handschrift vor (14), die sprachlich schwer zwischen Deutsch in hebräischen Lettern und Westjiddisch einzuordnen ist (vgl. Hs. im Appendix S. 364). Dieser Beleg könnte durch die Formelhaftigkeit der Textsorte begünstigt worden sein; im Gesamtkontext der verstreuten Belege und auch mit Blick auf die Strukturen im LiJi dürfte eine detailliertere diachrone wie synchrone Beschreibung der Position von Verbpartikeln im Jiddischen aber durchaus spannende Ergebnisse liefern.

(71) a. *dz der mensh hibt an tsu nidrn ali tag zeynr grub*
       'dass der Mensch anfängt (wörtl. fängt an) niederzugehen jeden Tag zu seiner Grube'
       (DCY: „Sefer shir ha-shirim" Krakau 1579)

---

[10] Da allerdings ein Großteil des derzeitigen [Frühjahr 2014] CMY auf die Artikel dieser Zeitschrift aufbaut bzw. der Verfasserin nicht die aktuelle Textmasse und v. a. zeitliche und räumliche Verteilung des derzeitigen CMY bekannt ist, ist dieser Umstand nur als qualitative Beobachtung zu bewerten und kann nicht unter quantitativen Gesichtspunkten überprüft werden.

10 Syntaktische Markierungen

b. *un zi valtn spiln mit*
'und sie wollten mitspielen (wörtl. spielen mit)'
(DCY: „Megilat Ester" Krakau 1589)

c. *zi zalin armh leyt vaul teyln mit das zi akh mit kumn bitseytn*
'Sie sollen armen Leuten wohl mitteilen (wörtl. teilen mit), dass sie auch mitkommen beizeiten'
(DCY: „Eyn shoyn neyya lid fun msikh" Prag 1666)

d. *wer iz dizr nar der zu fri klapt an*
'Wer ist dieser Narr, der zu früh anklopft (wörtl. klopft an)'
(DCY: „Eyn sheyn purim shpil" Krakau 1697)

e. האט מן זיא קיין ביז אויג געבין אויף
hat mn si kein bis aug/oug gebin auf/ouf
'hat man ihnen kein böses Auge aufgegeben (wörtl. gegeben auf)'
(Hs. des Marburger Staatsarchivs Sig. 40 a Rubr.16 Nr.22; vgl. Hs. im Appendix 364)

In authentischen westjiddischen Quellen des (langen) 19. Jahrhunderts vom Typus A1 gibt es bislang keine Evidenz für rechtsadjazente Verbpartikeln im nicht-V2-Kontext. Es finden sich hier aber andere interessante Strukturen wie etwa Belege für eine Linksbewegung von Partikeln in V2-Stellung (72a). Erwähnenswert sind diese Strukturen an dieser Stelle, insofern als das gesprochene Westjiddische des 19. Jahrhunderts scheinbar durchaus Variationen im Bereich der Verbpartikelserialisierung aufwies. Solcherlei Formen sind kaum autochthon westjiddisch und aller Wahrscheinlichkeit nach auf den Kontakt zu den hessischen Dialekten zurückzuführen, für die solcherlei Strukturen bekannt sind (vgl. Schallert & Schwalm 2015).[11]

(72) a. דיע דאס ניימאריש אוף האן געבויכט
die das neimorisch uf hon gebraucht/gebroucht
'die das Neumodische aufgebracht haben (wörtl. auf haben gebracht)'
(„Die Hochzeit zu Grobsdorf" Gießen 1822:137)

---

[11] Dieses Phänomen ist allerdings nicht auf die hessischen Dialekte beschränkt, sondern auch in den ostmitteldeutschen Dialekten des Thüringischen, Obersächsischen und auch des Siebenbürgischen-Sächsischen verbreitet (vgl. Schallert & Schwalm 2015; Sift 2016). Für das Westjiddische ist diese Struktur allerdings bislang nur im hessischen Raum bezeugt.

Die Strukturen des LiJi und auch die wenigen Belege aus dem Westjiddischen wie (72a) können als Hinweis gedeutet werden, dass im Westjiddischen vom Schriftdeutschen abweichende Strukturen möglicherweise tatsächlich gegeben waren. Gegebenenfalls stehen die rechtsadjazenten Verbpartikeln des LiJi1 synonymisch für eine generelle Stellungsvarianz von Verbpartikeln im Westjiddischen. Für den Rahmen dieser Arbeit wird zunächst von der Null-Hypothese ausgegangen, dass die Autoren des LiJi mit rechtsadjazenten Verbpartikeln trennbarer Verben allgemeine VO-Eigenschaften des Jiddischen simulieren wollten. Ob die spezielle Konstruktion bei den gegebenen Lexemen in der simulierten Form auch im tatsächlich gesprochenen Jiddischen gegeben war oder ob diese Strukturen, wie wir sie im CMY finden, eine aktuelle Entwicklung des Jiddischen als Kontaktsprache zum Englischen anzeigt, kann zunächst nicht beantwortet werden.

10.2 Bewegungen über die VP hinaus

In diesem Abschnitt werden weitere Typen von Verbbewegung wie VPR, V-zu-I und V-zu-C (V2) diskutiert. Es wird zunächst dargestellt, wieso es für die Beschreibung der Korpusdaten vonnöten ist, die schriftdeutsche Satzstruktur (Matrixsprache) als Ausgangspunkt der Manipulation zu verwenden. Dies gilt hier besonders, da der typologische Status des Jiddischen als gemischte OV/VO-Sprache nicht vollständig geklärt ist bzw. als allgemein problematisch angesehen werden kann und noch grundlegende Studien zur Situation in den jiddischen Varietäten ausstehen, die hier nur in einem sehr geringen Umfang geleistet werden können.

10.2.1 Verb projection raising als Problemfall

Verb projection raising (VPR) wie in (73) ist ein umstrittenes Konzept, welches im Rahmen der theoretischen (überwiegend generativen) Linguistik vielfach und unterschiedlich definiert wurde (vgl. u. a. Evers 1975; Haegeman & van Riemsdijk 1986; den Dikken 1989; 1994; 1995; 1996; Salzmann 2011). Anfangs wurde darunter die Adjunktion der VP an einen höher liegenden Kopf verstanden (Evers 1975), daher die Definition als „raising". Es ist aber auch denkbar, eine Bewegung verbaler Elemente auszuschließen: „the only movement operation necessary is object movement to a functional projection between the modal and the main verb" (Wurmbrand 2006: 273). Im einfachsten Sinn liegt VPR vor, sobald nichtverbale Elemente (X) innerhalb des Verbgefüges auftreten. Um der Notation der

Verbserialisierung treu zu bleiben, entspricht VPR dabei der Struktur V_1–X–V_2 (oder auch V_1–V_2–X–V_n). Interessant dabei ist, dass die Verbserialisierung hier dem VO-Muster folgt. VPR nach dem Muster V_2–X–V_1 ist grundsätzlich unmöglich, weil nur linksverzweigende Verbketten Elemente aufnehmen können (vgl. Schallert 2014: 273–276). Eine Grundbedingung ist, dass sich VPR und V2 gegenseitig blockieren.[12] Aus diesem Grund ist VPR im modernen Jiddischen, welches über symmetrisches V2 verfügt, auszuschließen (vgl. Vikner 2001: 68f). Auf die Situation im Jiddischen wird im Folgenden näher eingegangen.

(73) a. dass sie da müssen$_1$ [einen ordentlichen Korb voll Essen]$_X$ kochen$_2$
(Westmitteldeutsches Transkript des Zwirnerkorpus,
zitiert n. Dubenion-Smith 2010: 125, Bsp. 59)

VPR ist in den germanischen OV-Sprachen weit verbeitet und bislang für flämische und deutsche Dialekte ausführlich beschrieben worden (u. a. Lötscher 1978; Haegeman & van Riemsdijk 1986; den Dikken 1989; 1994; 1995; 1996; den Besten & Broekhuis 1992; Hoecksema 1994; Vikner 2001; Wurmbrand 2006; Dubenion-Smith 2010; 2011; Salzmann 2011). Wie Wurmbrand (2006: 273–284) zeigt, gibt es in den germanischen Sprachen eine implikationelle Hierarchie der nicht-verbalen Füllelemente „X" (Abbildung 10.9), an der sich auch die Analyse der VPR-Strukturen im LiJi orientiert. Für eine Varietät, die in der Hierarchie „höher" gerankte Elemente in ihre VP bewegen kann, gilt, dass sie auch VPR mit „niedrigeren" Elementen produzieren kann. Diese Hierarchie fußt auf fünf engverwandten westgermanischen Sprachen, die sich, wie in Abbildung 10.9 dargestellt, innerhalb der Hierarchie verorten lassen.[13]

Um bestimmen zu können, ob VPR-Belege des LiJi auf deutsch-dialektale oder jiddische Strukturen zurückgreifen, bleibt zu klären, wo sich jiddische Varietäten in diesem Modell verorten lassen: Die diachronen Daten Santorinis (1989: 126, 1992: 609, 1993; 1995: 278) sprechen zumindest für einen grundlegenden Wandel im Verbalsystem, der wiederum auch zur Abnahme von VPR-Strukturen geführt hat. Grund hierfür ist die Ausbildung von symmetrischer Verbzweitstellung (V2) in Haupt- und Nebensatz des modernen Ostjiddischen. Um diesen Wechsel erklären zu können, nimmt Santorini (insbes. 1995) zwei Satztypen an, die in der

---

[12] VPR kann diachron u. U. als Katalysator und ggf. Vorstufe dienen, V2-Strukturen herauszubilden, was wiederum beides nach Haider (2013: 125) Indikatoren für den Wechsel von OV zu VO darstellen.

[13] Dubenion-Smith (2010: 124–127, 2011: 288f) zeigt mittels der Kategorien Wurmbrands (2006), dass sich die Dialekte des Westmitteldeutschen und Schlesischen, ähnlich wie die des Westflämischen verhalten und alle Kategorien der Hierarchie abdecken.

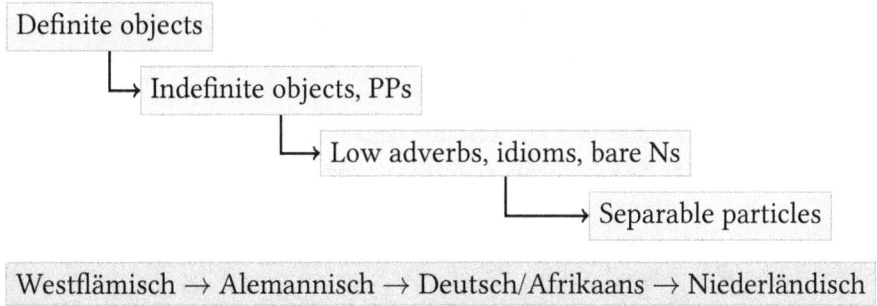

Abbildung 10.9: Hierarchie der möglichen nicht-verbalen Elemente einer VP bei VPR nach Wurmbrand (2006: 274)

jiddischen Sprachgeschichte miteinander konkurrierten: der ältere Typ ist kopffinal (OV;Abbildung 10.1 (a), S. 253) und erlaubt VPR, der jüngere Typ hingegen ist kopf-initial (VO;Abbildung 10.1 (b), S. 253) und begünstige V2. Modernes Ostjiddisch ist nach Santorinis Ansatz nur mehr kopf-initial. Spätes Westjiddisch hingegen hat, Santorini zur Folge, kopf-finale Strukturen bewahrt. So ist zu erklären, dass in Quellen des späten Westjiddischen VPR vielfach belegt ist vgl. (74).

(74) a. östl. NWJ *wie er hott a Zeitung gelesen*
'wie er eine Zeitung gelesen hat'
(Heymann 1909: 22; vgl. Schäfer 2013)

b. elsäs. SWJ *Ich hett vorher die Trumpfdame selle gleich ham nemme*
'Ich hätte vorher die Trumpfdame gleich heim nehmen sollen'
(Meyer 1930 „Garkisch": 20; vgl. Schäfer 2014)

VPR ist im modernen Jiddischen aufgrund der von ihm vorrausgesetzten VO-Struktur und des symmetrischen V2 nicht mehr möglich (Vikner 2001: 68f). Strukturen wie in (75a) sind eher als V-zu-I Bewegung zu analysieren, eine für das Jiddische, Isländische, und Französische angenommene Bewegung nach links in eine höhere funktionale Kopfposition (vgl. Vikner 2001: 4–7; Diesing 1990). Im Unterschied zu den zwei weiteren charakteristischen Sprachen für die V-zu-I-Bewegung, Französisch (75d) und Isländisch (75e), für die Strukturen wie in (75) ungrammatisch sind, erlaubt Jiddisch deutlich mehr Stellungsvariationen. Würde es sich bei dem jiddischen Beleg in (75a) um V-zu-I-Bewegung handeln, so dürfte angenommen werden, dass andere Sprachen, die diese Art von Bewegung deutlich stärker ausgebaut haben als das Jiddische, auch hier V-zu-I-Bewegung

10 Syntaktische Markierungen

zeigen würden. Eine Unterscheidung, ob VPR oder V-zu-I-Bewegung stattfindet, kann in vielen Fällen nicht getroffen werden, weil erst die Position einer Negation (NegP) oder eines Adverbs (AdvP) im Satz ersichtlich machen würde, um welche Bewegung es sich tatsächlich handelt.[14] Hier sind besonders die Belege Vikners (2001: 66–68, Bsp. 139–154, s. u. (75a)–(75e) als problematisch einzuschätzen, weil sie nur einen speziellen Typus von VPR beschreiben.

(75) a. oj. ...*az Jonas vil a hoyz koyfn*
   wörtl. '...dass Jonas will ein Haus kaufen'
   (Vikner 2001: 66, Bsp. 143 b.)

   b. westfl. ...*da Jan wilt een hus kopen*
   wörtl. '...dass Jan will ein Haus kaufen'
   (Vikner 2001: 67, Bsp. 146 b.)

   c. hochaleman. ...*das de Hans wil es Huus chaufe*
   wörtl. '...dass der Hans will ein Haus kaufen'
   (Vikner 2001: 67, Bsp. 151 b.; s. a. 149 b., 150 b., 152 b.
   vgl. Haegeman & van Riemsdijk 1986: 419, Bsp. 8)

   d. fr. *...*que Jean veut une maison acheter*
   wörtl. '...dass Jean will ein Haus kaufen'
   (Vikner 2001: 66, Bsp. 142 b.)

   e. isl. *...*að Jón vill hús kaupa*
   wörtl. '...dass John will ein Haus kaufen'
   (Vikner 2001: 66, Bsp. 141 b.)

   f. oj. *...*az Jonas efsher dos hoyz vil koyfn*
   wörtl. '...dass Jonas vielleicht das Haus will kaufen'
   (ungrammatisch nach Vikner 2001: 69, Bsp. 156 a.)

   g. oj. *...*az Jonas efsher vil dos hoyz koyfn*
   wörtl. '...dass Jonas vielleicht will das Haus kaufen'
   (ungrammatisch nach Vikner 2001: 69, Bsp. 156 a.)

   h. aleman. ?...*dass dr Hans villicht wil s Huus chaufe*
   wörtl. '...dass Hans vielleicht will das Haus kaufen'
   (Vikner 2001: 69, Bsp. 156 e.)

---

[14] Bei VPR stünde etwa die Negation links vom finiten Verb, bei V-zu-I Bewegung stünde sie rechts davon.

i. schwäb. ?...*dass dr Hans veilleicht will s Haus kaufa*
wörtl. '...dass Hans vielleicht will das Haus kaufen'
(Vikner 2001: 69, Bsp. 156 e.)

Jenseits der strikten Regel, dass V2 VPR blockiert, zeigen vereinzelte Daten, dass VPR im Ostjiddischen durchaus belegt ist. Wir finden es zum Beispiel nach dem von Vikner (1995; 2001) unberücksichtigten Muster V_1–V_2–X–V_3 in einem Wenkerbogen aus dem westlichen ZOJ (76a). Auch, wenn dies ein noch singulärer Beleg ist, zeigt er zumindest, dass wir für ostjiddische Varietäten nicht mit Absolutheit sagen können, dass VPR hier nicht möglich ist.

(76) a. *Er haite ſo gethün, daß er hot gewellt zum dreſchen beſtellen*
wörtl. 'Er hatte so getan, dass er hat gewollt zum dreschen bestellen'
'Er tat so, als wolle er zum dreschen bestellen'
Vorlage des WS: *Er tat so, als hätten sie ihn zum Dreschen bestellt*[15]
(Kobylagora 1881, WB Nr. 09746: WS 20; vgl. Fleischer & Schäfer 2014)

Für die Analyse der Daten des LiJi wird davon ausgegangen, dass VPR sowohl im West- als auch im angrenzenden westlichen Ostjiddischen gegeben ist. Ein Einfluss deutscher Dialekte ist auch hier nicht auszuschließen. Bei der Analyse des LiJi kommt allerdings noch ein weiteres Problem hinzu: Da es sich hier nicht um eine rein natürliche Sprache handelt, sondern um eine auf natürliche Sprachen aufbauende fiktionale Sprache (s. Abschnitt 4.1, S. 48), können keine gezielten Daten durch z. B. Informantenbefragung erhoben werden, die uns darüber Auskunft geben könnten, ob tatsächlich VPR oder nicht doch V-zu-I-Bewegung vorliegt. Im Korpusmaterial des LiJi gibt es keinen Fall, in dem aufgrund des Erscheinens eines Adverbs/einer Negation deren Position klar entschieden würde, ob VPR oder V2 vorliegt.

Das Problem, das sich daraus ergibt, ist die Analyse der übrigen potenziellen Belege für VPR wie z. B. in (77a)–(77c). Es fällt bei diesen übrigen Belegen auf, dass besonders 'weil'- und 'dass'-Sätze mit solchen Strukturen auftreten (s. Unterabschnitt 10.2.2). Auch dies spricht dafür, die Analyse als V2 nicht auszuschließen. Im Gegensatz zur Meinung Ulrike Freywalds (2008: 269), lässt sich eine klare Entscheidung, ob ein Beleg nun VPR oder V2 repräsentiert, nicht ad hoc treffen. Dies gilt ganz besonders für historische Daten. Daraus ergibt sich die Frage, ob das LiJi eine Bewegung nicht-verbaler Elemente in die VP (VPR) oder die symmetrische V2-Stellung des Ostjiddischen (V-zu-C-Bewegung) emuliert. Eine klare Lösung dieses Problems wird wohl kaum zu finden sein. Als Kompromiss, der

---

[15] Die widerspenstige Semantik des Vorgabesatzes wird dazu geführt haben, dass der Jiddisch-Informant des WB Nr. 09746 hier eine etwas freiere Übersetzung gewählt hat.

10 Syntaktische Markierungen

am wenigsten Verletzungen zulässt, werden zunächst alle Strukturen, in denen zwischen zwei verbalen Elementen eine nicht-verbale Konstituente (X) steht, als potenzielles VPR analysiert. In einer gesonderten Analyse von V2-Strukturen in Abschnitt 10.2.2 (S. 274), werden diese angenommenen VPR-Belege als potenzielle Emulationen von V2 behandelt.

(77) a. *daß der Moses hat$_1$ in's Gesetz$_X$ verboten$_2$* (BW Leipzig, 1826: 118)
'dass der Mose es im Gesetz verboten hat'

b. *als ich habe$_1$ gesehen$_2$ Sie$_X$ tanzen$_3$* (AB Hamburg, 1850: 45)
'als ich Sie tanzen gesehen habe'

c. *weil Sie ihn haben$_1$ daran$_X$ gehindert$_1$* (SH Kluczbork, 1855: 3III)
'weil Sie ihn daran gehindert haben'

Im chrLiJi1 tritt potenzielles VPR in 17 Quellen in Erscheinung. Die diatopische Verteilung zeigt keinerlei Präferenz dieser Strukturen für einen bestimmten Raum (Abbildung 10.10). In zwei dieser Quellen treten in jeweils einem Beleg zwei Intervenierer „X" in die VP (Struktur: V_1–X–X–V_2). In allen anderen Fällen findet sich die einfache Struktur V_1–X–V_2. Von den relevanten 17 Texten ist in sieben ein definites Objekt als Intervenierer zu finden, womit hier die „höchste" Stufe der Wurmbrand'schen Skala (vgl. Abbildung 10.9) belegt ist. Zwei Quellen zeigen indefinite Objekte bzw. Präpositionalphrasen als „höchsten" Intervenierer. In wiederum sieben Quellen tritt VPR mit einfachen Adverbien, Redensarten und Pronomen auf. Diese Texte erfüllen demnach, was im Deutschen prinzipiell möglich ist. In lediglich einer Quelle findet sich eine Partikel als Intervenierer. Die Darstellung im Histogramm (Abbildung 10.11) zeigt, dass über den gesamten Untersuchungszeitraum hinweg potenzielles VPR zu finden ist. Ein Hochpunkt dieser Strukturen findet sich in der ersten Hälfte des 19. Jahrhunderts. Danach zeichnet sich ein Rückgang dieses Phänomens im chrLiJi1 ab. Mit Blick auf die Abdeckung der hierarchischen Stufen kann ein leichter Rückgang „höherer" Positionen gegen Ende des 19. Jahrhunderts verzeichnet werden (vgl. Abbildung 10.9).

Potenzielles VPR tritt im jüdLiJi1 in vier Quellen auf.[16] Lediglich in PBerlin1 findet sich VPR bei einer vollen NP, in allen anderen Quellen ist VPR bei PP-Phrasen als Intervenierer die höchste erreichte Ebene der Hierarchie Wurmbrands (2006). Auffällig an den Daten zum jüdLiJi ist, dass wir hier besonders häufig mehr als einen Intervenier finden, wie z. B. in (78a)–(78b) (hier auch immer unter der Vermeidung von IPP).

---

[16] Es handelt sich dabei um die Quellen GuS1, GuS5, PBreslau und PBerlin1.

10.2 Bewegungen über die VP hinaus

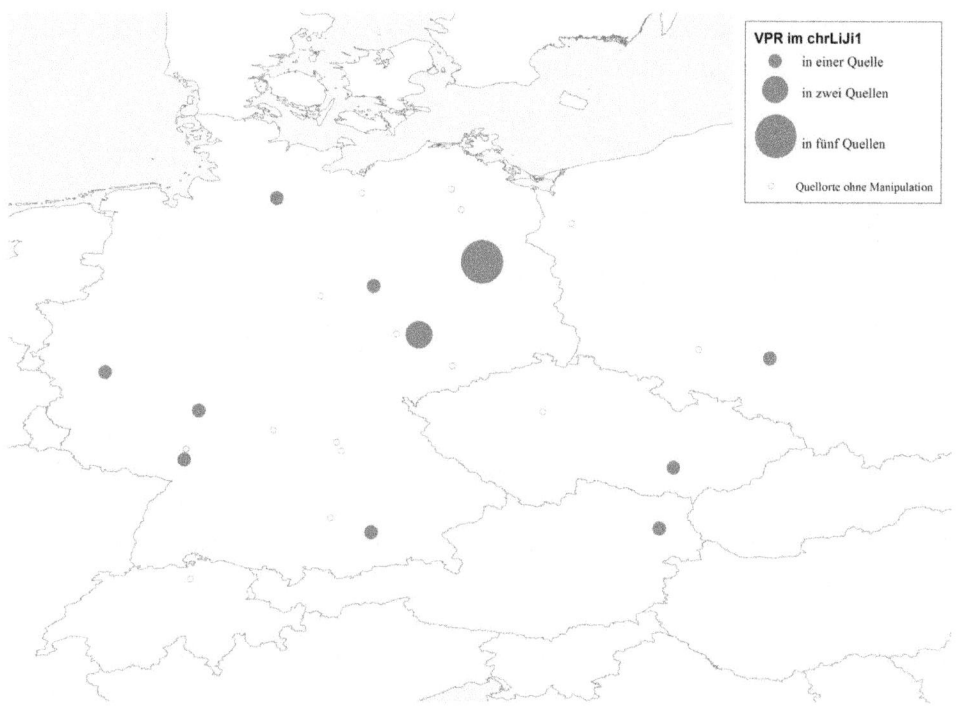

Abbildung 10.10: Areale Verteilung von VPR-Strukuren im chrLiJi1

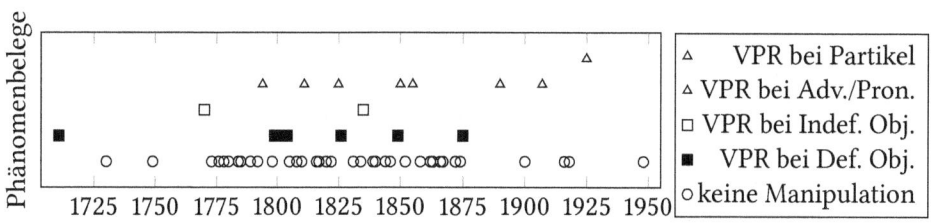

Abbildung 10.11: Diachrone Verteilung potenzieller VPR-Sätze im chrLiJi1

(78) a. *as sie hobben$_{V_1}$ mich$_X$ nischt$_X$ gewollt$_{V_2}$ darein$_X$ lassen$_{V_3}$* (GuS5: 5)
'dass sie mich nicht hinein lassen wollten'

b. *dass er nischt hot$_{V_1}$ gewollt$_{V_2}$ uns$_X$ Antwort$_X$ geben$_{V_3}$* (PBreslau: 343)
'...dass er uns nicht Antwort geben wollte'

10.2.2 Verbzweitstellung

Ein Charakteristikum des modernen Ostjiddischen ist die symmetrische Verbzweitstellung (V2). Wie Beatrice Santorini (1989; 1992; 1993a; 1993b; 1994; 1995) mehrfach zeigt, finden sich Nebensätze mit V2-Strukturen in mitteljiddischer Zeit in ost- und westjiddischen Varietäten. Kühnert & Wagner (2014) bestätigen, dass Nebensätze mit V2 bereits in mitteljiddischer Zeit im Ost- wie Westjiddischen verbreitet waren. Symmetrisches V2 setzt sich jedoch nur im modernen Ostjiddischen durch.

Besonders in der gesprochenen Sprache des Deutschen tritt V2 (V-zu-C-Bewegung) in Nebensätzen unter bestimmten Vorraussetzungen vermehrt auf (u. a. Wegener 1993; 1999; Günthner 1993; Uhmann 1998; Scheutz 1998; 2001; Reis 2006; Freywald 2008; 2009; Antomo & Steinbach 2010). V2 ist demnach im Deutschen besonders in durch *dass* oder *weil* eingeleiteten Nebensätzen zu finden. Untersuchungen zur Situation in der deutschen Schriftsprache des 19. Jahrhunderts, die für den Fall des LiJi1 relevant wären, stehen jedoch noch aus. Besonders interessant sind Belege für V2 in durch Partikeln eingeleitete Relativsätze wie (79d). Laut Gärtner (2001) sind V2-Relativsätze im Deutschen nur bei der Verwendung von schwachen Demonstrativa möglich, nicht aber in Verbindung mit Relativpartikeln. Im Ostjiddischen hingegen macht die V2-Regel keine Ausnahme bei Relativsätzen vgl. (79e).

(79) a. *as er hot a groisse Freid mit Madam* (AK Zürich, 1948: 235)
'dass er eine große Freude mit Madam hat'

b. *weil Sie habe erhalten das Geld* (LS Bonn, 1925: 4)
'weil Sie das Geld erhalten habe'

c. *daß ich steche alles todt* (BP Berlin, 1875: 12)
'dass ich alles tot steche'

d. *wo de hast gestohle aus mei Strumpf* (LS Bonn, 1925: 20)
'die du aus meinem Strumpf gestohlen hast'

e. וואָס דו האָסט געטראָגן וועגן דעם שאַנד (CMY: Tanakh, Tsfanye Yehoyesh)
   vos du host getrogn vegn dem shand
   'welches du wegen der Schande getragen hast'

Vor diesem Hintergrund müssen also Belege wie in (79a) und (79b), s. a. (77a), (77c), besonders behandelt werden, da diese sowohl VPR als auch V2 repräsentieren können. Für den folgenden Abschnitt wurden nun alle V2/VPR-Belege zum LiJi als V2-Belege analysiert, während im vorigen Abschnitt die Analyse zu Gunsten von VPR-Strukturen ausfiel. Ebenso werden hier Fälle wie (79c)–(79d), wo die Dateninterpretation zwischen V2 und Extraposition mit VR schwankt, als V2 analysiert. Tabelle 10.1 zeigt, in welchen Quellen des chrLiJi1 V2 in Nebensätzen als Resultat von Extrapositionen bzw. als Ergebnis von VPR auftritt. Insgesamt ist V2 in 31 Quellen potenziell belegt. Davon zeigen 14 Quellen V2 in beiden Kontexten. Weitere 14 Texte zeigen V2 ausschließlich als potenzielles Resultat von VR mit Extrapositionierung von NPs, PPs oder APs, d. h. hier sind die VPs kompakt in der LSK. In lediglich drei Quellen liegt emuliertes V2 nur durch potenzielles VPR vor. Nur zwei Quellen zeigen potenzielle Extraposition im Nebensatz ohne VR, d. h. hier ist eine V2-Analyse auszuschließen.

Zunächst einmal fällt besonders auf, dass V2-Kontexte im chrLiJi1 nahezu ausschließlich in mit *dass* eingeleiteten Sätzen (28 Quellen) auftreten. Daneben finden wir es auch in Relativsätzen (fünf Quellen) und mit *weil* (sechs Quellen) oder *wenn* (fünf Quellen) eingeleiteten Sätzen. Im Deutschen tritt *dass*-V2 nur bei bestimmten Verben auf (Freywald 2008; 2009;vgl. auch Reis 2006). Doch ein solcher Effekt ist im LiJi nicht zu erkennen. Auch ist bekannt, welche Verben im Deutschen prinzipiell nie in V2 stehen können (vgl. Freywald & Simon 2007). Dazu zählen besonders Partikelverben. Im LiJi treten V2-Sätze bei solchen V2 hemmenden Verben nicht auf, sondern es sind immer nur Verben betroffen, die m. E. auch im Deutschen V2-fähig sind.

Im LiJi könnten *dass*-V2-Sätze zwei Funktionen haben: Zum einen könnten sie eine strukturelle Lücke der deutschen Nebensatzstruktur zeigen, die die Möglichkeit zur Emulation jiddischen, d. h. symmetrischen V2 bietet; zum anderen aber kann hier mittels V2 in *dass*-Sätzen Dialektalität erzeugt werden. Insgesamt findet sich potenzielles V2 in 31 Quellen. 23 Texte davon sind Dramen (von 33 Dramen im Korpus), fünf haben prosaischen Charakter (von sieben epischen Texten im Korpus), eine Quelle (von neun) ist in Reimform und zwei Quellen verbinden diverse Textsorten (Texte dieses Charakters finden sich im Korpus in vier Quellen). Da das Korpus nicht ausgewogen nach Textsorten verteilt ist, sondern überwiegend Dramentexte aufgenommen wurden, besitzt dieser Wert keine Aussagekraft. Rein qualitativ zeigt dies aber, dass potenzielle V2-Sätze in Dramentexten,

Tabelle 10.1: Typen von potenziellem V2 im chrLiJi1

Quelle	emuliertes V2 durch Extraposition mit VR	emuliertes V2 durch VPR
AB	✓	✓
AJ	✓	✓
AO	✓	✓
BP	✓	✓
BW	✓	✓
FE	✓	✓
HJ	✓	✓
LP	✓	✓
LS	✓	✓
NW	✓	✓
SH	✓	✓
SS	✓	✓
SV	✓	✓
WA	✓	✓
AD	✓	–
AK	✓	–
AT	✓	–
DW	✓	–
FS	✓	–
GW	✓	–
JD	✓	–
JK	✓	–
JP	✓	–
PA	✓	–
PF	✓	–
PP	✓	–
TH	✓	–
UT	✓	–
SB	(✓ohne VR)	–
EV	(✓ohne VR)	–
EJ	–	✓
OF	–	✓
PG	–	✓

die sich durch konzeptionelle Mündlichkeit auszeichnen, belegt sind. Die diachrone Verteilung dieser Belege zeigt keinerlei An- bzw. Abstieg von V2-Strukturen (Abbildung 10.12), was als Indiz herangezogen werden kann, eine Ausrichtung am Ostjiddischen V2 auszuschließen, da sich in diesem Falle V2-Belege zum Ende des 19. Jahrhunderts hin ansteigen müssten. Die Ausrichtung an gesprochener Sprache mag demnach V2 im chrLiJi1 begünstigt haben.

Für die Kartierung in den Abbildungen (10.13 u. 10.15) wurden nur Kontexte aufgenommen, in denen V2 auch als VPR interpretiert werden könnte, um die Vergleichbarkeit mit Daten aus den deutschen Dialekten zu gewährleisten. Diese V2-Belege ergeben kein aussagekräftiges Raumbild (Abbildung 10.13). Als aufschlussreich könnte u. U. lediglich die Verteilung der vier Satztypen, bei denen V2 auftritt, bezeichnet werden. So findet sich V2 bei *dass*-Sätzen ausschließlich im äußersten Norden, während besonders im westmitteldeutschen und (süd-)ostmitteldeutschen Raum V2 auch in anderen Kontexten (*weil*, *wenn*, Relativsatz) auftreten. Dieses Bild könnte die Situation der deutschen Dialekte widerspiegeln: Zumindest gibt es in den Materialien der Wenkerbögen Hinweise darauf, dass besonders im Südosten *dass*-V2 bzw. VPR populärer sind als andernorts. Die Karte in Abbildung 10.14 zeigt Dialektübersetzungen des WS 16 „Du bist noch nicht groß genug, um eine Flasche Wein auszutrinken" nach dem Schema „Du bist noch nicht groß genug, dass du kannst/könntest/sollst/darfst/möchtest eine Flasche Wein austrinken".[17] Hier wird also eine adverbiale Infinitivkonstruktion *um...zu* mittels eines *dass*-Satzes umgangen. Im Sinne von Schallert (2013) kann man hier von einer *Infinitivscheuheit* sprechen. Wie auch im Fall der Li-Ji-Belege ist es strittig, ob hier *dass*-V2 oder VPR vorliegt. Zwar beruhen die Wenkerdaten nur auf *dass*-Sätzen als Alternativvarianten, aber dennoch zeigen die Karten in Abbildung 10.14 und 10.15 m. E. zweierlei: Zum einen eine generelle Präferenz von *dass*-Sätzen gegenüber adverbialen Infinitivkonstruktionen im Bairischen, Schlesischen, Ostpommerschen und Hochalemannischen. Zum anderen zeigt die Verbindung beider Datensets (chrLiJi1 u. WB;Abbildung 10.15) an einigen Orten Überschneidungen bei den V2/VPR-Konstruktionen in Verbindung mit *dass*-Sätzen. Da die Wenkermaterialien nur sekundäre Daten zu *dass*-V2/VPR-Belegen liefern, muss das Raumbild dieser Daten mit äußerster Vorsicht interpretiert werden. Das Raumbild solcher Strukturen im Wenkermaterial kann

---

[17] Für die Bereitstellung der Daten danke ich Jürg Fleischer, besonders aber Kathrin Wollenschläger, die die Transliteration und Annotation der Sätze im Rahmen des Projekts „Morphosyntaktische Auswertung von Wenkersätzen" geleistet hat. Die Stichprobe beruht auf einem systematisch erstellten Ausschnitt der Gesamtmaterialien der WB und umfasst 2.114 deutschsprachige WB sowie 206 weitere Bögen in diversen Nachbarsprachen, darunter auch ein jiddischer Bogen (vgl. Fleischer 2011; Fleischer & Schäfer 2014).

10 Syntaktische Markierungen

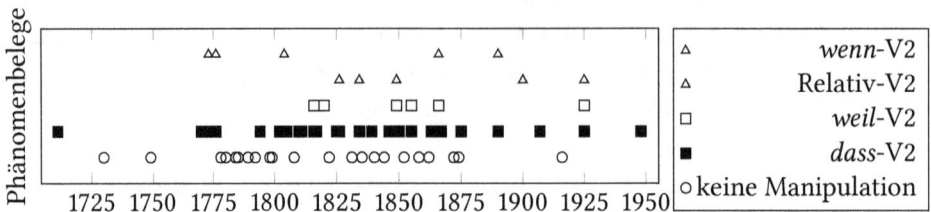

Abbildung 10.12: Diachrone Verteilung potenzieller V2-Sätze im chrLiJi1

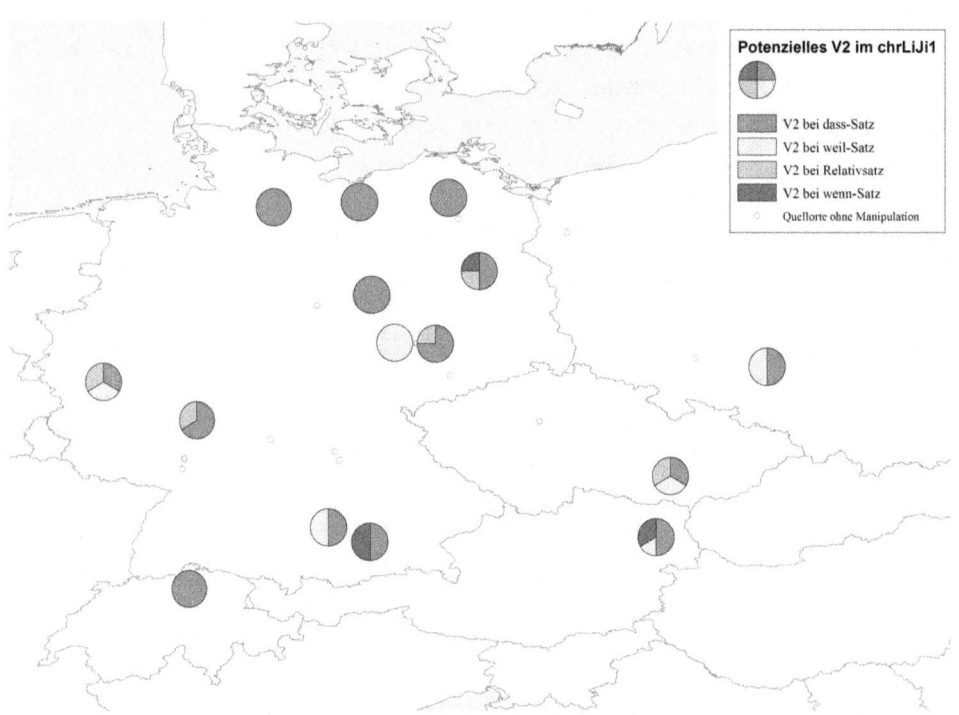

Abbildung 10.13: Areale Verteilung von potenziellen V2 (VPR) im chrLiJi1

10.2 Bewegungen über die VP hinaus

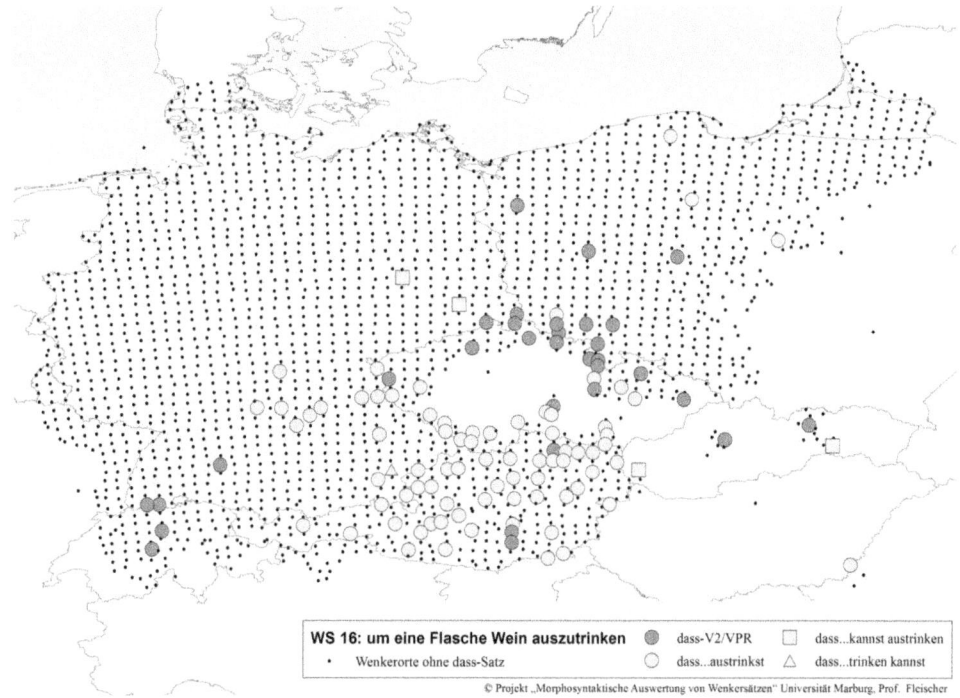

Abbildung 10.14: Abweichungen von adverbialen Infinitivkonstruktionen mittels *dass*-Sätze in WS 16 (2000er Sample)

nur als Hinweis dafür gewertet werden, dass hier ein durchaus interessantes Phänomen deutscher Dialekte vorliegt, das sich näher zu untersuchen lohnt. Was sich aber mit Bestimmtheit aus den Wenkerdaten lesen lässt, ist die Existenz von *dass*-Sätzen mit V2/VPR in den deutschen Dialekten und damit im gesprochenen Deutschen des 19. Jahrhunderts.

Im JüdLiJi1 treten potenzielle V2-Sätze, die auch als VPR zu analysieren wären, in neun der zehn Quellen auf. Einzig die ungarische Quelle PDebrecen zeigt keinen V2-Kontext. In allen neun Texten findet sich V2 in *dass*-Sätzen, in drei Quellen in *weil*-Sätzen, in je einer Quelle bei mit der Partikel *was* eingeleiteten Relativsätzen und bei einem durch *wenn* eingeleiteten Nebensatz. Im Literaturjiddisch jüdischer Autoren ist somit auch das Konzept zur Imitation gesprochensprachlicher Strukturen, wie z. B. *dass*-V2-Sätze, deutlich erkennbar. V2 als Resultat aus der Verbindung von VR und Extraposition(en) ließ sich nur in zwei Belegen in der Quelle PBerlin2 nachweisen.

Die durchaus problematische, da nicht testbare, Analyse potenzieller V2-Strukturen im LiJi hat zeigen können, dass wir V2 nahezu ausschließlich in *dass*-Sätzen

10 Syntaktische Markierungen

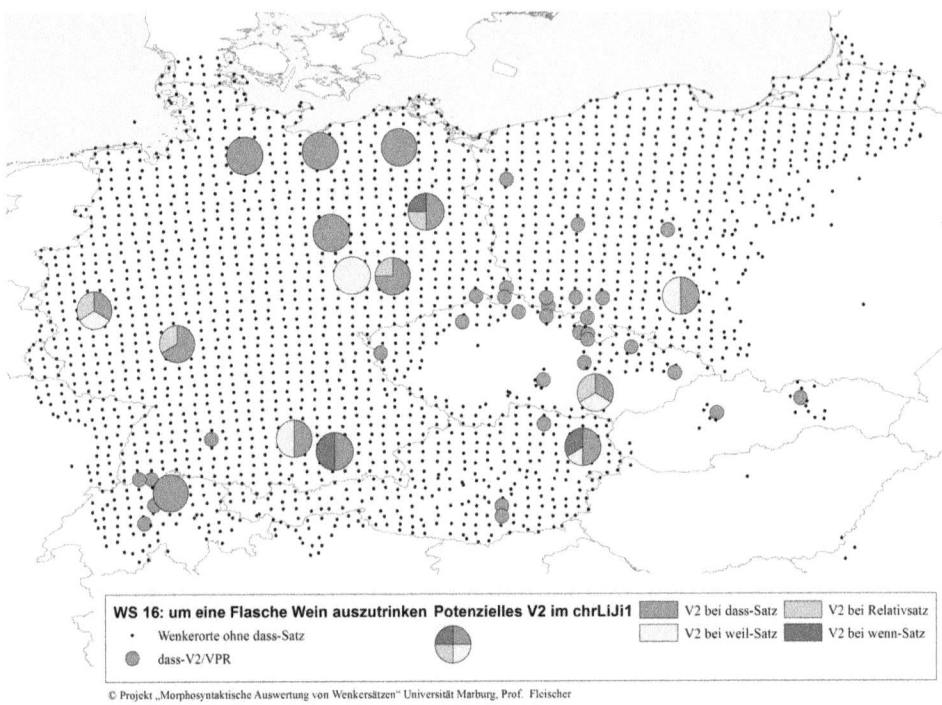

Abbildung 10.15: Belege für *dass*-V2/VPR in WS 16 (2000er Sample) mit potenziellen V2-Belegen (VPR) im chrLiJi1

finden. Dies legt den Schluss nahe, dass diese Strukturen Mündlichkeit darstellen wollen und weniger am symmetrischen V2 des modernen Ostjiddischen orientiert sind.

10.3 Extrapositionen

Eine ganz besondere Rolle zur syntaktischen Markierung im LiJi nehmen Extrapositionen (Rechtsbewegungen) von Phrasen ins Nachfeld ein. Man findet hier besonders Extrapositionen von PPs wie z. B. 80a. Auch von NPs (80b) und APs (80c) und mehreren Phrasen (80d). Die Felderstruktur des modernen Ostjiddischen unterscheidet sich stark vom Deutschen. Generell folgt im Ostjiddischen auf ein Verbalfeld ein Nominalfeld, was aus Sicht des deutschen Modells dem Prinzip von Extrapositionen entspricht (vgl. Krogh 2008;Bsp. in (81)). Extrapositionen im LiJi könnten somit diese ostjiddische Grundstruktur im Rahmen des deutschen Feldermodells als Extraposition emulieren. Mit Blick auf die Verbklammer reichen Belege von Extraposition besonders nahe an die ostjiddische Wortstellung heran. Diese verfügt im Gegensatz zum Schriftdeutschen nicht über eine voll ausgebildete „Vollklammer", sondern zeigt üblicherweise eine „Teilklammer" (vgl. Reershemius 2005: 14–16),[18] d. h. dass das MF im modernen Jiddischen nur mit einer Phrase, üblicherweise Pronomen oder Nomen im Nominativ, gefüllt werden kann. Extrapositionen könnten darüber hinaus auch, insbesondere, sobald nur ein Einverbcluster oder VR (80e) vorliegen oder sofern eine doppelte LSK angenommen werden kann, bei einer „Nullklammer" (vgl. Reershemius 2005: 14) ostjiddisches V2 emulieren (z. B. 80f, vgl. Tabelle 10.1, S. 276). Phrasen aus dem Mittelfeld ins Nachfeld zu extrapositionieren entspräche demnach einer Grundstruktur des Ostjiddischen.

(80) a. [∅]$_{VF}$ [Hob]$_{LSK}$ [ich was]$_{MF}$ [zu thun]$_{RSK}$ [im Hof]$_{NF}$ (PM Magdeburg, 1792: 213)

   b. [ich]$_{VF}$ [kann]$_{LSK}$ [auswendig]$_{MF}$ [∅]$_{RSK}$ [den Talmud]$_{NF}$
   (PP Berlin, 1839: 17)

   c. [dass]$_{VF}$ [∅]$_{LSK}$ [er noch]$_{MF}$ [is]$_{RSK}$ [lebendig]$_{NF}$ (JK Breslau, 1810: 48)

   d. [∅]$_{VF}$ [Hob']$_{LSK}$ [ich]$_{MF}$ [gefunden]$_{RSK}$ [das Pferd] [auf die Strooß]$_{NF}$
   (TH Merseburg, 1820: 101)

   e. [da]$_{VF}$ [hätt]$_{LSK}$ [ich doch]$_{MF}$ [können$_1$ nehmen$_2$]$_{RSK}$ [tausig Dukaten]$_{NF}$
   (AT München, 1776: 92)

   f. [dass]$_{LSK1}$ [ich]$_{VF}$ [soll$_1$ einkaufen$_2$]$_{LSK2}$ [für dieselben]$_{MF}$ [∅]$_{RSK}$ [allerhand schaine Waaren?]$_{NF}$ (AJ Berlin, 1825: 6)

(81) a. *Das Wort ist ihm geküma von Harz*
   'Das Wort kam ihm von Herzen' (WB Kobylagora: WS34)

   b. און וועסט נעמען א שטרויכלונג פֿאַר דײַן זעל
   un vest nemen a shtroykhlung far dayn zel
   'und wirst eine Wohltat für deine Seele nehmen'
   (CMY: Tanakh, Mishley Yehoyesh)

---

[18] Mark 1978: 381 weist darauf hin, dass es innerhalb des ostjiddischen Dialektkontinuums regionale Unterschiede im Ausbau der Verbklammer gibt. Bislang wurde diese Beobachtung durch keinerlei empirische Daten bestätigt.

10 Syntaktische Markierungen

Jenseits des modernen Ostjiddischen sind Extrapositionen jedoch auch ein Phänomen des modernen (insbes. gesprochenen) Deutschen (u. a. Vinckel-Roisin 2006; Lambert 1976; Helbig & Buscha 2001: 477) und entsprechend in historischen Sprachstufen des Deutschen ein weit verbreitetes Prinzip, das aber im Zuge der Sprachnormierung weitestgehend aus der Schriftsprache verbannt wurde (u. a. Sapp 2014; Ebert 1980; 1981). Entscheidend für die Extrapositionierbarkeit im Deutschen sind vielerlei Faktoren wie die Kategorie der extraponierten Phrase, Länge (Behagels 1909 „Gesetz der wachsenden Glieder"), Fokus, Textsorte und Region (Sapp 2014; Lambert 1976). Besonders die Extraposition von PPs ist selbst im modernen Schriftdeutschen weit verbreitet (vgl. Helbig & Buscha 2001: 477). Sapp (2014: 148, Tabelle 15) kommt auf der Grundlage der Daten Lamberts (1976: 137) zu einer Extrapositionsrate von 6,2% im modernen Schriftdeutschen. Vor dem Hintergrund muss angenommen werden, dass Extrapositionen ins Nachfeld, wie sie im Deutschen möglich sind, auch im Westjiddischen verbreitet waren, wie z. B. in (82). Wie weit in den westjiddischen Varietäten eine Verbklammer entwickelt war, ist bislang nicht untersucht worden. Das westjiddische System scheint jedoch dem Deutschen näher als dem Ostjiddischen zu stehen. Zumindest sind „Teilklammern" wie in (82) deutlich seltener belegt als im Ostjiddischen und stellen wohl eher die Ausnahme als die Norm dar.

(82) a. מער זעללט נאך אביסכה וואַרטע מיט דעם עססע
mer sellt noch abis'che warte mit dem esse
'Wir sollten noch ein bisschen mit dem Essen warten'
(„Die Hochzeit zu Grobsdorf" Gießen 1822: 43; vgl. Lowenstein 1975)

b. *er hot nischt gehatt viel Pulver*
'er hat nicht viel Pulver gehabt'
(Heymann 1909: 11; vgl. Schäfer 2013)

Die Analyse der Extrapositionen im LiJi1 kann damit entweder auf Emulationen (ostjiddischer) VO-Strukturen, symmetrischem V2 oder westjiddischer bzw. deutscher Dialektalität fußen. Hinzu kommt, dass unklar ist, ob sie in Theaterstücken, als konzeptionell mündlichen Texten, generell frequenter sind. Eine Untersuchung zur allgemeinen Verwendung von Extrapositionen in der deutschen Literatur des 19. Jahrhunderts steht noch aus. So ist es unmöglich zu entscheiden, wodurch die Extrapositionen des LiJi1 motiviert sind. Die hier vorliegende Analyse kann das Phänomen der Nachfeldbesetzung nicht in all seinen Facetten erfassen. Was die Analyseergebnisse im folgenden Unterabschnitt 10.3.1 aber zeigen können, sind diachrone und diatopische Verteilung von Extrapositionen im

LiJi. Um über diesen rein deskriptiven Ansatz hinaus Aussagen über die Formen und Funktionen von Nachfeldbesetzungen im LiJi machen zu wollen, wäre ein weitaus detailreicher annotiertes Korpus mit Daten aus deutschen und jiddischen Varietäten des 19. Jahrhunderts und LiJi vonnöten.

Die Annotation der Extrapositionen erfolgte nach ihrer Phrasenkategorie. Angenommen wird eine Hierarchie von Phrasenkategorien, die die „Leichtheit" beziehungsweise „Schwerheit" der Extraponierbarkeit der einzelnen Phrasentypen bestimmt. Eine solche Hierarchie zu bestimmen, würde den Rahmen dieser Arbeit sprengen. Auf Grundlage der quantitativen Arbeit Sapps (2014) lassen sich bestimmte Kategorien häufiger im NF finden als andere, woraus sich eine vorläufige Hierarchie ableiten lässt. So darf etwa für das Frühneuhochdeutsche angenommen werden, dass PPs weitaus leichter ins Nachfeld gestellt werden können als NPs und wiederum NPs leichter extraponiert werden können als etwa APs, die wiederum leichter zugänglich sind als AdvP. Daraus ergibt sich folgender Prototyp einer Hierarchie für die im LiJi extraponierten Phrasenkategorien:

$$PP \rightarrow NP \rightarrow AP \rightarrow AdvP$$

$$\boxed{\text{leichter} \rightarrow \text{schwerer extraponierbar}}$$

Abbildung 10.16: Mögliche Hierarchie der Extraponierbarkeit von Phrasenkategorien in Anlehnung an Sapp (2014: 7)

Auch wird angenommen, dass sobald eine Phrase ins Nachfeld extraponiert ist, dies die Zugänglichkeit für die Extrapositionierung weiterer Phrasen erleichtert. Es können also mehrere Phrasen und Phrasenkategorien extraponiert werden. In solchen Fällen wird ein Beleg für die jeweils „höchste" extraponierte Phrasenkategorie gewertet. Da Phrasenschwere ebenfalls Nachfeldbesetzung begünstigt, wurden solche Fälle von Extrapositionierung mehrfacher Phrasen generell weitestgehend vermieden. Für eine gründlichere Phänomenanalyse sind solche Fälle aber durchaus relevant. Der Faktor „Länge" wirkt sich auf die Korpusgestaltung generell stark aus. Um den Einfluss Behagels „Gesetz der wachsenden Glieder" (1909) auf die Extrapositionsbelege des LiJi ausschließen zu können, wurden Extrapositionen von mehr als zwei Phrasen nicht aufgenommen. Ebenso blieben komplexe, d. h. schwere Phrasen, ausgeschlossen.

Um eine quantitative Aussage über die Funktion und das Vorkommen von Extrapositionen im chrLiJi1 treffen zu können, wird in Unterabschnitt 10.3.2 exemplarisch das „meistverkaufte Werk des neunzehnten Jahrhunderts" (Becker 2005: 29), der Roman „Soll und Haben", einer Detailanalyse unterzogen, da hier Extrapositionen eine ganz besondere Rolle spielen und diese, wie gezeigt wird, auf die jüdische Figurenrede beschränkt sind.

10.3.1 Extrapositionen im LiJi

Im chrLiJi1 finden sich Extrapositionen der vier Kategorien NP, PP, AP und AdvP. Insgesamt treten Extrapositionen in 30 Quellen (57%) auf, während 21 Quellen (40%) keinerlei Belege bieten. Deutlich überwiegen Extrapositionen voller NPs und PPs (vgl. Tabelle 10.2).

Tabelle 10.2: Extrapositionen im chrLiJi1 nach Phrasentypen

	NP	PP	AP	AdvP	keine Extrapositionen
Anzahl Quellen	31	29	18	6	21
% von 53 Quellen	58%	55%	34%	11%	40%

Die zeitliche Verteilung im Histogramm (10.17) zeigt, dass besonders zwischen 1800 und 1860 im chrLiJi1 vielfach mit Extrapositionen aller vier Kategorien gearbeitet wird. Interessant, ist dass nur in dieser Phase Extrapositionen von AdvP auftreten. Aber auch in den Quellen vor und nach dieser Phase, spielen Extrapositionen eine wiederkehrende Rolle.

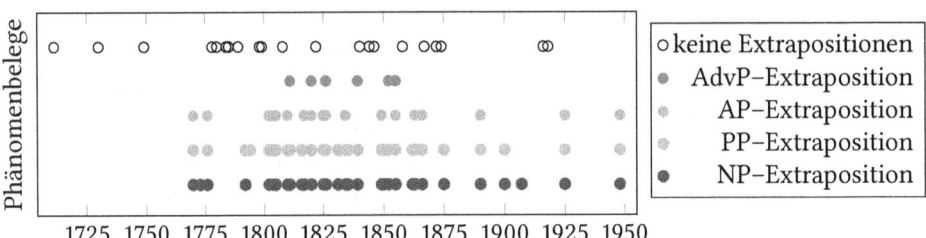

Abbildung 10.17: Diachrone Verteilung von Extrapositionen im chrLiJi1

Wie in Abbildung 10.18 kartiert, zeigen lediglich drei Quellen (allesamt aus dem Osten des Untersuchungsgebiets) Extrapositionen aller vier belegten Phrasenkategorien. Drei Kategorien werden in 17 Quellen extraponiert, zwei in neun Quellen und eine Kategorie in drei Quellen. 21 Quellen zeigen keinerlei Extrapositionierungen. Darüber hinaus zeigt die Kartierung der Daten, dass Exprapositionierungen kein raumgebundenes Phänomen ist und sich auf das gesamte Erhebungsgebiet erstreckt. Räumlich auffällig verhalten sich immerhin die Extrapositionen von AdvPs. Diese treten ausschließlich im Osten des Untersuchungsgebietes auf. Ein Einfluss von (ostjiddischen oder auch slawischen) VO-Strukturen ist daher ein durchaus plausibles Szenario für die Erklärung dieser Belege.

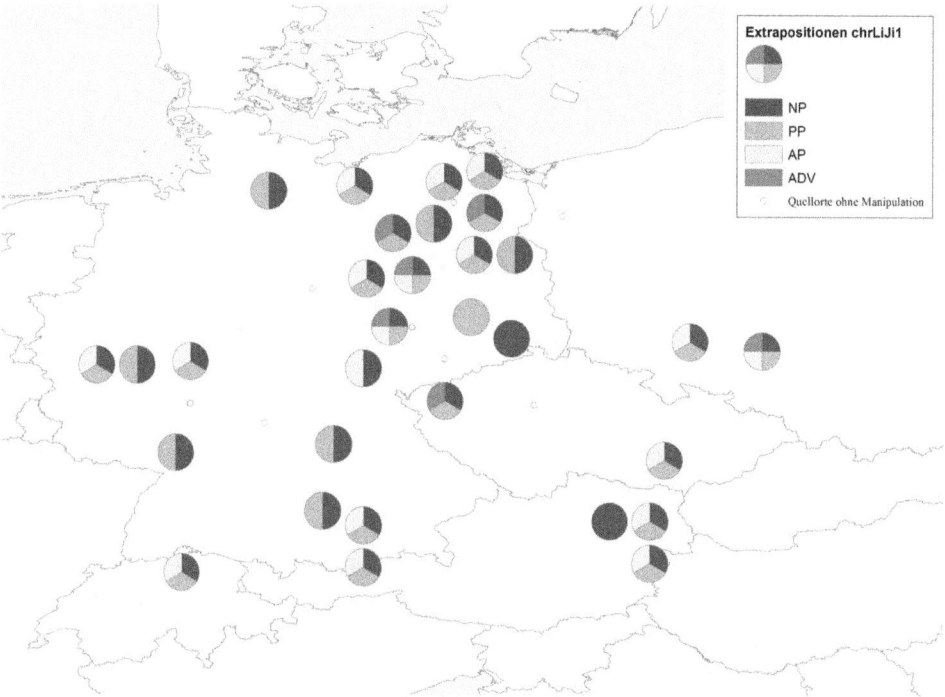

Abbildung 10.18: Areale Verteilung von Extrapositionen im chrLiJi1

Im jüdLiJi1 findet sich in allen zehn Korpustexten Extraposition von NPs; in nur einer Quelle ist die Extraponierung von PPs nicht belegt und fünf Texte zeigen AP-Extrapositionen; AdvP-Extrapositionen sind in diesen Quellen nicht belegt (vgl. Tabelle 10.3). Das Literaturjiddisch jüdischer Autoren scheint sich hier wenig von den Strategien christlicher Autoren zu unterscheiden.

Die angenommene Hierarchie der Extrapositionierungen in Abhängigkeit zur extraponierten Phrasenkategorie (vgl. Abbildung 10.16, S. 283), findet sich in den Daten des LiJi1 nur bedingt bestätigt: Den Daten zur Folge wäre die Extrapositionierung von NPs zugänglicher als die anderer Phrasenkategorien, denn immerhin können solcherlei Extrapositionen in Quellen des LiJi1 auftreten, ohne dass dort andere Kategorien extraponiert werden. Doch kann dies auch damit gedeutet werden, dass gerade Extraposition von NPs das Hauptkennzeichen der literaturjiddischen Extraponierungen darstellt, welches mehr als die Extrapositionierung von PPs das „Andere", „Fremde" der jüdischen Figurenrede betonen

10 Syntaktische Markierungen

Tabelle 10.3: Extrapositionen im jüdLiJi1 nach Phrasentypen

Quelle	NP	PP	AP	AdvP
GuS1	✓	✓	✓	–
GuS5	✓	✓	✓	–
GuS10	✓	✓	–	–
GuS15	✓	✓	–	–
GuS23	✓	✓	✓	–
PAlsleben	✓	✓	–	–
PBreslau	✓	✓	–	–
PBerlin1	✓	✓	✓	–
PBerlin2	✓	✓	✓	–
PDebrecen	✓	–	–	–

will und zugleich leichter zugänglich ist als die Extraponierung von APs, AdvPs oder Pronomen.

Alles in allem lässt sich feststellen, das die aus dem LiJi1 bekannte Strategie, noch immer Verwendung findet, wenn auch mit einem kleinen Schwund der Frequenz. Dass die Anzahl der verwendeten Extrapositionen im LiJi1 deutlich über dem an zwei Händen Zählbaren liegt, zeigt die nachfolgende Analyse der Quelle SH (Kluczbork, 1855).[19]

10.3.2 Einzelanalyse zu Gustav Freytags „Soll und Haben"

Extrapositionen sind eine natürliche Eigenschaft der Matrixsprache (Deutsch). Der kennzeichnende Akt steckt in der Frequenz solcher Formen: Jüdische Figuren gebrauchen Extrapositionen deutlich häufiger als nicht-jüdische. Da das vorliegende Untersuchungskorpus keine quantitativen Rückschlüsse erlaubt, wurde die vom Textmaterial umfangreichste und literarisch einflussreichste Quelle des Samples, Gustav Freytags Roman „Soll und Haben" (1855), einer Einzelanalyse unterzogen.

In diesem Text finden sich ausschließlich lexikalische und syntaktische Mani-

---

[19] Eine vergleichende Frequenzuntersuchung zwischen Extrapositionen in Quellen des 19. und Quellen des 20./21. Jahrhundert wäre, auch über das Phänomen des LiJi hinaus, durchaus sinnvoll, kann aber von der vorliegenden Arbeit nicht geleistet werden.

pulationen in der jüdischen Figurenrede.[20] Wie die Zusammenstellung der belegten Stilmittel in Tabelle 10.4 zeigt, machen Extrapositionen mit 83% einen Großteil der Manipulationsstrategien aus, gefolgt von Manipulationen der Verbsyntax.[21] Nur ein marginaler Teil der sprachlichen Strategien läuft über das lexikalische Merkmal von Hebraismen oder sonstigen singulär auftretenden Manipulationen.[22] Besonders relevant ist das Ergebnis, dass sich solcherlei nicht in der Figurenrede nicht-jüdischer Charaktere findet. Daraus ergibt sich, dass Extrapositionen ein für Freytag zentrales Mittel der Figurenmanipulation sind.

Tabelle 10.4: Stilmittel jüdischer Figurenrede in Gustav Freytags „Soll und Haben" (1855)

Stilmittel	Extrapositionen	Verbsyntax	Sonstige	Hebraismen
gesamt	570	111	23	7
in %	83%	12%	3%	2%

Die auftretenden extraponierten Kategorien sind vorwiegend NPs und PPs; nur wenige Belege finden sich für extraponierte Adjektivphrasen (vgl. Tabelle 10.5). Auch ist bezeichnend, dass sich in dem Text keinerlei Extrapositionierungen mehrerer Phrasen finden lässt und so nie mehr als eine Phrase extraponiert wird.

Tabelle 10.5: Extrapositionen in Gustav Freytags „Soll und Haben" (1855)

Kategorie	NP	PP	AP
gesamt	315	248	7
in %	55%	44%	1%

Die Beobachtung, dass Extrapositionen im LiJi1 häufig mit VR auftreten, kann am Beispiel von „Soll und Haben" nicht bestätigt werden: Lediglich 18% aller Sätze mit Extraposition zeigen auch VR. Hingegen stehen 53% aller VR-Belege in Verbindung mit Extrapositionen (vgl. Tabelle 10.6). VR könnte demnach Extrapositionen befördern.

Im Figurenvergleich der wichtigsten jüdischen Figuren des Romans (Itzig Veitel, Hirsch Ehrenthal u. Schmeie Tinkeles), die etwa gleichviele Textpassagen

---

[20] Von einem Beleg für die Diphthongierung von V22 abgesehen (*Wai!* 'wehe' (SH Kluczbork, 1855: 1V).
[21] Hinter den hier als „Verbsyntax" zusammengefassten Daten verbergen sich 100 Belege für VR, zehn Belege für VPR und ein Beleg für die sog. Stammkonstruktion.
[22] Hinter „Sonstige" verbergen sich einzeln belegte Manipulationen wie ein *dass*-V2-Satz oder lexikalische Abweichungen von der Schriftnorm.

10 Syntaktische Markierungen

Tabelle 10.6: Das Verhältnis von Extrapositionen und VR in Gustav Freytags „Soll und Haben" (1855)

Kategorie	VR + NP-Ex.	VR + PP-Ex.	VR ohne Ex.
gesamt	34	19	47
Anteile Verbsyntax	34%	19%	47%
Anteile Extrapositionen	11% aller NP-Ex.	8% aller PP-Ex.	

ausmachen, zeigt sich, dass das Gros der Extrapositionen (45% aller Extrapositionen) von der Figur des Kaufmanns Hirsch Ehrenthal geäußert werden (Abbildung 10.19). Nur ein vergleichsweise geringer Teil an Extrapositionen finden sich bei den Figuren Itzig Veitel, der eigentlichen jüdischen Hauptfigur, und dem galizischen Juden Schmeie Tinkeles. Letzterer hingegen zeigt eine höhere Frequenz an Manipulationen der Verbsyntax. Dieser Figurenvergleich ist insofern interessant, als Ehrenthal die vielleicht am negativsten gezeichnete jüdische Figur des Romans darstellt: Während Itzig Veitel, Schmeie Tinkeles und die übrigen jüdischen Rollen immer „Opfer ihrer Jüdischkeit" bleiben, erfüllt die Rolle des Ehrenthals das gefährliche antisemitische Klischee vom ins deutsche Bürgertum integrierten, erfolgreichen und v. a. korrupten Kaufmann. Während alle anderen jüdischen Figuren darum bemüht sind, ihre „Jüdischkeit" abzulegen, verläuft Ehrenthals Entwicklung gegensätzlich, denn nur er versucht, als „jüdisch" geltende Eigenschaften zu kultivieren. Vielleicht ist dies auch der Grund dafür, wieso als „jüdisch" geltende Extrapositionen in dieser Figur besonders frequent sind.

Ein Blick ins Korpus zum LiJi zeigt schnell, dass der Roman „Soll und Haben" mit seiner auf Extraposition und VR beschränkten Manipulierungen jüdischer Figurenrede eine Ausnahme darstellt. Die Quelle ist daher nicht repräsentativ für das LiJi des 19. Jahrhunderts. Da wir es hier aber mit einem kanonischen Text zu tun haben, der über das 19. Jahrhundert hinaus gewirkt hat, darf auch angenommen werden, dass seine Strategien des LiJi andere Autoren beeinflusst hat. Kaum ein anderer der Korpustexte wird so den Diskurs der jüdischen Figurenrede geprägt haben. Der Rückzug phonologischer Manipulationen im LiJi des späten 19., 20. und 21. Jahrhunderts dürfte durch Gustav Freytags vorgenommene Beschränkung der Stilmittel evoziert worden sein. Doch selbst Freytag folgt damit einem Trend des 19. Jahrhunderts, im LiJi vermehrt mit syntaktischen Elementen zu arbeiten.

10.3 Extrapositionen

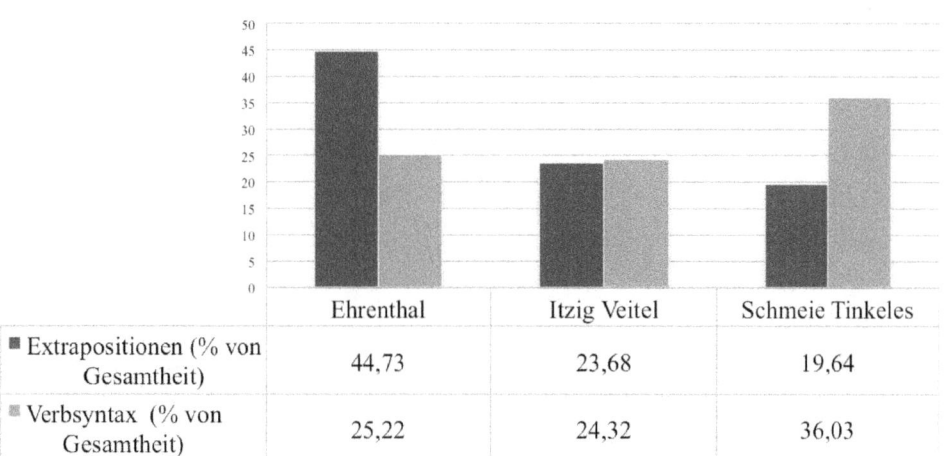

Abbildung 10.19: Manipulationsstrategien in „Soll und Haben" im Figurenvergleich

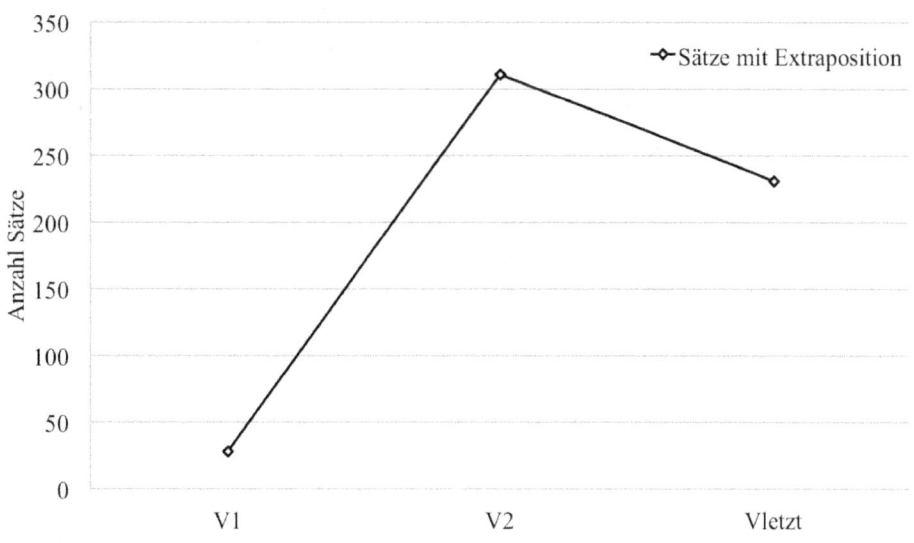

Abbildung 10.20: Satztypen bei Extraposition in „Soll und Haben"

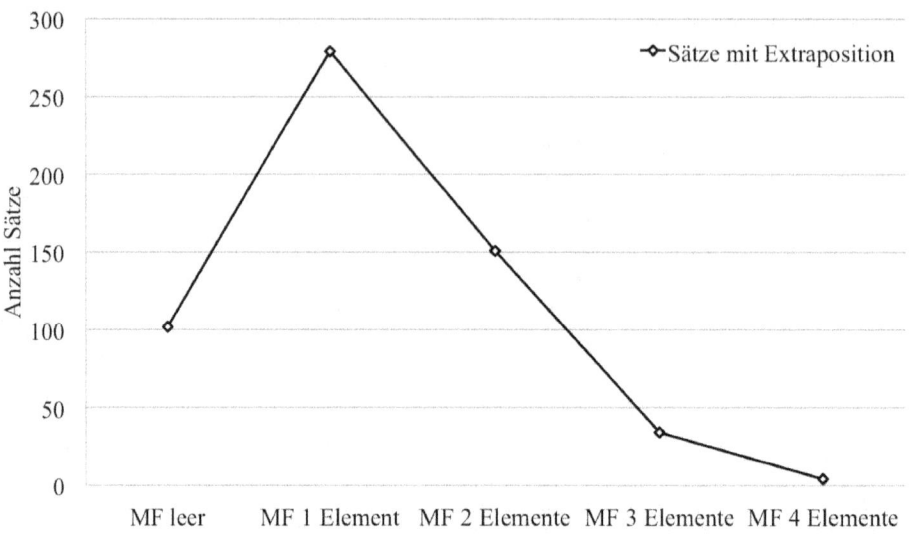

Abbildung 10.21: Elemente im MF bei Extraposition in „Soll und Haben"

10.4 Ersatzinfinitiv

Jiddisch verfügt wie das Deutsche über *ge*-präfigierte Partizipien. Allerdings verhält sich das moderne Ostjiddische im Bereich der Partizipien, wie schon auf prosodisch-morphologischer Ebene erkennbar (vgl. Unterabschnitt 9.6.2), z. T. anders als das Schriftdeutsche. So steht etwa im Schriftdeutschen und in den meisten deutschen Dialekten bei mehrgliedrigen Verbgefügen (> 2 Verben) der Infinitiv anstelle des Partizips des 3. Status (83;vgl. Vikner 2001; Schallert 2014; Schmidt 2002; 2005). Man nennt dies „Ersatzinfinitiv" oder lat. „infinitivus pro participio" (IPP). In einigen Fällen ist dieser „IPP-Effekt" (Schallert 2014) im Deutschen obligatorisch (vgl. 83). Wovon dies allerdings abhängig ist und welche Faktoren generell IPP hervorrufen, ist nicht auf eine einfache Formel zu bringen. Schallert (2012, 2014) bietet einige Lösungsansätze am Beispiel des Vorarlberger und Liechtensteiner Alemannischen. Hier scheinen besonders Verbklasse und Kohärenz eine herausragende Rolle zu spielen, die IPP entweder begünstigen oder hemmen (Schallert 2012: 298–302). Es sind besonders Modalverben, die den Ersatzinfinitiv wie in (83) fordern. Der Ersatzinfinitiv beeinflusst auch die Grundabfolge der Verben innerhalb der RSK. Statt dem üblichen Muster V_3–V_2–V_1 einer OV-Sprache (83b) findet sich bei IPP die Abfolge V_1–V_3–V_2 (83a).

(83) a. dt. *Oli kommt zu spät, weil er noch IPP hat₁ erklären₃ müssen₂*

   b. dt. [...] **weil er noch IPP erklären₃ gemusst₂ hat₁*

   c. dt. [...] **weil er noch IPP erklären₃ müssen₂ hat₁*

In den westgermanischen Sprachen findet sich IPP in der Regel bei Spachen mit *ge*-präfigierten Partizipien. Bislang bekannte Ausnahmen von dieser Regel finden sich im Westfriesischen, Südbairischen und Ostjiddischen (vgl. Vikner 2001: 77; Schallert 2012: 11, 242, 313–315), 2013,. In den westfriesischen Dialekten wie auch im Norwegischen und Schwedischen ist ein dem IPP komplementäres Phänomen zu beobachten. Hier steht nicht der Infinitiv an der Stelle eines Partizips, sondern das Partizip an der Stelle des Infinitivs (84a)–(84b). Aus diesem Grund nennt man diese Erscheinung „participium pro infinitivo" (PPI).

(84) a. westfr. *Zou hij dat gedaan hebben gekund?*
   'Würde er das haben tun können?'
   wörtl. 'Würde er das getan haben gekonnt?'
   (zitiert n. Barbiers, Bennis & de Vogelaer 2008: 40, Bsp. 37b., c.; vgl. Schallert 2012: 242, Bsp. 381)

   b. westfr. *Zou hij dat gedaan gekund hebben?*
   'Würde er das haben tun können?'
   wörtl. 'Würde er das getan gekonnt haben?'
   (zitiert n. Barbiers, Bennis & de Vogelaer 2008: 40, Bsp. 37b., c.; vgl. Schallert 2012: 242, Bsp. 381)

Im Südbairischen (85) wie auch im Ostjiddischen (86) hingegen finden sich weder IPP noch PPI, sondern es bleibt die Grundstruktur bestehen. Diese Formen repräsentieren einen älteren Sprachstand der germanischen Sprachen, der hier erhalten blieb.

(85) a. bair. [...] *dass ar de Kinder mit der Eisnbohn spielen gelot hot* (Ötztal)
   'dass er die Kinder mit der Eisenbahn hat spielen lassen'
   wörtl. 'dass er die Kinder mit der Eisenbahn spielen gelassen hat'
   (zitiert n. Schallert 2012: 233 Bsp. 359)

(86) a. oj. *Er hot undz gelozt vartn*
   'Er hat uns warten lassen'
   wörtl. 'Er hat uns gelassen warten'
   (zitiert n. Lockwood 1995: 153; vgl. Vikner 2001: 78 Bsp. 256)

b. oj. *Er hot undz vartn gelozt*
   wörtl. 'Er hat uns warten gelassen'
   (zitiert n. Lockwood 1995: 153;vgl. Vikner 2001: 78 Bsp. 256)

c. oj. **Er hot undz vartn lozn*
   wörtl. 'Er hat uns warten lassen'
   (vgl. Vikner 2001)

Für das Westjiddische ist die Situation noch nicht vollends geklärt. Im DCY finden sich keine Belege für die Vermeidung von IPP; im Gegenteil liegen dort bereits ab Ende des 15. Jahrunderts Zeugnisse für IPP vor, z. B. (87a). Quellen des 18., 19. und 20. Jahrhunderts aus dem Südwestjiddischen und Zentralwestjiddischen zeigen ebenso Evidenz für den Ersatzinfinitiv. Unter diesen Vorraussetzungen muss angenommen werden, dass sich das Westjiddische analog zum Deutschen in Richtung eines Ersatzinfinitivs entwickelt hat. In einer nordwestjiddischen Quelle aus dem Berlin des 19. Jahrhundert hingegen ist IPP nicht belegt, sondern statt dessen steht immer das Partizip (87b; Schäfer 2010: 64f). Damit ist zumindest das Szenario denkbar, dass im Osten des westjiddischen Sprachgebiets wie im Ostjiddischen die Entwicklung des Ersatzinfinitivs ausblieb.

(87) a. *da habt ir mir nit veln falgn* (DCY: wj. Gerichtsprotokolle von 1465)
   'da habt ihr mich nicht folgen wollen (wörtl. wollen folgen)'

b. *wos ich dir hob gelost lernen?* (Heymann 1909: 135; vgl. Schäfer 2014)
   'wozu habe ich dich [etwas] lernen lassen?'

Für die Analyse des LiJi gelten die Regeln des Schriftdeutschen als dessen Matrixsprache. Da dieses IPP erlaubt bzw. zum Teil sogar verlangt, werden Verstöße gegen den IPP-Effekt im Folgenden als no-IPP bezeichnet. In allen Quellen, die Vermeidungen von IPP aufweisen, tritt IPP parallel auf, d. h. es gibt keine Evidenz für eine konsequente Vermeidung des Ersatzinfinitivs, sondern nur singuläre Belege, die die ostjiddische Situation emulieren.

Belege für no-IPP finden sich im chrLiJi1 in lediglich vier Quellen (7,5% des Korpus) in insgesamt fünf Sätzen. Betroffen sind die Modalverben 'wollen' (PF Augsburg, 1816) und 'können' (FE Leipzig, 1792), sowie das Kausativverb 'lassen' (MV Berlin, 1862; AK Zürich, 1948). Die Verteilung dieser Quellen erstreckt sich auf den gesamten Untersuchungszeitraum und deckt räumlich alle Areale des Untersuchungsgebiets ab. Das Phänomen kann somit als äußerst marginales Mittel der Markierung der Figurensprache christlicher Autoren gelten.

Dieses Phänomen gewinnt an Relevanz, sobald man sich die Situation im jüdLi-Ji1 ansieht. In diesem deutlich kleineren Korpus finden sich in sieben Quellen 15 Sätze, in denen IPP vermieden wird.[23] Auch hier sind vor allem die Modalverben 'wollen' (GuS5, PBerlin1, PDebrecen) und 'können' (GuS23) betroffen. Gleiches gilt für das ACI-Verb 'lassen' (GuS23, PDebrecen). Das jüdLiJi1 scheint demnach eine deutlich höhere Sensitivität für dieses ostjiddische Phänomen aufzuweisen.

Dieses Phänomen, welches ein äußerst charakteristisches Merkmal des modernen Ostjiddischen ist und prinzipiell leicht in die deutsche Syntax emuliert werden könnte, scheint für Laienlinguisten des 18., 19. und frühen 20. Jahrhunderts nur marginal relevant gewesen zu sein. Für das chrLiJi1, welches eine Ausrichtung am IPP aufweisenden Westjiddischen zeigt, ist dieses ein logisches Resultat. Da wir im jüdLiJi1 besonders hohe Evidenz für das ostjiddische Auslassen von IPP belegt finden, können wir daraus zweierlei schließen: Zum einen sind dies weitere Belege für einen potenziellen ostjiddische Einfluss auf die Syntax des östlichen Nordwestjiddischen und Übergangsjiddischen, aus dessen Raum die Quellen des jüdLiJi1 stammen (vgl. 87b). Zum anderen ist anzunehmen, dass IPP auch in den Übergangszonen zwischen Ost- und Westjiddisch und im östlichen Westjiddischen gehemmt war, ob nun durch den Kontakt zum Ostjiddischen oder durch den zu den koterritorialen deutschen Dialekten sei dahin gestellt. Dies lässt die Vermutung zu, dass die Autoren des jüdLiJi1 selbst Sprecher der jeweiligen jiddischen Varietät waren, die sie zu stilistischen Zwecken einsetzten.

10.5 *Kumen*+Bewegungsverb Konstruktion

Das chrLiJi1 arbeitet vielfach mit diversen, zum Teil nicht klar analysierbaren Manipulationen an Bewegungsverben. Unter anderem finden sich darunter auch Belege für die jiddische Konstruktion „*kumen* + Bewegungsverb$_{tsu\text{-Infinitiv}}$" (88a), die möglicherweise dazu dient, einer Bewegung eine klare Richtung zu geben. Sie ist äquivalent mit der deutschen Konstruktion „*kommen* + Bewegungsverb$_{\text{Partizip}}$" (88b). Wie Dal (1954) darstellt, sind Konstruktionen dieser Art in den germanischen Sprachen seit etwa 1000 n. d. Z. belegt. Im Deutschen kam die Konstruktion „*kommen* + Bewegungsverb$_{\text{Partizip}}$" in frühmhd. Zeit auf (Dal 1954: 492), in der Herman Paul (Paul 1919: 80) einen Aspekt „imperfektive[r] Bewegungsbezeichnungen" sieht, was auch weiterhin in jüngeren Arbeiten vertreten wird (vgl. Rothstein 2011; Vogel 2005). Allerdings ist die semantische Funktion dieser Konstruktion de facto weitaus komplexer und nicht auf eine einfache For-

---

[23] No-IPP findet sich in GuS5, GuS15, GuS23, PAlsleben, PBreslau, PBerlin1, PDebrecen.

mel zu bringen. Vielmehr scheint hinter den Konstruktionen, die sich in vielen germanischen Sprachen finden lassen, wohl ein weiterer Reflex einer semantischen Lücke („lack of the empty GO" van Riemsdijk 2002) von Bewegungsverben zu verbergen. Darüber hinaus übersieht eine rein auf das Standarddeutsche beschränkte Perspektive die typologische und sprachhistorische Tiefe dieses Phänomens. So finden wir noch bis ins Neuhochdeutsche hinein Bildungen mit „*kommen* + Bewegungsverb$_{Infinitiv}$" (88c), (88d); (vgl. Dal 1954, Kehrein 1856: §11) und auch für oberdeutsche und niederdeutsche Dialekte sind solche Formen mit *zu*-Infinitiv bezeugt (88e)–(88j). Laut Dal (1954) sind Formen mit reinem Infinitiv im Neuniederländischen noch immer möglich.[24] In den germanischen Sprachen findet Dal (1954: 495) zwei Strategien, diese spezifische Konfiguration von Bewegungsverben und dem Verbum 'kommen' mit auxiliarähnlicher Funktion, die sie als „Indifferenzformen" bezeichnet, auszudrücken: a) mittels Infinitiv vgl. (88c), (88a) oder b) mittels Partizip vgl. (88b). Die jiddische Konstruktion mit *tsu*-Infinitiv stellt zwar eine typologisch selten auftretende Konstruktion dar, fügt sich aber leicht in das Bild der germanischen Sprachen. Jiddisch zeigt eine weitere Strategie (neben reinem Infinitiv und Partizip II) eine semantische Lücke von Bewegungsverben zu füllen (vgl. van Riemsdijk 2002).

(88) a. אַ קלײן פֿײגעלע װאָס קומט צו פֿליִען אין אַ װינטערדיקן פֿרימאָ רגן צו דעם דיכטערס פֿענצטער

a kleyn feygele vos kumt tsu fli'en in a vinterdikn frimorgn tsu dem dikhters fenster

'Ein kleines Vögelchen, das an einem winterlichen Frühmorgen an des Dichters Fenster geflogen kommt (wörtl. kommt zu fliegen)'

(CMY: Forverts 2008.07.18)

b. dt. *Er kommt geflogen*

c. dt. *die vöglein kamen fliegen*
(17. Jh.; zitiert n. Kehrein 1856: 5, Bsp. 234)

d. dt. *der knabe zurück zu laufen kam*
(J. W. Goethe „Wirkung in die Ferne")

e. ndt. (Hamburg) *kem es Stutzer öbern Wall to gahn*
(Walther & Lasch 2000: Bd. 2, S. 930)

---

[24] Allerdings wurden Belege wie ndl. *Hij komt vliegen* wörtl. 'Er kommt fliegen' von Muttersprachlern des Niederländischen stark abgelehnt. (Für die hilfreiche Befragung von Muttersprachlern des Niederländischen danke ich Jeffrey Pheiff.)

f. ndt. (Meklenburgisch) *he is to riden kamen, do kemen se hertokamen*
   (Hagenow & Zuc 1965: Bd. 4, S. 67)

g. preuss.*He käm to foahre*
   (Riemann & Tolksdorf 1989: Bd. 3, S. 440)

h. rheinfränk./moselfränk. *de Vogel koəm ze flege*
   (Müller u. a. 1928–1971: Bd. 9, Sp. 836)

i. elsäss *Jetz kummen sie ze fahren*
   (Martin & Lienhart [1899–1907]1974: Bd. 2, Sp.888a)

j. hochaleman. *er chunnt z'laufen, er chunnt chon z'rennen*
   auch mit erstarrter Gerundiumsform *Er chunnt z'laufets*
   (Staub u. a. 1895: Bd. 3, Sp. 263)

Im modernen Ostjiddischen des CMY findet man die „*kommen + tsu*-Infinitiv"-Konstruktion in Verbindung mit den Bewegungsverben *geyn* 'gehen', *loyfn* 'laufen', *forn* 'fahren', *raytn* 'reiten' und *fli'en* 'fliegen' (vgl. 89). Im Vergleich zum Deutschen kann im Jiddischen diese Konstruktion demnach auch mit dem Verb 'gehen' gebildet werden. Im Deutschen ist dies, wohl aufgrund der zwei Lesarten von *gehen* ('activity' vs. 'accomplishment'), blockiert (89e).

(89) a. dt. *er kommt gelaufen* vs. jid. ער קומט צו לויפֿן *er kumt tsu loyfn*

   b. dt. *er kommt gefahren* vs. jid. ער קומט צו פֿאָרן *er kumt tsu forn*

   c. dt. *er kommt geflogen* vs. jid. ער קומט צו פֿליִען *er kumt tsu fli'en*

   d. dt. *er kommt geritten* vs. jid. ער קומט צו רײַטן *er kumt tsu raytn*

   e. dt. #*er kommt gegangen* vs. jid. ער קומט צו גיין *er kumt tsu geyn*

Der Vollständigkeit halber sei erwähnt, dass sich im CMY kein Beleg für die deutsche Konstruktion mittels Partizip (90a) bzw. die niederländische mittels reines Infinitivs (90b) findet, sondern immer konsequent der *tsu*-Infinitiv gesetzt wird (90c). Erst eine Befragung von Muttersprachlern des Jiddischen könnte aber bestätigen, ob diese Konstruktionen im Jiddischen ungrammatisch sind.

(90) a. oj. ?*דער הונט קומט געלויפֿן
   ?**der hunt kumt geloyfn*
   'Der Hund kommt gelaufen'

10 Syntaktische Markierungen

  b. oj. ?*דער הונט קומט לויפֿן
   ?**der hunt kumt loyfn*
   'Der Hund kommt gelaufen (wörtl. laufen)'

  c. oj. דער הונט קומט צו לויפֿן
   der hunt kumt tsu loyfn
   'Der Hund kommt gelaufen (wörtl. kommt zu laufen)'
   (CMY: „Er un zi" Liberman Fishl)

Der bislang älteste Beleg für die jiddische „*kumen* + Bewegungsverb$_{zu\text{-Infinitiv}}$"-Konstruktion findet sich bereits 1507/08 im Bovo-Bukh (91a). Im „Buch der Fuchsfabeln" von Jakob Koppelmann (1583 Freiburg i.Br.) liegen weitere Belege für diese Konstruktion mit den Bewegungsverben 'gehen' (91b), 'laufen', 'hinken', 'fliehen' und 'reiten' vor (vgl. Schumacher 2006: XCf). Ein slawischer Einfluss auf diese Konstruktion kann demnach ausgeschlossen werden. Zudem gibt es Evidenz im späten Westjiddischen, wie etwa im Elsässer SWJ (91c).

(91) a. mj. *der km tsu reytn mit toyznt lantsn*
   'der kam geritten (wörtl. zu reiten) mit tausend Lanzen'
   (DCY: 1507/08 Bovo-Bukh)

  b. mj. איין אנדערי פליג הט עש גיזעהן און' קם צו גין
   ein anderi flig ht es gizehn un' km tsu gin
   'eine andere Fliege hat es gesehen und kam her (wörtl. zu gehen)'
   (Jakob Koppelmann 1583 Freiburg i.Br. 8. Zeile Geschichte Nr. 98;
   zitiert n. Schumacher 2006: 226)

  c. spätes wj. *Dau kommt jetzt der Schatchen Johle z'geïh*
   'Da kommt jetzt der Heiratsvermittler Johe (wörtl. zu gehen)'
   (Woog 1893: 10)

Der älteste deutsche Beleg der Konstruktion mit *zu*-Infinitiv ist auf das Jahr 1686 datiert und stammt aus einem „Glückwunschsgedicht" des Breslauer Lyrikers Heinrich Mühlpforth (92a). Dieser eine Fall ist, von der Herkunft des Autors abgesehen, zusätzlich problematisch, da die Konstruktion hier reimrelevant ist. In mittelhochdeutschen und frühneuhochdeutschen Korpora ist diese Konstruktion nicht nachweisbar. Damit zeigen bereits die mitteljiddischen Belege (91a)–(91b) eine autochthone Entwicklung des Jiddischen gegenüber dem Deutschen auf morphosyntaktischer Ebene.

(92) a. nhd. *Wohin ihr Fuß nur kommt zu gehen/*
Da sollen nichts als Rosen stehen.
(Mühlpfort 1686: 27)

Da dieses Phänomen über die Fragestellung des LiJi hinaus als besonders interessant bezüglich der jiddischen Sprachgeschichte eingeschätzt wird (s. Diskussion unten), wurden alle Belege für diese Konstruktion in das Korpus aufgenommen; d. h. die Aufnahme wurde nicht eingestellt, sobald fünf Belege für das Phänomen erfasst waren. In 14 Quellen des chrLiJi1 tritt in 54 Sätzen eine Manipulation der Morphosyntax von Bewegungsverben auf. Darunter finden sich Belege wie in (93), die nicht auf authentische jiddische Strukturen zurückzuführen sind. Das jüdLiJi1 zeigt nur einen Beleg (93d), in dem sich eine Manipulation am Bewegungsverb feststellen lässt.

(93) a. *wie ich bin gange kumme mit mei Päckel*
'wie ich gegangen kam mit meinem Päckchen' (FE Leipzig, 1792: 56)

b. *Is kümmen gefohren ze gaihn* 'ist gefahren gekommen' (GP Nürnberg, 1831: 53)

c. *Was kimmt ze geihn geritte?* 'Was kommt herangeritten?' (PG Speyer, 1835: 16)

d. *dort kommt er anzugehn zu allem Guten* [nicht sinnvoll übersetzbar] (GuS5: 9)

Sieben Quellen der genannten 14 Quellen des chrLiJi1 weisen jedoch neben solchen „sonderbaren" Formen, wie z. B. 93, in 19 Sätzen die jiddische Konstruktion für 'kommen' + Bewegungsverben auf (z. B. 94).

(94) a. *dä Pärd kummet ze gaihn rückwärts*
'Das Pferd kommt rückwärts her gegangen' (JK Breslau, 1810: 12)

b. *wo werd hin kommen zu fahren der Wagen?*
'wo werde ich mit dem Wagen hingefahren kommen?'
(AJ Berlin, 1825: 14)

c. *kümmt ach gor bald a Bauer zü fohren*
'kommt auch bald ein Bauer gefahren' (DG Wien, 1858: 10)

10 Syntaktische Markierungen

Dieses Phänomen zeigt also einen Unterschied zwischen Deutsch und Jiddisch, welcher den Imitatoren des Jiddischen im LiJi besonders darstellenswert – und vor allem darstellbar – erschien. Auffällig ist der Unterschied zwischen der Frequenz dieses Phänomens innerhalb Korpora natürlicher Sprache (CMY, DCY) und unnatürlicher Sprache (LiJi-Korpora). So konnten im CMY (mit über 4 Mio. Tokens) lediglich 17 Belege für die relevante Konstruktion gefunden werden, während im LiJi-Korpus (73 Quelltexte) 19 relevante Belege (in sieben Quellen) zusam-

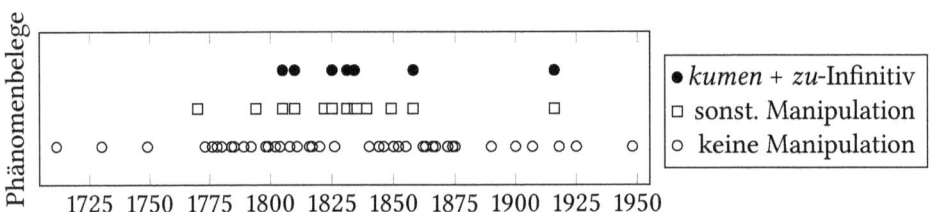

Abbildung 10.22: Diachrone Verteilung morphosyntaktischer Manipulationen bei Bewegungsverben im chrLiJi1

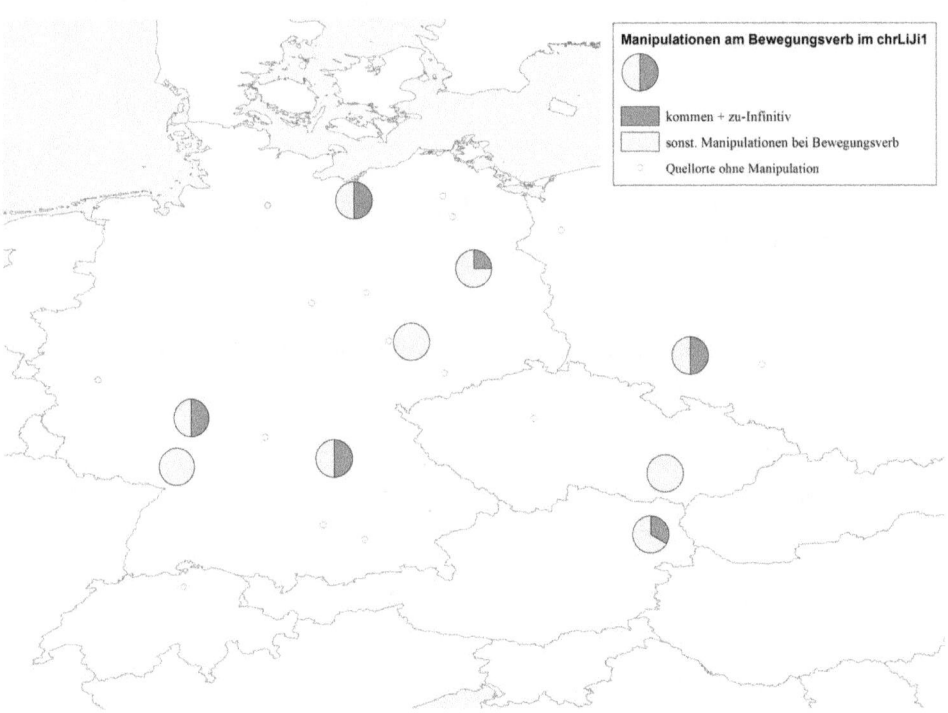

Abbildung 10.23: Areale Verteilung morphosyntaktischer Manipulationen bei Bewegungsverben im chrLiJi1

298

men kamen. LiJi übertreibt damit den tatsächlichen Gebrauch einer Form. Daran zeigt sich hier auf Frequenzebene exemplarisch ein zentrales Mittel (sprachlicher) Karikatur.

Die sieben Quellen des chrLiJi1, in denen die jiddische Konstruktion belegt ist, sammeln sich in ihrer zeitlichen Verteilung auffällig in der ersten Hälfte des neunzehnten Jahrhunderts (vgl. Abbildung 10.22). Sie finden sich damit zu einem Zeitpunkt, an dem der deutsch-jiddische Sprachkontakt noch weitestgehend vital war. Ebenfalls ein interessantes Bild liefert die Projektion der Daten in den geographischen Raum. So zeigt die Karte in Abbildung 10.23 ein deutliches Gewicht relevanter wie irrelevanter Manipulationen an Bewegungsverben im Osten des Untersuchungsgebiets. Es scheint allerdings wenig überzeugend, dies als Indiz dafür zu interpretieren, dass diese Konstruktion auch im jiddischen Dialekt frequenter gebraucht wurde als andernorts, da uns selbst im westlichsten Südwestjiddischen des 20. Jahrhunderts noch Belege für die „*kumen* + Bewegungsverb$_{zu\text{-Infinitiv}}$"-Konstruktion vorliegen vgl. (91c). Das Raumbild in Abbildung 10.23 ist wohl eher ein zufälliges Resultat und leider ein Indiz für die schlechte geographische Ausgewogenheit des chrLiJi1-Korpus.

10.6 Negationskongruenz

Unter „Negationskongruenz" („negative concord", *Mehrfachnegation*) wird das gemeinsame Auftreten von Negationspartikeln und negativen Indefinita (*n*-Indefinita) verstanden (erstmals Jespersen 1922: 352). Sie lässt sich nach den zwei Untertypen „Negative Doubling" (ND) und „Negative Spread" (NS) kategorisieren (vgl. den Besten 1986).[25] Bei ND besteht die Negationskongruenz zwischen einer Negationspartikel und einem *n*-Indefinitum, z. B. 95. Beim NS hingegen erfolgt die Kongruenz über mehrere *n*-Indefinita z. B. 96. Besonders deutlich wird der Unterschied am Beispiel des Italienischen, wo beide Formen im Standard zu finden sind (ND Bsp. (95a) vs. NS Bsp. (96a)). Darüber hinaus sind Kombinationen der beiden Typen möglich, wodurch sich *Dreifach-* oder *Mehrfachnegation* ergeben, z. B. 97.

NS und ND sind in älteren Sprachstufen des Hoch- und Niederdeutschen belegt und grundsätzlich für jeden Dialekt anzunehmen (vgl. Jäger 2013; 2008; Weiß 1998; Breitbarth 2013: 167–230). Wie die Beispiele in (95i) und (96c) zeigen, finden sich beide Typen bis ins 19. Jahrhundert hinein in der Schriftsprache. Die Entwicklung von Negationskongruenz im Deutschen ist eines der eindrucksvollsten Beispiele für die unnatürliche Beeinflussung der Sprachnormierung. Auf-

---

[25] Nach Van der Wouden & Zwarts (1992: 318) sind ND und NS Untertypen von „double attraction", welche wiederum eine Unterkategorie von Negationskongruenz ist.

10 Syntaktische Markierungen

grund der aussagelogischen Überlegung, dass sich zwei Negationen gegensätzlich aufheben, wurde die Negationskongruenz von der präskriptiven Grammatik abgelehnt (vgl. Weiß 1998: 171). Wie der Blick auf andere (europäische) Sprachen zeigt Bsp. in (95), (96) u. (97), vgl. Willis, Lucas & Breitbarth 2013, verbieten die wenigsten von ihnen NS und insbesondere ND in dem Maße, wie es im Schriftdeutschen der Fall ist. Beeinflusst durch die pejorative Grundhaltung der Sprachnorm zeichnet sich in den modernen Umgangssprachen die Tendenz ab, Negationskongruenzen abzubauen. Der „Atlas der Deutschen Alltagssprache" (ADA) verzeichnet ND vom Typ „*kein*$_{\text{flekt.}}$ [...] *nicht*" und NS vom Typ „*nie* [...] *nichts*" nur mehr im Oberdeutschen (insbes. Bairischen) und Westmitteldeutschen (ADA 3. Runde, Fragen 7f u. 8a).

Wie die Beispiele in (95e), (97a) und (97b) zeigen, findet sich auch im modernen Ostjiddischen ND (vgl. Mark 1978: 393–394; Van der Auwera & Gybels 2014). Untersuchungen zur diachronen Situation stehen noch aus, jedoch ist anzunehmen, dass es verschiedene Formen von ND (und Kombinationen von ND mit NS) in allen Sprachstufen des Jiddischen gegeben haben muss; dies bestätigen auch Belege des DCY (95f). So ist auch für das Westjiddische zumindest die Existenz von ND belegt (95g)–(95h;s. a. Lockwood-Baviskar 1975; Reershemius 2007: 68). Unterschiede zwischen Jiddisch und Deutsch im Bereich der Negation finden sich auf lexikalischer Ebene (insbes. die Verwendung der Partikel ניטא *nito* 'nicht da';vgl. 97b) und bezüglich der Position im Satz, die z. T. VO-Charakter annehmen kann (vgl. Vikner 2001: 99–225; Schäfer 2010: 57f). Solche Formen treten im LiJi nicht in Erscheinung.

(95) a. it. *Non ho fatto niente*
   wörtl. 'Nicht habe-ich getan nichts'
   'Ich habe nichts getan'

   b. fr. *Je ne fais rien*
   wörtl. 'Ich nicht mache nichts'
   'Ich mache nichts'

   c. engl. *We don't need no education*
   wörtl. 'Wir tun-nicht brauchen keine Erziehung'
   'Wir brauchen keine Erziehung'

   d. bair. *Koa Mensch is ned kema*
   wörtl. 'Kein Mensch ist nicht gekommen'
   'Kein Mensch kam'
   (zitiert n. Weiß 1998: 169, Bsp. 6a)

e. oj. זָאָג ניט קיינמאָל, אַז דו גייסט דעם לעצטן וועג
zog nit keynmol, az du geyst dem letstn veg
'sag niemals, dass du den letzten Weg gehst'
wörtl. 'sag nicht kein mal [...]'
(„Partizaner Lid")

f. mj. *dz keyn baks harin boym nit ups tragt*
'dass kein Bockshornbaum/Johannisbrotbaum (?) Obst trägt'
wörtl. 'dass kein Bockshornbaum (?) nicht Obst trägt'
(DCY „Sefer shir ha-shirim" Krakau, 1579)

g. wj. 19. Jh. דאָס קאָהנער קאהן מאַן מיט ניקס זאָלל נעממע
das kahner kahn man mit niks soll nemme
'dass keiner einen Mann ohne etwas nehmen soll'
wörtl. 'dass keiner keinen Mann mit nichts soll nehmen'
(„Die Hochzeit zu Grobsdorf" Gießen 1822: 12)

h. wj. 19. Jh. קאה רעכטער קצן איס יוא דאָך ניט דערבייא
kah rechter kozn is jou doch nit derbei
'ein echter Reicher ist ja doch nicht dabei'
wörtl. 'kein rechter Reicher ist ja doch nicht dabei'
(„Die Hochzeit zu Grobsdorf" Gießen 1822: 37)

i. dt. 19. Jh. *Keinen eigentlichen Stillstand am Faust habe ich noch nicht gemacht*
(J. W. Goethe, zitiert n. Paul 1916– Bd. VI/2: 224f; vgl. Weiß 1998: 171, Bsp. 12a)

(96) a. it. *nessuno ha fatto niente*
'niemand hat etwas getan'
wörtl. 'niemand hat getan nichts'

b. afr. *Ek het hom nie gsien nie*
'Ich habe ihn nicht gesehen'
wörtl. 'Ich haben ihn nie gesehen nie'
(zitiert n. de Swart 2010: 203, Bsp. 71)

c. dt. 19. Jh. *Das disputiert ihm Niemand nicht.*
'Das legt ihm niemand dar.'
(„Wallenstein" F. Schiller, zitiert n. Paul 1916: Bd. VI/2: 224f; vgl. Weiß 1998: 171, Bsp. 12b)

10 Syntaktische Markierungen

(97) a. oj. *keiner darf zix kejnmol nit ajln*
'keiner muss sich beeilen'
wörtl. 'keiner muss sich keinmal nicht beeilen'
(zitiert n. Jacobs 2005: 252)

b. oj. *Es iz nito keyn nayes in intserberg?*
'Es gibt nichts Neues in Insterberg?'
wörtl. 'Es ist nicht-da kein Neues in Insterberg?'
(Olsvanger 1947: 139, zitiert n. Van der Auwera & Gybels 2014: 196)

c. afr. *Niemand het niks gekoop nie*
'Niemand hat etwas gekauft'
wörtl. 'Niemand hat nichts gekauft nie'
(zitiert n. Biberauer & Zeijlstra 2012: 14, Bsp. 28)

d. westfl. *Valère (en)-ging nooit nieverst noatoe*
'Valèrie ging niemals irgendwohin'
wörtl. 'Valèrie (nicht) ging niemals nirgendwo nach'
(zitiert n. Haegeman & Zanuttini 1996: 130, Bsp. 29)

e. tsch. *Nikdo nikdy nikam nešel*
'Niemand ist jemals irgendwohin gegangen'
wörtl. 'Niemand ist niemals nirgendwohin nicht gegangen'
(zitiert n. Rinas 2003: 217, Bsp. 2)

Im LiJi finden sich jedoch einige Belege für Negationskongruenz. In (98) sind exemplarische Belege aus allen Quellen des chrLiJi1 aufgeführt, die mit Negationskongruenz arbeiten. Neun Quellen des chrLiJi1 zeigen ND nach dem Muster „*kein*$_{flekt.}$ [...] *nicht*" (98a)–(98i). Eine Form, die für die westgermanischen Sprachen und insbesondere für deutsche Varietäten nicht unüblich ist (95d)–(95i); vgl. u. a. Van der Auwera & Gybels 2014; Jäger 2013; 2008; Breitbarth 2013; Weiß 1998; de Swart 2010; Biberauer & Zeijlstra 2012; Haegeman & Zanuttini 1996; van der Wouden & Zwarts 1992; den Besten 1986: 167–230). Dabei tritt immer nur einfaches ND auf, nie Kombinationen wie in (97a) und 97b. Auch die Position der Negation im Satz entspricht der Schriftdeutschen. In einem Fall (98j) findet sich ND mit „*kein*$_{flekt.}$ [...] *kein*". In diesem Fall fungiert das erste *kein* als Indefinitpronomen, das zweite hingegen als Determinator. Ebenfalls singulär sind die Belege in (98k) und (98l). Im ersten Fall (98k) steht an der Position vom *n*-Indefinitum *kein*$_{flekt.}$ die Negationspartikel *nicht*. Im Beleg (98l) könnte entweder eine Dopplung der Negationspartikel vorliegen, oder aber wir haben es hier mit ND zu tun,

10.6 Negationskongruenz

indem die Negationspartikel *nicht* anstelle des *n*-Indefinitums (z. B. *keine*) steht, wie es in (98k) gegeben ist. Von diesen zwei Belegen abgesehen verhält sich die Negationskongruenz im LiJi im Vergleich zur Situation im Jiddischen und den deutschen Varietäten gänzlich unauffällig und zeigt vollkommen authentische Formen von ND.

(98) a. *und will kän ehrlicher Jüd nit seyn* (FE Leipzig, 1792: 56)
 'und will kein ehrlicher Jude (wörtl. nicht) sein'

 b. *Ich hab mein Lieben kah Kind net betrübet* (GP Nürnberg, 1831: 27)
 'Ich habe mein Leben lang kein Kind (wörtl. nicht) betrübt'

 c. *unn aach kaan Wörtlich nitt schmuset* (PG Speyer, 1835: 33)
 'und auch kein Wörtchen (wörtl. nicht) reden'

 d. *Bin ich doch kain Jagdhund nich* (DP Pyrzyce, 1874: 29)
 'Ich bin doch kein Jagdhund (wörtl. nicht)'

 e. *hot keine Balken nicht* (MV Berlin, 1862: 61R)
 'hat keine Balken (wörtl. nicht)'

 f. *loßt sich doch gor ka Mensch nit seh'n* (DG Wien, 1858: 6)
 'lässt sich doch gar kein Mensch (wörtl. nicht) sehen'

 g. *Keine Fabrik hab' ich nicht* (SB Hartenstein, 1918: 64)
 'Eine (wörtl. keine) Fabrik habe ich nicht'

 h. *aber ßu sahnem Glicke hat's Kahner nicht gehert* (SV München, 1890: 5)
 'aber zu seinem Glück hat es keiner (wörtl. nicht) gehört'

 i. *is keiner nischt in Hois* (AK Zürich, 1948: 218)
 'ist keiner (wörtl. nicht) im Haus'

 j. *un umsunst nemmt kaaner ka Fraa* (PA Frankfurt, 1834: 36)
 'und umsonst nimmt keiner (wörtl. keine keine) Frau'

 k. *Du hast gehabt nicht Sicherheit* (NW Berlin, 1804: 93)
 'Du hast keine (wörtl. nicht) Sicherheit gehabt'

 l. *sollen wir doch nischt nich acheln!* (BW Leipzig, 1826: 97)
 'sollen wir doch nicht (wörtl. nicht) essen!'

10 Syntaktische Markierungen

Die areale Verteilung (Abbildung 10.24) zeigt eine besondere Anhäufung von ND im oberdeutschen und westmitteldeutschen Raum, die dem Gebiet entspricht, in dem wir diese Form von Negationskongruenz noch heute in der Umgangssprache vorfinden (vgl. ADA 3. Runde, Fragen 7f u. 8a). Es ist also anzunehmen, dass auch hier die eigene Dialektalität der Autoren das chrLiJi1 beeinflusst hat. Darüber hinaus finden sich Manipulationen im Bereich der Negation im chrLiJi1 entlang der nördlichen Grenze zum NÜJ. Doch auch in den niederdeutschen Dialekten ist Negationskongruenz gegeben (vgl. Breitbarth 2013; Reershemius 2004: 76), die ins chrLiJi1 hätte einwirken können. Da wir prinzipiell Negationskongruenz für das Westjiddische annehmen, kann es sich hierbei auch um die tatsächliche Umsetzung westjiddischer Formen handeln.

Abbildung 10.24: Negationskongruenzen im chrLiJi1

Die ausgewogene Verteilung der Belege für ND in Abbildung 10.25 spricht ebenfalls dafür, dass dieses Phänomen weniger auf dem zunehmenden Sprachkontakt zum Ostjiddischen fußt als auf tatsächlicher Sprachrealtität. Ob nun allerdings die deutsch-dialektale oder die westjiddische Sprachwirklichkeit ausschlaggebend für die literaturjiddischen Belege sind, muss offen bleiben. Darüber hinaus darf nicht ausgeschlossen werden, dass die Pejoration von Negationsons-

10.6 Negationskongruenz

kongruenz im Schriftdeutschen durch die Sprachnormierer auch auf die pejorative Funktion des chrLiJi1 Auswirkungen hatte. Trotz dieser soziolinguistisch *negativen* Konnotation von ND verbergen sich hinter den Belegen des chrLiJi1 plausible Formen westgermanischer Negationskongruenz.

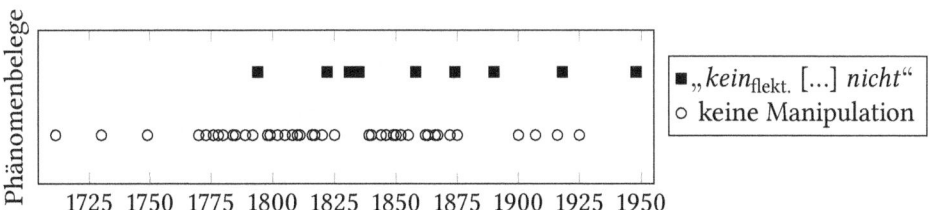

Abbildung 10.25: Diachrone Verteilung von Negative Doubling (ND) nach dem Muster „*kein*$_{flekt.}$ [...] *nicht*" im chrLiJi1

Das jüdLiJi1 unterscheidet sich nicht vom chrLiJi1. Es findet sich ND mit „*kein/ e/ er/ es/ en/ em* [...] *nicht*" (99a)–(99b) und die Setzung der Negationspartikel *nicht* an der Position des schriftdeutschen *n*-Indefinitums *kein*$_{flekt.}$ (99c)–(99d). Wobei in diesen Fällen je nach Skopus auch im Schriftdeutschen *nicht* statt des Indefinitums akzeptabel erscheint (vgl. 99e vs. 99f).

(99) a. *keiner nischt bestritt* (GuS23: 6)
   'keiner (wörtl. nicht) bestritt'

   b. *mir geben kein Pardong nit* (PBreslau: 343)
   'wir geben kein Pardon (wörtl. nicht)'

   c. *denn Du willst doch nischt werden e Postillon* (GuS10: 9)
   'denn du willst doch kein (wörtl. nicht) Postillion werden'

   d. *mer hoben nischt derfen machen ä Demonschtratziönche* (PBerlin2: 2.Sp.)
   wörtl. 'wir haben nicht dürfen machen ein Demonstratiönchen' 'wir haben kein Demonstratiönchen machen dürfen'

   e. dt. *Er will kein Postbote werden – Er will keine Demonstration machen*

   f. dt. *Er will nicht Postbote werden –?Er will nicht Demonstration machen*

Es ist bezeichnend für die emulierende Imitation des LiJi, dass sich nur solche einfachen Formen von ND finden lassen, aber tatsächlich komplexe Strukturen, wie sie das moderne Ostjiddische (z.B. 97a u. 97b) oder auch die Dialekte des Deutschen erlauben (vgl. Weiß 1998: 167–230), im LiJi nicht auftreten.

10.7 Relativpartikeln

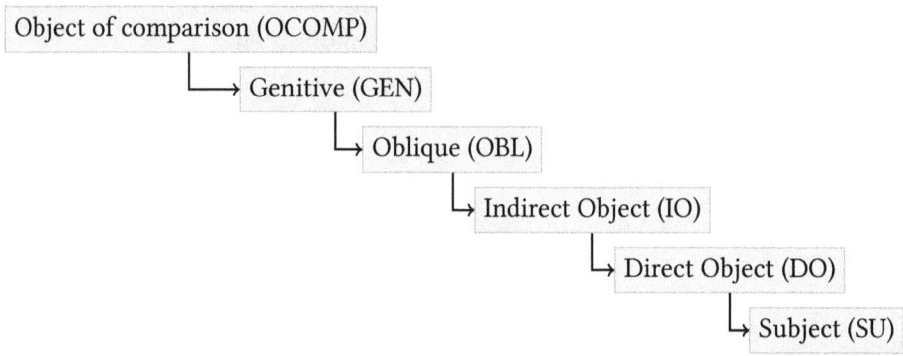

Abbildung 10.26: Die „Accessibility Hierachy" nach Keenan & Comrie 1977: 66

Zu den Besonderheiten der ostjiddischen Standardsprache zählt die Verwendung der Relativpartikel וואָס *vos* (< Interrogativpronomen *was*). Diese kann in allen syntaktischen Relationen der Accessibility Hierarchy und unabhängig von der Belebtheit des Bezugnomens auftreten (Fleischer 2004a,b,e; 2007; 2010; 2014a). Im Standarddeutschen ist *was* als Relativpronomen lediglich bei freien Relativsätzen wie (100a) und als flektiertes Relativpronomen vorzufinden, wenn das Nomen Neutrum ist (100b)–(100c); vgl. Eisenberg 2004: 267–269). In manchen Dialekten des Deutschen gehen die Funktion von *was* in Relativsätzen über die des Standardeutschen hinaus (Weise 1917: 65; Fleischer 2004e: 223; 2004: 71f). Im Unterschied zum Jiddischen können in diesen deutschen Dialekten keine resumptiven Pronomen mit *was* auftreten (Fleischer 2010: 164). Das Standardjiddische hat diese im Deutschen angelegte Form generalisiert und ausgeweitet, so dass hier וואָס *vos* auf Genera gleich welcher Art verweisen kann (vgl. 100d)–(100e). Es ist anzunehmen, dass hier der Kontakt zu slawischen Sprachen als Katalysator gewirkt haben mag, da diese eine nach den Prinzipien der Accessibility Hierarchy ähnlich funktionierende Relativpartikeln aufweisen (vgl. Fleischer 2007: 41f).

(100) a. dt. *Er tut, was er nicht lassen kann.*

b. dt. *Das Röschen, was ich pflücke.*

c. dt. **Die Rose, was ich pflücke.*

d. oj. דאָס רויזל וואָס איך קלײַב *dos royzl, vos ikh klayb.*

e. oj. די רויז וואָס איך קלײַב *di royz, vos ikh klayb.*

10.7 Relativpartikeln

Kühnert (2007: 47) zeigt, dass *vos* erst „gegen Ende des 16. Jahrhunderts nach nichtneutralen Bezugswörtern nachweisbar" ist (vgl. 101a) und zunächst in Texten aus der Krakauer, also ostjiddischen, Region auftritt. Im Westjiddischen ist demnach nicht von einer solchen Partikel auszugehen, was auch die bislang erhobenen Daten bestätigen (Fleischer 2004d,c; Reershemius 2007; Schäfer 2008; 2014: 33f). Die Relativpartikel ist nur bei neutralem Bezugsnomen und in der SU-Relation belegt (101b). So gesehen dürften *vos*-Relativpartikel nicht im vom Westjiddischen beeinflussten LiJi1 zu erwarten sein. Im Westjiddischen finden sich hingegen Belege für die *wo*-Relativpartikel (101c)–(101d). Diese ließen sich jedoch auf Interferenzen aus den deutschen Mundarten zurückführen (vgl. Schäfer 2014). Für einen Einfluss der deutschen Dialekte auf das späte Westjiddische sprechen auch die Daten des Korpus DCY von Beatrice Santorini. Hier findet sich in den altwestjiddischen Quellen kein Beleg für eine Relativpartikel;es wird konsequent ein Relativpronomen verwendet.[26] Die Relativpartikel *wo* ist besonders in den ober- und mitteldeutschen Varietäten weit verbreitet (vgl. Fleischer 2004e,a; 2010).

(101)   a. *dein her, was di' hást flegén in dorf zu nozwen mit ihm.*
         'Dein Herr, mit dem du gewöhnlich ins Dorf zurückgekehrt bist.'
         (*Weinryb*-Briefe von 1588; zitiert n. Kühnert 2007: 47)

     b. *weist er ehm a Lamm, wos obber sehr moger is.*
        'zeigt er ihm ein Lamm, welches aber sehr mager ist.'
        (Heymann 1909:130; vgl. Schäfer 2014)

     c. און דערצו וואממער קינגער האָט, וואו מער זיך זעה קאן לאָסע
        un derzu wammer kinner hot, wu/wo mer sich seh kan lose
        'und dazu wenn man Kinder hat, mit denen man sich sehen lassen kann'
        („Die Hochzeit zu Grobsdorf" Gießen 1822: 45; vgl. Lowenstein 1975)

     d. *Bis der Prinz von Nafganistan kummt, wo dü uffen wartsch kenne die Rio Tinto und Tanganika noch 10 mol steige u. falle.*
        'Bis der Prinz von Afghanistan kommt, der du auf ihn wartest, können die Rio Tinto und Tanganjika noch zehnmal steigen und fallen.'
        („Grad wie bi's Lévy's" Mulhouse, 1928:13; zitiert n. Schäfer 2014: Bsp. 1)

---

[26] Die Quellen des DCY bestätigen auch die Daten Kühnerts (2007) zur *vos*-Relativpartikel. Diese finden sich im DCY erst spät in den ostjiddischen Quellen (erstmals 1588) und setzen sich dort erst im Laufe des 19. Jahrhundert durch. Im 20. Jahrhundert ist die Partikel im Ostjiddischen neben *velkher* Relativsatzeinleiter.

10 Syntaktische Markierungen

Im LiJi finden sich einige Belege für die Setzung von Relativpartikeln anstelle von schriftsprachlicher Relativpronomen. Von der Analyse der Relativsätze ausgenommen blieben Belege wie in (102a)–(102b), wo *was/wos* auf ein Neutrum referiert, da solche Formen im Deutschen durchaus möglich sind (s. o.). Relevante Belege finden sich in acht Quellen des chrLiJi1. Sieben Quellen zeigen die Partikel *wau, wou, wo* 'wo' in SU-Relation (102c). Drei Quellen, darunter zwei Quellen, die parallel die 'wo'-Partikel einsetzen, zeigen mit der Partikel *wos, was* 'was' Anlehnungen an die ostjiddische Partikel *vos* (102d u. 102e).

(102) a. *Für das wache Bett, wos er mir gemacht hot?* (AO Wien, 1770: 85)
'Für das weiche Bett, das er mir gemacht hat?'

b. *ich bin schlachter d'ran, iach hab an altes Weib, wos is immer gesund* (GW n.a., ca. 1900: 22)
'ich bin schlechter dran, ich hab ein altes Weib, das immer gesund ist'

c. *De Laite, wo ihn haben gekennt* (SV München, 1890: 9)
'Die Leute, die ihn gekannt haben'

d. *ä Schnorrer, was is rumgelahfen in de Stadt* (SV München, 1890: 1f.)
'ein Bettler, der in der Stadt herum gelaufen ist'

e. *Goldschmidt's Rebekka, was mir hat angelächelt* (BP Berlin, 1875: 9)
'Goldschmidts Rebekka, die mich angelächelt hat'

Das Aufkommen der Belege für 'was'-Relativsätze zum Ende des 19. Jahrhunderts spricht dafür, dass hier die ostjiddische Form ins chrLiJi1 einfließt. Die Partikel *wo* hingegen, die auch in den deutschen Dialekten weit verbreitet ist, findet sich über die gesamte Erhebungszeitspanne hinweg belegt.

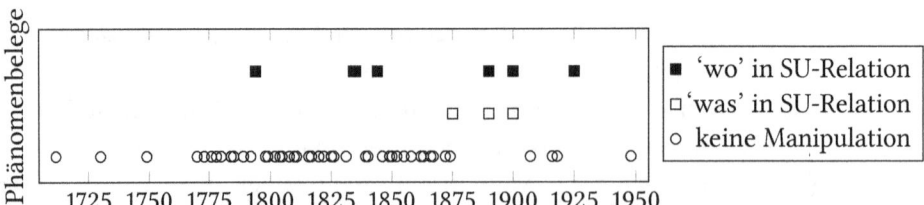

Abbildung 10.27: Diachrone Verteilung der Relativpartikeln im chrLiJi1

10.7 Relativpartikeln

Ein Einfließen von Strukturen der deutschen Mundarten ins chrLiJi1 lässt sich bei diesem Phänomen annehmen. Wie die Karte in Abbildung 10.28 zeigt, finden wir *wo*-Relativsätze besonders in den mitteldeutschen, insbesondere rheinfränkischen Quellen und damit in einem Gebiet, in dem die deutschen Dialekte *wo* als Relativpartikel aufweisen (vgl. Weise 1917; Fleischer 2004e,a; 2010). Demgegenüber finden sich Belege für *was/wos* ausschließlich im Osten des Untersuchungsgebiet und könnten damit (zumindest lexikalisch) auf die ostjiddische Partikel *vos* referieren. Die Belege der bairischen Quelle SV (München, 1890) für 'was'-Relativpartikeln könnten ebenfalls durch einen dialektalen Einfluss erklärt werden, da diese Partikel im örtlichen deutschen Dialekt, aber auch in vielen oberdeutschen Dialekten, gegeben ist (vgl. Weise 1917; Fleischer 2004e,a; 2010).

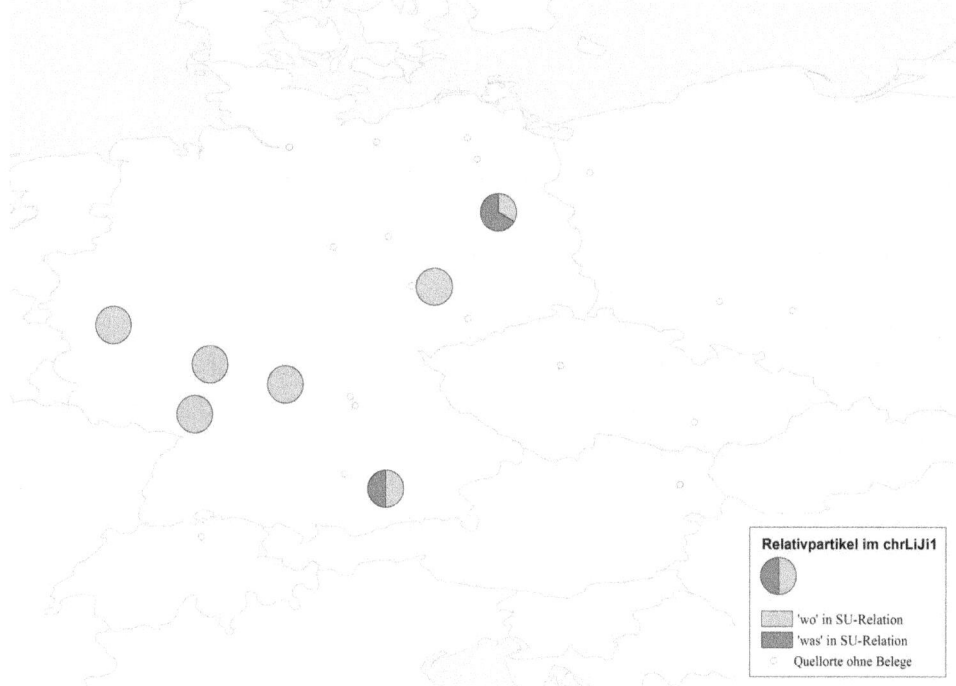

Abbildung 10.28: Relativpartikeln im chrLiJi1

In fünf Quellen des jüdLiJi1 findet sich *was* als Relativpartikel in SU-Relation;[27] in weiteren zwei Quellen steht *wos* in SU-Relation.[28] Demnach verhält sich jüdLiJi1 in diesem Phänomen synchron zum chrLiJi1. Ein möglicher ostjiddischer Einfluss auf die Belege von 'was'-Relativsätzen im Osten des Untersuchungsgebiets

---

[27] GuS1 GuS10, GuS15, GuS23, PBerlin 1.
[28] GuS5 u. PAlsleben.

zeigt sich besonders im einzigen Beleg für 'was' in GEN-Relation (103), da die Partikel diese Relation nur im modernen Ostjiddischen einnehmen kann, nicht aber in einer deutschen Varietät.

(103)　*is a bereichertes Schiff, wos der Rauch wird getrieben mit Räder* (GuS5: 4)
　　　　'ist ein bereichertes Schiff, dessen Räder mit Rauch getrieben werden'

Die Relativpartikel *wo* tritt ausschließlich im chrLiJi1 auf. Neben der räumlichen Distribution (vgl. Abbildung 10.28) spricht dies dafür, eine Beeinflussung durch die deutschen Mundarten anzunehmen. Hingegen sind die späteren Quellen des chrLiJi1 sowie die Texte des jüdLiJi1 deutlich von der ostjiddischen Partikel *vos* geprägt.

10.8 Zusammenschau syntaktischer Manipulationen

Von insgesamt 15 erkannten syntaktischen Phänomenen des chrLiJi1 treten maximal zehn in einer Quelle auf.[29] Im Durchschnitt benutzt ein Text des chrLiJi1 vier syntaktische Manipultionsstrategien (σ 3,1). Das ist deutlich mehr, als durchschnittliche morphologische Manipulationen pro Text ($\emptyset$ 2,4; σ 2,1), liegt aber noch deutlich unter dem Durchschnitt phonologischer Markierungen ($\emptyset$ 6,3; σ 4,2). Es sind vor allem Phänomene, die Abweichungen der Grundwortstellung darstellen, die im chrLiJi1 besonders frequent sind. Das am häufigsten verwendete syntaktische Phänomen ist die Extraposition von NPs (in 31 Quellen gegeben), gefolgt von PP-Extrapositionen und VR (in jeweils 29 Quellen).

Das Histogramm in Abbildung 10.29 zeigt, dass sich syntaktische Manipulationen über den gesamten Untersuchungszeitraum erstrecken. Zwischen 1825 und 1860 findet sich das höchste Aufkommen unterschiedlicher syntaktischer Phänomene.

Die areale Verteilung der Summe aller 15 Phänomene zeigt die IDW in Abbildung 10.30. Im Unterschied zur Morphologie (vgl. Abbildung 9.25, S. 250) und Phonologie (vgl. Abbildung 8.48, S. 8.48) ist nun erstmals das Gros der Manipulationen im Osten des Untersuchungsgebiets zu finden. Dies überrascht nicht vor dem Hintergrund, dass diese Phänomene stärkeres Gewicht auf die Wortstellungsunterschiede zwischen Jiddisch und Deutsch legen, nur aber das Ostjiddische (und ggf. die Dialekte der Übergangszone zwischen OJ und WJ) solch

---

[29] Dies ist der Fall in den Quellen LS (Bonn, 1925) u. SV (München, 1890).

10.8 Zusammenschau syntaktischer Manipulationen

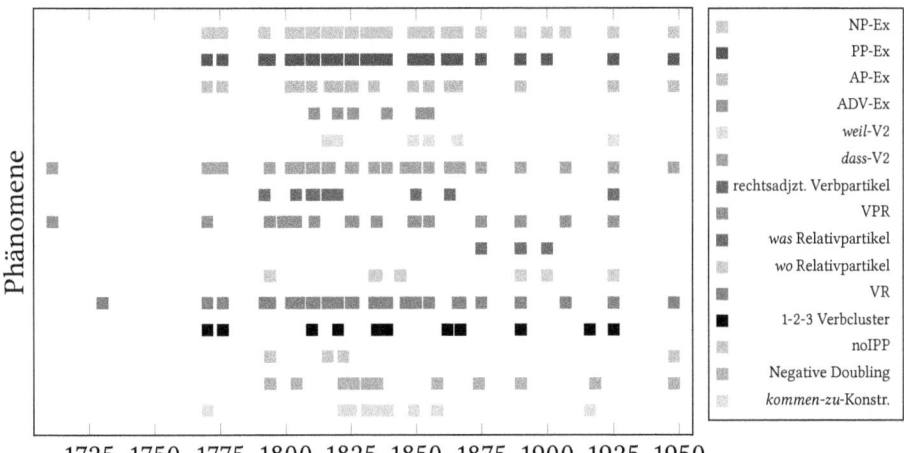

Abbildung 10.29: Übersicht syntaktischer Markierungen im chrLiJi1

starke VO-Tendenzen aufweist, so dass es zu Sprachen des dritten Wortstellungstyps (OV/VO) gezählt werden kann. Somit spricht das Kartenbild der IDW dafür, einen ostjiddischen Einfluss auf die syntaktischen Strukturen des LiJi1 anzunehmen.

10 Syntaktische Markierungen

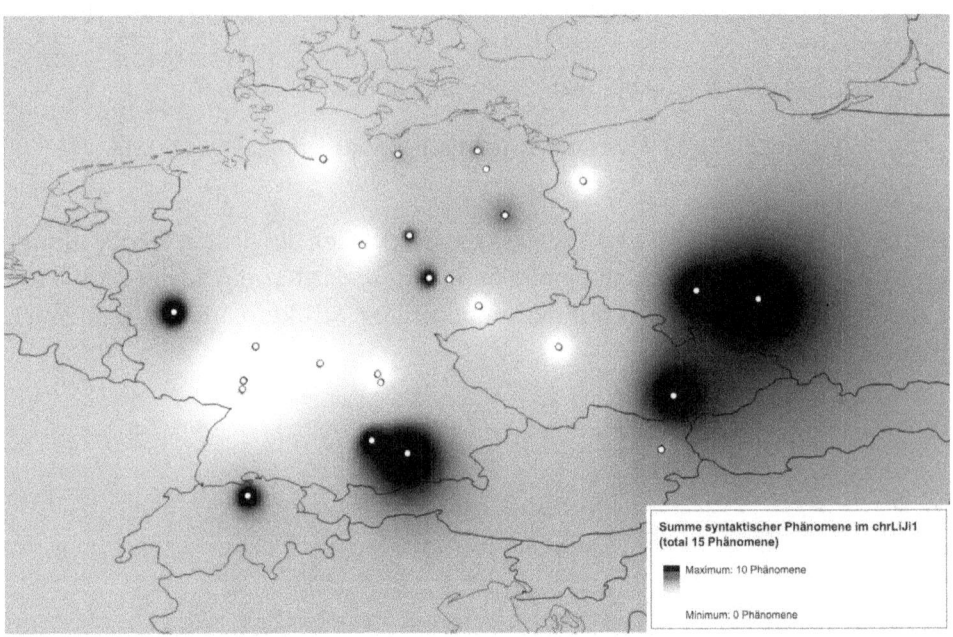

Abbildung 10.30: Summe syntaktischer Phänomene des chrLiJi1 (IDW berechnet mit QGIS)

11 Zusammenspiel der sprachlichen Markierungen

In diesem Kapitel werden alle erhobenen Phänomene in ihrer Summe, ihrer räumlichen und systematischen Verteilung, zusammengetragen. Die erhobenen Daten können aus zwei Perspektiven betrachtet werden: Zum einen kann die Perspektive auf die Verteilung der Phänomene (Kapitel 11.1, S. 314) gerichtet sein, zum anderen auf die Ähnlichkeit/Unähnlichkeit der Quellen (Kapitel 11.2, S. 319).

Eine wichtige Methode ist hier die hierarchische Clusteranalyse. In einer Clusteranalyse wird berechnet, ob und welche Phänomene gemeinsam auftreten. Die Berechnung eines hierarchischen Ward-Clusters erfolgt über die Quadrierung der euklidischen Distanz zwischen zwei Messwerten, und zwar nach der Formel:[1]

$$d_{ij} = d(\{X_i\}, \{X_j\}) = |X_i - X_j|^2$$

Das Ergebnis einer Clusteranalyse wird üblicher Weise in Dendrogrammen graphisch dargestellt. Dieses *Baumschema* veranschaulicht, welche Datensätze nah (wenige Knoten zwischen zwei Datenpunkten) bzw. fern (viele Knoten zwischen zwei Datenpunkten) zueinander liegen, d. h. sich ähnlich/unähnlich zueinander verhalten.

Da zwei Quellen (NF Hamburg, 1749 u. PS Berlin, 1808) nur sehr geringe LiJi-Evidenz liefern und die vorhandenen Daten der beiden Texte nur periphere, im Gesamtbild des LiJi selten auftretende Phänomene darstellen, fallen diese beiden Quellen in der Darstellung des Zusammenspiels der sprachlichen Markierungen nicht ins Gewicht und sie bilden eine eigene Gruppe. Insgesamt verringert sich damit an dieser Stelle das Korpus zum chrLiJi1 von 53 Texten auf 51 Texte.

Eine exakte Differenzierung zwischen Phänomenen, die dem WJ und/oder OJ entsprechen bzw. nicht entsprechen, kann dabei allerdings nicht vorgenommen

---

[1] Verwendeter R-Code für die nachfolgenden Clusteranalysen: `d <- dist(DATEINAME, method = "euclidean")` (für Distanzmatrix) `fit <- hclust(d, method="ward.D2")` `plot(fit)` (zeichnet das Dendrogramm) `groups <- cutree(fit, k=5)` (teilt den Baum in 5 Cluster) `rect.hclust(fit, k=5, border=red")` (zeichnet rote Quadrate um die 5 Cluster)

werden. Wie in den Einzelananlysen dargestellt, ist eine solche Entscheidung in den meisten Fällen nicht leicht zu treffen. Die nachfolgende Zusammenschau zeigt also nur rein quantitative Werte sprachlicher Manipulationsstrategien des LiJi, nicht aber deren qualitative Distribution. Die Datengrundlage für die nachfolgenden Darstellungen und Berechnungen der Zusammenschau literaturjiddischer Manipulationen im chrLiJi1 liegt im Anhang 14 (S. 357) tabellarisch vor.

11.1 Distribution der Phänomene untereinander

Die folgenden Darstellungen beruhen auf der Belegsumme von 58 beschriebenen Einzelphänomenen der drei grammatischen Ebenen (Phonologie, Morphologie und Syntax). Ein Phänomen tritt im Durchschnitt in 12 (von 51) Quellen auf. Die Standardabweichung von 10 zeigt an, dass eine große Streuung innerhalb der Quellen vorliegt, was die Anzahl der verwendeten Phänomene betrifft.

Richten wir zunächst unseren Blick auf die zeitliche Verteilung der Phänomene in ihrer Summe. Wie das Diagramm in Abbildung 11.1 zeigt, findet sich besonders zwischen den 1770ern und 1870ern, also dem zentralen Zeitraum unseres Samples, eine besonders große Streuung bezüglich der Anzahl der zum Einsatz kommenden Phänomene. Die wenigen Quellen im Korpus des frühen 18. Jahrhunderts zeigen eine vergleichsweise geringe Gesamtzahl an Phänomenen. Quellen des frühen 20. Jahrhunderts hingegen weisen überdurchschnittlich viele Phänomene in den einzelnen Quellen auf. Trotz hoher Streuung lässt sich somit ein Anstieg an Phänomenen vom 18. zum 20. Jahrhundert feststellen, der jedoch ab der Mitte des 19. Jahrhunderts nachlässt.

Im Histogramm in Abbildung 11.2 sind alle 58 Einzelphänomene in ihrem zeitlichen Auftreten dargestellt. Ein Rückgang westjiddischer Strukturen oder ein Anstieg ostjiddischer Formen sind nicht zu erkennen. Statt dessen stellt sich das chrLiJi1 als ein in der Diachronie homogenes Gebilde dar. Wir sehen, dass es besonders im Bereich der Phonologie und Syntax Phänomene gibt, die kontinuierlich über die Zeitspanne hinweg verteilt auftreten. So beispielsweise syntaktische Manipulationen, die VO-Strukturen emulieren (Extrapositionierungen von NPs und PPs, *dass*-V2, VR und VPR) oder vokalische Phänomene, die für das Westjiddische charakteristisch sind, wie: V24 und V44 als /a:/, die Diphthongierungen von V42, V22 und V34, die *a*-Verdumpfung oder die Hebung von /o/ > /u/. Konsonantische und morphologische Manipulationen finden sich nur vereinzelt und tauchen weniger systematisch auf als die eben erwähnten (vgl. auch Abbildung 11.5, S. 320). Dies zeigt nicht nur, dass es einen relativ fixen Kern an Phänomenen gibt, der für das chrLiJi1 charakteristisch ist, sondern auch, dass dieser Kern

11.1 Distribution der Phänomene untereinander

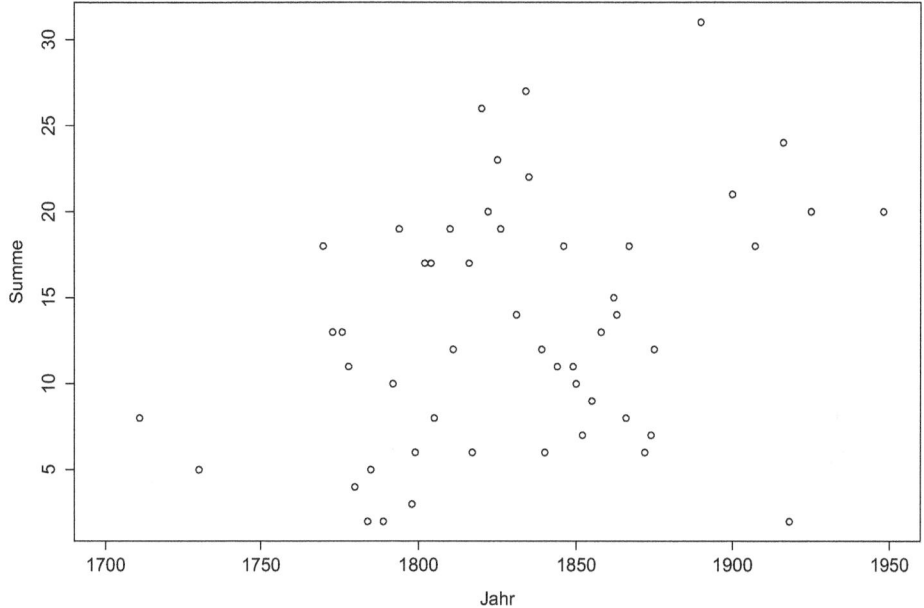

Abbildung 11.1: Summe der Phänomene im chrLiJi1

auf zwei Grundstrategien beruht: Die erste Strategie besteht darin, tatsächliche Strukturen des gesprochenen Westjiddischen zu imitieren. Diese können auf vokalischer Ebene emuliert werden. Die zweite Strategie arbeitet mit Variationen der Grundwortstellung. Die drei möglichen Erklärungen sind ob hiermit auf die (west-)jiddische Sprachrealität referiert wird, dies nur Phänomene allgemeiner Dialektalität darstellt, oder ob diese nur literarische Funktion zur Darstellung *verdrehter* Sprache tragen, kann auf Grundlage der Phänomene an sich nicht entschieden werden. Hier kann allerdings die areale Verteilung der syntaktischen Phänomene helfen, eine Entscheidung zu treffen. Die bereits in Abbildung 10.30 (S. 312) gezeigte Karte einer IDW der syntaktischen Phänomene spricht dafür, einen Einfluss ostjiddischer bzw. übergangsjiddischer VO-Strukturen anzunehmen. Dies hieße, dass auch diese syntaktischen Grundmechanismen des chrLiJi1 – wie die vokalischen – auf Emulationen von Varietäten des Jiddischen beruhen und nicht *Phantasieprodukt* einzelner Autoren sind.

Ein zeitlicher Anstieg ostjiddischer Strukturen ist nicht zu erkennen. Ein Einfluss ostjiddischer Nachbarvarietäten ist lediglich durch die räumliche Lage der

11 Zusammenspiel der sprachlichen Markierungen

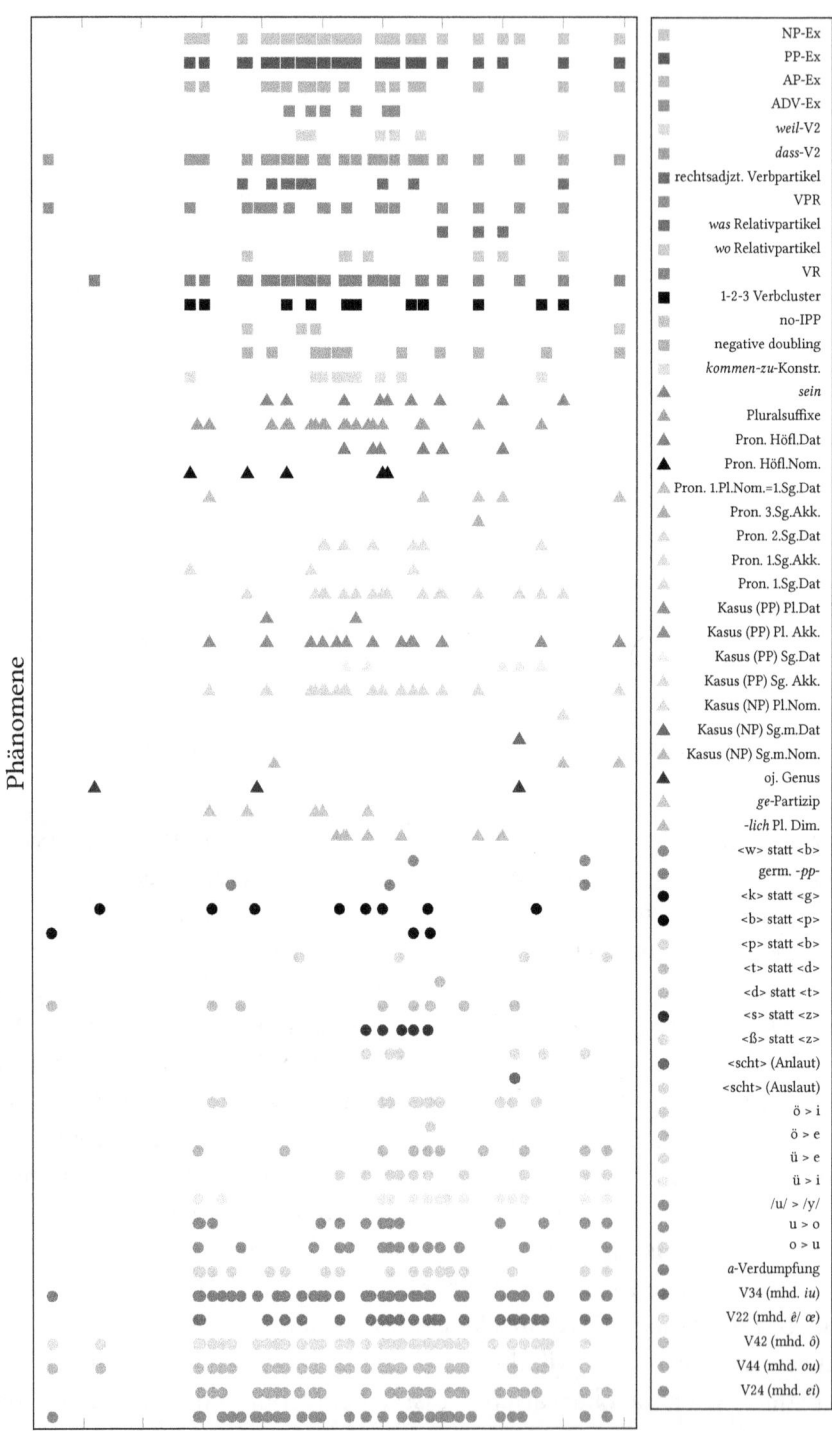

Abbildung 11.2: Übersicht sprachlicher Markierungen im chrLiJi1

Quellen begünstigt, was sich besonders in der Syntax widerspiegelt (vgl. Abb 10.30, S. 312).

Die inverse Distanzwichtung aller Phänomene in Abbildung 11.3 (d) zeigt, dass die größte Phänomenvielfalt im ober- und mitteldeutschen Raum vorliegt. Besonders Quellen aus dem häutigen Bundesland Bayern gebrauchen über die verschiedenen sprachlichen Ebenen hinausgehend besonders viele Manipulationsstrategien. Quellen aus dem Norden hingegen zeigen in der Gesamtschau relativ geringen Aufwand bei der Manipulation jüdischer Figuren. Doch verdeutlicht die Gegenüberstellung zu den IDWs zur Phonologie, Morphologie und Syntax in 11.3 (a)–(c), dass das Gesamtbild in (d) stark durch die Verteilung phonologischer Strukturen bestimmt wird, die quantitativ gegenüber Morphologie und Syntax überwiegen und daher auch in der Gesamtschau stärker ins Gewicht fallen.

Das Diagramm in Abbildung 11.5 illustriert die Verteilung der Häufigkeiten der Phänomene innerhalb des chrLiJi1-Korpus. Die in den meisten Quellen auftretenden Phänomene zur Figurenmanipulation betreffen den Vokalismus und die Wortstellung, wohingegen morphologische Eingriffe nur eher singuläre Ereignisse darstellen. Der in 36 Quellen vertretene, aus V22 (mhd. *ê, œ*) hervorgegangene Diphthong /ei/ ist die im Korpus häufigste Strategie der sprachlichen Markierung jüdischer Figuren. Gefolgt von der *a*-Verdumpfung (in 34 Quellen gegeben), der Monophthongierung von V24 (mhd. *ei*) und der Extrapositionierung voller NPs (in jeweils 31 Quellen gegeben). Damit machen Phänomene des Vokalismus, der Verbsyntax und Variationen der Grundwortstellung den überwiegenden Anteil an Manipulationsstrategien aus. Weniger populär sind Manipulationen des Konsonantismus sowie der Nominalsyntax und Nominalmorphologie.

Die Verteilung der Phänomene über die Quellen zeigt in Abbildung 11.5 (S. 320), wie auch das komplementäre Bild in Abbildung 11.6 (S. 321), dass sich Quellen unterschiedlicher Strategien bedienen und es nicht das *eine* einheitliche Literaturjiddisch gibt, sondern nur einige wenige Phänomene regelmäßig in den Quellen vertreten sind. Dennoch lassen sich wiederkehrende Strukturen erkennen, sobald man die gewonnenen Daten clustert. Die Ward-Clusterung der im chrLiJi1 auftretenden Phänomene untereinander (Abbildung 11.4) ergab vier Hauptcluster, die zeigen, welche Phänomene gemeinsam auftreten. Erstaunlich verhalten sich die Phänomene der Cluster C und D: Während Cluster D ausschließlich vokalische Phänomene beinhaltet, die für das Westjiddische charakteristisch sind, besteht Cluster C vorwiegend aus Extrapositionen und Phänomenen, die im Verdacht stehen, VO-Strukturen emulativ abzubilden. Diese zwei Cluster sind damit auf sprachliche Strukturen zurückzuführen, die auch in natürlichen Sprache (insbes. im gesprochenen Westjiddischen) gemeinsam auftre-

11 Zusammenspiel der sprachlichen Markierungen

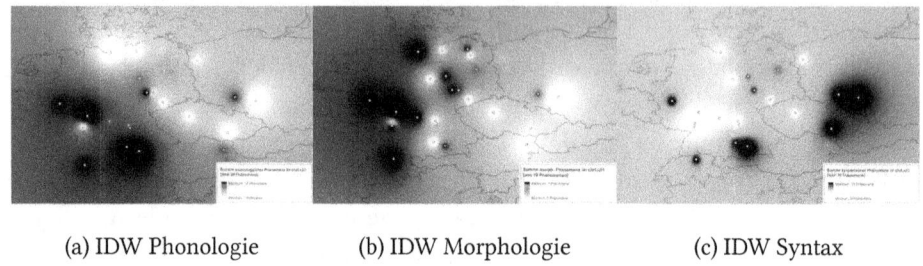

(a) IDW Phonologie (b) IDW Morphologie (c) IDW Syntax

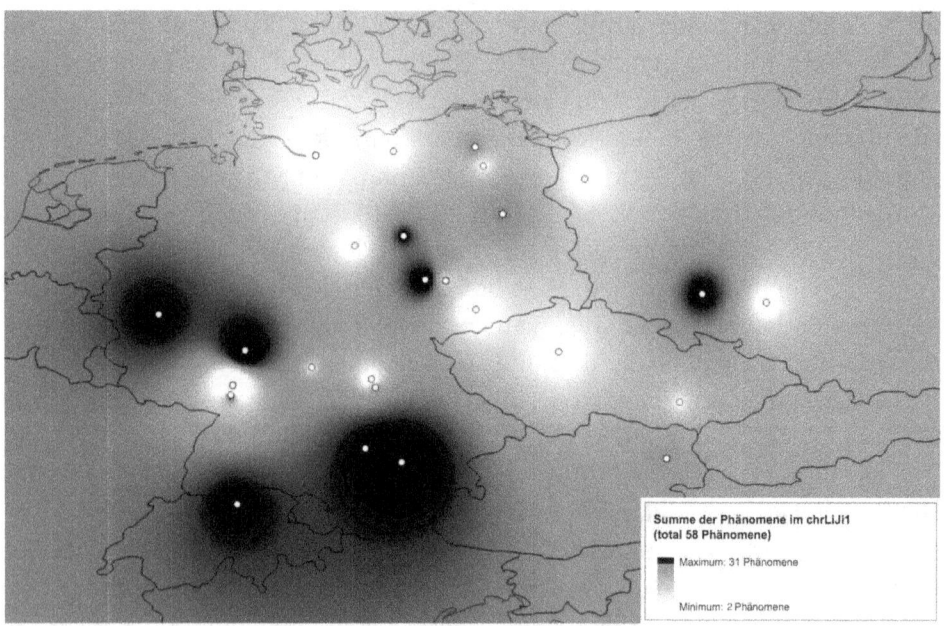

(d) IDW aller Phänomene

Abbildung 11.3: Phänomene im chrLiJi1 (IDW berechnet mit QGIS)

ten. In den beiden übrigen Clustern A und B ist keine solche Homogenität der Phänomene zu erkennen. Die Clusterung der Phänomene zeigt vor allem in den Unterclustern, dass Phänomene des gleichen Typs auch gemeinsam auftreten; so z. B. im Fall der Rundungen und Entrundungen (/y/ > /i/, /ø/ > /e/, /o/ > /u/, /u/ > /o/, V34) in einem Untercluster von Cluster B.

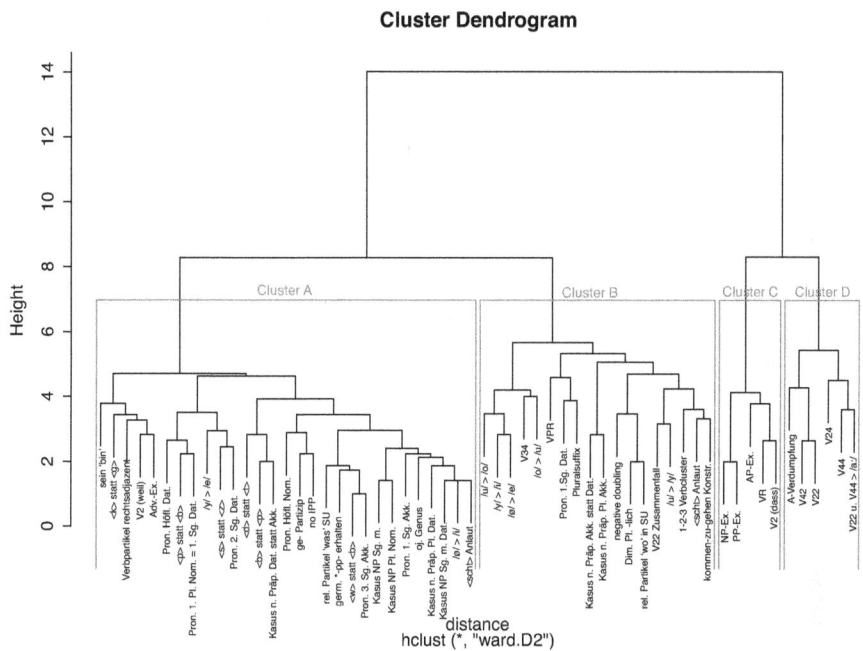

Abbildung 11.4: Ward-Cluster aller im chrLiJi1 auftretenden Phänomene

11.2 Distribution der Phänomene innerhalb der einzelnen Quellen

Die folgenden Daten entsprechen denen aus Kapitel 11.1 mit dem Unterschied, dass nun die beiden Achsen (Phänomene/Quellen) transponiert wurden (vgl. die Tabelle im Anhang S. 357). So lassen sich nun Aussagen darüber treffen, wie sich die einzelnen Quellen bezüglich der verwendeten Phänomene verhalten.

11 Zusammenspiel der sprachlichen Markierungen

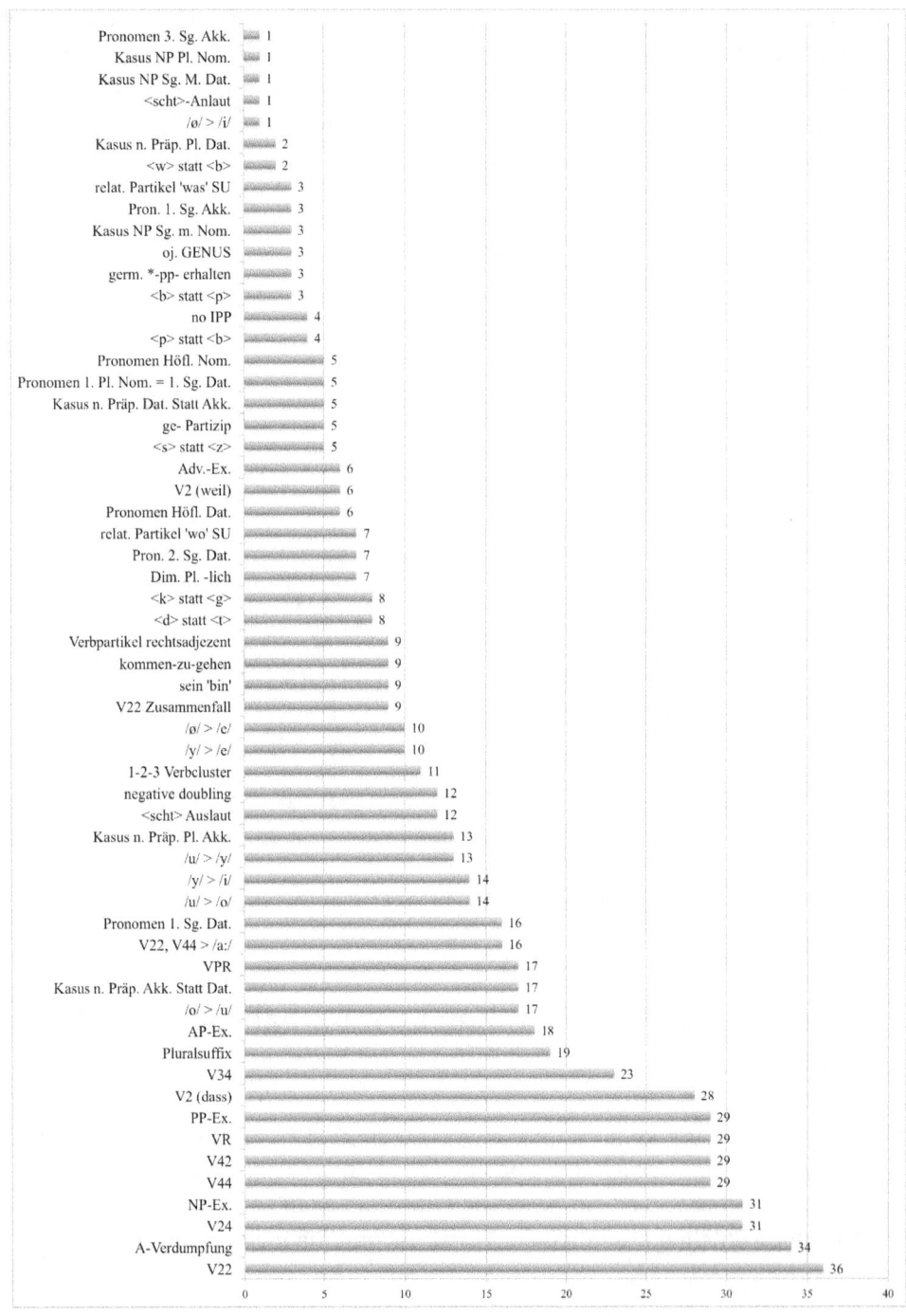

Abbildung 11.5: Häufigkeit aller im chrLiJi1 auftretenden Phänomene

11.2 Distribution der Phänomene innerhalb der einzelnen Quellen

Der Durchschnitt liegt bei 13 unterschiedlichen Manipulationsstrategien pro Quelle, bei einer Standardabweichung von 7. Die Spannbreite zwischen Quellen, die viele bzw. wenige Phänomene zur sprachlichen Charakterisierung nutzen, ist groß. Wie das Diagramm in Abbildung 11.6 zeigt, unterscheiden sich die Quellen des chrLiJi1-Korpus, was die Vielfalt der Phänomene betrifft, stark.

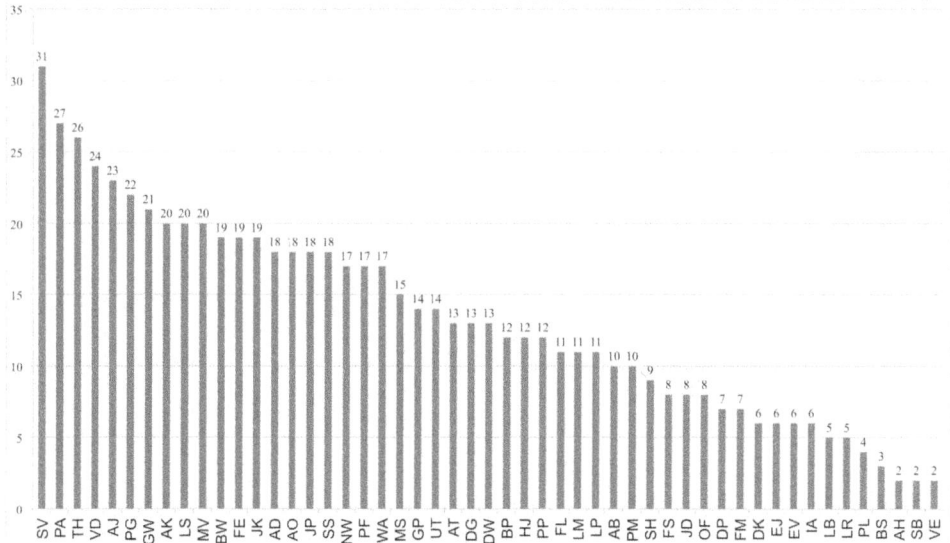

Abbildung 11.6: Quellen des chrLiJi1 nach Summe der Phänomene

Das areale Bild der Phänomenhäufigkeit zeigt, dass sich Quellen mit der höchsten Phänomenvielfalt in Berlin, Leipzig, Frankfurt und München, und damit besonders in Großstädten, finden. Die Kartierung der Quellen nach ihrer Phänomenhäufigkeit in Abbildung 11.7 zeigt, dass vor allem Quellen aus dem ländlichen Raum weniger Strategien aufweisen als städtische.

Die Clusteranalyse der Verteilung der Phänomene auf die einzelnen Quellen zeigt, dass es unterschiedliche Strategien zur Figurenmanipulation gibt, derer sich die Quellen bedienen. Würden alle Quellen die gleichen Phänomene aufweisen, so wäre ein solches Bild, wie es Abbildung 11.8 darstellt, deutlich einheitlicher und weniger verästelt.

Die diachrone Verteilung der fünf Hauptcluster (in Abbildung 11.8 rot eingefasst) zeigt, dass der Clusterung der Quellen eine soziolinguistisch begründete Systematik zugrunde liegt. Im Histogramm 11.9 sehen wir, dass die jeweiligen Cluster A, B und C zumeist in Phasen auftreten. Das heißt, dass die Anordnung im zeitlichen Raum nicht zufällig ist. Bei den Clustern D und E sind zwar auch gewisse Phasen zu erkennen, in denen sie mehrfach auftreten, im Vergleich zu den

11 Zusammenspiel der sprachlichen Markierungen

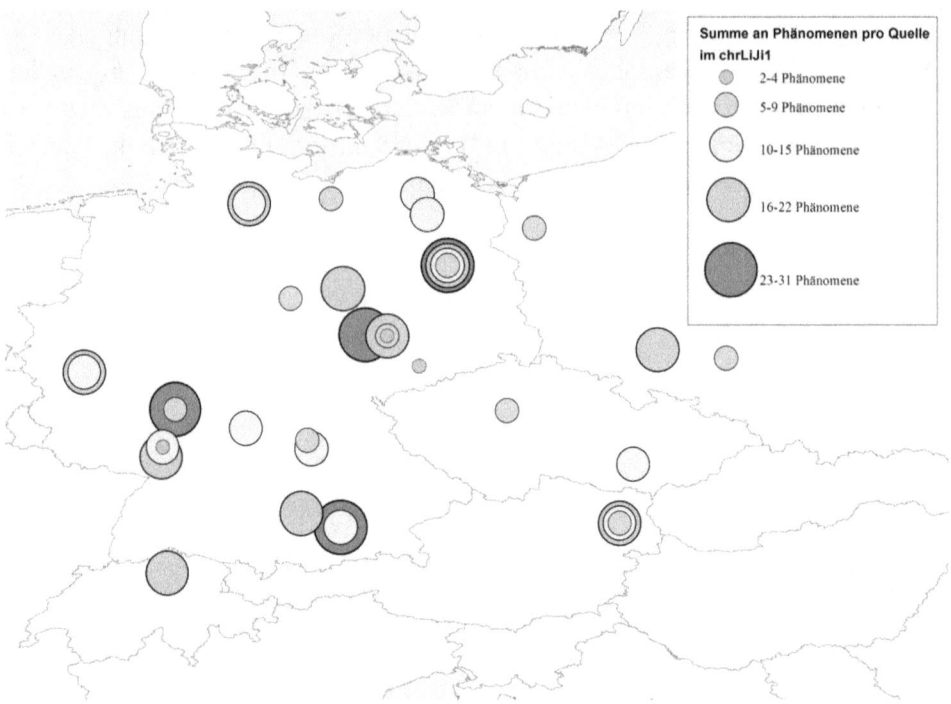

Abbildung 11.7: Areale Verteilung der Phänomenvielfalt der Quellen des chrLiJi1

drei anderen Clustern streuen diese beiden aber deutlich mehr. Die zeitliche Anhäufung von Quellen desselben Clusters spricht dafür, dass der literaturinterne Diskurs des Literaturjiddischen einen deutlichen Einfluss auf die Wahl der Manipulationsstartegien ausübt. Die meisten Texte nehmen also andere Texte zum Vorbild und dienen zugleich als Vorlage für andere Texte.

Eindeutige Regelmäßigkeiten in der geographischen Verteilung der Cluster sind nicht zu erkennen (Abbildung 11.10). Es lassen sich aber in groben Regionen Präferenzen für bestimmte Strategien erkennen. So etwa zeigen Quellen des Westmitteldeutschen eine Affinität zu den Clustern B und E, während im Südosten Cluster D verbreitet ist und Cluster C vorwiegend im Osten (insbes. Nordosten) auftritt. Cluster A ist hingegen überall verbreitet.

Alles in allem zeigen die Phänomene des chrLiJi1, sowie ihre räumliche und zeitliche Strukturen, dass die Autoren sehr wenig *phantasiert*, sondern sehr systematisch gearbeitet haben: Neben Phänomenen, in denen die eigene Dialektalität einfloss, wurden Strukturen des tatsächlich gesprochenen Westjiddischen und z. T. des Übergangsjiddischen emuliert. Darüber hinaus spricht die Clusterung der Quellen und deren Phänomene in der Zeit (Abbildung 11.9) dafür, dass literarische Traditionen als Katalysator für bestimmte Phänomene gewirkt haben.

11.2 Distribution der Phänomene innerhalb der einzelnen Quellen

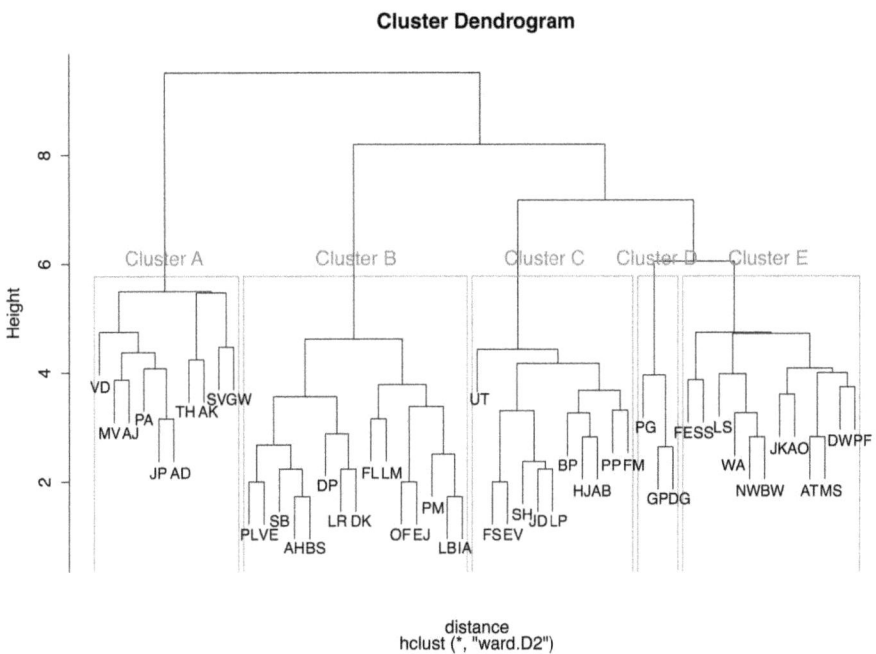

Abbildung 11.8: Ward-Cluster aller chrLiJi1-Quellen nach Phänomenen

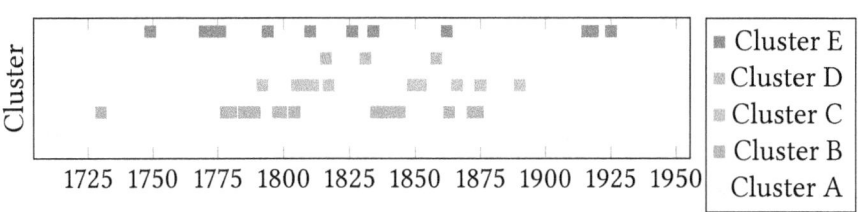

Abbildung 11.9: Diachrone Verteilung der fünf Hauptcluster von chrLiJi1 Quellen

11 Zusammenspiel der sprachlichen Markierungen

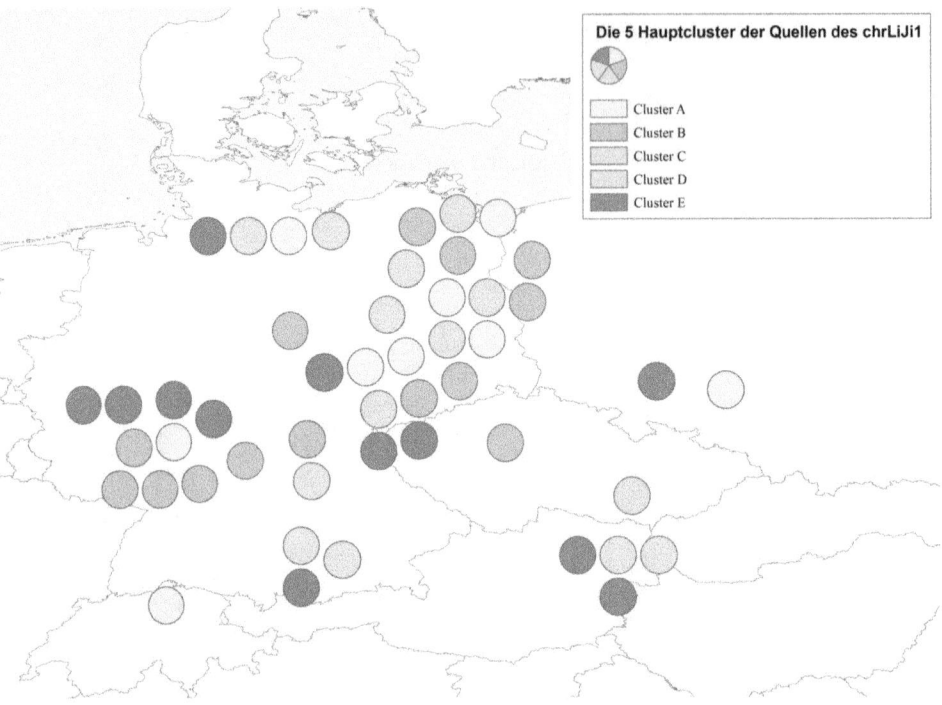

Abbildung 11.10: Areale Verteilung der Ward-Clusterung aller chrLiJi1-Quellen

11.3 Die Rolle des literarischen Diskurses am Beispiel Itzig Veitel Stern

Die Marke „Itzig Veitel Stern" ist in der ersten Hälfte des Jahrhunderts weit verbreitet.[2] Selbst Gustav Freytag reiht sich mit der Namensgebung der Figur *Veitel Itzig* in seinem Roman „Soll und Haben" (SH Kluczbork, 1855) in den Diskurs ein, obgleich sprachlich keine Übereinstimmungen im LiJi Gustav Freytags und denen unter dem Pseudonym Itzig Veitel Stern publizierten Texten vorliegen. Hier beeinflusst der literarische Diskurs das LiJi selbst nicht. Anders sieht dies aus bei Nachahmern der zwischen 1826 und 1938 unter dem Pseudonym Itzig Veitel Stern erschienenen *Originalschriften*. Ein in das chrLiJi1-Korpus eingegangene Beispiel ist der Pfälzer Autor Christian Heinrich Gilardone (1798–1874) mit seinen zweibändig erschienenen „Parodiee, Gedichtches unn prousaische Uffsätz'" (PG Speyer, 1835), in denen sich der Autor in seinem Vorwort explizit auf Itzig

---

[2] Eine Übersicht bekannter Itzig Veitel Stern Publikationen bietet Huggele 2016 nebst einer überzeugenden der Aufdeckung des Pseudonyms vom Hauptautor.

11.3 Die Rolle des literarischen Diskurses am Beispiel Itzig Veitel Stern

Veitel Stern als sein Vorbild bezieht. Ein anderes Beispiel ist das Exportprodukt eines *originalen* Itzig Veitel Stern Texts (GP Nürnberg, 1831) in die Niederlande, wo der Text 1834 im Amsterdamer Verlag H. Moolenijzer, um niederländische Übersetzungen und Ergänzungen erweitert, erschien. Doch nicht in allen Fällen des literarischen Diskurses um Itzig Veitel Stern findet sich LiJi; oft reicht nur die Verwendung des Namens. Dies ist etwa der Fall im 1848 unter dem Pseudonym *Max Veitel Stern* erschienenen Pamphlet „Die jüdischen Feder=Helden oder Das politisch=literarische Schabesgärtle in Wien".

Am Fall des intensiven Diskurs der Figur Itzig Veitel Stern kann exemplarisch nachvollzogen werden, wie groß die Einflüsse der autoreigenen Dialektalität und des literarischen Diskurses auf die literarischen Imitationen des Jiddischen sind. Dabei bieten sich besonders der Vergleich dreier Texte an, die als Nachahmungen der Quelle GP analysiert werden können. Im Fall von GP (Nürnberg, 1831) und GPndl. (Amsterdam 1834) liegt sogar ein Paralleltext vor, der den direkten Vergleich ermöglicht. Diese drei im Folgenden näher analysierten Texte sind:

- Itzig Veitel Stern (Pseud.) „Gedichter, Parabeln unn Schnoukes" (GP Nürnberg, 1831)

- Itzig Veitel Stern (Pseud.) „Gedichten, Parabelen en Sjnoekes of poëtische paarlensnoer voor de kalle" (GPndl. Amsterdam 1834)[3]

- Christian Heinrich Gilardone (1798–1874) „Parodiee, Gedichtches unn prousaische Uffsätz'" (PG Speyer, 1835)

Vergleichen wir zunächst einmal die pfälzische Adaption von Itzig Veitel Stern durch Gilardone (PG). Wie bereits die Clusteranalyse zur Gruppenbildung der Quellen gezeigt hat, sind sich die Quellen GP und PG systematisch sehr ähnlich (siehe Cluster D in Abbildung 11.8, S. 323). Jedoch unterscheidet sich PG rein von der Vielfalt der Manipulationen vom Vorbild GP: Mit 22 Phänomenen ist PG deutlich innovativer gegenüber den 14 Phänomenen von GP (vgl. Abbildung 11.6, S. 321). Es ist jedoch interessant, dass PG – abgesehen von wenigen lexikalischen Markierungen – dieselben Phänomene aufweist wie GP, das LiJi seines Vorbildes also um einige weitere Phänomene ergänzt. Neu hinzu kommen bei Gilardone v. a. morpho-syntaktische Markierungen wie die Verwendung der Relativpartikel *wo*, Abfolgevarianz bei zwei- und mehrgliedrigen Verbclustern, K-Diminution mittels *-che* und die Setzung des Dativs anstelle des Akkusativs

---

[3] Diese Quelle ist nicht Teil des Kernkorpus und wird nur in diesem Kapitel behandelt.

nach Präposition und bei Pronomen. Einige dieser Neuerungen lassen sich auf einen regionalsprachlichen Einfluss des Südrheinfränkischen zurückführen. Doch wären dies auch Formen, die im Dialekt eines ostfränkischen *Itzig Veitel Sterns* zu erwarten wären. So etwa im Fall der Relativpartikel *wo*, die im Ostfränkisch wie im Südrheinfränkischen verbreitet ist (vgl. Fleischer 2004b, 2004a). Die Unterschiede zwischen beiden Quellen sind also weniger aufschlussreich, vielmehr sind es ihre Gemeinsamkeiten; insbesondere jene, die charakteristisch für den Urtext (GP) sind und vom Nachahmer übernommen wurden, obwohl sie dem, was wir über westjiddische Varietäten wissen, widersprechen. Ein solches Phänomen ist die Bildung des Diminutiv Singular mittels *-lich*, des Suffixes zur Pluraldiminution im Ost- wie (Süd-)Westjiddischen (vgl. Kapitel 9.2;ab S. 192). Diese Hyperkorrektur findet sich in GP ebenso wie in PG. Es ist anzunehmen, dass PG diese Bildung blind von GP übernommen hat.[4] Für die übrigen Übereinstimmungen zwischen GP und PG lässt sich nicht eindeutig differenzieren, ob hier ein Einfluss der Vorlage (GP) gegeben ist oder ob sie auf westjiddischen und/oder südrheinfränkischen Formen basieren. Der Einfluss des populären Vorbilds (GP) auf den pfälzischen Nachahmer (PG) darf aber nicht unterschätzt werden.

Während die Bearbeitung des Itzig Veitel Stern-Stoffes in PG noch sehr frei ist, liegt uns mit GPndl. (Amsterdam 1834) eine direkte niederländische Edition des Urtexts (GP) vor. Die Frage ist hier: Wurde der Text GP lediglich an die niederländische Orthographie angepasst oder finden sich in GPndl. auch Formen, die vom SWJ des Urtexts abweichen und Strukturen des niederländischen NWJ repräsentieren. In Tabelle 11.1 sind Urtext und niederländische Edition in einem Ausschnitt gegenübergestellt.[5] Neben Unterschieden in der Interpunktion fällt besonders die inhaltliche Abweichung in Zeile 2 auf. Wahrscheinlich war hier der Ausdruck *Reisen machen* dem niederländischen Bearbeiter nicht geläufig. Die an dieser Stelle neue zweite Zeile zeigt immerhin, dass der Bearbeiter ein westjiddisches Grundprinzip erkannt hat und anwenden kann: die Monophthongierung von V24 (mhd. *ei*) in *Stahn* 'Stein'.[6] Sprachlich interessant an der niederländischen Edition *Itzig Veitel Sterns* ist die Angleichung der Orthographie. So bleibt etwa <eu> für /ɔχ/ erhalten, ein Diphthong, den es im Niederländischen nicht gibt (ndl. <ui> /œχ/), für /u(:)/ wird aber das niederländische komplexe Graphem

---

[4] Dies ist besonders unter dem Umstand interessant, als dass Gilardone das Prinzip der Pluraldiminution mittels *-lich* aus einem nicht unweit seiner Wohnorte Grünstadt u. Speyer liegenden deutschen Dialekt bekannt hätte sein müssen (vgl. WA Karte Nr. 381).

[5] Die ndl. Übersetzung der Strophe (GPndl. Amsterdam 1834: 2) wird hier nicht näher diskutiert, da das LiJi der beiden Texte relevant ist.

[6] Möglich ist jedoch auch, dass nicht GP die Vorlage für GPndl. war, sondern eine andere Ausgabe, in der Zeile 2 wie in GPndl. lautet.

11.3 Die Rolle des literarischen Diskurses am Beispiel Itzig Veitel Stern

<oe> anstelle der deutschen Vorlage <u> gesetzt, um eine Verwechslung mit der niederländischen Entsprechung für <u> als /ø/, /y:/ zu vermeiden. Für den gerundeten Vorderzungenvokal /y/ bleibt das Graphem <ü> der Vorlage erhalten (*Jüden* 'Juden' ndl. *Joden*). Es wurde also weitestgehend versucht, eine deutsche Orthographie beizubehalten und gleichzeitig Interferenzen zum niederländischen System zu vermeiden.

Tabelle 11.1: Ausschnitt der Paralelltexte GP und GPndl.

Urtext (GP Nürnberg, 1831: 5)	ndl. Edition (GPndl. Amsterdam 1834: 1)
1 *Drey Wörtlich nenn ich Euch, se senn schwer,*	*Drey Wörtlich nenn ich Euch, se sen schwer*
Unn machen gewaltige Reisen,	*Noch schwerer wie Stahn, oen wie Eisen,*
Se stammen von unnere Leute her,	*Sie stammen von oensere Leute her,*
Mer kenne ousn Talmud beweisen;	*Merr kenn's aus'n Talmud beweisen;*
5 *Diem Jüden is aller Wert geroubt,*	*„Dem Jüden is aller Wert beraubt,"*
Wenn er nimmer on die drey Wörtlich gloubt.	*„Wenn er nimmer an die drey Wörtlich glaubt."*

'Drei Wörtchen nenne ich euch, sie sind schwer / Und haben einen großen Weg hinter sich [GPndl.: Noch schwerer wie Stein und wie Eisen] / Sie stammen von unseren Leuten / Man kann es aus dem Talmud beweisen / Den Juden ist aller Wert geraubt / Wenn er nicht mehr an die drei Wörtchen glaubt.'

Einziger Hinweis auf einen direkten Einfluss des niederländischen NWJ lässt sich in der Graphie für V42 (mhd. ô) finden. Während GP hier den für das SWJ und Teile des ZWJ üblichen Diphthong /ou/ als <ou> setzt (*geroubt* 'geraubt', *gloubt* 'glaubt'; vgl. Kapitel 8.4, ab S. 125), verwendet GPndl. an dieser Position systematisch das Graphem <au> (*beraubt* ndl. *beroofd*, *glaubt* ndl. *gelooft*). Im Niederländischen stehen die Grapheme <au> und <ou> gleichermaßen für den Diphthong /ʌu̯/ (der zwischen /ɔu̯/ und /au̯/ liegt). Die Motivation hinter dem Wechsel vom <ou> der Vorlage zu <au> in GPndl. ist nicht erkennbar; denkbar wäre, dass der niederländische Bearbeiter mit der <au>-Graphie „hochdeutscher" wirken wollte. Nach Beem (1954: 127) ist im niederländischen NWJ V42 (mhd. ô) noch die ältere Form /ɔu̯/ anzutreffen und nicht etwa /au̯/. Doch Beems Daten beruhen größtenteils auf mitteljiddischen Quellen, deren Graphem-Phonem-Relation generell problematisch ist. In den Karten Guggenheim-Grünbergs (1973) zur Situation im 20. Jahrhundert zeigt sich ein deutlich uneinheitlicheres Bild im niederländischen Westjiddisch: besonders bei Hebraismen ist /oː/ bereits als /au̯/ bezeugt (Guggenheim-Grünberg 1973: Karten 13 u. 20), während in Germanismen noch /ɔu̯/ weitestgehend erhalten blieb (Guggenheim-Grünberg 1973: Karte

16).[7] Für das NWJ Deutschlands ist V42 als bislang ausschließlich /aṳ/ belegt (vgl. Beispiele in 17, S. 126). Alles in allem lässt die vom Urtext abweichende Schreibung <au> für V42 (mhd. ô) in GPndl. die Vermutung zu, dass der Diphthong die regionale Aussprache des Dipthongs näher an /aṳ/ als an /ɔṳ/ lag.

Der Vergleich der zwei Itzig Veitel Stern-Bearbeitungen mit der Vorlage zeigt, dass der Einfluss des literarischen Diskurses eine wichtige Rolle im LiJi spielt und nicht unterschätzt werden darf. Allerdings ist er in den wenigsten Fällen so deutlich nachzuvollziehen wie im Fall der Adaptionen der Itzig Veitel Stern-Mode.

11.4 Vergleich der Verteilung der Phänomene im chrLiJi1 und jüdLiJi1

Nun gilt es die erhobenen Daten der Beiden Korpora jüdLiJi1 und chrLiJi1 quantitativ zu bündeln und miteinander zu vergleichen. Die Tabellen (S. 357 und S. 362) im Appendix führen die nachfolgenden quantitativen Ergebnisse relevanten Phänomene und ihr Auftreten in den Subkorpora auf.

Eine Quelle des jüdLiJi1 zeigt durchschnittlich 23,5 Phänomene bei einer Standardabweichung von σ 5,5 Phänomenen. Die letzte Ausgabe der „Gedichte und Scherze in jüdischer Mundart" (GuS23) verwendet mit 29 von 58 Phänomenen die meisten unterschiedlichen Strategien. Die zwei Quellen mit den geringsten Phänomenwerten sind GuS15 (16 Phänomene) und PDebrecen (12 Phänomene). Es ist kein signifikanter quantitativer Unterschied zwischen den Quellen der „Gedichte und Scherze" und den Pamphleten zu erkennen. Die häufigsten im jüdLiJi1 auftretenden Phänomene sind NP-Extrapositionen (in allen zehn Quellen gegeben), gefolgt von PP-Extrapositionen, VR, a-Verdumpfungen und der westjiddischen Monophthongierung von V24 (die in jeweils neun Quellen auftreten). Im Vergleich zu den durchschnittlich 13 Phänomenen des chrLiJi1 (Standardabweichung 7) unterscheiden sich die Texte des jüdLiJi1 besonders deutlich.

Das Ergebnis der Clusteranalyse zur Phänomenverteilung (58 Phänomene) der Korpora (chrLiJi1 und jüdLiJi1 zusammen 61 Quellen) in Abbildung 11.11 zeigt eine nicht zufällige Verteilung. Quellen des jüdLiJi (unterstrichen in Abbildung 11.11) finden sich nahezu ausschließlich in einem Hauptcluster gesammelt. Nur eine Quelle (PDebrecen) fällt deutlich aus dem Rahmen der jüdLiJi1 Quellen. Im Hauptcluster, in dem sich die Quellen jüdischer Autoren sammeln, sind elf Quel-

---

[7] Doch hier muss berücksichtigt werden, dass Beem (1954: 127) eine Quelle des ndl. NWJ für Guggenheim-Grünberg (1973) ist.

11.4 Vergleich der Verteilung der Phänomene im chrLiJi1 und jüdLiJi1

len des chrLiJi1 zu finden, was 21% des Gesamtsamples zum chrLiJi1 ausmacht. Die gemeinsame Clusterung eines Großteils der jüdLiJi1-Quellen in einem Hauptcluster lässt sich besonders über die geographische Lage im Berliner Raum erklären; sie könnte aber auch ein Hinweis darauf sein, dass sich die Sprache jüdischer Autoren generell von der nicht-jüdischer Autoren unterscheidet. Um dies letzten Endes klären zu können, ist eine Analyse weiterer, nicht aus dem Nordosten stammender Quellen jüdischer Autoren notwendig. Alles in allem weisen die untersuchten Quellen zum jüdLiJi1 deutlich mehr an das Ostjiddische anlehnende Strukturen auf, was mit Blick auf die räumliche Verteilung dieser Quellen im Nordosten des Untersuchungsgebiets erklärbar ist. Aber auch der urbane Raum in dem diese Quellen ihren Sitz-im-Leben haben, mag die Verwendung ostjiddischer Strukturen begünstigt haben. Interessant ist hier auch die Verortung der elf chrLiJi1 Quellen, dich in diesem Hauptcluster zur Folge dem jüdLiJi1 strukturell besonders nahe stehen. Diese Quellen stammen überwiegend aus Großstädten[8], in denen ein potenzieller ostjiddischer Einfluss besonders wahrscheinlich ist.

Es ist bezeichnend, dass die fünf Hefte der GuS zwar im selben Hauptcluster zu finden sind, allerdings nur die Hefte GuS5 und GuS15 gemeinsam ein Subcluster bilden. Dies spräche dafür, im Fall der beiden Texte einen gemeinsamen Autor anzunehmen bzw. spräche das Resultat der Clusteranalyse im Umkehrschluss dafür, für die unterschiedlichen Hefte der GuS auch unterschiedliche Autoren anzunehmen. Diese Hypothese müsste selbstverständlich durch philologische Beobachtungen überprüft werden.

Um zu testen, wie nahe die Imitationen ihren Zielsprachen kommen, wurde ein Datenset zu den entsprechenden Phänomenen für Proto-Westjiddisch und Proto-Ostjiddisch aus den Ergebnissen der Einzelanalysen erstellt. Die Clusteranalyse zu allen Korpustexten und diesen Proto-Varietäten in Abbildung 11.12 hat zwei Seiten: Zum einen ist keine der literaturjiddischen Quellen mit den gesprochenen Sprachen identisch bzw. die Clusterung zeigt sogar, dass sich WJ und OJ deutlich näher sind als die literarischen Imitationen. Doch das heißt nicht, dass die literaturjiddischen Quellen nicht korrekte jiddische Formen produzieren, sondern

---

[8] Neben der eher ländlichen Quelle TH (Merseburg, 1820) stammen diese Quellen aus Berlin (MV, SS), Frankfurt a. M. (VD, PA), Hamburg (AB, JP), Leipzig (FE), Zürich (AK) und München (SV).

Desweiteren ist zu erwähnen, dass die Quelle VD einen aus dem Judentum konvertierten Autor als Mitautor nennt: Maximilian Leopold Langenschwarz (geb. 1808 in Rödelheim als Meyer Hoffmann und 1830 zum Protestantismus konvertiert). Mit Blick auf das Ergebnis der Clusteranalyse in Abbildung 11.11 lässt sich die Vermutung äußern, dass die Quelle VD ggf. eher den Quelltyp jüdLiJi1 vertritt, als dass sie chrLiJi1 repräsentiert; den Hinweis auf die Hintergründe zu Langenschwarz' Herkunft verdanke ich Marco Huggele (Esslingen).

11 Zusammenspiel der sprachlichen Markierungen

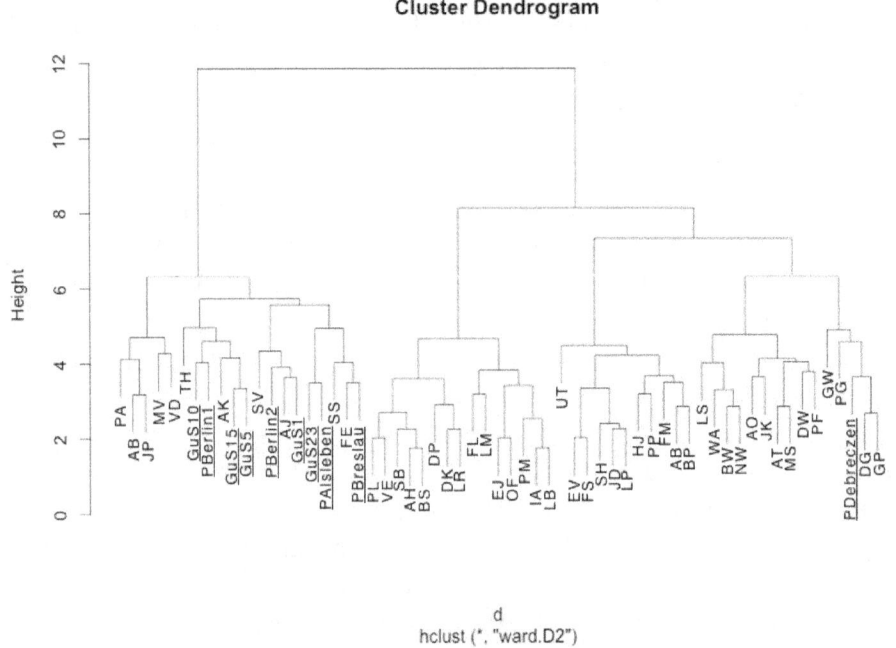

Abbildung 11.11: Ward-Clusterung der Quellen der zwei Korpora chrLiJi1 und jüdLiJi1

lediglich, dass keine Quelle in der Gesamtheit und Verteilung der Phänomene den natürlichen Sprachen entspricht, sondern eben nur einzelne Elemente dieser Sprache in ein anderes System emuliert werden. In gewisser Hinsicht bestätigt das Bild in Abbildung 11.12 sogar die Idee der emulierenden Sprachimitation: Ein sprachliches System wird nicht vollumfänglich nachgeahmt, sondern nur einzelne Elemente, die genug Zeichenwert besitzen, um auf das imitierte System zu verweisen. Und dies ist die zweite Seite. Wir sehen mit der Clusterung, welche Quellen besonders nah an die natürlichen Varietäten heranreichen: Dies sind die Quellen des jüdLiJi1 (mit Ausnahme von PDebreczen) und die elf Quellen des chrLiJi1, die mit ihnen clustern (s.o.). Mit diesem Ergebnis lässt sich behaupten, dass die jüdischen Autoren insgesamt genauer die Sprachrealität wiedergeben als die nicht-jüdischen. Dies ließe sich auf noch (in Resten) vorhandene muttersprachliche Kompetenz und/oder mit einem engeren Kontakt zu aktiven Sprechern des Jiddischen erklären.

11.4 Vergleich der Verteilung der Phänomene im chrLiJi1 und jüdLiJi1

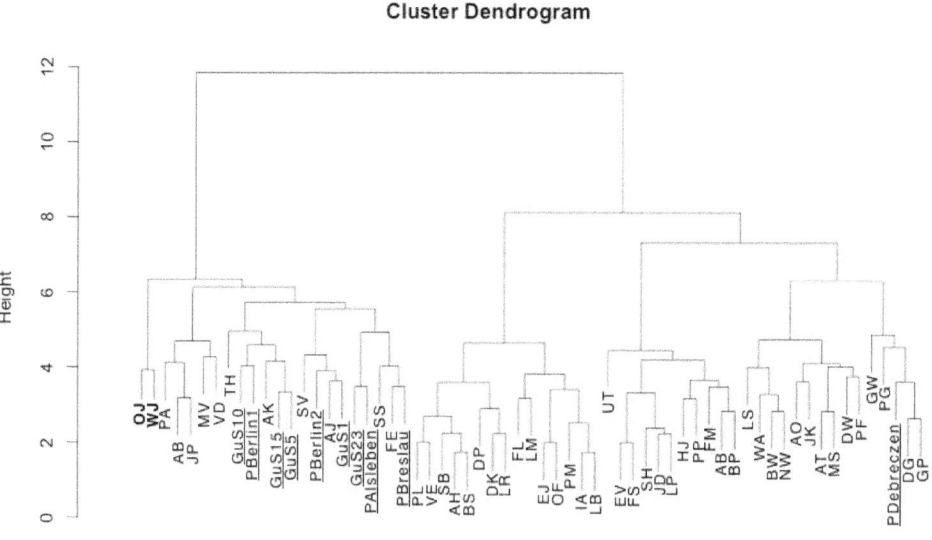

Abbildung 11.12: Ward-Clusterung aller zwei Korpora zzgl. WJ und OJ

Teil IV

Fazit und Ausblick

12 Literaturjiddisch als Sprachzeugnis des Westjiddischen

Die gewonnenen Analyseergebnisse der zwei Korpora des Literaturjiddischen erlauben nun die in Abschnitt 4 (S. 47) geäußerten Fragen und Hypothesen zu konkretisieren bzw. zu beantworten. Dies ist die Aufgabe der folgenden zwei Kapitel.

Das erstaunlichste Ergebnis der Untersuchung ist, dass sich alle der herausgefilterten Phänomene auf eine tatsächlich westjiddische, ostjiddische oder zumindest deutsch-dialektale Form zurückführen lassen. Dass insgesamt über 60 Einzelphänomene extrahiert werden konnten, spricht nicht nur für die große Flexibilität kontinentalwestgermanischer Sprachen, sondern vor allem für die Authentizitätsanspruch der Imitationen. Tatsächlich ist das Literaturjiddische kein Phantasieprodukt, wie es in den meisten Fällen des Literaturhebräischen der Fall ist (vgl. Abschnitt 3.2, S. 24), sondern die Autoren waren allen Anschein nach um eine Realitätsnähe ihrer Imitationen bemüht. Das Westjiddische hatte als Imitat einen festen Platz in der deutschsprachigen Trivialiteratur des 18. und 19. Jahrhunderts.

Das Literaturjiddische ist ein (wenn auch *künstliches*) Resultat des deutsch-jiddischen Sprachkontakts. Die sprachlichen Imitationen können als Perzeptionsdaten genutzt werden oder auch als Sekundärquellen zu den wenigen authentischen westjiddischen Quellen ergänzend herangezogen werden. Hier spielen in Zukunft Daten des Literaturjiddischen vor allem eine Rolle bei der Gewinnung diatopischer Raumbilder zum Westjiddischen, wo sie als *Lückenfüller* heranzuziehen sind, wie dies exemplarisch am Phänomen der Senkung von /u/ > /o/ vor <r> in Abbildung 21 (S. 143) gezeigt wurde. Darüber hinaus geben die Phänomene des Literaturjiddischen Hinweise auf interessante Strukturen des West- und auch des Ostjiddischen, die nur sehr niedrigfrequent in authentischen Quellen belegt sind, denen es sich aber lohnt weiter nachzugehen. Weinreichs (1953 [1958]: 62) Postulat, dass man in Anbetracht der Datenlage zum Westjiddischen diesen problematischen Quelltyp nutzen muss und kann, wurde mit der vorliegenden Untersuchung bestätigt. Daten des LiJi1 können Lücken zwischen historischen Daten und fehlenden Belegen aus dem späten Westjiddischen füllen, wie z. B. im

12 Literaturjiddisch als Sprachzeugnis des Westjiddischen

Fall der „*kumen* + Bewegungsverb$_{zu\text{-Infinitiv}}$-Konstruktion" (vgl. Kapitel 10.5, ab S. 293) oder der rechtsadjazenten trennbaren Verbpartikeln (vgl. Kapitel 10.1.3, S. 261). Letzten Endes muss jedoch jeder literaturjiddische Einzelbeleg geprüft werden und entschieden werden, inwiefern Dialektkompetenz der Autoren oder aber der literarische Diskurs als Störfaktor die Imitation des Jiddischen beeinflussen.

13 Strukturen sprachlicher Emulation

Jiddisch ist aufgrund des gemeinsamen mittelhochdeutschen Kerns die dem Deutschen am nächsten verwandte Sprache. Die Imitation des Jiddischen durch Sprecher des Deutschen ist besonders durch diese relativ geringe typologische Distanz geprägt. Die Nachahmung einer nahverwandten Varietät kann, wie im Fall des LiJi, als emulierende Imitation erfolgen. Dies bedeutet, dass die Grundstruktur der Matrixsprache erhalten bleibt und nur in einzelnen signifikanten Merkmalen manipuliert wird, um die Zielsprache (target language) anzuzeigen. Diese Merkmale können aber auch aus anderen sprachlichen Quellen gespeist werden. Allen voran treten im LiJi Reflexe autoreigener Dialektalität auf. Dieser Einfluss ist besonders in Sprachkulturen zu erwarten, in denen eine deutliche Differenz zwischen Dialektalität und Schriftlichkeit gegeben ist. Doch auch Konzepte aus dem indirekten Sprachkontakt, wie etwa der literarische Diskus, spielen eine Rolle. Das Ergebnis einer solchen Emulation ist eine Überlagerung dieser drei Quellen, die sich im Idealfall aus allen diesen Quellen speist, was an sich aber keine Notwendigkeit darstellt (vgl. Abbildung 13.1).

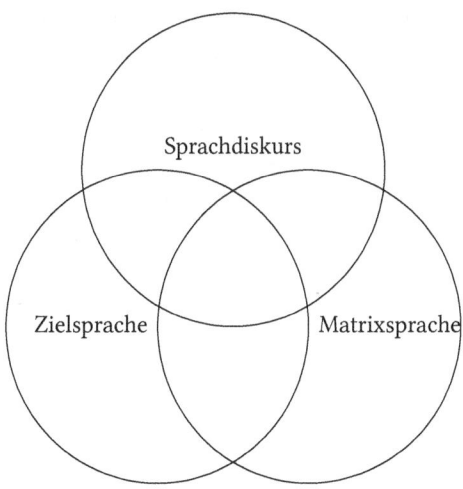

Abbildung 13.1: Quellen sprachlicher Imitation

13 Strukturen sprachlicher Emulation

Die Möglichkeit zur *Überlagerung* verschiedener sprachlicher Quellen wird als Indiz für die Viskosität der Matrixsprache gedeutet. Diese ermöglicht erst eine Manipulation sprachlicher Strukturen. Wie zugänglich ein sprachliches System für die emulierende Imitation ist, wird demnach graduell durch typologische Distanz (Markiertheit vs. Unmarkiertheit) und die Viskosität der Matrixsprache bestimmt (Abbildung 13.2).

Abbildung 13.2: Potenzial für sprachliche Emulation

Alles in allem finden wir Mechanismen von emulierender Imitation auf zwei Ebenen: Zunächst werden sprachliche Konzepte vordergründig wirksam, d. h. hier werden einzelne Markierungen zum Zweck der Emulation entlehnt. Form, Ausmaß und Überlagerungen dieser Quellen variieren von Autor zu Autor. Hintergrundwirksam sind hingegen typologische Faktoren, die den potenziellen Rahmen sprachlicher Emulation festlegen. Die Graphik in Abbildung 13.3 illustriert diese Dichotomie vorder- und hintergründiger Wirkmechanismen an einem Beispielsatz. Die Graphik verdeutlicht auch die Problematik der (Re-)Analyse von Imitationsdaten: Auf welche sprachliche Quelle (Diskurs, Zielsprache oder Dialektalität) die Imitation letzten Endes aufbaut, ist im Einzelfall oft schwer zu entscheiden. Auch aus diesem Grund sollte im Rahmen weiterer Bearbeitungen des Phänomens der Dialektimitation ein stärkeres Gewicht auf die hintergründig wirksamen Potenziale der Matrixsprache gelegt werden als auf die Interferenzmerkmale. Denn dieser Bereich liefert im Fall der emulierenden Imitation Evidenzen, die allgemeine Auskünfte über die Struktur von Sprache liefern. Darüber hinaus zeigt uns diese Strategie der Imitation Möglichkeiten der zugrunde liegenden Matrixsprache. ,

13.1 „Is a structural dialectology possible?" (Weinreich 1954)

direkter Sprachkontakt (Zielsprache): *heut ists haas*

indirekter Sprachkontakt (Diskurs): *Hoite is's haaß* | oberflächlich wirksam

Dialektalität: *hüüt ischs heis*

Imitat: *Hoit ischs haaß*

Matrixsprache: *Heute ist es heiß*
 | hintergründig wirksam
Viskosität der Matrixsprache z. B. Bereich Wortstellung:
*Heute ist es heiß, Es ist heute heiß, Heiß ist es heute,
Ist es heiß heute, *Ist heiß heute es,
*Es heiß heute ist, *Heiß heute es ist* [...]

Abbildung 13.3: Schematisches Beispiel für Wirkmechanismen sprachlicher Imitation

13.1 „Is a structural dialectology possible?" (Weinreich 1954)

Die Ergebnisse der Analysen zeigen, dass die Emulationen konkreten Mustern folgen und bestimmte Phänomene bevorzugt gemeinsam auftreten. Dies erlaubt Rückschlüsse auf die Jiddisch-Deutsche Sprachkontaktsituation und den Spracherwerb des Jiddischen durch Muttersprachler des Deutschen. Die Daten des Literaturjiddischen sprechen dafür, dass die zwei Phänomengruppen Vokalismus und Wortstellung besonders zugänglich für die Imitation (nah verwandter) Sprachen sind. Von Manipulationen im Vokalismus sind besonders die nhd. Diphthonge betroffen; im Bereich der Wortstellung sind Ausklammerungen ein populäres Mittel. Die hohe Manipulierbarkeit auf diesen Ebenen spricht zum einen dafür, dass diese Manipulationen auf Strukturen der Zielsprache (Jiddisch) verweisen, in denen ein maximaler, erkennbarer Unterschied zur Matrixsprache (Deutsch) vorliegt. Zum anderen spiegelt das aber auch den Umstand wider, dass dies Bereiche der deutschen Sprache sind, die ohnehin leicht manipulierbar d. h. flexibler, weniger viskos sind, als andere Phänomene die wenig oder gar nicht bei der emulierenden Imitation auftreten. Im Gegensatz dazu sind Strukturen der Morphologie und des Konsonantismus weniger zugänglich für sprachliche Manipula-

13 Strukturen sprachlicher Emulation

tionen und durch eine stärkere Viskosität gekennzeichnet. Gesetzt die Annahme, dass aus der Häufigkeit eines Phänomens (vgl. Abbildung 11.5, S. 320) dessen Zugänglichkeit für die Imitation resultiert, lässt sich folgende Hierarchie imitierbarer Phänomene aufstellen:

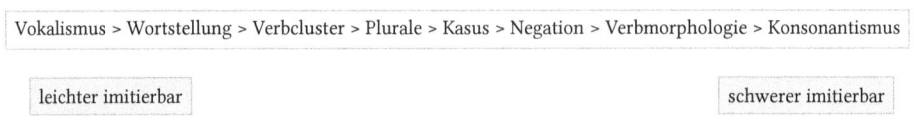

Abbildung 13.4: Mögliche Hierarchie der Imitierbarkeit sprachlicher Strukturen

Über die vorliegende Arbeit hinausgehend lohnt es sich m. E. zu prüfen, ob und inwiefern sich eine solche Hierarchie der Zugänglichkeit sprachlicher Strukturen auch bei Interferenzen nah verwandter Varietäten zeigt oder ob sie ein auf das Literaturjiddische beschränktes Produkt ist.

Mit Blick auf die Akkuratheit der Imitation (vgl. Abbildung 11.12, S. 331) lässt sich zumindest feststellen, dass der jiddisch-deutsche Sprachkontakt, dem die Autoren des chrLiJi1 ausgesetzt waren, nicht besonders stark war. Die Imitationen des Jiddischen reichen bei Weitem nicht an literarische Produkte deutscher Dialekte von jüdischen Autoren heran, die ein Resultat jiddisch-deutscher Bidialektalität der jüdischen Bevölkerung sind (vgl. Schäfer 2014) und die wir in westjiddischen Theaterstücken des Elsass (vgl. Schäfer 2008) oder auch im ersten Aufzug des vielfach zitierten Stücks „Die Hochzeit zu Grobsdorf" (vgl. Lowenstein 1975) finden können. Im Gegensatz zur jüdischen Bevölkerung des deutschsprachigen Raums im 19. Jahrhundert kann man der christlichen Bevölkerung keine solche Bidialektalität attestieren. Dennoch sind die Quellen des LiJi1 ein Zeugnis des deutsch-jiddischen Sprachkontakts im 18. und 19. Jahrhundert.

Die Analyse des LiJi hat ein umfangreiches Sample an grammatischen Phänomenen zutage getragen, das uns Auskunft darüber gibt, welche Strukturen einer Varietät (Jiddisch) für Sprecher einer nah verwandten Varietät (Deutsch) charakteristisch sind. Diese *primären Merkmale* (vgl. Schirmunski 1962: 118) konnten in eine Hierarchie gebracht werden (vgl. Abbildung 13.4), die angibt wie zugänglich die einzelnen sprachliches Ebenen für Dialektimitatoren sind. Mit den gewonnenen Daten können wir aber noch einen Schritt weiter gehen und zeigen, dass in auf Sprachkontakt basiertem Spracherwerb nah verwandter Varietäten systemische Strukturen erlernt werden und nicht einzelne, voneinander unabhängige grammatische Eigenschaften.

13.1 „Is a structural dialectology possible?" (Weinreich 1954)

Vor allem die Ergebnisse der Clusteranalyse aller im chrLiJi1 auftretenden Phänomene (Abbildung 11.4, S. 319) erlaubt Hypothesen zur Struktur von auf Sprachkontakt basierenden Spracherwerb nah verwandter Varietäten aufzustellen. Hier sind die Cluster C und D besonders aussagekräftig. Wie im Ausschnitt (Abbildung 13.5 unten) des Dendrogramms (Abbildung 11.4, S. 319) deutlich ersichtlich, treten systematisch ähnliche Phänomene gemeinsam in Phänomenbündeln (= Custer) auf.

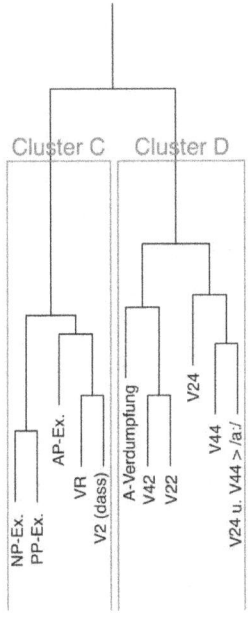

Abbildung 13.5: Ausschnitt aus Abbildung 11.4, S. 319

Zunächst zu Cluster D. Es beinhaltet ausschließlich vokalistische Phänomene. Die darunter versamelten Phänomene (a-Verdumpfung, V42 > ou, 22 > εɪ, V42 u. V24 > aː) sind einzeln betrachtet durchaus für deutsche Dialekte belegt, doch das gesamte Phänomenbündel findet sich in keinem deutschen Dialekt. Die Phänomene des Clusters D sind statt dessen idiosynchratisch für westjiddische Varietäten. In 55% (29) der Quellen des LiJi1 wurden die in Cluster D versammelten Phänomene gemeinsam in der jüdischen Figurenrede verwendet. Es gibt keine Quelle die nicht mindestens zwei dieser Phänomene aufweist. Dabei muss berücksichtigt werden, dass das alleine vom Textumfang ungleiche Textkorpus keine quantitativen Aussagen bezüglich der Phänomenverteilung erlaubt. Doch allein die systematische Clusterung ausschließlich vokalischer Phänomene als idiosynkratisch westjiddisches Phänomenbündel zeigt, dass die Autoren ein Sprachsystem emulieren und nicht einzelne, voneinander unabhängige Phänomene.

Cluster C zeigt ähnliches. Hier finden sich ausnahmslos syntaktische Phänomene (Exptrapositionen, VR und V2 in *dass*-Sätzen). Das gesamte Phänomenbündel tritt in 34% (18) der Quellen auf. Auch hier handelt es sich um hochfrequente Phänomene, von denen jede Quelle mindestens ein Phänomen aufweist. Für die einzelnen Phänomene wurden zwei mögliche Funktionen festgestellt. Zum einen könnten sie der Emulation von ostjiddischen symmetrischen V2-Strukturen dienen (vgl. Kap. 10.3, S. 280) oder der allgemeinen Darstellung von Mündlichkeit als Reflex aus der Matrixsprache dienen. Cluster C zeigt zwar im Unterschied zu Cluster D keine idiosynkratisch westjiddischen Strukturen, es zeigt aber trotzdem deutlich, dass sich Phänomene gegenseitig bedingen. Ob diesen Bedingtheiten implikationelle Hierarchien zugrunde liegen, kann auf Basis des gewonnenen Materials zum LiJi nicht ermittelt werden. Trotz der schlechten Beschaffenheit des Materials kristallisiert sich heraus, dass die auf Sprachkontakt beruhenden Imitationen einer nah verwandten Varietät Tendenzen zeigen, die für eine systemische Perzeption nah verwandter Varietäten spricht. Nicht (nur) einzelne Phänomene, sondern systemische Subsysteme werden erkannt und in den Imitationen umgesetzt. Es ist die Aufgabe weiterer, methodologisch aussagekräftigerer Untersuchungen, die damit eröffnete Hypothese zu verifizieren. Als theoretisches Framework bietet sich hierfür, wie im Folgenden gezeigt wird, eine gebrauchsbasierte, kognitive Konstruktionsgrammatik an.

13.2 Emulationen als Konstruktionen

Für eine Erklärung der Funktion der einzelnen herausgefilterten grammatischen Phänomene des LiJi sowohl für die Perzeption als auch für die Produktion bietet sich ein konstruktionsgrammatischer Ansatz an. Die einzelnen Phänomene, aber v. a. auch ihr das Zusammenspiel als Emulation des Jiddischen, fungiert in den literarischen Texten als eine *symbolische Einheit* (vgl. Goldberg 2006: 5) zur Charakterisierung jüdischer Figuren. Diese Emulationen können als Konstruktionen im Sinne der Konstruktionsgrammatik (CxG) verstanden werden. Eine Konstruktion ist nach Goldberg (2006) folgendermaßen definiert:

> Any linguistic pattern is recognized as a construction as long as some aspect of its form or function is not strictly predictable from its component parts or from other constructions recognized to exist. In addition, patterns

are stored as constructions even if they are fully predictable as long as they occur with sufficient frequency. (Goldberg 2006: 5)

Die jeweiligen Emulationen des LiJi erfüllen diese Eigenschaften insofern, als dass sie nicht aus ihrer grammatischen Oberfläche heraus als Merkmale des Jiddischen ersichtlich sind, sondern erst durch ihre semantisch-pragmatische Umgebung die Bedeutung eines für die jiddische Sprache charakteristischen Merkmals erlangen. Dies gilt sowohl für die Perzeption eines grammatischen Phänomens im Rahmen des LiJi als auch für die Wahrnehmung eines grammatischen Phänomens im tatsächlich gesprochenen Jiddischen. Für Muttersprachler des Deutschen sind charakteristische Merkmale des Jiddischen Konstruktionen, die zunächst als Abweichungen von ihren Konstruktionen zum Deutschen auffallen. Bei der Emulationskonstruktion steht der Konstruktionscharakter stärker im Zentrum. Die Verletzung gängiger Konstruktionen wird bei der Emulation selbst zur Konstruktion. Das *constructicon* (vgl. Fillmore 2008) verknüpft die verschiedenen Emulationskonstruktionen zu einem Grundkonzept „Jiddisch", aus welchem heraus Imitationen verstanden und auch gebildet werden. Damit ein grammatisches Merkmal des Jiddischen zur *Emulationskonstruktion* wird, spielt auch die Frequenz eine wichtige Rolle. Im LiJi wirkt der literarische Diskurs als Frequenz-Katalysator.

Insbesondere in Fällen von Hyperkorrekturen[1] und Generalisierungen von bestimmten grammatischer Strukturen,[2] lässt sich erkennen, dass die literarischen Emulationen des Jiddischen auf Konstruktionen beruhen, da hier Konstruktionsmuster des Jiddischen auf Basis von falschen Analogien mit ihren deutschen Pendants aufgebaut werden. Ganz allgemein zeigten diese *Fehler* aber, dass der Imitator Regeln bzw. Schematisierungen und Generalisierungen des Jiddischen zu erkennen sucht und damit Konstruktionen bildet.

Emulative Imitation kann somit exemplarisch offenlegen, wie wir Konstruktionen aufbauen und wie wir diese in einem Netzwerk von Konstruktionen organisieren. Besonders vielversprechend erscheint daher m. E. eine weitere Beschäftigung mit sprachlicher Imitation im Rahmen einer perzeptionslinguistischen CxG.

---

[1] Wie sie z. B. bei phonologischen und morphologischen Phänomenen auftreten; vgl. Unterabschnitte 8.3.3 S. 117, 8.7 S. 134, 9.2.3 S. 203
[2] Besonders deutlich in Fällen, in denen auf Basis deutscher Syntax jiddische Strukturen emuliert werden; vgl. Abschnitt 10.2 S. 267.

14 Ausblick

Die Analyse des LiJi hat gezeigt, dass manche Phänomene zugänglicher für die Imitation sind als andere. Dieses Ergebnis kann dafür genutzt werden, Sprachwandelprozesse nah verwandter Varietäten näher zu verstehen und einen Ausgangspunkt für eine Hierarchie der Interferenzphänomene dieser Prozesse darzustellen, wie sie in Abbildung 13.4 (S. 340) versuchshalber unternommen wurde. Darüber hinaus wäre es eine Aufgabe weiterer Untersuchungen, zu erfassen, welche sprachlichen Bereiche nicht von emulierender Imitation beeinflusst werden. Eine Untersuchung dieses Aspekts kann helfen, Muster der Sprachstatik zu identifizieren, die besonders für die Variationslinguistik, aber auch für die historische Sprachwissenschaft von stärkerem Interesse sein sollten, als dies noch zur Zeit der Fall ist, denn statische Strukturen können Aufschluss über den strukturellen Kern von Sprache geben. Demgegenüber lassen sich an der Oberfläche vollziehende Unterschiede sprachlicher Systeme, wie sie in der Kurzzeitdiachronie und Kleinraumdiatopie erkennbar werden, nur selten Rückschlüsse auf hintergründige Strukturen zu.

Was die Erfassung und Beschreibung der jiddischen Varietäten, die im Sprachkontakt zu deutschen Varietäten standen, betrifft, so ist mit dieser Arbeit ein Ansatzpunkt zur überregionalen Untersuchung geschaffen worden. Im Unterschied zu Untersuchungen des Westjiddischen einzelner Orte (vgl. Aptroot & Gruschka 2004; Reershemius 2007; 2014; Schäfer 2008; 2010; 2013; 2014; Weißkirchen 2011) wurde erstmals ein Quelltyp erschlossen, der es uns erlaubt, Lücken im geographischen Raum zu schließen. Eine Verbindung zwischen den wenigen Zeugnissen westjiddischer Muttersprachler und den Quellen des Literaturjiddischen lässt erstmals eine Ergänzung der Daten des LCAAJ im westjiddischen Raum zu. Dies würde es uns erlauben, ost- und westjiddische Varietäten miteinander auf einer breiten Datenbasis zu vergleichen.

Ein willkommenes Nebenprodukt der Analyse literaturjiddischer Texte sind die Daten der Einzelanalysen, die dieser Arbeit den Charakter eines Nachschlagewerks der westjiddischen Grammatik geben. Auch sind die zahlreiche Wissenslücken bezüglich der untersuchten Einzelphänomene aufgezeigt worden, die es für die Jiddisten der Zukunft zu füllen gilt. Ebenso stehen noch grundlegende

14 Ausblick

(psycholinguistische) Untersuchungen zu den Mechanismen sprachlicher Imitation aus, mit denen die gewonnenen historischen Daten verglichen und validiert werden sollten. Die Auseinandersetzung mit dem Phänomen der sprachlichen Imitation im Rahmen der Variationslinguistik ist ein durchaus junges Forschungsfeld, das noch eine Menge interessanter Ergebnisse verspricht. Die vorliegenden Analyse jüdischer Figurenrede hat zeigen können, dass poetische Lizenzen sprachlicher Variation einen Raum bietet, der sowohl für die Erforschung historischer Mündlichkeit als auch den Strukturen sprachlicher Variabilität an sich eine bislang wenig beachtete Quelle darstellt. So bieten sich andere poetische Lizenzen (z.B. Imitationen deutscher Dialekte, Strukturen poetischer Dekonstruktion) als Quelle zukünftiger Untersuchungen an.

Anhang

Tabelle A.1: Quellen im Korpus chrLiJi1

Kürzel	Titel	Autor	Jahr	Ort	Typ	Gattung
OF	Die auff den traurigen Ascher-Mittwoch der Juden erfolgte Oster-Freudt	n.a.	1711	Frankfurt a. M.	B2	Pamphlet
LR	Poëtische Leichen-Rede	n.a.	1730	Prag	B2	Prosagedicht
NF	Neue Fabeln und Erzehlungen in gebundener Schreibart	n.a.	1749	Hamburg	B2	Gedicht
AO	Die abgedankten Offiziere	Johann Gottlob d. J. Stephanie	1770	Wien	C2	Drama
DW	Der neue Weiberfeind und die schöne Jüdinn. Ein Lustpiel in fünf Aufzügen	Stephanie d. Ältere	1773	Wien	C2	Drama
AT	Der adeliche Tagelöhner	F.G. von Nesselrode zu Hugenboett	1776	München	C2	Drama
FL	Fausts Leben	Mahler Müller	1778	Mannheim	B2/C2	Drama
PL	Das Purschenleben	Karl Theodor von Traiteur	1780	Mannheim	B2	Drama
VE	Verbrechen aus Ehrsucht	August Wilhelm Iffland	1784	Mannheim	B2	Drama
LB	Der Landjunker in Berlin	Johann Christian Brandes	1785	Berlin	B2	Drama
AH	Armuth und Hoffarth	Johann David Beil	1789	Chemnitz	C2	Drama
PM	Der Postmeister	Christian Friedrich Ferdinand Anselm von Bonin	1792	Magdeburg	B2	Drama
FE	Friedrich Ehrenwerth	E.F.F.	1794	Leipzig	B2	Drama
BS	Bettelstolz	David Beil	1798	Mannheim	C2	Drama

Kürzel	Titel	Autor	Jahr	Ort	Typ	Gattung
EJ	Ende des 18ten Jahrhunderts	n.a.	1799	n.a.	C2	Drama
WA	Der weibliche Abaelino oder das Maedchen in vielerlen Gestalten	Georg Ludwig Peter Sievers	1802	Magdeburg	B2	Drama
NW	Der travestierte Nathan der Weise	Julius v. Voß	1804	Berlin	C2	Drama
FS	Der feindliche Sohn	Christlieb Georg Heinrich Arresto	1805	Schwerin	C2	Drama
PS	Der Proceß in Südpreußen	Julius v. Voß	1808	Berlin	C2	Drama
JK	Jakobs Kriegsthaten und Hochzeit	Karl Borromäus Sessa	1810	Breslau	B2	Drama
HJ	Halle und Jerusalem	Carl Joachim Friedrich Ludwig (Achim) von Arnim	1811	Berlin	B2	Drama
PF	Pflicht um Pflicht	Pius Alexander Wolff	1816	Augsburg	B2/C2	Drama
EV	Euer Verkehr	Julius v. Voß	1817	Berlin	B2	Drama
TH	Truthähnchen	Hartwig von Hundt-Radowsky	1820	Merseburg	B2	Roman
MS	Mustersaal aller deutschen Mund-arten	Johann Gottlob Radlof	1822	Bonn	B2	Gedicht/ Taldmudgeschichte
AJ	Das Abenteuer in der Judenschenke	Louis Angely	1825	Berlin	B2	Drama
BW	Die Braunschweiger Wurst	Christian Gottfried Solbrig	1826	Leipzig	B2	Drama
GP	Gedichter, Parabeln unn Schnoukes	Itzig Veitel Stern (Pseud.)	1831	Nürnberg	C2	diverses; vorwiegend episch

Kürzel	Titel	Autor	Jahr	Ort	Typ	Gattung
PA	Der Papier-Markt zu Frankfurt am Main	Itzig Greif (Pseud.)	1834	Frankfurt a. M.	C2	Drama
PG	Parodiee, Gedichtches unn prousaische Uffsätz'	Christian Heinrich Gilardone	1835	Speyer	C2	diverses; vorwiegend episch
PP	Paris in Pommern, oder Die seltsame Testa-ments=Klausel.	Louis Angely	1839	Berlin	B2	Drama
IA	Itzigs Abschied	Z. Fuuck (Hg.)	1840	Erlangen	C2	Gedicht
LM	Das Lied vom Mazes ouder Geld un kah Geld	Blumenstein, Eissig Hirsch (Pseud.)	1844	Würzburg	C2	Ballade
AD	Der alte deutsche Degenknopf	Wilhelm Reinhold	1846	Leipzig	B2	Drama
LP	Lazarus Polkwitzer von Nikolsburg	Friedrich Ernst Hopp	1849	Brünn	B2/C2	Drama
AB	Abenteuer einer Tänzerin	Pluto (Pseud. Eduard Stiegmann)	1850	Hamburg	B2	Drama
FM	Das Fest des Mercur oder Die Posse im Leben	C. Goehring	1852	Leipzig	B2/C2	Drama
SH	Soll und Haben	Gustav Freytag	1855	Kluczbork	B2	Roman
DG	Der Gütsteher	Reb Gedaljeh Pinkeltroger (pseud.)	1858	Wien	C2	Gedicht/ Schiller-parodien
UT	Ut mine Stromtid	Fritz Reuter	1862	Stavenhagen	D2	Auto-biographie
MV	Museum komischer Vorträge für das Haus – und die ganze Welt	F. E. Moll	1862	Berlin	B2/C2	Gedicht
JD	Ein jüdischer Dienstbote	Carl Elmar	1866	Wien	D2	Drama

Kürzel	Titel	Autor	Jahr	Ort	Typ	Gattung
JP	Jüdische Parodien und Schnurren	J. Krüger	1867	Altona	B2	Gedichte/ Schillerparodien
DK	Das Kreuz	F. Krone	1872	Osterwieck	C2	Gedicht
DP	De Peerlotterie!	Ernst Keller	1874	Pyrzyce	C2	Drama
BP	Ein Billet von Pauline Lucca	Robert Karwe	1875	Berlin	C2	Drama
SV	Spaßvogel, der jüdische, oder Jocosus hebricosus	A. L. Berend & Co	1890	Berlin	B2	diverses; vorwiegend episch
GW	190 gepfefferte jüdische Witze und Anekdoten	n.a.	1900	Berlin[1]	C2	Witze
SS	Schabbes-Schmus	Chaim Jossel (pseud.?)	1907	Berlin	B2	diverses; vorwiegend episch
VD	Vergessene Dichtungen in Frankfurter und Sachsenhäuser Mundart	M. L. Langenschwarz, J. W. Sauerwein und J. Löhr	1916	Frankfurt a. M.	C2	Brief in Reimform
SB	Die Sünde wider das Blut	Artur Dinter	1918	Hartenstein	B2	Roman
LS	Levi Silberstein in der Klemme	Peter Kaser	1925	Bonn	C2	Drama
AK	Als der Krieg zu Ende war	Max Frisch	1948	Zürich	D2	Drama

---

[1] Inhaltlich eher k.u.k. Raum, daher als n.a. behandelt.

Tabelle A.2: Quellen im Korpus jüdLiJi1

Kürzel	Titel	Autor	Jahr	Gattung
GuS1	Schmonzes-Berjonzes	Nathan Tulpenthal[a]	ca. 1877	Sammlung
GuS5	Aufgewärmte Lockschen	Awrohm Auscher[a]	ca. 1877	Sammlung
GuS15	Schlachmonaus aus Purim	David Hamanklopper[a]	ca. 1867	Sammlung
GuS23	Was meinen Sie, wie gesund ist das!	Mortche Omeinsager[a]	ca. 1877	Sammlung
GuS10	Koschere Mezies	Reb Moser Graggler[a]	ca. 1877	Sammlung
PBerlin2	Waih geschriegen, Mer sain gemacht!!	Rebbe Jankeff[a]	1848	Briefform
PBreslau	Die jüdische Bürgerwehr	Siegfried Mehring	n.a.	Pamphlet
Palsleben	Herr Richard Wogner, der musikal'sche Struwelpeter	Isaac Moses Hersch	1876	Pamphlet
PBerlin1	Gott der Gerechte – Berlin geiht pleite	Jakob Leibche Tulpenthal	1848	Pamphlet
PDebreczen	Jünge Zores ün alte Seferes oder Kosere Tsüwes af trefene Sajles	Majer Jofeh de Babelebens Enikel	1867	Pamphlet

[a] Pseudonym

Tabelle A.3: Frequenz phonologisch markierter Types im LiJi1

Quellen[2]	Lemma	häufige Manipulation	FK n. Ruoff 1981 WA[3]	FK n. Ruoff 1981[4]	FK n. De-ReKo 2012
52	habe(n)/hat[8]	hob/hot	FK0[9]	FK1	FK3
52	ein	a/ä	FK2	FK2	FK3
50	kein	kan	FK5	FK7	FK6
46	groß	graus/ grois	FK1	FK6	FK6
45	auch	aach	FK3	FK4	FK4
42	da	do/dau	FK3	FK4	FK7
36	wehe	waih	–	–	FK26
32	auf	uf/af	FK2	FK4	FK4
31	gehen	gaihn	FK4	FK5	FK6

[8] inkl. Hilfsverb.
[9] inkl. Hilfsverb.

Quellen[5]	Lemma	häufige Manipulation	FK n. Ruoff 1981 WA[6]	FK n. Ruoff 1981[7]	FK n. De-ReKo 2012
30	schön	schein	FK1	FK6	FK9
28	einmal	amol	FK1	FK4	FK8
24	sein[10]	sayn/seyn	FK1[11]	FK2[12]	FK3
24	kommen	kummen	FK3	FK4	FK6
20	nicht	nischt	FK0	FK4	FK4
20	laufen	laafen	FK6	FK7	FK9
19	so	sau	FK1	FK6	FK5
19	glauben	glaaben/ gloiben	FK6	FK7	FK9
19	sagen	sogen	FK3	FK4	FK6
18	Leute	Lait	FK1	FK6	FK9
17	ja	jau/jo	FK0	FK3	FK8
17	mein(e)	maan(e)	FK2	FK4	FK7
17	stehen	steiht	FK6	FK7	FK6
16	heißen[13]	haast	FK5[14]	FK6	FK8
16	klein	klaan	FK1	FK4	FK7
15	was[15]	wos	FK4[16]	FK4[17]	FK7[18]
15	warum	worum	– (z)[19]	– (z)	FK9
15	kaufen	kaafen/ koifen	FK6	FK7	FK10
14	Tag	Tog	FK1	FK5	FK7
13	mal	mol	FK8	FK8	FK10
12	das	dos	FK0	FK2	FK0/FK3 Pron.
12	tot	taut/toit	FK5	FK11	FK10
12	wissen	waaß	FK4	FK5	FK9
11	es	's	FK1	FK3	FK4
11	tun	ton	FK4	FK7	FK8
10	Auge	Aage/Oige	FK6	FK10	FK9
10	sie[20]	se	FK5,4,6,6,6,6	FK4,6,7,7,7,9	FK5

[10] inkl. Hilfsverb.
[11] inkl. Hilfsverb.
[12] als Hilfsverb.
[13] trans. u. intrans.
[14] trans. u. intrans.
[15] inkl. Relativpartikel.
[16] ohne Relativpartikel.
[17] ohne Relativpartikel.
[18] ohne Relativpartikel.
[19] Mit „z" gekennzeichnete Lemmata haben in Ruoff (1981) keine bestimmte Zahl zugewiesen (vgl. Ruoff 1981: 28).
[20] Nom.3.Pl., Nom.Sg., Akk.3.Pl., Nom.3.Sg.f., Akk.3.Sg.f.

Quellen[5]	Lemma	häufige Manipulation	FK n. Ruoff 1981 WA[6]	FK n. Ruoff 1981[7]	FK n. De-ReKo 2012
9	heim	*haam*	–	–	FK12
9	hoch	*hauch/hoich*	FK3	FK8	FK7
9	Jahr	*Johr*	FK0	FK5	FK5
9	nur	*nor*	FK4	FK7	FK5
9	oh	*au*	– (z)	– (z)	FK13
8	du	*de/dü*	FK5	FK6	FK8
8	gar	*gor*	–	FK6	FK8
8	gleich	*glaich*	–	FK7	FK8 Adj./FK16 Adv.
8	schon	*schaun/schoin*	–	FK4	FK6
8	schlagen	*schlogen*	FK9	FK8	FK9
7	nehmen	*genummen*	FK5	FK7	FK7
7	sehen	*seihen*	FK6	FK6	FK7
7	König	*Kenig*	FK6	FK11	FK10
7	meinen	*maanen*	FK6	FK7	FK8
7	sagen	*sogen*	FK3	FK4	FK6
7	Straße	*Stroße*	FK3	FK8	FK8
7	wo [21]	*wau*	FK5[22]	FK5[23]	FK8[24]
7	zwei	*zwa*	–	–	FK6
7	Haus(e)	*Haas*	FK2	FK6	FK8
6	Frau	*Fraa/Froi*	FK3	FK7	FK7
6	Fräulein	*Frailein*	FK11	FK13	FK14
6	hören	*heere*	FK7	FK8	FK9
6	sehen	*saihn*	FK6	FK6	FK7
6	verstehen	*verstaihn*	FK8	FK9	FK9
5	durch	*dorch*	FK4	FK7	FK6
5	er	*ar/är*	FK2	FK4	FK4
5	euch	*eich*	FK9	FK11	FK12
5	fragen	*frogen*	FK7	FK8	FK9
5	Herz	*Harz*	FK5	FK11	FK10
5	müssen	*missen*	FK2	FK3	FK6
5	sollen	*süllen*	FK5	FK6	FK6
5	Taler	*Toler*	–	–	FK15
5	und	*ün*	FK0	FK1	FK2
5	wahr	*wohr*	FK4	FK9	FK10
5	Ware	*Wohre*	FK6	FK12	FK12

---

[21] inkl. Relativpartikel.
[22] ohne Relativpartikel.
[23] ohne Relativpartikel.
[24] ohne Relativpartikel.

Quellen[5]	Lemma	häufige Manipulation	FK n. Ruoff 1981 WA[6]	FK n. Ruoff 1981[7]	FK n. De-ReKo 2012
5	wollen	*wüllen*	FK4	FK5	FK6
5	zu	*ßu*	– (z)	– (z)	FK4
5	zurück	*zurick*	– (z)	– (z)	FK9
4	allein	*allaan*	– (z)	– (z)	FK9
4	bleiben	*blaabe*	FK7	FK7	FK7
4	Haar	*Hoor*	FK7	FK12	FK11
4	ihm	*ehm*	FK6	FK8	FK8
4	können	*kenn*	FK3	FK4	FK5
4	Kleider	*Klaader*	–	–	FK15
4	rar	*rohr*	FK7	FK12	FK14
4	stehlen	*steihlen*	FK10	FK11	FK11
4	wagen	*wogen*	–	–	FK12
4	Zeit(en)	*Zait(en)*	FK2	FK6	FK7
4	Zeug	*Szaig/Zeich*	FK5	FK10	FK12

Tabelle A.4: Phänomene im chrLiJi1

Phänomen	AB	AD	AH	AJ	AK	AO	AT	BP	BS	BW	DG	DK	DP	DW	EJ	EV	FE	FL	FM	FS	GP	GW	HJ	IA
V22	-	✓	-	✓	✓	✓	✓	✓	-	✓	-	✓	✓	✓	✓	-	✓	✓	-	-	✓	-	✓	✓
V12/13	-	✓	-	✓	-	✓	✓	✓	-	✓	✓	-	-	✓	✓	✓	✓	✓	-	✓	✓	✓	-	-
V24	-	-	-	-	✓	✓	✓	-	-	✓	✓	-	-	-	✓	-	✓	✓	-	-	✓	✓	✓	✓
NP-Ex.	✓	-	-	✓	✓	✓	✓	✓	-	✓	-	-	-	✓	-	✓	-	-	✓	✓	✓	✓	✓	-
V44	-	✓	✓	✓	-	✓	✓	-	✓	✓	✓	✓	-	✓	-	-	✓	-	-	-	✓	✓	-	✓
V42	-	✓	-	✓	-	-	✓	-	✓	-	✓	✓	✓	✓	-	✓	✓	-	-	✓	-	✓	✓	✓
VR	✓	✓	-	✓	✓	✓	✓	✓	-	✓	-	-	-	-	-	✓	✓	-	-	✓	-	-	✓	-
PP-Ex.	✓	-	-	✓	✓	✓	✓	✓	-	-	-	-	-	-	-	✓	✓	-	✓	✓	✓	✓	✓	-
V2 (dass)	✓	✓	-	✓	✓	✓	✓	✓	-	✓	-	-	-	✓	-	✓	-	-	✓	-	-	✓	-	-
V34	-	✓	-	✓	✓	✓	-	-	-	-	✓	✓	✓	-	✓	✓	✓	-	-	-	-	✓	-	-
Pluralsuffix	✓	✓	-	✓	-	-	-	-	-	✓	-	-	-	✓	-	-	✓	-	-	-	-	✓	-	-
AP-Ex.	-	-	-	✓	✓	✓	✓	-	-	✓	-	-	-	-	-	-	✓	-	-	-	✓	-	-	-
o > u	-	✓	✓	-	✓	✓	-	-	-	-	-	-	-	✓	-	-	✓	✓	-	✓	-	✓	-	✓
Akk. n. Präp.	✓	✓	-	✓	✓	-	-	✓	-	✓	✓	-	-	-	-	✓	-	-	-	✓	-	-	-	-
VPR	✓	-	-	✓	-	✓	-	✓	-	✓	-	-	-	-	✓	-	✓	-	-	-	-	-	✓	-
Zsf. V24,V44	-	-	-	-	-	✓	-	-	-	✓	✓	-	-	-	-	✓	-	-	-	✓	✓	-	✓
Pron. 1. Sg. Dat.	✓	✓	-	✓	-	-	✓	-	✓	-	-	✓	-	-	-	✓	-	✓	-	-	-	-	-	-
u > o	-	-	-	-	✓	✓	-	-	-	-	-	-	-	-	-	-	-	-	-	-	-	✓	✓	-
ue> i	-	✓	-	-	✓	-	✓	-	-	✓	-	-	-	-	-	-	-	-	-	-	-	✓	-	-
Palat.	-	-	-	✓	-	✓	-	-	-	✓	-	✓	✓	-	-	-	-	-	-	-	-	✓	-	-
Akk. Pl. n.Präp.	-	✓	-	✓	✓	-	-	✓	-	✓	-	-	-	-	-	✓	-	-	✓	-	-	-	-	-
scht (Auslaut)	-	-	-	-	✓	-	✓	-	-	-	✓	✓	-	✓	-	-	-	-	-	✓	-	-	-	-
negative doubl.	-	-	-	-	✓	-	-	-	-	✓	✓	-	✓	-	-	-	✓	-	-	✓	-	-	-	-
VO Verbcluster	-	-	-	-	-	✓	✓	-	-	-	-	-	-	-	-	-	-	-	-	-	-	-	-	-
ue > e	-	✓	-	✓	-	-	-	-	-	-	-	-	-	-	-	-	-	-	-	-	✓	-	-	-
oe > e	-	-	-	-	✓	-	-	-	-	-	-	-	-	-	✓	-	✓	-	-	✓	-	-	-
Zsf. V22	-	✓	-	✓	✓	-	-	-	-	-	-	-	-	✓	-	-	-	-	-	-	-	-	-	-
sein 'bin'	-	-	-	-	-	-	-	-	-	-	-	✓	-	-	-	✓	-	-	✓	-	-	-
kommen Konstr.	-	-	-	✓	-	✓	-	-	-	✓	-	-	-	-	-	-	-	-	-	-	✓	-	-	-
Verbpartkl.	✓	-	-	-	-	-	-	-	-	-	-	-	-	-	-	-	-	-	-	-	-	✓	-	-
d statt t	-	✓	-	-	-	-	-	-	-	-	-	-	✓	-	-	-	-	-	-	-	-	-	-	-
k statt g	-	-	-	-	-	-	-	-	-	✓	-	✓	-	-	-	-	-	-	-	-	-	-	-	-
-lich Dim. Pl.	-	-	-	-	-	-	-	-	✓	-	-	-	-	-	-	-	-	-	-	-	✓	✓	-	-
Pron. 2. Sg. Dat.	-	✓	-	✓	-	-	-	✓	-	-	-	-	-	-	-	-	-	-	-	-	-	-	-	-
Rel.-partkl. wo	-	-	-	-	-	-	-	-	-	-	-	-	-	✓	-	-	-	-	-	-	-	✓	-	-
Pron. Höfl. Akk.	-	✓	-	-	-	-	✓	-	-	-	-	-	-	-	-	-	-	-	-	-	-	✓	-	-
V2 (weil)	-	-	-	-	-	-	-	-	-	-	-	-	-	-	-	-	-	-	-	-	-	-	-	-

Tabelle A.4: Phänomene im chrLiJi1 (Fortsetzung)

JD	JK	JP	LB	LM	LP	LR	LS	MS	MV	NW	OF	PA	PF	PG	PL	PM	PP	SB	SH	SS	SV	TH	UT	VD	VE	WA	Σ
-	✓	✓	✓	✓	-	✓	✓	✓	✓	✓	✓	✓	✓	✓	-	✓	-	-	✓	✓	✓	✓	-	✓	-	✓	36
-	✓	✓	✓	✓	-	-	-	✓	✓	✓	✓	✓	✓	✓	✓	✓	-	-	-	✓	✓	✓	✓	✓	-	✓	34
✓	-	-	✓	✓	✓	-	✓	✓	-	✓	✓	-	✓	✓	✓	✓	✓	-	-	✓	✓	✓	-	✓	✓	✓	31
✓	✓	-	-	-	✓	-	✓	✓	-	✓	-	✓	✓	✓	-	✓	✓	-	✓	✓	✓	✓	✓	-	-	✓	31
-	-	✓	✓	✓	-	✓	✓	✓	✓	-	✓	✓	✓	-	✓	-	-	-	-	✓	-	✓	✓	-	-	✓	29
-	✓	-	-	✓	-	✓	✓	✓	✓	✓	✓	✓	✓	✓	✓	-	✓	-	-	✓	✓	✓	-	-	-	✓	29
✓	✓	✓	-	-	✓	✓	✓	-	-	✓	-	✓	✓	✓	-	✓	✓	-	✓	✓	✓	✓	-	-	-	✓	29
✓	✓	-	-	-	✓	-	✓	✓	-	-	✓	-	✓	✓	✓	-	✓	✓	-	✓	-	✓	✓	✓	-	✓	29
✓	✓	✓	-	-	✓	-	✓	-	-	-	✓	✓	✓	✓	-	-	-	✓	-	✓	✓	✓	-	✓	-	✓	28
-	✓	✓	-	-	-	-	✓	✓	✓	-	-	✓	-	-	-	-	-	-	✓	-	✓	✓	✓	✓	-	-	23
✓	✓	✓	-	✓	-	-	-	-	✓	✓	-	✓	-	✓	-	-	✓	-	-	-	✓	✓	-	✓	-	-	19
✓	✓	-	-	-	✓	-	✓	-	-	✓	-	✓	-	-	-	-	-	-	✓	-	✓	✓	✓	-	-	✓	18
-	✓	-	-	-	-	-	-	✓	✓	-	-	✓	-	-	-	-	-	-	-	✓	✓	-	-	✓	-	-	17
-	-	✓	-	-	-	-	-	✓	✓	-	-	✓	-	✓	-	-	-	-	-	✓	✓	✓	-	-	-	✓	17
-	-	-	-	-	✓	-	✓	-	-	✓	✓	-	-	✓	-	-	-	-	✓	✓	✓	-	-	-	-	✓	17
-	-	-	✓	-	-	-	✓	✓	-	✓	-	-	✓	-	-	✓	-	-	-	-	✓	-	-	✓	-	✓	16
-	✓	-	-	-	-	✓	-	✓	-	-	✓	-	-	-	-	✓	-	-	✓	✓	-	-	✓	-	-	-	16
-	✓	✓	-	✓	-	-	-	-	✓	-	✓	-	-	✓	-	-	✓	-	✓	-	✓	-	✓	-	✓	-	14
-	✓	-	-	-	-	-	✓	✓	-	✓	-	-	-	-	-	✓	-	-	✓	✓	✓	-	✓	-	-	-	14
-	✓	-	-	-	-	-	-	✓	✓	-	✓	-	-	-	-	-	-	-	✓	✓	✓	-	-	-	-	-	13
-	-	-	-	-	-	-	-	✓	-	-	-	-	-	✓	-	-	-	-	-	-	✓	✓	✓	-	✓	-	13
-	-	-	-	-	-	✓	✓	-	-	✓	-	✓	-	✓	-	-	-	-	-	-	✓	-	✓	-	-	-	12
-	-	-	-	-	-	-	-	✓	✓	-	✓	-	✓	-	-	-	-	✓	-	-	✓	-	-	-	-	-	12
-	✓	✓	-	-	-	✓	✓	-	-	-	-	-	-	✓	-	-	✓	-	-	✓	✓	-	✓	-	-	-	11
-	✓	✓	-	-	-	-	-	✓	-	-	✓	✓	-	-	-	-	-	-	-	-	✓	-	✓	-	-	-	10
-	-	✓	-	-	-	-	-	-	-	-	✓	-	-	-	-	-	-	✓	✓	✓	-	✓	-	-	-	-	10
-	-	-	-	-	-	-	-	✓	✓	-	-	-	-	-	-	-	-	-	-	✓	✓	-	✓	-	-	-	9
-	✓	-	-	-	✓	-	✓	✓	-	-	-	-	✓	-	-	-	-	-	-	-	-	-	-	-	-	✓	9
-	-	-	-	-	-	✓	-	-	-	✓	-	-	✓	-	-	✓	-	-	-	-	-	-	✓	-	-	-	9
-	✓	-	-	-	-	-	✓	-	-	✓	-	-	✓	-	-	✓	-	-	-	-	✓	✓	-	-	-	-	9
-	-	-	-	-	-	-	-	-	✓	-	-	✓	✓	-	-	-	-	-	-	-	✓	✓	✓	-	-	-	8
-	✓	-	-	-	-	✓	-	-	-	-	-	✓	✓	-	-	-	-	-	-	-	✓	-	-	-	✓	-	8
-	-	-	-	✓	-	-	-	-	-	-	-	✓	✓	-	-	-	-	-	-	✓	-	-	-	-	-	-	7
-	-	✓	-	-	-	-	-	-	-	-	-	✓	-	-	-	-	-	-	-	-	-	✓	✓	-	-	-	7
-	-	-	-	✓	-	-	✓	-	-	-	-	✓	-	✓	-	-	-	-	-	✓	-	-	-	-	-	-	7
-	-	✓	-	-	✓	-	-	-	-	-	-	✓	-	-	-	-	-	-	-	-	-	-	-	-	-	-	6
✓	-	-	-	-	✓	-	✓	-	-	-	-	-	✓	-	-	-	-	✓	-	-	✓	-	-	-	-	-	6

Tabelle A.4: Phänomene im chrLiJi1 (Fortsetzung)

Phänomen	AB	AD	AH	AJ	AK	AO	AT	BP	BS	BW	DG	DK	DP	DW	EJ	EV	FE	FL	FM	FS	GP	GW	HJ	IA
Adv.-Ex.	-	-	-	-	-	-	-	-	-	✓	-	-	-	-	-	-	-	-	✓	-	-	-	✓	-
s statt z	-	-	-	-	-	-	-	-	-	✓	-	-	-	-	-	-	-	-	-	-	-	-	-	-
ge- Partizip	-	-	-	✓	-	-	-	-	-	-	-	-	-	-	-	-	✓	✓	-	-	-	-	-	-
Dat. n. Präp	-	-	-	-	-	-	-	-	-	-	-	-	-	-	-	-	-	-	-	-	-	✓	-	-
Pron. 1. Pl. Nom.	-	-	-	-	✓	-	-	-	-	-	-	-	-	-	-	-	✓	-	-	-	-	✓	-	-
Pron. Höfl. Nom.	✓	-	-	-	-	✓	-	-	-	-	-	-	-	-	-	✓	-	✓	-	-	-	-	-	-
p statt b	-	-	-	✓	-	-	-	✓	-	-	-	-	-	-	-	-	-	-	-	-	-	✓	-	-
no-IPP	-	-	-	-	✓	-	-	-	-	-	-	-	-	-	-	✓	-	-	-	-	-	-	-	-
b statt p	-	-	-	-	-	-	-	-	-	-	-	-	-	-	-	-	-	-	-	-	-	-	-	-
germ. *-pp-	-	-	-	-	-	-	-	-	-	-	-	-	-	-	-	-	-	✓	-	-	-	-	-	-
oj. Genus	-	-	-	-	-	-	-	-	✓	-	-	-	-	-	-	-	-	-	-	-	-	-	-	-
Nom. Sg. m. NP	-	-	-	✓	-	-	-	-	-	-	-	-	-	-	-	-	-	-	-	-	✓	-	-	-
Pron. 1. Sg. Akk.	-	-	-	-	✓	-	-	-	-	-	-	-	-	-	-	-	-	-	-	-	-	-	-	-
Rel.-partkl. was	-	-	-	-	-	-	-	✓	-	-	-	-	-	-	-	-	-	-	-	-	-	✓	-	-
w statt b	-	-	-	-	-	-	-	-	-	-	-	-	-	-	-	-	-	-	-	-	-	-	-	-
Dat. Pl. n. Präp.	-	-	-	-	-	-	-	-	-	-	-	-	-	-	-	-	-	-	-	-	-	-	-	-
oe > i	-	-	-	-	-	-	-	-	-	-	-	-	-	-	-	-	-	-	-	-	-	-	-	-
scht (Anlaut)	-	-	-	-	-	-	-	-	-	-	-	-	-	-	-	-	-	-	-	-	-	-	-	-
Dat. Sg. m. NP	-	-	-	-	-	-	-	-	-	-	-	-	-	-	-	-	-	-	-	-	-	-	-	-
Nom. Pl. NP	-	-	-	-	-	-	-	-	-	-	-	-	-	-	-	-	-	-	-	-	-	-	-	-
Pron. 3. Sg. Akk.	-	-	-	-	-	-	-	-	-	-	-	-	-	-	-	-	-	-	-	-	-	-	-	-

Tabelle A.4: Phänomene im chrLiJi1 (Fortsetzung)

D	JK	JP	LB	LM	LP	LR	LS	MS	MV	NW	OF	PA	PF	PG	PL	PM	PP	SB	SH	SS	SV	TH	UT	VD	VE	WA	Σ
-	-	-	-	-	-	-	-	-	-	-	-	-	-	-	-	-	✓	-	✓	-	-	✓	-	-	-	-	6
-	-	-	-	-	-	-	-	-	-	-	-	✓	✓	-	-	-	-	-	-	-	-	✓	-	✓	-	-	5
-	-	-	-	✓	-	-	-	-	✓	-	-	-	-	-	-	-	-	-	-	-	-	-	-	-	-	-	5
-	-	-	-	✓	-	-	-	-	-	-	-	-	✓	-	-	-	-	-	-	-	✓	-	-	✓	-	-	5
-	-	✓	-	-	-	-	-	-	-	-	-	-	-	-	-	-	-	-	-	-	✓	-	-	-	-	-	5
✓	-	-	-	-	-	-	-	-	-	-	-	-	-	-	-	-	-	-	-	-	-	-	-	-	-	-	5
-	-	✓	-	-	-	-	-	-	-	-	-	-	-	-	-	-	-	-	-	-	-	-	-	-	-	-	4
-	-	-	-	-	-	-	✓	-	-	-	-	-	✓	-	-	-	-	-	-	-	-	-	-	-	-	-	4
-	-	-	-	-	-	-	-	-	-	✓	-	-	-	✓	-	-	-	-	-	-	-	-	-	✓	-	-	3
-	-	-	-	-	-	-	✓	-	-	-	-	-	-	-	-	-	-	-	-	-	✓	-	-	-	-	-	3
-	-	-	-	-	✓	-	-	-	-	-	-	-	-	-	-	-	-	-	-	-	✓	-	-	-	-	-	3
-	-	-	-	-	-	-	✓	-	-	-	-	-	-	-	-	-	-	-	-	-	-	-	-	-	-	-	3
-	-	-	-	-	-	-	-	-	-	-	-	-	-	-	-	-	-	-	-	-	-	✓	✓	-	-	-	3
-	-	-	-	-	-	-	-	-	-	-	-	-	-	-	-	-	-	-	-	-	✓	-	-	-	-	-	3
-	-	-	-	-	-	-	-	-	-	-	-	-	-	-	-	-	-	-	-	-	✓	-	-	✓	-	-	2
-	-	-	-	-	-	-	-	-	-	-	-	-	-	-	-	-	✓	-	-	-	-	-	-	-	-	✓	2
-	-	-	-	-	-	-	-	-	-	-	-	✓	-	-	-	-	-	-	-	-	-	-	-	-	-	-	1
-	-	-	-	-	-	-	-	-	-	-	-	-	-	-	-	-	-	-	-	-	-	-	✓	-	-	-	1
-	-	-	-	-	-	-	-	-	-	-	-	-	-	-	-	-	✓	-	-	-	-	-	-	-	-	-	1
-	-	-	-	-	-	-	✓	-	-	-	-	-	-	-	-	-	-	-	-	-	-	-	-	-	-	-	1
-	-	-	-	-	-	-	-	-	-	-	-	-	-	-	-	-	-	-	-	-	✓	-	-	-	-	-	1

Tabelle A.5: Phänomene im jüdLiJi1

Phänomen	GuS1	GuS5	GuS10	GuS15	GuS23	PAlsleben	PBerlin1	PBerlin2	PBreslau	PDebrecen
V24	✓	✓	✓	-	✓	✓	✓	✓	✓	✓
V44	✓	-	-	-	✓	✓	-	✓	✓	✓
V24,V44	✓	-	-	-	✓	✓	-	✓	✓	✓
V42	✓	-	✓	-	-	✓	✓	✓	✓	-
V22	✓	✓	-	✓	✓	✓	✓	✓	✓	-
Zusammenfall V22	✓	✓	-	✓	✓	✓	✓	✓	✓	-
V34	✓	✓	✓	-	✓	✓	-	✓	✓	✓
V12_13	✓	✓	✓	✓	✓	✓	-	✓	✓	✓
o > u	✓	✓	✓	-	✓	✓	✓	-	✓	-
u > o	✓	✓	✓	-	✓	✓	✓	-	✓	-
Palatalisierung	✓	-	-	-	✓	✓	-	✓	-	✓
ue > i	-	-	✓	-	✓	✓	✓	-	✓	✓
ue > e	✓	-	-	-	✓	✓	-	✓	✓	-
oe > e	-	✓	-	✓	-	✓	-	-	-	✓
oe > i	✓	-	-	✓	-	-	-	-	-	-
scht (Auslaut)	-	✓	-	-	✓	✓	✓	✓	-	-
scht (Anlaut)	-	✓	-	-	✓	✓	✓	✓	-	-
<s> für <z>	-	-	✓	-	✓	✓	-	✓	-	-
d statt t	-	-	-	-	-	-	-	-	-	-
p statt b	-	-	-	-	-	-	✓	✓	-	-
b statt p	-	-	-	-	-	-	-	-	-	-
k statt g	-	-	-	-	-	-	-	-	-	✓
germ. *-pp-	✓	✓	✓	✓	✓	-	✓	✓	-	-
w statt b	-	-	-	-	-	✓	-	-	-	-
lich Dim. Pl.	-	-	-	-	-	-	-	-	-	✓
ge- Partizip	✓	✓	-	✓	-	-	✓	✓	-	-
oj. Genus	-	-	-	-	✓	-	-	-	-	-
Kasus NP Sg.m. Nom.	-	-	-	-	-	-	-	-	-	-
Kasus NP Sg.m.Dat.	-	-	-	-	-	-	-	-	-	-
Kasus NP Pl.Nom.	-	-	-	-	-	-	-	-	-	-
Kasus n. Präp. Akk. statt Dat.	✓	✓	✓	✓	-	-	✓	✓	✓	-
Kasus n. Präp. Dat statt Akk.	-	-	-	-	-	-	-	-	-	-
Kasus n. Präp. Akk. Pl.	-	-	✓	-	✓	-	✓	-	-	-
Kasus n. Präp. Pl. Dat.	-	-	-	-	-	-	-	-	-	-
Pronomen 1.Sg.Dat.	✓	✓	✓	✓	✓	✓	-	-	✓	-
Pronomen 1.Sg.Akk.	-	-	-	-	-	-	-	-	-	-
Pronomen 2.Sg.Dat.	-	-	✓	-	-	-	-	-	✓	-
Pronomen 3.Sg.Akk.	-	-	-	-	-	-	-	-	-	-

Phänomen	Quelle									
	GuS1	GuS5	GuS10	GuS15	GuS23	PAlsleben	PBerlin1	PBerlin2	PBreslau	PDebrecen
Pronomen 1.Pl.Nom=1.Sg.Dat.	✓	✓	-	-	-	-	-	✓	-	-
Pronomen Höfl. Nom.	-	-	✓	-	✓	-	✓	-	-	-
Pronomen Höfl. Dat.	-	-	-	-	-	✓	-	-	-	-
Pluralsuffix	✓	✓	✓	✓	✓	-	✓	✓	-	-
sein 'bin'	✓	-	-	-	-	-	✓	✓	-	-
kommen-zu-gehen	-	✓	-	-	-	-	-	-	-	-
negative doubling	-	-	-	-	✓	-	-	-	✓	-
no-IPP	-	✓	-	✓	✓	✓	✓	-	✓	✓
1-2-3 Verbcluster	-	-	✓	-	-	✓	✓	✓	-	-
VR	✓	✓	✓	✓	✓	✓	✓	✓	✓	-
Relativpartikel wo	-	-	-	-	-	-	-	-	-	-
Relativpartikel was	✓	✓	✓	✓	✓	✓	✓	-	-	-
VPR	✓	✓	-	-	-	-	✓	-	✓	-
Verbpartikel rechtsdkazent	-	-	-	-	-	-	✓	✓	-	-
V2 (dass)	✓	✓	✓	✓	✓	✓	✓	✓	✓	-
V2 (weil)	✓	-	-	-	-	-	-	-	✓	-
NP-Ex.	✓	✓	✓	✓	✓	✓	✓	✓	✓	✓
PP-Ex.	✓	✓	✓	✓	✓	✓	✓	✓	✓	-
AP-Ex.	✓	✓	-	-	✓	-	✓	✓	-	-
Adv.-Ex.	-	-	-	-	-	-	-	-	-	-

Handschrift 40 a Rubr. 16 Nr. 22 aus dem Marburger Staatsarchiv
Transliteration von Lea Schäfer und Ute Simeon

|1| איין שירם פֿר מיין אייגן הארץ

|2| מיט דיא הילף פֿון גאט דען אלמעכטיגן הער, דער היילט אלי קראנקהייטן, דער זאל אב טון |3| פֿון דיר אלי וויא טאג אונט ביזא ביקעבינס, וואש דיר איזט אן גיקומן, עז זייא פֿון איין ביזן |4| לופֿט דער אויף דיר איזט ווארן גישיקט אודר פֿון איין מענשן ביזן אן פליק , עש זייא פֿון |5| איין מאנן אודר פֿרויא , עש זייא פֿון אדור יונג, זאל דיר ניט שאטן אן דיין לייפֿא אדור |6| איאר לעבין, ניט אן דיין הערש נאך ניט אן דיין לָונקא.

דען אליהו הנוכא האט בגעגנט דען |7| מאשך אשט ריבָֿו, דא שפראך אליהו הנובא צו אים: ,,וואו ווילשטו הין גין?" דא זאגט איער: ,,איך וויל גין |8| ביי דען פלוני בר אובֿת פלוניוט אונט וויל סִיצאן זיין קאפינש אונט אין זיין הערץ אונט אין |9| אלי זיינה קליידר אונט פלייש אטרון אונט וויל עסין זיין פלייש אונט וויל טרינקן זיין פלוט. |10| דא שפראך אליהו הנובא צו אים: אזו וואו דז ניט רשות האשט אויף צו טרינקן אלי וואסיר |11| אויף דעם מֶער, אזו זאלשטו ניט רשות האבן צו שִיטגַן אים אן זיין לייב, נאך ניט אן איינם |12| פֿון זיינה קליטר אויף קיינרלייא מניאר פֿון דער גנצי וועלט."

האט אים איינר געבין איין ביז אויג, |13| זאל עש אים ניט שאטן ביי א נאכט נאך ניט ביי א טאג. אזו וואל אז דיא קינדר פֿון יוסף |14| הצדיג האט מן זיא קיין ביז אויג געבין אויף, אלזו זאלשטו דיר אך ניט שאטן |15| אונט הזאר מאן נייאל קאן צילן, זאל דיך השי היילן, אונט צו דיזר שטונד זאלשטו ווערן |16| פֿריש אונט גיזונד. דש זייא ווַאר אין גאטש נאמן נאמן סלה.

|17| דא ביי א ווירט צו ווישן גיטון: מאן מוז זיך דיא הֵינד וואשין אונט מוז אייני הנד דען חולה אויף |18| דעם קאפפֿא ליגן און מאן מוז אים ברויינרין מיט רוטן מריין אדור מושקט ווירץ אודר מיט |19| ניין ערלייא פֿארבין ווילן טוך פֿון קליידר. דאביא מוז מאן איין מעסיר ריין שלייפֿן |20| אונט מוז זאלכיש דעם חולה אונטר זיין קאפֿפֿא ליגן, דז ער דא איבר שלאפֿן. זוא דער |21| חולה איין אייגן הורא האט, מוז דז מעסיר רושטריק ווערן נאך ג'יום. נעם דז מעסיר אונטר |22| דעם קאפפֿא וועק אונט נעם איין לייפֿא פרוט אונד שנייד איין שטיק דא פֿון. איזט דער |23| חולה איין בן זוכר, גיב ♣ זאל ניש זיין. כלב: איז דער חול איין נקיבה, אזו גיב דז ברוט |24| איין כלב נקיבה און דאז ניט צו פֿון געטין. ווען דער חולה שווייצט, אטזו וויש דז ברוט אן |25| שווייס פֿון דען חולה און גיב זאלכש אן כלב. זוא ער עש עסט, איזט איין גוטר סימן.

|26| איין שירם פֿר זיבן אונט סיפֿציק ארלייא קדחתר

|27| אונט מיט דיזא ווארטן גיזאגט צו מארגנש היאר דיא סונה אויף גיט: זינדר גירופֿן אונט מוז |28| אן איין האיס גין, וואו ברענט עטלן שטין אף /// איין זֶע דען סאמן

אין גאטש |29| נאמן

פֿר זיבן אונט סיפֿציק ערלייא קדחתר אונט סיפֿציק ערלייא קדחתר אונט פֿר דען מיינלר.
אזו לנג זאלן דיא זיבן |30| אונט סיפֿציק קדחתר דען פליני / פֿר מיידן
ביז דער פלאני קימט אונט טוט דען |31| סאמן הב שנייטן.
דז זאל זיין אין גאט'ש נאמן אמן, סלה!

|32| סאמן הב שנייטן: דז זאל זיין וואר.

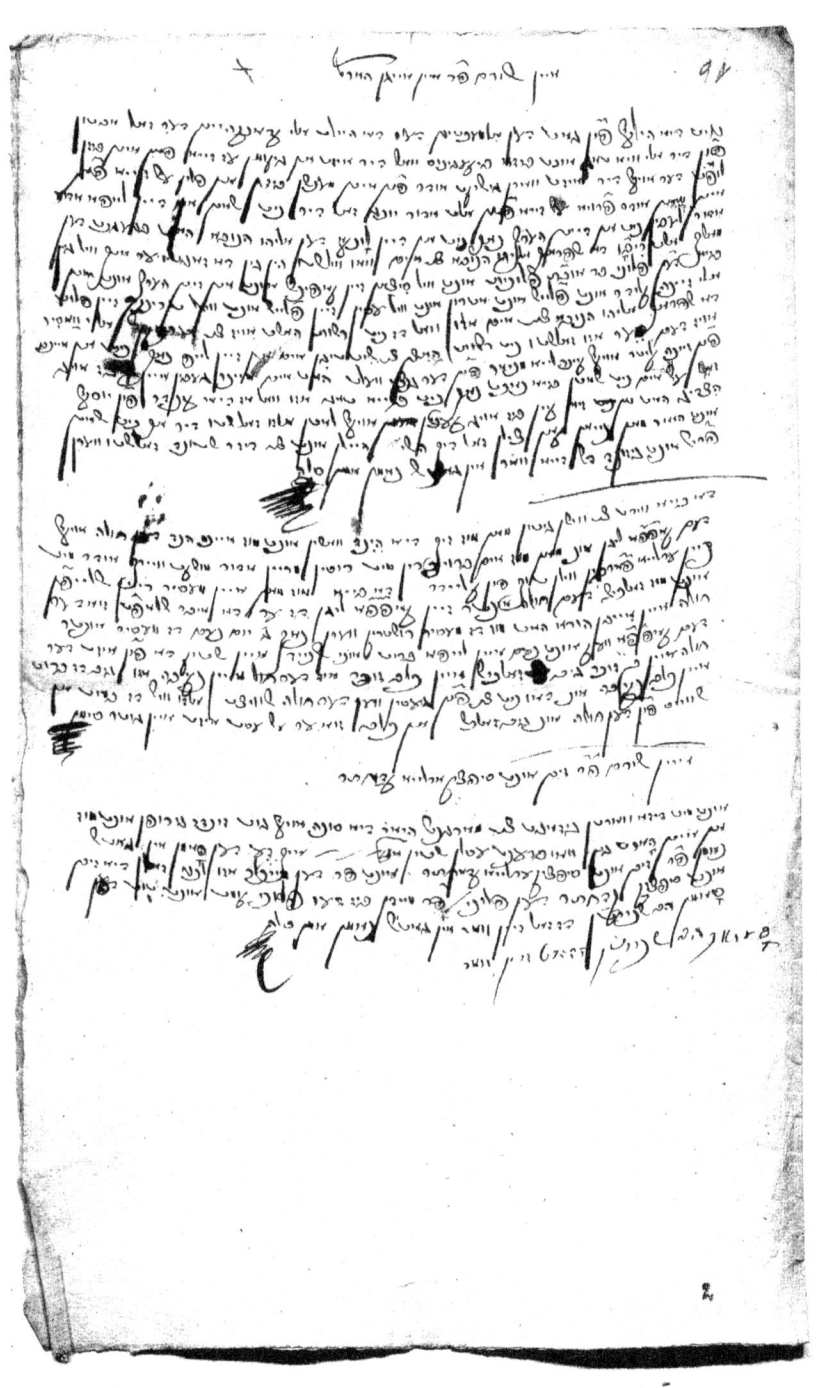

Scan der Hs 40 a Rubr.16 Nr.22 aus dem Marburger Staatsarchiv

Literaturverzeichnis

Adank, Patti, Peter Hagoort & Harold Bekkering. 2010. Imitation improves language comprehension. *Psychological Science* 21. 1903–1909.
Adler-Rudel, Shalom. 1959. *Ostjuden in Deutschland 1880-1940* (Schriftenreihe des Leo Baeck Institute of Jews from Germany (Bd. 1)). Mohr.
Ágel, Vilmos. 2001. Gegenwartsgrammatik und Sprachgeschichte. Methodologische Überlegungen am Beispiel der Serialisierung im Verbalkomplex. *Zeitschrift für germanistische Linguistik* 29. 319–331.
Althaus, Hans Peter. 1963. Jüdisch-hessische Sprachbeziehungen. *Zeitschrift für Mundartforschung* 30(2). 104–156.
Althaus, Hans Peter. 1972. Yiddish. In Thomas A. Sebeok (Hrsg.), *Current trends in linguistics*, Bd. 9, 1345–1382. The Hague: Mouton.
Althaus, Hans Peter. 1981. Soziolekt und Fremdsprache. Das Jiddische als Stilmittel in der deutschen Literatur. *Zeitschrift für deutsche Philologie, Sonderheft. Jiddisch. Beiträge zur Sprach- und Literaturwissenschaft*. 100. 212–232.
Althaus, Hans Peter. 1986. Ansichten vom Jiddischen. Urteile und Vorurteile deutschsprachiger Schriftsteller des 20. Jahrhunderts. In Albrecht Schöne (Hrsg.), *Kontroversen, alte und neue. Akten des VII. internationalen Germanisten-Kongress, Göttingen 1985*, Bd. 5, 63–71. Tübingen: Niemeyer.
Althaus, Hans Peter. 1999. nebbich. *Mitteilungen Jiddistik* 20. 5–16.
Althaus, Hans Peter. 2002. *Zocker, Zoff & Zores. Jiddische Wörter im Deutschen*. München: C. H. Beck.
Althaus, Hans Peter. 2004. *Chuzpe, Schmus & Tacheles. Jiddische Wortgeschichten*. München: C. H. Beck.
Althaus, Hans Peter. 2010. *Kleines Lexikon deutscher Wörter jiddischer Herkunft*. 3. durchges. Aufl. München: C. H. Beck.
Anders, Christina, Nicole Palliwoda & Saskia Schröder. 2014. „In dem Moment wo ich es dann erkenne dann ist es auch gleich wieder weg". Salienzeffekte in der Sprachperzeption. *Linguistik Online* 66(4). http://dx.doi.org/10.13092/lo.66.1572.

Literaturverzeichnis

Antomo, Mailin & Markus Steinbach. 2010. Desintegration und Interpretation. Weil-V2-Sätze an der Schnittstelle zwischen Syntax, Semantik und Pragmatik. *Zeitschrift für Sprachwissenschaft* 29. 1–37.

Aptroot, Marion. 1991. Northwestern Yiddish. The state of research. *History of Yiddish Studies* 3. Dov-Ber Kerler (Hrsg.). 41–59.

Aptroot, Marion. 2002. Yiddish, Dutch, and German among late 18th century Amsterdam Jewry. In Jonathan Israel Irvine & Salverda Reinier (Hrsg.), *Dutch Jewry. Its history and secular culture (1500-2000)* (Brill's series in Jewish Studies 29). Leiden: Brill.

Aptroot, Marion. 2010. Writing 'Jewish' and 'German'. Functional writing styles and the symbolic function of Yiddish in early modern Ashkenaz. *Leo Baeck Institute Year Book* 55. 115–128.

Aptroot, Marion & Roland Gruschka. 2004. *Isaak Euchel, Reb Henoch, oder: Woß tut me damit. Eine jüdische Komödie der Aufklärungszeit. Textedition von Marion Aptroot und Roland Gruschka, mit einleitenden Beiträgen von Marion Aptroot, Delphine Bechtel, Shmuel Feiner und Roland Gruschka.* Bd. 11 (jidische shtudies). Hamburg.

Aptroot, Marion & Roland Gruschka. 2010. *Jiddisch. Geschichte und Kultur einer Weltsprache.* München: C. H. Beck.

Arletius, Johann Kaspar. 1800. Ein scherzhaftes Gedicht. *Der Breslauische Erzähler. Eine Wochenschrift* 18. 280ff.

Arriaga, Gustavo, Eric Zhoum & Jarvis Erich. 2012. *Of mice, birds, and men. The mouse ultrasonic song system has some features similar to humans and song-learning birds.*

Auer, Peter. 2003. *Türkenslang* – ein jugendsprachlicher Ethnolekt des Deutschen und seine Transformationen. In Annelies Häcki-Buhofer (Hrsg.), *Spracherwerb und Lebensalter*, 255–264. Francke.

Auer, Peter. 2014. Anmerkungen zum Salienzbegriff in der Soziolinguistik. *Linguistik Online* 66(4). http://dx.doi.org/10.13092/lo.66.1569.

Van der Auwera, Johan & Paul Gybels. 2014. On negation, indefinites and negative indefinites in Yiddish. In Björn Hansen & Marion Aptroot (Hrsg.), *Yiddish language structures*, 193–249. Berlin: De Gruyter.

Axel, Katrin. 2007. *Studies on Old High German syntax. Left sentence periphery, verb placement and verb second.* Amsterdam/Philadelphia: John Benjamins.

Babel, Molly. 2009. *Phonetic and social selectivity in speech accommodation.* University of California, Berkeley Dissertation.

Babel, Molly. 2012. Evidence for phonetic and social selectivity in spontaneous phonetic imitation. *Journal of Phonetics* 40. 177–189.

Bacciocco, Friedrich Albert. 1890. *Der Wiener Dialect und seine hochdeutsche Stiefschwester. Ein Beitrag zur hochdeutschen Lautlehre vom Standpunkt des Wiener Dialects.* Wien: Manz.

Bakhtin, Mikhail Mikhailovich. 1981. *The dialogic imagination. Four essays.* Michael Holquist (Hrsg.). Austin: University of Texas Press.

Ball, Hugo. 1918 [2003]. *Hugo Ball, Sämtliche Werke und Briefe. Briefe 1904-1927. Kommentar.* Gerhard Schaub & Ernst Teubner (Hrsg.). Göttingen: Wallstein Verlag.

Barbiers, Sjef, Hans Bennis & Gunther de Vogelaer. 2008. *Syntactic Atlas of the Dutch Dialects. Commentary.* Bd. 2. Amsterdam: Amsterdam University Press.

Bartos, Huba. 2004. Verbal complexes and morphosyntactic merger. In Katalin É. Kiss & Henk van Riemsdijk (Hrsg.), *Verb clusters. A study of Hungarian, German and Dutch* (Linguistik Aktuell 69), 395–415. Amsterdam/Philadelphia: John Benjamins.

Bech, Gunnar. 1955. *Studien über das deutsche verbum infinitum.* Bd. 1. Kopenhagen: Munksgaard.

Bech, Gunnar. 1957. *Studien über das deutsche verbum infinitum.* Bd. 2. Kopenhagen: Munksgaard.

Becker, Sabina. 2005. Erziehung zur Bürgerlichkeit. Eine kulturgeschichtliche Lektüre von Gustav Freytags „Soll und Haben" im Kontext des Bürgerlichen Realismus. In *150 Jahre „Soll und Haben". Studien zu Gustav Freytags kontroversem Roman*, 29–46. Würzburg: Königshausen & Neumann.

Beem, Hartog. 1954. Yiddish in Holland. Linguistic and sociolinguistic notes. In Uriel Weinreich (Hrsg.), *The field of Yiddish. Studies in language, folklore and literature*, Bd. 1, 122–133. New York: Mouton & Co.

Beem, Hartog. 1970. *Jerōshe. Jiddische spreekwoorden en zegswijzen uit het Nederlandse taalgebied.* 2. Aufl. Assen: Van Gorcum.

Beem, Hartog. 1974. *Uit Mokum en de Mediene. Joodse woorden in Nederlandse omgeving.* Assen: Van Gorcum.

Beem, Hartog. 1975. *She'erit. Resten van een taal. Wordenboeckje van het Nederlands Jiddisch.* 2. Aufl. Assen: Van Gorcum.

Behaghel, Otto. 1909. Beziehungen zwischen Umfang und Reihenfolge von Satzgliedern. *Indogermanische Forschungen* 25. 110–142.

Beider, Alexander. 2010. Yiddish proto-vowels and German dialects. *Journal of Germanic Linguistics* 22(1). 23–92.

Beider, Alexander. 2013. Reapplying the language tree model to the history of Yiddish. *Journal of Jewish Languages* 1. 77–121.

Benor, Sarah. 2000. Loan words in the English of modern orthodox Jews. Yiddish or Hebrew? In Steve S. Chang, Lily Liaw & Josef Ruppenhofer (Hrsg.), *Proceedings of the twenty-fifth annual meeting of the Berkeley Linguistics Society, 1999. Parasession on loan word phenomena*, 287–298. Berkeley: Berkeley Linguistics Society.

Benor, Sarah. 2009. Do American Jews speak a 'Jewish language'? A model of Jewish linguistic distinctiveness. *Jewish Quarterly Review* 99(2). 230–269.

Beraneck, Franz J. 1936. Yiddish in tshekhoslovakay. *Yivo-bleter* 9. 63–75.

Beraneck, Franz J. 1949. Sprachgeographie des Jiddischen in der Slowakei. *Zeitschrift für Phonetik und allgemeine Sprachwissenschaft* 3. 25–46.

Beraneck, Franz J. 1965. *Westjiddischer Sprachatlas*. Marburg: N. G. Elwert'sche Verlagsbuchhandlung.

Berger, Tilman. 1999. Die sprachliche Charakterisierung von Juden in der tschechischen Prosa des 20. Jahrhunderts. In Natascha Drubek-Meyer, Peter Kosta & Holt Meyer (Hrsg.), *Juden und Judentum in Literatur und Film des slavischen Sprachraums. Die geniale Epoche*, 73–94. Wiesbaden: Harrassowitz.

Bertram, Rudolf. 1924. *Die Ostjuden in Deutschland*. Berlin: Philo-Verlag.

Besch, Werner. 1988. Standardisierungsprozesse im deutschen Sprachraum. *Sociolinguistica* 2. 186–208.

Besch, Werner. 1999. *Die Rolle Luthers für die deutsche Sprachgeschichte* (Schriften der Philosophisch-historischen Klasse der Heidelberger Akademie der Wissenschaften, Bd. 12). Heidelberg: Winter.

Besch, Werner. 2003. Entstehung und Ausformung der nhd. Schriftsprache/Standardsprache. In *Sprachgeschichte. Ein Handbuch zur Geschichte der deutschen Sprache und ihrer Erforschung*, Bd. 2.3, 2252–2296. Berlin/Boston: De Gruyter.

Biberauer, Theresa & Hedde Zeijlstra. 2012. Negative concord in Afrikaans. Filling a typological gap. *Journal of Semantics* 30. 1–27.

Bin-Nun, Jechiel. 1973. *Das Jiddische und sein Verhältnis zu den deutschen Mundarten. Unter besonderer Berücksichtigung der ostgalizischen Mundart*. Tübingen: Niemeyer.

Birkenes, Magnus Breder. 2014. *Subtraktive Nominalmorphologie in den Dialekten des Deutschen. Ein Beitrag zur Interaktion von Phonologie und Morphologie*. Bd. 156 (Zeitschrift für Dialektologie und Linguistik, Beihefte). Stuttgart/Wiesbaden: Steiner.

Birnbaum, Salomo A. 1934. די היסטאריע פון די אלטע U-קלאנגען אין ייִדיש [di historye fun alte u-klangen in yidish]. *Yivo-bleter* (6). 25–60.

Birnbaum, Salomo A. 1986 [1922]. *Das hebräische und aramäische Element in der jiddischen Sprache [Unveränderter Nachdruck der Dissertation Würzburg 1922]*. Hamburg: Zahn & Baendel. [Buske].

Bothe, Alina. 2013. Da-Zwischen. Jüdische Identitäten in Fischl Schneersohns Grenadierstraße. In Juliane Sucker & Lea Wohl von Haselberg (Hrsg.), *Bilder des Jüdischen. Selbst- und Fremdzuschreibungen im 20. und 21. Jahrhundert*, 119–136. Berlin: De Gruyter.

Boughman, Janette Wenrick. 1998. Vocal learning by greater spear-nosed bats. *Proceedings of the Royal Society Biological Sciences* 265. 227–233.

Braese, Stephan. 2010. *Eine europäische Sprache. Deutsche Sprachkultur von Juden 1760–1930*. Wallstein.

Braune, Wilhelm & Ingo Reiffenstein. 2004. *Althochdeutsche Grammatik I. Laut- und Formenlehre*. 15. Aufl. (Sammlung kurzer Grammatiken germanischer Dialekte 5,1). Tübingen: Niemeyer.

Breitbarth, Anne. 2013. The development of negation in Low German and Dutch. In David Willis, Christopher Lucas & Anne Breitbarth (Hrsg.), *The development of negation in the languages of europe*, Bd. I. Case Studies, 190–238. Oxford: Oxford University Press.

Bremer, Natascha. 1986. *Das Bild der Juden in den Passionsspielen und in der bildenden Kunst des deutschen Mittelalters* (Europäische Hochschulschriften. Deutsche Sprache und Literatur Nr. 892-894). Lang.

Bremer, Otto. 1895. *Beiträge zur Geographie der deutschen Mundarten in Form einer Kritik von Wenkers Sprachatlas des deutschen Reichs*. Leipzig: Breitkopf & Härtel.

Brosi, Johannes. 1990. *Southwestern Yiddish. A Study in Dialectology, Folklore and Literature*. M.A. thesis University of Oxford.

Brown, Cecil H. 2011. Hand and arm. In Matthew S. Dryer & Martin Haspelmath (Hrsg.), *The world atlas of language structures online*, Kap. 129. München: Max Planck Digital Library. http://wals.info/chapter/129.

Brzezina, Maria. 1986. *Polszczyzna Żydów [Das Polnisch der Juden]*. Warszawa / Krakow: Państwowe Wydawnictwo Naukowe.

Burrough, Peter A. & Rachael A. McDonnell. 1998. *Principles of geographical information systems. Spatial information systems and geostatistics*. Oxford: Oxford University Press.

Carpenter, Malinda. 2006. Instrumental, social, and shared goals and intentions in imitation. In Sally Rogers & Justin Williams (Hrsg.), *Imitation and the development of the social mind. Lessons from typical development and autism*, 48–70. New York: Guilford.

Literaturverzeichnis

Carrington, Herbert. 1897. *Die Figur des Juden in der dramatischen Literatur des XVIII. Jahrhunderts*. Heidelberg: Carl Pfeffer.

Chomsky, Noam. 1957. *Syntactic structures*. 's-Gravenhage: Mouton.

Chomsky, Noam. 1995. Language and nature. *Mind* 104. 1–61.

Christmann, Ernst, Julius Krämer & Rudolf Post (Hrsg.). 1965–1997. *Pfälzisches Wörterbuch*. Bd. 6. Wiesbaden/Stuttgart: Franz Steiner. http://woerterbuchnetz.de/PfWB/.

Conley, Tim & Stephen Cain. 2006. *Encyclopedia of fictional and fantastic languages*. Westport, CT: Greenwood.

Copeland, Robert M., Nathan Süsskind & Joseph Herz. 1976. *The language of Herz's Esther. A study in Judeo-German dialectology*. Bd. 6 (Judaic studies series). Tuscaloosa: University of Alabama Press.

Crockford, Catherine, Ilka Herbinger, Linda Vigilant & Christophe Boesch. 2004. Wild chimpanzees produce group-specific calls. A case for vocal learning? *Ethology* 110. 221–243.

Dal, Ingerid. 1954. Indifferenzformen in der deutschen Syntax. Betrachtungen zur Fügung *ich kam gegangen*. *Norsk Tidsskrift for Sprogvidenskap* 17. 489–497.

de Swart, Henriëtte. 2010. *Expression and interpretation of negation. An OT typology*. Dordrecht: Springer.

den Besten, Hans. 1986. Double negation and the genesis of Afrikaans. In Pieter Muysken & Norval Smith (Hrsg.), *Substrata versus universals in creole languages*, 185–230. Amsterdam/Philadelphia: John Benjamins.

den Besten, Hans & Hans Broekhuis. 1992. Verb projection raising in het Nederlands. *Spektator* 21. 21–34.

den Besten, Hans & Jerold A. Edmondson. 1983. The verbal complex in continental West Germanic. In Werner Abraham (Hrsg.), *On the formal syntax of the Westgermania. Papers from the 3rd Groningen grammar talks. Groningen, January 1981*, 155–216. Amsterdam/Philadelphia: John Benjamins.

den Besten, Hans & Corretje Moed-van Walraven. 1986. The syntax of verbs in Yiddish. In Hubert Haider & Martin Prinzhom (Hrsg.), *Verb second phenomena in Germanic languages*, 111–135. Dordrecht: Foris.

den Dikken, Marcel. 1989. Verb projection raising en de analyse van het IPP-effect. *Tabu* 19. 59–75.

den Dikken, Marcel. 1994. Minimalist verb (projection) raising. In *Minimalism and Kayne's asymmetry hypothesis* (Groninger Arbeiten zur Germanistischen Linguistik (37)), 71–88. Groningen: Jan-Wouter C. Zwart.

den Dikken, Marcel. 1995. Verb (projection) raising, scope, and uniform phrase structure. In Jill N. Beckman (Hrsg.), *Proceedings of the North Eastern Linguistics*

Society annual meeting (NELS 25), 95–110. Amherst, Mass.: Graduate Linguistic Student Association.

den Dikken, Marcel. 1996. The minimal links of verb (projection) raising. In Werner Abraham, Samuel David Epstein, Höskuldur Thráinsson & Jan-Wouter C. Zwart (Hrsg.), *Minimal ideas. Syntactic studies in the minimalist framework*, 67–96. Amsterdam/Philadelphia: John Benjamins.

Denkler, Horst. 1977. Flugblätter in *jüdisch-deutschem* Dialekt aus dem revolutionären Berlin 1848/49. *Jahrbuch des Instituts für Deutsche Geschichte Tel Aviv* 6. 215–257.

Deppermann, Arnulf. 2007. Stilisiertes Türkendeutsch in Gesprächen deutscher Jugendlicher. In Rita Franceschini (Hrsg.), *Im Dickicht der Städte I. Sprache und Semiotik*. Bd. 148, 43–62.

Diesing, Molly. 1990. Verb movement and the subject position in Yiddish. *Natural Language and Linguistic Theory* 8(1). 41–79.

Dohrn, Verena. 1999. In Erwartung eines literarischen Messias – Der russisch-jüdische Schriftsteller Isaak Babel (1894–1940). In Natascha Drubek-Meyer, Peter Kosta & Holt Meyer (Hrsg.), *Juden und Judentum in Literatur und Film des slavischen Sprachraums. Die geniale Epoche*, 173–192. Wiesbaden: Harrassowitz.

Dossey, Ellen E. 2012. *Spontaneous phonetic imitation across regional dialects.* http://digitalcommons.macalester.edu/ling_honors/8/. http://digitalcommons.macalester.edu/ling_honors/8/.

Dubenion-Smith, Shannon A. 2010. Verbal complex phenomena in West Central German. Empirical domain and multi-causal account. *Journal of Germanic Linguistics* 22(2). 99–191.

Dubenion-Smith, Shannon A. 2011. Der Verbalkomplex im Schlesischen. *Zeitschrift für Dialektologie und Linguistik* 78(3). 281–320.

Ebert, Robert Peter. 1980. Social and stylistic Variation in Early New High German Word Order. The Sentence Frame (›Satzrahmen‹). *Beiträge zur Geschichte der deutschen Sprache und Literatur* 102. 357–398.

Ebert, Robert Peter. 1981. Social and stylistic variation in the order of auxiliary and nonfinite verb in dependent clauses in New High German. *Beiträge zur Geschichte der deutschen Sprache und Literatur (PBB)* 103. 204–237.

Ebert, Robert Peter. 1998. *Verbstellungswandel bei Jugendlichen, Frauen und Männern im 16. Jahrhundert* (Reihe Germanistische Linguistik 190). Tübingen: Niemeyer.

Ebert, Robert Peter, Oskar Reichmann, Hans-Joachim Solms & Klaus-Peter Wegera. 1993. *Frühneuhochdeutsche Grammatik* (Sammlung kurzer Grammatiken deutscher Dialekte 12). Tübingen: Niemeyer.

Literaturverzeichnis

Eisenberg, Peter. 2004. *Der Satz. Grundriss der deutschen Grammatik.* 2. Aufl. Bd. 2. Stuttgart/Weimar: J. B. Metzler.

Elmentaler, Michael, Joachim Gessinger & Jan Wirrer. 2010. Qualitative und quantitative Verfahren in der Ethnodialektologie am Beispiel von Salienz. In Christina Anders, Markus Hundt & Alexander Lasch (Hrsg.), *Perceptual Dialectology. Neue Wege der Dialektologie,* 111–150. Berlin/New York: De Gruyter.

Elspaß, Stephan. 2005a. *Sprachgeschichte von unten. Untersuchungen zum geschriebenen Alltagsdeutsch im 19. Jahrhundert* (Reihe Germanistische Linguistik 263). Niemeyer.

Elspaß, Stephan. 2005b. Standardisierung des Deutschen. Ansichten aus der neueren Sprachgeschichte ‚von unten'. *Standardvariation: Wie viel Variation verträgt die deutsche Sprache? Jahrbuch (Institut für Deutsche Sprache).* 63–99.

Elyada, Aya. 2012. *A goy who speaks Yiddish. Christians and the Jewish language in early modern Germany* (Stanford Studies in Jewish History and Culture). Stanford, CA: Stanford University Press.

Evers, Arnold. 1975. *The transformational cycle in Dutch and German.* Bloomington: Indiana University Linguistics Club.

Fenk-Oczlon, Gertraud. 1991. Frequenz und Kognition – Frequenz und Markiertheit. *Folia Linguistica* 25. 361–394.

Ferguson, Charles A. 1959. Diglossia. *Word. Journal of the Linguistic Circle of New York* 15. 325–340.

Fillmore, Charles. 2008. Border conflicts. FrameNet meets Construction Grammar. In *Proceedings of the XIII EURALEX International Congress,* 49–68.

Fink, Hermann. 1991 [1930]. Die Laute der Mundart von Bayreuth. *Bayreuther Beiträge zur Dialektologie* 5. 11–86.

Fischer, Jechiel. 1936. *Das Jiddische und sein Verhältnis zu den deutschen Mundarten. Unter besonderer Berücksichtigung der ostgalizischen Mundart.* Ergänzter Nachdr. Bin-Nun, Jechiel (1973). Tübingen: Niemeyer.

Fischer, Jens Malte & Hans-Peter Bayerdörfer (Hrsg.). 2008. *Judenrollen. Darstellungsformen im europäischen Theater von der Restauration bis zur Zwischenkriegszeit.* Tübingen: Niemeyer.

Fischer, Pascal. 2003. *Yidishkeyt und Jewishness. Identität in jüdisch-amerikanischer Literatur unter besonderer Berücksichtigung der Sprache. Cahans Yekl, Lewisohns Thema Island Within, Roths Call it Sleep, Mulamuds The Assistant.* Heidelberg: Winter.

Fishman, Joshua. 1985. The sociology of Jewish languages from a general sociolinguistic point of view. In Joshua Fishman (Hrsg.), *Readings in the sociology of Jewish languages,* 3–21. Leiden: Brill.

Fitch, William Tecumseh Sherman. 2010. *The evolution of language*. Cambridge University Press.

Fleischer, Jürg. 2004a. A typology of relative clauses in German dialects. In Bernd Kortmann (Hrsg.), *Dialectology meets typology. Dialect grammar from a cross-linguistic perspective*, Bd. 153 (Trends in Linguistics Studies and Monographs), 211–243. Berlin/New York: De Gruyter.

Fleischer, Jürg. 2004b. Relativsätze in den Dialekten des Deutschen. Vergleich und Typologie. In Helen Christen (Hrsg.), *Dialektologie an der Jahrtausendwende*, Bd. 24 (Linguistik online), 171–186.

Fleischer, Jürg. 2004c. The sociolinguistic setting of Swiss Yiddish and the impact on its grammar. *University of Pennsylvania Working Papers in Linguistics* 10(1). 89–102.

Fleischer, Jürg. 2004d. Wie alemannisch ist Surbtaler Jiddisch? Hochalemannische Züge in einem westjiddischen Dialekt. In Elvira Glaser, Peter Ott & Rudolf Schwarzenbach (Hrsg.), *Alemannisch im Sprachvergleich* (Zeitschrift für Dialektologie und Linguistik Beihefte 129), 123–140. Stuttgart/Wiesbaden: Steiner.

Fleischer, Jürg. 2004e. Zur Typologie der Relativsätze in den Dialekten des Deutschen. In Franz Patocka & Peter Wiesinger (Hrsg.), *Morphologie und Syntax deutscher Dialekte und historische Dialektologie des Deutschen*, 60–83. Wien: Edition Praesens.

Fleischer, Jürg. 2005. *Surbtaler und Hegauer Jiddisch. Tonaufnahmen und Texte zum Westjiddischen in der Schweiz und Südwestdeutschland* (Beihefte zum Language and Culture Atlas of Ashkenazic Jewry 4). Tübingen: Niemeyer.

Fleischer, Jürg. 2007. Zur Herkunft der ostjiddischen *vos*-Relativsätze. Germanisch, semitisch oder slawisch? In Jean-Marie Valentin (Hrsg.), *Akten des XI. Internationalen Germanistenkongresses Paris 2005 „Germanistik im Konflikt der Kulturen". Band 2. Jiddische Sprache und Literatur in Geschichte und Gegenwart*, betreut von Steffen Krogh, Simon Neuberg und Gilles Rozier (*Jahrbuch für Internationale Germanistik, Reihe A 78*), Bd. 2, 37–43. Bern u.a.: Lang.

Fleischer, Jürg. 2010. Relativsätze im Deutschen und Jiddischen. In Antje Dammel, Sebastian Kürschner & Damaris Nübling (Hrsg.), *Kontrastive germanistische Linguistik*, 145–169. Hildesheim: Olms.

Fleischer, Jürg. 2011. ... und habe es ihr gesagt. Zur dialektalen Abfolge pronominaler Objekte (eine Auswertung von Wenkersatz 9). In Elvira Glaser, Jürgen Erich Schmidt & Natascha Frey (Hrsg.), *Dynamik des Dialekts – Wandel und Variation. Akten des III. Kongresses der Internationalen Gesellschaft für Dia-*

lektologie des Deutschen (IGDD) (Zeitschrift für Dialektologie und Linguistik Beihefte (144)), 77–100. Stuttgart: Steiner.

Fleischer, Jürg. 2012. Grammatische und semantische Kongruenz in der Geschichte des Deutschen. Eine diachrone Studie zu den Kongruenzformen von ahd. *wīb*, nhd. *Weib. Beiträge zur Geschichte der deutschen Sprache und Literatur* 134. 163–203.

Fleischer, Jürg. 2014a. Slavic influence in Eastern Yiddish syntax. The case of *vos* relative clauses. *Jewish Language Contact (Special Issue, International Journal of the Sociology of Language)* 226. 137–161.

Fleischer, Jürg. 2014b. The (original) unity of Western and Eastern Yiddish. An assessment based on morphosyntactic phenomena. In Marion Aptroot & Björn Hansen (Hrsg.), *Yiddish language structures*, Bd. 52 (Empirical Approaches to Language Typology), 107–123. Berlin/Boston: De Gruyter.

Fleischer, Jürg. to appear. WesternYiddish and Judeo-German. In *Jewish languages*. De Gruyter.

Fleischer, Jürg & Lea Schäfer. 2012. Kasus nach Präposition in westjiddischen Quellen des (langen) 19. Jahrhunderts. In Marion Aptroot, Efrat Gal-Ed, Roland Gruschka & Simon Neuberger (Hrsg.), היינט שטודיעס יידיש לקט *[Jiddistik heute; Yiddish studies today]*, 415–436.

Fleischer, Jürg & Lea Schäfer. 2014. Jiddisch in den Marburger Wenker-Materialien. In *Jiddistik Mitteilungen. Jiddistik in deutschsprachigen Ländern*, Bd. 52, 1–34. Universität Trier.

Frank, Jehuda Leopold. 1962. *Jüdisch-deutsche Ausdrücke, Sprichwörter und Redensarten der Nassauischen Landsjuden*. 2. Aufl. Tel Aviv.

Fraser, Colin, Ursula Bellugi & Roger Brown. 1963. Control of grammar in imitation, comprehension, and production. *Journal of Verbal Learning and Verbal Behavior* 2(2). 121–135.

Freise, Dorothea. 2002. *Geistliche Spiele in der Stadt des ausgehenden Mittelalters*. Göttingen: Vadenhoeck & Ruprecht.

Frenzel, Elisabeth. 1942. *Judengestalten auf der deutschen Bühne. Ein notwendiger Querschnitt durch 700 Jahre Rollengeschichte*. München: Deutscher Volksverlag.

Frey, Winfried. 1991. Das Bild des Judentums in der deutschen Literatur des Mittelalters. In Karl E. Grözinger (Hrsg.), *Judentum im deutschen sprachraum*, 36–59. Berlin: Suhrkamp.

Frey, Winfried. 1992. Pater noster Pyrenbitz. Zur sprachlichen Gestaltung jüdischer Figuren im deutschen Theater des Mittelalters. *Aschkenas, Zeitschrift für Geschichte und Kultur der Juden* 2. 49–71.

Frey, Winfried. 1994. Mittelalterliches Schaupiel. In Ulrich Mehler & Anton H. Touber (Hrsg.), *Festschrift für Hans-Jürgen Linke zum 65. Geburtstag* (Amsterdamer Beiträge zur älteren Germanistik 38–39), 83–197. Amsterdam/Atlanta, GA.

Freywald, Ulrike. 2008. Zur Syntax und Funktion von *dass*-Sätzen mit Verbzweitstellung. *Deutsche Sprache* 36. 246–285.

Freywald, Ulrike. 2009. Kontexte für nicht-kanonische Verbzweitstellung. V2 nach dass und Verwandtes. In Veronika Ehrich, Christian Fortmann, Ingo Reich & Marga Reis (Hrsg.), *Koordination und Subordination im Deutschen* (Linguistische Berichte, Sonderheft 16), 113–134. Hamburg: Buske.

Freywald, Ulrike & Horst Simon. 2007. Wenn die Wortbildung die Syntax stört. Über Verben, die nicht in V2 stehen können. In Maurice Kauffer & René Métrich (Hrsg.), *Verbale Wortbildung im Spannungsfeld zwischen Wortsemantik, Syntax und Rechtschreibung*, 181–194. Tübingen: Stauffenburg.

Friebertshäuser, Hans. 1987. *Das hessische Dialektbuch*. München: C. H. Beck.

Friedrich, Carl Wilhelm. 1784. *Unterricht in der Judensprache und Schrift*. Prentzlow: C. G. Ragoczy.

Garvin, Paul L. 1965. The dialect geography of Hungarian Yiddish. In Uriel Weinreich (Hrsg.), *The field of Yiddish. Studies in language, folklore and literature*, Bd. 2, 92–115. The Hague: Mouton.

Gay, Ruth. 1994. *The Jews of Germany. A historical Portrait*. New Haven: Yale University Press.

Geilfuß, Jochen. 1990. Jiddisch als SOV-Sprache. *Zeitschrift für Sprachwissenschaft* 9. 170–183.

Gelber, Mark H. 1986. Das Judentum in der deutschen Literatur. Einige Beispiele von den frühesten Lexika bis Gustav Freytag und Thomas Mann. In Stéphane Moses & Albrecht Schöne (Hrsg.), *Juden in der deutschen Literatur. Ein deutsch-israelisches Symposium*, 162–178. Frankfurt: Suhrkamp.

Glauninger, Manfred. 2014. Salienz und System. *Linguistik Online* 66(4). http://dx.doi.org/10.13092/lo.66.1570.

Goethe, Johann W. 1994. Judenpredigt. In *Sämtliche Werke. Briefe, Tagebücher und Gespräche, Band 8*, 1086. Berlin: Deutscher Klassiker Verlag.

Gold, David L. 1985. Jewish English. In Joshua A. Fishman (Hrsg.), *Readings in the sociology of Jewish languages*, 280–298. Leiden: Brill.

Goldberg, Adele. 2006. *Constructions at work. The nature of generalization in language* (Oxford linguistics). Oxford University Press.

Literaturverzeichnis

Golston, Chris & Richard Wiese. 1996. Zero morphology and constraint interaction. Subtraction and epenthesis in German dialects. In Geert E. Booij & Jaap van Marle (Hrsg.), *Yearbook of morphology 1995*, 143–159. Dordrecht: Kluwer.
Griesinger, Karl Theodor. 1838. *Silhouetten aus Schwaben*. C. Drechsler.
Grimm, Jacob. 1890. *Deutsche Grammatik*. 2. Aufl. Gütersloh.
Grimm, Jacob, Wilhelm Grimm u. a. 1854–1960. *Deutsches Wörterbuch [DWB]: von Jacob Grimm und Wilhelm Grimm*. Bd. 16. Leipzig: S. Hirzel.
Gruschka, Roland. 2003. Von Parodien deutscher Dichtung, dem Nachleben von Isaak Euchels ›Reb Henoch‹ und anderen Lesestoffen der Berliner Juden. Die Kolportagereihe ›Gedichte und Scherze in jüdischer Mundart‹. *Aschkenas, Zeitschrift für Geschichte und Kultur der Juden* 13(2). 485–499.
Grözinger, Elvira. 1998. ›Judenmauschel‹. Der antisemitische Sprachgebrauch und die jüdische Identität. In Karl E. Grözinger (Hrsg.), *Sprache und Identität im Judentum* (Jüdische Kultur 4), 173–198. Wiesbaden: Harrassowitz.
Gubser, Martin. 1998. *Literarischer Antisemitismus. Untersuchungen zu Gustav Freytag und anderen bürgerlichen Schriftstellern des 19. Jahrhunderts*. Göttingen: Wallstein.
Guggenheim-Grünberg, Florence. 1958. Zur Phonologie des Surbtaler Jiddischen. *Phonetica. Internationale Zeitschrift für Phonetik*. 86–108.
Guggenheim-Grünberg, Florence. 1966a. Rezension von Beraneck (1965). *Zeitschrift für Mundartforschung* 33. 353–357.
Guggenheim-Grünberg, Florence. 1966b. *Surbtaler Jiddisch* (Schweizer Dialekte in Text und Ton I. Deutsche Schweiz 4). Frauenfeld: Huber.
Guggenheim-Grünberg, Florence. 1968. Rezension von Beraneck (1965). *Zeitschrift für Mundartforschung* 35. 148–149.
Guggenheim-Grünberg, Florence. 1973. *Jiddisch auf alemannischem Sprachgebiet. 56 Karten zur Sprach- und Sachgeographie*. (Beiträge zur Geschichte und Volkskunde der Juden in der Schweiz 10). Zürich: Juris Druck & Verlag.
Guggenheim-Grünberg, Florence. [1976] 1998. *Wörterbuch zu Surbtaler Jiddisch*. Beiträge zur Geschichte und Volkskunde der Juden in der Schweiz 11. [Zürich] Endigen: Juris Druck & Verlag.
Guggenheim-Grünberg, Florence. 1981. Die Surbtaler Pferdehändlersprache. *Jiddisch. Beiträge zur Sprach- und Literaturwissenschaft. (Zeitschrift für deutsche Philologie 100. Sonderheft)*.
Gärtner, Hans-Martin. 2001. Are there V2 relative clauses in German? *Journal of Comparative Germanic Linguistics* 3(2). 97–141.

Günthner, Susanne. 1993. »... weil - man kann es ja wissenschaftlich untersuchen«. Diskurspragmatische Aspekte der Wortstellung in WEIL-Sätzen. *Linguistische Berichte* 143. 37–59.

Günthner, Susanne. 2002. *Stimmenvielfalt im Diskurs. Formen der Stilisierung und Ästhetisierung in der Redewiedergabe.*

Haegeman, Liliane & Henk van Riemsdijk. 1986. Verb projection raising, scope, and the typology of rules affecting verbs. *Linguistic Inquiry* 17. 417–466.

Haegeman, Liliane & Raffaella Zanuttini. 1996. Negative concord in West Flemish. In Adriana Belletti & Luigi Rizzi (Hrsg.), *Parameters and functional heads. Essays in comparative syntax*, 117–180. Oxford: Oxford University Press.

Hagenow, Katharina & Paul Zuc (Hrsg.). 1965. *Mecklenburgisches Wörterbuch.* Bd. 4.2. Akademie Verlag.

Haider, Hubert. 2007. Poetenpidgin – über Ernst Jandls Grammatik einer heruntergekommenen Sprache. In Wolfgang U. Dressler & Oswald Panagl (Hrsg.), *Poetische Lizenzen*, 133–145. Wien: Praesens.

Haider, Hubert. 2010a. *The syntax of German.* Cambridge: Cambridge University Press.

Haider, Hubert. 2010b. Wie wurde Deutsch OV? Zur diachronen Dynamik eines Strukturparameters der germanischen Sprachen. In Arne Ziegler (Hrsg.), *Historische Textgrammatik und Historische Syntax des Deutschen - Traditionen, Innovationen, Perspektiven*, 11–32. Berlin: De Gruyter.

Haider, Hubert. 2013. *Symmetry breaking in syntax* (Cambridge Studies in Linguistics 136). Cambridge: Cambridge University Press.

Hartung, Günther. 2006. *Juden und deutsche Literatur. Zwölf Untersuchungen seit 1979, mit einer neu hinzugefügten Jüdische Themen bei Kafka* (Gesammelte Aufsätze und Vorträge 4). Leipzig: Leipziger Universitätsverlag.

Haselbauer, Franz. 1742. *Fundamenta grammatica duarum praecipuarum linguarum hebraicae et chaldaicae.* Typis Universitatis Carolo-Ferdinandiae.

Haugen, Einar. 1994. Standardization. *The Encyclopedia of Language and Linguistics* (8). 4340–4342.

Hauser, Marc, Noam Chomsky & William Tecumseh Sherman Fitch. 2002. The language Faculty. What is it, who has it, and how did it evolve? *Science* 298. 1569–1579.

Hausmann, Frank-Rüdiger. 1989. Juden und Judentum in der französischen Literatur des 19. Jahrhunderts. In Hans Otto Horch & Horst Denkler (Hrsg.), *Condition judaica. judentum, antisemitismus und deutschsprachige literatur vom 18. jahrhundert bis zum ersten weltkrieg; interdisziplinäres symposium der werner-reimers-stiftung bad homburg*, 52–71. De Gruyter.

Literaturverzeichnis

Heine, Antje, Joachim Jacobs & Robert Külpmann. 2010. Quer zu den Feldern – Zur Topologie von Partikelverben. *Linguistische Berichte* 221. 37–60.

Helbig, Gerhard & Joachim Buscha. 2001. *Deutsche Grammatik. Ein Handbuch für den Ausländerunterricht.* 17. Aufl. Leipzig: Langenscheidt.

Herrgen, Joachim. 1986. *Koronalisierung und Hyperkorrektion. Das palatale Allophon des /ch/-Phonems und seine Variation im Westmitteldeutschen.* Stuttgart: Steiner.

Herrgen, Joachim & Jürgen Erich Schmidt. 1985. Systemkontrast und Hörerurteil. Zwei Dialektalitätsbegriffe und die ihnen entsprechenden Meßverfahren. *Zeitschrift für Dialektologie und Linguistik 52.* 20–42.

Herzog, Marvin. 1965. *The Yiddish language in Northern Poland. Its geography and history.* Bloomington: Indiana University.

Herzog, Marvin, Ulrike Kiefer u. a. (Hrsg.). 1992. *language and culture atlas of Ashkenazic Jewry [LCAAJ]. Historical and theoretical foundations.* Bd. 1. Tübingen: Niemeyer.

Herzog, Marvin, Ulrike Kiefer u. a. (Hrsg.). 1995. *Language and culture atlas of Ashkenazic Jewry [LCAAJ]. Research tools.* Bd. 2. Tübingen: Niemeyer.

Herzog, Marvin, Ulrike Kiefer u. a. (Hrsg.). 2000. *Language and culture atlas of Ashkenazic Jewry [LCAAJ]. The Eastern Yiddish – Western Yiddish continuum.* Bd. 3. Tübingen: Niemeyer.

Hettler, Yvonne. 2014. Salienz, Bewertung und Realisierung regionaler Merkmale in Norddeutschland. *Linguistik Online* 66(4). http://dx.doi.org/10.13092/lo.66.1573.

Heuser, Andrea. 2011. *Vom Anderen zum Gegenüber. Jüdischkeit in der deutschen Gegenwartsliteratur* (Jüdische Moderne). Köln: Böhlau.

Hobsbawm, Eric. 1962. *The age of revolution, 1789–1848.* New York: New American Library.

Hobsbawm, Eric. 1975. *The age of capital, 1848–1875.* New York: Scribner.

Hobsbawm, Eric. 1987. *The age of empire, 1875–1914.* New York: Pantheon Books.

Hoeksema, Jack. 1994. The history of Dutch verb projection raising. Manuskript. Rijksuniversiteit Groningen.

Hoekstra, Jarich. 2010. Die Kasusmarkierung von Eigennamen im Festlandnordfriesischen und in anderen westgermanischen Dialekten. In Antje Dammel, Sebastian Kürschner & Damaris Nübling (Hrsg.), *Kontrastive Germanistische Linguistik*, 749–779. Hildesheim: Olms.

Hoekstra, Jarich F. 2001. Das Standardwestfriesische. In Horst Haider Munske u. a. (Hrsg.), *Handbook of Frisian studies.* Tübingen: Niemeyer.

Hofmann, Hans-Rainer. 1998. *Lachoudisch sprechen. Mit Wörterverzeichnis. Sprache zwischen Gegenwart und Vergangenheit.* Dinkelsbühl: Brunnen.

Holsinger, David J. & Paul D. Houseman. 1999. Lenition in Hessian. Cluster reduction and "subtractive plurals". In Geert E. Booij & Jaap van Marle (Hrsg.), *Yearbook of morphology 1998*, 159–174. Dordrecht: Kluwer.

Huggele, Marco. 2016. *Als wenn eine ganze Legion Juden-Geister in ihm wohnten Itzig Feitel Stern – Das enträtselte Pseudonym einer rätselhaften Doppelexistenz. Jahrbuch für fränkische Landesforschung* 75. 228–255.

Hutterer, Claus Jürgen. 1965. The phonology of Budapest Yiddish. In Uriel Weinreich (Hrsg.), *The field of Yiddish. Studies in language, folklore and literature*, Bd. 2, 116–146. The Hague: Mouton.

Hutterer, Claus Jürgen. 1994. Jiddisch in Ungarn. In Astrid Starck (Hrsg.), *Westjiddisch. Mündlichkeit*, 43–60. Aarau: Sauerländer.

Härd, John Evert. 1981. *Studien zur Struktur mehrgliedriger deutscher Nebensatzprädikate. Diachronie und Synchronie.* Göteborg: Göteborger germanistische Forschungen.

Höhle, Tilman. 2006. Observing non-finite verbs. Some 3V phenomena in German-Dutch. In Patrick Brandt & Eric Fuß (Hrsg.), *Form, structure, and grammar. A Festschrift presented to Günther Grewendorf on the occasion of his 60th birthday*, 55–77. Berlin: Akademie-Verlag.

Institut für Deutsche Sprache. 2013. *Deutsches Referenzkorpus / Archiv der Korpora geschriebener Gegenwartssprache 2013-I (Release vom 19.03.2013): Benutzerdokumentation zum Produkt Korpusbasierte Wortgrundformenliste DEREWO v-ww-bll-320000g-2012-12-31-1.0.* www.ids-mannheim.de/DeReKo.

Jacobs, Neil G. 1990a. *Economy in Yiddish vocalism. A study in the interplay of Hebrew and non-Hebrew components* (Mediterranean Language and Culture Monograph Series 7). Wiesbaden: Harrassowitz.

Jacobs, Neil G. 1990b. Northeastern Yiddish gender-switch. Abstracting dialect features regionally. *Diachronica* 7(2). 69–100.

Jacobs, Neil G. 2005. *Yiddish. A linguistic introduction.* Cambridge: Cambridge University Press.

Jacobs, Neil G., Ellen F. Prince & Johan van der Auwera. 2013. Yiddish. In Ekkehard König & Johan van der Auwera (Hrsg.), *The Germanic languages*, 388–419. London/New York: Routeledge.

Jaeger, Achim. 2000. *Ein jüdischer Artusritter. Studien zum jüdisch-deutschen „Widuwilt" („Artushof") und zum „Wigalois" des Wirnt von Gravenberc.* Tübingen: Niemeyer.

Janik, Vincent & Peter Slater. 1997. Vocal learning in mammals. *Advances in the Study of Behavior* 26. 59–99.

Jenzsch, Helmut. 1974 [1971]. *Jüdische Figuren in deutschen Bühnentexten des 18. Jahrhunderts. Eine systematische Darstellung auf dem Hintergrund der Bestrebungen zur bürgerlichen Gleichstellung der Juden, nebst einer Bibliographie nachgewiesener Bühnentexte mit Judenfiguren der Aufklärung.* Hamburg: Universität Hamburg Dissertation.

Jespersen, Otto. 1922. *Language. Its nature, development, and origin.* London: Allen & Unwin.

Jäger, Agnes. 2008. *History of German negation* (Linguistik Aktuell/Linguistics Today 118). Amsterdam: John Benjamins.

Jäger, Agnes. 2013. Negation in the history of (high) German. In David Willis, Chris Lucas & Anne Breitbarth (Hrsg.), *The history of negation in the languages of Europe and the Mediterranean. Volume I. Case studies*, 151–189. Oxford: Oxford University Press.

Katz, Dovid. 1983. Zur Dialektologie des Jiddischen (autorisierte Übersetzung von Manfred Görlach). In Werner Besch, Ulrich Knoop, Wolfgang Putschke & Herbert Ernst Wiegand (Hrsg.), *Dialektologie. Ein Handbuch zur deutschen und allgemeinen Dialektforschung* (Handbücher zur Sprach- und Kommunikationswissenschaft. Bd. 1.2), 1018–1041. Berlin: De Gruyter.

Keenan, Edward L. & Bernard Comrie. 1977. Noun phrase accessibility and universal grammar. *Linguistic Inquiry* 8. 63–99.

Kehrein, Joseph. 1856. *Syntax des einfachen und mehrfachen Satzes.* Bd. 3 (Grammatik der deutschen Sprache.. Des funfzehnten bis siebenzehnten Jahrhunderts). Leipzig: Otto Wigand.

Kehrein, Joseph. 1860. *Volkssprache und Volkssitte im Herzogthum Nassau. Ein Beitrag zu deren Kenntniß.* Weilburg: Lanz.

Kerler, Dov-Ber. 1999. *The origins of modern literary Yiddish.* Oxford: Clarendon Press.

Kiesewalter, Carolin. 2011. Zur Salienz remanenter Merkmale des Neuhessischen. In Brigitte Ganswindt & Christoph Purschke (Hrsg.), *Perspektiven der Variationslinguistik. Beiträge aus dem Forum Sprachvariation*, 335–369. Hildesheim u.a.: Olms.

Kiesewalter, Carolin. 2014. Salienz und Pertinenz. Zur subjektiven Dialektalität remanenter Regionalismen des Mittelbairischen. *Linguistik Online* 66(4). http://dx.doi.org/10.13092/lo.66.1575.

King, Robert D. 1990. On the origins of the *s*-plural in Yiddish. In Paul Wexler (Hrsg.), *Studies in Yiddish linguistics*, 47–53. Tübingen: Niemeyer.

Kleine, Ane. 2008. *Phonetik des Jiddischen. Historische Aspekte und akustische Analysen.* Bd. 15 (jidische schtudies). Hamburg: Buske.

Kleiner, Stefan. 2013. Medienbairisch – Eine variationslinguistische Untersuchung der Dialekttiefe des Mittelbairischen in Film- und Fernsehproduktionen. In Rüdiger Harnisch (Hrsg.), *Strömungen in der Entwicklung der Dialekte und ihrer Erforschung. Beiträge zur 11. Bayerisch-Österreichischen Dialektologentagung in Passau, September 2010* (Regensburger Dialektforum 19), 429–449. Regensburg: edition vulpes.

Klepsch, Alfred. 1996. Das Lachoudische. Eine jiddische Sondersprache in Franken. In Klaus Siewert (Hrsg.), *Sondersprachforschung Bd. 1. Rotwelsch-Dialekte. Symposium Münster 10.–12.03.1995*, 81–93. Wiesbaden: Harrassowitz.

Klepsch, Alfred. 2004. *Westjiddisches Wörterbuch. Auf der Basis dialektologischer Erhebungen in Mittelfranken.* Tübingen: Niemeyer.

Klepsch, Alfred. 2008. *Aussterben und Fortleben des Jiddischen in Franken.* Horst Haider Munske (Hrsg.). http://www.opus.ub.uni-erlangen.de/opus/volltexte/2008/951/pdf/IZD_Klepsch_Jiddisch_in_Franken.pdf (7 September, 2011). http://www.opus.ub.uni-erlangen.de/opus/volltexte/2008/951/pdf/IZD_Klepsch_Jiddisch_in_Franken.pdf, accessed 2011-09-07.

Knaus, Johannes. 2003. *Subtraktive Pluralformen in deutschen Dialekten.* Marburg: Philipps-Universität Marburg Magisterarbeit.

Koch, Peter & Wulf Oesterreicher. 1985. Sprache der Nähe – Sprache der Distanz. Mündlichkeit und Schriftlichkeit im Spannungsfeld von Sprachtheorie und Sprachgeschichte. 36. 15–43.

Koch, Peter & Wulf Oesterreicher. 1994. Schriftlichkeit und Sprache. In Hartmut Günther & Otto Ludwig (Hrsg.), *Schrift und Schriftlichkeit. Ein interdisziplinäres Handbuch internationaler Forschung* (Handbücher zur Sprach- und Kommunikationswissenschaft 10), 587–604. De Gruyter.

Kosta, Peter. 1999. Zur Kultur- und Sprachspezifik in Karel Poláčeks Werk. In Natascha Drubek-Meyer, Peter Kosta & Holt Meyer (Hrsg.), *Juden und Judentum in Literatur und Film des slavischen Sprachraums. Die geniale Epoche*, 95–112. Wiesbaden: Harrassowitz.

Krasselt, Julia. 2013. Zur Serialisierung subordinierter Sätze im Verbalkomplex. Gegenwartssprachliche und frühneuhochdeutsche Variation. In Petra M. Vogel (Hrsg.), *Sprachwandel im Neuhochdeutschen* (Jahrbuch für Germanistische Sprachgeschichte 4), 128–143. Berlin/Boston: De Gruyter.

Kremer, Arndt. 2007. *Deutsche Juden – deutsche Sprache. Jüdische und judenfeindliche Sprachkonzepte und -konflikte 1893–1933.* Bd. 87 (Studia Linguistica Germanica). Berlin/New York: De Gruyter.

Krobb, Florian. 2000. *Selbstdarstellungen. Untersuchungen zur deutsch-jüdischen Erzählliteratur im neunzehnten Jahrhundert.* Würzburg: Königshausen & Neumann.

Krogh, Steffen. 2001. *Das Ostjiddische im Sprachkontakt. Deutsch im Spannungsfeld zwischen Semitisch und Slavisch.* Tübingen: Niemeyer.

Krogh, Steffen. 2007. Zur Syntax in der jiddischen Version der ›Schivche ha-Bescht‹ (1815). *Beiträge zur Geschichte der deutschen Sprache und Literatur* (129). 187–219.

Krogh, Steffen. 2008. Die Wortstellung der Verbalfelder im Ostjiddischen. *Zeitschrift fuer Dialektologie und Linguistik* 75. 21–60.

König, Werner. 2007 [1978]. *dtv-Atlas Deutsche Sprache.* 16. Aufl. Nördlingen: C. H. Beck.

Kühnert, Henrike. 2007. Relativsätze mit *daś* und *waś* im Westjiddischen. In Jean-Marie Valentin (Hrsg.), *Akten des XI. Internationalen Germanistenkongresses Paris 2005 „Germanistik im Konflikt der Kulturen". Band 2. Jiddische Sprache und Literatur in Geschichte und Gegenwart, betreut von Steffen Krogh, Simon Neuberg und Gilles Rozier)*, Bd. 2 (Jahrbuch für Internationale Germanistik 78), 45–52. Bern u.a.: Lang.

Kühnert, Henrike & Esther-Miriam Wagner. 2014. Changes in the position of the finite verb in older Yiddish. In Marion Aptroot & Björn Hansen (Hrsg.), *Yiddish language structures*, Bd. 52 (Empirical Approaches to Language Typology), 125–142. Berlin/Boston: De Gruyter.

Labov, William. 1972. *Sociolinguistic patterns* (Conduct and Communication). University of Pennsylvania Press.

Labov, William. 2010. *Principles of linguistic change.* 2. Aufl. Bd. I. Internal factors. Malden, MA: Wiley-Blackwell.

Labov, William, Paul Cohen, Carence Robins & John Lewis. 1968. *A study of the non-standard English of Negro and Puerto Rican speakers in New York City.* Columbia University.

Lambert, Pamela Jean. 1976. *Ausklammerung in Modern Standard German.* Hamburg: Buske.

Landau, Alfred. 1895. Das Deminutivum der galizisch-jüdischen Mundart. *Deutsche Mundarten* 1. 46–58.

Landau, Alfred. 1901. Die Sprache der Memoiren der Glückel von Hameln. *Mitteilungen zur jüdischen Volkskunde* 7. 20–68.

Lenders, Winfried & Werner Besch. 1972–1985. *Bonner Frühneuhochdeutschkorpus.* http://wwwdh.cs.fau.de/IMMD8/Services/sammlung_korpora/BonnerFnhd.html.

Lenz, Alexandra N. 2010. Zum Begriff der Salienz und zum Nachweis salienter Merkmale. In Markus Hundt u. a. (Hrsg.), *Perceptual dialectology - Neue Wege der Dialektologie. Internationale Fachtagung an der Christian-Albrechts-Universität zu Kiel vom 22. bis 24. Mai 2008* (Linguistik - Impulse und Tendenzen), 89–110. Berlin/New York: De Gruyter.

Lerch, Hans-Günter. 1976. *„Tschü lowi..." („Kein Geld...") Das Manische in Gießen. Die Geheimsprache einer gesellschaftlichen Randgruppe, ihre Geschichte und ihre soziologischen Hintergründe.* Gießen: Anabas Verlag.

Lestschinsky, Jacob. 1960. Jewish migrations 1840–1956. In Louis Finkelstein (Hrsg.), *The Jews. Their history, culture, and religion*, Bd. 2, 1536–1596. New York: Harpers.

Lexer, Matthias. 1992. *Mittelhochdeutsches Handwörterbuch von Matthias Lexer: Zugleich als Supplement und alphabetischer Index zum Mittelhochdeutschen Wörterbuche von Benecke-Müller-Zarncke. Nachdruck der Ausg. Leipzig 1872-1878 mit einer Einleitung von Kurt Gärtner.* Stuttgart: S. Hirzel. http : / / woerterbuchnetz.de/Lexer/, accessed 2013-11-18.

Lightbown, Patsy & Nina Margaret Spanda. 2006. *How languages are learned*. 3. Aufl. (Oxford Handbooks for Language Teachers). Oxford: Oxford University Press.

Lindow, Wolfgang, Dieter Möhn, Hermann Niebaum, Dieter Stellmacher, Hans Taubken & Jan Wirrer. 1998. *Niederdeutsche Grammatik* (Schriften des Instituts für niederdeutsche Sprache. Reihe Dokumentation 20). Leer: Schuster.

Linke, Angelika. 1996. *Sprachkultur und Bürgertum. Zur Mentalitätsgeschichte des 19. Jahrhunderts.* Stuttgart: Metzler.

Lipkind, Dina u. a. 2013. Stepwise acquisition of vocal combinatorial capacity in songbirds and human infants. *Nature* 498. 104–108.

Lockwood, William B. 1995. *Lehrbuch der modernen jiddischen Sprache*. Hamburg: Buske.

Lockwood-Baviskar, Vera. 1975. *Negation in a sample of seventeenth century Western Yiddish*. Bd. 14 (Working Papers in Yiddish and East European Jewish Studies). New York: Max Weinreich Center for Advanced Jewish Studies of the YIVO Institute for Jewish Research.

Lorenz, Cornelia. 2014. Salienz unter Einheimischen und Zugezogenen – Ein empirischer Vergleich. *Linguistik Online* 66(4). http://dx.doi.org/10.13092/lo.66.1576.

Lotman, Juri Michailowitsch. 1985 [Nachdr. 2005]. On the semiosphere. *Sign Systems Studies* 33(1). 215–239.

Lowack, Alfred. 1905. *Die Mundarten im hochdeutschen Drama bis gegen Ende des achtzehnten Jahrhunderts.* Max Koch & Gregor Sarrazin (Hrsg.) (Breslauer Beiträge zur Literaturgeschichte). Leipzig: Max Hesse Verlag.

Lowenstein, Steven. 1975. „a mayrev-yidishe pyese fun onheyb 19tn j"h" [an early nineteenth century Western Yiddish drama]. ייִוואָ בלעטער *[YIVO Bleter]* 45. 57–84.

Lowenstein, Steven. 1979. The Yiddish written word in nineteenth century Germany. *Leo Baeck Institute Year Book* 24. 179–192.

Lubrich, Oliver. 2008. Sind hundert Klischees ergreifend? Dani Levys >Alles auf Zucker!< *Text+Kritik* (180). 74–88.

Lötscher, Andreas. 1978. Zur Verbstellung im Zürichdeutschen und in anderen Varianten des Deutschen. *Zeitschrift für Dialektologie und Linguistik* 45. 1–29.

Lüdeling, Anke. 2001. *On particle verbs and similar constructions in German.* Stanford, California Dissertation.

Lüssy, Heinrich. 1974. *Umlautprobleme im Schweizerdeutschen. Untersuchungen an der Gegenwartssprache* (Beiträge zur schweizerdeutschen Mundartforschung 20). Frauenfeld.

Mark, Yudl. 1954. A study of the frequency of Hebraisms in Yiddish. In Uriel Weinreich (Hrsg.), *The field of Yiddish. Studies in Yiddish language, folklore, and literature*, Bd. 1, 28–47. New York: Linguistic Cirlce of New York.

Mark, Yudl. 1978. גראַמאַטיק פֿון דער ייִדישער כּלל־שפּראַך *[gramatik fun der yidisher klal-shprakh].* New York: אַלוועלטלעכער ייִדישער קולטור־קאָנגרעס [alveltlekher yidisher kultur-kongres].

Markham, Duncan. 1997. *Phonetic imitation, accent, and the learner* (Travaux de l'Institut de linguistique de Lund (Bd. 33)). Lund University Press.

Martin, Ernst & Hans Lienhart (Hrsg.). [1899–1907]1974. *Wörterbuch der elsässischen Mundarten.* Bd. 2. Berlin/New York: De Gruyter.

Matisoff, James A. [1979] 2000. *Blessings, curses, hopes, and fears. Psycho-ostensive expressions in Yiddish.* 2. Aufl. Stanford: Standford University Press.

Matras, Yaron. 1996. Sondersprachliche Hebraismen. Am Beispiel der südwestdeutschen Viehhändlersprache. In Klaus Siewert (Hrsg.), *Sondersprachen. Rotwelschdialekte*, 43–58. Wiesbaden: Harrassowitz.

Mattheier, Klaus. 1993. „Mit der Seele Atem schöpfen" über die Funktion von Dialektalität in der deutschsprachigen Literatur. In Klaus Mattheier (Hrsg.), *Vielfalt des Deutschen. Festschrift für Werner Besch*, 633–653. Frankfurt am Main: Peter Lang.

Mattheier, Klaus. 2000. Die Durchsetzung der deutschen Hochsprache im 19. und beginnenden 20. Jahrhundert. Sprachgeographisch, sprachsoziologisch. In

Werner Besch, Anne Betten, Oskar Reichmann & Stefan Sonderegger (Hrsg.), *Sprachgeschichte. Ein Handbuch zur Geschichte der deutschen Sprache und ihrer Erforschung*, 1951–1966. Berlin/Boston: De Gruyter.

Maurer, Friedrich. 1926. *Untersuchungen über die deutsche Verbstellung in ihrer geschichtlichen Entwicklung.* Heidelberg: Winter.

Maurer, Trude. 1986. *Ostjuden in Deutschland* (Hamburger Beiträge zur Geschichte der deutschen Juden). Hamburg: H. Christians.

Mayer, Benedikt & Peter Zimmerer. 2009. »Mia san daily« – Versuch einer Messung von Dialektalität in der Fernsehserie »Dahoam is Dahoam« im Bayerischen Fernsehen. In Ulrich Kanz, Alfred Wildfeuer & Ludwig Zehetner (Hrsg.), *Mundart und Medien. Beiträge zum 3. dialektologischen Symposium im Bayerischen Wald, Walderbach, Mai 2008* (Regensburger Dialektforum 16), 233–242. Regensburg: edition vulpes.

Mayerthaler, Willi. 1981. *Morphologische Natürlichkeit* (Linguistische Forschungen 28). Wiesbaden: Akademische Verlagsgesellschaft Athenaion.

Meißner, Anton. 1999. *Die pfälzische Handelssprache Lotegorisch. Wörterbuch mit Leseproben.* Als Manuskript gedruckt. Wattenheim: Meißner.

Meltzoff, Andrew & Keith Moore. 1977. Imitation of facial and manual gestures by human neonates. *Science* 198. 75–78.

Meltzoff, Andrew & Keith Moore. 1983. Newborn infants imitate adult facial gestures. *Child Development* 54. 702–709.

Meltzoff, Andrew & Keith Moore. 1989. Imitation in newborn infants. Exploring the range of gestures imitated an the underlying mechanisms. *Developmental Psychology* 25. 954–962.

Meltzoff, Andrew & Wolfgang Prinz. 2002. *The imitative mind. Development, evolution, and brain bases.* Cambridge: Cambridge University Press.

Mieses, Matthias. 1915 [1979]. *Die Entstehungsursache der jüdischen Dialekte.* Hamburg: Buske.

Mikosch, Gunnar. 2010. *Von alter ê und ungetriuwen Juden. Juden und Judendiskurse in den deutschen Predigten des 12. und 13. Jahrhunderts.* München: Wilhelm Fink.

Myers-Scotton, Carol. 1993 [1997]. *Duelling languages. Grammatical structure in codeswitching.* Oxford: Oxford University Press.

Myers-Scotton, Carol. 2002. *Contact linguistics. Bilingual encounters and grammatical outcomes.* Oxford: Oxford University Press.

Myers-Scotton, Carol. 2004. *How codeswitching as an available option empowers bilinguals.* Essen: LAUD.

Mühlpfort, Heinrich. 1686. *Teutsche Gedichte, Band 1.* Johann Georg Steckh.

Literaturverzeichnis

Müller, Heidy M. 1984. *Die Judendarstellung in der deutschsprachigen Erzählprosa (1945-1981)* (Band 58 von Hochschulschriften Literaturwissenschaft). Hanstein: Forum Academicum in der Verlagsgruppe Athenäum.

Müller, Josef, Heinrich Dittmaier, Rudolf Schützeichel & Mattias Zender (Hrsg.). 1928–1971. *Rheinisches Wörterbuch: Im Auftrag der Preußischen Akademie der Wissenschaften, der Gesellschaft für Rheinische Geschichtskunde und des Provinzialverbandes der Rheinprovinz auf Grund der von Johannes Franck begonnenen, von allen Kreisen des Rheinischen Volkes unterstützten Sammlung bearbeitet.* Bonn/Berlin: Klopp.

Neubauer, Hans-Joachim. 1994. *Judenfiguren. Drama und Theater im frühen 19. Jahrhundert* (Schriftenreihe des Zentrums für Antisemitismusforschung Berlin 2). Frankfurt/New York: Campus-Verlag.

Neuberg, Simon. 2007. Zum frühen romanischen Einfluß auf das Jiddische. In Jean-Marie Valentin (Hrsg.), *Akten des XI. internationalen Germanistenkongresses Paris 2005 „Germanistik im Konflikt der Kulturen". Band 2. Jiddische Sprache und Literatur in Geschichte und Gegenwart, betreut von Steffen Krogh, Simon Neuberg und Gilles Rozier (Jahrbuch für Internationale Germanistik, Reihe A 78)*, Bd. 2, 19–27. Bern u.a.: Lang.

Neuhauser, Sara. 2012. *Phonetische und linguistische Aspekte der Akzentimitation im forensischen Kontext. Produktion und Perzeption* (Tübinger Beiträge zur Linguistik (529)). Tübingen: Narr.

Nielsen, Kuniko. 2011. Specificity and abstractness of VOT imitation. *Journal of Phonetics* 39. 132–142.

Nübling, Damaris. 2000. *Prinzipien der Irregularisierung. Eine kontrastive Analyse von zehn Verben in zehn germanischen Sprachen* (Linguistische Arbeiten 415). Tübingen: Niemeyer.

Nübling, Damaris. 2005. Forschungsperspektiven zur Nominalmorphologie deutscher Dialekte. In Eckhard Eggers, Jürgen Erich Schmidt & Dieter Stellmacher (Hrsg.), *Moderne Dialekte – Neue Dialektologie. Akten des I. Kongresses der Internationalen Gesellschaft für Dialektologie des Deutschen (IGDD) vom 5.-8. März 2003*, 45–86. Stuttgart: Franz Steiner.

Nübling, Damaris. 2012. Auf dem Wege zu Nicht-Flektierbaren. Die Deflexion der deutschen Eigennamen diachron und synchron. In Björn Rothstein (Hrsg.), *Nicht-flektierende Wortarten* (Reihe Linguistik - Impulse und Tendenzen), 224–246. Berlin/New York: De Gruyter.

Nübling, Damaris. 2014. *Die Kaiser Wilhelm – der Peterle – das Merkel*. Genus als Endstadium einer Grammatikalisierung – und als Quelle von Re- und Degrammatikalisierungen. *Jahrbuch 2013 der Akademie der Wissenschaften und der Literatur.* 127–146.

Nübling, Damaris & Mirjam Schmuck. 2010. Die Entstehung des s-Plurals bei Eigennamen als Reanalyse vom Kasus- zum Numerusmarker. Evidenzen aus der deutschen und niederländischen Dialektologie. *Zeitschrift für Dialektologie und Linguistik* 77(2). 145–182.

Och, Gunnar. 1995. *Imago Judaica. Juden und Judentum im Spiegel der deutschen Literatur 1750-1812.* Würzburg: Königshausen & Neumann.

Öhmann, Emil. 1924. *Der s-Plural im Deutschen* (Annales Academiae Scientiarum Fennicae B 18). Helsinki: Druckerei der Finnischen Literaturgesellschaft.

Okrent, Arika. 2010. *In the land of invented languages. Adventures in linguistic creativity, madness, and genius.* New York, NY: Spiegel & Grau.

Patocka, Franz. 1997. *Satzgliedstellung in den bairischen Dialekten Österreichs.* Frankfurt am Main: Lang.

Paul, Hermann. 1916. *Deutsche Grammatik.* Tübingen: Niemeyer.

Paul, Hermann. 1919. *Deutsche Grammatik.* Bd. Bd. 4. Syntax. Halle a. d. Saale: Niemeyer.

Paul, Hermann. 1920. *Deutsche Grammatik.* Bd. 5. Wortbildungslehre. Halle a. d. Saale: Niemeyer.

Paul, Hermann. 2007. *Mittelhochdeutsche Grammatik.* 25. Aufl., neu bearbeitet von Thomas Klein, Hans Joachim Solms und Klaus-Peter Wegera, mit einer Syntax von Ingeborg Schröbler, neubearbeitet und erweitert von Heinz-Peter Prell (Sammlung kurzer Grammatiken germanischer Dialekte 2). Tübingen: Niemeyer.

Pavlov, Vladimir. 1995. *Die Deklination der Substantive im Deutschen. Synchronie und Diachronie.* Frankfurt: Lang.

Perlmutter, David. 1988. The split morphology hypothesis. Evidence from Yiddish. In Michael Hammond & Michael Noonan (Hrsg.), *Theoretical morphology,* 79–99. San Diego: Academic Press.

Petkov, Christopher I. & Erich D. Jarvis. 2012. Birds, primates, and spoken language origins. Behavioral phenotypes and neurobiological substrates. *Frontiers Evolutionary Neuroscience* doi:10.3389/fnevo.2012.00012 4(12).

Philipp, Karl. 1983. *Lachoudisch. Geheimsprache Schopflochs.* 3. Aufl. Dinkelsbühl: C. W. Wenng.

Philippa, Marlies. 1981. De meervoudsvorming op -s in het Nederlands vóór 1300. *Tijdschrift voor Nederlands Taal- en Letterkunde* 97. 81–103.

Philippa, Marlies. 1982. Problematik rond het s-meervoud. Een diachroon overzicht. *De Nieuwe Taalgis* 75. 407–417.

Pierer, Heinrich August & Julius Löbe (Hrsg.). 1860. *Pierer's Universal-Lexikon der Vergangenheit und Gegenwart oder neuestes encyclopädisches Wörterbuch der Wissenschaften, Künste und Gewerbe (9)*. 4. Aufl. Altenburg: Pierer.

Pittner, Karin & Judith Berman. 2007. *Deutsche Syntax. Ein Arbeitsbuch*. 2. Aufl. Tübingen: Gunter Narr.

Poole, Joyce, Peter Tyack, Angela Stoeger-Horwath & Stephanie Watwood. 2005. Animal behaviour. Elephants are capable of vocal learning. *Nature* 434(7032). 455–456.

Post, Rudolf. 1992. Jüdisches Sprachgut in den pfälzischen und südhessischen Mundarten. In Alfred Hans Kuby (Hrsg.), *Pfälzisches Judentum gestern und heute. Beiträge zur Regionalgeschichte des 19. und 20. Jahrhunderts*, 177–256. Neustadt a. d. Weinstraße: Pfälzische Post.

Prilutski, Noyakh. 1920. צום יידישן וואָקאַליזם *tsum yidishn vokalizm* (yidishe dyalektologishe forshungen 4). Warschau: Nayer.

Purschke, Christoph. 2010. Imitation und Hörerurteil – Kognitive Dialekt-Prototypen am Beispiel des Hessischen. In Christina Anders, Markus Hundt & Alexander Lasch (Hrsg.), *Perceptual Dialectology - Neue Wege der Dialektologie*, 151–178. Berlin/New York: De Gruyter.

Purschke, Christoph. 2011. *Regionalsprache und Hörerurteil. Grundzüge einer perzeptiven Variationslinguistik* (ZDL-Beihefte 149). Stuttgart: Franz Steiner.

Purschke, Christoph. 2014. „I remember it like it was interesting." Zur Theorie von Salienz und Pertinenz. *Linguistik Online* 66(4). 32–50. http://dx.doi.org/10.13092/lo.66.1571.

Ralls, Katherine, Patricia Fiorelli & Gish Sheri. 63. Vocalizations and vocal mimicry in captive harbour seals, *Phoca vitulina. Canadian Journal of Zoology*. 1050–1056.

Ramer, Alexis Manaster. 1997. The polygenesis of Western Yiddish – and the monogenesis of Yiddish. In Irén Hegedűs, Peter A. Michalove & Alexis Manaster Ramer (Hrsg.), *Indo-European, Nostratic, and beyond. Festschrift for Vitalij Shevoroshkin* (Journal of Indo-European Studies 22), 206–232. Washington DC: Institute for the Study of Man.

Ramers, Karl-Heinz. 2005. Verbstellung im Althochdeutschen. *Zeitschrift für germanistische Linguistik* 33. 78–91.

Rathert, Monika. 2009. Zur Morphophonologie des Partizips II im Deutschen. *Linguistische Berichte* 218. 157–190.

Reershemius, Gertrud. 2004. *Niederdeutsch in Ostfriesland. Zwischen Sprachkontakt, Sprachveränderung und Sprachwechsel*. Bd. 19 (Zeitschrift für Dialektologie und Linguistik. Beihefte). Stuttgart: Franz Steiner.

Reershemius, Gertrud. 2005. Einige Bemerkungen zur Bewahrung von Merkmalen des älteren Deutsch im Jiddischen. In Holger Briel & Carol Fehringer (Hrsg.), *Field Studies. German language, culture and media*, 9–26. Bern: Peter Lang.

Reershemius, Gertrud. 2007. *Die Sprache der Auricher Juden. Zur Rekonstruktion westjiddischer Sprachreste in Ostfriesland*. Karl E. Grözinger (Hrsg.) (Jüdische Kultur. Studien zur Geistesgeschichte, Religion und Literatur 16). Wiesbaden: Harrassowitz.

Reershemius, Gertrud. 2014. Language as the main protagonist? East Frisian Yiddish in the writing of Isaac Herzberg. *Leo Baeck Institute Yearbook*. 1–18.

Reis, Marga. 2006. Is German V-to-C movement really semantically motivated? Some empirical problems. *Theoretical Linguistics* 22. 369–380.

Reiterer, Susanne, Nandini Singh & Susanne Winkler. 2012. Predicting speech imitation ability biometrically. In Britta Stolterfoht & Sam Featherston (Hrsg.), *Empirical approaches to linguistic theory. Studies in meaning and structure*, 317–339. Berlin/Boston: De Gruyter.

Richter, Matthias. 1995. *Die Sprache jüdischer Figuren in der deutschen Literatur (1750–1933). Studien zu Form und Funktion*. Göttingen: Wallstein.

Riemann, Andreas. 2009. Neue >Sprache<, neue >Heimat<, neues >Bayern<? In Ulrich Kanz, Alfred Wildfeuer & Ludwig Zehetner (Hrsg.), *Mundart und Medien. Beiträge zum 3. dialektologischen Symposium im Bayerischen Wald, Walderbach, Mai 2008* (Regensburger Dialektforum 16), 273–287. Regensburg: edition vulpes.

Riemann, Ulrich & Ulrich Tolksdorf (Hrsg.). 1989. *Preußisches Wörterbuch. Deutsche Mundarten Ost- und Westpreußens. Kaak-Myrtenstrauss*. Bd. 3. Wachholtz.

Rinas, Karsten. 2003. Mehrfache Negationen und das Deutsche. Eine kontrastive Untersuchung unter besonderer Berücksichtigung des Tschechischen. In *brücken. Germanistisches Jahrbuch Tschechien - Slowakei 2003*, 217–245. Bonn: DAAD.

Roemer, Nils. 2002. Sprachverhältnisse und Identität der Juden in Deutschland im 18. Jahrhundert. In Michael Brenner (Hrsg.), *Jüdische Sprachen in deutscher Umwelt. Hebräisch und Jiddisch von der Aufklärung bis ins 20. Jahrhundert*, 11–18. Göttingen: Vandenhoeck & Ruprecht.

Rommel, Florian. 2002. Judenfeindliche Vorstellungen im Passionsspiel des Mittelalters. In Ursula Schulze (Hrsg.), *Juden in der deutschen Literatur des Mittelalters. Religiöse Konzepte – Feindbilder – Rechtfertigungen*, 183–208. Tübingen: Niemeyer.

Literaturverzeichnis

Rothstein, Björn. 2011. Zur temporalen Interpretation von Fügungen des Typs *sie kamen gelaufen*. *Zeitschrift für germanistische Liguistik* 27. 357–376.

Rowley, Anthony Robert. 1994. Zur Pluralbildung in den deutschen Dialekten. - *ach*-Plurale und verwandte Erscheinungen im Oberdeutschen. *Zeitschrift für Dialektologie und Linguistik* 61(1). 3–30.

Ruoff, Arno. 1981. *Häufigkeitswörterbuch gesprochener Sprache* (Idiomatisch 8). Tübingen: Niemeyer.

Salzmann, Martin. 2011. *Resolving the movement paradox in verb projection raising. In favor of base-generation and covert predicate raising.* Olivier Bonami & Patricia Cabredo Hofherr (Hrsg.). http://www.cssp.cnrs.fr/eiss8 (17 Oktober, 2014). http://www.cssp.cnrs.fr/eiss8, accessed 2014-10-17.

Sampson, Geoffrey. 1985. *Writing systems. A linguistic introduction.* London: Hutchinson.

Santorini, Beatrice. 1989. *The generalization of the verb-second constraint in the history of Yiddish.* Pennsylvania: University of Pennsylvania Dissertation.

Santorini, Beatrice. 1992. Variation and change in Yiddish subordinate clause word order. *Natural Language and Linguistic Theory* 10. 595–640.

Santorini, Beatrice. 1993a. Das Jiddische als OV/VO-Sprache. In Werner Abraham & Josef Bayer (Hrsg.), *Dialektsyntax* (Linguistische Berichte, Sonderheft 5), 230–245. Opladen: Westdeutscher Verlag.

Santorini, Beatrice. 1993b. The rate of phrase structure change in the history of Yiddish. *Language Variation and Change* 5. 257–283.

Santorini, Beatrice. 1994. Some similarities and differences between Icelandic and Yiddish. In Norbert Hornstein & David Lightfoot (Hrsg.), *Verb movement*, 87–106. Cambridge: Cambridge University Press.

Santorini, Beatrice. 1995. Two types of verb-second in the history of Yiddish. In Adrian Battye & Ian Roberts (Hrsg.), *Clause structure and language change*, 53–79. Oxford: Oxford University Press.

Sapp, Christopher D. 2006. *Verb Order in subordinate clauses. From Early New High German to modern German.* Indiana University: Indiana University, Department of Germanic Studies Dissertation.

Sapp, Christopher D. 2011. *The verbal complex in subordinate clauses from medieval to modern German* (Linguistik aktuell 173). Amsterdam/Philadelphia: John Benjamins.

Sapp, Christopher D. 2014. Extraposition in Middle and New High German. *The Journal of Comparative Germanic Linguistics* 17(1). 1–38.

Schäfer, Lea. 2008. *Das Elsässer Jiddisch in zwei Theaterstücken von Josy Meyer. Eine linguistische Analyse anhand ausgewählter Phänomene.* Philipps-Universität Marburg Bachelorarbeit. DOI:dx.doi.org/10.17192/ed.2016.0002

Schäfer, Lea. 2010. *Die jiddischen Varietäten in der Autobiographie A. H. Heymanns. Eine Analyse ausgewählter grammatischer Phänomene* Masterarbeit. DOI:dx.doi.org/10.17192/ed.2016.0003

Schäfer, Lea. 2013. Jiddische Varietäten im Berlin des 19. Jahrhunderts. Analyse der *Lebenserinnerungen* Aron Hirsch Heymanns. *Aschkenas. Zeitschrift für Geschichte und Kultur der Juden* 21. 155–177.

Schäfer, Lea. 2014. *Imitationen des Jiddischen in der deutschsprachigen Literatur. Studien zur Struktur fiktionaler Sprache.* Philipps-Universität Marburg Dissertation. DOI:dx.doi.org/10.17192/z2016.0493

Schäfer, Lea. 2014. Morphosyntaktische Interferenzen im jiddisch-alemannischen Sprachkontakt. Eine Untersuchung anhand westjiddischer Dialektliteratur des Elsass. In Huck, Dominique (Hrsg.), *Sammelband der 17. Arbeitstagung zur alemannischen Dialektologie*, 247–259. Stuttgart: Franz Steiner.

Schäfer, Lea. 2017. On the frontier between Eastern and Western Yiddish. The language of the Jews from Burgenland. *European Journal of Jewish Studies.*

Schallert, Oliver. 2010. Als Deutsch noch nicht OV war. Althochdeutsch im Spannungsfeld zwischen OV und VO. In Christian Braun & Arne Ziegler (Hrsg.), *Historische Textgrammatik und historische Syntax des Deutschen*, 365–394. Berlin/New York: De Gruyter.

Schallert, Oliver. 2012. *Untersuchungen zu Ersatzinfinitivkonstruktionen in den Vorarlberger und Liechtensteiner Dialekten.* Marburg: Philipps-Universität Marburg Dissertation.

Schallert, Oliver. 2013a. Infinitivprominenz in deutschen Dialekten. In Werner Abraham & Elisabeth Leiss (Hrsg.), *Dialektologie in neuem Gewand. Zu Mikro-/Varietätenlinguistik, Sprachenvergleich und Universalgrammatik* (Linguistische Berichte, Sonderheft 19), 103–140. Hamburg: Buske.

Schallert, Oliver. 2013b. Syntaktische Auswertung von Wenkersätzen. Eine Fallstudie anhand von Verbstellungsphänomenen in den bairischen (und alemannischen) Dialekten Österreichs. In Rüdiger Harnisch (Hrsg.), *Strömungen in der Entwicklung der Dialekte und ihrer Erforschung. Beiträge zur 11. Bayerisch-Österreichischen Dialektologentagung in Passau September 2010* (Regensburger Dialektforum 19), 208–233, 513–515. Regensburg: Edition Vulpes.

Schallert, Oliver. 2014. *Zur Syntax der Ersatzinfinitivkonstruktion. Typologie und Variation* (Studien zur Deutschen Grammatik (87)). Tübingen: Narr.

Schallert, Oliver & Johanna Schwalm. 2015. *...dass die Milch bald an zu kochen fängt.* Zum Phänomen der sog. »Binnenspaltung« in den deutschen Dialekten. In Alexandra Lenz & Franz Patocka (Hrsg.), *Syntaktische Variation – Areallinguistische Perspektiven*, 89–119.

Schatz, Josef. 1903. Die tirolische Mundart. *Zeitschrift des Ferdinandeums Tirol* 47. 1–94.

Scheutz, Hannes. 1998. Weil-Sätze im gesprochenen Deutsch. In Claus Hutterer & Gertrude Pauritsch (Hrsg.), *Beiträge zur Dialektologie des ostoberdeutschen Raumes*, 85–112. Göppingen: Kümmerle.

Scheutz, Hannes. 2001. The case of spoken *weil* in German. In Margret Selting & Elizabeth Couper-Kuhlen (Hrsg.), *Studies in interactional linguistics*, 111–139. Amsterdam: John Benjamins.

Schirmunski, Viktor. 1930. Sprachgeschichte und Siedelungsmundarten. *Germanisch-Romanische Monatsschrift* 3/4; 5/6. 113–122; 171–188.

Schirmunski, Viktor. 1962. *Deutsche Mundartkunde. Vergleichende Laut- und Formlehre der deutschen Mundarten* (Veröffentlichungen des Instituts für deutsche Sprache und Literatur 25). Berlin: Akademischer Verlag.

Schmelzkopf, Christiane. 1983. *Zur Gestaltung jüdischer Figuren in der deutschsprachigen Literatur nach 1945* (Germanistische Texte und Studien). Hildesheim: Olms-Weidmann.

Schmidt, Jürgen Erich & Joachim Herrgen. 2011. *Sprachdynamik. Eine Einführung in die moderne Regionalsprachenforschung* (ESV Basics, Band 49 von Grundlagen der Germanistik). Berlin: Erich Schmidt.

Schmidt, Tanja. 2002. *West Germanic IPP-constructions. An optimality theoretic approach.* Universität Stuttgart Dissertation.

Schmidt, Tanja. 2005. *Infinitival Syntax. Infinitivus pro participio as a repair strategy.* Amsterdam: John Benjamins.

Schneider, Ute. 2004. *Die Macht der Karten. Eine Geschichte der Kartographie vom Mittelalter bis heute.* Darmstadt: Primus.

Schreuder, Saskia. 2002. *Würde im Widerspruch. Jüdische Erzählliteratur im nationalsozialistischen Deutschland 1933–1938* (Conditio Judaica 39). Tübingen: Niemeyer.

Schumacher, Jutta. 2006. *Jacob ben Samuel Bunim Koppelmans Buch der Fuchsfabeln.* (jidische schtudies 12). Hamburg: Buske.

Schuster, Mauriz & Hans Schikola. 1956. *Sprachlehre der Wiener Mundart.* Wien: Österreichischer Bundesverlag für Unterricht. Wissenschaft und Kunst.

Seebold, Elmar. 1983. Diminutivformen in den deutschen Dialekten. In Werner Besch, Ulrich Knoop, Wolfgang Putschke & Herbert Ernst Wiegand (Hrsg.),

Dialektologie. Ein Handbuch zur deutschen und allgemeinen Dialektforschung (Handbücher zur Sprach- und Kommunikationswissenschaft. Bd. 1.2), 1250–1255. Berlin: De Gruyter.

Segerup, My. 1999. Imitation of dialects. From South to West. *Fonetik 99 : The Swedish Phonetics Conference June 2-4 1999*. Gothenburg Papers in Theoretical Linguistics 81.

Seiler, Guido. 2004. On three types of dialect variation, and their implications for linguistic theory. Evidence from verb clusters in Swiss German dialects. In Bernd Kortmann (Hrsg.), *Dialectology meets typology. Dialect grammar from a cross-linguistic perspective* (Trends in Linguistics. Studies and Monographs 153), 367–399. Berlin/New York: De Gruyter.

Shrier, Martha. 1965. Case systems in German dialects. *Language* 41(3). 420–438.

Siegel, Jeff. 2010. *Second dialect acquisition*. Cambridge: Cambridge University Press.

Sift, Johannes. 2016. *Bevor ich meine Erzählung an werde fangen...* Untersuchungen zur morphosyntaktischen Variation von Partikelverben mit *ab-*, *an-*, *auf-* und *aus-* im Siebenbürgisch-Sächsischen. In Thomas Krefeld, Stephan Lücke & Emma Mages (Hrsg.), *Zwischen traditioneller Dialektologie und digitaler Geolinguistik: der Audioatlas siebenbürgisch-sächsischer Dialekte (ASD)*, 189–210. Monsenstein und Vannerdat.

Simon, Bettina. 1988. *Jiddische Sprachgeschichte. Versuch einer neuen Grundlegung*. [überarbeitete Fassung des erstmals 1988 erschienenen Buches. Frankfurt am Main: Jüdischer Verlag.] Leipzig: VEB Verlag Enzyklopädie.

Skibicki, Monika. 2013. Polnisch-Deutscher Sprachvergleich. In Halyna Leontiy (Hrsg.), *Multikulturelles Deutschland im Sprachvergleich. Das Deutsche im Fokus der meist verbreiteten Migrantensprachen. Ein Handbuch für DaF-Lehrende und Studierende, für Pädagogen/-innen und Erzieher/-innen Band 1 von TransLIT. Sprach-, Literatur- und Kulturkontraste*, 109–145. Münster: LIT Verlag.

Spolsky, Bernard. 2014. *The languages of the Jews. A sociolinguistic history*. Cambridge: Cambridge University Press.

Staub, Friedrich, Ludwig Tobler, Albert Bachmann, Otto Gröger, Hans Wanner, Peter Dalcher, Peter Ott & Hans-Peter Schifferle (Hrsg.). 1895. *Schweizerische Idiotikon. Wörterbuch der schweizerdeutschen Sprache*. Bd. 2. Frauenfeld: J. Huber.

Stern, Heidi. 2000. *Wörterbuch zum jiddischen Lehnwortschatz in den deutschen Dialekten* (Lexicographica Series Maior 102). Tübingen: Niemeyer.

Stumpfl, Robert. 1936. *Kultspiele der Germanen als Ursprung des mittelalterlichen Dramas*. Bd. 2. Berlin: Junker und Dünnhaupt.

Literaturverzeichnis

Szczepaniak, Renata. 2007. *Der phonologisch-typologische Wandel des Deutschen von einer Silben- zu einer Wortsprache* (Studia linguistica Germanica). Berlin/Boston: W. De Gruyter.

Séphiha, Haïm Vidal. 1985. The sociology of Jewish languages from a general sociolinguistic point of view. In Joshua Fishman (Hrsg.), *'Christianisms' in Judeo-Spanish*, 179–194. Leiden: Brill.

Tauten, Hanns Martin. 1997. *Lehrbuch der Entwicklungspsychologie. 2. Bd. Theorien und Befunde.* Göttingen/Bern/Toronto/Seattle: Hogrefe.

Tillmanns, Clara. 2013. *Die phonetischen Grundlagen der spontanen Imitation in der gesprochenen Sprache.* Universität München Dissertation.

Timm, Erika. 1986a. Das Jiddische als Kontrastsprache bei der Erforschung des Frühneuhochdeutschen. *Zeitschrift für germanistische Linguistik* 14. 1–22.

Timm, Erika. 1986b. Der Knick in der Entwicklung des Frühneuhochdeutschen aus jiddistischer Sicht. In Walter Röll, Hans-Peter Bayerdörfer & Albrecht Schöne (Hrsg.), *Auseinandersetzungen um jiddische Sprache und Literatur. Jüdische Komponenten in der deutschen Literatur - die Assimilationskontroverse*, Bd. 5 (Kontroversen, alte und neue. Akten des VII. Internationalen Germanisten-Kongresses Göttingen 1985), 20–27. Berlin/Boston: Niemeyer.

Timm, Erika. 1987. *Graphische und phonische Struktur des Westjiddischen. Unter besonderer Berücksichtigung der Zeit um 1600.* Tübingen: Niemeyer.

Timm, Erika. 1991. Die Bibelübersetzungssprache als Faktor der Auseinanderentwicklung des jiddischen und des deutschen Wortschatzes. *Vestigia Bibliae* 10/11 (1988/89). 59–75.

Timm, Erika. 2005. *Historische jiddische Semantik. Die Bibelübersetzungssprache als Faktor der Auseinanderentwicklung des jiddischen und des deutschen Wortschatzes.* Tübingen: Niemeyer.

Timm, Erika. 2007. Der *s*-Plural im Jiddischen. In Jean-Marie Valentin (Hrsg.), *Akten des XI. Internationalen Germanistenkongresses Paris 2005 „Germanistik im Konflikt der Kulturen". Band 2. Jiddische Sprache und Literatur in Geschichte und Gegenwart, betreut von Steffen Krogh, Simon Neuberg und Gilles Rozier (Jahrbuch für Internationale Germanistik, Reihe A 78)*, Bd. 2, 29–36. Bern u. a.: Lang.

Tomasello, Michael & Malinda Carpenter. 2007. Shared intentionality. *Developmental Science* 10. 121–125.

Tomasello, Michael, Ann Cale Kruger & Hilary Ratner. 1993. Cultural learning. *Behavioral and Brain Sciences* (16). 495–552.

Tomasello, Michael, Malinda Carpenter, Josep Call, Tanya Behne & Henrike Moll. 2005. Understanding and sharing intentions. The origins of cultural cognition. *Behavioral and Brain Sciences* (28). 675–691.

Trost, Pavel. 1965. Yiddish in Bohemia and Moravia. The vowel question. In Uriel Weinreich (Hrsg.), *The field of Yiddish. Studies in language, folklore and literature*, Bd. 2, 87–91. The Hague: Mouton.

Trudgill, Peter. 1986. *Dialects in contact*. Oxford/New York: Blackwell.

Trudgill, Peter. 1999. Language contact and the function of linguistic gender. *Poznan Studies in Contemporary Linguistics* 35. 133–152.

Uhmann, Susanne. 1998. Verbstellungsvariation in *weil*-Sätzen. Lexikalische Differenzierung mit grammatischen Folgen. *Zeitschrift für Sprachwissenschaft* 17(1). 92–139.

Užgiris, Ina Čepėnaitė. 1981. Two functions of imitation during infancy. *International Journal of Behavioral Development* 4. 1–12.

van der Wouden, Ton & Frans Zwarts. 1992. Negative concord. In Dicky Gilbers & Sietze Looyenga (Hrsg.), *Language and cognition 2. Yearbook 1992 of the research group for linguistic theory and knowledge representation of the University of Groningen*, 317–331. Groningen: TENK.

van Ginneken, Jacobus Joannes Antonius. *De Jodentaal. In. Handboek der nederlandsche taal. 2–103*. http://www.dbnl.org/tekst/ginn001hand02_01/ginn001hand02_01_0003.php.

van Riemsdijk, Henk. 2002. The unbearable lightness of GOing. *The Journal of Comparative Germanic Linguistics* 5. 143–196.

Vikner, Sten. 1995. *Verb movement and expletive subjects in the Germanic languages*. Oxford: Oxford University Press.

Vikner, Sten. 2001. *Verb movement variation in Germanic and optimality theory*. Habilitation. Universität Tübingen.

Vinckel-Roisin, Hélène. 2006. *Die diskursstrategische Bedeutung des Nachfeldes im Deutschen. Eine Untersuchung anhand politischer Reden der Gegenwartssprache*. Wiesbaden: Deutscher Universitäts-Verlag.

Vogel, Petra M. 2005. Neue Überlegungen zu den Fügungen des Typs *ich kam gefahren* (kommen + Partizip II). *Zeitschrift für germanistische Linguistik* 33. 57–77.

von Arnim, Achim. 1962. Die Majoratsherren. In Walther Migge (Hrsg.), *Sämtliche Romane und Erzählungen*, Bd. 3, 33–68. Darmstadt: Wissenschaftliche Buchgesellschaft.

von Glasenapp, Gabriele. 1999. German versus *Jargon*. Language and Jewish identity in German ghetto writing. In Anne Fuchs & Florian Krobb (Hrsg.), *Ghetto* writing. Traditional and Eastern Jewry in German-Jewish literature from Heine to Hilsenrath, 54–65. Rochester, NY: Camden House.

von Arnim, Achim. 2008. *Ludwig Achim von Arnim. Werke und Briefwechsel. Historisch-kritische Ausgabe. Texte der deutschen Tischgesellschaft*. Stefan Nienhaus (Hrsg.). Bd. Bd. 11. Tübingen: Niemeyer.

Voorzanger, Jonas van Levie & Jakob Eduard Polak. 1915. *Het Joodsch in nederland. aan het Hebreeuws en andere talen ontleende woorden en zegswijzen*. Amsterdam: Van Muster.

Vosberg, Uwe. 2016. Was fiktionale Texte über die Grammatik des gesprochenen Englischen von früher verraten. In Elmar Eggert & Jörg Kilian (Hrsg.), *Historische Mündlichkeit. Beiträge zur Geschichte der gesprochenen Sprache*, 205–226. Bern: Peter Lang.

Wagenseil, Johann Christoph. 1699. *Belehrung der jüdisch-teutschen Red- und Schreibart*. Königsberg.

Walther, Christoph & Agathe Lasch (Hrsg.). 2000. *Hamburgisches Wörterbuch*. Bd. 2. Wachholtz.

Weber, Thilo. 2014. Zum Verbalkomplex im Märkisch-Brandenburgischen. In Bela Brogyanyi, Volkmar Engerer & Manuela Schönenberger (Hrsg.), *Sprache & Sprachen. Zeitschrift der Gesellschaft für Sprache und Sprachen (GeSuS)* 46. 1–17.

Wegener, Heide. 1993. Weil- das hat schon seinen Grund. Zur Verbstellung in Kausalsätzen mit *weil* im gegenwärtigen Deutsch. *Deutsche Sprache* 21. 289–235.

Wegener, Heide. 1999. Syntaxwandel und Degrammatikalisierung im heutigen Deutsch? Noch einmal zu weil-Verbzweit. *Deutsche Sprache* 27. 3–26.

Wegener, Heide. 2004. *Pizzas* und *Pizzen*. Die Pluralformen (un)assimilierter Fremdwörter im Deutschen. *Zeitschrift für Sprachwissenschaft* 23. 47–112.

Wegera, Klaus-Peter. 1987. *Flexion der Substantive. (Grammatik des Frühneuhochdeutschen Band III)*. Heidelberg: C. Winter.

Wegera, Klaus-Peter. 2000a. Grundlagenprobleme einer mittelhochdeutschen Grammatik. In Werner Besch, Anne Betten, Oskar Reichmann & Stefan Sonderegger (Hrsg.), *Sprachgeschichte. Ein Handbuch zur Geschichte der deutschen Sprache und ihrer Erforschung*, 2. Aufl., Bd. 2, 1304–1320. Berlin/New York: De Gruyter.

Wegera, Klaus-Peter. 2000b. „Gen, oder wie Herr Gottsched will, chen." Zur Geschichte eines Diminutivsuffixes. In Mechthild Habermann, Peter Müller & Bernd Naumann (Hrsg.), *Wortschatz und Orthographie in Geschichte und Gegenwart. Festschrift für Horst Haider Munske zum 65. Geburtstag*, 43–58. Tübingen: Niemeyer.

Weinberg, Werner. 1973. *Die Reste des Jüdischdeutschen*. Karl Heinrich Rengstorf (Hrsg.). 2. Aufl. (Studia Delitzschiana 12). Stuttgart: Kohlhammer.

Weinberg, Werner. 1981. Die Bezeichnung Jüdischdeutsch. Eine Neubewertung. *Zeitschrift für deutsche Philologie, Sonderheft. Jiddisch. Beiträge zur Sprach- und Literaturwissenschaft*. 100. 253–290.

Weinhold, Karl. 1867. *Bairische Grammatik* (Grammatik der deutschen Mundarten, Bd. 2). Berlin.

Weinreich, Max. 1923. *Studien zur Geschichte und dialektischen Gliederung der jiddischen Sprache*. Universität Marburg Dissertation.

Weinreich, Max. 1953 [1958]. ראשי-פרקים וועגן מערבדיקן ייִדיש [roshe-prokim vegn mayrevdikn yidish; Outlines of Western Yiddish]. *ייִדישע שפּראַך [Yidishe shprakh]* 13. 35–69 (Nachdruck mit Appendix versehen 1958 in: Hg. Mark, Yudl *Yuda A. Yoffe-bukh*. New York: YIVO, 158–194).

Weinreich, Max. 1960a. די סיסטעם ייִדישע קאדמן-וואקאלן [di sistem yidishe kadmenvokaln]. *Yidishe Sprakh* 20. 65–71.

Weinreich, Max. [1973] 2008. *History of the Yiddish language. Translated by Shlomo Noble with the assistance of Joshua A. Fishman. [Übersetzung von. Weinreich, Max (1973). geshikhte fun der yidisher shprakh. bagrifn, faktn, metodn. nyu-york. YIVO.]* Paul Glasser (Hrsg.). New Haven: Yale University Press.

Weinreich, Uriel. 1954. Is a structural dialectology possible? *Word* 10. 388–400.

Weinreich, Uriel. 1958. A retrograde sound shift in the guise of a survival. An aspect of Yiddish vowel development. *Miscelánea Homenaje a André Martinet. Estructuralismo e historia II*. 2. 221–267.

Weinreich, Uriel. 1960b. נאָזן, נעזער, נעז. א קאפיטל גראמאטישע געאגראפיע [NOZN, NEZER, NEZ. A KAPITL GRAMATISHE GEOGRAPHIE]. *yidishe shprakh* 20(3). 81–90.

Weinreich, Uriel. 1962. Multilingual dialectology and the new Yiddish atlas. *Anthropological Linguistics*. 6–22.

Weise, Oskar. 1917. Die Relativpronomina in den deutschen Mundarten. *Zeitschrift für Deutsche Mundarten* 12. 64–71.

Weiss, Carl Theodor. 1896. Das Elsässer Judendeutsch. In *Jahrbuch für Geschichte, Sprache und Literatur Elsass-Lothringen. (7. Jg.)* 121–182. Straßburg: Heitz & Mündel.

Weiß, Helmut. 1998. *Syntax des Bairischen. Studien zur Grammatik einer natürlichen Sprache* (Linguistische Arbeiten 391). Tübingen: Niemeyer.

Weiß, Helmut. 2001. On two types of natural languages. Some consequences for linguistics. *Theoretical Linguistics* 27(1). 87–103.

Weiß, Helmut. 2009. How to define dialect and language – a proposal for further discussion. *Linguistische Berichte*. 251–270.

Weißkirchen, Isabell. 2011. *Westjiddische Merkmale in Texten der Gailinger Autorin Berty Fries-länder-Bloch*. Bachelor-Abschlussarbeit Universität Marburg.

Wenzel, Edith. 1992. *Do worden die Judden alle geschant. Rolle und Funktion der Juden in spätmittelalterlichen Spielen* (Forschungen zur Geschichte der älteren deutschen Literatur). München: Wilhelm Fink.

Werner, Otmar. 1989. Sprachökonomie und Natürlichkeit im Bereich der Morphologie. *Zeitschrift für Phonetik, Sprachwissenschaft und Kommunikationsforschung* 42. 127–147.

Wexler, Paul. 1987. *Explorations in Judeo-Slavic linguistics* (Contributions to the Sociology of Jewish Languages, Vol 2). Brill.

Wiese, Richard. 2000. *The phonology of German*. 2. Aufl. Oxford: Oxford University Press.

Wiese, Richard. 2009. The grammar and typology of plural noun inflection in varieties of German. *Journal of Comparative Germanic Linguistics* 12(2). 137–173.

Wiesinger, Peter. 1983a. Die Einteilung der deutschen Dialekte. In Werner Besch, Ulrich Knoop, Wolfgang Putschke & Herbert Ernst Wiegand (Hrsg.), *Dialektologie. Ein Handbuch zur deutschen und allgemeinen Dialektforschung. Zweiter Halbband* (Handbücher zur Sprach- und Kommunikationswissenschaft. Bd. 1.2), 807–900. Berlin: De Gruyter.

Wiesinger, Peter. 1983b. Phonologische Vokalsysteme deutscher Dialekte. Ein synchronischer und diachronischer überblick. In Werner Besch, Ulrich Knoop, Wolfgang Putschke & Herbert Ernst Wiegand (Hrsg.), *Dialektologie. Ein Handbuch zur deutschen und allgemeinen Dialektforschung. Zweiter Halbband* (Handbücher zur Sprach- und Kommunikationswissenschaft. Bd. 1.2), 1042–1076. Berlin: De Gruyter.

Wiesinger, Peter. 2001. Zum Problem der Herkunft des Monophthongs *A* für Mittelhochdeutsch *EI* in Teilen des Bairischen. In Rudolf Bentzinger, Damaris Nübling & Rudolf Steffens (Hrsg.), *Sprachgeschichte, Dialektologie, Onomastik, Volkskunde. Beiträge zum Kolloquium am 3./4. Dezember 1999 an der Johannes Gutenberg-Universität Mainz. Wolfgang Kleiber zum 70. Geburtstag* (ZDL-Beihefte 115), 91–126. Stuttgart: Franz Steiner.

Willis, David, Christopher Lucas & Anne Breitbarth (Hrsg.). 2013. *The history of negation in the languages of Europe and the Mediterranean. Volume I. Case Studies*. Oxford: Oxford University Press.

Wohl von Haselberg, Lea. 2013. »Zwei Juden an einem Tisch und schon lachst du dich kaputt«. Jüdischer Humor als Zeichen von Jewishness im deutschen Film und Fernsehen. In Juliane Sucker & Lea Wohl von Haselberg (Hrsg.), *Bilder des Jüdischen. Selbst- und Fremdzuschreibungen im 20. und 21. Jahrhundert*, 77–92. Berlin: De Gruyter.

Wolf, Jürgen. 2003. Zwischen Mündlichkeit und Schriftlichkeit. Die frühen deutschen Judeneide im 13. Jahrhundert. In Vaclav Bok & Frank Shaw (Hrsg.), *Magister et amicus. Festschrift Kurt Gärtner zum 65. Geburtstag*, 839–874. Wien: Edition Praesens.

Wolf, Meyer. 1969. The Geography of Yiddish case and gender variation. In Marvin I. Herzog, Wita Ravid & Uriel Weinreich (Hrsg.), *The field of Yiddish. Studies in language, folklore and literature*, Bd. 3, 102–215. London/The Hague/Paris: Mouton.

Wolf, Siegmund. 1974. *Ritter Widuwilt. Die westjiddische Fassung des Wigalois des Wirnt von Gravenberc. Nach dem jiddischen Druck von 1699*. Bochum: Studienverlag Brockmeyer.

Woog, Maier. 1893. *Marie oder Die lustige Almone Lustspiel in 4 Akten*. Hegenheim, Druck Perrotin & Schmitt St. Ludwig.

Wrede, Ferdinand. 1908. Die Diminutiva im Deutschen. In Ferdinand Wrede (Hrsg.), *Deutsche Dialektgeographie. Berichte und Studien über G. Wenkers Sprachatlas des Deutschen Reichs*, 73–144. Marburg: Elwert.

Wurmbrand, Susanne. 2004. West Germanic verb clusters. The empirical domain. In Katalin É. Kiss & Henk van Riemsdijk (Hrsg.), *Verb clusters. A study of Hungarian, German, and Dutch*, 43–85. Amsterdam/Philadelphia: John Benjamins.

Wurmbrand, Susanne. 2006. Verb clusters, verb raising, and restructuring. In Martin Everaert & Henk van Riemsdijk (Hrsg.), *The Blackwell companion to syntax*, 229–343. Oxford: Blackwell.

Wurmbrand, Susanne. 2012. Parasitic participles in Germanic. Evidence for the theory of verb clusters. *Taal en Tongval* 64(1). 129–156.

Wurzel, Wolfgang Ullrich. 1984. *Flexionsmorphologie und Natürlichkeit. Ein Beitrag zur morphologischen Theoriebildung* (Studia Grammatica 21). Berlin: Akademie-Verlag.

Young, Karl. 1933. *The drama of the medieval church*. Oxford: Clarendon Press.

Zaretski, Ayzik. 1929. ייִדישע גראַמאַטיק *[yidishe gramatik. nay-ibergearbete oysgabe]*. Vilnius: kletskin.

Zeifert, Ruth. Wir Juden, die Juden – ich Jude? Das jüdische aus der jüdisch/nichtjüdischen Doppelperspektive von 'Vaterjuden'. In Juliane Sucker & Lea Wohl

Literaturverzeichnis

von Haselberg (Hrsg.), *Bilder des Jüdischen. Selbst- und Fremdzuschreibungen im 20. und 21. Jahrhundert*, 369–384. Berlin: De Gruyter.

Zivy, Artur. 1966. *Elsässer Jiddisch. Jüdisch-deutsche Sprichwörter und Redensarten.* Basel: V. Goldschmidt.

Zuckerman, Richard. 1969. Alsace. An outpost of Western Yiddish. In Marvin I. Herzog, Wita Ravid & Uriel Weinreich (Hrsg.), *The field of Yiddish. Studies in language, folklore and literature*, Bd. 3, 36–57. London/The Hague/Paris: Mouton.

Zuckermann, Ghil'ad. 2004. The genesis of the Israeli Language. A response to "philologos"'s "Hebrew vs. Israeli". *The Mendele Review. Yiddish Literature and Language* 08.013.

Zuckermann, Ghil'ad. 2006. Complement clause types in Israeli. In *Complementation. A Cross-Linguistic Typology*, 72–92. Dixon, R. M. W. & Aikhenvald, A. Y.

Personenregister

Adank, Patti, 17
Adler-Rudel, Shalom, 35, 92
Ágel, Vilmos, 255
Althaus, Hans Peter, 21, 27, 30, 33, 34, 47, 48, 59, 65, 94, 96
Anders, Christina, 52
Antomo, Mailin, 274
Aptroot, Marion, 15, 48, 59, 60, 64, 89, 90, 128, 345
Arletius, Johann Kaspar, 32
Arriaga, Gustavo, 17
Auer, Peter, 20, 52
Auwera, Johan Van der, 300, 302
Auwera, Johan van der, 216, 225
Axel, Katrin, 255

Babel, Molly, 17
Bacciocco, Friedrich Albert, 122
Bakhtin, Mikhail Mikhailovich, 19
Ball, Hugo, 217
Barbiers, Sjef, 291
Bartos, Huba, 257
Bayerdörfer, Hans-Peter, 21, 30, 31
Bech, Gunnar, 252
Becker, Sabina, 283
Beem, Hartog, 59, 156
Behaghel, Otto, 37
Beider, Alexander, 63, 104, 125, 129, 134, 135, 139
Bekkering, Harold, 17
Bellugi, Ursula, 17

Bennis, Hans, 291
Benor, Sarah, 40, 65
Beraneck, Franz J., 32, 59
Berger, Tilman, 22
Berman, Judith, 227
Bertram, Rudolf, 35, 92
Besch, Werner, 9, 16, 75
Biberauer, Theresa, 302
Bin-Nun, Jechiel, 134, 135, 153, 157, 160, 167, 169, 170, 172, 174, 216
Birkenes, Magnus Breder, 213
Birnbaum, Salomo A., 146, 216
Bothe, Alina, 40
Boughman, Janette Wenrick, 17
Braese, Stephan, 44
Braune, Wilhelm, 136
Breitbarth, Anne, 299, 300, 302, 304
Bremer, Natascha, 27
Bremer, Otto, 169
Broekhuis, Hans, 268
Brosi, Johannes, 59
Brown, Cecil H., 111
Brown, Roger, 17
Brzezina, Maria, 22
Burrough, Peter A., 181
Buscha, Joachim, 282

Cain, Stephen, 49
Carpenter, Malinda, 17
Carrington, Herbert, 21, 24, 26, 27

Personenregister

Chomsky, Noam, 17, 49, 73
Comrie, Bernard, 306
Conley, Tim, 49
Copeland, Robert M., 128
Crockford, Catherine, 17

Dal, Ingerid, 293, 294
de Swart, Henriëtte, 301, 302
den Besten, Hans, 255–257, 263, 268, 299, 302
den Dikken, Marcel, 267, 268
Denkler, Horst, 21, 30
Deppermann, Arnulf, 20
Diesing, Molly, 269
Dohrn, Verena, 22
Dossey, Ellen E., 17
Dubenion-Smith, Shannon A., 256, 268

Ebert, Robert Peter, 136, 255, 256, 282
Edmondson, Jerold A., 256
Eisenberg, Peter, 306
Elmentaler, Michael, 52
Elspaß, Stephan, 9, 206
Elyada, Aya, 51, 52
Erich, Jarvis, 17
Evers, Arnold, 255, 267

Fenk-Oczlon, Gertraud, 108
Ferguson, Charles A., 53
Fillmore, Charles, 343
Fink, Hermann, 165
Fiorelli, Patricia, 17
Fischer, Jechiel, 15, 61
Fischer, Jens Malte, 21, 30, 31
Fischer, Pascal, 22
Fishman, Joshua, 40, 65
Fitch, William Tecumseh Sherman, 17

Fleischer, Jürg, 48, 59, 60, 62, 65, 141, 146, 155, 189, 199, 201, 225, 228, 230, 231, 271, 277, 306, 307, 309, 326
Frank, Jehuda Leopold, 59
Fraser, Colin, 17
Freise, Dorothea, 26, 27
Frenzel, Elisabeth, 27, 30
Frey, Winfried, 21, 24–29
Freywald, Ulrike, 274, 275
Friebertshäuser, Hans, 200, 213, 242
Friedrich, Carl Wilhelm, 51, 66, 68, 161

Garvin, Paul L., 59, 111
Gay, Ruth, 35, 92
Geilfuß, Jochen, 253
Gelber, Mark H., 21, 30, 31, 36–38, 100, 101
Gessinger, Joachim, 52
Glauninger, Manfred, 52
Goethe, Johann W., 4
Gold, David L., 40, 65
Goldberg, Adele, 342, 343
Golston, Chris, 213
Griesinger, Karl Theodor, 38
Grimm, Jacob, 197, 247
Grimm, Wilhelm, 247
Grözinger, Elvira, 21, 22, 30
Gruschka, Roland, 15, 29, 48, 60, 67, 68, 78, 79, 89, 90, 128, 345
Gubser, Martin, 3, 21, 30, 32–34, 38
Guggenheim-Grünberg, Florence, 17, 59, 61, 65, 93, 94, 125, 128, 135, 137, 146, 156–158, 198, 199, 228, 327
Günthner, Susanne, 52, 274
Gybels, Paul, 300, 302

Personenregister

Haegeman, Liliane, 267, 268, 270, 302
Hagenow, Katharina, 295
Hagoort, Peter, 17
Haider, Hubert, 50, 251, 259
Härd, John Evert, 255
Hartung, Günther, 38
Haselbauer, Franz, 51, 68
Haugen, Einar, 8
Hauser, Marc, 17
Hausmann, Frank-Rüdiger, 22
Heine, Antje, 261
Helbig, Gerhard, 282
Herrgen, Joachim, 7, 52, 54, 158
Herz, Joseph, 128
Herzog, Marvin, 59, 104, 106, 111, 118, 125, 127–129, 131, 135, 139, 141, 146, 148, 189, 198, 205, 228
Hettler, Yvonne, 52
Heuser, Andrea, 39
Hoecksema, Jack, 268
Hoekstra, Jarich, 223
Hoekstra, Jarich F., 214
Hofmann, Hans-Rainer, 51
Höhle, Tilman, 259
Holsinger, David J., 213
Houseman, Paul D., 213
Huggele, Marco, 324
Hutterer, Claus Jürgen, 59, 146, 148

Institut für Deutsche Sprache, 87

Jacobs, Joachim, 261
Jacobs, Neil G., 104, 189, 190, 193, 196, 213, 216, 223–225, 228, 232–234, 242, 245, 302
Jaeger, Achim, 63
Jäger, Agnes, 299, 302

Janik, Vincent, 17
Jarvis, Erich D., 17
Jenzsch, Helmut, 21, 31, 33, 34
Jespersen, Otto, 299

Katz, Dovid, 10, 15, 59, 80, 89, 106, 111, 118, 146, 161
Keenan, Edward L., 306
Kehrein, Joseph, 233, 294
Kerler, Dov-Ber, 63
Kiefer, Ulrike, 59, 111, 125, 127–129, 131, 135, 139, 141, 146, 148, 198, 205
Kiesewalter, Carolin, 52
King, Robert D., 213, 216
Kleine, Ane, 160, 172
Kleiner, Stefan, 40
Klepsch, Alfred, 51, 59, 65, 167
Knaus, Johannes, 213
Koch, Peter, 19, 35, 54, 64, 74
König, Werner, 118, 132, 160, 167, 168, 172, 173, 193
Kosta, Peter, 22
Kremer, Arndt, 21
Krobb, Florian, 21, 30
Krogh, Steffen, 216, 251, 280
Kruger, Ann Cale, 17
Kühnert, Henrike, 274, 307
Külpmann, Robert, 261

Labov, William, 17, 18
Lambert, Pamela Jean, 282
Landau, Alfred, 59, 60, 193
Lasch, Agathe, 294
Lenders, Winfried, 75
Lenz, Alexandra N., 52
Lerch, Hans-Günter, 65
Lestschinsky, Jacob, 120
Lewinsky, Charles, 39

Personenregister

Lexer, Matthias, 116, 119, 126, 129, 135, 137, 149, 150, 157
Lienhart, Hans, 111, 295
Lightbown, Patsy, 17
Lindow, Wolfgang, 215, 219, 223
Linke, Angelika, 43
Lipkind, Dina, 17
Löbe, Julius, 16
Lockwood, William B., 291, 292
Lockwood-Baviskar, Vera, 300
Lorenz, Cornelia, 52
Lotman, Juri Michailowitsch, 43
Lötscher, Andreas, 256, 268
Lowack, Alfred, 27, 28
Lowenstein, Steven, 7, 61–64, 66, 282, 307, 340
Lubrich, Oliver, 41
Lucas, Christopher, 300
Lüdeling, Anke, 261
Lüssy, Heinrich, 193

Mark, Yudl, 94, 281, 300
Markham, Duncan, 17
Martin, Ernst, 111, 295
Matisoff, James A., 97, 98
Matras, Yaron, 51, 61
Mattheier, Klaus, 9
Maurer, Friedrich, 255
Maurer, Trude, 35, 92
Mayer, Benedikt, 40
Mayerthaler, Willi, 194
McDonnell, Rachael A., 181
Meißner, Anton, 51
Meltzoff, Andrew, 17
Mieses, Matthias, 15, 16, 32, 61, 129
Mikosch, Gunnar, 27
Moore, Keith, 17
Mühlpfort, Heinrich, 297
Müller, Heidy M., 39

Müller, Josef, 295
Myers-Scotton, Carol, 11, 54

Neubauer, Hans-Joachim, 32–34
Neuberg, Simon, 216
Neuhauser, Sara, 17
Nielsen, Kuniko, 17
Nübling, Damaris, 190, 213–215, 223, 224, 241

Och, Gunnar, 21, 30
Oesterreicher, Wulf, 19, 35, 54, 64, 74
Öhmann, Emil, 215
Okrent, Arika, 49

Palliwoda, Nicole, 52
Patocka, Franz, 256
Paul, Hermann, 104, 136, 153, 197, 293, 301
Pavlov, Vladimir, 215
Perlmutter, David, 193, 196
Petkov, Christopher I., 17
Philipp, Karl, 51
Philippa, Marlies, 215
Picard, Jacob, 39
Pierer, Heinrich August, 16
Pittner, Karin, 227
Polak, Jakob Eduard, 59
Poole, Joyce, 17
Post, Rudolf, 59, 65
Prilutski, Noyakh, 111
Prince, Ellen F., 216, 225
Prinz, Wolfgang, 17
Purschke, Christoph, 17, 52

Ralls, Katherine, 17
Ramer, Alexis Manaster, 10
Ramers, Karl-Heinz, 255
Rathert, Monika, 246

Personenregister

Ratner, Hilary, 17
Reershemius, Gertrud, 48, 59, 111, 118, 126, 156, 198–200, 225, 234, 281, 300, 304, 307, 345
Reiffenstein, Ingo, 136
Reis, Marga, 274, 275
Reiterer, Susanne, 17
Richter, Matthias, 3, 21, 29–31, 33–35, 48, 50, 65, 73, 225
Riemann, Andreas, 40
Riemann, Ulrich, 295
Rinas, Karsten, 302
Roemer, Nils, 17
Rommel, Florian, 27
Rothstein, Björn, 293
Rowley, Anthony Robert, 197
Ruoff, Arno, 87, 88, 90, 95, 103, 105, 107, 109, 256

Salzmann, Martin, 267, 268
Sampson, Geoffrey, 103
Santorini, Beatrice, 216, 251, 255, 257
Sapp, Christopher D., 255, 256, 282
Schäfer, Lea, xi, 5, 6, 39, 48, 59–61, 66, 67, 69, 78, 81, 115, 141, 146, 156, 158, 165, 199–201, 225, 228, 230, 231, 241, 256, 258, 269, 271, 277, 282, 292, 300, 307, 340, 345
Schallert, Oliver, 246, 251, 256, 259, 266, 268, 290, 291
Schatz, Josef, 223, 224
Scheutz, Hannes, 274
Schikola, Hans, 122
Schirmunski, Viktor, 52, 113, 122, 124, 126, 136, 147, 150, 153–155, 158, 160, 161, 163, 167–169, 171, 190, 191, 193, 197, 213, 215, 226, 241, 242, 340

Schmelzkopf, Christiane, 39
Schmidt, Jürgen Erich, 7, 52, 54
Schmidt, Tanja, 290
Schmuck, Mirjam, 214, 215
Schneider, Ute, 7
Schreuder, Saskia, 21, 30
Schröder, Saskia, 52
Schumacher, Jutta, 296
Schuster, Mauriz, 122
Schwalm, Johanna, 266
Seebold, Elmar, 193
Segerup, My, 17
Seiler, Guido, 256
Séphiha, Haïm Vidal, 61
Sheri, Gish, 17
Shrier, Martha, 227, 240, 241
Siegel, Jeff, 17
Sift, Johannes, 266
Simon, Bettina, 7, 28
Simon, Horst, 275
Singh, Nandini, 17
Slater, Peter, 17
Spanda, Nina Margaret, 17
Spolsky, Bernard, 15
Staub, Friedrich, 295
Steinbach, Markus, 274
Stern, Heidi, 65
Stumpfl, Robert, 26
Süsskind, Nathan, 128
Szczepaniak, Renata, 172

Tauten, Hanns Martin, 17, 53
Tillmanns, Clara, 17
Timm, Erika, 16, 32, 94, 111, 117, 125, 128, 129, 131, 132, 134–136, 146, 148, 153, 154, 167, 197, 199, 213, 216–218
Tolksdorf, Ulrich, 295
Tomasello, Michael, 17

Personenregister

Trost, Pavel, 59
Trudgill, Peter, 17, 190

Uhmann, Susanne, 274
Užgiris, Ina Čepėnaitė, 17, 53

van der Wouden, Ton, 302
van Ginneken, Jacobus Joannes Antonius, 59
van Riemsdijk, Henk, 267, 268, 270, 294
Vikner, Sten, 251, 253, 256, 257, 261, 263, 264, 268–271, 290–292, 300
Vinckel-Roisin, Hélène, 282
Vogel, Petra M., 293
Vogelaer, Gunther de, 291
von Arnim, Achim, 80
von Glasenapp, Gabriele, 21, 30
Voorzanger, Jonas van Levie, 59
Vosberg, Uwe, 19

Wagenseil, Johann Christoph, 7
Wagner, Esther-Miriam, 274
Walraven, Corretje Moed-van, 255, 257, 263
Walther, Christoph, 294
Weber, Thilo, 259
Wegener, Heide, 215, 217, 274
Wegera, Klaus-Peter, 16, 206, 215
Weinberg, Werner, 7, 59
Weinhold, Karl, 197
Weinreich, Max, 7, 15, 16, 47, 48, 59, 60, 65, 104, 111, 112, 190, 216
Weinreich, Uriel, 15, 61, 104, 214, 339
Weise, Oskar, 306, 309
Weiss, Carl Theodor, 59
Weißkirchen, Isabell, 48, 59, 60, 345
Weiß, Helmut, 8, 10, 48, 299–302, 305

Wenzel, Edith, 27
Werner, Otmar, 108
Wiese, Richard, 213, 215, 245
Wiesinger, Peter, 8–10, 113, 114, 147
Willis, David, 300
Winkler, Susanne, 17
Wirrer, Jan, 52
Wohl von Haselberg, Lea, 41
Wolf, Jürgen, 27
Wolf, Meyer, 189, 190, 225, 226, 232, 234
Wolf, Siegmund, 63
Woog, Maier, 296
Wrede, Ferdinand, 193, 194, 197, 198
Wurmbrand, Susanne, 256, 267, 268
Wurzel, Wolfgang Ullrich, 194

Young, Karl, 26

Zanuttini, Raffaella, 302
Zaretski, Ayzik, 226, 228
Zeifert, Ruth, 40
Zeijlstra, Hedde, 302
Zhoum, Eric, 17
Zimmerer, Peter, 40
Zivy, Artur, 93
Zuc, Paul, 295
Zuckerman, Richard, 59, 199
Zwarts, Frans, 302

Sprachregister

afrikaans, xiii, 301, 302
alemannisch, xiii, xiv, 147, 154, 246, 270
althochdeutsch, xiii, 136, 150, 172, 197
altjiddisch, xiii, 7

bairisch, xiii, 10, 40, 114, 291, 300

dänisch, xiii, 21, 263, 264

elsässisches Niederalemannisch, 295
englisch, xiv, 21, 65, 254, 263, 264, 300

Filmjiddisch, xiii, 6, 40, 41, 43
französisch, xiv, 21, 41, 101, 215, 216, 254, 270, 300
frühneuhochdeutsch, xiv, 247

germanisch, xiv, 110, 136, 150, 160, 162, 172, 178, 183

hebräisch, xiv, 24, 49, 61, 93, 94, 135, 196, 213, 216
hochalemannisch, 270, 295

isländisch, xiv, 270
italienisch, xiv, 24, 300, 301

Literaturhebräisch, xiii, 5, 24–29
Literaturjiddisch, xiii, 3, 6, 20, 22, 23, 25, 26, 28–32, 34–39, 42, 45, 48, 50, 54, 55, 65, 68, 73–75, 78, 79, 99, 101, 103, 104, 107, 108, 110, 112, 116, 126, 130, 133, 136, 139, 144, 149–152, 155–157, 160, 161, 163, 170, 171, 189–191, 193, 204, 212, 213, 219, 221, 222, 224, 225, 227–229, 234, 235, 241, 246, 247, 251, 252, 256, 259, 261–263, 265, 267, 268, 271, 275, 277, 279, 280, 283–286, 288, 292, 297–300, 302, 303, 305, 308, 313, 314, 317, 324–326, 328, 337, 340, 342, 343
Literaturjiddisch des 18. und 19. Jahrhunderts, 6, 38, 39, 80, 105, 107, 116, 120, 124, 136, 144, 159, 169, 170, 172, 181, 183, 191, 211, 234, 241, 243, 245, 259, 262, 267, 274, 282, 285–287, 307, 311
Literaturjiddisch des späten 20. und 21. Jahrhunderts, 6, 39, 40

mittelhochdeutsch, xiv, 4, 24, 42, 60, 69, 82, 104–106, 108, 110–122, 125, 126, 129–137, 148–150, 152, 157, 160, 175, 176, 178, 197, 216, 246, 316, 317, 326–328
mitteljiddisch, xiii, 7, 255, 301
moselfränkisch, xiv, 295

niederdeutsch, xiv, 21, 229, 294, 295

Sprachregister

niederländisch, xiv, 23, 171, 246, 253, 254, 294, 326–328
Nordostjiddisch, xiii, 10, 111, 129, 137, 158, 189, 190, 198, 214, 225, 228, 233, 234, 241
Nordwestjiddisch, xiii, 10, 59, 70, 71, 78, 93, 116, 118, 126, 156–158, 160–162, 167, 171, 198, 234, 269, 326–328
NWJ, *siehe* Nordwestjiddisch
nördliches Übergangsjiddisch, xiii, 10, 59, 111, 125, 143, 157, 161, 198, 200, 234, 240, 241, 243, 304

Ostjiddisch, xiii, 15, 89, 93, 104, 106, 111, 114, 128, 134, 135, 137, 141, 144, 148–150, 155–160, 170, 220, 228, 245, 253, 269, 310, 313, 329, 331
ostjiddisch, xiii, 8, 10, 35, 90–93, 111, 118, 126, 129, 132, 134, 149, 153, 154, 174, 191, 214, 217, 220–223, 243, 246, 247, 249, 254–256, 270, 291, 292, 301, 302, 306

polnisch, xiv, 21, 141, 200, 262

rheinfränkisch, xiv, 295

schwäbisch, xiv, 271
see also some other lect also of interest
südliches Übergangsjiddisch, xiii, 10, 79, 111, 125, 131, 135, 141, 146, 147, 158, 167, 198, 200, 214, 225, 228, 240, 243

Südostjiddisch, 10, 111, 118, 119, 129, 131, 137, 139, 141, 146, 147, 158, 189, 190, 198
Südwestjiddisch, xiii, 10, 16, 59, 65, 66, 70, 93, 111, 118, 125, 126, 134, 135, 137, 143, 146, 155, 156, 165, 167, 171, 174, 198, 228, 269, 296, 326, 327

tschechisch, xiv, 59, 302

urjiddisch, protojiddisch, xiii, 104, 112, 118, 121, 129, 134–136

westflämisch, xiv, 270, 302
westfriesisch, xiv, 291
westgermanisch, 172–174, 176
Westjiddisch, xiii, 5, 6, 15, 16, 31, 35, 40, 48, 55, 59, 60, 62–66, 68, 69, 89, 92, 94, 111, 115, 116, 123–125, 127–130, 134–136, 139–141, 145–147, 149, 155–163, 165, 172, 174, 176, 185, 225, 228, 230, 254, 265, 269, 293, 310, 313, 327, 329, 331
westjiddisch, xiii, 4, 10, 90–93, 111, 174, 243, 247, 255, 266, 292, 301

Zentralostjiddisch, 10, 43, 111, 118, 119, 129, 131, 132, 134, 139, 141, 143, 146, 158, 190, 214, 242, 271
Zentralwestjiddisch, 10, 59, 71, 93, 198, 228, 247, 327

Sachregister

a-Verdumpfung, 34
Accusativus cum infinitivo, 293
Adjektiv, 33, 95, 225
Adjektivphrase, 275, 280, 283–287, 311, 316
Adverb, 273
Adverbialphrase, 270, 283–286
Akkusativ, xiv, 215, 223–241, 249, 316
Analogie, 133
Anlaut, 108, 110, 153, 154, 157, 160, 161, 165, 167–171, 178, 316, 360, 362
Apokope, 108, 213
Artikel, xiv, 47, 116–118, 225, 265
Assimilation, 16, 38, 61, 64, 66, 79, 157
Auslaut, 110, 153–157, 160, 176, 178, 316, 358, 362
Auslautverhärtung, 169, 173

Construction grammar (Konstruktionsgrammatik), 342, 343

Dativ, xiv, 223–241, 248, 249
Deaffrizierung, 160–162
Dialektkontinuum, 193
Diminution, 81, 189, 192–195, 197–201, 203–208, 211–213, 217, 220, 325
Diminutiv, 195, 196, 198–202, 205, 207, 209, 210, 220, 222, 316

Eigennamen, 24, 89, 99, 215, 223, 224

Emulation, 11, 12, 24, 43, 52, 53, 78, 189, 202, 252, 263, 275, 337, 338, 342, 343
Entrundung, 41, 105, 107, 131, 148–152, 176
Ersatzinfinitiv, xiv, 42, 258, 290, 292
Extraposition, 275, 279, 280, 282, 284, 285, 287–290, 310

feminin, 225, 226, 229, 230
Flexion, 223, 224, 242
Fremdwort, 223
Frequenz, 87, 88, 91, 100, 103, 105, 116, 201, 217, 286, 288, 298, 343, 353
Frequenzklasse, 87, 88, 353–356
Frikativ, 41, 108, 154, 160, 161

Gallizismus, 38, 217, 219
Genitiv, xiv, 223, 230
Genus, 189–191, 249, 360, 362

Hebraismus, 4, 93, 217, 219, 223

idiosynkratisch, 342
ikonisch, 103, 153
Imitation, 4, 5, 11, 17, 18, 23, 25, 26, 32, 39, 50, 51, 53, 76, 79–81, 105, 107, 115, 127–129, 147, 152, 157, 251, 279, 305, 336–340, 343, 345, 346
Infinitiv, 141, 252, 290, 291, 294–296

Sachregister

Infinitivus pro participio (Ersatzinfinitiv), 258–260, 272, 290–293
Interjektion, 96
Interpunktion, 326
Isoglossen, 7

Kasussynkretismus, 239
Komposition, 197
Konsonantismus, xv, 82, 103, 108, 171, 317, 339
Koronalisierung, 155, 157–159, 176
Korpus, xvi, 4, 6, 50, 73–80, 87, 88, 90, 92–96, 98, 103, 105, 107, 108, 122–124, 126, 129, 130, 133, 137, 157, 211, 224, 225, 240, 256, 257, 259, 275, 283, 288, 292, 293, 297–299, 307, 313, 314, 317, 321, 324, 349, 353

Lehnwort, 200, 218
Lenisierung, 165–167, 171
linke Satzklammer, 275, 281

maskulin, 225–227, 229, 230, 236, 237, 240, 249, 316
Mittelfeld, xv, 281, 290
Morphologie, 18, 61, 65, 80, 189, 249, 251, 310, 314, 317, 318, 339

Nachfeld, xv, 280–283
Negationskongruenz, 83, 251, 299, 300, 302–305
Negationspartikel, 158, 299, 302, 303, 305
negative doubling, 363
neutrum, 226, 229, 230
Nominalphrase, 225, 229, 237, 249, 272, 275, 280, 283–288, 310, 311, 314, 316, 317, 328

Nominativ, 226, 227, 236, 237, 239, 240, 249, 316
Objekt-Verb Grundwortstellung, 251, 253–255, 257, 267–269, 290, 311
Orthographie, 41–43, 97, 136, 156, 160, 326, 327

Palatalisierung, 82, 146–148, 153, 154, 156, 157, 176, 362
Participium pro infinitivo, 291
Partikel, xv, 245–247, 261–263, 272, 273, 279, 300, 307–310
Partizip, 245–249, 259, 291, 292, 294, 295, 360, 362
Periodisierung, 7
Phonem, 103
phonetisch, 130
Plosive, xv, 108, 163, 164, 179
Plural, 194–196, 198–201, 207, 208, 210, 214, 220–227, 229–231, 236, 237, 239, 240, 243–245, 249, 316
Pluralsuffix, 24, 194, 197, 200, 203, 206, 214, 358, 363
Präpositionalphrase, 202, 207, 218, 229, 235–237, 249, 258, 259, 269, 272, 275, 276, 280–288, 310, 311, 314, 316, 328
produktiv, 197, 200, 213, 215, 219
Pronomen, xv, 225, 229, 233–237, 249, 272, 273, 281, 286, 306, 316, 326, 362, 363
Präposition, 228–232, 235, 237, 326
rechte Satzklammer, 253, 254, 261, 290
Relativpartikel, 83, 306, 307, 309–311, 325, 326, 354, 355, 363

Rundung, 134

Salienz, 52, 53
Semantik, 193, 227, 230, 271
Simulation, 11, 12, 24
Singular, 195, 196, 198, 199, 202, 209, 214, 222, 225–227, 229–231, 236–240, 243–245, 249, 316
Skopus, 305
some term, *siehe* some other term
see also some other term also of interest
Sprachkontakt, 4, 6, 32, 50, 51, 54, 146, 156, 241, 245, 299, 304, 337, 339–342, 345
Sprachtod, 16, 55, 92, 115, 119
Standardabweichung, 310
Statusrektion, 252
Subtraktion, 213, 222
Synkretismus, 225–227, 233, 240, 241
Syntax, 18, 61, 80, 251, 252, 261, 293, 314, 317, 318, 343

Umlaut, 213, 223

Verb projection raising, 267–273, 275–280, 287, 311, 314, 316
Verb raising, 255–259, 275, 276, 279, 281, 287, 288, 310, 311, 314, 316, 328
Verb-Objekt Grundwortstellung, 251, 253, 254, 257–259, 262–265, 267–269, 282, 285, 300, 311, 314, 315, 317
Verbcluster, 257, 258, 260, 311, 340, 358, 363
Verbpartikel, 261, 262, 311, 363
Vokalismus, xv, 103, 105, 108, 317, 339, 340

Vorfeld, 80

Wechselflexion, 137
Wortakzent, 189, 245–247

Zusammenfall, 69, 111, 112, 118, 123, 124, 129–131, 176, 183, 226, 227, 232–234, 240, 241, 362

www.ingramcontent.com/pod-product-compliance
Lightning Source LLC
Chambersburg PA
CBHW060417300426

44111CB00018B/2880